GOETHE
ERZÄHLT SEIN LEBEN

Eine Lebensbeschreibung aus Tagebüchern,
Briefen und Dichtungen

Nymphenburger Verlagshandlung

Zusammengestellt von Hans Egon Gerlach und Otto Herrmann
Erstausgabe 1951 im Christian Wegner Verlag

Satz und Druck: Poeschel & Schulz-Schomburgk, Eschwege
ISBN 3-485-00407-3
Printed in Germany

INHALT

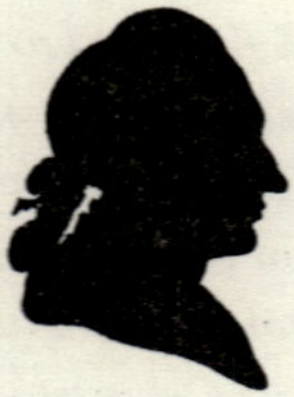

KINDHEIT UND JUGEND

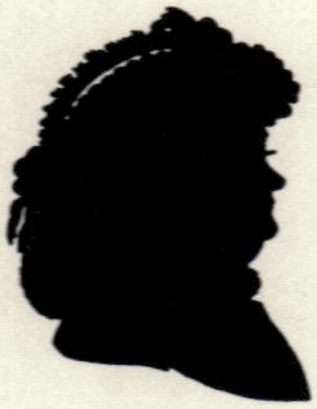

Goethe, im Alter von 61 Jahren, an Bettina Brentano, damals 25 Jahre alt (25. Oktober 1810):

»Da du doch nicht aufhören wirst mir gern zu schreiben, und ich nicht aufhören werde dich gern zu lesen, so könntest du mir noch nebenher einen Gefallen tun. Ich will dir nämlich bekennen, daß ich im Begriff bin meine Bekenntnisse zu schreiben, daraus mag nun ein Roman oder eine Geschichte werden, das läßt sich nicht voraussehn; aber in jedem Fall bedarf ich deiner Beihilfe. Meine gute Mutter ist abgeschieden, und so manche andre die mir das Vergangne wieder hervorrufen könnten, das ich meistens vergessen habe. Nun hast du eine schöne Zeit mit der teuren Mutter gelebt, hast ihre Märchen und Anekdoten wiederholt vernommen, und trägst und hegst alles im frischen, belebenden Gedächtnis. Setze dich also nur gleich hin und schreibe nieder, was sich auf mich und die Meinigen bezieht, und du wirst mich dadurch sehr erfreuen und verbinden. Liebe mich bis zum Wiedersehn.«

Bettina erzählt:

»Das Wochenbett deiner Mutter, worin sie dich zur Welt brachte, hatte blaugewürfelte Vorhänge. Sie war damals achtzehn Jahre alt und ein Jahr verheiratet. Du würdest wohl ewig jung bleiben, sagte sie, und dein Herz nie veralten, da du die Jugend der Mutter mit in den Kauf habest. Drei Tage bedachtest du dich, ehe du ans Weltlicht kamst, und machtest der Mutter schwere Stunden. Aus Zorn, daß dich die Not aus dem eingeborenen Wohnort trieb, und durch die Mißhandlung der Amme kamst du ganz schwarz und ohne Lebenszeichen. Sie rieben dir die

Herzgrube mit Wein, ganz an deinem Leben verzweifelnd. Deine Großmutter stand hinter dem Bett; als du zuerst die Augen aufschlugst, rief sie hervor: ›Rätin, er lebt!‹ Da erwachte mein mütterliches Herz, sagte mir deine Mutter in ihrem 75. Jahr, und lebte seitdem in fortwährender Begeisterung bis zu dieser Stunde.«

Goethe beginnt seine Bekenntnisse, die er »Wahrheit und Dichtung« nennt:

Am 28. August 1749, mittags mit dem Glockenschlage zwölf, kam ich in Frankfurt am Main auf die Welt. Die Konstellation war glücklich; die Sonne stand im Zeichen der Jungfrau und kulminierte für den Tag; Jupiter und Venus blickten sie freundlich an, Merkur nicht widerwärtig; Saturn und Mars verhielten sich gleichgültig: nur der Mond, der soeben voll ward, übte die Kraft seines Gegenscheins um so mehr, als zugleich seine Planetenstunde eingetreten war. Er widersetzte sich daher meiner Geburt, die nicht eher erfolgen konnte, als bis diese Stunde vorübergegangen.
Diese guten Aspekten, welche mir die Astrologen in der Folgezeit sehr hoch anzurechnen wußten, mögen wohl Ursache an meiner Erhaltung gewesen sein, denn durch Ungeschicklichkeit der Hebamme kam ich für tot auf die Welt, und nur durch vielfache Bemühungen brachte man es dahin, daß ich das Licht erblickte.
Dieser Umstand, welcher die Meinigen in große Not versetzt hatte, gereichte jedoch meinen Mitbürgern zum Vorteil, indem mein Großvater, der Schultheiß Johann Wolfgang Textor, daher Anlaß nahm, daß ein Geburtshelfer angestellt und der Hebammen-Unterricht eingeführt oder erneuert wurde; welches denn manchem der Nachgeborenen mag zugute gekommen sein.

Bettina erzählt:

»Er spielte nicht gern mit kleinen Kindern, sie mußten denn sehr schön sein. In einer Gesellschaft fing er plötzlich an zu weinen und schrie: ›Das schwarze Kind soll hinaus, das kann ich nicht leiden!‹ Er hörte auch nicht auf mit Weinen, bis er nach Hause kam, wo ihn die Mutter befragte über die Unart: er

konnte sich nicht trösten über des Kindes Häßlichkeit. – Oft sah er nach den Sternen, von denen man ihm sagte, daß sie bei seiner Geburt eingestanden haben. Bald hatte er heraus, daß Jupiter und Venus die Regenten und Beschützer seiner Geschicke sein würden. Kein Spielwerk konnte ihn nun mehr fesseln, als das Zahlbrett seines Vaters, auf dem er mit Zahlpfennigen die Stellung der Gestirne nachmachte, wie er sie gesehen hatte. Oft sagte er zur Mutter sorgenvoll: ›Die Sterne werden mich doch nicht vergessen und werden halten, was sie bei meiner Wiege versprochen haben?‹ Da sagte die Mutter: ›Warum willst du denn mit Gewalt den Beistand der Sterne, da wir andern doch ohne sie fertigwerden müssen?‹ Da sagte er ganz stolz: ›Mit dem, was andern Leuten genügt, kann ich nicht fertigwerden.‹
Die Mutter glaubte auch, sich einen Anteil an seiner Darstellungsgabe zuschreiben zu dürfen, ›denn einmal‹, sagte sie, ›konnte ich nicht ermüden zu erzählen, so wie er nicht ermüdete, zuzuhören. Luft, Feuer, Wasser und Erde stellte ich ihm unter schönen Prinzessinnen vor und alles, was in der ganzen Natur vorging, dem ergab sich eine Bedeutung, an die ich bald selbst fester glaubte, als meine Zuhörer. Da saß ich, und da verschlang er mich bald mit seinen großen schwarzen Augen, und wenn das Schicksal irgendeines Lieblings nicht recht nach seinem Sinn ging, da sah ich, wie die Zornader an der Stirn schwoll und wie er die Tränen verbiß. Manchmal griff er ein und sagte, noch ehe ich meine Wendung genommen hatte: nicht wahr, Mutter, die Prinzessin heiratet nicht den verdammten Schneider, wenn er auch den Riesen totschlägt? Wenn ich nun haltmachte, und die Katastrophe auf den nächsten Abend verschob, so konnte ich sicher sein, daß er bis dahin alles zurechtgerückt hatte, und so ward mir denn meine Einbildungskraft, wo sie nicht mehr zureichte, häufig durch die seine ersetzt. Wenn ich dann am nächsten Abend die Schicksalsfäden nach seiner Angabe weiter lenkte und sagte: du hast's geraten, so ist's gekommen, da war er Feuer und Flamme, und man konnte sein Herzchen unter der Halskrause schlagen sehen. Der Großmutter, die im Hinterhause wohnte und deren Liebling er war, vertraute er nun allemal seine Ansichten, wie es mit der Erzählung wohl noch werde, und von dieser erfuhr ich, wie ich seinen Wünschen gemäß weiter im Text kommen solle, und so war ein geheimes diplomatisches Treiben zwischen uns, das keiner an den andern verriet; und so

sah der Wolfgang, ohne je sich als den Urheber aller merkwürdigen Ereignisse zu bekennen, mit glühenden Augen der Erfüllung seiner kühn angelegten Pläne entgegen.«

Goethe erzählt:

Wenn man sich erinnern will, was uns in der frühesten Zeit der Jugend begegnet ist, so kommt man oft in den Fall, dasjenige, was wir von anderen gehört, mit dem zu verwechseln, was wir wirklich aus eigner anschauender Erfahrung besitzen. Ohne also hierüber eine genaue Untersuchung anzustellen, welche ohnehin zu nichts führen kann, bin ich mir bewußt, daß wir in einem alten Hause wohnten, welches eigentlich aus zwei durchgebrochenen Häusern bestand. Eine turmartige Treppe führte zu unzusammenhängenden Zimmern, und die Ungleichheit der Stockwerke war durch Stufen ausgeglichen.

Meines Vaters Mutter, bei der wir eigentlich im Hause wohnten, lebte in einem großen Zimmer hinten hinaus, und wir pflegten unsere Spiele bis an ihren Sessel, ja, wenn sie krank war, bis an ihr Bett hin auszudehnen. Ich erinnere mich ihrer gleichsam als eines Geistes, als einer schönen, hagern, immer weiß und reinlich gekleideten Frau. Sanft, freundlich, wohlwollend ist sie mir im Gedächtnis geblieben.

Sie wußte uns, meine Schwester Cornelia und mich, mit allerlei Kleinigkeiten zu beschäftigen und mit allerlei guten Bissen zu erquicken. An einem Weihnachtsabende jedoch setzte sie allen ihren Wohltaten die Krone auf. Ein unerwartetes Schauspiel tat sich vor unseren Augen auf. Eine Tür, die aus einem Nebenzimmer hereinging, öffnete sich, allein nicht wie sonst zum Hin- und Widerlaufen; der Eingang war durch eine unerwartete Festlichkeit ausgefüllt: ein grüner Teppich, der über einen Tisch herabhing, bedeckte fest angeschlossen den untern Teil der Öffnung, von da auf baute sich ein Portal in die Höhe, das mit einem mystischen Vorhang verschlossen war, und was von da auf die Türe noch zu hoch sein mochte, bedeckte ein Stück dunkelgrünes Zeug und beschloß das Ganze. Man wies uns ein Stühlchen an und gebot uns freundlich, das Kommende in Geduld zu erwarten. Bald rollte der Vorhang in die Höhe und zeigte eine hochrot gemalte Aussicht in den Tempel. Der Hohe Priester Samuel erschien mit Jonathan und ihre wechselnden Stimmen vergeisterten ganz ihre kleinen Zuschauer. Endlich trat Saul auf in großer Verlegenheit über die Impertinenz, womit der schwerlötige Goliath ihn und die Seinigen ausgefordert hatte, und wie wohl ward es mir, der alle Worte abpaßte und bei allem zugegen war, als der zwerggestaltete raupichte Sohn Isai mit seinem Schäferstab und Hirtentasche und Schleuder hervortrat und sprach: »Großmächtigster König und Herr, es entfalle keinem der Mut um dessentwillen! Wenn Ihre Majestät mir erlauben wollen, so will ich hingehen und mit dem gewaltigen Riesen in den Streit treten.« Dieser Aktus endigte sich. Der Vorhang ging wieder auf, David weihte das Fleisch des Ungeheuers den Vögeln unter dem Himmel und den Tieren auf dem Felde. Der Philister sprach Hohn, stampfte viel mit beiden Füßen, fiel endlich wie ein Klotz und gab der ganzen Sache einen herrlichen Ausschlag. Dennoch verdroß es mich bei aller Freude, daß der Glücksprinz so zwergenmäßig gebildet wäre. Denn nach der Idee vom großen Goliath und kleinen David hatte die liebe Großmutter nichts verfehlt, um beide recht charakteristisch zu machen. Ich geriet in eine Nachdenklichkeit, darüber ich das Ballett von Mohren und Mohrinnen, Schäfern und Schäferinnen nur wie im Schatten vor mir hingaukeln sah. Ich mußte noch lange über das Vergangene nachdenken, unbefriedigt in meinem Vergnügen, voller Hoffnungen, Drang und Ahndung.

Bettina erzählt:

»Es war, glaub ich, am Geburtstag der Mutter, da schafften die Kinder den grünen Sessel, auf dem die Mutter abends, wenn sie erzählte, zu sitzen pflegte, und der darum der Märchensessel genannt wurde, in aller Stille in den Garten, putzten ihn auf mit Bändern und Blumen, und nachdem Gäste und Verwandte sich versammelt hatten, trat der Wolfgang als Schäfer gekleidet mit einer Hirtentasche, aus der eine Rolle mit goldenen Buchstaben herabhing, mit einem grünen Kranz auf dem Kopf unter den Birnbaum und hielt eine Anrede an den Sessel, als den Sitz der schönen Märchen. Es war eine große Freude, den schönen bekränzten Knaben unter den blühenden Zweigen zu sehen, wie er im Feuer der Rede, welche er mit großer Zuversicht hielt, aufbrauste. Der zweite Teil dieses schönen Festes bestand in Seifenblasen, die im Sonnenschein von Kindern, welche den Märchenstuhl umkreisten, in die heitere Luft gehaucht, von Zephir aufgenommen und schwebend hin und her geweht wurden. Sooft eine Blase auf den gefeierten Stuhl sank, schrie alles: Ein Märchen, ein Märchen. Die Nachbarsleute in den angrenzenden Gärten guckten über Mauer und Verzäunung und nahmen den lebhaftesten Anteil an diesem großen Jubel, sodaß dies kleine Fest am Abend in der ganzen Stadt bekannt war. Die Stadt hats vergessen, die Mutter hats behalten.«

Goethe erzählt:

Um diese Zeit war es, daß ich meine Vaterstadt zuerst gewahr wurde, wie ich denn nach und nach immer freier und ungehinderter, teils allein, teils mit muntern Gespielen, darin auf und ab wandelte. Was die Aufmerksamkeit des Kindes am meisten an sich zog, waren die vielen kleinen Städte in der Stadt, die Festungen in der Festung, die ummauerten Klosterbezirke nämlich, und die aus früheren Jahrhunderten noch übrigen mehr oder minder burgartigen Räume. Alles deutete auf eine längst vergangene, für Stadt und Gegend sehr unruhige Zeit.
Eine von unseren liebsten Promenaden, die wir uns des Jahrs ein paarmal zu verschaffen suchten, war es, inwendig auf dem Gange der Stadtmauer herumzuspazieren. Gärten, Höfe, Hintergebäude ziehen sich bis an den Zwinger heran; man sieht mehrere tausend Menschen in ihren häuslichen, kleinen, abgeschlossenen, verborgenen Zuständen. Von dem Putz- und Schaugarten des Reichen zu den Obstgärten des für seinen Nutzen besorgten Bürgers, von da zu Fabriken, Bleichplätzen und ähnlichen Anstalten, ja bis zum Gottesacker selbst – denn eine kleine Welt lag innerhalb des Bezirks der Stadt – ging man an dem mannigfaltigsten, wunderlichsten, mit jedem Schritt sich verändernden Schauspiel vorbei, an dem unsere kindliche Neugier sich nicht genug ergötzen konnte. Denn fürwahr, der bekannte hinkende Teufel, als er für seinen Freund die Dächer von Madrid in der Nacht abhob, hat kaum mehr für diesen geleistet, als hier vor uns unter freiem Himmel, bei hellem Sonnenschein, getan war. Die Schlüssel, deren man sich auf diesem Wege bedienen mußte, um durch mancherlei Türme, Treppen und Pförtchen durchzukommen, waren in den Händen der Zeugherren, und wir verfehlten nicht, ihren Subalternen aufs beste zu schmeicheln.

Bettina erzählt:

»Sonderbar fiel es der Mutter auf, daß er bei dem Tod seines jüngeren Bruders Jakob, der sein Spielkamerad war, keine Träne vergoß, er schien vielmehr eine Art Ärger über die Klagen der Eltern und Geschwister zu haben. Da die Mutter nun später den Trotzigen fragte, ob er den Bruder nicht liebgehabt habe, lief er in seine Kammer, brachte unter dem Bett hervor eine Menge Papiere, die mit Lektionen und Geschichtchen beschrieben waren. Er sagte ihr, daß er dies alles gemacht habe, um es dem Bruder zu lehren.«

Goethe erzählt:

Durch ein außerordentliches Weltereignis wurde jedoch die Gemütsruhe des Knaben zum erstenmal im tiefsten erschüttert. Am ersten November 1755 ereignete sich das Erdbeben von Lissabon und verbreitete über die in Frieden und Ruhe schon eingewohnte Welt einen ungeheuren Schrecken. Eine große, prächtige Residenz, zugleich Handels- und Hafenstadt, wird ungewarnt von dem furchtbarsten Unglück betroffen. Die Erde bebt und schwankt, das Meer braust auf, die Schiffe schlagen zusammen, die Häuser stürzen ein, Kirchen und Türme darüber her, der königliche Palast zum Teil wird vom Meere verschlungen, die geborstene Erde scheint Flammen zu speien, denn überall meldet sich Rauch und Brand in den Ruinen. Sechzigtausend Menschen, einen Augenblick zuvor noch ruhig und behaglich, gehen miteinander zugrunde, und der glücklichste darunter ist der zu nennen, dem keine Empfindung, keine Besinnung über das Unglück mehr gestattet ist. Die Flammen wüten fort, und mit ihnen wütet eine Schar sonst verborgener oder durch dieses Ereignis in Freiheit gesetzter Verbrecher. Die unglücklichen Übriggebliebenen sind dem Raube, dem Morde, allen Mißhandlungen bloßgestellt, und so behauptet von allen Seiten die Natur ihre schrankenlose Willkür.
Schneller als die Nachrichten hatten schon Andeutungen von diesem Vorfall sich durch große Landstrecken verbreitet; an vielen Orten waren schwächere Erschütterungen zu verspüren, an manchen Quellen, besonders den heilsamen, ein ungewöhnliches Innehalten zu bemerken gewesen; um desto größer war die Wir-

kung der Nachrichten selbst, welche erst im allgemeinen, dann aber mit schrecklichen Einzelheiten sich rasch verbreiteten. Hierauf ließen es die Gottesfürchtigen nicht an Betrachtungen, die Philosophen nicht an Trostgründen, an Strafpredigten die Geistlichkeit nicht fehlen. So vieles zusammen richtete die Aufmerksamkeit der Welt eine Zeitlang auf diesen Punkt, und die durch fremdes Unglück aufgeregten Gemüter wurden durch Sorgen für sich selbst und die Ihrigen um so mehr geängstigt, als über die weitverbreitete Wirkung dieser Explosion von allen Orten und Enden immer mehrere und umständlichere Nachrichten einliefen. Ja vielleicht hat der Dämon des Schreckens zu keiner Zeit so schnell und so mächtig seine Schauer über die Erde verbreitet. Der Knabe, der alles dieses wiederholt vernehmen mußte, war nicht wenig betroffen. Gott, der Schöpfer und Erhalter Himmels und der Erden, den ihm die Erklärung des ersten Glaubensartikels so weise und gnädig vorstellte, hatte sich, indem er die Gerechten mit den Ungerechten gleichem Verderben preisgab, keineswegs väterlich bewiesen. Vergebens suchte das junge Gemüt sich gegen diese Eindrücke herzustellen, welches überhaupt um so weniger möglich war, als die Weisen und Schriftgelehrten selbst sich über die Art, wie man ein solches Phänomen anzusehen habe, nicht vereinigen konnten.

Bettina erzählt:

»Betrachtungen aller Art wurden in Gegenwart der Kinder vielseitig besprochen, die Bibel wurde aufgeschlagen, Gründe für und wider behauptet. Dies alles beschäftigte den Wolfgang tiefer als einer ahnen konnte. Und er machte am Ende eine Auslegung davon, die alle an Weisheit übertraf. Nachdem er mit dem Großvater aus einer Predigt kam, in welcher die Weisheit des Schöpfers gleichsam gegen die betroffene Menschheit verteidigt wurde, und der Vater ihn fragte, wie er die Predigt verstanden habe, sagte er: ›Am End mag alles noch viel einfacher sein, als der Prediger meint. Gott wird wohl wissen, daß der unsterblichen Seele durch böses Schicksal kein Schaden geschehen kann.‹«

Goethe erzählt:

Es versteht sich von selbst, daß wir Kinder neben den übrigen Lehrstunden auch eines fortschreitenden Religionsunterrichts genossen. Doch war der kirchliche Protestantismus, den man uns überlieferte, eigentlich nur eine Art von trockner Moral, und die Lehre konnte weder der Seele, noch dem Herzen zusagen. So kam der Knabe auf den Gedanken, sich dem großen Gotte der Natur, dem Schöpfer und Erhalter Himmels und der Erden, dessen frühere Zornäußerungen schon lange über die Schönheit der Welt und das mannigfaltige Gute, das uns darin zuteil wird, vergessen waren, unmittelbar zu nähern; der Weg dazu aber war sehr sonderbar.
Der Knabe hatte sich überhaupt an den ersten Glaubensartikel gehalten. Der Gott, der mit der Natur in unmittelbarer Verbindung stehe, sie als sein Werk anerkenne und liebe, dieser schien ihm der eigentliche Gott, der ja wohl auch mit dem Menschen wie mit allem übrigen in ein genaueres Verhältnis treten könne und für denselben ebenso wie für die Bewegung der Sterne, für Tages- und Jahreszeiten, für Pflanzen und Tiere Sorge tragen werde. Eine Gestalt konnte der Knabe diesem Wesen nicht verleihen; er suchte ihn also in seinen Werken auf und wollte ihm auf gut alttestamentliche Weise einen Altar errichten. Naturprodukte sollten die Welt im Gleichnis vorstellen, über diesen sollte eine Flamme brennen und das zu seinem Schöpfer sich aufsehnende Gemüt des Menschen bedeuten. Nun wurden aus der Naturaliensammlung des Vaters die besten Stufen und Exemplare herausgesucht; allein wie solche zu schichten und aufzubauen sein möchten, das war nun die Schwierigkeit. Der Vater hatte ein Musikpult in Gestalt einer vierseitigen Pyramide. Dessen bemächtigte sich der Knabe und baute nun stufenweise die Abgeordneten der Natur übereinander, so daß es recht heiter und zugleich bedeutend genug aussah. Nun sollte bei einem frühen Sonnenaufgang die erste Gottesverehrung angestellt werden. Die Sonne war längst aufgegangen, aber Nachbarhäuser verdeckten den Osten. Endlich erschien sie über den Dächern; sogleich ward ein Brennglas zur Hand genommen und die in einer schönen Porzellanschale auf dem Gipfel stehenden Räucherkerzen angezündet. Alles gelang nach Wunsch, und die Andacht war vollkommen. Der Altar blieb als eine besondere Zierde des

Zimmers, das man ihm im neuen Hause eingeräumt hatte, stehen. Jedermann sah darin nur eine wohlaufgeputzte Naturaliensammlung; der Knabe hingegen wußte besser, was er verschwieg. Er sehnte sich nach der Wiederholung jener Feierlichkeit. Unglücklicherweise war eben, als die gelegenste Sonne hervorstieg, die Porzellantasse nicht bei der Hand; er stellte die Räucherkerzchen unmittelbar auf die obere Fläche des Musikpultes; sie wurden angezündet, und die Andacht war so groß, daß der Priester nicht merkte, welchen Schaden sein Opfer anrichtete, als bis ihm nicht mehr abzuhelfen war. Die Kerzchen hatten sich nämlich in den roten Lack und in die schönen goldnen Blumen auf eine schmähliche Weise eingebrannt und, gleich als wäre ein böser Geist verschwunden, ihre schwarzen unauslöschlichen Fußtapfen zurückgelassen. Hierüber kam der junge Priester in die äußerste Verlegenheit. Zwar wußte er den Schaden durch die größesten Prachtstufen zu bedecken, allein der Mut zu neuen Opfern war ihm vergangen, und fast möchte man diesen Zufall als eine Andeutung und Warnung betrachten, wie gefährlich es überhaupt sei, sich Gott auf dergleichen Wegen nähern zu wollen.

Wer wäre imstande, von der Fülle der Kindheit würdig zu sprechen! Wir können die kleinen Geschöpfe, die vor uns herumwandeln, nicht anders als mit Vergnügen, ja mit Bewunderung ansehen: denn meist versprechen sie mehr als sie halten, und es scheint, als wenn die Natur unter andern schelmischen Streichen, die sie uns spielt, auch hier sich ganz besonders vorgesetzt, uns zum besten zu haben. Das Kind, an und für sich betrachtet, scheint so verständig, so vernünftig, daß nichts drüber geht, und zugleich so bequem, heiter und gewandt, daß man ihm keine weitere Bildung wünschen möchte. Wüchsen die Kinder in der Art fort, wie sie sich andeuten, so hätten wir lauter Genies. Aber das Wachstum ist nicht bloß Entwickelung; die verschiednen Organe und Systeme, die den Menschen ausmachen, entspringen auseinander, folgen einander, ja zehren einander auf, so daß von manchen Fähigkeiten nach einer gewissen Zeit kaum eine Spur mehr zu finden ist. Wenn auch die menschlichen Anlagen im ganzen eine entschiedene Richtung haben, so wird es doch dem größten und erfahrensten Kenner schwer sein, sie mit Zuverlässigkeit voraus zu verkünden; doch kann man hinterdrein wohl bemerken, was auf ein Künftiges hingedeutet hat.

Während meiner Kindheit verfloß den Frankfurtern eine Reihe glücklicher Jahre. Aber kaum hatte ich am 28. August 1756 mein siebentes Jahr zurückgelegt, als jener weltbekannte Krieg ausbrach, welcher auf die nächsten sieben Jahre meines Lebens auch großen Einfluß haben sollte. Friedrich der Zweite, König von Preußen, war in Sachsen eingefallen, und statt einer vorgängigen Kriegserklärung folgte ein Manifest, welches die Ursachen enthielt, die ihn zu einem solchen ungeheuren Schritt bewogen und berechtigt. Die Welt, die sich nicht nur als Zuschauer, sondern auch als Richter aufgefordert fand, spaltete sich sogleich in zwei Parteien, und unsere Familie war ein Bild des großen Ganzen. Mein Großvater, der als Schöffe von Frankfurt über Franz dem Ersten den Krönungshimmel getragen hatte, war mit einigen Schwiegersöhnen und Töchtern auf österreichischer Seite. Mein Vater, von Karl dem Siebenten zum kaiserlichen Rat ernannt, neigte sich mit der kleineren Familienhälfte gegen Preußen. – Wie mir in meinem sechsten Jahre, nach dem Erdbeben von Lissabon, die Güte Gottes einigermaßen verdächtig geworden war, so fing ich nun wegen Friedrichs des Zweiten die Gerechtigkeit des Publikums zu bezweifeln an. Die größten und augenfälligsten Verdienste wurden geschmäht und angefeindet, die höchsten Taten, wo nicht geleugnet, doch wenigstens entstellt und verkleinert; und dies nicht etwa vom Pöbel, sondern von vorzüglichen Männern, wofür ich doch meinen Großvater und meine Oheime zu halten hatte. Daß es Parteien geben könne, ja daß er selbst zu einer Partei gehörte, davon hatte der Knabe keinen Begriff. Bedenke ich es aber jetzt genauer, so finde ich hier den Keim der Nichtachtung, ja der Verachtung des Publikums, die mir eine ganze Zeit meines Lebens anhing und nur spät durch Einsicht und Bildung ins gleiche gebracht werden konnte. –

Als ich etwa 14 Jahre alt war, kam Mozart auf der Durchreise nach Frankfurt und gab dort ein Konzert. Er war damals sieben Jahre alt, und ich erinnere mich des kleinen Mannes in seiner Frisur und mit dem Degen an der Seite noch ganz deutlich.

Das musikalische Talent kann sich wohl am frühesten zeigen, indem die Musik ganz etwas Angeborenes, Inneres ist, das von außen keiner großen Nahrung und keiner aus dem Leben gezogenen Erfahrung bedarf. Aber freilich, eine Erscheinung wie Mozart bleibt immer ein Wunder, das nicht weiter zu erklären

ist. Doch wie wollte die Gottheit überhaupt Wunder zu tun Gelegenheit finden, wenn sie es nicht zuweilen in außerordentlichen Individuen versuchte, die wir anstaunen und nicht begreifen, woher sie kommen.
Was ist Genie anders als jene produktive Kraft, wodurch Taten entstehen, die vor Gott und der Natur sich zeigen können und die eben deswegen Folgen haben und von Dauer sind? Alle Werke Mozarts sind dieser Art; es liegt in ihnen eine zeugende Kraft, die von Geschlecht zu Geschlecht fortwirkt und so bald nicht erschöpft und verzehrt sein dürfte.
Die ersten Liebesneigungen einer unverdorbenen Jugend nehmen durchaus eine geistige Wendung. Die Natur scheint zu wollen, daß ein Geschlecht in dem andern das Gute und Schöne sinnlich gewahr werde. Und so ging auch mir durch den Anblick eines Mädchens von großer Schönheit, durch meine Neigung zu ihr, eine neue Welt des Schönen und Vortrefflichen auf.

Bettina berichtet mit den Worten von Goethes Mutter:

»Wie ich einmal eine Weste vom Wolfgang nehme und sie am offenen Fenster recht herzhaft in die Luft schwinge, fahren mir plötzlich eine Menge kleiner Steine ins Gesicht. Darüber fing ich an zu fluchen; er kam hinzu; ich zankte ihn aus, die Steine hätten mir ja ein Aug aus dem Kopf schlagen können. – ›Nun, es hat Ihr ja kein Aug ausgeschlagen, wo sind denn die Steine, ich muß sie wiederhaben. Helf Sie mir sie wieder suchen‹, sagte er. Nun muß er sie wohl von seinem Schatz bekommen haben, denn er bekümmerte sich gar nur um die Steine. Es waren ordinäre Kieselsteinchen und Sand; daß er den nicht mehr zusammenlesen konnte, war ihm ärgerlich, alles was noch da war wickelte er sorgfältig in ein Papier und trugs fort. Den Tag vorher war er in Offenbach gewesen, da war ein Wirtshaus ›Zur Rose‹, die Tochter hieß das ›Schöne Gretchen‹. Er hatte sie sehr gern; das war die erste, von der ich weiß, daß er sie liebhatte.«

Bisher hatten mich Natur, Erziehung, Umgebung und Gewohnheit von allem Rohen abgesondert erhalten, nun aber wurde ich auf eine völlig unerwartete Weise in Verhältnisse verwickelt, die mich ganz nahe an große Gefahr und wenigstens für eine Zeitlang in Verlegenheit brachten.

Durch einen Gefährten seiner Kinderjahre geriet Goethe in einen Kreis einfacherer junger Menschen. Man lobte seine poetische Gabe und beredete ihn zu einer fingierten Korrespondenz. Von einer abendlichen Zusammenkunft in diesem Kreis erzählt Goethe:

Bei unserer Ankunft stand bereits der Tisch reinlich und ordentlich gedeckt, hinreichender Wein aufgestellt; wir setzten uns und blieben allein, ohne Bedienung nötig zu haben. Als es aber doch zuletzt an Wein gebrach, rief einer nach der Magd; allein statt derselben trat ein Mädchen herein, von ungemeiner und, wenn man sie in ihrer Umgebung sah, von unglaublicher Schönheit. – »Was verlangt ihr?« sagte sie, nachdem sie auf eine freundliche Weise guten Abend geboten. »Die Magd ist krank und zu Bette. Kann ich euch dienen?« – Es fehlt an Wein, sagte der eine. Wenn du uns ein paar Flaschen holtest, so wäre es sehr hübsch. – Tu es, Gretchen, sagte der andere; es ist ja nur ein Katzensprung. – »Warum nicht!« versetzte sie, nahm ein paar leere Flaschen vom Tisch und eilte fort. Ihre Gestalt war von der Rückseite fast noch zierlicher. Das Häubchen saß so nett auf dem kleinen Kopfe, den ein schlanker Hals gar anmutig mit Nacken und Schultern verband. Alles an ihr schien auserlesen, und man konnte der ganzen Gestalt um so ruhiger folgen, als die Aufmerksamkeit nicht mehr durch die stillen treuen Augen und den lieblichen Mund allein angezogen und gefesselt wurde.
Die Gestalt dieses Mädchens verfolgte mich von dem Augenblick an auf allen Wegen und Stegen; es war der erste bleibende Eindruck, den ein weibliches Wesen auf mich gemacht hatte. Das liebe Mädchen zu sehen und neben ihr zu sein, war nun bald eine unerläßliche Bedingung meines Wesens. Gretchens Betragen gegen mich war nur geschickt, mich in Entfernung zu halten. Sie gab niemanden die Hand, auch nicht mir; sie litt keine Berührung; nur setzte sie sich manchmal neben mich, besonders wenn ich schrieb oder vorlas, und dann legte sie mir vertraulich den Arm auf die Schulter, sah mir ins Buch oder aufs Blatt; wollte ich mir aber eine ähnliche Freiheit gegen sie herausnehmen, so wich sie und kam so bald nicht wieder.

In diesem Jahre, 1764, fand in Frankfurt mit großer Pracht die Wahl und Krönung Josefs des Zweiten, des Sohnes der Maria

Theresia, zum Römischen König statt. Das prunkvolle Zeremoniell, in dem noch einmal das ganze Mittelalter sichtbar wird, macht auf den vierzehnjährigen Goethe großen Eindruck.

Eine politisch-religiöse Feierlichkeit hat einen unendlichen Reiz. Wir sehen die irdische Majestät vor Augen, umgeben von allen Symbolen ihrer Macht; aber indem sie sich vor der himmlischen beugt, bringt sie uns die Gemeinschaft beider vor die Sinne. Denn auch der einzelne vermag seine Verwandtschaft mit der Gottheit nur dadurch zu betätigen, daß er sich unterwirft und anbetet.

Am Abend der Krönung sollte eine prächtige Illumination den festlichen Tag beschließen.

Diesen glänzenden Abend gedachte ich auf eine gemütliche Weise zu feiern, denn ich hatte mit Gretchen und den Freunden abgeredet, daß wir uns zur nächtlichen Stunde irgendwo treffen wollten. Schon leuchtete die Stadt an allen Ecken und Enden, als ich meine Geliebten antraf. Ich reichte Gretchen den Arm, wir zogen von einem Quartier zum andern und befanden uns zusammen sehr glücklich. Ich an Gretchens Seite deuchte mir wirklich in jenen glücklichen Gefilden Elysiums zu wandeln, wo man die kristallenen Gefäße vom Baume bricht, die sich mit dem gewünschten Wein sogleich füllen, und wo man Früchte schüttelt, die sich in jede beliebige Speise verwandeln. So verbrachten wir den größten Teil der Nacht im Gefühl von Freundschaft, Liebe und Hinneigung auf das heiterste und glücklichste. Als ich zuletzt Gretchen bis an ihre Tür begleitet hatte, küßte sie mich auf die Stirn. Es war das erste und letzte Mal, daß sie mir diese Gunst erwies: denn leider sollte ich sie nicht wiedersehen.

Den anderen Morgen lag ich noch im Bette, als meine Mutter verstört und ängstlich hereintrat. »Steh auf«, sagte sie, »und mache dich auf etwas Unangenehmes gefaßt. Es ist herausgekommen, daß du sehr schlechte Gesellschaft besuchst und dich in die gefährlichsten und schlimmsten Händel verwickelt hast. Der Vater ist außer sich, und wir haben nur so viel von ihm erlangt, daß er die Sache durch einen Dritten untersuchen will. Der Rat Schneider wird zu dir kommen; er hat sowohl vom Vater als von der Obrigkeit den Auftrag, denn die Sache ist schon anhängig und kann eine sehr böse Wendung nehmen.« – Ich sah wohl, daß man die Sache viel schlimmer nahm als sie war; doch fühlte ich mich nicht wenig beunruhigt, wenn auch nur das eigentliche Verhältnis entdeckt werden sollte. Der Rat trat endlich herein, die Tränen standen ihm in den Augen; er faßte mich beim Arm und sagte: »Es tut mir herzlich leid, daß ich in solcher Angelegenheit zu Ihnen komme.« – Ich bin mir keines Verbrechens bewußt, versetzte ich darauf. – »Es ist jetzt nicht von einer Verteidigung die Rede«, fiel er mir ins Wort, »sondern von einer Untersuchung, und Ihrerseits von einem aufrichtigen Bekenntnis.« – Der gute Mann tat noch mehr Fragen, die ich alle verneinen konnte: denn es war mir von alledem, was er zu wissen verlangte, nichts bekannt. Endlich schien er verdrießlich zu werden und sagte: »Sie belohnen mein Vertrauen und meinen guten Willen sehr schlecht; ich komme, um Sie zu retten: denn es ist von nichts Geringerem als nachgemachten Handschriften, falschen Testamenten, untergeschobenen Schuldscheinen und ähnlichen Dingen die Rede. Ich komme nicht allein als Hausfreund; ich komme im Namen und auf Befehl der Obrigkeit, die in Betracht Ihrer Familie und Ihrer Jugend Sie und einige andere Jünglinge verschonen will, die gleich Ihnen ins Netz gelockt worden. In drei Häusern kamen die Bösewichter zusammen. Das erste Nest ist schon ausgehoben, und in diesem Augenblick werden es die beiden anderen.« – Nun hielt ich alles Schweigen für unnütz; ja, bei der Unschuld unserer Zusammenkünfte konnte ich hoffen, jenen noch mehr als mir nützlich zu sein. Ich erzählte dem Freunde den ganzen Hergang der Sache; ich erklärte zugleich, daß, wenn man jene nicht wie mich schonen, ihren Torheiten nachsehen und ihre Fehler verzeihen wolle, wenn ihnen nur im mindesten hart und unrecht geschehe, so würde ich mir ein Leids antun, und daran solle mich niemand hindern. Auch hierüber suchte mich der Freund zu beruhigen; aber ich traute ihm nicht und war, als er mich zuletzt verließ, in der entsetzlichsten Lage. So verbrachte ich Tag und Nacht in großer Unruhe, in Rasen und Ermattung, so daß ich mich zuletzt glücklich fühlte, als eine körperliche Krankheit mit ziemlicher Heftigkeit eintrat, wobei man den Arzt zu Hilfe rufen und darauf denken mußte, mich auf alle Weise zu beruhigen. Es dauerte nicht lange, so gab man mir noch einen besonderen Aufseher. Glücklicherweise war es ein Mann, den ich liebte und schätzte. – Nach allem diesem konnte ich mich zuletzt nicht halten und fragte, was aus Gretchen geworden sei, zu der ich ein für allemal die größte Neigung bekannte. Mein Freund schüttelte den Kopf und lächelte: »Beruhigen Sie sich«, versetzte er, »dieses Mädchen ist sehr wohl bestanden und hat ein herrliches Zeugnis davon getragen. Man konnte nichts als Gutes und Liebes an ihr finden. Auch das, was sie in Rücksicht auf Sie, mein Freund, bekannt hat, macht ihr Ehre; als von Ihnen und Ihrem Umgang mit ihr die Rede war, sagte sie ganz freimütig: Ich kann es nicht leugnen, daß ich ihn oft und gern gesehen habe; aber ich habe ihn immer als ein Kind betrachtet und meine Neigung zu ihm war wahrhaft schwesterlich. In manchen Fällen habe ich ihn gut beraten, und anstatt ihn zu einer zweideutigen Handlung aufzuregen, habe ich ihn verhindert, an mutwilligen Streichen teilzunehmen, die ihm hätten Verdruß bringen können.«

Der Freund fuhr noch weiter fort, Gretchen als eine Hofmeisterin reden zu lassen; ich hörte ihm aber schon lange nicht mehr zu: denn daß sie mich für ein Kind zu den Akten erklärt, nahm ich ganz entsetzlich übel und glaubte mich auf einmal von aller Leidenschaft für sie geheilt. Ich fand es unerträglich, daß ein Mädchen, höchstens ein paar Jahre älter als ich, mich für ein Kind halten sollte, der ich doch für einen ganz gescheiten und geschickten Jungen zu gelten glaubte. Ich kehrte diese ärgerlichen Betrachtungen so lange bei mir hin und wieder, bis ich ihr alle liebenswürdigen Eigenschaften sämtlich abgestreift hatte. Dem Verstande nach war ich überzeugt und glaubte sie verwerfen zu müssen; nur ihr Bild! ihr Bild strafte mich Lügen, so oft es mir wieder vorschwebte, welches freilich noch oft genug geschah.

STUDENT IN LEIPZIG

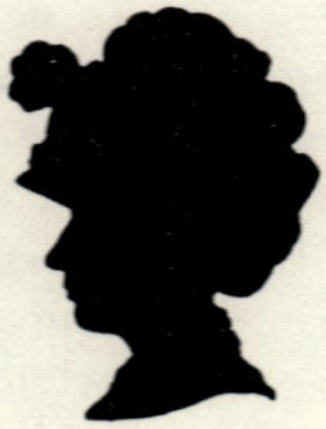

Der Herbst 1765, die Zeit, da ich die Akademie besuchen sollte, rückte heran. Eine Abneigung gegen meine Vaterstadt ward mir immer deutlicher. Durch Gretchens Entfernung war der Knaben- und Jünglingspflanze das Herz ausgebrochen; sie brauchte Zeit, um an den Seiten wieder auszuschlagen und den ersten Schaden durch neues Wachstum zu überwinden. Meine Wanderungen durch die Straßen hatten aufgehört, ich ging nur wie andere die notwendigen Wege; und wie mir meine alten Mauern und Türme nach und nach verleideten, so mißfiel mir auch die Verfassung der Stadt: alles, was mir sonst so ehrwürdig vorkam, erschien mir in verschobenen Bildern. Als Enkel des Schultheißen waren mir die heimlichen Gebrechen einer solchen Republik nicht unbekannt geblieben. Der vergebliche Verdruß rechtschaffener Männer im Widerstreit mit solchen, die von Parteien zu gewinnen, wohl gar zu bestechen sind, war mir nur zu deutlich geworden. Mein Vater, in die Angelegenheit der Stadt nur als Privatmann verflochten, äußerte sich im Verdruß über manches Mißlungene sehr lebhaft. Und sah ich ihn nicht nach so vielen Studien, Bemühungen, Reisen und mannigfaltiger Bildung endlich zwischen seinen Brandmauern ein einsames Leben führen, wie ich mir es nicht wünschen konnte? Dies zusammen lag als eine entsetzliche Last auf meinem Gemüte, von der ich mich nur zu befreien wußte, indem ich mir einen ganz anderen Lebensplan als den mir vorgeschriebenen zu ersinnen trachtete. Ich warf in Gedanken die juristischen Studien weg und widmete mich allein den Sprachen, den Altertümern, der Geschichte und allem, was daraus hervorquillt.

Die heimliche Freude eines Gefangenen, wenn er seine Ketten abgelöst und die Kerkergitter bald durchgefeilt hat, kann nicht größer sein, als die meine war, indem ich die Tage schwinden und den Oktober herannahen sah. Die unfreundliche Jahreszeit, die bösen Wege, von denen jedermann zu erzählen wußte, schreckten mich nicht. Der Gedanke, an einem fremden Orte zu Winterzeit Einstand geben zu müssen, machte mich nicht trübe; genug, ich sah nur meine gegenwärtigen Verhältnisse düster und stellte mir die übrige unbekannte Welt licht und heiter vor. So bildete ich mir meine Träume, denen ich ausschließlich nachhing, und versprach mir in der Ferne nichts als Glück und Zufriedenheit. Michael kam endlich, sehnlichst erwartet, heran, da ich denn die werte Stadt, die mich geboren und erzogen, gleichgültig hinter mir ließ, als wenn ich sie nie wieder betreten wollte.

So lösen sich in gewissen Epochen Kinder von Eltern, Diener von Herren, Begünstigte von Gönnern los, und ein solcher Versuch, sich auf seine Füße zu stellen, sich unabhängig zu machen, für sein eigen Selbst zu leben, er gelinge oder nicht, ist immer dem Willen der Natur gemäß.

Bei dieser Gelegenheit kann ich nicht unterlassen, aus meiner früheren Jugend etwas nachzuholen, um anschaulich zu machen, wie die großen Angelegenheiten der kirchlichen Religion mit Folge und Zusammenhang behandelt werden müssen, wenn sie sich fruchtbar beweisen soll. Man klagte schon vor geraumer Zeit, die Kirchgänger verminderten sich von Jahr zu Jahr und in eben dem Verhältnis die Personen, welche den Genuß des Abendmahls verlangten. Was beides, besonders aber das letztere betrifft, liegt die Ursache sehr nah; doch wer wagt sie auszusprechen? Wir wollen es versuchen.

Die Sakramente sind das Höchste der Religion, das sinnliche Symbol einer außerordentlichen göttlichen Gunst und Gnade. In dem Abendmahle sollen die irdischen Lippen ein göttliches Wesen verkörpert empfangen und unter der Form irdischer Nahrung einer himmlischen teilhaftig werden. Ein solches Sakrament dürfte aber nicht allein stehen; kein Christ kann es mit wahrer Freude, wozu es gegeben ist, genießen, wenn nicht der symbolische oder sakramentliche Sinn in ihm genährt ist. Er muß gewohnt sein, die innere Religion des Herzens und die der äußeren Kirche als vollkommen eins anzusehen, als das große allgemeine Sakrament, das sich wieder in so viel andere zerglie-

dert und diesen Teilen seine Heiligkeit, Unzerstörlichkeit und Ewigkeit mitteilt.
Hier reicht ein jugendliches Paar sich einander die Hände, nicht zum vorübergehenden Gruß oder zum Tanze; der Priester spricht seinen Segen darüber aus, und das Band ist unauflöslich. Es währt nicht lange, so bringen diese Gatten ein Ebenbild an die Schwelle des Altars; es wird mit heiligem Wasser gereinigt und der Kirche dergestalt einverleibt, daß es diese Wohltat nur durch den ungeheuersten Abfall verscherzen kann. Das Kind übt sich im Leben an den irdischen Dingen selbst heran, in himmlischen muß es unterrichtet werden. Zeigt sich bei der Prüfung, daß dies vollständig geschehen sei, so wird es nunmehr als wirklicher Bürger, als wahrhafter und freiwilliger Bekenner in den Schoß der Kirche aufgenommen, nicht ohne äußere Zeichen der Wichtigkeit dieser Handlung. Nun ist er erst entschieden ein Christ.
Was durch das ganze Leben so erprobt worden, soll an der Pforte des Todes alle seine Heilkräfte zehnfach tätig erweisen. Der Hinfällige nimmt jene symbolischen deutsamen Versicherungen mit Inbrunst an, und ihm wird da, wo jede irdische Garantie verschwindet, durch eine himmlische für alle Ewigkeit ein seliges Dasein zugesichert. Zum Schlusse werden, damit der ganze Mensch geheiligt sei, auch die Füße gesalbt und gesegnet. Ihnen soll eine wundersame Schnellkraft mitgeteilt werden, wodurch sie den Erdschollen, der sie bisher anzog, unter sich abstoßen. Und so ist durch einen glänzenden Zirkel gleich würdiger Handlungen Wiege und Grab, sie mögen noch so weit auseinander gerückt liegen, in einem stetigen Kreise verbunden.
Aber alle diese geistigen Wunder entsprießen nicht wie andere Früchte dem natürlichen Boden, da können sie weder gesäet, noch gepflanzt, noch gepflegt werden. Aus einer andern Region muß man sie herüberflehen, welches nicht jedem, noch zu jeder Zeit gelingen würde.
Ich ward zu meiner Zeit bei einem guten, alten, schwachen Geistlichen in den Religionsunterricht gegeben. Aber ich fand meinen guten Willen und mein Aufstreben in diesem wichtigen Falle durch trocknen geistlosen Schlendrian besonders paralysiert, als ich mich dem Beichtstuhle nahen sollte. Ich hatte die seltsamsten religiösen Zweifel, die ich gern bei einer solchen Gelegenheit berichtiget hätte. Aber als ich in das alte Barfüßerchor

hineintrat, mich den wunderlichen vergitterten Schränken näherte, in welchen die geistlichen Herren sich zu diesem Akte einzufinden pflegten, als mir der Glöckner die Tür eröffnete und ich mich nun gegen meinen geistlichen Großvater in dem engen Raume eingesperrt sah, und er mich mit seiner schwachen näselnden Stimme willkommen hieß, erlosch auf einmal alles Licht meines Geistes und Herzens, die wohl memorierte Beichtrede wollte mir nicht über die Lippen, ich schlug in der Verlegenheit das Buch auf, das ich in Händen hatte, und las daraus die erste beste kurze Formel, die so allgemein war, daß ein jeder sie ganz geruhig hätte aussprechen können. Ich empfing die Absolution und entfernte mich weder warm noch kalt und ging den andern Tag zu dem Tische des Herrn.

In der Folge trat jedoch das Übel hervor, welches aus unserer durch mancherlei Dogmen komplizierten Religion bedenkliche Menschen dergestalt anfällt, daß es hypochondrische Zustände nach sich zieht und diese bis zu ihrem höchsten Gipfel, zu fixen Ideen steigert. Es hatte nämlich schon sehr früh der Spruch, daß einer, der das Sakrament unwürdig genieße, sich selbst das Gericht esse und trinke, einen ungeheuren Eindruck auf mich gemacht. Alles Furchtbare, was ich in den Geschichten des Mittelalters von Gottesurteilen, den seltsamsten Prüfungen durch glühendes Eisen, flammendes Feuer, schwellendes Wasser gelesen hatte, selbst was uns die Bibel von der Quelle erzählt, die dem Unschuldigen wohl bekommt, den Schuldigen aufbläht und bersten macht, das alles stellte sich meiner Einbildungskraft dar und vereinigte sich zu dem höchsten Furchtbaren, indem falsche Zusage, Heuchelei, Meineid, Gotteslästerung – alles bei der heiligsten Handlung – auf dem Unwürdigen zu lasten schien. Dies war um so schrecklicher, als ja niemand sich für würdig erklären durfte, und man die Vergebung der Sünden, wodurch zuletzt alles ausgeglichen werden sollte, doch auf so manche Weise bedingt fand, daß man nicht sicher war, sie sich mit Freiheit zueignen zu dürfen.

Dieser düstre Skrupel quälte mich dergestalt, und die Auskunft, die man mir als hinreichend vorstellen wollte, schien mir so kahl und schwach, daß jenes Schreckbild nur an furchtbarem Ansehen dadurch gewann und ich mich, sobald ich Leipzig erreicht hatte, von der kirchlichen Verbindung ganz und gar loszuwinden suchte.

Als ich in Leipzig ankam, war es gerade Meßzeit. Ich durchstrich den Markt und die Buden mit vielem Anteil. Diese lebhafte Bewegung war jedoch bald vorüber, und nun trat mir die Stadt selbst mit ihren schönen, hohen und untereinander gleichen Gebäuden entgegen. Sie machte einen sehr guten Eindruck auf mich; indessen genügte mir gegen das, was ich bisher gewohnt war, dieser neue Zustand keineswegs. Leipzig rief dem Beschauer keine altertümliche Zeit zurück. Es war eine neue, kurzvergangene, von Handelstätigkeit, Wohlhabenheit, Reichtum zeugende Epoche, die sich in diesen Bauten ankündigte.
Meine Kollegia besuchte ich anfangs emsig und treulich; die Philosophie wollte mich jedoch keineswegs aufklären. In der Logik kam es mir wunderlich vor, daß ich diejenigen Geistesoperationen, die ich von Jugend auf mit der größten Bequemlichkeit verrichtete, so auseinander zerren, vereinzeln und gleichsam zerstören sollte, um den rechten Gebrauch derselben einzusehen. Von dem Dinge, von der Welt, von Gott glaubte ich ungefähr so viel zu wissen als der Lehrer selbst, und es schien mir an mehr als einer Stelle gewaltig zu hapern. Doch ging alles noch in ziemlicher Folge bis gegen Fastnacht, wo in der Nähe, auf dem Thomasplan, die köstlichsten Kräpfel heiß aus der Pfanne kamen, welche uns denn dergestalt verspäteten, daß unsere Hefte locker wurden, und das Ende derselben gegen das Frühjahr mit dem Schnee zugleich verschmolz und sich verlor.

Der Student Goethe schreibt an Riese, einen Frankfurter Jugendfreund, am 21. Oktober 1765:

»Riese, guten Abend! Gestern hatte ich mich kaum hingesetzt, um euch eine Stunde zu widmen, als ich von meinem angefangenen Blatte hinweggerissen wurde. Heute werde ich auch nicht länger bei euch bleiben. Ich geh in die Komödie. Wir haben sie recht schön hier. Aber dennoch! ich bin unschlüssig. Soll ich bei euch bleiben? Soll ich in die Komödie gehen? Ich weiß nicht! Geschwind! Ich will würfeln! Ich habe keine Würfel! Ich gehe! Lebt wohl! Doch halt! Nein! Ich will dableiben! Morgen kann ich wieder nicht, da muß ich ins Kolleg, und besuchen und abends zu Gaste. Da will ich also jetzt schreiben. Ich mache hier große Figur! Aber noch zur Zeit bin ich kein Stutzer, ich werd es auch nicht. Ich brauche Kunst um fleißig zu sein. In Gesellschaften, Konzert, Komödie, bei Gastereien, Abendessen, Spazierfahrten, soviel es um diese Zeit angeht! Ha! das geht köstlich. Aber auch köstlich, kostspielig! Zum Henker, das fühlt mein Beutel. Halt! rettet! haltet auf! Siehst du sie nicht fliegen? Da marschieren zwei Louis d'or. Helft! Da ging einer, Himmel! schon wieder ein paar. Groschen die sind hier wie Kreuzer bei euch draußen im Reiche. Aber dennoch kann hier einer sehr wohlfeil leben. Ich hoffe des Jahres mit dreihundert Talern, was sage ich, mit zweihundert Talern auszukommen; notabene das nicht mitgerechnet, was schon zum Henker ist.«

Das Leben in Leipzig brachte manche kleine Unannehmlichkeit; wie man denn, wenn man den Ort verändert und in neue Verhältnisse tritt, immer Einstand geben muß. Das erste, was die Frauen an mir tadelten, bezog sich auf die Kleidung; meine Freundinnen überzeugten mich, daß ich wie aus einer fremden Welt hereingeschneit aussehe; man verlangte, daß ich den oberdeutschen Dialekt, in dem ich geboren und erzogen war, ablegen sollte. Ich fühlte mich in meinem Innersten paralysiert und wußte kaum mehr, wie ich mich über die gewöhnlichsten Dinge zu äußern hatte. Man verleidete mir die Dichter, die ich liebte, und in kurzer Zeit waren mir die schönen bunten Wiesen in den Gründen des deutschen Parnasses unbarmherzig niedergemäht. Ich fürchtete mich, einen Reim niederzuschreiben oder ein Gedicht zu lesen, indem mir bange war, es möchte mir gegenwärtig gefallen und ich müsse es denn doch, wie so manches andere, vielleicht nächstens für schlecht erklären.
Diese Geschmacks- und Urteilsungewißheit beunruhigte mich täglich mehr, so daß ich zuletzt in Verzweiflung geriet. Nach einiger Zeit und nach manchem Kampfe warf ich eine so große Verachtung auf meine begonnenen und geendigten Arbeiten, daß ich eines Tages Poesie und Prosa, Skizzen und Entwürfe sämtlich zugleich auf dem Küchenherd verbrannte und durch den das ganze Haus erfüllenden Rauchqualm unsere gute alte Wirtin in nicht geringe Furcht und Angst versetzte.

Goethe an seine Schwester Cornelia (11. Mai 1767):

»Da ich ganz ohne Stolz bin, kann ich meiner innerlichen Überzeugung glauben, die mir sagt, daß ich einige Eigenschaften besitze, die zu einem Poeten erfordert werden, und daß ich durch Fleiß einmal einer werden könnte. Ich habe von meinem zehnten Jahre angefangen, Verse zu schreiben, und habe geglaubt, sie seien gut. Jetzo in meinem siebzehnten sehe ich, daß sie schlecht sind, aber ich bin doch sieben Jahre älter und mache sie um sieben Jahre besser. Man lasse doch mich gehen. Hab ich Genie, so werde ich Poet werden und wenn mich kein Mensch verbessert, habe ich keins, so helfen alle Kritiken nichts.«

Es ist mein einziges Vergnügen,
Wenn ich entfernt von jedermann,
Am Bache, bei den Büschen liegen,
An meine Lieben denken kann.
Da wird mein Herz von Jammer voll,
Mein Aug wird trüber,
Der Bach rauscht jetzt im Sturm vorüber,
Der mir vorher so sanft erscholl.
Kein Vogel singt in den Gebüschen,
Der grüne Baum verdorrt,
Der Zephir, der mich zu erfrischen
Sonst wehte, stürmt und wird zum Nord,
Und trägt entrißne Blüten fort.
Voll Zittern flieh ich dann den Ort,
Ich flieh und such in öden Mauern
Einsames Trauern.

Mich aus dieser Not, wenn auch nur Schritt vor Schritt, zu retten, war ich genötigt, alles in mir selbst zu suchen. Verlangte ich zu meinen Gedichten eine wahre Empfindung, so mußte ich in meinen Busen greifen. In diesem Sinne schrieb ich zuerst gewisse kleine Gedichte in Liederform oder freierem Silbenmaß.

Im spielenden Bache, da lieg ich, wie helle!
Verbreite die Arme der kommenden Welle,
Und buhlerisch drückt sie die sehnende Brust.
Dann führet sie Leichtsinn im Strome darnieder,
Schon naht sich die zweite und streichelt mich wieder,
Da fühl ich die Freuden der wechselnden Lust.

O Jüngling, sei weise, verwein nicht vergebens
Die fröhlichsten Stunden des traurigen Lebens,
Wenn flatterhaft je dich ein Mädchen vergißt.
Geh, ruf sie zurücke die vorigen Zeiten!
Es küßt sich so süße der Busen der zweiten
Als kaum sich der Busen der ersten geküßt.

Und so begann diejenige Richtung, von der ich mein ganzes Leben über nicht abweichen konnte, nämlich dasjenige, was mich erfreute oder quälte oder sonst beschäftigte, in ein Bild, ein Gedicht zu verwandeln und darüber mit mir selbst abzuschließen, um sowohl meine Begriffe von den äußeren Dingen zu berichtigen als mich im Innern deshalb zu beruhigen. Die Gabe hierzu war wohl niemand nötiger als mir, den seine Natur immerfort aus einem Extrem in das andere warf. Alles, was daher von mir bekannt geworden, sind nur Bruchstücke einer großen Konfession – welche vollständig zu machen dieses Büchlein ein gewagter Versuch ist.

Meinen Mittagstisch nahm ich in dem Weinhause von Schönkopf. In dieser Gesellschaft befand ich mich um so wohler, als mir Gelegenheit ward, mit der Tochter vom Hause freundliche Blicke zu wechseln, ein Behagen, das ich seit dem Unfall mit Gretchen weder gesucht noch zufällig gefunden hatte. Nun übertrug ich meine frühere Neigung zu Gretchen auf ein Ännchen, von der ich nicht mehr zu sagen wüßte, als daß sie jung, hübsch, munter, liebevoll und so angenehm war, daß sie wohl verdiente, in dem Schrein des Herzens eine Zeitlang als eine kleine Heilige aufgestellt zu werden. Weil aber dergleichen Verhältnisse, je unschuldiger sie sind, desto weniger Mannigfaltigkeit auf die Dauer gewähren, so ward ich von jener bösen Sucht befallen, die uns verleitet, aus der Quälerei der Geliebten eine Unterhaltung zu schaffen und die Ergebenheit eines Mädchens mit willkürlichen und tyrannischen Grillen zu beherrschen. Die böse Laune über das Mißlingen meiner poetischen Versuche, über die anscheinende Unmöglichkeit, hierüber ins klare zu kommen, und über alles, was mich hie und da sonst kneipen mochte, glaubte ich an ihr auslassen zu dürfen.
Ich war nach Menschenweise in meinen Namen verliebt und hatte ihn einst sehr schön und genau in die glatte Rinde eines

Lindenbaums von mäßigem Alter geschnitten. Den Herbst darauf, als meine Neigung zu Annetten in ihrer besten Blüte war, gab ich mir die Mühe, den ihrigen oben darüber zu schneiden. Indessen hatte ich gegen Ende des Winters, als ein launisch Liebender, manche Gelegenheit vom Zaune gebrochen, um sie zu quälen und ihr Verdruß zu machen. Frühjahrs besuchte ich zufällig die Stelle, und der Saft, der mächtig in die Bäume trat, war durch die Einschnitte, die ihren Namen bezeichneten, hervorgequollen und benetzte mit unschuldigen Pflanzentränen die schon hart gewordenen Züge des meinigen. Sie also hier über mich weinen zu sehen, der ich oft ihre Tränen durch meine Unarten hervorgerufen hatte, setzte mich in Bestürzung. In Erinnerung meines Unrechts und ihrer Liebe kamen mir selbst die Tränen in die Augen und ich eilte, ihr alles doppelt und dreifach abzubitten.

Goethe an Behrisch, einen Freund der Leipziger Zeit (13. Oktober 1767):

»Noch so eine Nacht wie diese, Behrisch, und ich komme für alle meine Sünden nicht in die Hölle! Du magst ruhig geschlafen haben, aber ein eifersüchtiger Liebhaber, der ebensoviel Champagner getrunken hatte als er brauchte, um sein Blut in eine angenehme Hitze zu setzen und seine Einbildungskraft aufs Äußerste zu entzünden! –«

10. November 1767, abends 7 Uhr:

»Ha, Behrisch, da ist einer von den Augenblicken! Du bist weg und das Papier ist nur eine kalte Zuflucht gegen deine Arme. O Gott, Gott – laß mich nur erst wieder zu mir kommen, Behrisch, verflucht sei die Liebe. O sähst du mich, sähst du den Elenden, wie er rast, der nicht weiß, gegen wen er rasen soll, du würdest jammern.«

Nach einer Schilderung, wie er Annette mit einem andern in der Komödie gesehen hat, fährt er fort:

»Es schlägt neune, nun wird sie aus sein die verdammte Komödie. Fluch auf sie. Weiter in meiner Erzählung. So saß ich

eine Viertelstunde und sah nichts als was ich in den ersten fünf Minuten gesehen hatte. Auf einmal faßte mich das Fieber mit seiner ganzen Stärke, und ich dachte in dem Augenblick zu sterben; ich gab mein Glas an meinen Nachbar, und lief, ging nicht aus dem Hause.
Sieh Behrisch, die Sara sah ich einmal mit ihr. Wie unterschieden von heute. Es waren ebendieselben Szenen, eben die Acteurs, und ich konnte sie heute nicht ausstehen. Ha! alles Vergnügen liegt in uns. Wir sind unsre eigne Teufel, wir vertreiben uns aus unserm Paradiese.«

Durch unbegründete und abgeschmackte Eifersüchteleien verdarb ich mir und ihr die schönsten Tage. Das arme Kind dauerte mich wirklich, wenn ich sie so ganz ohne Not von mir verletzt sah. Ich stellte mir ihre Lage, die meinige und dagegen den zufriedenen Zustand eines andern Paares aus unserer Gesellschaft so oft und so umständlich vor, daß ich endlich nicht lassen konnte, diese Situation, zu einer quälenden und belehrenden Buße, dramatisch zu behandeln. Daraus entsprang die älteste meiner überbliebenen dramatischen Arbeiten, das kleine Stück »Die Laune des Verliebten«, an dessen unschuldigem Wesen man zugleich den Drang einer siedenden Leidenschaft gewahr wird.

Amine *(die Geliebte):*
Eridon! Hör auf mich zu betrüben!
Frag unsre Freunde nur, wie ich an dich gedacht,
Selbst wenn wir fern von dir getändelt und gelacht.
O wenn du es nicht glaubst, komm heute mit mir hin,
Und dann sag noch einmal, daß ich dir untreu bin.
Ich tanze nur mit dir, ich will dich nie verlassen,
Dich nur soll dieser Arm, dich diese Hand nur fassen.
Wenn mein Betragen dir den kleinsten Argwohn gibt –

Eridon *(der eifersüchtige Liebhaber):*
Daß man sich zwingen kann, beweist nicht, daß man liebt.

Egle *(Amines Freundin):*
Sieh ihre Tränen an, sie fließen dir zur Ehre!
Nicht dacht ich, daß dein Herz im Grund so böse wäre.

Die Unzufriedenheit, die keine Grenzen kennt,
Und immer mehr verlangt, je mehr man ihr vergönnt;
Der Stolz, in ihrer Brust der Jugend kleine Freuden,
Die ganz unschuldig sind, nicht neben dir zu leiden,
Beherrschen wechselweis dein hassenswürdig Herz;
Nicht ihre Liebe rührt, dich rühret nicht ihr Schmerz.
Sie ist mir wert, du sollst hinfort sie nicht betrüben:
Schwer wird es sein, dich fliehn, doch schwerer ists, dich lieben.

Goethe erzählt von seiner freundschaftlichen Verbindung mit dem Buchdrucker und Verleger Breitkopf, in dessen Haus er häufig zu Besuch war, und fährt fort:

Nun sollte ich in diesem Hause noch eine andere Art von Verbindung eingehen. Es zog nämlich in die Mansarde der Kupferstecher Stock, ein sehr fleißiger und in seinen Arbeiten genauer und ordentlicher Mann. Er radierte sehr sauber, so daß die Arbeit aus dem Ätzwasser beinahe vollendet herauskam. So saß er an einem breiten Arbeitstisch am großen Giebelfenster in einer sehr ordentlichen und reinlichen Stube, wo ihm Frau und zwei Töchter häusliche Gesellschaft leisteten. Ich attachierte mich sehr an den Mann, der bei seinem anhaltenden Fleiße einen herrlichen Humor besaß und die Gutmütigkeit selbst war. Unter seiner Anleitung radierte ich verschiedene Landschaften.

Eine Tochter des Kupferstechers Stock erzählt (Mai 1809):

»Von den Schülern meines Vaters der eifrigste, zugleich aber auch zu allerhand munteren Streichen der aufgelegteste, war der später so berühmt gewordene Goethe. Unserer guten Mutter machte diese Bekanntschaft mancherlei Sorge und Verdruß. Wenn der Vater in später Nachmittagsstunde noch fleißig bei der Arbeit saß, trieb ihn der junge Freund an, frühzeitig Feierabend zu machen, und beschwichtigte die Einwendungen der Mutter damit, daß die Arbeit mit der feinen Radiernadel im Zwielicht die Augen zu sehr angreife, zumal er dabei durch das Glas sehe. Wenn nun auch die Mutter erwiderte, durch das Glas zu sehen greife die Augen nicht so sehr an als in das Glas und manches Mal zu tief zu sehen, so ließ doch der muntere Student nicht los und entführte uns den Vater zu Schönkopfs oder nach Auerbachs Keller.

Unser Unterricht war auf sehr wenige Gegenstände beschränkt. Um 11 Uhr vormittags fand sich ein eingetrockneter Leipziger Magister bei uns ein, der sich durch seine schwarze Kleidung und weiße Halskrause das Ansehen eines Theologen geben wollte. Er unterrichtete uns im Lesen, Schreiben und Rechnen und erhielt für die Stunde einen guten Groschen. Wir allesamt waren auf eine einzige Stube angewiesen, und so geschah es öfter, daß Goethe während unserer Lektion eintrat und sich an den Arbeitstisch des Vaters setzte. Einmal traf es sich nun, daß wir eben mitten aus einem ihm für junge Mädchen unpassend erscheinenden Kapitel des Buches Esther laut vorlesen mußten. Ein Weilchen hatte Goethe ruhig zugehört, mit einem Male sprang er auf, riß mir die Bibel aus der Hand und rief dem Herrn Magister mit ganz furioser Stimme zu: »Herr, wie können Sie die jungen Mädchen solche Hurengeschichten lesen lassen!« Unser Magister zitterte und bebte, denn Goethe setzte seine Strafpredigt noch immer heftiger fort, bis die Mutter dazwischentrat und ihn zu besänftigen suchte. Der Magister stotterte etwas von »Alles sei Gottes Wort« heraus, worauf ihn Goethe bedeutete: »Prüfet alles, aber nur was gut und sittlich ist, behaltet!« Dann schlug er das Neue Testament auf, blätterte ein Weilchen darin, bis er, was er suchte, gefunden hatte. »Hier, Dorchen!« sagte er zu meiner Schwester, »das lies uns vor. Das ist die Bergpredigt, da hören wir alle mit zu.« Da Dorchen stotterte und vor Angst nicht lesen konnte, nahm ihr Goethe die Bibel aus der Hand, las uns das ganze Kapitel laut vor und fügte ganz erbauliche Bemerkungen hinzu, wie wir sie von unserm Magister niemals gehört hatten. Dieser faßte nun auch wieder Mut und fragte bescheidentlich: »Der Herr sind wohl studiosus theologiae; werden mit Gottes Hilfe ein frommer Arbeiter im Weingarten des Herrn und ein getreuer Hirte der Herde werden.« – »Zuverlässig«, fügte der Vater scherzend hinzu, »wird er sein Fäßchen in den Keller und sein Schäfchen ins Trockene bringen; an frommen Beichtkindern wirds ihm nicht fehlen!«

Sehr bald nach seinem Eintritt in Leipzig hatte Goethe begonnen, sich in der Zeichenkunst weiterzubilden, und zwar bei Oeser, dem Direktor der dortigen Zeichenakademie.

Vom ersten Augenblick an hatte dieser mich sehr an sich gezogen, und seine Worte und Lehren machten auf mich einen guten und dauerhaften Eindruck. In der Ausübung der Kunst rückte ich freilich keineswegs weiter. Seine Lehre wirkte auf unseren Geist und unseren Geschmack; aber seine eigene Zeichnung war zu unbestimmt, als daß sie mich, der ich an den Gegenständen der Kunst und Natur auch nur hindämmerte, hätte zu einer strengen und entschiedenen Ausübung anleiten sollen. Da nun der Fleiß ohnehin meine Sache nicht war, denn es machte mir nichts Vergnügen als was mich anflog, so wurde ich nach und nach wo nicht lässig doch mißmutig, und weil die Kenntnis bequemer ist als das Tun, so ließ ich mir gefallen, wohin er uns nach seiner Weise zu führen gedachte. – Durch Oeser wurden wir auch auf das hohe Kunstleben Winckelmanns in Italien hingedeutet, und wir nahmen dessen erste Schriften mit Andacht in die Hände.

Ebenso stark bewegt Goethe Lessings kunsttheoretische Abhandlung »Laokoon«:

Man muß Jüngling sein, um sich zu vergegenwärtigen, welche Wirkung Lessings Laokoon auf uns ausübte, indem dieses Werk uns aus der Region eines kümmerlichen Anschauens in die freien Gefilde des Gedankens hinriß. Wie sich aber Begriff und Anschauung wechselweise fordern, so konnte ich diese neuen Gedanken nicht lange verarbeiten, ohne daß ein unendliches Verlangen bei mir entstanden wäre, doch einmal bedeutende Kunstwerke in größerer Masse zu erblicken. Ich entschied mich daher, Dresden ohne Aufschub zu besuchen. Die wenigen Tage meines Aufenthaltes waren allein der Gemäldegalerie gewidmet.
Diese köstlichen, Geist und Sinne zur wahren Kunst vorbereitenden Erfahrungen wurden jedoch durch einen der traurigsten Anblicke unterbrochen und gedämpft, durch den zerstörten und verödeten Zustand so mancher Straße Dresdens, durch die ich meinen Weg nahm. Die Mohrenstraße in Schutt sowie die Kreuzkirche mit ihrem geborstenen Turm drückten sich mir tief

ein und stehen noch wie ein dunkler Fleck in meiner Einbildungskraft. Von der Kuppel der Frauenkirche sah ich diese leidigen Trümmer zwischen die schöne städtische Ordnung hineingesät. Der gute Sakristan deutete auf Ruinen nach allen Seiten und sagte bedenklich lakonisch: »Das hat der Feind getan!«

In den drei Jahren meines Leipziger Aufenthaltes hatten meine körperlichen Zustände nicht die beste Wendung genommen. Schon von Hause hatte ich einen gewissen hypochondrischen Zug mitgebracht, der sich in dem neuen sitzenden und schleichenden Leben eher verstärkte als verschwächte. Durch eine unglückliche Diät verdarb ich mir die Kräfte der Verdauung. Das schwere Merseburger Bier verdüsterte mein Gehirn, der Kaffee, der mir eine ganz eigene triste Stimmung gab, besonders mit Milch nach Tische genossen, paralysierte meine Eingeweide und schien ihre Funktion völlig aufzuheben, so daß ich deshalb große Beängstigungen empfand, ohne jedoch den Entschluß zu einer vernünftigeren Lebensart fassen zu können. Meine Natur, von hinlänglichen Kräften der Jugend unterstützt, schwankte zwischen den Extremen von ausgelassener Lustigkeit und melancholischem Unbehagen. Ich verhetzte meinen glücklichen Organismus dergestalt, daß die darin enthaltenen besonderen Systeme zuletzt in eine Verschwörung und Revolution ausbrechen mußten, um das Ganze zu retten.
Eines Nachts wachte ich mit einem heftigen Blutsturz auf und hatte noch soviel Kraft und Besinnung, meinen Stubennachbar zu wecken. Ein Arzt wurde gerufen, der mir aufs freundlichste hilfreich ward, und so schwankte ich mehrere Tage zwischen Leben und Tod. – Genesung ist immer angenehm und erfreulich, wenn sie auch langsam und kümmerlich vonstatten geht. Da bei mir sich die Natur geholfen, so schien ich auch nunmehr ein anderer Mensch geworden zu sein; denn ich hatte eine größere Heiterkeit des Geistes gewonnen, als ich mir lange nicht gekannt, und ich war froh, mein Inneres frei zu fühlen, wenn mich gleich äußerlich ein langwieriges Leiden bedrohte.
Was mich aber in dieser Zeit besonders aufrichtete, war zu sehen, wieviel vorzügliche Männer mir unverdient ihre Neigung zugewendet hatten. Unverdient, sage ich: denn es war keiner darunter, dem ich nicht durch widerliche Launen beschwerlich gewesen wäre, keiner, den ich nicht durch krankhaften Wider-

sinn mehr als einmal verletzt, ja den ich nicht im Gefühl meines eigenen Unrechts eine Zeitlang störrisch gemieden hätte. Dies alles war vergessen. Das ganze Breitkopfsche Haus, die Stocksche Familie, manche andere behandelten mich als einen nahen Verwandten; und so wurde mir durch das Wohlwollen so vieler freundlicher Menschen das Gefühl meines Zustandes auf das zarteste gelindert.

Im August 1768 fährt Goethe von Leipzig ab. Fast sechzig Jahre später, im Dezember 1827, schreibt Marianne v. Willemer an ihn:

»Eine Schachtel aus dem Vermächtnis unseres verewigten Freundes Riese ist mir gestern unter meiner Adresse gesendet worden, und ich habe sie nach seinem Willen uneröffnet unter Ihrer Adresse auf den Postwagen gegeben, der morgen von Frankfurt abgeht; ich hoffe, daß diese Zeilen früh genug kommen, um Ihnen diese Sendung zu erklären.«

Goethe, der Achtundsiebzigjährige, antwortet am 3. Januar 1828:

»Das Abscheiden unseres guten Riese mußte mir zu weiten Rückblicken Veranlassung geben; er war bis jetzt als mein ältester Freund stehengeblieben, bis er nun auch aus diesem Gänsespiel scheidet. Schön war es, und völlig in seiner alten treuen Art, daß er sein Vermächtnis durch Ihre Hand gehen läßt.
Eigentlich waren es uralte, redlich aufgehobene Briefe, deren Anblick nicht erfreulich sein konnte; hier lagen mir eigenhändige Blätter vor Augen, welche nur allzudeutlich ausdrückten, in welchen sittlich kümmerlichen Beschränktheiten man die schönsten Jugendjahre verlebt hatte. Die Briefe von Leipzig waren durchaus ohne Trost, ich habe sie alle dem Feuer überliefert.«

MELANCHOLIE, KRISIS UND NEUBEGINN

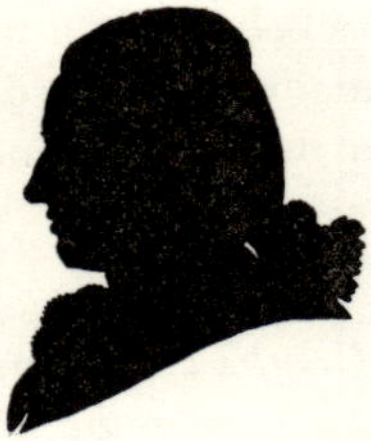

Je mehr ich mich, von Leipzig kommend, meiner Vaterstadt näherte, desto mehr rief ich mir bedenklicherweise zurück, in welchen Zuständen, Aussichten, Hoffnungen ich von Hause weggegangen, und es war ein sehr niederschlagendes Gefühl, daß ich nunmehr gleichsam als ein Schiffbrüchiger zurückkehrte. Da ich mir jedoch nicht sonderlich viel vorzuwerfen hatte, so wußte ich mich ziemlich zu beruhigen; indessen war der Willkommen nicht ohne Bewegung. Die große Lebhaftigkeit meiner Natur, durch Krankheit gereizt und erhöht, verursachte eine leidenschaftliche Szene. Ich mochte übler aussehen, als ich selbst wußte; denn ich hatte lange keinen Spiegel zu Rate gezogen; und wer wird sich denn nicht selbst gewohnt! Genug, man kam stillschweigend überein, mancherlei Mitteilungen erst nach und nach zu bewirken und vor allen Dingen sowohl körperlich als geistig einige Beruhigung eintreten zu lassen.

Meine Schwester gesellte sich gleich zu mir. Ihr hatte mein Vater nach meiner Abreise seine ganze didaktische Liebhaberei zugewendet. Das Französische, Italienische, Englische mußte sie abwechselnd treiben und bearbeiten, wobei er sie einen großen Teil des Tages sich an dem Klaviere zu üben nötigte.

Meine Schwester war und blieb ein indefinibles Wesen, das sonderbarste Gemisch von Strenge und Weichheit, von Eigensinn und Nachgiebigkeit. So hatte sie auf eine Weise, die mir fürchterlich erschien, ihre Härte gegen den Vater gewendet, dem sie nicht verzieh, daß er ihr diese drei Jahre lang so manche unschuldige Freude verhindert oder vergällt, und von dessen guten und trefflichen Eigenschaften sie auch ganz und gar keine anerkennen wollte. Sie tat alles, was er befahl und anordnete, aber auf die unlieblichste Weise von der Welt. Da aber meine Schwe-

ster so liebebedürftig war als irgendein menschliches Wesen, so wendete sie nun ihre Neigung ganz auf mich. Sie, nur ein Jahr jünger als ich, hatte mein ganzes bewußtes Leben mit mir herangelebt und sich dadurch mit mir aufs innigste verbunden. Und so wie in den ersten Jahren Spiel und Lernen, Wachstum und Bildung den Geschwistern völlig gemein war, so daß sie sich wohl für Zwillinge halten konnten, so blieb auch unter ihnen diese Gemeinschaft, dieses Vertrauen bei Entwicklung physischer und moralischer Kräfte. Jenes Interesse der Jugend, jenes Erstaunen beim Erwachen sinnlicher Triebe, die sich in geistige Formen, geistiger Bedürfnisse, die sich in sinnliche Gestalten einkleiden, alle Betrachtungen darüber, die uns eher verdüstern als aufklären, wie ein Nebel das Tal, woraus er sich emporheben will, zudeckt und nicht erhellt, manche Irrungen und Verwirrungen, die daraus entspringen, teilten und bestanden die Geschwister Hand in Hand und wurden über ihre seltsamen Zustände um desto weniger aufgeklärt, als die heilige Scheu der nahen Verwandtschaft sie, indem sie sich einander mehr nähern, ins klare treten wollen, nur immer gewaltiger auseinander hielt.
Da ich dieses geliebte unbegreifliche Wesen nur zu bald verlor, fühlte ich genugsamen Anlaß, mir ihren Wert zu vergegenwärtigen, und so entstand bei mir der Begriff eines dichterischen Ganzen, in welchem es möglich gewesen wäre, ihre Individualität darzustellen. Aber von diesem schönen und frommen Vorsatz zog mich, wie von so vielen anderen, der Tumult der Welt zurück, und nun bleibt mir nichts übrig, als den Schatten jenes seligen Geistes nur, wie durch Hilfe eines magischen Spiegels, auf einen Augenblick heranzurufen.
Sie war groß, wohl und zart gebaut und hatte etwas Natürlich-Würdiges in ihrem Betragen, das in eine angenehme Weichheit verschmolz. Die Züge ihres Gesichts, weder bedeutend noch schön, sprachen von einem Wesen, das weder mit sich einig war, noch werden konnte. Ihre Augen waren nicht die schönsten, die ich jemals sah, aber die tiefsten, hinter denen man am meisten erwartete, und, wenn sie irgend eine Neigung, eine Liebe ausdrückten, einen Glanz hatten ohnegleichen, und doch war dieser Ausdruck eigentlich nicht zärtlich, wie der, der aus dem Herzen kommt und zugleich etwas Sehnsüchtiges und Verlangendes mit sich führt; dieser Ausdruck kam aus der Seele, er war voll und

reich, er schien nur geben zu wollen, nicht des Empfangens zu bedürfen.

Mein Vater hatte, was das Vollbringen betrifft, eine besondere Hartnäckigkeit. Was einmal unternommen ward, sollte ausgeführt werden, und wenn auch inzwischen das Unbequeme, Langweilige, Verdrießliche, ja Unnütze des Begonnenen sich deutlich offenbarte. Es schien, als wenn ihm das Vollbringen der einzige Zweck, das Beharren die einzige Tugend deuchte. Bei meiner frühzeitigen Beschäftigung mit dem Zeichnen war die Pädagogik meines Vaters zu bewundern. Er fragte wohlwollend nach meinen Versuchen und zog Linien um jede unvollkommene Skizze; er wollte mich dadurch zur Vollständigkeit und Ausführlichkeit nötigen. Er schnitt die Blätter auseinander, ließ das Zusammenpassende durch den Buchbinder aufziehen, faßte die einzelnen Blätter in Linien und nötigte mich dadurch wirklich, die Umrisse verschiedener Berge bis an den Rand zu ziehen und den Vordergrund mit einigen Kräutern und Steinen auszufüllen. Konnten seine treuen Bemühungen auch mein Talent nicht steigern, so hatte doch dieser Zug seiner Ordnungsliebe einen geheimen Einfluß auf mich, der sich späterhin auf mehr als eine Weise lebendig erwies.

In diesem Krankheitswinter befand sich mein Vater in ziemlicher Behaglichkeit. Er brachte einen großen Teil des Tags mit dem Unterrichte meiner Schwester zu, schrieb in seiner Reisebeschreibung und stimmte seine Laute länger als er darauf spielte. Er verhehlte dabei, so gut er konnte, den Verdruß, anstatt eines rüstigen, tätigen Sohns, der nun promovieren und jene vorgeschriebene Lebensbahn durchlaufen sollte, einen Kränkling zu finden, der noch mehr an der Seele als am Körper zu leiden schien. Er verbarg nicht seinen Wunsch, daß man sich mit der Kur expedieren möge; besonders aber mußte man sich mit hypochondrischen Äußerungen in seiner Gegenwart in acht nehmen, weil er alsdann heftig und bitter werden konnte.

Meine Mutter, von Natur sehr lebhaft und heiter, brachte unter diesen Umständen sehr langweilige Tage zu. Die kleine Haushaltung war bald besorgt. Das Gemüt der guten, innerlich niemals unbeschäftigten Frau wollte auch einiges Interesse finden, und das nächste begegnete ihr in der Religion, das sie um so lieber ergriff, als ihre vorzüglichen Freundinnen gebildete und herzliche Gottesverehrerinnen waren. Unter diesen stand Fräulein von Klettenberg obenan. Es ist dieselbe, aus deren Unterhaltungen und Briefen die Bekenntnisse der schönen Seele entstanden sind, die man in Wilhelm Meister eingeschaltet findet.

Aus den »Bekenntnissen einer schönen Seele«:

»Warum sollte mein Glaube nicht einen göttlichen Ursprung, nicht einen wirklichen Gegenstand haben?
Daß ich immer vorwärts, nie rückwärts gehe, daß meine Handlungen immer mehr der Idee ähnlich werden, die ich mir von der Vollkommenheit gemacht habe, daß ich täglich mehr Leichtigkeit fühle, das zu tun, was ich für recht halte, selbst bei der Schwäche meines Körpers, der mir so manchen Dienst versagt, läßt sich das alles aus der menschlichen Natur, deren Verderben ich so tief eingesehen habe, erklären? Für mich nun einmal nicht.
Ich erinnere mich kaum eines Gebotes; nichts erscheint mir in Gestalt eines Gesetzes; es ist ein Trieb, der mich leitet und mich immer recht führet; ich folge mit Freiheit meinen Gesinnungen, und weiß so wenig von Einschränkung als von Reue. Gott sei Dank, daß ich erkenne, wem ich dieses Glück schuldig bin, und daß ich an diese Vorzüge nur mit Demut denken darf. Denn niemals werde ich in Gefahr kommen, auf mein eigenes Können und Vermögen stolz zu werden, da ich so deutlich erkannt habe, welch Ungeheuer in jedem menschlichen Busen sich erzeugen und nähren könne, wenn eine höhere Kraft uns nicht bewahrt.«

An mir fand Fräulein von Klettenberg was sie bedurfte, ein junges, lebhaftes, auch nach einem unbekannten Heile strebendes Wesen, das, ob es sich gleich nicht für außerordentlich sündhaft halten konnte, sich doch in keinem behaglichen Zustand befand und weder an Leib noch Seele ganz gesund war. Meine Unruhe, meine Ungeduld, mein Streben, mein Suchen, Forschen, Sinnen und Schwanken legte sie auf ihre Weise aus und verhehlte mir ihre Überzeugung nicht, sondern versicherte mir unbewunden, das alles komme daher, weil ich keinen versöhnten Gott habe. Nun hatte ich von Jugend auf geglaubt, mit meinem Gott ganz gut zu stehen, ja, ich bildete mir nach mancherlei Erfahrungen wohl ein, daß er gegen mich sogar im Rest stehen könne, und ich war kühn genug zu glauben, daß ich ihm einiges zu verzeihen hätte. Dieser Dünkel gründete sich auf meinem unendlichen guten Willen, dem er, wie mir schien, besser hätte zu Hilfe kommen sollen.

Ich mochte mir wohl eine Gottheit vorstellen, die sich von Ewigkeit her selbst produziert; da sich aber Produktion nicht ohne Mannigfaltigkeit denken läßt, so mußte sie sich notwendig sogleich als ein Zweites erscheinen, welches wir unter dem Namen des Sohnes anerkennen; diese beiden mußten nun den Akt des Hervorbringens fortsetzen und erschienen sich selbst wieder im Dritten, welches nun ebenso bestehend lebendig und ewig als das Ganze war. Hiermit war jedoch der Kreis der Gottheit geschlossen, und es wäre ihnen selbst nicht möglich gewesen, abermals ein ihnen völlig Gleiches hervorzubringen. Da jedoch der Produktionsbetrieb immer fortging, so erschufen sie ein Viertes, das aber schon in sich einen Widerspruch hegte, indem es, wie sie, unbedingt und doch zugleich in ihnen enthalten und durch sie begrenzt sein sollte. Dieses war nun Luzifer, welchem von nun an die ganze Schöpfungskraft übertragen war und von dem alles übrige Sein ausgehen sollte. Er bewies sogleich seine unendliche Tätigkeit, indem er die sämtlichen Engel erschuf, alle wieder nach seinem Gleichnis, unbedingt, aber in ihm enthalten und durch ihn begrenzt. Umgeben von einer solchen Glorie vergaß er seines höhern Ursprungs und glaubte ihn in sich selbst zu finden, und aus diesem ersten Undank entsprang alles, was uns nicht mit dem Sinne und den Absichten der Gottheit übereinzustimmen scheint. Je mehr er sich nun in sich selbst konzentrierte, je unwohler mußte es ihm werden, so wie allen den Geistern, denen er die süße Erhebung zu ihrem Ursprung verkümmerte. Und so ereignete sich das, was uns unter der Form des Abfalls der Engel bezeichnet wird. Ein Teil derselben konzentrierte sich mit Luzifer, der andere wendete sich wieder gegen seinen Ursprung. Aus dieser Konzentration der ganzen Schöpfung, denn sie war von Luzifer ausgegangen und mußte ihm folgen, entsprang nun alles das, was wir unter der Gestalt der Materie gewahr werden, was wir uns als schwer, fest und finster vorstellen, welches aber, indem es, wenn auch nicht unmittelbar, doch durch Filiation vom göttlichen Wesen herstammt, ebenso unbedingt mächtig und ewig ist, als der Vater und die Großeltern. Da nun das ganze Unheil, wenn wir es so nennen dürfen, bloß durch die einseitige Richtung Luzifers entstand, so fehlte freilich dieser Schöpfung die bessere Hälfte: denn alles, was durch Konzentration gewonnen wird, besaß sie, aber es fehlte ihr alles, was durch Expansion allein bewirkt werden kann; und so hätte die sämtliche Schöpfung durch immerwährende Konzentration sich selbst aufreiben, sich mit ihrem Vater Luzifer vernichten und alle ihre Ansprüche an eine gleiche Ewigkeit mit der Gottheit verlieren können. Diesem Zustand sahen die Elohim eine Weile zu, und sie hatten die Wahl, jene Äonen abzuwarten, in welchen das Feld wieder rein geworden und ihnen Raum zu einer neuen Schöpfung geblieben wäre, oder ob sie in das Gegenwärtige eingreifen und dem Mangel nach ihrer Unendlichkeit zu Hilfe kommen wollten. Sie erwählten nun das letztere und supplierten durch ihren bloßen Willen in einem Augenblick den ganzen Mangel, den der Erfolg von Luzifers Beginnen an sich trug. Sie gaben dem unendlichen Sein die Fähigkeit, sich auszudehnen, sich gegen sie zu bewegen; der eigentliche Puls des Lebens war wiederhergestellt, und Luzifer selbst konnte sich dieser Einwirkung nicht entziehen. Dieses ist die Epoche, wo dasjenige hervortrat, was wir als Licht kennen, und wo dasjenige begann, was wir mit dem Worte Schöpfung zu bezeichnen pflegen. So sehr sich auch nun diese durch die immer fortwirkende Lebenskraft der Elohim stufenweise vermannigfaltigte, so fehlte es doch noch an einem Wesen, welches die ursprüngliche Verbindung mit der Gottheit wiederherzustellen geschickt wäre, und so wurde der Mensch hervorgebracht, der in allem der Gottheit ähnlich, ja gleich sein sollte, sich aber freilich dadurch abermals in dem Falle Luzifers befand, zugleich unbedingt und beschränkt zu sein; und da dieser Widerspruch durch alle Kategorien des Daseins sich an ihm manifestieren und ein vollkommenes Bewußtsein sowie ein entschiedener Wille seine Zustände begleiten sollte, so war vorauszusehen, daß er zugleich das vollkommenste und unvollkommenste, das glücklichste und unglücklichste Geschöpf werden müsse. Es währte nicht lange, so spielte er auch völlig die Rolle des Luzifer. Die Absonderung vom Wohltäter ist der eigentliche Undank, und so ward jener Abfall zum zweitenmal eminent, obgleich die ganze Schöpfung nichts ist und nichts war als ein Abfallen und Zurückkehren zum Ursprünglichen.

Man sieht leicht, wie hier die Erlösung nicht allein von Ewigkeit her beschlossen, sondern als ewig notwendig gedacht wird, ja daß sie durch die ganze Zeit des Werdens und Seins sich immer wieder erneuern muß. Nichts ist in diesem Sinne natürlicher, als daß die Gottheit selbst die Gestalt des Menschen annimmt, die sie sich zu einer Hülle schon vorbereitet hatte, und daß sie die Schicksale desselben auf kurze Zeit teilt, um durch diese Verähnlichung das Erfreuliche zu erhöhen und das Schmerzliche zu mildern. Die Geschichte aller Religionen und Philosophien lehrt uns, daß diese große, den Menschen unentbehrliche Wahrheit von verschiedenen Nationen in verschiedenen Zeiten auf mancherlei Weise, ja in seltsamen Fabeln und Bildern der Beschränktheit gemäß überliefert worden; genug, wenn nur anerkannt wird, daß wir uns in einem Zustande befinden, der, wenn er uns auch niederzuziehen und zu drücken scheint, dennoch Gelegenheit gibt, ja zur Pflicht macht, uns zu erheben und die Absichten der Gottheit dadurch zu erfüllen, daß wir, indem wir von einer Seite uns zu verselbsten genötiget sind, von der andern in regelmäßigen Pulsen uns zu entselbstigen nicht versäumen.

Im Atemholen sind zweierlei Gnaden:
Die Luft einziehn, sich ihrer entladen.
Jenes bedrängt, dieses erfrischt;
So wunderbar ist das Leben gemischt.
Du danke Gott, wenn er dich preßt,
Und dank ihm, wenn er dich wieder entläßt.

Die Gedichte, die ich in Leipzig verfaßt hatte, waren mir schon zu gering. Sie schienen mir kalt, trocken und oberflächlich. Dieses bewog mich, wieder ein großes Haupt-Autodafé über meine Arbeiten zu verhängen, und kaum blieb etwas verschont außer der »Laune des Verliebten«.

Eine andere Sittenkomödie dagegen, deren Idee Goethe schon in Leipzig aufgezeichnet hatte, führte er nunmehr aus: »Die Mitschuldigen«.

Früh schon hatte eine tiefe, bedeutende, drangvolle Welt mich angesprochen. Bei meiner Geschichte mit Gretchen hatte ich zeitig in die seltsamen Irrgänge geblickt, mit welchen die bürgerliche Sozietät unterminiert ist. Religion, Sitte, Gesetz, Stand,

Verhältnisse, Gewohnheit – alles beherrscht nur die Oberfläche des städtischen Daseins. Die von herrlichen Häusern eingefaßten Straßen werden reinlich gehalten und jedermann beträgt sich daselbst anständig genug, aber im Innern sieht es öfters desto wüster aus, und ein glattes Äußere übertüncht als ein schwacher Bewurf manches morsche Gemäuer. Um mir Luft zu verschaffen, entwarf ich mehrere Schauspiele. »Die Mitschuldigen« sind das einzige Fertiggewordene. Es ist, ohne daß ich mir dessen bewußt geworden wäre, in einem höheren Gesichtspunkte geschrieben. Es deutet auf eine vorsichtige Duldung bei moralischer Zurechnung und spricht in etwas herben und derben Zügen jenes höchst christliche Wort spielend aus: Wer sich ohne Sünde fühlt, der hebe den ersten Stein auf.

Aus den »Mitschuldigen«:

Es brauchts nicht eben just, daß einer tapfer ist,
man kommt auch durch die Welt mit Schleichen und mit List.
Der Eine geht Euch hin, bewaffnet mit Pistolen,
sich einen Sack voll Gold, vielleicht den Tod zu holen.
Und spricht: »Den Beutel her, her ohne viel zu sperrn!«
mit so gelaßnem Blut, als spräch er: »Prost, Ihr Herrn!«
Ein Anderer zieht herum mit zauberischen Händen
und Volten, wie der Blitz, die Uhren zu entwenden,
und wenn Ihrs haben wollt, er sagt Euch ins Gesicht:
»Ich stehle, gebt wohl acht!« Er stiehlt, Ihr seht es nicht.
Mich machte die Natur nun freilich viel geringer,
mein Herz ist allzuleicht, zu plump sind meine Finger,
und doch, kein Schelm zu sein, ist heutzutage schwer!
Das Geld nimmt täglich ab, und täglich braucht man mehr.
Habt Dank, Ihr Dietriche, Ihr seid der Trost der Welt:
Durch Euch erlang ich ihn, den großen Dietrich Geld.

Mein Arzt, ein unerklärlicher, schlaublickender, freundlich sprechender, übrigens obstruser Mann, der sich in dem frommen Kreise ein ganz besonderes Zutraun erworben hatte, erweiterte seine Kundschaft durch die Gabe, einige geheimnisvolle, selbstbereitete Arzneien im Hintergrunde zu zeigen, von denen niemand sprechen durfte, weil bei uns den Ärzten streng verboten war, selbst Medizin herzustellen. Mit gewissen Pulvern tat er nicht so geheim; aber von jenem wichtigen Salze, das allein in den größten Gefahren angewendet werden durfte, war nur unter den Gläubigen die Rede, ob es gleich niemand gesehen, oder die Wirkung davon gespürt hatte.

Um den Glauben an die Möglichkeit eines solchen Universalmittels zu erregen und zu stärken, hatte der Arzt seinen Patienten, wo er nur einige Empfänglichkeit fand, gewisse mystische chemisch-alchimische Bücher empfohlen und zu verstehen gegeben, daß man durch eignes Studium derselben gar wohl dahin gelangen könne, jenes Kleinod sich selbst zu erwerben, welches um so notwendiger sei, als die Bereitung sich sowohl aus physischen als besonders aus moralischen Gründen nicht wohl überliefern lasse, ja daß man, um jenes große Werk einzusehen, hervorzubringen und zu benutzen, die Geheimnisse der Natur im Zusammenhang kennen müsse. Meine Freundin, Fräulein von Klettenberg, hatte auf diese lockenden Worte gehorcht, und nachdem wir schon insgeheim Wellings »Magisch-kabbalistisches Werk« studiert hatten, befaßten wir uns nun mit den Werken des Theophrastus Paracelsus und anderer.

Meine Freundin hatte schon früher angefangen, sich einen kleinen Windofen, Kolben und Retorten anzuschaffen, und operierte nach bedeutenden Winken des Arztes und Meisters besonders auf Eisen, in welchem die heilsamsten Kräfte verborgen sein sollten. Sonderbare Ingredienzien des Makrokosmus und Mikrokosmus wurden auf eine geheimnisvolle, wunderliche Weise behandelt. Was mich aber eine ganze Weile am meisten beschäftigte, war der sogenannte Liquor Silicum, der Kieselsaft, welcher entsteht, wenn man reine Quarzkiesel mit einem gehörigen Anteil Alkali schmilzt, woraus ein durchsichtiges Glas entspringt, welches an der Luft zerschmilzt und eine schöne klare Flüssigkeit darstellt. Wer dieses einmal selbst verfertigt und mit Augen gesehen hat, der wird diejenigen nicht tadeln, welche an eine jungfräuliche Erde und an die Möglichkeit glauben, auf und durch dieselbe weiter zu wirken.

Während der zwanzigjährige Goethe in den Retorten des Mittelalters dem Liquor Silicum nachstellt, konstruiert gleichzeitig James Watt die erste brauchbare Dampfmaschine. Ein halbes Jahrhundert später äußert der siebzigjährige Goethe in »Wilhelm Meisters Wanderjahren«:

»Das überhandnehmende Maschinenwesen quält und ängstigt mich. Es wälzt sich heran wie ein Gewitter, langsam, langsam; aber es hat seine Richtung genommen, es wird kommen und treffen. – Wer möchte sich solche Schrecknisse gern vergegenwärtigen. Man denke sich dieses frohe Land, diese geputzte Menge; und man denke, wie das nach und nach zusammensinken, absterben, wie die Öde, durch Jahrhunderte belebt und bevölkert, wieder in ihre uralte Einsamkeit zurückfallen werde. – Ich weiß recht gut, daß man in der Nähe mit dem Gedanken umgeht, selbst Maschinen zu errichten und die Nahrung der Menge an sich zu reißen. Ich käme mir verächtlich vor, sollt ich diese guten Menschen plündern und sie zuletzt arm und hilflos wandern sehen; und wandern müssen sie, früher oder später. Sie ahnen, sie wissen, sie sagen es, und niemand entschließt sich zu irgendeinem heilsamen Schritte. Hier bleibt nur ein doppelter Weg, einer so traurig wie der andere; entweder selbst das Neue zu ergreifen und das Verderben zu beschleunigen, oder aufzubrechen, die Besten und Würdigsten mit sich fort zu ziehen und ein günstigeres Schicksal jenseits der Meere zu suchen.«

In Goethes zwanzigstes Lebensjahr fällt noch ein anderes Ereignis von weitreichender Bedeutung – die Geburt Napoleons. Im Alter sagt Goethe zu Eckermann:

»Ein Name ist nichts Geringes. Hat doch Napoleon eines großen Namens wegen fast die halbe Welt in Stücke geschlagen. Wenn man bedenkt, daß er das Leben und Glück von Millionen mit Füßen getreten hatte, so ist das Schicksal, das ihm widerfuhr, immer noch sehr milde. Napoleon gibt uns ein Beispiel, wie gefährlich es sei, sich ins Absolute zu erheben und alles der Ausführung einer Idee zu opfern. Allerdings war seine Persönlichkeit eine überlegene. Die Hauptsache aber bestand darin, daß die Menschen gewiß waren, ihre Zwecke unter ihm zu erreichen. Deshalb fielen sie ihm zu, so wie sie es jedem tun, der ihnen eine ähnliche Gewißheit einflößt. Dies ist ein altes Märchen, das sich immer wiederholt, die menschliche Natur ist einmal so eingerichtet. – Niemand dienet einem andern aus freien Stücken; weiß er aber, daß er damit sich selber dient, so tut er es gerne. Napoleon kannte die Menschen zu gut, und er wußte von ihren Schwächen den gehörigen Gebrauch zu machen. Er war dämonisch im höchsten Grade, so daß kaum ein anderer ihm zu vergleichen ist. Das Dämonische ist dasjenige, was durch Verstand und Vernunft nicht aufzulösen ist. In meiner Natur liegt es nicht, aber ich bin ihm unterworfen.«

Mir war indes noch eine sehr harte Prüfung vorbereitet: denn meine Krankheit brachte solche Symptome hervor, daß ich unter großen Beängstigungen das Leben zu verlieren glaubte und keine angewandten Mittel weiter etwas fruchten wollten.

Cornelia an ihre Freundin Katharina Fabricius, am 4. Dezember 1768:

»Ich schreibe Ihnen in großer Verwirrung. Meinem Bruder geht es sehr schlecht. Er hatte ganz plötzlich einen sehr heftigen Anfall von Kolik, unter dem er außerordentlich leidet. Man versuchte alles nur mögliche, um ihm einige Erleichterung zu verschaffen, aber vergeblich. Es zerreißt mir das Herz, ihn in einem solchen Zustande zu sehen; ach, warum kann ich ihm nicht helfen.«

In diesen letzten Nöten zwang meine bedrängte Mutter mit dem größten Ungestüm den verlegenen Arzt, mit seiner Universal-Medizin hervorzurücken. Nach langem Widerstande eilte er tief in der Nacht nach Hause und kam mit einem Gläschen kristallisierten trocknen Salzes zurück, welches in Wasser aufgelöst von dem Patienten verschluckt wurde. Das Salz war kaum genommen, so zeigte sich eine Erleichterung des Zustandes, und von diesem Augenblick an nahm die Krankheit eine Wendung, die stufenweise zur Besserung führte.

In diesen Wochen der Genesung schreibt Goethe an Friederike Oeser, eine Freundin der Leipziger Zeit (13. Februar 1769):

»O, meine Freundin, das Licht ist die Wahrheit, doch die Sonne ist nicht die Wahrheit, von der doch das Licht quillt. Die Nacht ist Unwahrheit. Und was ist Schönheit? Sie ist nicht Licht und nicht Nacht. Dämmerung; eine Geburt von Wahrheit und Unwahrheit. Ein Mittelding. In ihrem Reiche liegt ein Scheideweg, so zweideutig, so schielend, ein Herkules unter den Philosophen könnte sich vergreifen. Ich will abbrechen; wenn ich in diese Materie komme, da werde ich zu ausschweifend und doch ist sie meine Lieblingsmaterie. –
Meine gegenwärtige Lebensart ist der Philosophie gewidmet. Eingesperrt, allein, Zirkel, Papier, Feder und Tinte, und zwei Bücher, mein ganzes Rüstzeug. Und auf diesem einfachen Wege komme ich in der Erkenntnis der Wahrheit oft so weit, und weiter, als andere mit ihrer Bibliothekar-Wissenschaft. Ein großer Gelehrter ist selten ein großer Philosoph. Und wer mit Mühe viel Bücher durchblättert hat, verachtet das leichte einfältige Buch der Natur, und es ist doch nichts wahr als was einfältig ist. –«

Die Kompendien, über deren Zulänglichkeit uns Hamlet schon ein bedenkliches Wort ins Ohr geraunt hatte, wurden immer verdächtiger, man wies uns auf die Betrachtung eines bewegten Lebens hin, das wir so gerne führten, und auf die Kenntnis der Leidenschaften, die wir in unserem Busen teils empfanden, teils ahneten, und die, wenn man sie sonst gescholten hatte, uns nunmehr als etwas Wichtiges und Würdiges vorkommen mußten, weil sie der Hauptgegenstand unserer Studien sein sollten, und die Kenntnis derselben als das vorzüglichste Bildungsmittel unserer Geisteskräfte angerühmt ward. Überdies war eine solche Denkweise meiner eigenen Überzeugung, ja meinem poetischen Tun und Treiben ganz angemessen. Ich fügte mich daher ohne Widerstreben, nachdem ich so manchen guten Vorsatz vereitelt, so manche redliche Hoffnung verschwinden sehn, in die Absicht meines Vaters, mich nach Straßburg zu schicken, wo man mir ein heiteres, lustiges Leben versprach, indessen ich meine Studien weiter fortsetzen und am Ende promovieren sollte.
Im Frühjahr fühlte ich meine Gesundheit, noch mehr aber meinen jugendlichen Mut wiederhergestellt und sehnte mich aber-

mals aus meinem väterlichen Hause, obgleich aus ganz anderen Ursachen als das erste Mal: denn es waren mir diese hübschen Zimmer, wo ich so viel gelitten hatte, unerfreulich geworden, und mit dem Vater selbst konnte sich kein angenehmes Verhältnis anknüpfen. Ich konnte ihm nicht ganz verzeihen, daß er bei den Rückfällen meiner Krankheit und bei dem langsamen Genesen mehr Ungeduld als billig sehen lassen, ja daß er, anstatt durch Nachsicht mich zu trösten, sich oft auf eine grausame Weise über das, was in keines Menschen Hand lag, geäußert, als wenn es nur vom Willen abhinge. Aber auch er ward auf mancherlei Weise durch mich verletzt und beleidigt. Zuletzt gab es eine Szene, welche, zwar wieder getuscht und ausgeglichen, doch meine Reise nach dem schönen Elsaß beschleunigte.

Ich war im Wirtshaus »Zum Geist« abgestiegen und eilte sogleich das sehnlichste Verlangen zu befriedigen und mich dem Münster zu nähern. Als ich nun erst durch die schmale Gasse diesen Koloß gewahrte, sodann aber auf dem freilich sehr engen Platz allzu nah vor ihm stand, machte derselbe auf mich einen Eindruck ganz eigener Art, den ich diesmal nur dunkel mit mir nahm, indem ich das Gebäude eilig bestieg, um nicht den schönen Augenblick einer frohen und heitern Sonne zu versäumen, welche mir das weite, reiche Land auf einmal offenbaren sollte.

Und so sah ich denn von der Plattform die schöne Gegend vor mir, in welcher ich eine Zeitlang wohnen und hausen durfte, die ansehnliche Stadt, die weitumherliegenden, mit herrlichen dichten Bäumen besetzten und durchflochtenen Auen, diesen auffallenden Reichtum der Vegetation, der, dem Laufe des Rheins folgend, die Ufer, Inseln und Werder bezeichnet.

Ein solcher frischer Anblick in ein neues Land, in welchem wir uns eine Zeitlang aufhalten sollen, hat noch das Eigene, so Angenehme als Ahnungsvolle, daß das Ganze wie eine unbeschriebene Tafel vor uns liegt. Noch sind keine Leiden und Freuden, die sich auf uns beziehen, darauf verzeichnet; diese heitere, bunte, belebte Fläche ist noch stumm für uns. Das Auge haftet nur an den Gegenständen, insofern sie an und für sich bedeutend sind, und noch haben weder Neigung noch Leidenschaft diese oder jene Stelle besonders herauszuheben; aber eine Ahnung dessen, was kommen wird, beunruhigt schon das junge Herz, und ein unbefriedigtes Bedürfnis fordert im stillen dasjenige, was kommen soll und mag, es sei nun Wohl oder Weh.

STRASSBURG – AUFBRUCH INS FREIE

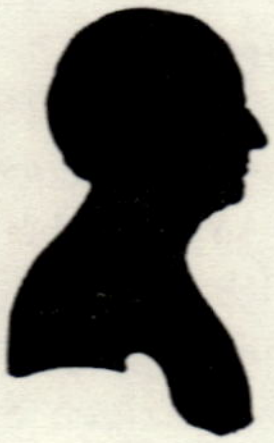

Goethe an einen Leipziger Studienfreund, Johann Christian Limprecht, Straßburg, 19. April 1770:

»Ich bin wieder Studiosus und habe nun, Gott sei Dank, so viel Gesundheit, als ich brauche, und Munterkeit im Überfluß. Ich bin anders, viel anders, dafür dank ich meinem Heilande; daß ich nicht bin, was ich sein sollte, dafür danke ich auch. Luther sagt: ›Ich fürchte mich mehr vor meinen guten Werken, als vor meinen Sünden.‹ Und wenn man jung ist, ist man nichts ganz.
Fünfzehn Tage bin ich nun hier, und finde Straßburg nicht ein Haar besser noch schlimmer als alles was ich auf der Welt kenne, das heißt sehr mittelmäßig und das doch gewisse Seiten hat, die einen zum Guten und Bösen in Bewegung setzen und aus seiner gewöhnlichen Lage bringen können.«

Das Straßburger Münster, das man in der Stadt und ringsum auf dem Lande immer vor Augen hatte, zieht Goethe sogleich mächtig an und bildet in der kommenden Zeit, bewußt oder unbewußt, den Hintergrund aller seiner Bewegungen und Gedanken.

Was ich mir aber weder das erste Mal noch in der nächsten Zeit ganz deutlich machen konnte, war, daß ich dieses Wunderwerk als ein Ungeheures gewahrte, das mich hätte erschrecken müssen, wenn es mir nicht zugleich als ein Geregeltes faßlich und als ein Ausgearbeitetes sogar angenehm vorgekommen wäre. Ich beschäftigte mich doch keineswegs, diesem Widerspruch nachzudenken, sondern ließ ein so erstaunliches Denkmal durch seine Gegenwart ruhig auf mich fortwirken. –

Mit Hilfe eines Repetitors qualifizierte sich Goethe fast wider Willen schon nach wenigen Monaten auf die leichteste Art zum Kandidaten; wodurch er von der Verpflichtung, weitere juristische Kollegien zu hören, befreit war.

Da mir aber auf diesem Wege jede eigene Tätigkeit in dem Studium abgeschnitten ward, so fand ich für meine Kräfte einen größeren Spielraum, den ich auf die wunderlichste Weise benutzte. Die meisten meiner Tischgenossen waren Mediziner. Diese sind, wie bekannt, die einzigen Studierenden, die sich von ihrer Wissenschaft, ihrem Metier, auch außer den Lehrstunden mit Lebhaftigkeit unterhalten. Es liegt dieses in der Natur der Sache. Die Gegenstände ihrer Bemühungen sind die sinnlichsten und zugleich die höchsten, die einfachsten und die kompliziertesten. Die Medizin beschäftigt den ganzen Menschen, weil sie sich mit dem ganzen Menschen beschäftigt. Bei Tische also hörte ich nichts anderes als medizinische Gespräche, auf Spaziergängen und bei Lustpartien kam auch nicht viel anderes zur Sprache, denn meine Tischgesellen als gute Kumpane waren mir auch Gesellen für die übrige Zeit geworden, und Gleichgesinnte schlossen sich von allen Seiten an. Die medizinische Fakultät glänzte überhaupt vor den übrigen, und so zog mich der Strom dahin um so leichter, als ich von allen diesen Dingen gerade so viel Kenntnis hatte, daß meine Wissenslust bald vermehrt und angefeuert werden konnte.

Aus einem Brief Goethes vom 24. August 1770 an einen Frankfurter Freund, Hetzler d. Jüngeren:

»Um die Welt recht zu betrachten, muß man sie weder für zu schlimm noch für zu gut halten; Liebe und Haß sind gar nah verwandt und beide machen uns trüb sehen. Die Mittelstraße zu treffen wollen wir nicht verlangen solange wir jung sind. Lassen Sie uns u n s e r Tagewerk verrichten und den Alten nicht in das Handwerk pfuschen. Die Sachen anzusehen so gut wir können, sie in unser Gedächtnis schreiben, aufmerksam zu sein und keinen Tag ohne etwas zu sammeln vorbeigehen lassen. Dann jenen Wissenschaften obliegen, die dem Geist eine gewisse Richtung geben, Dinge zu vergleichen, jedes an seinen Platz zu stellen, eines jeden Wert zu bestimmen: das ists, was wir jetzo zu tun haben. Dabei müssen wir nichts sein, sondern alles werden wollen.«

In der Tischgesellschaft, die man mir und der man mich empfahl, waren Studierende die Überzahl, alle wirklich gut und wohlgesinnt, nur mußten sie ihr gewöhnliches Weindeputat nicht überschreiten. Daß dieses nicht leicht geschah, war die Sorge unseres Präsidenten, eines Doktor Salzmann. Sein Verstand, seine Nachgiebigkeit, seine Würde, die er bei allem Scherz und selbst manchmal bei kleinen Ausschweifungen, die er uns erlaubte, immer zu erhalten wußte, machten ihn der ganzen Gesellschaft lieb und wert. Unter allen jedoch war ich derjenige, der sich am meisten an ihn anschloß, und er nicht weniger geneigt, sich mit mir zu unterhalten, weil er mich mannigfaltiger gebildet fand als die übrigen und nicht so einseitig im Urteil.

Bei meiner Art zu empfinden und zu denken kostete es mich gar nichts, einen jeden gelten zu lassen für das, was er war, ja sogar für das, was er gelten wollte, und so machte die Offenheit eines frischen jugendlichen Mutes, der sich fast zum ersten Mal in seiner vollen Blüte hervortat, mir sehr viel Freunde und Anhänger. Unsere Tischgesellschaft vermehrte sich wohl auf zwanzig Personen. Unter den neuen Ankömmlingen befand sich ein Mann, der mich besonders interessierte. Er hieß Jung und ist derselbe, der nachher unter dem Namen Stilling zuerst bekannt geworden.

In seiner Lebensgeschichte, die Jung-Stilling auf Goethes Betreiben niederschrieb, erzählt jener:

»Des andern Mittags ging ich mit Troost zum ersten Mal ins Kosthaus zu Tische. Wir waren zuerst da und sahen einen nach dem andern hereintreten. Besonders kam einer mit großen hellen Augen, prachtvoller Stirn und schönem Wuchs mutig ins Zimmer. Dieser zog meine Augen auf sich. Mein Kamerad sagte zu mir: ›Das muß ein vortrefflicher Mann sein.‹ Ich bejahte das, doch glaubte ich, daß wir viel Verdruß von ihm haben würden, weil ich ihn für einen wilden Kameraden ansah. Dieses schloß ich aus dem freien Wesen, das er sich herausnahm, allein ich irrte sehr. Wir wurden indessen gewahr, daß man diesen ausgezeichneten Menschen ›Herr Goethe‹ nannte.

Mein Kamerad sagte leise zu mir: ›Hier ist es am besten, daß man vierzehn Tage schweigt.‹ Ich erkannte diese Wahrheit, wir schwiegen also, und es kehrte sich auch niemand sonderlich an uns, außer daß Goethe zuweilen seine Augen herüberwälzte; er saß mir gegenüber, und er hatte die Regierung am Tisch, ohne daß er sie suchte. –
Ich war so ziemlich nach der Mode gekleidet; ich hatte einen schwarz-braunen Rock mit manchesternen Beinkleidern, nur war mir eine runde Perücke übrig, die ich neben meinen Beutelperücken doch auch gerne verbrauchen wollte. Niemand störte sich daran, als nur einer. Dieser sah mich an, und da er vernommen hatte, daß ich sehr für die Religion eingenommen sei, so fing er an und fragte mich: ob wohl Adam im Paradies eine runde Perücke möchte getragen haben? Alle lachten herzlich bis auf Salzmann und Goethe, diese lachten nicht. Mir fuhr der Zorn durch alle Glieder, und ich antwortete darauf: Schämen Sie sich dieses Spottes. Ein solcher alltäglicher Einfall ist nicht wert, daß er belacht werde! – Goethe aber fiel ein und versetzte: Probiere erst einen Menschen, ob er des Spottes wert sei! Es ist teufelsmäßig, einen rechtschaffenen Mann, der keinen beleidigt hat, zum besten zu haben! –
Von dieser Zeit nahm sich Herr Goethe meiner an, besuchte mich, gewann mich lieb, machte Brüderschaft und Freundschaft mit mir und bemühte sich bei allen Gelegenheiten, mir Liebe zu erzeigen. Schade, daß so wenige diesen vortrefflichen Menschen seinem Herzen nach kennen.«

Ich befand mich in einem Gesundheitszustand, der mich bei allem, was ich unternehmen wollte und sollte, hinreichend förderte; nur war mir noch eine gewisse Reizbarkeit übriggeblieben, die mich nicht immer im Gleichgewicht ließ. Ein starker Schall war mir zuwider, krankhafte Gegenstände erregten mir Ekel und Abscheu. Besonders aber ängstigte mich ein Schwindel, der mich jedesmal befiel, wenn ich von einer Höhe herunterblickte. Allen diesen Mängeln suchte ich abzuhelfen, und zwar, weil ich keine Zeit verlieren wollte, auf eine etwas heftige Weise. Abends beim Zapfenstreich ging ich neben der Menge Trommeln her, deren gewaltsame Wirbel und Schläge das Herz im Busen hätten zersprengen mögen. Ich erstieg ganz allein den höchsten Gipfel des Münsterturms und saß in dem sogenannten

Hals unter der Krone wohl eine Viertelstunde lang, bis ich es wagte, wieder heraus in die freie Luft zu treten, wo man auf einer Platte, die kaum eine Elle ins Gevierte haben wird, ohne sich sonderlich anhalten zu können, stehend das unendliche Land vor sich sieht, indessen die nächsten Umgebungen und Zieraten die Kirche und alles, worauf und worüber man steht, verbergen. Es ist völlig, als wenn man sich auf einer Montgolfiere in die Luft erhoben sähe. Dergleichen Angst und Qual wiederholte ich so oft, bis der Eindruck mir ganz gleichgültig ward, und ich habe nachher bei Bergreisen und geologischen Studien, bei großen Bauten, wo ich mit den Zimmerleuten um die Wette über die freiliegenden Balken und über die Gesimse des Gebäudes herlief, ja in Rom, wo man eben dergleichen Wagstücke ausüben muß, um bedeutende Kunstwerke näher zu sehen, von jenen Vorübungen großen Vorteil gezogen. Die Anatomie war mir auch deshalb doppelt wert, weil sie mich den widerwärtigsten Anblick ertragen lehrte, indem sie meine Wißbegierde befriedigte. Ich habe es auch wirklich darin so weit gebracht, daß nichts dergleichen mich jemals aus der Fassung setzen konnte. Aber nicht allein gegen diese sinnlichen Eindrücke, sondern auch gegen die Anfechtungen der Einbildungskraft suchte ich mich zu stählen. Die ahnungs- und schauervollen Eindrücke der Finsternis der Kirchhöfe, einsamer Örter, nächtlicher Kirchen und Kapellen und was hiermit verwandt sein mag, wußte ich mir ebenfalls gleichgültig zu machen; und auch darin brachte ich es so weit, daß mir Tag und Nacht und jedes Lokal völlig gleich war, ja daß, als in später Zeit mich die Lust ankam, wieder einmal in solcher Umgebung die angenehmen Schauer der Jugend zu fühlen, ich diese in mir kaum durch die seltsamsten und fürchterlichsten Bilder, die ich hervorrief, wieder einigermaßen erzwingen konnte.

Um Mitternacht ging ich, nicht eben gerne,
Klein kleiner Knabe, jenen Kirchhof hin
Zu Vaters Haus, des Pfarrers; Stern am Sterne,
Sie leuchteten doch alle gar zu schön;
Um Mitternacht.

Wenn ich dann ferner in des Lebens Weite
Zur Liebsten mußte, mußte, weil sie zog,

Gestirn und Nordschein über mir im Streite,
Ich gehend, kommend Seligkeiten sog;
Um Mitternacht.

Bis dann zuletzt des vollen Mondes Helle
So klar und deutlich mir ins Finstere drang,
Auch der Gedanke willig, sinnig, schnelle
Sich ums Vergangne wie ums Künftige schlang;
Um Mitternacht.

Dieser Bemühung, mich von dem Drang und Druck des Allzuernsten und Mächtigen zu befreien, was in mir fortwaltete und mir bald als Kraft, bald als Schwäche erschien, kam durchaus jene freie, gesellige, bewegliche Lebensart zu Hilfe, welche mich immer mehr anzog, an die ich mich gewöhnte und zuletzt derselben mit voller Freiheit genießen lernte.

Goethe an Katharina Fabricius am 27. Juni 1770:

»Gestern waren wir den ganzen Tag geritten, die Nacht kam herbei und wir kamen eben aufs Lothringische Gebirg, da die Saar im lieblichen Tale unten vorbeifließt. Wie ich so rechter Hand über die grüne Tiefe hinaussah, und der Fluß in der Dämmerung so graulich und still floß, und linker Hand die schwere Finsternis des Buchenwaldes vom Berg über mich herabhing, wie um die dunklen Felsen durchs Gebüsch die leuchtenden Vögelchen still und geheimnisvoll zogen: da wurds in meinem Herzen so still wie in der Gegend und die ganze Beschwerlichkeit des Tags war im Gedächtnis aufzusuchen.
Welch Glück ists, ein leichtes, ein freies Herz zu haben! Mut treibt uns an Beschwerlichkeit, an Gefahren; aber große Freuden werden nur mit großer Mühe erworben. Und das ist vielleicht das meiste was ich gegen die Liebe habe; man sagt sie mache mutig. Nimmer mehr. Sobald unser Herz weich ist, ist es schwach. Mutig wird wohl der Liebhaber, der in Gefahr kommt, sein Mädchen zu verlieren, aber das ist nicht mehr Liebe, das ist Neid. Wenn ich Liebe sage, so verstehe ich die wiegende Empfindung, in der unser Herz schwimmt, immer auf einem Fleck sich hin und her bewegt, wenn irgend ein Reiz es aus der gewöhnlichen Bahn der Gleichgültigkeit gerückt hat. Wir sind wie

Kinder auf dem Schaukelpferd, immer in Bewegung, immer in Arbeit, und nimmer vom Fleck.«

Ich hatte von Glück zu sagen, daß durch eine unerwartete Bekanntschaft alles, was in mir von Selbstgefälligkeit, Bespiegelungslust, Eitelkeit, Stolz und Hochmut ruhen oder wirken mochte, einer sehr harten Prüfung ausgesetzt ward, die in ihrer Art einzig war. Denn das bedeutendste Ereignis, was die wichtigsten Folgen für mich haben sollte, war die Bekanntschaft und die daran sich knüpfende nähere Verbindung mit Herder. Er hatte den Prinzen von Holstein-Eutin auf Reisen begleitet und war mit ihm bis Straßburg gekommen. Unsere Sozietät, sobald sie seine Gegenwart vernahm, trug ein großes Verlangen sich ihm zu nähern, und mir begegnete dieses Glück zuerst ganz unvermutet und zufällig. Ich war nämlich in den Gasthof »Zum Geist« gegangen und fand gleich unten an der Treppe einen Mann, der eben auch hinaufzusteigen im Begriff war, und den ich für einen Geistlichen halten konnte. Sein gepudertes Haar war in eine runde Locke aufgesteckt, das schwarze Kleid bezeichnete ihn gleichfalls, mehr noch aber ein langer, schwarzer, seidener Mantel, dessen Ende er zusammengenommen und in die Tasche gesteckt hatte. Dieses einigermaßen auffallende, aber doch im ganzen galante und gefällige Wesen, wovon ich schon hatte sprechen hören, ließ mich keineswegs zweifeln, daß er der berühmte Ankömmling sei, und meine Anrede mußte ihn sogleich überzeugen, daß ich ihn kenne. Er fragte nach meinem Namen, der ihm von keiner Bedeutung sein konnte; allein meine Offenheit schien ihm zu gefallen, indem er sie mit großer Freundlichkeit erwiderte und sich sogleich zu einer lebhaften Mitteilung bereit finden ließ. Beim Scheiden erlaubte er mir, ihn bei sich zu sehen; ich versäumte nicht, mich dieser Vergünstigung wiederholt zu bedienen, und ward immer mehr von ihm angezogen. Er hatte ein rundes Gesicht, eine bedeutende Stirn, eine etwas stumpfe Nase, einen etwas aufgeworfenen, aber höchst individuell angenehmen, liebenswürdigen Mund. Unter schwarzen Augenbrauen ein paar kohlschwarze Augen, die ihre Wirkung nicht verfehlten, obgleich das eine rot und entzündet zu sein pflegte. Durch mannigfaltige Fragen suchte er sich mit mir und meinem Zustande bekannt zu machen, und seine Anziehungskraft wirkte immer stärker auf mich. Ich war überhaupt sehr zutraulicher Natur, und vor ihm besonders hatte ich gar kein Geheimnis. Es währte jedoch nicht lange, als der abstoßende Puls seines Wesens eintrat und mich in nicht geringes Mißbehagen versetzte. Herder konnte allerliebst einnehmend und geistreich sein, aber ebenso leicht eine verdrießliche Seite hervorkehren. Dieses Anziehen und Abstoßen haben zwar alle Menschen ihrer Natur nach, einige mehr, einige weniger, einige in langsamern, andere in schnelleren Pulsen; was Herder betrifft, so schrieb sich das Übergewicht seines widersprechenden, bittern, bissigen Humors gewiß von einem Übel und den daraus entspringenden Leiden her.

Dieses Übel war eine Augenkrankheit, welche Herder in Straßburg durch eine sehr schmerzhafte Operation zu heilen versuchte.

Die ganze Zeit dieser Kur besuchte ich Herder morgens und abends; ich blieb auch wohl ganze Tage bei ihm und gewöhnte mich in kurzem um so mehr an sein Schelten und Tadeln, als ich seine schönen und großen Eigenschaften, seine ausgebreiteten Kenntnisse, seine tiefen Einsichten täglich mehr schätzen lernte. Seine Einwirkung auf mich war groß und bedeutend. Er hatte fünf Jahre mehr als ich, welches in jüngeren Tagen schon einen großen Unterschied macht; und da ich ihn für das anerkannte, was er war, da ich dasjenige zu schätzen suchte, was er schon geleistet hatte, so mußte er eine große Superiorität über mich gewinnen. Aber behaglich war der Zustand nicht. Da seine Gespräche jederzeit bedeutend waren, er mochte fragen, antworten oder sich sonst auf eine Weise mitteilen, so mußte er mich zu neuen Ansichten täglich, ja stündlich befördern. Was in einem solchen Geiste für eine Bewegung, was in einer solchen Natur für eine Gärung müsse gewesen sein, läßt sich weder fassen noch darstellen. Was die Fülle dieser wenigen Wochen betrifft, welche wir zusammen lebten, kann ich wohl sagen, daß alles, was Herder nachher allmählich ausgeführt hat, im Keim angedeutet ward, und daß ich dadurch in die glückliche Lage geriet, alles, was ich bisher gedacht, gelernt, mir zugeeignet hatte, zu komplettieren, an ein Höheres anzuknüpfen, zu erweitern.

Aus Herders Schrift »Über den Ursprung der Sprache«, an welcher er damals in Straßburg arbeitete:

»Poesie ist älter als Prosa. Denn was ist die Sprache in ihren Anfängen anderes, als eine Nachahmung der tönenden, handelnden, sich regenden Natur, als eine Sammlung von Elementen der Poesie? Die Natursprache aller Geschöpfe, vom Verstande in Laute gedichtet, ein Wörterbuch der Seele, eine beständige Fabeldichtung voll Leidenschaft und Interesse: das ist die Sprache in ihrem Ursprung, und was ist Poesie anderes?
Unser Jahrhundert hat sich so tief in die dunklen Werkstätten des Kunst- und Verstandesmäßigen verloren, daß es das weite, helle Licht der ursprünglichen Natur in früheren Jahrhunderten nicht mehr zu erkennen vermag. Aus den größten Heldentaten des menschlichen Geistes, die er nur im Zusammenstoß der lebendigen Welt tun und äußern konnte, sind Schulübungen im Staube unserer Lehrkerker geworden; aus den Meisterstücken menschlicher Dichtkunst und Beredsamkeit wurden Kindereien, an welchen greise Kinder Regeln lernen. Wir haben ihren Geist verloren; wir lernen ihre Sprache und fühlen kaum die lebendige Welt ihrer Gedanken. – Dasselbe ist es mit unsern Urteilen über das Meisterstück des menschlichen Geistes, über die Bildung der Sprache überhaupt. Da soll uns das tote Nachdenken Dinge lehren, die nur aus dem lebendigen Hauche der Welt, aus dem Geiste der großen wirksamen Natur den Menschen beseelen, ihn aufrufen und fortbilden konnten. Da sollen die stumpfen, späten Gesetze der Grammatiker das Göttlichste sein, das wir verehren, und dabei die wahre göttliche Sprachnatur vergessen, die sich mit dem menschlichen Geiste vereint bildete, so unregelmäßig sie uns auch scheine.
Ich berufe mich auf das Gefühl derer, die den Menschen im Grunde seiner Kräfte, die das Mächtige, Große in den Sprachen der Primitiven, ja das Wesen der Sprache überhaupt zu erkennen vermögen – als eine Schatzkammer menschlicher Gedanken, wohin jeder auf seine Art etwas beitrug, eine Summe der Wirksamkeit aller menschlichen Seelen.«

Ich ward mit der Poesie von einer ganz andern Seite, in einem andern Sinne bekannt als bisher, und zwar in einem solchen, der mir sehr zusagte. Die Volkspoesie, deren Überlieferungen im

Elsaß aufzusuchen er uns antrieb, die ältesten Urkunden als Poesie gaben das Zeugnis, daß die Dichtkunst überhaupt eine Welt- und Völkergabe sei, nicht ein Privat-Erbteil einiger feinen gebildeten Männer.

Goethe ließ sich von den alten Mütterchen im Elsaß vorsingen, was sie an Liedern wußten. Eines dieser Lieder veranlaßte ihn zu einer Umdichtung, in der es dann allgemein bekannt geworden ist. Es ist das »Heideröslein«.

»Was man in der Jugend wünscht, hat man im Alter die Fülle.« Unsere Wünsche sind Vorgefühle der Fähigkeiten, die in uns liegen, Vorboten desjenigen, was wir zu leisten imstande sein werden. Was wir können und möchten, stellt sich unserer Einbildungskraft außer uns und in der Zukunft dar; wir fühlen eine Sehnsucht nach dem, was wir schon im stillen besitzen. So verwandelt ein leidenschaftliches Vorausergreifen das wahrhaft Mögliche in ein erträumtes Wirkliche. Liegt nun eine solche Richtung entschieden in unserer Natur, so wird mit jedem Schritt unserer Entwickelung ein Teil des ersten Wunsches erfüllt, bei günstigen Umständen auf dem geraden Wege, bei ungünstigen auf einem Umwege, von dem wir immer wieder nach jenem einlenken. Wenn die Jugend des Menschen in eine prägnante Zeit trifft, wo das Hervorbringen das Zerstören überwiegt, und in ihm beizeiten das Vorgefühl erwacht, was eine solche Epoche fordre und verspreche, so wird er, durch äußere Anlässe zu tätiger Teilnahme gedrängt, bald da-, bald dorthin greifen und der Wunsch, nach vielen Seiten wirksam zu sein, wird in ihm lebendig werden. Nun gesellen sich aber zur menschlichen Beschränktheit noch so viele zufällige Hindernisse, daß hier ein Begonnenes liegen bleibt, dort ein Ergriffenes aus der Hand fällt und ein Wunsch nach dem andern sich verzettelt. Waren aber diese Wünsche aus einem reinen Herzen entsprungen, dem Bedürfnis der Zeit gemäß, so darf man ruhig rechts und links liegen und fallen lassen und kann versichert sein, daß nicht allein dieses wieder aufgefunden und aufgehoben werden muß, sondern daß auch noch manches Verwandte, das man nie berührt, ja woran man nie gedacht hat, zum Vorschein kommen werde. Sehen wir nun während unseres Lebensganges dasjenige von andern geleistet, wozu wir selbst früher einen Beruf fühlten, ihn aber mit manchem andern aufgeben mußten, dann tritt das schöne Gefühl ein, daß die Menschheit zusammen erst der wahre Mensch ist, und daß der einzelne nur froh und glücklich sein kann, wenn er den Mut hat, sich im Ganzen zu fühlen.

Wenn ich die Neigung bedenke, die mich zu den alten Bauwerken hinzog, wenn ich die Zeit berechne, die ich allein dem Straßburger Münster gewidmet, die Aufmerksamkeit, mit der ich späterhin den Dom zu Köln und den zu Freiburg betrachtet, so könnte ich mich tadeln, daß ich sie nachher ganz aus den Augen verloren, ja, durch eine entwickeltere Kunst angezogen, völlig im Hintergrunde gelassen. Als ich aber im Alter die Aufmerksamkeit wieder auf jene Gegenstände hingelenkt sah, als ich sah, wie tüchtige junge Leute, davon ergriffen, Kräfte, Zeit, Sorgfalt, Vermögen diesen Denkmalen einer vergangenen Welt rücksichtslos widmeten, wurde ich mit Vergnügen erinnert, daß das, was ich in meiner Jugend gewollt und gewünscht, einen Wert hatte.

Unter Tadlern der gotischen Baukunst aufgewachsen, nährte ich meine Abneigung gegen die vielfach überladenen verworrenen Zieraten, die durch ihre Willkürlichkeit einen religiös düsteren Charakter höchst widerwärtig machten; ich bestärkte mich in diesem Unwillen, da mir nur geistlose Werke dieser Art, an denen man weder gute Verhältnisse noch eine reine Konsequenz gewahr wird, vors Gesicht gekommen waren. Hier aber, am Straßburger Münster, glaubte ich eine neue Offenbarung zu erblicken.

Da ich nun an alter deutscher Stätte dieses Gebäude gegründet und in echter deutscher Zeit so weit gediehen fand, auch der Name des Meisters auf dem bescheidenen Grabstein gleichfalls vaterländischen Klanges und Ursprungs war, so wagte ich, aufgefordert durch den Wert dieses Kunstwerks, die bisher verrufene Benennung gotischer Bauart abzuändern, sie als deutsche Baukunst unserer Nation zu empfehlen und hernach in einem kleinen, dem Baumeister Erwin von Steinbach gewidmeten Aufsatz meine Gesinnungen an den Tag zu legen.

Aus dem Aufsatz »Von deutscher Baukunst«:

»Was brauchts dir Denkmal! Du hast dir das herrlichste errichtet; und kümmert die Ameisen, die drum krabbeln, dein Name nichts, so hast du gleiches Schicksal mit dem Baumeister, der Berge auftürmte in die Wolken. Wenn der Pöbel heilige Namen ausspricht, ists Aberglaube oder Lästerung, und ganze Seelen werden dich erkennen ohne Deuter.

Soll man aber nicht ergrimmen, wenn der deutsche Kunstgelehrte, auf Hörensagen neidischer Nachbarn, seinen Vorzug verkennt, ein solches Werk mit dem unverstandenen Worte gotisch verkleinert, da er Gott danken sollte, laut verkündigen zu können, das ist deutsche Baukunst, unsere Baukunst. Und du, mein lieber Bruder im Geiste des Forschens nach Wahrheit und Schönheit, verschließ dein Ohr vor allem Wortgeprahle über bildende Kunst, komm, genieße und schaue.

Man will uns glauben machen, die schönen Künste seien entstanden aus dem Hang, den wir haben sollen, die Dinge rings um uns zu verschönern. Das ist nicht wahr! Die Kunst ist lange bildend, ehe sie schön ist. Denn in dem Menschen ist eine bildende Natur, die gleich sich tätig beweist, wenn seine Existenz gesichert ist. Sobald er nichts zu sorgen und zu fürchten hat, greift der Halbgott, wirksam in seiner Ruhe, umher nach Stoff, ihm seinen Geist einzuhauchen. Und laßt diese Bildnerei aus den willkürlichsten Formen bestehen, sie wird zusammenstimmen, denn e i n e Empfindung schuf sie zum charakteristischen Ganzen.

Diese charakteristische Kunst ist nun die einzige wahre. Wenn sie aus inniger, einiger, eigner, selbständiger Empfindung um sich wirkt, unbekümmert, ja unwissend alles Fremden, da mag sie aus rauher Wildheit oder aus gebildeter Empfindsamkeit geboren werden, sie ist ganz und lebendig. Da seht ihr bei Nationen und einzelnen Menschen dann unzählige Grade. Je mehr sich die Seele erhebt zu dem Gefühl der Verhältnisse, die allein schön und von Ewigkeit sind, deren Hauptakkorde man beweisen, deren Geheimnisse man nur fühlen kann, in denen sich allein das Leben des gottgleichen Genius in seligen Melodien herumwälzt, je mehr diese Schönheit in das Wesen eines Geistes eindringt, daß sie mit ihm entstanden zu sein scheint, daß ihm nichts genug tut als sie, daß er nichts aus sich wirkt als sie, desto glücklicher ist der Künstler, desto herrlicher ist er, desto tiefgebeugter stehen wir da und beten an.«

Es hätte nahegelegen, daß Goethe sich in Straßburg der französischen Sprache und Literatur entschiedener als bisher näherte; allein es geschah das Gegenteil.

Schon früher und wiederholt auf die Natur gewiesen, wollten wir nichts gelten lassen, als Wahrheit und Aufrichtigkeit des Gefühls und den raschen derben Ausdruck desselben. Die französische Literatur aber war bejahrt und vornehm, und Voltaire, das Wunder seiner Zeit, war nun selbst bejahrt wie die Literatur, die er beinah ein Jahrhundert hindurch belebt und beherrscht hatte. Ich verkannte nicht, daß die große und herrliche französische Welt uns manchen Vorteil und Gewinn darbiete; der heftige Streit französischer Philosophen mit dem Pfafftum aber war mir ziemlich gleichgültig. Verbotene, zum Feuer verdammte Bücher, welche damals großen Lärm machten, übten keine Wirkung auf mich. Ich gedenke statt aller des »Système de la nature«, das ich aus Neugier in die Hand nahm. Es kam uns so grau, so totenhaft vor, daß wir Mühe hatten, seine Gegenwart auszuhalten, daß wir davor wie vor einem Gespenste schauderten.

Alles sollte notwendig sein und deswegen kein Gott. Könnte es denn aber nicht auch notwendig einen Gott geben? fragte ich. Dabei gestand ich freilich, daß ich mich der Notwendigkeit der Tage, der Nächte, der Jahreszeiten, der klimatischen Einflüsse, der physischen und animalischen Zustände nicht wohl entziehen könne, doch fühlte ich etwas in mir, das als vollkommene Willkür erschien, und wieder etwas, das sich mit dieser Willkür ins Gleichgewicht zu setzen suchte. Die Hoffnung, immer vernünftiger zu werden, mich von den äußeren Dingen, ja von mir selbst immer unabhängiger zu machen, konnte ich nicht aufgeben. Das Wort Freiheit klingt so schön, daß man es nicht entbehren könnte, und wenn es einen Irrtum bezeichnete. –

Ich fand mich in der Erwartung getäuscht, in der ich das Buch aufgeschlagen hatte. System der Natur ward angekündigt, und ich hoffte also wirklich etwas von der Natur, meiner Abgöttin, zu erfahren. Physik und Chemie, Himmels- und Erdbeschreibung, Naturgeschichte und Anatomie, und so manches andere hatte nun seit Jahren und bis auf den letzten Tag mich immer auf die geschmückte große Welt hingewiesen, und ich hätte gern von Sonnen und Sternen, von Planeten und Monden, von Bergen, Tälern, Flüssen und Meeren und von allem, was darin lebt und webt, das Nähere sowie das Allgemeinere erfahren. Allein wie hohl und leer ward mir in dieser tristen atheistischen Halbnacht zumute, in welcher die Erde mit allen ihren Gebilden, der Himmel mit allen seinen Gestirnen verschwand. Eine Materie sollte sein von Ewigkeit, und von Ewigkeit her bewegt, und sollte nun mit dieser Bewegung rechts und links und nach allen Seiten ohne weiteres die unendlichen Phänomene des Daseins hervorbringen. –

Wenn uns jedoch dieses Buch einigen Schaden gebracht hat, so war es der, daß wir aller Philosophie, besonders aber der Metaphysik, recht herzlich gram wurden und blieben, dagegen aber aufs lebendige Wissen, Erfahren, Tun und Dichten uns nur desto lebhafter und leidenschaftlicher hinwarfen. So waren wir denn an der Grenze von Frankreich alles französischen Wesens auf einmal bar und ledig. Ihre Lebensweise fanden wir zu bestimmt und zu vornehm, ihre Dichtung kalt, ihre Kritik vernichtend, ihre Philosophie abstrus und doch unzulänglich, so daß wir auf dem Punkte standen, uns der rohen Natur wenigstens versuchsweise hinzugeben, wenn uns nicht ein anderer Einfluß schon seit langer Zeit zu höheren, freieren und ebenso wahren als dichterischen Weltansichten und Geistesgenüssen vorbereitet und uns erst heimlich und mäßig, dann aber immer offenbarer und gewaltiger beherrscht hätte. Ich brauche kaum zu sagen, daß hier Shakespeare gemeint ist. Ein freudiges Bekennen, daß etwas Höheres über mir schwebe, war ansteckend für meine Freunde, die sich alle dieser Sinnesart hingaben. Will jemand unmittelbar erfahren, was damals in dieser lebendigen Gesellschaft gedacht, gesprochen und verwandelt worden, der lese den Aufsatz Herders über Shakespeare, in dem Hefte von Deutscher Art und Kunst.

Aus Herders Aufsatz:

»Tritt vor Shakespeares Bühne, wie vor ein Meer von Begebenheit, wo Wogen in Wogen rauschen. Die Auftritte der Natur rücken vor und ab, wirken ineinander, bringen sich hervor und

zerstören sich, damit die Absicht des Schöpfers, der alles im Plan der Trunkenheit und Unordnung gesellt zu haben scheint, erfüllt werde. –
Hier ist kein Dichter! Hier ist ein Schöpfer! Ist Geschichte der Welt – lebendigste, vollste Geschichte der menschlichen Natur.«

Das Juristische trieb ich mit so viel Fleiß als nötig war, um die Promotion mit einigen Ehren zu absolvieren; das Medizinische reizte mich, weil es mir die Natur nach allen Seiten wo nicht aufschloß, doch gewahr werden ließ; der Gesellschaft mußte ich auch einige Zeit und Aufmerksamkeit widmen, denn in manchen Familien war mir mehreres zu Lieb und Ehren geschehen.
Aber alles dies wäre zu tragen und fortzuführen gewesen, hätte nicht das, was Herder mir auferlegt, unendlich auf mir gelastet. Er hatte den Vorhang zerrissen, der mir die Armut der deutschen Literatur bedeckte; er hatte mir so manches Vorurteil mit Grausamkeit zerstört; an dem vaterländischen Himmel blieben nur wenige bedeutende Sterne, indem er die übrigen alle nur als vorüberfahrende Schnuppen behandelte; ja was ich von mir selbst hoffen und wähnen konnte, hatte er mir dermaßen verkümmert, daß ich an meinen eignen Fähigkeiten zu verzweifeln anfing. Zu gleicher Zeit jedoch riß er mich fort auf dem herrlichen breiten Weg, den er selbst zu durchwandern geneigt war.

Goethe an Herder (Herbst 1771):

»Ich zwinge mich, Ihnen in der ersten Empfindung zu schreiben. Weg Mantel und Kragen. Ihr Niesewurzbrief ist drei Jahre alle Tageserfahrungen wert. Das ist keine Antwort drauf, und wer könnte drauf antworten? Mein ganzes Ich ist erschüttert, das können Sie denken, Mann, und es fibriert noch viel zu sehr, als daß meine Feder stet zeichnen könnte. – Herder, Herder, bleiben Sie mir, was Sie mir sind. Bin ich bestimmt Ihr Planet zu sein, so will ichs sein, es gern, es treu sein. Ein freundlicher Mond der Erde. Aber das – fühlen Sies ganz – daß ich lieber Merkur sein wollte, der letzte, der kleinste vielmehr unter sieben, der sich mit Ihnen um eine Sonne drehte, als der erste unter fünfen, die um den Saturn ziehen.
Adieu, lieber Mann. Ich lasse Sie nicht los. Ich lasse Sie nicht!

Jakob rang mit dem Engel des Herrn. Und sollt ich lahm drüber werden!
Ich lese meinen Brief wieder. Ich muß ihn gleich siegeln, morgen kriegten Sie ihn nicht.«

SESENHEIM

Mein Tischgenosse Weyland hatte mir öfters von einem Landgeistlichen gesprochen, der nahe bei Drusenheim, sechs Stunden von Straßburg, im Besitz einer guten Pfarre mit einer verständigen Frau und ein paar liebenswürdigen Töchtern lebe. Die Gastfreiheit und Anmut dieses Hauses ward immer dabei höchlich gerühmt. So viel bedurfte es kaum, um einen jungen Ritter anzureizen, der sich schon angewöhnt hatte, alle abzumüßigenden Tage und Stunden zu Pferde und in freier Luft zuzubringen. Also entschlossen wir uns auch zu dieser Partie. Die schöne Chaussee, das herrlichste Wetter und die Nähe des Rheins gaben uns den besten Humor. In Drusenheim hielten wir einen Augenblick an, um uns zurechtzumachen. Dann ritten wir einen anmutigen Fußpfad über Wiesen, gelangten bald nach Sesenheim, ließen unsere Pferde im Wirtshause und gingen gelassen nach dem Pfarrhofe. Alles war still und menschenleer, wie im Dorfe so im Hofe. Wir fanden den Vater, einen kleinen in sich gekehrten aber doch freundlichen Mann, ganz allein, denn die Familie war auf dem Felde. Mein Freund eilte, die Frauenzimmer aufzusuchen, und ich blieb mit unserem Wirt allein. Er sprach zu mir, als wenn er mich zehn Jahre gekannt hätte, ohne daß irgend etwas in seinem Blick gewesen wäre, woraus ich einige Aufmerksamkeit auf mich hätte mutmaßen können. Endlich trat mein Freund mit der Mutter herein. Diese schien mich mit ganz andern Augen anzusehen. Ihr Gesicht war regelmäßig und der Ausdruck verständig, sie mußte in ihrer Jugend schön gewesen sein. Die älteste Tochter kam darauf lebhaft hereingestürmt; sie fragte nach Friederiken, der Vater versicherte, sie nicht gesehen zu haben. Die Tochter fuhr wieder zur Tür hinaus, um die Schwester zu suchen, die Mutter brachte uns einige Erfrischungen, und Weyland setzte mit den beiden Gatten das Gespräch fort, das sich auf lauter bekannte Personen und Verhältnisse bezog. Ich hörte zu und erfuhr, wieviel ich mir von diesem Kreise zu versprechen hatte.

Die älteste Tochter kam wieder hastig in die Stube, unruhig, ihre Schwester nicht gefunden zu haben. Man war besorgt um sie, nur der Vater sagte ganz ruhig: »Laßt sie immer gehen, sie kommt schon wieder.« – In diesem Augenblick trat sie wirklich in die Tür; und da ging fürwahr an diesem ländlichen Himmel ein allerliebster Stern auf. Sie trug ein kurzes, weißes Röckchen mit einer Falbel, nicht länger als daß die nettesten Füßchen bis an die Knöchel sichtbar blieben; ein knappes weißes Mieder und eine schwarze Taftschürze – so stand sie auf der Grenze zwischen Bäuerin und Städterin. Schlank und leicht, als wenn sie nichts an sich zu tragen hätte, schritt sie, und beinahe schien für die gewaltigen blonden Zöpfe der Hals zu zart. Aus heiteren blauen Augen blickte sie sehr deutlich umher und das artige Stumpfnäschen forschte so frei in die Luft, als wenn es in der Welt keine Sorgen geben könnte, der Strohhut hing ihr am Arm, und so hatte ich das Vergnügen, sie beim ersten Blick auf einmal in ihrer ganzen Anmut und Lieblichkeit zu sehen und zu erkennen.

Die Unterhaltung bei Tische erweiterte die Ansicht jenes Land- und Familienkreises, indem von mancherlei lustigen Begebenheiten, die bald da bald dort vorgefallen, die Rede war. Friederike, die neben mir saß, beschrieb mir verschiedene Ortschaften, die zu besuchen wohl der Mühe wert sei. Ein Geschichtchen rief immer das andere hervor, und bei alledem wurde ein guter Landwein keineswegs geschont. Schließlich wurde der schöne Mondschein zum Vorwand genommen, einen Spaziergang vorzuschlagen. Mein Freund bot der Älteren den Arm, ich der Jüngeren, und so zogen wir durch die weiten Fluren, mehr den Himmel über uns zum Gegenstand habend, als die Erde, die sich neben uns in der Breite verlor. Friederikens Reden jedoch hatten nichts Mondscheinhaftes, durch die Klarheit, womit sie sprach, machte sie die Nacht zum Tage. Es war mir sehr angenehm, stillschweigend der Schilderung zuzuhören, die sie von der kleinen Welt machte, in der sie sich bewegte, und von den Menschen, die sie besonders schätzte. Sie brachte mir dadurch einen klaren und zugleich so liebenswürdigen Begriff von ihrem Zustande bei, der sehr wunderlich auf mich wirkte: denn ich empfand auf einmal einen tiefen Verdruß, nicht früher mit ihr gelebt zu haben, und zugleich ein recht peinliches neidisches Gefühl gegen alle, welche das Glück gehabt hatten, sie bisher zu umgeben. Sie wurde zuletzt immer redseliger und ich immer stiller. Es hörte sich ihr gar so gut zu, und da ich nur ihre Stimme vernahm, ihre Gesichtsbildung aber so wie die übrige Welt in Dämmerung schwebte, so war es mir, als ob ich in ihr Herz sähe.

Eine aufkeimende Leidenschaft hat das Schöne, daß, wie sie sich ihres Ursprungs unbewußt ist, sie auch keinen Gedanken eines Endes haben und, wie sie sich froh und heiter fühlt, nicht ahnen kann, daß sie wohl auch Unheil stiften dürfte. –

Nach Straßburg zurückgekehrt, schreibt Goethe an Friederike Brion (15. 10. 1770):

»Liebe neue Freundin!

Ich zweifle nicht Sie so zu nennen, denn wenn ich mich anders nur ein klein wenig auf die Augen verstehe, so fand mein Aug im ersten Blick die Hoffnung zu dieser Freundschaft in Ihrem, und für unsere Herzen wollt ich schwören, Sie, zärtlich und gut, wie ich Sie kenne, sollten Sie mir, da ich Sie so lieb habe, nicht wieder ein bißchen günstig sein?

Liebe, liebe Freundin, ob ich Ihnen was zu sagen habe, ist wohl keine Frage. Ob ich aber just weiß, warum ich eben jetzo schreiben will, und was ich schreiben möchte, das ist ein anders, so viel merk ich an einer gewissen innerlichen Unruhe, daß ich gerne bei Ihnen sein möchte, und in dem Falle ist ein Stückchen Papier so ein wahrer Trost, so ein geflügeltes Pferd, für mich, hier, mitten in dem lärmenden Straßburg, als es Ihnen in Ihrer Ruhe nur sein kann, wenn Sie die Entfernung von Ihren Freunden recht lebhaft fühlen.

Straßburg ist mir noch nie so leer vorgekommen als jetzo. Zwar hoff ich, es soll besser werden, wenn die Zeit das Andenken unserer niedlichen und mutwilligen Lustbarkeiten ein wenig ausgelöscht haben wird, wenn ich nicht mehr so lebhaft fühlen werde, wie gut, wie angenehm meine Freundin ist. Doch sollte ich das vergessen können oder wollen? Nein, ich will lieber das wenig Herzwehe behalten, und oft an Sie schreiben. Und nun noch vielen Dank, noch viele aufrichtige Empfehlungen Ihren teuern Eltern; Ihrer lieben Schwester viel hundert – was ich Ihnen gerne wiedergäbe.«

Dieser erste Besuch in Sesenheim war nicht der letzte geblieben. Auch für die Weihnachtsferien war Goethe eingeladen worden.

»Ich komme bald, Ihr goldenen Kinder,
Vergebens sperret uns der Winter
In unsere warmen Stuben ein.
Wir wollen uns zum Feuer setzen
Und tausendfältig uns ergötzen,
Uns lieben wie die Engelein.
Wir wollen kleine Kränzchen winden,
Wir wollen kleine Sträußchen binden
Und wie die kleinen Kinder sein.«

Goethe erzählt, wie im Frühjahr ein Professor die Studenten ermahnt, zu Fuß und zu Pferde das schöne Land zu durchwandern, und fährt fort:

Ich glaubte eine Stimme vom Himmel zu hören und eilte, was ich konnte, ein Pferd zu bestellen und mich sauber herauszuputzen. Ich schickte nach Weyland, er war nicht zu finden. Dies hielt meinen Entschluß nicht auf, aber leider verzogen sich die Anstalten und ich kam nicht so früh weg als ich gehofft hatte. So stark ich auch ritt, überfiel mich doch die Nacht. Der Weg war nicht zu verfehlen, und der Mond beleuchtete mein leidenschaftliches Unternehmen. Die Nacht war windig und schauerlich, ich sprengte zu, um nicht bis morgen früh auf ihren Anblick warten zu müssen.

Willkomm und Abschied

Es schlug mein Herz. Geschwind zu Pferde!
Und fort, wild wie ein Held zur Schlacht!
Der Abend wiegte schon die Erde,
Und an den Bergen hing die Nacht.
Schon stund im Nebelkleid die Eiche
Wie ein getürmter Riese da,

Wo Finsternis aus dem Gesträuche
Mit hundert schwarzen Augen sah.

Der Mond von seinem Wolkenhügel
Sah schläfrig aus dem Duft hervor,
Die Winde schwangen leise Flügel,
Umsausten schauerlich mein Ohr.
Die Nacht schuf tausend Ungeheuer,
Doch tausendfacher war mein Mut.
Mein Geist war ein verzehrend Feuer,
Mein ganzes Herz zerfloß in Glut.

Ich sah dich, und die milde Freude
Floß aus dem süßen Blick auf mich.
Ganz war mein Herz an deiner Seite
Und jeder Atemzug für dich.
Ein rosenfarbes Frühlingswetter
Lag auf dem lieblichen Gesicht,
Und Zärtlichkeit für mich – ihr Götter!
Ich hofft es, ich verdient es nicht.

Der Abschied, wie bedrängt, wie trübe!
Aus deinen Blicken sprach dein Herz.
In deinen Küssen, welche Liebe!
O welche Wonne, welcher Schmerz!
Du gingst, ich stund und sah zur Erden
Und sah dir nach mit nassem Blick –
Und doch, welch Glück geliebt zu werden!
Und lieben, Götter, welch ein Glück!

Durch die Entfernung entsprang für unsere Neigung ein neues Leben. Entfernt von mir arbeitete sie für mich und dachte auf irgendeine neue Unterhaltung, wenn ich zurückkäme, entfernt von ihr beschäftigte ich mich für sie, um durch eine neue Gabe, einen neuen Einfall ihr wieder neu zu sein. Gemalte Bänder waren damals eben erst Mode geworden, ich malte ihr gleich ein paar Stücke und sendete sie mit einem kleinen Gedicht voraus.

»Kleine Blumen, kleine Blätter
Streuen mir mit leichter Hand

Gute junge Frühlingsgötter
Tändelnd auf ein luftig Band.

Zephyr, nimms auf deine Flügel,
Schlings um meiner Liebsten Kleid,
Und dann tritt sie vor den Spiegel
Mit zufriedner Munterkeit.

Sieht mit Rosen sich umgeben,
Sie, wie eine Rose jung.
Einen Kuß, geliebtes Leben,
Und ich bin belohnt genung.

Schicksal, segne diese Triebe,
Laß mich ihr und laß sie mein,
Laß das Leben unsrer Liebe
Doch kein Rosenleben sein!

Mädchen, das wie ich empfindet,
Reich mir deine liebe Hand!
Und das Band, das uns verbindet,
Sei kein schwaches Rosenband!«

Es gibt Frauen, die uns im Zimmer besonders wohl gefallen, andere, die sich besser im Freien ausnehmen; Friederike gehörte zu den letztern. Ihr Wesen, ihre Gestalt trat niemals reizender hervor, als wenn sie sich auf einem erhöhten Fußpfad hinwegbewegte, die Anmut ihres Betragens schien mit der beblümten Erde und die unverwüstliche Heiterkeit ihres Antlitzes mit dem blauen Himmel zu wetteifern. Diesen erquicklichen Äther, der sie umgab, brachte sie auch mit nach Hause, und es ließ sich bald bemerken, daß sie Verwirrungen auszugleichen und die Eindrücke kleiner unangenehmer Zufälligkeiten leicht wegzulöschen verstand.
Ich war grenzenlos glücklich an Friederikens Seite: gesprächig, lustig, geistreich, vorlaut und doch durch Gefühl, Achtung und Anhänglichkeit gemäßigt. Sie in gleichem Falle, offen, heiter, teilnehmend und mitteilend. Wir schienen allein für die Gesellschaft zu leben und lebten wechselseitig nur für uns.

Von dieser Zeit weiß eine alte Frau aus Sesenheim zu berichten:

»Da bin ich einmal zu Tisch in der Pfarr in Gesellschaft. Die Friederike versorgt die Kinder, die mit zu Gast sind, in der Nebenstube, wo auch andere junge Leute sind; die Eltern und andere Fremde speisen im größeren Zimmer. Nun seh ich, wie die Friederike aus einer Schüssel Hühnerfrikassee die besten Bissen aussucht, die Leberchen und Bruststücke. Ich sage: Frau Base, was ist das mit der Friederike? Die ist sonst so demütig, und nun nimmt sie das Beste vom Essen? – Ach, spricht sie, laßt sie nur; das ist nicht für sie. Schauen Sie in die andere Stube, da sitzt ein junger Herr, zu dem werden die guten Bissen schon den Weg finden. Ich schau hin und sehe da einen schmucken jungen Student sitzen; der kriegt' auch alles. Das war Goethe.«

Die Gewohnheit, zusammen zu sein, befestigte sich immer mehr. Man wußte nicht anders, als daß ich diesem Kreise angehöre. Man glaubte sowohl auf Friederikens Gesinnung, als auch auf meine Rechtlichkeit völlig vertrauen zu können. Man ließ uns unbeobachtet, wie es überhaupt dort und damals Sitte war, und es hing von uns ab, in kleinerer oder größerer Gesellschaft die Gegend zu durchstreifen, und die Freunde der Nachbarschaft zu besuchen. Diesseits und jenseits des Rheins fand ich die Personen zerstreut, die ich in Sesenheim vereinigt gesehen, jeden bei sich als freundlichen Wirt, gastfrei und so gern Küche und Keller als Gärten und Weinberge, ja die ganze Gegend aufschließend. So waren auch die Rheininseln öfters ein Ziel unserer Wasserfahrten. Dort brachten wir ohne Barmherzigkeit die kühlen Bewohner des klaren Rheines in den Kessel, auf den Rost, in das siedende Fett, und hätten uns hier in den traulichen Fischerhütten vielleicht mehr als billig angesiedelt, hätten uns nicht die entsetzlichen Rheinschnaken nach einigen Stunden wieder weggetrieben. Über diese unerträgliche Störung einer der schönsten Lustpartien, wo sonst alles glückte, wo die Neigung der Liebenden mit dem guten Erfolge des Unternehmens nur zu wachsen schien, brach ich, als wir nach Haus kamen, in Gegenwart des guten geistlichen Vaters in gotteslästerliche Reden aus und versicherte, daß diese Schnaken allein mich von dem Gedanken abbringen könnten, als habe ein guter und weiser Gott die Welt erschaffen. Der alte fromme Herr rief mich dagegen ernstlich zur

Ordnung und verständigte mich, daß diese Mücken und anderes Ungeziefer erst nach dem Sündenfall entstanden oder, wenn deren im Paradiese gewesen, daselbst nur angenehm gesummet und nicht gestochen hätten. Ich fühlte mich zwar sogleich besänftigt: denn ein Zorniger ist wohl zu begütigen, wenn es uns glückt, ihn zum Lächeln zu bringen. Ich versicherte jedoch, es habe des Engels mit dem flammenden Schwerte gar nicht bedurft, um das sündige Ehepaar aus dem Garten zu treiben; er müsse mir vielmehr erlauben mir vorzustellen, daß dies durch große Schnaken des Tigris und Euphrat geschehen sei.
Ernsthafter jedoch und herzerhebender war der Genuß der Tages- und Jahreszeiten in diesem herrlichen Lande. Man durfte sich nur der Gegenwart hingeben, um diese Klarheit des reinen Himmels, diesen Glanz der reichen Erde, diese lauen Abende, diese warmen Nächte an der Seite der Geliebten oder in ihrer Nähe zu genießen.

Wie herrlich leuchtet
Mir die Natur!
Wie glänzt die Sonne!
Wie lacht die Flur!

Es dringen Blüten
Aus jedem Zweig
Und tausend Stimmen
Aus dem Gesträuch.

Und Freud und Wonne
Aus jeder Brust.
O Erd, o Sonne!
O Glück, o Lust,

O Lieb, o Liebe,
So golden schön,
Wie Morgenwolken
Auf jenen Höhn,

Du segnest herrlich
Das frische Feld –
Im Blütendampfe
Die volle Welt!

O Mädchen, Mädchen,
Wie lieb ich dich!
Wie blinkt dein Auge,
Wie liebst du mich!

So liebt die Lerche
Gesang und Luft,
Und Morgenblumen
Den Himmelsduft,

Wie ich dich liebe
Mit warmen Blut,
Die du mir Jugend
Und Freud und Mut

Zu neuen Liedern
Und Tänzen gibst.
Sei ewig glücklich,
Wie du mich liebst!

Tag für Tag beglückten uns reine ätherische Morgen, wo der Himmel sich in seiner ganzen Pracht wies, indem er die Erde mit überflüssigem Tau getränkt hatte; und damit dieses Schauspiel nicht zu einfach werde, türmten sich oft Wolken über die entfernten Berge, bald in dieser, bald in jener Gegend. Sie standen tage-, ja wochenlang, ohne den reinen Himmel zu trüben, und selbst die vorübergehenden Gewitter erquickten das Land und verherrlichten das Grün, das schon wieder im Sonnenschein glänzte, ehe es noch abtrocknen konnte. Der doppelte Regenbogen, zweifarbige Säume eines dunkelgrauen, beinah schwarzen himmlischen Bandstreifens waren herrlicher, farbiger, entschiedener, aber auch flüchtiger, als ich sie irgend beobachtet.

Zeitverkürzend ist immer die Nähe der Geliebten, doch verging mir die Zeit auch unter besonderem Nachdenken. Ich wiederholte mir die Vorzüge, welche Friederike aufs freieste vor mir entwickelte: besonnene Heiterkeit, Naivität mit Bewußtsein, Frohsinn mit Voraussehen; Eigenschaften, die unverträglich scheinen, die sich aber bei ihr zusammenfanden und ihr Äußeres gar hold bezeichneten. Nun hatte ich aber auch ernstere Betrachtungen anzustellen, die einer freien Heiterkeit eher Eintrag taten: Betrachtungen über mich selbst und über den Zustand, in welchem sich immer junge Leute befinden, deren frühzeitige Neigungen sich keinen dauerhaften Erfolg versprechen dürfen. Jedoch war mir dadurch wenig geholfen; meine Leidenschaft wuchs, je mehr ich den Wert des trefflichen Mädchens kennenlernte, und die Zeit rückte heran, da ich so viel Liebes und Gutes vielleicht auf immer verlieren sollte.

Alle Menschen guter Art empfinden bei zunehmender Bildung, daß sie auf der Welt eine doppelte Rolle zu spielen haben, eine wirkliche und ideelle, und in diesem Gefühl ist der Grund alles Edlen aufzusuchen. Was uns für eine wirkliche zugeteilt sei, erfahren wir nur allzu deutlich; was die zweite betrifft, darüber können wir selten ins klare kommen. Der Mensch mag seine höhere Bestimmung auf Erden oder im Himmel, in der Gegenwart oder in der Zukunft suchen, so bleibt er deshalb doch innerlich einem ewigen Schwanken, von außen einer immer störenden Einwirkung ausgesetzt, bis er ein für allemal den Entschluß faßt, zu erklären, das Rechte sei das, was ihm gemäß ist.

Auch in den Briefen, die Friederike mir nach Straßburg schrieb, blieb sie immer dieselbe. Sie mochte etwas Neues erzählen, oder auf bekannte Begebenheiten anspielen, leicht schildern, vorübergehend reflektieren, immer war es, als wenn sie auch mit der Feder gehend, kommend, laufend, springend so leicht aufträte als sicher. Auch ich schrieb sehr gern an sie; denn die Vergegenwärtigung ihrer Vorzüge vermehrte meine Neigung auch in der Abwesenheit, sodaß diese Unterhaltung einer persönlichen wenig nachgab, ja in der Folge mir sogar angenehmer, teurer wurde.

Zur Zeit der Pfingstferien wird Goethe von Friederike nach Sesenheim eingeladen; sie schreibt ihm, er möge sich auf längere Zeit einrichten. Am Abend vor der Abreise schreibt Goethe an den Aktuarius Salzmann, seinen väterlichen Freund aus der Straßburger Tischgesellschaft. Er schreibt ihm auf einem Stück blauen Papiers, auf dem er den Schattenriß von Friederike zu zeichnen versucht hatte.

»Straßburg, den 17. Mai 1771. Die Augen fallen mir zu, es ist erst neun. Die liebe Ordnung. Gestern nachts geschwärmt, heute früh von Projekten aus dem Bette gepeitscht. O es sieht in meinem Kopfe aus, wie in meiner Stube, ich kann nicht einmal ein Stückchen Papier finden als dieses blaue. Doch alles Papier ist gut Ihnen zu sagen, daß ich Sie liebe, und dieses doppelt, Sie wissen wozu es bestimmt war.
Leben Sie vergnügt bis ich Sie wiedersehe. In meiner Seele ists nicht ganz heiter; ich bin zu sehr wachend, als daß ich nicht fühlen sollte, daß ich nach Schatten greife. Und doch – morgen um sieben Uhr ist das Pferd gesattelt und dann adieu!«

Während des Aufenthaltes in Sesenheim schreibt Goethe an Salzmann eine Reihe von Briefen, den ersten Ende Mai.

»Weil ich Sie so lange nicht sehen werde, denk ich, ist es gut wenn du schreibst wie dirs geht. Nun gehts freilich so ziemlich gut, der Husten hat sich durch Kur und Bewegung ziemlich gelöst, und ich hoffe er soll bald ziehen. Um mich herum ists aber nicht sehr hell, die Kleine fährt fort traurig krank zu sein, und das gibt dem Ganzen ein schiefes Ansehen. Nicht gerechnet das Bewußtsein, das mit mir herumgeht, und das leider kein gutes Gewissen ist.

Ach wenn alles wäre wies sein sollte, so wären Sie auch da. Getanzt hab ich und die Älteste, Pfingstmontags, von zwei Uhr nach Tisch bis zwölf Uhr in der Nacht, an einem fort, außer einigen Intermezzos von Essen und Trinken. Ich vergaß des Fiebers und seit der Zeit ists auch besser. Sie hättens wenigstens nur sehen sollen! Das ganze mich in das Tanzen versunken!
Und doch wenn ich sagen könnte: ich bin glücklich, so wäre das besser als das alles. Der Kopf steht mir wie eine Wetterfahne, wenn ein Gewitter heraufzieht und die Windstöße veränderlich sind.
Adieu, lieben Sie mich. Sie sollen bald wieder von mir hören.«

»5. Juni nachts. Hier sitz ich zwischen Tür und Angel. Mein Husten fährt fort; ich bin zwar sonst wohl, aber man lebt nur halb, wenn man nicht Atem holen kann. Und doch mag ich nicht in die Stadt. Die Bewegung und freie Luft hilft wenigstens, was zu helfen ist, nicht gerechnet. –
Die Welt ist so schön! so schön! Wers genießen könnte! Ich bin manchmal ärgerlich darüber, und manchmal halte ich mir erbauliche Erbauungsstunden über das Heute, über diese Lehre, die unserer Glückseligkeit so unentbehrlich ist, und die mancher Professor der Ethik nicht faßt und keiner gut vorträgt. – Adieu, adieu! – «

»12. Juni. Ich komme oder nicht, oder – das alles werd ich besser wissen wenns vorbei als jetzt. Es regnet draußen und drinne, und die garstigen Winde von Abend rascheln in den Rebblättern vorm Fenster, und mein Seelchen ist wies Wetterfähnchen drüben auf dem Kirchturm; dreh dich, dreh dich, das geht den ganzen Tag.
Doch lern ich schön Griechisch; denn daß Sies wissen, ich habe in der Zeit daß ich hier bin meine griechische Weisheit so vermehrt, daß ich fast den Homer ohne Übersetzung lese.
Und dann bin ich vier Wochen älter, Sie wissen, daß das viel bei mir gesagt ist, nicht weil ich viel sondern vieles tue.
Behüt mir Gott meine lieben Eltern,
Behüt mir Gott meine liebe Schwester,
Behüt mir Gott meinen lieben Herrn Aktuarius
Und alle frommen Herzen.
Amen!«

»19. Juni. Nun wäre es wohl bald Zeit, daß ich käme, ich will auch und will auch, aber was will das Wollen gegen die Gesichter um mich herum. Der Zustand meines Herzens ist sonderbar, und meine Gesundheit schwankt wie gewöhnlich durch die Welt, die so schön ist, als ich sie lang nicht gesehen. Die angenehmste Gegend, Leute die mich lieben, ein Zirkel von Freuden! Sind nicht die Träume deiner Kindheit alle erfüllt? frag ich mich manchmal, wenn sich mein Aug in diesem Horizont von Glückseligkeiten herumweidet. Sind das nicht die Feengärten, nach denen du dich sehntest? – Sie sinds, sie sinds! Ich fühl es lieber Freund, und fühl, daß man um kein Haar glücklicher ist, wenn man erlangt, was man wünschte. Die Zugabe! Die Zugabe! die uns das Schicksal zu jeder Glückseligkeit drein wiegt! Lieber Freund, es gehört viel Mut dazu, in der Welt nicht mißmutig zu werden.

Machen Sie sich auf ein abenteuerlich Ragout, Reflexionen, Empfindungen, die man unter dem allgemeinen Titel Grillen eigentlicher begreifen könnte, gefaßt.

Leben Sie wohl, und wenn Sie mich bald wiedersehen wollen, so schicken Sie mir einen Wechsel mich auszulösen, denn ich habe mich hier festgesessen.

Adieu, lieber Mann, verzeihen Sie mir alles.«

Da ich eigentlich nach Straßburg gegangen war, um zu promovieren, so gehörte es freilich zu den Unregelmäßigkeiten meines Lebens, daß ich ein solches Hauptgeschäft als eine Nebensache betrachtete. Theses wurden ausgewählt und gedruckt, und die Disputation ging, unter Opposition meiner Tischgenossen, mit großer Lustigkeit, ja Leichtfertigkeit vorüber; da mir denn meine alte Übung, im Corpus juris aufzuschlagen, gar sehr zustatten kam, und ich für einen wohlunterrichteten Menschen gelten konnte. Ein guter herkömmlicher Schmaus beschloß die Feierlichkeit.

Mein leidenschaftliches Verhältnis zu Friederike hatte begonnen mich zu ängstigen. Eine solche jugendliche, aufs Geratewohl gehegte Neigung ist der nächtlich geworfenen Bombe zu vergleichen, die in einer sanften, glänzenden Linie aufsteigt, sich unter die Sterne mischt, ja einen Augenblick unter ihnen zu verweilen scheint, alsdann aber abwärts, zwar wieder dieselbe Bahn, nur umgekehrt, bezeichnet, und zuletzt da, wo sie ihren Lauf geendet, Verderben hinbringt. Friederike blieb sich immer gleich, sie schien nicht zu denken, noch denken zu wollen, daß dieses Verhältnis sich so bald endigen könnte. Ihre Schwester hingegen, die mich zwar auch ungern vermißte, aber doch nicht so viel als jene verlor, war voraussehender oder offener. Sie sprach manchmal mit mir über meinen vermutlichen Abschied und suchte über sich selbst und ihre Schwester sich zu trösten. Ein Mädchen, das einem Manne entsagt, dem sie ihre Gewogenheit nicht verleugnet hat, ist lange nicht in der peinlichen Lage, in der sich ein Jüngling befindet, der mit Erklärungen ebenso weit gegen das Mädchen herausgegangen ist. Er spielt immer eine leidige Figur: denn von ihm, als einem werdenden Manne, erwartet man schon eine gewisse Übersicht seines Zustandes, und ein entschiedener Leichtsinn will ihn nicht kleiden. Die Ursachen eines Mädchens, das sich zurückzieht, scheinen immer gültig, die des Mannes niemals. Allein wie soll eine schmeichelnde Leidenschaft uns voraussehen lassen, wohin sie uns führen kann? Denn auch selbst alsdann, wenn wir schon ganz verständig auf sie Verzicht getan, können wir sie noch nicht loslassen, wir ergötzen uns an der lieblichen Gewohnheit, und sollte es auch auf eine veränderte Weise sein.

So ging es auch mir. Wenn gleich die Gegenwart Friederikens mich ängstigte, so wußte ich doch nichts Angenehmeres, als abwesend an sie zu denken und mich mit ihr zu unterhalten. Ich kam seltener hinaus, aber unsere Briefe wechselten desto lebhafter. Die Abwesenheit machte mich frei, und meine ganze Zuneigung blühte erst recht auf durch die Unterhaltung in der Ferne.

Ich konnte mich in solchen Augenblicken ganz eigentlich über die Zukunft verblenden. Zerstreut war ich genug durch das Fortrollen der Zeit und dringender Geschäfte. Ich hatte bisher möglich gemacht, das Mannigfaltigste zu leisten, durch immer lebhafte Teilnahme am Gegenwärtigen und Augenblicklichen, allein, gegen das Ende drängte sich alles gar gewaltsam übereinander, wie es immer zu gehen pflegt, wenn man sich von einem Orte loslösen soll.

In solchem Drang und Verwirrung konnte ich doch nicht unterlassen, Friederike noch einmal zu sehen. Es waren peinliche Tage, deren Erinnerung mir nicht geblieben ist. Als ich ihr die Hand noch vom Pferde reichte, standen ihr die Tränen in den Augen, und mir war sehr übel zumute. Nun ritt ich auf dem

Fußpfade gegen Drusenheim, und da überfiel mich eine der sonderbarsten Ahnungen. Ich sah nämlich, nicht mit den Augen des Leibes, sondern des Geistes, mich mir selbst denselben Weg zu Pferde wieder entgegenkommen, und zwar in einem Kleide, wie ich es nie getragen; es war hechtgrau mit etwas Gold. Sobald ich mich aus diesem Traum aufschüttelte, war die Gestalt ganz hinweg. Sonderbar ist es jedoch, daß ich nach acht Jahren, in dem Kleide, das mir geträumt hatte und das ich nicht aus Wahl, sondern aus Zufall gerade trug, mich auf demselben Wege fand, um Friederike noch einmal zu besuchen. Es mag sich übrigens mit diesen Dingen wie es will verhalten, das wunderliche Trugbild gab mir in jenen Augenblicken des Scheidens einige Beruhigung. Der Schmerz, das herrliche Elsaß mit allem, was ich darin erworben, auf immer zu verlassen, war gemildert, und ich fand mich, dem Taumel des Lebewohls endlich entflohen, auf einer friedlichen und erheiternden Reise so ziemlich wieder.

Über den Besuch nach acht Jahren, im September 1779, berichtet Goethe in einem Brief an Frau von Stein:

»Ein ungemein schöner Tag, eine glückliche Gegend, noch alles grün, kaum hie und da ein Buchen- und Eichenblatt gelb. Die Weiden noch in ihrer silbernen Schönheit. Ein milder willkommner Atem durchs ganze Land. Trauben mit jedem Schritt und Tage besser. Jedes Bauernhaus mit Reben bis unters Dach, jeder Hof mit einer großen vollhangenden Laube. Himmelsluft weich, warm, feuchtlich, man wird auch wie die Trauben reif und süß in der Seele. Der Rhein und die klaren Gebirge in der Nähe, die abwechselnden Wälder, Wiesen und gartenmäßigen Felder machen dem Menschen wohl und geben mir eine Art Behagens, das ich lange entbehre. –

– den 25. abends ritt ich etwas seitwärts nach Sesenheim und fand daselbst eine Familie wie ich sie vor acht Jahren verlassen hatte beisammen, und wurde gar freundlich und gut aufgenommen. Da ich jetzt so rein und still bin wie die Luft, so ist mir der Atem guter und stiller Menschen sehr willkommen. Die zweite Tochter vom Hause hatte mich ehmals geliebt, schöner als ichs verdiente, und mehr als andre, an die ich viel Leidenschaft und Treue verwendet habe; ich mußte sie in einem Augenblick verlassen, wo es ihr fast das Leben kostete; sie ging leise drüber weg mir zu sagen, was ihr von einer Krankheit jener Zeit noch überbliebe, betrug sich allerliebst mit soviel herzlicher Freundschaft vom ersten Augenblick, da wir unerwartet auf der Schwelle entgegentraten, und wir mit den Nasen aneinander stießen, daß mirs ganz wohl wurde. Nachsagen muß ich ihr, daß sie auch nicht durch die leiseste Berührung irgendein altes Gefühl in meiner Seele zu wecken unternahm. Sie führte mich in jede Laube, und da mußt ich sitzen und so wars gut. Wir hatten den schönsten Vollmond, ich erkundigte mich nach allem. Ein Nachbar, der uns sonst hatte künsteln helfen, wurde herbeigerufen und bezeugte, daß er noch vor acht Tagen nach mir gefragt hatte, der Barbier mußte auch kommen; ich fand alte Lieder, die ich gestiftet hatte, eine Kutsche die ich gemalt hatte, wir erinnerten uns an manche Streiche jener guten Zeit, und ich fand mein Andenken so lebhaft unter ihnen, als ob ich kaum ein halb Jahr weg wäre. Die Alten waren treuherzig, man fand ich sei jünger geworden. Ich blieb die Nacht und schied den andern Morgen bei Sonnenaufgang, von freundlichen Gesichtern verabschiedet, daß ich nun auch wieder mit Zufriedenheit an dies Eckchen der Welt hindenken und in Friede mit den Geistern dieser Ausgesöhnten in mir leben kann.«

UNRUHE UND ERSTER RUHM

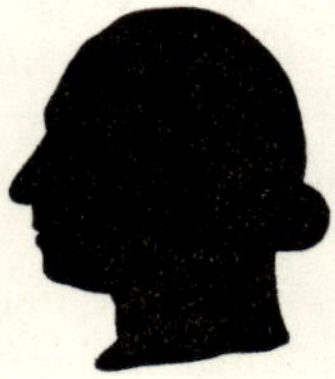

Der Wanderer war nun endlich gesünder und froher nach Hause gelangt als das erstemal, aber in seinem ganzen Wesen zeigte sich doch etwas Überspanntes, welches nicht völlig auf geistige Gesundheit deutete. Mein Vater war behaglich, wie einer, der trotz allen Hindernissen und Verspätungen seine Pläne durchsetzt. Ich hatte nun promoviert und meine Dissertation hatte seinen Beifall gefunden. Der erste Schritt zu dem ferneren bürgerlichen Lebensgange war getan.

An seinem 22. Geburtstage überreicht Goethe dem Schöffengericht zu Frankfurt sein Gesuch um Zulassung zur Advokatur, welches beginnt:

»Wohl- und Hochedelgebohrne Vest und Hochgelahrte, Hoch und Wohlfürsichtige, Insonders Hochgebietende und Hochgeehrtester Herren Gerichtsschultheiß und Schöffen. Ew^re^ Wohl auch Hochedelgebohrne Gestreng und Herrlichkeit habe ich die Ehre mit einer erstmaligen, ganz gehorsamsten Bitte geziemend anzugehen, deren Gewährung mir Hochderoselben angewohnte Gültigkeit in der schmeichelhaftesten Hoffnung voraussehen läßt.«

Um diese Zeit tritt Goethe in nähere Verbindung mit den Brüdern Schlosser, besonders mit dem jüngeren, Georg, seinem späteren Schwager.

Seit meiner Rückkehr von Straßburg war das Verhältnis zwischen meiner Schwester und mir noch viel inniger geworden. Wie viel Zeit hatten wir nicht gebraucht, um uns wechselseitig die kleinen Herzensangelegenheiten, Liebes- und andere Händel mitzuteilen, die in der Zwischenzeit vorgefallen waren! Und hatte sich nicht auch im Felde der Einbildungskraft vor mir eine neue Welt aufgetan, in die ich sie doch auch einführen mußte? Dem, was ich geistreich hingab, folgte sie mit dem Geiste. Jedes kleine Gedicht, wenn es auch nur ein Ausrufungszeichen gewesen wäre, teilte ich ihr sogleich mit, alle Briefe, die ich erhielt, und alle Antworten, die ich darauf erteilte. Als Schlosser mir später entdeckte, daß er erst in ein freundschaftliches, dann in ein näheres Verhältnis zu meiner Schwester gekommen sei, und daß er sich nach einer baldigen Anstellung umsehe, um sich mit ihr zu verbinden, machte mich diese Erklärung einigermaßen betroffen. Ich bemerkte nun erst, daß ich wirklich auf meine Schwester eifersüchtig sei.

Schlosser an Gleim (25. Februar 1772):

»Ich werde zu Ende dieser Woche nach Darmstadt gehen. Ein junger Freund von mir, Goethe, der sehr viel verspricht, wird mit mir gehen. Er ist mir außerordentlich ehrwürdig durch seine ernste Bemühung seine Seele zu reinigen ohne sie zu entnerven.«

In Darmstadt befand sich eine Gesellschaft von sehr gebildeten Männern. Die Geheimerätin von Hesse und ihre Schwester, Caroline Flachsland, waren Frauenzimmer von seltenen Verdiensten und Anlagen, die letztere, Herders Braut, doppelt interessant durch ihre Eigenschaften und ihre Neigung zu einem so vortrefflichen Manne.

Caroline Flachsland an Herder (9. März 1772):

»Lieber Herder, ich habe vor einigen Tagen Ihren Freund Goethe und Herrn Schlosser kennengelernt. Sie haben Merck besucht auf etliche Tage und wir waren zwei Nachmittage und auch beim Mittagessen beisammen. Goethe ist ein so gutherziger, munterer Mensch, ohne gelehrte Zierat, und hat sich mit Mercks Kindern so viel zu schaffen gemacht und eine gewisse Ähnlichkeit in Ton und Sprache oder Irgendwas mit Ihnen, daß ich ihm überall nachgegangen.

Nur einen Augenblick saßen wir in der Abendsonne gegenüber und sprachen von Ihnen. Er spricht recht mit Begeisterung von Ihnen. Den zweiten Nachmittag haben wir auf einem hübschen Spaziergang und im Hause bei einer Schale Punsch zugebracht. Wir waren nicht empfindsam, aber sehr munter und Goethe und ich tanzten nach dem Klavier Menuetten. Und darauf sagte er uns eine vortreffliche Ballade von Ihnen her, die ich noch nie gehört: ›Dein Schwert, wie ists von Blut so rot? Edward, Edward!‹«

Herder an Caroline (März und Juli 1772):

»Liebe Caroline! Goethe ist wirklich ein guter Mensch, nur etwas leicht und spatzenmäßig, worüber er meine ewigen Vorwürfe gehabt hat. Er war mitunter der einzige, der mich in Straßburg in meiner Gefangenschaft besuchte und den ich gern sah: Auch glaube ich ihm, ohne Lobrednerei, einige gute Eindrücke gegeben zu haben, die einmal wirksam werden können. – Goethe ist ein guter, edler Junge mit vielem Gefühl und Übergefühl, wovon, wie es im lieben menschlichen Leben ordentlich und billig ist, die Hälfte auch ihm wohl Traum der Morgenröte bleiben wird. Seine Liebe und Freundschaft ist mir also so ein schönes Bild der Seele, daß ichs um keinen Schatten möchte geschwärzt haben.«

Durch Schlosser ward ich denn auch gar bald mit Merck bekannt, dem ich durch Herder von Straßburg aus nicht ungünstig angekündigt war. Dieser eigne Mann, der auf mein Leben den größten Einfluß gehabt, war damals Kriegszahlmeister in Darmstadt. Mit Verstand und Geist geboren, hatte er sich sehr schöne Kenntnisse, besonders der neueren Literaturen, erworben und sich in der Welt- und Menschengeschichte nach allen Zeiten und Gegenden umgesehn. Treffend und scharf zu urteilen, war ihm gegeben. Er war lang und hager von Gestalt, eine hervordringende spitze Nase zeichnete sich aus, hellblaue, vielleicht graue Augen gaben seinem Blick, der aufmerkend hin und wider ging, etwas Tigerartiges. In seinem Charakter lag ein wunderbares Mißverhältnis: von Natur ein braver, edler, zuverlässiger Mann, hatte er sich gegen die Welt erbittert und ließ diesen grillenkranken Zug dergestalt in sich walten, daß er eine unüberwindliche Neigung fühlte, vorsätzlich ein Schalk, ja ein Schelm zu sein. Verständig, ruhig, gut in einem Augenblick, konnte es ihm in dem andern einfallen, wie die Schnecke ihre Hörner hervorstreckt, irgend etwas zu tun, was einen andern kränkte, verletzte, ja was ihm schädlich ward. Doch wie man gern mit etwas Gefährlichem umgeht, wenn man selbst davor sicher zu sein glaubt, so hatte ich eine desto größere Neigung, mit ihm zu leben und seiner guten Eigenschaften zu genießen, da ein zuversichtliches Gefühl mich ahnen ließ, daß er seine schlimme Seite nicht gegen mich kehren werde.

Am 14. Oktober 1771 veranstaltet Goethe im Hause am Hirschgraben ein Shakespeare-Fest, zu welchem er seine Freunde einlädt. An Herder hatte er geschrieben:

»Ich soll Sie von meiner Schwester grüßen, und Sie auf den 14. Oktober invitieren, da Shakespeares Namenstag mit großem Pomp hier gefeiert werden wird. Wenigstens sollen Sie im Geiste gegenwärtig sein und, wenn es möglich ist, Ihre Abhandlung über Shakespeare auf den Tag einsenden, damit sie einen Teil unserer Liturgie ausmache.«

Herder kommt nicht und sendet auch seine Abhandlung über Shakespeare nicht, so daß Goethe sich entschließt, selbst die Festrede zu halten.
Aus der Festrede:

»Ich rufe Natur! Natur! Nichts so Natur als Shakespeares Menschen!
Da hab ich sie alle überm Hals.
Laßt mir Luft, daß ich reden kann!
Er weitteiferte mit dem Prometheus, bildete ihm Zug für Zug seine Menschen nach, nur in kolossalischer Größe – darin liegts, daß wir unsre Brüder verkennen –, und dann belebte er sie alle mit dem Hauch *seines* Geistes. Er redet aus allen und man erkennt ihre Verwandtschaft. Und was will sich unser Jahrhundert unterstehen von Natur zu urteilen? Wo sollten wir sie herkennen, die wir von Jugend auf alles geschnürt und geziert an uns fühlen und an andern sehen? Ich schäme mich oft vor Shakespeare, denn es kommt manchmal vor, daß ich beim ersten Blick

denke, das hätt ich anders gemacht! Hinten drein erkenn ich, daß ich ein armer Sünder bin, daß aus Shakespeare die Natur weissagt, und daß meine Menschen Seifenblasen sind, von Romangrillen aufgetrieben.
Er führt uns durch die ganze Welt, aber wir verzärtelte, unerfahrene Menschen schreien bei jeder fremden Heuschrecke, die uns begegnet: Herr, er will uns fressen!
Auf, meine Herren! Trompeten Sie mir alle edle Seelen aus dem Elysium des sogenannten guten Geschmacks, wo sie schlaftrunken, in langweiliger Dämmerung halb sind, halb nicht sind, Leidenschaften im Herzen und kein Mark in den Knochen haben; und, weil sie nicht müde genug zu ruhen und doch zu faul sind um tätig zu sein, ihr Schattenleben zwischen Myrten und Lorbeerbüschen verschlendern und vergähnen.«

Ich hatte im stillen eine verlorene Liebe zu beklagen, dies machte mich mild und nachgiebig und der Gesellschaft angenehmer als in glänzenden Zeiten, wo ich ganz ungebunden vor mich hinstürmte. Die Antwort Friederikens auf einen schriftlichen Abschied zerriß mir das Herz. Es war dieselbe Hand, derselbe Sinn, dasselbe Gefühl, die sich zu mir, die sich an mir herangebildet hatten. Ich fühlte nun erst den Verlust, den sie erlitt, und sah keine Möglichkeit, ihn zu ersetzen, ja auch ihn zu lindern. Sie war mir ganz gegenwärtig; stets empfand ich, daß sie mir fehlte, und was das Schlimmste war, ich konnte mir mein eigenes Unglück nicht verzeihen. Hier war ich zum ersten Mal schuldig, ich hatte das schönste Herz in seinem Tiefsten verwundet, und so war die Epoche einer düsteren Reue höchst peinlich, ja unerträglich.
Aber der Mensch will leben, daher nahm ich aufrichtigen Teil an andern. Ich suchte ihre Verlegenheit zu entwirren und was sich trennen wollte zu verbinden, damit es ihnen nicht ergehen möchte wie mir. Man pflegte mich daher den Vertrauten zu nennen, auch wegen meines Umherschweifens in der Gegend den Wanderer.
Dieser Beruhigung für mein Gemüt, die mir nur unter freiem Himmel, in Tälern, auf Höhen, in Gefilden und Wäldern zuteil ward, kam die Lage von Frankfurt zustatten, das zwischen Darmstadt und Homburg mitten inne lag, zwei angenehmen Orten, die durch Verwandtschaft beider Höfe in gutem Verhält-

nis standen. Ich gewöhnte mich, auf der Straße zu leben und wie ein Bote zwischen dem Gebirge und dem flachen Lande hin und her zu wandern. Oft ging ich allein oder in Gesellschaft durch meine Vaterstadt, als wenn sie mich nichts anginge, speiste in einem der großen Gasthöfe in der Pfarrgasse und zog nach Tische meines Wegs weiter fort. Mehr als jemals war ich gegen offene Welt und freie Natur gerichtet. Unterwegs sang ich mir seltsame Hymnen und Dithyramben, wovon noch eine unter dem Titel »Wanderers Sturmlied« übriggeblieben ist. Ich sang diesen Halbunsinn leidenschaftlich vor mich hin, da mich ein schreckliches Wetter unterwegs traf, dem ich entgegen gehen mußte.

Wen du nicht verlässest, Genius,
Nicht der Regen, nicht der Sturm
Haucht ihm Schauer übers Herz.
Wen du nicht verlässest Genius,
Wird dem Regengewölk,
Wird dem Schloßensturm
Entgegen singen,
Wie die Lerche
Du dadroben.

Den du nicht verlässest, Genius,
Wirst ihn heben übern Schlammpfad
Mit den Feuerflügeln.
Wandeln wird er
Wie mit Blumenfüßen
Über Deukalions Flutschlamm,
Python tötend, leicht, groß,
Pythius Apollo.

Den du nicht verlässest, Genius,
Wirst die wollnen Flügel unterspreiten,
Wenn er auf dem Felsen schläft,
Wirst mit Hüterfittichen ihn decken
In des Haines Mitternacht.

Wen du nicht verlässest, Genius,
Wirst im Schneegestöber

Wärmumhüllen;
Nach der Wärme ziehn sich Musen,
Nach der Wärme Charitinnen.

Umschwebet mich, ihr Musen,
Ihr Charitinnen!
Das ist Wasser, das ist Erde,
Und der Sohn des Wassers und der Erde,
Über den ich wandle
Göttergleich.

Ihr seid rein, wie das Herz der Wasser,
Ihr seid rein, wie das Mark der Erde,
Ihr umschwebt mich, und ich schwebe
Über Wasser, über Erde,
Göttergleich.

Goethe an Salzmann, den Freund aus der Straßburger Tischgesellschaft (18. November 1771):

»Sie kennen mich so gut und doch wett ich, Sie raten nicht, warum ich nicht schreibe. Es ist eine Leidenschaft, eine ganz unerwartete Leidenschaft, Sie wissen, wie mich dergleichen in ein Zirkelchen werfen kann, daß ich Sonne, Mond und die lieben Sterne darüber vergesse. Ich kann nicht ohne das sein, Sie wissens lang, und koste was es wolle, ich stürze mich drein. Diesmal sind keine Folgen zu befürchten. Mein ganzer Genius liegt auf einem Unternehmen, worüber Homer und Shakespeare und alles vergessen worden. Ich dramatisiere die Geschichte eines der edelsten Deutschen, rette das Andenken eines braven Mannes, und die viele Arbeit, die michs kostet, macht mir einen wahren Zeitvertreib, den ich hier so nötig habe, denn es ist traurig, an einem Ort zu leben, wo unsere ganze Wirksamkeit in sich selbst summen muß.«

Die dunkleren Jahrhunderte der deutschen Geschichte hatten von jeher meine Wißbegierde und Einbildungskraft beschäftigt. Der Gedanke, den Götz von Berlichingen in seiner Zeitumgebung zu dramatisieren, war mir höchlich lieb und wert.

Goethes Mutter erzählt (nach Aufzeichnungen von H. C. Robinson):
»Eines Abends war der Wolfgang ganz aufgeregt nach Haus gekommen. – Mutter, rief er, ich habe ein Buch gefunden in der Bibliothek, ein wunderbares Buch – daraus mache ich ein Stück! Die Bürger werden Augen machen, wenn ich ihnen den Ritter mit der eisernen Hand vorführe. Das ist herrlich: die eiserne Hand!«

Durch die fortdauernde Teilnahme an Shakespeares Werken hatte ich mir den Geist so ausgeweitet, daß mir der enge Bühnenraum und die kurze einer Vorstellung zugemessene Zeit keineswegs hinlänglich schienen, um etwas Bedeutendes vorzutragen. Das Leben des biedern Götz von Berlichingen, von ihm selbst geschrieben, trieb mich in die historische Behandlungsart, und meine Einbildungskraft dehnte sich dergestalt aus, daß auch meine dramatische Form alle Theatergrenzen überschritt und sich den lebendigen Ereignissen mehr und mehr zu nähern suchte.
Ich hatte mich davon mit meiner Schwester umständlich unterhalten, die an solchen Dingen mit Geist und Gemüt teilnahm, und ich erneuerte diese Unterhaltung so oft, ohne nur irgend zum Werke zu schreiten, daß sie zuletzt ungeduldig und wohlwollend dringend bat, mich nur nicht immer mit Worten in die Luft zu ergehen, sondern endlich einmal das, was mir so gegenwärtig wäre, auf das Papier festzubringen. Durch diesen Antrieb bestimmt, fing ich eines Morgens zu schreiben an, ohne daß ich einen Entwurf oder Plan vorher aufgesetzt hätte. Ich schrieb die ersten Szenen und abends wurden sie Cornelia vorgelesen. Sie schenkte ihnen viel Beifall, jedoch nur bedingt, indem sie zweifelte, daß ich so fortfahren würde, ja sie äußerte sogar einen entschiedenen Unglauben an meine Beharrlichkeit. Dieses reizte mich nur um so mehr. Ich fuhr den nächsten Tag fort und so den dritten. Die Hoffnung wuchs bei den täglichen Mitteilungen, auch mir ward alles von Schritt zu Schritt lebendiger, indem mir ohnehin der Stoff durchaus eigen geworden. Und so hielt ich mich ununterbrochen ans Werk, das ich gradeswegs verfolgte, ohne weder rückwärts, noch rechts, noch links zu sehn, und in etwa sechs Wochen hatte ich das Vergnügen, das Manuskript geheftet zu erblicken.

Goethe an Herder (Ende 1771):

»Das Resultat meiner hiesigen Einsiedelei kriegen Sie hier in einem Skizzo, das zwar mit dem Pinsel auf Leinwand geworfen, an einigen Orten sogar einigermaßen ausgemalt, und doch weiter nichts als ein Skizzo ist. Keine Rechenschaft geb ich Ihnen, lieber Mann, von meiner Arbeit, noch sag ich meine jetzigen Empfindungen darüber, da ich aufgestanden und in die Ferne getreten bin. Es würde aussehen, als wollt ich Ihr Urteil leiten, weil ich fürchtet, er wandelte an einen Platz, wo ich nicht wünschte. Das aber darf ich sagen, daß ich recht mit Zuversicht arbeitete, die beste Kraft meiner Seele dran wendete, weil ichs tat, um Sie drüber zu fragen, und wußte, Ihr Urteil wird mir nicht nur über dieses Stück die Augen öffnen, sondern vielmehr über diesem Stück mich lehren, es als Meilensäule zu pflanzen, von der wegschreitend ich eine weite, weite Reise anzutreten und bei Ruhestunden zu berechnen habe.
Auch unternehm ich keine Veränderung, bis ich Ihre Stimme höre, denn ich weiß doch, daß alsdann radikale Wiedergeburt geschehen muß, wenn es zum Leben eingehn soll.«

Herder an Caroline (Juli 1772):

»Ich schicke nächstens Goethes ›Berlichingen‹ zurück; da wird er ihn wohl Merck schicken, und dann werden auch Sie einige himmlische Freudestunden haben, wenn Sie ihn lesen. Es ist ungemein viel deutsche Stärke, Tiefe und Wahrheit drin, obgleich hin und wieder es auch nur gedacht ist.«

An Goethe selbst hatte Herder kritischer geschrieben. Goethe antwortet (Mitte Juli 1772):

»Von ›Berlichingen‹ ein Wort. Ich setze ihn weiter schon herunter als Ihr. Euer Urteil, ›daß mich Shakespeare ganz verdorben‹, erkannt ich gleich in seiner ganzen Stärke. Genug, es muß eingeschmolzen, von Schlacken gereinigt, mit neuem, edleren Stoff versetzt und umgegossen werden. Dann solls wieder vor Euch erscheinen. Es ist alles nur gedacht. Das ärgert mich genug.«

Der Wurf war einmal getan, und es fragte sich nur, wie man die Steine im Brett vorteilhaft setzte. Ich sah wohl, daß mir auch hier niemand raten würde, und als ich nach einiger Zeit mein Werk wie ein fremdes betrachten konnte, erkannte ich freilich, daß ich, bei dem Versuch auf die Einheit der Zeit und des Ortes Verzicht zu tun, auch der höheren Einheit, die um desto mehr gefordert wird, Eintrag getan hatte. Ohne an dem ersten Manuskript irgend etwas zu verändern, nahm ich mir vor, das Ganze umzuschreiben, und leistete dies auch mit solcher Tätigkeit, daß in wenigen Wochen ein ganz erneutes Stück vor mir lag. Ich ging damit um so rascher zu Werke, je weniger ich die Absicht hatte, diese zweite Bearbeitung jemals drucken zu lassen, sondern sie gleichfalls nur als Vorübung ansah, die ich einer künftigen Behandlung abermals zugrunde legen wollte. Als ich nun mancherlei Vorschläge, wie ich dies anzufangen gedächte, Merck vorzutragen anfing, spottete er mein und fragte, was denn das ewige Arbeiten und Umarbeiten heißen solle. Er meinte, wir sollten dieses seltsame und gewiß auffallende Werk auf eigene Kosten herausgeben. Genug, es ward ausgemacht, daß ich das Papier anschaffen, er aber für den Druck sorgen solle; und somit ging es frisch ans Werk, und mir gefiel es gar nicht übel, meine wilde dramatische Skizze nach und nach in sauberen Aushängebogen zu sehen. Wir vollendeten das Werk, und es ward in vielen Paketen versendet. Nun dauerte es nicht lange, so entstand überall eine große Bewegung; das Aufsehn, das es machte, ward allgemein.

Zeitgenössische Stimmen zum »Götz«:

Gothaische Gelehrte Zeitungen (1774, 30. November):

»Seit langem haben sich die deutschen Leser von allem Alter, Beruf, Vorurteilen und Sekten nicht so sehr über ein neues Werk vereinigt, als über Götz von Berlichingen.«

Der Teutsche Merkur, Weimar (1773, September):

»Ein Stück, worin alle drei Einheiten auf das grausamste mißhandelt werden, das weder Lust- noch Trauerspiel ist: und doch das schönste, interessanteste Monstrum, gegen welches wir hundert von unsern komisch-weinerlichen Schauspielen ausgetauscht haben möchten.«

Auf diese Rezension antwortet Wieland (Der Teutsche Merkur, Weimar, 1774, Juni):

»Junge mutige Genien sind wie junge mutige Füllen; das strotzt von Leben und Kraft, tummelt sich wie unsinnig herum, schnaubt und wiehert, wälzt sich und bäumt sich, schnappt und beißt, springt an den Leuten hinauf, schlägt vorn und hinten aus, und will sich weder fangen noch reiten lassen. Desto besser! Immerhin sei dies Schauspiel – das man nicht aufführen kann, bis uns irgendeine wohltätige Fee ein eigen Theater und eigene Schauspieler dazu herzaubert – immerhin sei es ein schönes Ungeheuer. Möchten wir viele solche Ungeheuer haben! Der Fortschritt zu wahren Meisterwerken würde dann sehr leicht sein.«

Auserlesene Bibliothek der neuesten deutschen Literatur, Lemgo (1775, 8. Band):

»Es gibt Werke, die das ganze Publikum schon gelesen hat, ehe es möglich ist, daß ein kritisches Journal sie ankündige. Ein solches ist der Götz von Berlichingen vorzüglich gewesen, und es ist dies überhaupt das Schicksal fast aller Schriften des Herrn Goethe.«

Aus dem »Urgötz«:

Gottfried von Berlichingen und seine Getreuen

Gottfried: Es lebe der Kaiser!

Alle: Er lebe!

Gottfried: Das soll unser vorletztes Wort sein, wenn wir sterben. Ich lieb ihn, denn wir haben einerlei Schicksal. Und ich bin noch glücklicher als er. Ich weiß, er wünscht sich manchmal lieber tot, als länger die Seele eines so krüppligen Körpers zu sein. Ruft er zum Fuße: Marsch! der ist eingeschlafen, zum Arm: Heb dich! der ist verrenkt. Und wenn ein Gott im Gehirn säß, er könnt nicht mehr tun als ein unmündig Kind, die Spekulationen und Wünsche ausgenommen, um die er nur noch schlimmer dran ist. (schenkt ein) Es geht just noch einmal herum. Und wenn unser Blut anfängt auf die Neige zu gehn, wie der Wein in dieser Flasche erst schwach, dann tropfenweise rinnt – was soll unser letztes Wort sein?

GEORG: Es lebe die Freiheit.

GOTTFRIED: Es lebe die Freiheit!

ALLE: Es lebe die Freiheit!

GOTTFRIED: Und wann die uns überlebt, können wir ruhig sterben. Denn wir sehen im Geiste unsre Enkel glücklich. Wenn die Diener der Fürsten so edel und frei dienen wie ihr mir, wenn die Fürsten dem Kaiser dienen, wie ich ihm dienen möchte.

GEORG: Da muß viel anders werden.

GOTTFRIED: Es wird! es wird! Vielleicht daß Gott den Großen die Augen über ihre Glückseligkeit auftut. Ich hoffs, denn ihre Verblendung ist so unnatürlich, daß zu ihrer Erleuchtung kein Wunder nötig scheint. Wenn sie das Übermaß von Wonne fühlen werden, in ihren Untertanen glücklich zu sein. Wenn sie menschliche Herzen genug haben werden, um zu schmekken, welche Seligkeit es ist, ein großer Mensch zu sein. Wenn ihr wohlgebautes, gesegnetes Land ihnen ein Paradies gegen ihre steifen, gezwungenen, einsiedlerischen Gärten scheint. Wenn die volle Wange, der fröhliche Blick jedes Bauern, seine zahlreiche Familie die Fettigkeit ihres ruhenden Landes besiegelt, und gegen diesen Anblick alle Schauspiele, alle Bildersäle ihnen kalt werden. Dann wird der Nachbar dem Nachbar Ruhe gönnen, weil er selbst glücklich ist. Dann wird keiner seine Grenzen zu erweitern suchen. Er wird lieber die Sonne in seinem Kreise bleiben, als ein Komet durch viele andre seinen schrecklichen, unsteten Zug führen.

GEORG: Würden wir darnach auch reiten?

GOTTFRIED: Der unruhigste Kopf wird zu tun genug finden. Auf die Gefahr, wollte Gott Deutschland wäre diesen Augenblick so. Wir wollten die Gebirge von Wölfen säubern, wollten unserm ruhig ackernden Nachbar einen Braten aus dem Wald holen, und dafür die Suppe mit ihm essen. Wär uns das nicht genug, wir wollten uns mit unsern Brüdern gleich Cherubs mit flammenden Schwertern vor die Grenzen des Reichs gegen die Wölfe, die Türken, gegen die Füchse lagern, und die Ruhe des Ganzen beschützen. Das wäre ein Leben, Georg, wenn man seine Haut für die allgemeine Glückseligkeit setzte.

LOTTE IN WETZLAR

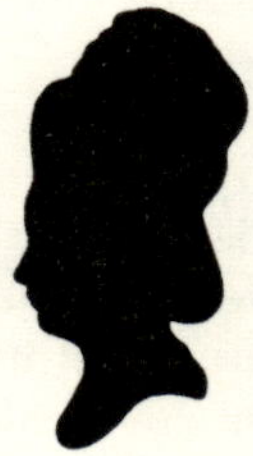

Aus dem Jahre 1772 berichtet Johann Christian Kestner (18. November 1772 an August von Hennings):

»Im Frühjahr kam hier ein gewisser Goethe aus Frankfurt, seiner Hantierung nach Doktor juris, 23 Jahre alt, einziger Sohn eines sehr reichen Vaters, um sich hier in Wetzlar – das war seines Vaters Absicht – in Praxi umzusehen, der seinigen nach aber, den Homer, Pindar usw. zu studieren, und was sein Genie, seine Denkungsart und sein Herz ihm weiter für Beschäftigungen eingeben würden. Gleich anfangs kündigten ihn die hiesigen schönen Geister als einen ihrer Mitbrüder und als Mitarbeiter an der neuen Frankfurter Gelehrten Zeitung, beiläufig auch als Philosophen im Publico an, und gaben sich Mühe, mit ihm in Verbindung zu stehen. Einer der vornehmsten unserer schönen Geister, Legationssekretär Gotter, beredete mich einst zu einem Spaziergang nach Garbenheim, einem nahegelegenen Dorfe. Daselbst fand ich Goethe im Grase unter einem Baume auf dem Rücken liegen, indem er sich mit einigen Umstehenden, einem epikuräischen Philosophen, einem stoischen Philosophen und einem Mitteldinge von beiden, unterhielt und ihm recht wohl war. Er hat sich nachher darüber gefreuet, daß ich ihn in einer solchen Stellung kennengelernt. – Er hat sehr viel Talente, ist ein wahres Genie und ein Mensch von Charakter; besitzt eine außerordentlich lebhafte Einbildungskraft, daher er sich meistens in Bildern und Gleichnissen ausdrückt. Er pflegt auch selbst zu sagen, daß er sich immer uneigentlich ausdrücke, niemals eigentlich ausdrücken könne. Wenn er aber älter werde, hoffe er die Gedanken selbst, wie sie wären, zu denken, und zu sagen. Er ist in allen seinen Affekten heftig, hat jedoch oft viel Gewalt über sich. Seine Denkungsart ist edel, von Vorurteilen so viel frei, handelt er, wie es ihm einfällt, ohne sich darum zu bekümmern, ob es andern gefällt, ob es Mode ist, ob es die Lebensart erlaubt. Aller Zwang ist ihm verhaßt. Er liebt die Kinder und kann sich mit ihnen sehr beschäftigen. Er ist bizarr und hat in seinem Betragen, seinem Äußerlichen verschiedenes, das ihn unangenehm machen könnte. Aber bei Kindern, bei Frauenzimmern und vielen anderen ist er doch wohl angeschrieben. Für das weibliche Geschlecht hat er sehr viele Hochachtung. In principiis ist er noch nicht fest und strebt noch erst nach einem gewissen System. Er äußert sich auch über gewisse Hauptmaterien gegen wenige; stört andere nicht gern in ihren ruhigen Vorstellungen.«

Der Vorsatz, meine innere Natur nach ihren Eigenheiten gewähren und die äußere nach ihren Eigenschaften auf mich einfließen zu lassen, trieb mich an das wunderliche Element, in welchem Werther ersonnen und geschrieben ist. Ich suchte mich innerlich von allem Fremden zu entbinden, das Äußere liebevoll zu betrachten und alle Wesen vom menschlichen an, so tief hinab als sie nur faßlich sein möchten, jedes in seiner Art auf mich wirken zu lassen. Dadurch entstand eine wundersame Verwandtschaft mit den einzelnen Gegenständen der Natur und ein inniges Anklingen, ein Mitstimmen ins Ganze, so daß ein jeder Wechsel, es sei der Ortschaften und Gegenden, oder der Tags- und Jahreszeiten, oder was sonst sich ereignen konnte, mich aufs innigste berührte. Aber seitdem ich jenen Familienkreis zu Sesenheim und nun wieder meinen Freundeszirkel zu Frankfurt und Darmstadt verlassen, war mir eine Leere im Busen geblieben, die ich auszufüllen nicht vermochte. Ich befand mich daher in einer Lage, wo uns die Neigung, sobald sie nur einigermaßen verhüllt auftritt, unversehens überschleichen und alle guten Vorsätze vereiteln kann.

Goethe erzählt, wie er den Legationssekretär Kestner, und durch ihn dessen Verlobte, Charlotte Buff, kennenlernt.

Sie gehörte zu denen, die, wenn sie nicht heftige Leidenschaften einflößen, doch ein allgemeines Gefallen zu erregen geschaffen sind. Eine leicht aufgebaute, nett gebildete Gestalt, eine reine, gesunde Natur und die daraus entspringende frohe Lebenstätigkeit, eine unbefangene Behandlung des täglich Notwendigen, das alles war ihr zusammen gegeben. In der Betrachtung solcher Eigenschaften ward auch mir immer wohl, und ich gesellte mich gern zu denen, die sie besaßen. Lotte – denn so wird sie denn doch wohl heißen – war anspruchslos in doppeltem Sinne: Erst ihrer Natur nach, die mehr auf ein allgemeines Wohlwollen als auf besondere Neigungen gerichtet war, und dann hatte sie sich ja für einen Mann bestimmt, der, ihrer wert, sein Schicksal an das ihrige fürs Leben zu knüpfen sich bereit erklären mochte. Die heiterste Luft wehte in ihrer Umgebung.

Der neue Ankömmling, völlig frei von allen Banden, sorglos in der Gegenwart eines Mädchens, das, schon versagt, den gefälligsten Dienst nicht als Bewerbung auslegen und sich desto eher daran erfreuen konnte, ließ sich ruhig gehen, war aber bald dergestalt eingesponnen und gefesselt und zugleich von dem jungen Paare so zutraulich und freundlich behandelt, daß er sich selbst nicht mehr kannte. Müßig und träumerisch, weil ihm keine Gegenwart genügte, fand er das, was ihm abging, in einer Freundin, die, indem sie fürs ganze Jahr lebte, nur für den Augenblick zu leben schien. Sie mochte ihn gern zu ihrem Begleiter, und er konnte bald ihre Nähe nicht missen, denn sie vermittelte ihm die Alltagswelt. Erlaubten es dem Bräutigam seine Geschäfte, so war er an seinem Teil dabei; sie hatten sich alle drei aneinander gewöhnt, ohne es zu wollen, und wußten nicht, wie sie dazu kamen, sich nicht entbehren zu können. So lebten sie den herrlichen Sommer hin eine echt deutsche Idylle, wozu das fruchtbare Land die Prosa und eine reine Neigung die Poesie hergab. Durch reife Kornfelder wandernd erquickten sie sich am taureichen Morgen; das Lied der Lerche, der Schlag der Wachtel waren ergötzliche Töne; heiße Stunden folgten, ungeheure Gewitter brachen herein, man schloß sich nur desto mehr aneinander, und mancher kleine Familienverdruß war leicht ausgelöscht durch fortdauernde Liebe. Und so nahm ein gemeiner Tag den andern auf, und alle schienen Festtage zu sein: der ganze Kalender hätte müssen rot gedruckt werden.

Goethe an Herder (Juli 1772):

»Noch immer auf der Woge mit meinem kleinen Kahn, und wenn die Sterne sich verstecken, schweb ich so in der Hand des

Schicksals hin, und Mut und Hoffnung und Furcht und Ruh wechseln in meiner Brust. –
Seit ich nichts von Euch gehört habe, sind die Griechen mein einzig Studium. Zuerst schränkt ich mich auf den Homer ein, dann um den Sokrates forscht ich in Xenophon und Plato, da gingen mir die Augen über meine Unwürdigkeit erst auf, geriet an Theokrit und Anakreon. Zuletzt zog mich was an Pindar, wo ich noch hänge. Sonst hab ich gar nichts getan und es geht bei mir noch alles entsetzlich durcheinander. Auch hat mir endlich der gute Geist den Grund meines spechtischen Wesens entdeckt. Über den Worten Pindars ›epikratein dynastai‹ ist mirs aufgegangen. Wenn Du kühn im Wagen stehst, und vier neue Pferde wild unordentlich sich an Deinen Zügeln bäumen, Du ihre Kraft lenkst und wendest, peitschest, hältst, und wieder ausjagst bis alle 16 Füße in einem Takt ans Ziel tragen – das ist Meisterschaft, epikratein. Dreingreifen, packen ist das Wesen jeder Meisterschaft. Ich finde, daß jeder Künstler, solang seine Hände nicht plastisch arbeiten, nichts ist. Es ist alles so Blick bei Euch, sagtet Ihr mir oft. Jetzt versteh ichs, tue die Augen zu und tappe. Es muß gehen oder brechen.«

Als ständiger Mitarbeiter der Frankfurter Gelehrten Anzeigen schreibt Goethe 1772 in einer Rezension über Gedichte eines jungen Polen:

»Da tritt, dachten wir, ein feuriger Geist, ein fühlbares Herz, bis zum selbständigen Alter unter einem fremden rauhen Himmel aufgewachsen, auf einmal in unsere Welt. Was für Empfindungen werden sich in ihm regen, was für Bemerkungen wird er machen, er, dem alles neu ist? – Seine Mädchen sind die allgemeinsten Gestalten, wie man sie in Sozietät und auf der Promenade kennen lernt, sein Lebenslauf unter ihnen der Gang von Tausenden. Er ist an den lieben Geschöpfen so hingestrichen, hat sie einmal amüsiert, einmal ennuyiert, geküßt, wo er ein Mäulchen erwischen konnte. Und das alles so ohne Gefühl von weiblichem Wert, so ohne zu wissen, was er will.
Laß, o Genius unsers Vaterlands, bald einen Jüngling aufblühen, der, voller Jugendkraft und Munterkeit, zuerst für seinen Kreis der beste Gesellschafter wäre, das artigste Spiel angäbe, das freudigste Liedchen sänge, im Rundgesange den Chor be-

lebte, dem die beste Tänzerin freudig die Hand reichte, den zu fangen die Schöne, die Witzige, die Muntere alle ihre Reize ausstellten, dessen empfindendes Herz sich auch wohl fangen ließe, sich aber stolz im Augenblicke wieder losriß, wenn er aus dem dichtenden Traume erwachend fände, daß seine Göttin nur schön, nur witzig, nur munter sei. Der uns dann all seine Freuden und Siege und Niederlagen mit dem Mut eines unbezwungenen Herzens vorjauchzte, vorspottete; des Flatterhaften würden wir uns freuen, dem gemeine, einzelne weibliche Vorzüge nicht genug tun.

Aber dann, o Genius! daß offenbar werde, nicht Fläche, Weichheit des Herzens sei an seiner Unbestimmtheit schuld: Laß ihn ein Mädchen finden, seiner wert! Ein Mädchen, deren Seele ganz Güte, zugleich mit einer Gestalt ganz Anmut, sich in stillem Familienkreis häuslicher, tätiger Liebe glücklich entfaltet hat; die Liebling, Freundin, Beistand ihrer Mutter, die zweite Mutter ihres Hauses ist, deren stets liebwirkende Seele jedes Herz unwiderstehlich an sich reißt, zu der Dichter und Weise willig in die Schule gingen, mit Entzücken schauten eingeborne Tugend, mitgebornen Wohlstand und Grazie. – Laß die beiden sich finden: beim ersten Nahen werden sie dunkel und mächtig ahnden, was jedes für einen Inbegriff von Glückseligkeit in dem andern ergreift, werden nimmer voneinander lassen. Und dann lall' er ahndend und hoffend und genießend: ›Was doch keiner mit Worten ausspricht, keiner mit Tränen und keiner mit dem verweilenden vollen Blick, und der Seele drin.‹ Wahrheit wird in seinen Liedern sein und lebendige Schönheit. –

Doch obs solche Mädchen gibt? Obs solche Jünglinge geben kann?«

Aus Kestners Tagebuch (1772):

»Am 9. August ging ich morgens mit dem Doktor Goethe dem Lottchen entgegen; sie begegnete uns jenseits Garbenheim. Wir tranken Kaffee, gingen herein, vergnügt, daß wir unser Lottchen wiederhatten.«

»Den 13. August abends machte mir Lottchen das Geständnis von einem Kuß. Darüber kleine Verstimmung, welche andern Tags wieder vorbei war.«

»Den 14. August abends kam Goethe von einem Spaziergang zu uns. Er ward gleichgültig traktiert, ging bald weg.«

»Am 15. kam Goethe abends um 10.00 Uhr und fand uns vor der Türe sitzen. Seine Blumen wurden gleichgültig liegen gelassen. Er empfand es, warf sie weg, redete in Gleichnissen. Ich ging mit Goethe noch nachts bis 12.00 Uhr auf der Gasse spazieren. Merkwürdiges Gespräch, da er voll Unmut war, und allerhand Phantasien hatte, worüber wir am Ende im Mondschein an eine Mauer gelehnt, lachten.«
»Den 16. bekam Goethe von Lottchen gepredigt. Sie deklariert ihm, daß er nichts als Freundschaft hoffen dürfe, er ward blaß und sehr niedergeschlagen.«

Drei Wochen später, am 10. September:

»Mittags aß Doktor Goethe bei mir im Garten; ich wußte nicht, daß es das letzte Mal war. – Abends kam Goethe nach dem Deutschen Hause. Er, Lottchen und ich hatten ein merkwürdiges Gespräch von dem Zustande nach diesem Leben, von Weggehen und Wiederkommen, welches nicht er, sondern Lottchen anfing. Wir machten mit einander aus, wer zuerst von uns stürbe, sollte, wenn er könnte, den Lebenden Nachricht von dem Zustande jenes Lebens geben; Goethe wurde ganz niedergeschlagen, denn er wußte, daß er am anderen Morgen weggehen wollte.«

Goethe an Kestner (10. 9. 1772):

»Er ist fort, Kestner, wenn Sie diesen Zettel kriegen, er ist fort. Geben Sie Lottchen den inliegenden Zettel. Ich war sehr gefaßt, aber Euer Gespräch hat mich auseinander gerissen. Ich kann in dem Augenblick nichts sagen als: Leben Sie wohl. Wäre ich einen Augenblick länger bei Euch geblieben, ich hätte nicht gehalten. Nun bin ich allein, und morgen geh ich. O mein armer Kopf.«

An Lotte:

»Wohl hoff ich wiederzukommen, aber Gott weiß wann. Lotte, wie war mirs bei Deinem Reden ums Herz, da ich wußte es ist das letztemal daß ich Sie sehe. Nicht das letztemal, und doch geh ich morgen fort. Fort ist er. Welcher Geist brachte Euch auf d e n Diskurs. Da ich alles sagen durfte was ich fühlte, ach mir wars um hienieden zu tun, um Ihre Hand, die ich zum letzten Mal küßte. Das Zimmer in das ich nicht wiederkehren werde, und der liebe Vater der mich zum letztenmal begleitete. Ich bin nun allein, und darf weinen, ich lasse Euch glücklich, und gehe nicht aus Euren Herzen. Und sehe Euch wieder, aber nicht morgen ist nimmer. Sagen Sie meinen Buben er ist fort. Ich mag nicht weiter.«

Ich trennte mich von Lotte zwar mit reinerem Gewissen als von Friederike, aber doch nicht ohne Schmerz. Auch dieses Verhältnis war durch Gewohnheit und Nachsicht leidenschaftlicher als billig von meiner Seite geworden. Indessen konnte ich mir nicht verbergen, daß diesem Abenteuer sein Ende bevorstehe, und so faßte ich den Entschluß, mich freiwillig zu entfernen, ehe ich durch das Unerträgliche vertrieben würde. –
Mit Merck war verabredet, daß wir uns zur schönen Jahreszeit in Koblenz bei Frau von Laroche treffen wollten. Ich wanderte dorthin auf dem rechten Ufer der Lahn, die in einiger Tiefe und Entfernung unter mir, von reichem Weidengebüsch zum Teil verdeckt, im Sonnenlicht dahinglitt. Da stieg in mir der alte Wunsch wieder auf, solche Gegenstände würdig nachahmen zu können. Zufällig hatte ich ein schönes Taschenmesser in der linken Hand, und in dem Augenblicke trat aus dem tiefen Grunde der Seele gleichsam befehlshaberisch hervor: Ich sollte dies Messer ungesäumt in den Fluß schleudern. Sähe ich es hineinfallen, so würde mein Wunsch, ein Maler zu werden, sich erfüllen; würde aber das Eintauchen des Messers durch die überhängenden Weidenbüsche verdeckt, so sollte ich Wunsch und Bemühung fahren lassen. So schnell, als diese Grille in mir aufstieg, war sie auch ausgeführt. Denn ohne auf die Brauchbarkeit des Messers zu sehen, das gar manche Gerätschaften in sich vereinigte, schleuderte ich es mit der Linken, wie ich es hielt, gewaltsam nach dem Flusse hin. Aber auch hier mußte ich die trügliche Zweideutigkeit der Orakel, über die man sich im Altertum so bitter beklagt, erfahren. Des Messers Eintauchen in den Fluß ward mir durch die letzten Weidenzweige verborgen, aber das dem Sturz entgegenwirkende Wasser sprang wie eine starke Fontäne in die Höhe und war mir vollkommen sichtbar. Ich legte diese Erscheinung nicht zu meinen Gunsten aus, und der durch sie in mir erregte Zweifel war in der Folge schuld, daß ich

die Zeichenübungen unterbrochner und fahrlässiger anstellte und dadurch selbst Anlaß gab, daß die Deutung des Orakels sich erfüllte. –

Nach einer angenehmen Wanderung von einigen Tagen eröffnete sich mir der alte Rhein. Herrlich und majestätisch erschien das Schloß Ehrenbreitstein, welches in seiner Kraft und Macht vollkommen gerüstet dastand. In höchst lieblichem Kontrast lag an seinem Fuß das Örtchen, Thal genannt, wo ich mich leicht zu der Wohnung des Geheimerats von La Roche finden konnte. Angekündigt von Merck, ward ich von dieser edlen Familie sehr freundlich empfangen und geschwind als ein Glied derselben betrachtet. Mit der Mutter verband mich mein literarisches Streben, mit dem Vater ein heiterer Weltsinn und mit den Töchtern meine Jugend. So lebte ich in einer neuen, wundersam angenehmen Umgebung eine Zeitlang fort, bis Merck mit seiner Familie herankam. Hier entstanden sogleich neue Wahlverwandtschaften, denn indem die beiden Frauen sich einander näherten, hatte Merck mit Herrn von Laroche als Welt- und Geschäftskenner nähere Berührung. Der Knabe gesellte sich zu den Knaben, und die Töchter fielen mir zu, von denen die Älteste, Maximiliane, mich gar bald besonders anzog: eher klein als groß von Gestalt, niedlich gebaut; eine freie anmutige Bildung, die schwärzesten Augen und eine Gesichtsfarbe, die nicht reiner und blühender gedacht werden konnte.

(Die Neigung, die Goethe für sie empfand, sollte ihm später von ihrer Tochter Bettina erwidert werden.)

Es ist eine sehr angenehme Empfindung, wenn sich eine neue Leidenschaft in uns zu regen anfängt, ehe die alte noch ganz verklungen ist. So sieht man bei untergehender Sonne gern auf der entgegengesetzten Seite den Mond aufgehen und erfreut sich an dem Doppelglanze der beiden Himmelslichter. – Merck hatte noch eben zur rechten Zeit zum Aufbruch geblasen, sodaß die Gesellschaft in dem besten Verhältnis auseinander ging.

Ende September ist Goethe wieder in Frankfurt. Hier beschäftigt er sich intensiv mit Malerei.

Indem ich nun alles, was von Talent, Liebhaberei oder sonst irgendeiner Neigung in mir leben mochte, auszubilden, zu nähren und zu unterhalten suchte, verwendete ich eine gute Zeit des Tages nach dem Wunsch meines Vaters auf die Advokatur. Ich machte mich mit den Akten bekannt, mein Vater las sie ebenfalls mit vielem Vergnügen, da er sich durch Veranlassung des Sohns wieder in einer Tätigkeit sah, die er lange entbehrt hatte. Wir besprachen uns darüber, und mit großer Leichtigkeit machte ich alsdann die nötigen Aufsätze. Wir hatten einen trefflichen Kopisten zur Hand, auf den man sich zugleich wegen aller Kanzleiförmlichkeiten verlassen konnte, und so war mir dieses Geschäft eine um so angenehmere Unterhaltung, als es mich dem Vater näher brachte, der, mit meinem Benehmen in diesem Punkte völlig zufrieden, allem übrigen, was ich trieb, gerne nachsah, in der sehnlichen Erwartung, daß ich nun bald auch schriftstellerischen Ruhm einernten würde.

Goethe an Kestner (25. September 1772):

»Lotte hat nicht von mir geträumt. Das nehm ich sehr übel, und will daß sie diese Nacht von mir träumen soll, diese Nacht, und solls Ihnen noch dazu nicht sagen. Die Stelle hat mich in ihrem Brief geärgert als ich ihn wiederlas. Nicht einmal von mir geträumt, eine Ehre, die wir den gleichgültigsten Dingen widerfahren lassen, die des Tags uns umgeben. Und – ob ich um sie gewesen bin mit Leib und Seel! und von ihr geträumt habe Tag und Nacht. Bei Gott ich bin ein Narr wenn ich am gescheutsten bin, und mein Genius ein böser Genius der mich Lotten treffen ließ, und doch ein guter Genius. Meine Tage in Wetzlar wollt ich nicht besser zugebracht haben, und doch geben mir die Götter keine solche Tage mehr, sie verstehen sich aufs Strafen und den Tantalus. – Gute Nacht. Das sagt ich auch eben an Lottens Schattenbild.«

Aus dem Winter dieses Jahres erzählte Goethes Mutter später Bettina, Maximilianes Tochter:

»An einem hellen Wintermorgen, an dem ich Gäste hatte, machte der Wolfgang mir den Vorschlag, mit den Fremden an den Main zu fahren. Mutter, sagte er, Sie hat mich ja doch noch nicht Schlittschuh laufen gesehen und das Wetter ist heut so schön. – Ich zog meinen karmoisinroten Pelz an, der einen langen Schlepp hatte und vorn herunter mit goldenen Spangen zugemacht war, und so fahren wir denn hinaus; da schleift mein Sohn herum wie ein Pfeil zwischen den anderen durch, die Luft hatte ihm die Backen rot gemacht, und der Puder war aus seinen braunen Haaren geflogen. Wie er nun den karmoisinroten Pelz sieht, kommt er herbei an die Kutsche und lacht mich ganz freundlich an. – ›Nun was willst du?‹ frag ich. ›Ei Mutter, Sie hat ja doch nicht kalt im Wagen, geb Sie mir Ihren Sammetrock.‹ – ›Du wirst ihn doch nicht gar anziehen wollen?‹ – ›Freilich will ich ihn anziehen.‹ Ich zieh halt meinen prächtig warmen Rock aus, er zieht ihn an, schlägt die Schleppe über den Arm und da fährt er hin, wie ein Göttersohn auf dem Eis; Bettine, wenn du ihn gesehen hättest!! – Sowas Schönes gibts nicht mehr, ich klatschte in die Hände vor Lust! Mein Lebtag seh ich noch, wie er den einen Brückenbogen hinaus- und den andern wieder hereinlief, und wie da der Wind ihm den Schlepp lang hinten nach trug.
Damals war deine Mutter mit auf dem Eis. Der wollt er gefallen.«

Frau von La Roche hatte inzwischen ihre Tochter Maximiliane nach Frankfurt verheiratet, und zwar an den Kaufmann Peter Brentano, einen älteren Witwer mit Kindern.

Mein früheres Verhältnis zur jungen Frau, eigentlich ein geschwisterliches, ward nach der Heirat fortgesetzt; meine Jahre sagten den ihrigen zu, ich war der einzige in dem ganzen Kreise, an dem sie noch einen Widerklang jener geistigen Töne vernahm, an die sie von Jugend auf gewöhnt war. Wir lebten in einem kindlichen Vertrauen zusammen fort, und ob sich gleich nichts Leidenschaftliches in unsern Umgang mischte, so war er doch peinigend genug, weil sie sich auch in ihre neue Umgebung nicht zu finden wußte, und, obwohl mit Glücksgütern gesegnet, aus einer fröhlichen Jugend in ein düster gelegenes Handelshaus versetzt, sich schon als Mutter von einigen Stiefkindern benehmen sollte. In so viel neue Familienverhältnisse war ich ohne wirklichen Anteil, ohne Mitwirkung eingeklemmt; man wandte sich in verdrießlichen Fällen an mich, die ich durch eine lebhafte Teilnahme mehr zu verschlimmern als zu verbessern pflegte. Es dauerte nicht lange, so wurde mir dieser Zustand ganz unerträglich. *(Besonders nach einer peinlichen Eifersuchtsszene mit dem alten Brentano, wonach Goethe erklärte, das Haus nicht mehr betreten zu wollen.)* Aller Lebensverdruß, der aus solchen Halbverhältnissen hervorzugehen pflegt, schien doppelt und dreifach auf mir zu lasten, und es bedurfte eines neuen gewaltsamen Entschlusses, mich auch hiervon zu befreien.

Goethe an Kestner (10. April 1773):

»Die Nacht fließt nun in den Abend und der arme Goethe behilft sich wie immer. – Sieh doch mein Bett da, so steril stehts wie ein Sandfeld. Und ich hab heut einen schönen Tag gehabt, so schön, daß mir Arbeit und Freude und Streben und Genießen zusammenflossen. Daß auch am schönen hohen Sternenabend ganz mein Herz voll war vom wunderbaren Augenblick da ich zu Euren Füßen saß und ach mit einem Herzen, das auch das nicht mehr genießen sollte, von drüben sprach, und nicht die Wolken, nur die Berge meinte. Von der Lotte wegzugehen! Ich begreifs noch nicht wies möglich war. Denn seht nur, seid kein Stock. Wer nun, oder vorher, oder nachher zu Euch sagte: Geht weg von Lotten. – Nun, was würdet Ihr –? Das ist keine Frage. Nun, ich bin auch kein Stock, und bin gangen, und sagt: Ists Heldentat oder was? Ich bin mit mir zufrieden und nicht. Es kostete mich wenig, und doch begreif ich nicht wies möglich war. – Da liegt der Has im Pfeffer. –
Wir redeten, wies drüben aussäh über den Wolken, das weiß ich zwar nicht, das weiß ich aber, daß unser Herr Gott ein sehr kaltblütiger Mann sein muß, der Euch die Lotte läßt. Wenn ich sterbe und habe droben was zu sagen, ich hol sie Euch wahrlich. Drum betet fein für mein Leben und Gesundheit, Waden und Bauch, und sterb ich, so versöhnt meine Seele mit Tränen, Opfer und dergleichen, sonst Kestner siehts schief aus.

Ich weiß nicht, warum ich Narr so viel schreibe, eben um die Zeit, da Ihr bei Eurer Lotte gewiß nicht an mich denkt. Doch bescheid ich mich gern nach dem Gesetz der Antipathie. Da wir die Liebenden fliehen, und die Fliehenden lieben.«

WERTHER

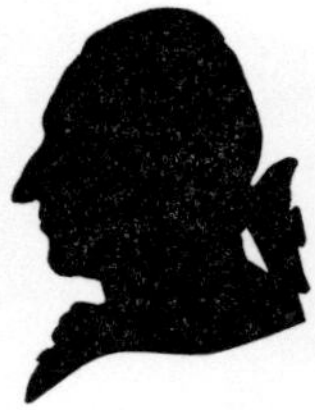

Gewöhnt, am liebsten meine Zeit in Gesellschaft zuzubringen, verwandelte ich auch das einsame Denken zur geselligen Unterhaltung. Ich pflegte nämlich, wenn ich mich allein sah, irgendeine Person meiner Bekanntschaft im Geiste zu mir zu rufen. Ich bat sie, niederzusitzen, ging an ihr auf und ab, blieb vor ihr stehen und verhandelte mit ihr den Gegenstand, der mir eben im Sinne lag. Hierauf antwortete sie gelegentlich oder gab durch die gewöhnliche Mimik ihr Zu- oder Abstimmen zu erkennen. Sodann fuhr ich fort, dasjenige, was dem Gaste zu gefallen schien, weiter auszuführen oder, was derselbe mißbilligte, zu bedingen, näher zu bestimmen, und gab wohl auch zuletzt meine These gefällig auf.

Wie nahe ein solches Gespräch im Geiste mit dem Briefwechsel verwandt sei, ist klar genug. Als daher jener Überdruß zu schildern war, mit welchem die Menschen, ohne durch Not gedrungen zu sein, das Leben empfinden, mußte ich sogleich darauf verfallen, meine Gesinnung in Briefen darzustellen; denn jeder Unmut ist eine Geburt, ein Zögling der Einsamkeit; wer sich ihm ergibt, flieht allen Widerspruch, und was widerspricht ihm mehr, als jede heitere Gesellschaft? Alles Behagen am Leben ist auf eine regelmäßige Wiederkehr der äußeren Dinge gegründet. Der Wechsel von Tag und Nacht, der Jahreszeiten, der Blüten und Früchte und was uns sonst von Epoche zu Epoche entgegentritt, damit wir es genießen können und sollen, dieses sind die eigentlichen Triebfedern des irdischen Lebens. Je offener wir für diese Genüsse sind, desto glücklicher fühlen wir uns; wälzt sich aber die Verschiedenheit dieser Erscheinungen vor uns auf und nieder, ohne daß wir daran teilnehmen, sind wir gegen so holde Anerbietungen unempfänglich: dann tritt das größte Übel, die schwerste Krankheit ein, man betrachtet das Leben als eine ekelhafte Last. Was aber den fühlenden Jüngling am meisten ängstigt, ist die unaufhaltsame Wiederkehr unserer Fehler: denn wie spät lernen wir einsehen, daß wir, indem wir unsere Tugenden ausbilden, unsere Fehler zugleich mit anbauen. Hier liegt der schwerste Punkt der Selbsterkenntnis, der sie beinahe unmöglich macht. Denke man sich nun hierzu ein siedend jugendliches Blut, eine durch einzelne Gegenstände leicht zu paralysierende Einbildungskraft, hierzu die schwankenden Bewegungen des Tags, und man wird ein ungeduldiges Streben, sich aus einer solchen Klemme zu befreien, nicht unnatürlich finden. –

Der Selbstmord ist ein Ereignis der menschlichen Natur, welches, mag auch darüber schon soviel gesprochen und gehandelt sein als da will, doch einen jeden Menschen zur Teilnahme fordert, in jeder Zeitepoche wieder einmal verhandelt werden muß. Da ich selbst in dem Fall war, daß mir eigentlich aus Mangel von Taten in dem friedlichsten Zustande von der Welt durch übertriebene Forderungen an mich selbst das Leben verleidete, und da ich selbst am besten weiß, was für Pein ich darin erlitten, was für Anstrengung es mir gekostet, ihr zu entgehn, so will ich nicht verbergen, daß ich über die verschiedenen Todesarten, die man wählen könnte, wohlbedächtige Betrachtungen angestellt.

Unter allen denen, die sich selbst entleibt, fand ich keinen, der diese Tat mit solcher Großheit und Freiheit des Geistes verrichtet, als Kaiser Otho. Dieser, zwar als Feldherr im Nachteil, aber doch keineswegs aufs Äußerste gebracht, entschließt sich, zum Besten des Reichs und zur Schonung so vieler Tausende, die Welt zu verlassen. Er begeht mit seinen Freunden ein heiteres Nachtmahl, und man findet am andern Morgen, daß er sich einen scharfen Dolch mit eigner Hand in das Herz gestoßen. Diese einzige Tat schien mir nachahmungswürdig, und ich überzeugte mich, daß, wer nicht hierin handeln könne wie Otho, sich nicht erlauben dürfe, freiwillig aus der Welt zu gehen. Unter einer ansehnlichen Waffensammlung besaß ich auch einen kostbaren wohlgeschliffenen Dolch. Diesen legte ich mir jederzeit neben das Bett, und ehe ich das Licht auslöschte, versuchte ich, ob es mir wohl gelingen möchte, die scharfe Spitze ein paar Zoll tief in die Brust zu senken. Da dieses aber niemals gelingen wollte, so lachte ich mich zuletzt selbst aus, warf alle hypochondrischen

Fratzen hinweg und beschloß zu leben. Um dies aber mit Heiterkeit tun zu können, mußte ich eine dichterische Aufgabe zur Ausführung bringen, wo alles, was ich über diesen wichtigen Punkt empfunden, gedacht und gewähnt, zur Sprache kommen sollte. Ich versammelte hierzu die Elemente, die sich schon ein paar Jahre in mir herumtrieben, ich vergegenwärtigte mir die Fälle, die mich am meisten gedrängt und geängstigt; aber es wollte sich nichts gestalten; es fehlte mir eine Begebenheit, eine Fabel, in welcher sie sich verkörpern könnten.

Einige Wochen nach Goethes Weggang von Wetzlar hatte sich dort ein junger Mann mit Namen Jerusalem erschossen, der Goethe und Kestner flüchtig bekannt gewesen war. Dieser Selbstmord war veranlaßt durch eine hoffnungslose Liebe zu einer verheirateten Frau und durch äußere Verstimmungen, die auf eine hypochondrische Empfindsamkeit trafen. Auf Goethes ausdrückliche Bitte schickt Kestner ihm einen ausführlichen Bericht über alle Begleitumstände des Selbstmordes – die Goethe zum Teil fast wörtlich in seinen »Werther« übernimmt.

Da ich nun nicht nur betrachtete, was Jerusalem begegnet war, sondern da das Ähnliche, was mir selbst widerfuhr, mich in leidenschaftliche Bewegung setzte, so konnte es nicht fehlen, daß ich jener Produktion, die ich eben unternahm, alle die Glut einhauchte, welche keine Unterscheidung zwischen dem Dichterischen und dem Wirklichen zuläßt. Ich hatte mich äußerlich völlig isoliert, ja die Besuche meiner Freunde verbeten, und so legte ich auch innerlich alles beiseite, was nicht unmittelbar hierher gehörte. Dagegen faßte ich alles zusammen, was einigen Bezug auf meinen Vorsatz hatte, und wiederholte mir mein jüngst vergangenes Leben, von dessen Inhalt sich noch keinen dichterischen Gebrauch gemacht hatte. Unter solchen Umständen, nach langen und vielen geheimen Vorbereitungen, schrieb ich endlich den Werther in wenigen Wochen.

Aus dem Werther. Erstes Buch.

Am 13. Mai

»Du fragst, ob du mir meine Bücher schicken sollst? – Lieber, ich bitte dich um Gottes willen, laß mir sie vom Halse! Ich will nicht mehr geleitet, ermuntert, angefeuert sein; braust dieses Herz doch genug aus sich selbst; ich brauche Wiegengesang, und den habe ich in seiner Fülle gefunden in meinem Homer. Wie oft lull' ich mein empörtes Blut zur Ruhe, denn so ungleich, so unstet hast du nichts gesehen, als dieses Herz. Lieber! Brauch ich dir das zu sagen, der du so oft die Last getragen hast, mich vom Kummer zur Ausschweifung und von süßer Melancholie zur verderblichen Leidenschaft übergehen zu sehen? Auch halte ich mein Herzchen wie ein krankes Kind; jeder Wille wird ihm gestattet. Sage das nicht weiter; es gibt Leute, die mir es verübeln würden.«

Am 21. Juni

»Es ist mit der Ferne wie mit der Zukunft! Ein großes dämmerndes Ganzes ruht vor unserer Seele, unsere Empfindung verschwimmt darin, wie unser Auge, und wir sehnen uns, ach! unser ganzes Wesen hinzugeben, uns mit aller Wonne eines einzigen, großen, herrlichen Gefühls ausfüllen zu lassen. – Und ach! wenn wir hinzueilen, wenn das Dort nun Hier wird, ist alles vor wie nach, und wir stehen in unserer Armut, in unserer Eingeschränktheit, und unsere Seele lechzt nach entschlüpftem Labsale.«

Am 10. Juli

»Die alberne Figur, die ich mache, wenn in Gesellschaft von Lotte gesprochen wird, solltest du sehen! Wenn man mich nun gar fragt, wie sie mir gefällt? – Gefällt! Das Wort hasse ich auf den Tod. Was muß das für ein Mensch sein, dem Lotte gefällt, dem sie nicht alle Sinne, alle Empfindungen ausfüllt! Gefällt!«

Am 16. Juli

»Ach, wie mir das durch alle Adern läuft, wenn mein Finger unversehens den ihrigen berührt, wenn unsere Füße sich unter dem Tische begegnen! Ich ziehe zurück, wie vom Feuer, und eine geheime Kraft zieht mich wieder vorwärts – mir wirds so schwindelig vor allen Sinnen – O! und ihre Unschuld, ihre unbefangene Seele fühlt nicht, wie sehr mich die kleinen Vertraulichkeiten peinigen!

Sie hat eine Melodie, die sie auf dem Klaviere spielet mit der Kraft eines Engels, so simpel und so geistvoll! Es ist ihr Leiblied, und mich stellt es von aller Pein, Verwirrung und Grillen her, wenn sie nur die erste Note davon greift.

Kein Wort von der alten Zauberkraft der Musik ist mir unwahrscheinlich. Wie mich der einfache Gesang angreift! Und wie sie ihn anzubringen weiß, oft zur Zeit, wo ich mir eine Kugel vor den Kopf schießen möchte! Die Irrung und Finsternis meiner Seele zerstreut sich, und ich atme wieder freier.«

Am 26. Juli

»Ich habe mir schon manchmal vorgenommen, sie nicht so oft zu sehen. Ja, wer das halten könnte! Alle Tage unterlieg ich der Versuchung und verspreche mir heilig: Morgen willst du einmal wegbleiben; und wenn der Morgen kommt, finde ich doch wieder eine unwiderstehliche Ursache. – Ich bin zu nahe in der Atmosphäre – Zuck! so bin ich dort. Meine Großmutter hatte ein Märchen vom Magnetenberg: die Schiffe, die zu nahe kamen, wurden auf einmal alles Eisenwerks beraubt, die Nägel flogen dem Berge zu, und die armen Elenden scheiterten zwischen den übereinanderstürzenden Brettern.«

Am 18. August

»Mußte denn das so sein, daß das, was des Menschen Glückseligkeit macht, wieder die Quelle seines Elends würde?

Das volle warme Gefühl meines Herzens an der lebendigen Natur, das mich mit sovieler Wonne überströmte, das ringsumher die Welt zu einem Paradiese schuf, wird mir jetzt zu einem unerträglichen Peiniger, zu einem quälenden Geist, der mich auf allen Wegen verfolgt. Wenn ich sonst vom Felsen über den Fluß bis zu jenen Hügeln das fruchtbare Tal überschaute und alles um mich her keimen und quellen sah: wie faßte ich das alles in mein warmes Herz, fühlte mich in der überfließenden Fülle wie vergöttert, und die herrlichen Gestalten der unendlichen Welt bewegten sich allbelebend in meiner Seele. Ungeheure Berge umgaben mich, Abgründe lagen vor mir, und Wetterbäche stürzten herunter, die Flüsse strömten unter mir, und Wald und Gebirg erklang; und ich sah sie wirken und schaffen ineinander in den Tiefen der Erde, alle die unergründlichen Kräfte.

Bruder, nur die Erinnerung jener Stunden macht mir wohl. Selbst diese Anstrengung, jene unsäglichen Gefühle zurückzurufen, wieder auszusprechen, hebt meine Seele über sich selbst, und läßt mich dann das Bange des Zustandes doppelt empfinden, der mich jetzt umgibt.

Es hat sich vor meiner Seele wie ein Vorhang weggezogen, und der Schauplatz des unendlichen Lebens verwandelt sich vor mir in den Abgrund des ewig offnen Grabs. Kannst du sagen: Das ist! Da alles vorübergeht? Da alles mit der Wetterschnelle vorüberrollt, so selten die ganze Kraft seines Daseins ausdauert, ach! in den Strom fortgerissen, untergetaucht und an Felsen zerschmettert wird? Da ist kein Augenblick, der nicht dich verzehrte und die Deinigen um dich her, kein Augenblick, da du nicht ein Zerstörer bist, sein mußt; der harmloseste Spaziergang kostet tausend armen Würmchen das Leben, es zerrüttet ein Fußtritt die mühseligen Gebäude der Ameisen und stampft eine kleine Welt in ein schmähliches Grab. Ha! Nicht die große, seltene Not der Welt, diese Fluten, die eure Dörfer wegspülen, diese Erdbeben, die eure Städte verschlingen, rühren mich; mir untergräbt das Herz die verzehrende Kraft, die in dem All der Natur verborgen liegt; die nichts gebildet hat, das nicht seinen Nachbar, nicht sich selbst zerstörte. Und so taumle ich beängstigt, Himmel und Erde und ihre webenden Kräfte um mich her: Ich sehe nichts, als ein ewig verschlingendes, ewig wiederkäuendes Ungeheuer.«

Am 30. August

»Unglücklicher! Bist du nicht ein Tor? Betrügst du dich nicht selbst? Was soll diese tobende, endlose Leidenschaft? Ich habe kein Gebet mehr, als an sie; meiner Einbildungskraft erscheint keine andere Gestalt als die ihrige. – Ich seh dieses Elendes kein Ende als das Grab.«

Am 10. September

»Das war eine Nacht! nun übersteh ich alles. Ich werde sie nicht wiedersehen! Ich habe mich losgerissen, bin stark genug gewesen, in einem Gespräch von zwei Stunden mein Vorhaben nicht zu verraten. Und Gott, welch ein Gespräch! Ich war mit Lotten und Albert nach dem Nachtessen im Garten, als eben der Mond hinter den buschigen Hügeln aufging. Wir waren still, und sie fing nach einer Weile an: Niemals gehe ich im Mondenlichte spazieren, niemals, daß mir nicht der Gedanke an meine Verstorbenen begegnete, daß nicht das Gefühl von Tod, von Zukunft über mich käme. Wir werden sein! fuhr sie mit der Stimme des herrlichsten Gefühls fort, aber, Werther, sollen wir

uns wiederfinden? wiedererkennen? Was ahnen Sie? Was sagen Sie? – Lotte, sagte ich, indem ich ihr die Hand reichte, und mir die Augen voll Tränen wurden, wir werden uns wiedersehen! hier und dort wiedersehen! – Ich konnte nicht weiterreden. – Mußte sie mich das fragen, da ich diesen ängstlichen Abschied im Herzen hatte!
Wir wollen fort, sagte sie, es wird Zeit. – Sie wollte ihre Hand zurückziehen und ich hielt sie fester. – Wir werden uns wiedersehen, rief ich, wir werden uns finden, unter allen Gestalten werden wir uns erkennen. Ich gehe, fuhr ich fort, ich gehe willig, und doch, wenn ich sagen sollte, auf ewig, ich würde es nicht aushalten. Leb wohl, Lotte! Leb wohl, Albert! Wir sehen uns wieder. – Morgen, denke ich, versetzte sie scherzend. – Ich fühlte das Morgen! Ach, sie wußte nicht, als sie ihre Hand aus der meinen zog. – Sie gingen die Allee hinaus, ich stand, sah ihnen nach im Mondscheine und warf mich an die Erde und weinte mich aus und sprang auf und lief auf die Terrasse hervor und sah noch dort unten im Schatten der hohen Lindenbäume ihr weißes Kleid nach der Gartentür schimmern, ich streckte meine Arme aus, und es verschwand.«

Aus dem Werther. Zweites Buch.

Am 16. Juni

»Ja, wohl bin ich nur ein Wanderer, ein Waller auf der Erde! Seid ihr denn mehr?«

Am 18. Juni

»Wo ich hin will? Das laß dir im Vertrauen eröffnen. Vierzehn Tage muß ich doch noch hierbleiben und dann habe ich mir weisgemacht, daß ich die Bergwerke besuchen wollte; ist aber im Grunde nichts dran, ich will nur Lotten wieder näher, das ist alles. Und ich lache über mein eigenes Herz – und tu ihm seinen Willen.«

Am 30. Oktober

»Wenn ich nicht schon hundert Mal auf dem Punkte gestanden bin, ihr um den Hals zu fallen! Weiß der große Gott, wie einem das tut, so viele Liebenswürdigkeit vor einem herumkreuzen zu sehen und nicht zugreifen zu dürfen; und das zugreifen ist doch der natürlichste Trieb der Menschheit! Greifen die Kinder nicht nach allem, was ihnen in den Sinn fällt? – Und ich?«

Am 15. November

»Ich ehre die Religion, das weißt du, ich fühle, daß sie manchem Ermatteten Stab, manchem Verschmachtenden Erquickung ist. Nur – kann sie denn, muß sie denn das einem jeden sein? Wenn du die große Welt ansiehst, so siehst du Tausende, denen sie es nicht war, Tausende, denen sie es nicht sein wird, gepredigt oder ungepredigt, und muß sie m i r es denn sein? Sagt nicht selbst der Sohn Gottes, daß die um ihn sein würden, die ihm der Vater gegeben hat? Wenn ich ihm nun nicht gegeben bin? Wenn mich nun der Vater für sich behalten will, wie mir mein Herz sagt? – Ich bitte dich, lege das nicht falsch aus; sieh nicht etwa Spott in diesen unschuldigen Worten; es ist meine ganze Seele, die ich dir vorlege.«

Am 26. November

Manchmal sage ich mir: dein Schicksal ist einzig, preise die übrigen glücklich – so ist noch keiner gequält worden. Dann lese ich einen Dichter der Vorzeit, und es ist mir, als sähe ich in mein eigenes Herz. Ich habe so vieles auszustehen! Ach, sind denn Menschen vor mir schon so elend gewesen?«

Am 6. Dezember

»Wie mich die Gestalt verfolgt! Wachend und träumend füllt sie meine ganze Seele! Hier, wenn ich die Augen schließe, hier in meiner Stirne, wo die innere Sehkraft sich vereinigt, stehen ihre schwarzen Augen. Hier! Ich kann dir es nicht ausdrücken. Mache ich meine Augen zu, so sind sie da; wie ein Meer, wie ein Abgrund ruhen sie vor mir, in mir, füllen die Sinne meiner Stirn.«

Goethe schildert ein Gespräch zwischen Werther und Lotte, worin er Lotte sagen läßt:

»O warum mußten Sie mit dieser Heftigkeit, dieser unbezwinglich haftenden Leidenschaft für alles, was Sie einmal anfassen, geboren werden! Ich bitte Sie, mäßigen Sie sich! Ihr Geist, Ihre Wissenschaften, Ihre Talente, was bieten die Ihnen für mannigfaltige Ergötzungen dar! Seien Sie ein Mann! Wenden Sie diese traurige Anhänglichkeit von einem Geschöpf, das nichts tun kann, als Sie bedauern. Fühlen Sie nicht, daß Sie sich betrügen, sich mit Willen zugrunde richten? Warum denn mich, Werther? Just mich, das Eigentum eines anderen? Just das? Ich fürchte, ich fürchte, es ist nur die Unmöglichkeit, mich zu besitzen, die Ihnen diesen Wunsch so reizend macht.«

Aus Werthers Abschiedsbrief:

»Sterben! was heißt das? Siehe, wir träumen, wenn wir vom Tode reden.
O, vergib mir! Vergib mir! Gestern! Es hätte der letzte Augenblick meines Lebens sein sollen. O, du Engel! Zum ersten Male, zum ersten Male ganz ohne Zweifel durch mein Inniginnerstes durchglühte mich das Wonnegefühl: Sie liebt mich! Sie liebt mich! Es brennt noch auf meinen Lippen, das heilige Feuer, das von den deinigen strömte; neue, warme Wonne ist in meinem Herzen. Vergib mir! Vergib mir!
Ich träume nicht, ich wähne nicht. Nahe am Grabe wird mir es heller. Wir werden sein, wir werden uns wiedersehen. – Liebes Schattenbild! Ich vermache es dir zurück, Lotte, und bitte dich es zu ehren. Tausend, tausend Küsse habe ich darauf gedrückt, tausend ihm zugewinkt, wenn ich ausging oder nach Hause kam.
Hier Lotte! Ich schaudere nicht, den kalten, schrecklichen Kelch zu fassen, aus dem ich den Taumel des Todes trinken soll! Du reichtest mir ihn, und ich zage nicht. All! All! So sind alle die Wünsche und Hoffnungen meines Lebens erfüllt!«

Da ich dieses Werklein ziemlich unbewußt, einem Nachtwandler ähnlich geschrieben hatte, so verwunderte ich mich selbst darüber, als ich es nun durchging, um daran etwas zu ändern und zu bessern. Ich gab es meinen Freunden zu lesen, auf die es eine große Wirkung tat. Freilich war es hier der Stoff, der eigentlich die Wirkung hervorbrachte, und so waren sie gerade in einer der meinigen entgegengesetzten Stimmung: denn ich hatte mich durch diese Komposition mehr als durch jede andere aus einem stürmischen Elemente gerettet, auf dem ich durch eigene und fremde Schuld, durch zufällige und gewählte Lebensweise, durch Vorsatz und Übereilung, durch Hartnäckigkeit und Nachgeben auf die gewaltsamste Art hin und wider getrieben worden. Ich fühlte mich wie nach einer Generalbeichte wieder froh und frei und zu einem neuen Leben berechtigt. Das alte Hausmittel war mir diesmal vortrefflich zustatten gekommen. Wie ich mich nun aber dadurch erleichtert und aufgeklärt fühlte, die Wirklichkeit in Poesie verwandelt zu haben, so verwirrten sich meine Freunde daran, indem sie glaubten, man müsse die Poesie in Wirklichkeit verwandeln, einen solchen Roman nachspielen und sich allenfalls selbst erschießen.

Bei meiner Arbeit war mir nicht unbekannt, wie sehr begünstigt jener Künstler gewesen, dem man Gelegenheit gab, eine Venus aus mehreren Schönheiten herauszustudieren, und so nahm ich mir auch die Erlaubnis, an der Gestalt und den Eigenschaften mehrerer hübschen Kinder meine Lotte zu bilden, obgleich die Hauptzüge von der geliebtesten genommen waren. Das forschende Publikum konnte daher Ähnlichkeiten von verschiedenen Frauenzimmern entdecken, und den Damen war es auch nicht ganz gleichgültig, für die Rechte zu gelten. Diese mehreren Lotten aber brachten mir unendliche Qual, weil jedermann entschieden zu wissen verlangte, wo denn die eigentliche wohnhaft sei. Dergleichen peinliche Forschungen hoffte ich in einiger Zeit loszuwerden; allein sie begleiteten mich durchs ganze Leben. Und so war der Verfasser jenes Werkleins, wenn er ja etwas Unrechtes und Schädliches getan, dafür genugsam, ja übermäßig durch solche unausweichliche Zudringlichkeiten bestraft.

Man kann von dem Publikum nicht verlangen, daß es ein geistiges Werk geistig aufnehmen solle. Eigentlich ward nur der Inhalt, der Stoff beachtet, wie ich schon an meinen Freunden erfahren hatte, und daneben trat das alte Vorurteil wieder ein, entspringend aus der Würde eines gedruckten Buchs, daß es nämlich einen didaktischen Zweck haben müsse. Die wahre Darstellung aber hat keinen. Sie billigt nicht, sie tadelt nicht, sondern sie entwickelt die Gesinnungen und Handlungen in ihrer Folge, und dadurch erleuchtet und belehrt sie.

Von Rezensionen nahm ich wenig Notiz. Die Sache war für mich völlig abgetan, jene guten Leute mochten nun auch sehen, wie sie damit fertig wurden.

Kestner an Goethe (September/Oktober 1774):

»Euer Werther würde mir großes Vergnügen machen können, da er mich an manche interessante Szene und Begebenheit erinnern könnte. So aber, wie er da ist, hat er mich, in gewissem Betracht, schlecht erbauet. Ihr habt zwar in jede Person etwas Fremdes gewebt, oder mehrere in eine geschmolzen. Das ließ ich schon gelten. Aber wenn Ihr bei dem Verweben und Zusammenschmelzen Euer Herz ein wenig hättet mit raten lassen, so würden die wirklichen Personen, von denen Ihr Züge entlehnet, nicht dabei so prostituiert sein. Ihr wolltet nach der Natur zeichnen, um Wahrheit in das Gemälde zu bringen; und doch habt Ihr so viel Widersprechendes zusammengesetzt, daß Ihr gerade Euren Zweck verfehlt habt. Die wirkliche Lotte, deren Freund Ihr doch sein wollt, ist in Eurem Gemälde, das zuviel von ihr enthält, um nicht auf sie stark zu deuten, ist, sag ich – doch nein, ich will es nicht sagen, es schmerzt mich schon zu sehr da ichs denke. Und Lottens Mann, Ihr nanntet ihn Euren Freund und Gott weiß, daß er es war, ist mit ihr –
Und das elende Geschöpf von einem Albert! Mag es immer ein eignes nicht kopiertes Gemälde sein sollen, so hat es doch von einem Original wieder solche Züge (zwar nur von der Außenseite, und Gott seis gedankt, nur von der Außenseite), daß man leicht auf den wirklichen fallen kann. Und wenn Ihr ihn so haben wolltet, mußtet Ihr ihn zu so einem Klotze machen? damit Ihr etwa auf ihn stolz hintreten und sagen könntet: seht was ich für ein Kerl bin!«

Goethe an Kestner (21. November 1774):

»O Ihr Ungläubigen; Ihr Kleingläubigen! – Könntet Ihr den tausendsten Teil fühlen, was Werther tausend Herzen ist, Ihr würdet die Unkosten nicht berechnen, die Ihr dazu hergebt!
Bruder, lieber Kestner! Ich wollt um meines eignen Lebens Gefahr willen Werther nicht zurückrufen. Werther muß – muß sein! – Ihr fühlt i h n nicht, Ihr fühlt nur m i c h und E u c h, und was Ihr angeklebt heißt – und trutz Euch – und andern – eingewoben ist – Wenn ich noch lebe, so bist Du's dem ichs danke – bist also nicht Albert – Und also – Gib Lotten eine Hand ganz warm von mir, und sag ihr: Ihren Namen von tausend heiligen

Lippen mit Ehrfurcht ausgesprochen zu wissen, sei doch ein Äquivalent gegen Besorgnisse, die einen kaum ohne alles andere im gemeinen Leben, da man jeder Base ausgesetzt ist, lange verdrießen würden.
Wenn Ihr brav seid und nicht an mir nagt, so schick ich Euch Briefe, Laute, Seufzer nach Werther, und wenn Ihr Glauben habet so glaubt daß alles wohl sein wird, und Geschwätz nichts ist.«

Zeitgenössische Stimmen zum Werther

Schubart (Deutsche Chronik, Augsburg 1774, 5. Dezember):

»Eben habe ich die Leiden des jungen Werther – gelesen? – nein, verschlungen! – Ein Jüngling, voll Lebenskraft, Empfindung, Sympathie, Genie – so ungefähr wie Goethe –, fällt mit dem vollen Ungestüm einer unbezwinglich haftenden Leidenschaft auf ein himmlisches Mädchen. Die ist aber schon verlobt, und vermählt sich mit einem braven Manne. Aber dies Hindernis verstärkt nur Werthers Liebe. Er entschließt sich zum Selbstmorde und führt ihn auch aus. Diesen simplen Stoff weiß der Verfasser mit so viel Aufwand des Genies zu bearbeiten, daß die Aufmerksamkeit mit jedem Briefe zunimmt. Da sind keine Episoden, die den Helden der Geschichte umgeben wie goldnes Gefolge einen verdienstlosen Fürsten: der Held, Er, Er ganz allein lebt und webt in allem was man liest: Er, Er steht im Vordergrunde, scheint aus der Leinewand zu springen und zu sagen: Schau, das bin ich, der junge leidende Werther, dein Mitgeschöpf! So mußt ich volles irdenes Gefäß am Feuer aufkochen, aufsprudeln, und zerspringen. – Kritisieren soll ich? könnt ichs, so hätte ich kein Herz. Kaufs Buch, und lies selbst! Nimm aber dein Herz mit!«

Aus den »Hamburgischen Nachrichten« vom 21. März 1775:

»Zu den Schriften, welche als sichtbare Beispiele der Ausbrüche des Verderbens unserer Zeit anzuführen sind, rechnen wir die Leiden – Narrheiten und Tollheiten, sollte es heißen – des jungen Werther, einen Roman, welcher keinen anderen Zweck hat,

als das Schändliche von dem Selbstmorde eines jungen Witzlings, den eine närrische und verbotene Liebe dazu gebracht hat, abzuwischen, und diese schwarze Tat als eine Handlung des Heroismus vorzuspiegeln – einen Roman, der von unseren jungen Leuten nicht gelesen, sondern verschlungen wird.
Im Grunde ist die ganze Charteque nichts anderes, als ein moderner Don Quichote, nicht als Löwenritter, sondern als ein verliebter Narr betrachtet. Allein Don Quichote ist noch viel vernünftiger als Werther, und redet durchgängig mit mehr Hochachtung von der Religion als dieser.
Welcher Jüngling kann eine solche verfluchungswürdige Schrift lesen, ohne ein Pestgeschwür davon in seiner Seele zurückzubehalten, welches gewiß zu seiner Zeit ausbrechen wird. Und keine Zensur hindert den Druck solcher Lockspeisen des Satans. Die Verleger haben den Mut, ihren Namen auf dieselben zu setzen. Die Zeitungsposaunen heben den höchsten Ton zu ihrem Lobe an. Ewiger Gott! Was für Zeiten hast du uns erleben lassen!«

Literarische Neuigkeiten (Schubart, Deutsche Chronik, Augsburg 1775, 27. Februar):

»Die hochwürdige theologische Fakultät zu Leipzig hat kürzlich die ›Leiden des jungen Werther‹ konfisziert.«

Wieland (Der Teutsche Merkur, Weimar 1774):

»Einen einzelnen Selbstmörder rechtfertigen, und auch nicht rechtfertigen, sondern nur zum Gegenstande des Mitleids zu machen, in seinem Beispiele zu zeigen, daß ein allzuweiches Herz und eine feurige Phantasie oft sehr verderbliche Gaben sind, heißt keine Apologie des Selbstmords schreiben. Dennoch ist dieser gewöhnliche Fehlschluß auch bei diesem Buche gemacht worden. Unzufriedenheit mit dem Schicksale ist eine der allgemeinen Leidenschaften, und daher sympathisiert hier jeder, zumal da Werthers liebenswürdige Schwärmerei und wallendes Herz jeden anstecken müssen.«

Jacobi berichtet Goethe die Wirkung einer Werther-Vorlesung auf einen Rezensenten (Brief an Goethe vom 21. Oktober 1774):

»Gleich bei den ersten Seiten ward ihm wunderlich. Sinn, Geist, Phantasie, alles war anders, als er geträumt hatte. Er äußerte Bewunderung, Freude; sehnte sich, daß wir in die eigentliche Geschichte kämen, welches dann flugs geschah. – Der Arme ward übermannt, geriet außer sich, sein Angesicht glühte, seine Augen tauten, seine Brust hob sich empor; Bewunderung, Entzükken erfüllte seine Seele und er rief aus: ›Über alles, was Goethe bisher gemacht hat, ist dies göttliche Werk, ganz voll Kraft, ganz voll Leben, aber damit auch alle seine Kraft, all sein Leben: da steht er nun in seiner höchsten Größe, an der äußersten Grenze seiner Jünglingschaft.‹«

Börne, der Goethe-Gegner:

»Goethe schrieb seinen Werther, ehe er an den Hof gekommen, und kann man auch nicht beweisen, woran sein Herz gestorben – denn seine Jugend hat seine Freiheit nicht überlebt –, so weiß man es doch. In seinem Werther hat er sich ausgeliebt, abgebrannt, zum Bettler geschrieben.«

Goethe zu Eckermann (2. Januar 1824):

»Es waren individuelle naheliegende Verhältnisse, die mir auf die Nägel brannten und mir zu schaffen machten, und die mich in jenen Gemütszustand brachten, aus dem der Werther hervorging. Ich hatte gelebt, geliebt, und sehr viel gelitten! – Das war es. Der Werther ist auch so ein Geschöpf, das ich gleich dem Pelikan mit dem Blut meines eigenen Herzens gefüttert habe.
Übrigens habe ich das Buch seit seinem Erscheinen nur ein einziges Mal wieder gelesen, und mich gehütet es abermals zu tun. Es sind lauter Brandraketen! Es wird mir unheimlich dabei und ich fürchte, den pathologischen Zustand wieder durchzuempfinden, aus dem es hervorging.«

DAS WELTKIND

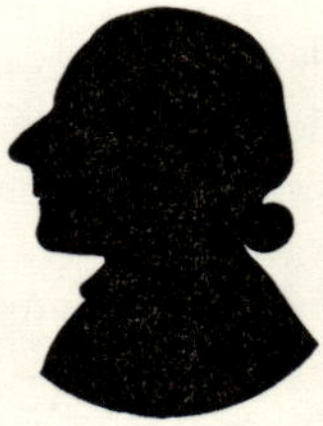

Nach dem Erscheinen des Götz und des Werther ist Goethe mit 24 Jahren ein berühmter Autor. Von allen Seiten drängen sich in dieser Zeit bedeutende und unbedeutende Menschen zu ihm. Wie sein äußeres Leben, so ist auch seine dichterische Produktivität von kaum überschaubarer Fülle und Vielfalt.

Bei Behandlung einer mannigfaltig vorschreitenden Lebensgeschichte, wie die ist, die wir zu unternehmen gewagt haben, kommen wir, um gewisse Ereignisse faßlich und lesbar zu machen, in den Fall, einiges, was in der Zeit sich verschlingt, notwendig zu trennen, anders, was nur durch eine Folge begriffen werden kann, in sich selbst zusammenzuziehen, und so das Ganze in Teile zusammenzustellen, die man sinnig überschauend beurteilen und sich davon manches zueignen mag.

Mich hatte der Lauf der vergangenen Jahre unabläßlich zu Übung eigener Kraft aufgefordert, in mir arbeitete eine rastlose Tätigkeit, mit dem besten Willen zu moralischer Ausbildung. Die Außenwelt forderte, daß diese Tätigkeit geregelt und zum Nutzen anderer gebraucht werden sollte, und ich hatte diese große Forderung in mir selbst zu verarbeiten. Weil nun aber alles, was ich mit Liebe in mich aufnahm, sich sogleich zu einer dichterischen Form anlegte, so ergriff ich den wunderlichen Einfall, die Geschichte des ewigen Juden, die sich von früh durch die Volksbücher bei mir eingedrückt hatte, episch zu behandeln.

Aus dem Fragment »Der ewige Jude«:

Gottvater schickt Christus aufs neue zur Erde herab.

Als er sich nun herniederschwung
Und näher die weite Erde sah
Und Meer und Länder weit und nah,
Ergriff ihn die Erinnerung,
Die er so lange nicht gefühlt,
Wie man da drunten ihm mitgespielt.
Er fühlt in vollem Himmelsflug
Der irdschen Atmosphäre Zug,
Fühlt wie das reinste Glück der Welt
Schon eine Ahndung von Weh enthält,
Er denkt an jenen Augenblick,
Da er den letzten Todesblick
Vom Schmerzenshügel herab getan –
Fing vor sich hin zu reden an:
»Sei, Erde, tausendmal gegrüßt!
Gesegnet all ihr meine Brüder,
Zum erstenmal mein Herz ergießt
Sich nach dreitausend Jahren wieder,
Und wonnevolle Zähre fließt
Vom nimmer trüben Auge nieder.
O mein Geschlecht, wie sehn ich mich nach dir!
Und du mit Herz und Liebesarmen
Flehst du aus tiefem Drang zu mir:
Ich komm, ich will mich dein erbarmen.«

Er war nunmehr der Länder satt,
Wo man so viele Kreuze hat
Und man vor lauter Kreuz und Christ
Ihn eben und sein Kreuz vergißt.
Er trat in ein benachbart Land,
Wo er sich nur als Kirchfahn fand,
Man aber sonst nicht merkte sehr
Als ob ein Gott im Lande wär.

»Wo«, rief der Heiland, »ist das Licht,
Das hell von meinem Wort entbronnen?

Weh, und ich seh den Faden nicht,
Den ich so rein vom Himmel 'rab gesponnen.
Wo haben sich die Zeugen hingewandt,
Die weiß aus meinem Blut entsprungen?
Und ach wohin der Geist, den ich gesandt –
Sein Wehn, ich fühls, ist all verklungen.«

Das gemeine Menschenschicksal, an welchem wir alle zu tragen haben, muß denjenigen am schwersten aufliegen, deren Geisteskräfte sich früher und breiter entwickeln. Wir mögen unter dem Schutz von Eltern und Verwandten emporkommen, wir mögen uns an Geschwister und Freunde anlehnen, durch Bekannte unterhalten, durch geliebte Personen beglückt werden, so ist doch immer das Final, daß der Mensch auf sich zurückgewiesen wird, und es scheint, es habe sogar die Gottheit sich so zu dem Menschen gestellt, daß sie dessen Ehrfurcht, Zutrauen und Liebe nicht immer, wenigstens nicht gerade im dringenden Augenblick, erwidern kann. Ich hatte jung genug gar oft erfahren, daß in den hilfsbedürftigsten Momenten uns zugerufen wird: »Arzt, hilf dir selber!«, und wie oft hatte ich nicht schmerzlich aufseufzen müssen: »Ich trete die Kelter allein.« Indem ich mich also nach Bestätigung der Selbständigkeit umsah, fand ich als die sicherste Basis derselben mein produktives Talent. Es verließ mich seit einigen Jahren keinen Augenblick, was ich wachend am Tage gewahr wurde, bildete sich sogar öfters nachts in regelmäßige Träume, und wie ich die Augen auftat, erschien mir entweder ein wunderliches neues Ganze, oder der Teil eines schon Vorhandenen. Gewöhnlich schrieb ich alles zur frühsten Tageszeit; aber auch abends, ja tief in die Nacht, wenn Wein und Geselligkeit die Lebensgeister erhöhten, konnte man von mir fordern, was man wollte; es kam nur auf eine Gelegenheit an, die einigen Charakter hatte, so war ich bereit und fertig. Wie ich nun über diese Naturgabe nachdachte und fand, daß sie mir ganz eigen angehöre und durch nichts Fremdes weder begünstigt noch gehindert werden könne, so mochte ich gern hierauf mein ganzes Dasein in Gedanken gründen. Diese Vorstellung verwandelte sich in ein Bild, die alte mythologische Figur des Prometheus fiel mir auf, der, abgesondert von den Göttern, von seiner Werkstätte aus eine Welt bevölkerte.

Aus dem Prometheus-Fragment.

PROMETHEUS:
Wenn aus dem innerst tiefsten Grunde
Du ganz erschüttert alles fühlst
Was Freud und Schmerzen jemals dir ergossen,
Im Sturm dein Herz erschwillt,
In Tränen sich erleichtern will
Und seine Glut vermehren,
Und alles klingt an dir und bebt und zittert,
Und all die Sinne dir vergehn
Und du dir zu vergehen scheinst
Und sinkst,
Und alles um dich her versinkt in Nacht,
Und du, in innereigenstem Gefühl,
Umfassest eine Welt:
Dann stirbt der Mensch.
PANDORA:
O Vater, laß uns sterben!
PROMETHEUS:
Noch nicht.
PANDORA:
Und nach dem Tod?
PROMETHEUS:
Wenn alles – Begier und Freud und Schmerz –
Im stürmenden Genuß sich aufgelöst,
Dann sich erquickt in Wonneschlaf –
Dann lebst du auf, aufs jüngste wieder auf,
Aufs neue zu fürchten, zu hoffen, zu begehren!

Ich fühlte recht gut, daß sich etwas Bedeutendes nur produzieren lasse, wenn man sich isoliere. Meine Sachen, die so viel Beifall gefunden hatten, waren Kinder der Einsamkeit, und seitdem ich zu der Welt in einem breitern Verhältnis stand, fehlte es nicht an Kraft und Lust der Erfindung, aber die Ausführung stockte, weil ich weder in Prosa noch in Versen eigentlich einen Stil hatte und bei einer jeden neuen Arbeit, je nachdem der Gegenstand war, immer wieder von vorne tasten und versuchen mußte. Indem ich nun hierbei die Hilfe der Menschen abzulehnen, ja auszuschließen hatte, so sonderte ich mich, nach Prometheischer

Weise, auch von den Göttern ab, um so natürlicher, als bei meinem Charakter und meiner Denkweise eine Gesinnung jederzeit die übrigen verschlang und abstieß.
Die Fabel des Prometheus ward in mir lebendig. Das alte Titanengewand schnitt ich mir nach meinem Wuchse zu und fing, ohne weiter nachgedacht zu haben, ein Stück zu schreiben an, worin das Mißverhältnis dargestellt ist, in welches Prometheus zu dem Zeus und den neuen Göttern gerät, indem er auf eigene Hand Menschen bildet, sie durch Gunst der Minerva belebt und eine dritte Dynastie stiftet. Und wirklich hatten die jetzt regierenden Götter sich zu beschweren völlig Ursache, weil man sie als unrechtmäßig zwischen die Titanen und Menschen eingeschobene Wesen betrachten konnte. Zu dieser seltsamen Komposition gehört als Monolog jenes Gedicht, das in der deutschen Literatur bedeutend geworden ist.

Bedecke deinen Himmel, Zeus,
Mit Wolkendunst!
Und übe, dem Knaben gleich,
Der Disteln köpft,
An Eichen dich und Bergeshöhn!
Mußt mir meine Erde
Doch lassen stehn,
Und meine Hütte, die du nicht gebaut,
Und meinen Herd,
Um dessen Glut du mich beneidest.

Ich kenn nichts Ärmeres
Unter der Sonn', als euch, Götter.
Ihr nähret kümmerlich
Von Opfersteuern
Und Gebetshauch
Eure Majestät,
Und darbtet, wären
Nicht Kinder und Bettler
Hoffnungsvolle Toren.

Da ich ein Kind war,
Nicht wußte, wo aus noch ein,
Kehrt ich mein verirrtes Auge

Zur Sonne, als wenn drüber wär
Ein Ohr, zu hören meine Klage,
Ein Herz, wie meins,
Sich des Bedrängten zu erbarmen.

Wer half mir
Wider der Titanen Übermut?
Wer rettete vom Tode mich,
Von Sklaverei?
Hast du nicht alles selbst vollendet,
Heilig glühend Herz?
Und glühtest, jung und gut,
Betrogen, Rettungsdank
Dem Schlafenden dadroben?

Ich dich ehren? Wofür?
Hast du die Schmerzen gelindert
Je des Beladenen?
Hast du die Tränen gestillet
Je des Geängsteten?
Hat nicht mich zum Manne geschmiedet
Die allmächtige Zeit
Und das ewige Schicksal,
Meine Herren und deine?

Wähntest du etwa,
Ich sollte das Leben hassen,
In Wüsten fliehen,
Weil nicht alle
Blütenträume reiften?

Hier sitze ich, forme Menschen
Nach meinem Bilde,
Ein Geschlecht, das mir gleich sei,
Zu leiden, zu weinen,
Zu genießen und zu freuen sich,
Und dein nicht zu achten,
Wie ich!

Schlosser an Lavater, einen Schweizer Geistlichen, der die Möglichkeit, aus dem Äußeren des Menschen auf Veranlagung und Charakter zu schließen, erstmalig zu einer Wissenschaft auszubilden suchte, die er Physiognomik nannte (17. Oktober 1773):

»Ich freue mich, daß mein lieber Goethe Ihr Freund ist. Sein Herz ist so edel als eines. Wenn er einmal in der Welt glücklich wird, so wird er Tausende glücklich machen; und wird er's nicht, so wird er immer ein Meteor bleiben, an dem sich unsere Zeitgenossen müde gaffen und unsere Kinder wärmen werden. Lieben Sie ihn ferner, ich sage Ihnen aber im voraus: es gehört eine gewisse Stärke der Seele dazu, sein Freund zu bleiben.«

Es dauerte nicht lange, so kam ich mit Lavater in Verbindung. Bei seinem unablässigen Treiben ward unser Briefwechsel bald sehr lebhaft. Er machte soeben ernstliche Anstalten zu seiner Physiognomik, deren Einleitung schon früher in das Publikum gelangt war. Er forderte alle Welt auf, ihm Zeichnungen, Schattenrisse, besonders aber Christusbilder zu schicken, und ob ich gleich so gut wie gar nichts leisten konnte, so wollte er doch von mir ein für allemal auch einen Heiland gezeichnet haben, wie ich mir ihn vorstellte.
Mir war die heftige Zudringlichkeit eines so geist- und herzvollen Mannes ärgerlich, mit der er auf mich und andere losging und behauptete, man müsse entweder mit ihm ein Christ, ein Christ nach seiner Art werden, oder man müsse ihn zu sich hinüberziehen, man müsse ihn gleichfalls von demjenigen überzeugen, worin man seine Beruhigung finde. Diese Forderung, so unmittelbar dem liberalen Weltsinn, zu dem ich mich nach und nach auch bekannte, entgegen stehend, tat auf mich nicht die beste Wirkung. Alle Bekehrungsversuche, wenn sie nicht gelingen, machen denjenigen, den man zum Proselyten ausersah, starr und verstockt, und dieses war um so mehr mein Fall, als Lavater zuletzt mit dem harten Dilemma hervortrat: Entweder Christ oder Atheist! Ich erklärte darauf, daß, wenn er mir mein Christentum nicht lassen wollte, wie ich es bisher gehegt hätte, so könnte ich mich wohl auch zum Atheismus entschließen, zumal da ich sähe, daß niemand recht wisse, was beides eigentlich heißen solle.
Unser Briefwechsel hatte nicht lange gedauert, als er mir und

andern ankündigte, er werde bald auf einer Rheinreise in Frankfurt einsprechen. Sogleich entstand im Publikum die größte Bewegung; alle waren neugierig, einen so merkwürdigen Mann zu sehen, der sich mit dieser gemischten Welt abzugeben gedenkt.
Unser erstes Begegnen war herzlich; wir umarmten uns aufs freundlichste, und ich fand ihn gleich, wie mir ihn so manche Bilder schon überliefert hatten. Er hingegen verriet im ersten Augenblick durch einige sonderbare Ausrufungen, daß er mich anders erwartet habe. Ich versicherte ihm dagegen, nach meinem angeborenen und angebildeten Realismus, daß, da es Gott und der Natur nun einmal gefallen habe, mich so zu machen, wir es auch dabei wollten bewenden lassen.

Aus Lavaters Tagebuch (23. Juni 1774):

»Zu Goethe. Allein in seinem Zimmer, zu Nacht. ›Bist's?‹ – Bin ichs – unaussprechlich süßer unbeschreiblicher Antritt des Schauens – sehr ähnlich und unähnlich der Erwartung. – Von tausend Dingen. Einige Mal schreckliche Physiognomie. Porträt. – Von wieviel hundert Sachen hab ich vergessen, die er mir mit der Miene des sich fühlenden Genius sagte. Noch wünschten mir sein Vater und Mutter, eine trefflich natürliche Frau, eine gute Nacht. Herzliche Umarmung! alles Geist und Wahrheit was er sagte, ich nicht mehr weiß.«

Ich sollte sobald nicht wieder zur Ruhe kommen: Denn Basedow traf ein, berührte und ergriff mich von einer anderen Seite. Einen entschiedeneren Kontrast konnte man nicht sehen als diese beiden Männer. Schon der Anblick Basedows deutete auf das Gegenteil. Wenn Lavaters Gesichtszüge sich den Beschauenden frei hergaben, so waren die Basedowschen zusammengepackt und wie nach innen gezogen. Lavaters Auge klar und fromm, unter sehr breiten Augenlidern, Basedows aber tief im Kopfe, klein, schwarz, scharf, unter struppigen Augenbrauen hervorblinkend. Er war nicht der Mann, weder die Gemüter zu erbauen, noch zu lenken. Ihm war einzig darum zu tun, jenes große Feld, das er sich bezeichnet hatte, besser anzubauen, damit die Menschheit künftig bequemer und naturgemäßer darin ihre Wohnung nehmen sollte; und auf diesen Zweck eilte er nur

allzugerade los. Das einzige, das not sei, schien ihm eine bessere Erziehung der Jugend; weshalb er die Vornehmen und Begüterten zu ansehnlichen Beiträgen aufforderte.
Er hatte bei dieser Reise die Absicht, das Publikum durch seine Persönlichkeit für sein philanthropisches Unternehmen zu gewinnen, und zwar nicht etwa die Gemüter, sondern geradezu die Beutel aufzuschließen.
Wir machten dann zusammen auch manche Fahrt in die Nachbarschaft, besuchten die Schlösser, besonders adliger Frauen, welche durchaus mehr als die Männer geneigt waren, etwas Geistiges und Geistliches aufzunehmen.
Als nun in der Hälfte des Juli Lavater sich zur Abreise bereitete, fand Basedow seinen Vorteil, sich anzuschließen, und ich hatte mich in diese bedeutende Gesellschaft schon so eingewohnt, daß ich es nicht über mich gewinnen konnte, sie zu verlassen. Eine sehr angenehme, Herz und Sinn erfreuende Fahrt hatten wir die Lahn hinab.

Aus Lavaters Tagebuch (18. Juli 1774):

»Halb sechs Uhr erwach ich, sitz auf – nehme mein Tagbuch und schreib. – Unterdes diktiert mir Goethe aus seinem Bett herüber, unterdes gehts immer so geradezu in die Welt 'nein. Es schläft sich, ißt sich, trinkt sich und liebt sich auch wohl an jedem Orte Gottes, wie am andern, folglich also – ›jetzt schreib er weiter –

Es ist soviel Heimweh in der Welt,
Daß eins dem andern Waage hält;
Da streckt er sich in seinem Bett –
Denkt, o daß ich mein Weibchen hätt.
Ich kröne mich in meinem Sinn;
Fort ist die gute Meyerin!
Doch hoffen wir wieder Maienfreud.
Er lehret und bekehrt die Leut,
Ich fahr zum schönen Liesel heut.‹ –

In einem wohlbesetzten Schiff auf der Lahn – wo Basedow raucht und Grammatik doziert, Goethe Reimendungen für die Gesellschaft schreibt, hier einer einen prosaischen Gedanken in Versen oder einen poetischen in Prosa in ein Papierchen hinschreibt – Kaffee getrunken wird –; ob wir gut Wetter kriegen beim Sieden des Rindfleisches delibriert wird – schreib ich dies –

Wir steigen bei der Aalen nicht aus, wo der Herr von der Nil uns einzuladen kam. Goethe:

Wir werden nun recht gut geführt,
Weil Basedow das Ruder rührt.

Herrlich altes Schloß Lahneck herab auf die Lahn blinkend. Goethe diktiert:

Hoch auf dem alten Turme steht
Des Helden edler Geist,
Der, wie das Schiff vorüber geht,
Es wohl zu fahren heißt.
Sieh, diese Sehne war so stark,
Dies Herz so fest und wild –
Die Knochen voll von Rittermark,
Der Becher angefüllt –
Mein halbes Leben stürmt ich fort,
Verdehnt die Hälft in Ruh,
Und du, du Menschenschifflein dort,
Fahr immer, immer zu.

Jetzt fahren wir Lahnstein vorbei, zur Rechten liegt der Flecken. Jetzt liegen wir an Bord. Ich stieg aus. Basedow vor uns in ein Haus, wo man zu Mittag aß, überfiel und aß mit, Speck und Bohnen – alle ihm nach! Gewirr und Leben und Freude – wieder ins Schiff. – Kapelle – ein zerstörtes Schloß vorbei. Goethe über die Kerls in Schlössern – nun von der Lahn in den Rhein – Goethe las – – wir fuhren Horchheim vorbei. Von der Staatsnase, der regierenden Frau Gräfin von Thiersdorf. Die Festung und Thal Ehrenbreitstein. Fliegende Brücke zwischen Thal und Koblenz. Stiegen da aus – aßen zu Mittag.«

Bad Ems, Mitte Juli 1774:

Zwischen Lavater und Basedow
Saß ich bei Tisch des Lebens froh.
Herr Helfer, der war gar nicht faul,
Setzt sich auf einen schwarzen Gaul,

Nahm einen Pfarrer hinter sich
Und auf die Offenbarung strich,
Die uns Johannes der Prophet
Mit Rätseln wohl versiegelt hält.
Er öffnet die Siegel kurz und gut,
Wie man Theriaksbüchsen öffnen tut,
Und maß mit einem heiligen Rohr
Die Kubusstadt und Perlentor
Dem hocherstaunten Jünger vor.
Ich war indes nicht weit gereist,
Hatt ein Stück Salmen aufgespeist.
Vater Basedow unter dieser Zeit
Packt einen Tanzmeister an seiner Seit,
Und zeigt ihm was die Taufe klar
Bei Christ und seinen Jüngern war,
Und daß sichs gar nicht ziemet jetzt,
Daß man den Kindern die Köpfe netzt.
Drob ärgert sich der andre sehr
Und wollte gar nichts hören mehr,
Und sagt, es wüßt ein jedes Kind,
Daß in der Bibel anders stünd.
Und ich behaglich unterdessen
Hatt einen Hahnen aufgefressen.

Und, wie nach Emmaus, weiter gings
Mit Sturm- und Feuerschritten:
Prophete rechts, Prophete links,
Das Weltkind in der Mitten.

Aus Lavaters Tagebuch (20. Juli 1774):

»Morgens nach sechs Uhr. Im Schiff unter nassem Decktuch, neben Goethe, der in romantischer Gestalt, grauem Hut, mit halbverwelktem lieben Blumenbusch sein Butterbrot hinter dem braunseidenen Halstuch und grauen Kapottkragen, wie ein Wolf verzehrt und sich nach dem übrigen eingepackten Essen schon weiter umsieht. – Wir sehen Höningen des Grafen von der Ley vor uns – schöne aber benebelte Aussicht. Laß regnen, wenn es regnen will, dem Wetter seinen Lauf. Denn wenn es nicht mehr regnen will, so hörts von selber auf. Goethe las uns aus seiner

Elmire, eine Operette, und ich verschlummerte eine Stunde. Jetzt schlummert Goethe noch unter der leinwandnen Bodendecke neben mir, als wie unter einem Zelt. Man öffnet, und kühler Wind öffnet ihm die Augen, wir sehen die herrliche Stadt Bonn vor uns, die Residenz des Kurfürsten von Köln. Sagt Goethe: ›Mach doch wieder zu!‹ Um zwölf Uhr zu Bonn an. – Fuhren um zwei Uhr ab. Regen. Viel Schlummer, wenig gesprochen. Schöne Alleen an einem fort bis auf Köln. – Goethe auf Düsseldorf, ich auf Mühlheim.«

Glücklicherweise hatte das Weltkind auch eine Seite, die nach dem Himmlischen deutete, welche nun auf eine ganz eigene Weise berührt werden sollte. Schon in Ems hatte ich mich gefreut, als ich vernahm, daß wir in Köln die Gebrüder Jacobi treffen sollten, welche mit anderen vorzüglichen und aufmerksamen Männern sich jenen beiden merkwürdigen Reisenden, Lavater und Basedow, entgegenbewegten. Unser erstes Begegnen in Köln war sogleich offen und zutraulich. Mein Inneres brach mit Gewalt hervor, und dies mag die Ursache sein, warum ich mich der einzelnen Vorgänge wenig erinnere. Das, was man gedacht, die Bilder, die man gesehn, lassen sich in dem Verstand und in der Einbildungskraft wieder hervorrufen; aber das Herz ist nicht so gefällig, es wiederholt uns nicht die schönen Gefühle.

Goethe an Betty Jacobi (25. Juli 1774):

»Ihr Fritz, Betty, mein Fritz. Sie triumphieren Betty, und ich hatte geschworen ihn nie zu nennen vor seinen Lieben, bis ich ihn nennen könnte, wie ich ihn zu nennen glaubte und nun nenne. Und so willkommen tausendmal willkommen. Die gesperrte Schiffahrt geöffnet, Handel und Wandel im Flor, und gnade Gott dem scheelsüchtigen Nachbarn. Nicht eingeführt, marschalliert, exküsiert, grad 'rab vom Himmel gefallen vor Fritz Jacobi hin! Und er und ich und ich und er! Und waren schon, eh noch ein schwesterlicher Blick drein präliminiert hatte, was wir sein sollten und konnten.«

Goethe an Fritz Jacobi (13. und 14. August 1774):

»Ich träume lieber Fritz den Augenblick, habe deinen Brief und schwebe um dich. Du hast gefühlt, daß es mir Wonne war, Gegenstand deiner Liebe zu sein. – O das ist herrlich daß jeder glaubt mehr vom andern zu empfangen als er gibt! O Liebe, Liebe! Die Armut des Reichtums – und welche Kraft wirkts in mich, da ich im andern alles umarme was mir fehlt und ihm noch dazu schenke was ich habe. – Glaub mir, wir könnten von nun an stumm gegen einander sein, uns dann nach Zeiten wieder treffen, und uns wäre als wären wir Hand in Hand gegangen. Einig werden wir sein über das was wir nicht durchgeredt haben. Gute Nacht. Ich schwebe im Rauschtaumel, nicht im Wogensturm, doch ists nicht eins welcher uns an Stein schmettert? – Wohl denen die Tränen haben. – Ein Wort! Laß meine Briefe nicht sehen! Versteh! – Erklärung darüber nächstens wenns braucht.«

Jacobi an Sophie La Roche (10. August 1774):

»Goethe ist der Mann, dessen mein Herz bedurfte, der das ganze Liebesfeuer meiner Seele aushalten, ausdauern kann. Mein Charakter wird nun erst seine echte eigentümliche Festigkeit erhalten, denn Goethes Anschauung hat meinen besten Ideen, meinen besten Empfindungen – den einsamen, verstoßenen – unüberwindliche Gewißheit gegeben. Der Mann ist selbständig vom Scheitel bis zur Fußsohle.«

Jacobi an Wieland (27. August 1774):

»Je mehr ichs überdenke, je lebhafter empfinde ich die Unmöglichkeit, dem, der Goethe nicht gesehen noch gehört hat, etwas Begreifliches über dieses außerordentliche Geschöpf Gottes zu schreiben. Goethe ist, nach Heinses Ausdruck, Genie vom Scheitel bis zur Fußsohle; ein Besessener, füge ich hinzu, dem fast in keinem Falle gestattet ist, willkürlich zu handeln. Man braucht nur eine Stunde bei ihm zu sein, um es im höchsten Grade lächerlich zu finden, von ihm zu begehren, daß er anders denken und handeln soll, als er wirklich denkt und handelt. Hiermit will ich nicht andeuten, daß keine Veränderung zum Schöneren und Besseren in ihm möglich sei; aber nicht anders ist sie in ihm möglich, als so wie die Blume sich entfaltet, wie die Saat reift, wie der Baum in die Höhe wächst und sich krönt.«

In Gefolg von diesem Seelen- und Geistesverein, wo alles, was in einem jeden lebte, zur Sprache kam, erbot ich mich, meine neuesten und liebsten Balladen zu rezitieren. Der König von Thule und »Es war ein Buhle frech genung« taten gute Wirkung, und ich trug sie um so gemütlicher vor, als meine Gedichte mir noch ans Herz geknüpft waren und nur selten über die Lippen kamen. Denn mich hinderten leicht gewisse gegenwärtige Personen, denen mein überzartes Gefühl vielleicht unrecht tun mochte, ich ward manchmal mitten im Rezitieren irre und konnte mich nicht wieder zurechtfinden. Wie oft bin ich nicht deshalb des Eigensinns und eines wunderlichen grillenhaften Wesens angeklagt worden!

Es war ein Buhle frech genug,
War erst aus Frankreich kommen,
Der hat ein armes Maidel jung
Gar oft in Arm genommen:
Und liebgekost und liebgeherzt;
Als Bräutigam herumgescherzt;
Und endlich sie verlassen.

Das arme Maidel das erfuhr,
Vergingen ihr die Sinnen.
Sie lacht' und weint', und bet't' und schwur;
So fuhr die Seel von hinnen.
Die Stund, da sie verschieden war,
Wird bang dem Buben, graust sein Haar;
Es treibt ihn fort zu Pferde.

Er gab die Sporen kreuz und quer
Und ritt auf allen Seiten,
Herüber, nüber, hin und her,
Kann keine Ruh erreiten;
Reit't sieben Tag und sieben Nacht;
Es blitzt und donnert, stürmt und kracht.
Die Fluten reißen über.

Und reit't in Blitz und Wetterschein
Gemäuerwerk entgegen;
Bind'ts Pferd hauß' an und kriecht hinein
Und duckt sich vor dem Regen;
Und wie er tappt und wie er fühlt,
Sich unter ihm die Erd erwühlt:
Er stürzt wohl hundert Klafter.

Und als er sich ermannt vom Schlag,
Sieht er drei Lichtlein schleichen.
Er rafft sich auf und krabbelt nach,
Die Lichtlein ferne weichen,
Irrführen ihn die Quer und Läng,
Treppauf, treppab, durch enge Gäng,
Verfallne wüste Keller.

Auf einmal steht er hoch im Saal,
Sieht sitzen hundert Gäste,
Hohlaugig grinsen allzumal
Und winken ihm zum Feste.
Er sieht sein Schätzel untenan
Mit weißen Tüchern angetan,
Die wend't sich –

Ob mich nun die dichterische Darstellungsweise am meisten beschäftigte und meinem Naturell eigentlich zusagte, so war mir doch auch das Nachdenken über Gegenstände aller Art nicht fremd, und Jacobis originelle, seiner Natur gemäße Richtung gegen das Unerforschliche höchst willkommen. Die Gedanken, die er mir mitteilte, entsprangen unmittelbar aus seinem Gefühl. Aus einer so wundersamen Vereinigung von Bedürfnis, Leidenschaft und Ideen konnten auch für mich nur Vorahnungen entspringen dessen, was mir vielleicht künftig deutlicher werden sollte. Glücklicherweise hatte ich mich auch schon von dieser Seite, wo nicht gebildet, doch bearbeitet und in mich das Dasein und die Denkweise eines außerordentlichen Mannes aufgenommen, zwar nur unvollständig und wie auf den Raub, aber ich empfand davon doch schon bedeutende Wirkungen. Dieser Geist, der so entschieden auf mich wirkte und der auf meine ganze Denkweise so großen Einfluß haben sollte, war Spinoza.

Die alles ausgleichende Ruhe Spinozas kontrastierte mit meinem alles aufregenden Streben, seine mathematische Methode war das Widerspiel meiner poetischen Sinnes- und Darstellungsweise. Geist und Herz, Verstand und Sinn suchten sich mit notwendiger Wahlverwandtschaft, und durch diese kam die Vereinigung der verschiedensten Wesen zustande.
Noch war aber alles in der ersten Wirkung und Gegenwirkung, gärend und siedend. Fritz Jacobi, der erste, den ich in dieses Chaos hineinblicken ließ, er, dessen Natur gleichfalls im Tiefsten arbeitete, nahm mein Vertrauen herzlich auf, erwiderte dasselbe und suchte mich in seinen Sinn einzuleiten. Eine solche reine Geistesverwandtschaft war mir neu und erregte ein leidenschaftliches Verlangen fernerer Mitteilung. Nachts, als wir uns schon getrennt und in die Schlafzimmer zurückgezogen hatten, suchte ich ihn nochmals auf. Der Mondschein zitterte über dem breiten Rheine, und wir, am Fenster stehend, schwelgten in der Fülle des Hin- und Wiedergebens, das in jener herrlichen Zeit der Entfaltung so reichlich aufquillt.
Inwiefern mir die Hauptpunkte des Verhältnisses zu Spinoza unvergeßlich geblieben sind, indem sie eine große Wirkung auf die Folge meines Lebens ausübten, will ich so kurz und bündig als möglich eröffnen und darstellen.
Die Natur wirkt nach ewigen, notwendigen, dergestalt göttlichen Gesetzen, daß die Gottheit selbst darin nichts ändern könnte. Alle Menschen sind hierin unbewußt vollkommen einig. Man bedenke, wie eine Naturerscheinung, die auf Verstand, Vernunft, ja auch nur auf Willkür deutet, uns Erstaunen, ja Entsetzen bringt.
Wenn sich in Tieren etwas Vernunftähnliches hervortut, so können wir uns von unserer Verwunderung nicht erholen; denn ob sie uns gleich so nahe stehen, so scheinen sie doch durch eine unendliche Kluft von uns getrennt und in das Reich der Notwendigkeit verwiesen.
Wenden wir uns zu den Pflanzen, so wird unsere Behauptung noch auffallender bestätigt. Man gebe sich Rechenschaft von der Empfindung, die uns ergreift, wenn die berührte Mimosa ihre gefiederten Blätter paarweise zusammenfaltet und endlich das Stielchen wie an einem Gelenk niederklappt. Noch höher steigt jene Empfindung, der ich keinen Namen geben will, bei Betrachtung des Hedysarum gyrans, das seine Blättchen, ohne

sichtlich äußere Veranlassung, auf und nieder senkt und mit sich selbst wie mit unseren Begriffen zu spielen scheint. Denke man sich einen Pisang, dem diese Gabe zugeteilt wäre, so daß er die ungeheuren Blätterschirme für sich selbst wechselweise niedersenkte und aufhübe, jedermann, ders zum ersten Mal sähe, würde vor Entsetzen zurücktreten.

Ein ähnliches Entsetzen überfällt uns dagegen, wenn wir den Menschen unvernünftig gegen allgemein anerkannte sittliche Gesetze, unverständig gegen seinen eigenen und fremden Vorteil handeln sehen. Um das Grauen loszuwerden, das wir dabei empfinden, verwandeln wir es sogleich in Tadel, in Abscheu, und wir suchen uns von einem solchen Menschen entweder wirklich oder in Gedanken zu befreien.

Diesen Gegensatz, welchen Spinoza so kräftig heraushebt, wendete ich aber auf mein eigenes Wesen sehr wunderlich an, und das Vorhergesagte soll eigentlich nur dazu dienen, um das, was folgt, begreiflich zu machen.

Ich war dazu gelangt, daß mir innewohnende dichterische Talent ganz als Natur zu betrachten, um so mehr, als ich darauf gewiesen war, die äußere Natur als den Gegenstand desselben anzusehen. Die Ausübung dieser Dichtergabe konnte zwar durch Veranlassung erregt und bestimmt werden; aber am freudigsten und reichlichsten trat sie unwillkürlich, ja wider Willen hervor.

Auch beim nächtlichen Erwachen trat derselbe Fall ein. Ich war so gewohnt, mir ein Liedchen vorzusagen, ohne es wieder zusammenfinden zu können, daß ich einige Mal an das Pult rannte und mir nicht die Zeit nahm, einen querliegenden Bogen zurechtzurücken, sondern das Gedicht von Anfang bis zu Ende, ohne mich von der Stelle zu rühren, in der Diagonale herunterschrieb. In eben diesem Sinne griff ich weit lieber zu dem Bleistift, welcher williger die Züge hergab: denn es war mir einigemal begegnet, daß das Schnarren und Spritzen der Feder mich aus meinem nachtwandlerischen Dichten aufweckte, mich zerstreute und ein kleines Produkt in der Geburt erstickte, Für solche Poesien hatte ich eine besondere Ehrfurcht.

Wie im Morgenrot
Du rings mich anglühst,
Frühling, Geliebter!
Mit tausendfacher Liebeswonne

Sich an mein Herz drängt
Deiner ewigen Wonne
Heilig Gefühl,
Unendliche Schöne!

Daß ich dich fassen möcht
In diesen Arm!

Ach an deinem Busen
Lieg ich, schmachte,
Und deine Blumen, dein Gras
Drängen sich an mein Herz.
Du kühlst den brennenden
Durst meines Busens,
Lieblicher Morgenwind!
Ruft drein die Nachtigall
Liebend nach mir aus dem Nebeltal.

Ich komm! Ich komme!
Wohin? Ach, wohin?

Hinauf, hinauf strebts.
Es schweben die Wolken
Abwärts, die Wolken
Neigen sich der sehnenden Liebe,
Mir! Mir!
In eurem Schoße
Aufwärts,
Umfangend umfangen!
Aufwärts
An deinen Busen,
Alliebender Vater!

DER BRÄUTIGAM

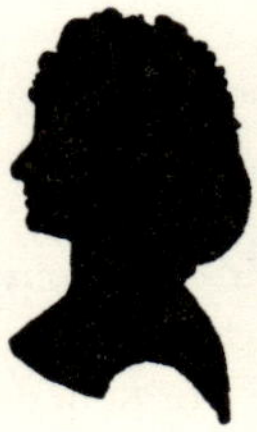

1928, wenige Jahre vor Goethes Tod, entstand auf dem Schlosse Dornburg das Gedicht »Der Bräutigam«.

Um Mitternacht, ich schlief, im Busen wachte
Das liebevolle Herz, als wär es Tag;
Der Tag erschien, mir war, als ob es nachte –
Was ist es mir, so viel er bringen mag?

Sie fehlte ja! mein emsig Tun und Streben,
Für sie allein ertrug ichs durch die Glut
Der heißen Stunde; welch erquicktes Leben
Am kühlen Abend! lohnend wars und gut.

Die Sonne sank, und Hand in Hand verpflichtet
Begrüßten wir den letzten Segensblick,
Und Auge sprach, ins Auge klar gerichtet:
Von Osten, hoffe nur, sie kommt zurück!

Um Mitternacht, der Sterne Glanz geleitet
Im holden Traum zur Schwelle, wo sie ruht.
O sei auch mir dort auszuruhn bereitet!
Wie es auch sei, das Leben, es ist gut.

Aus Eckermanns Tagebuch (10. August 1824):

»Seit etwa acht Tagen bin ich von meiner Reise zurück. Goethe äußerte bei meiner Ankunft eine lebhafte Freude, und ich meinerseits war nicht weniger glücklich, wieder bei ihm zu sein. Er hatte sehr viel zu reden und mitzuteilen, sodaß ich die ersten Tage wenig von seiner Seite kam.

Vor einigen Tagen communizierte er mir die Anfänge einer Fortsetzung von Wahrheit und Dichtung. Einiges ist ausgeführt, das meiste jedoch nur in Andeutungen enthalten.

Die Anlage des Ganzen hat sehr viel vom Roman. Zartes, anmutiges, leidenschaftliches Liebesverhältnis, heiter im Entstehen, idyllisch im Fortgange, tragisch am Ende durch ein stillschweigendes gegenseitiges Entsagen. Der Zauber von Lilis Wesen, im Detail geschildert, ist geeignet jeden Leser zu fesseln, so wie er den Liebenden selbst dergestalt in Banden hielt, daß er sich nur durch eine wiederholte Flucht zu retten imstande war.

Von ganz besonderer Bedeutung und Wichtigkeit ist die dargestellte Lebensepoche dadurch, daß sie, als Vorepoche der Weimarischen Verhältnisse, für das ganze Leben entscheidet.

Um nun bei Goethe für die unterbrochene und seit Jahren ruhende Arbeit neue Lust und Liebe zu erregen, habe ich diese Angelegenheit sogleich mündlich mit ihm besprochen.«

Goethe zu Eckermann (5. März 1830):

»Ich hätte diese Geschichte meiner Liebe zu Lili längst früher geschrieben und herausgegeben, wenn mich nicht gewisse zarte Rücksichten gehindert hätten, und zwar nicht Rücksichten gegen mich selber, sondern gegen die damals noch lebende Geliebte. Ich wäre stolz gewesen, es der ganzen Welt zu sagen, wie sehr ich sie geliebt; und ich glaube sie wäre nicht errötet zu gestehen, daß meine Neigung erwidert wurde. Aber hatte ich das Recht es öffentlich zu sagen ohne ihre Zustimmung? Ich hatte immer die Absicht sie darum zu bitten; doch zögerte ich damit hin, bis es denn endlich nicht mehr nötig war. –

Ich sehe die reizende Lili wieder in aller Lebendigkeit vor mir, und es ist mir, als fühlte ich wieder den Hauch ihrer beglückenden Nähe. Sie war in der Tat die erste, die ich tief und wahrhaft liebte. Auch kann ich sagen, daß sie die letzte gewesen. – Ich bin meinem eigentlichen Glücke nie so nahe gewesen als in der Zeit jener Liebe zu Lili. Die Hindernisse, die uns auseinander hielten, waren im Grunde nicht unübersteiglich – und doch ging sie mir verloren.

Das Dämonische, das jede Leidenschaft zu begleiten pflegt, und das in der Liebe sein eigentliches Element findet, war in meinem Verhältnis zu Lili besonders wirksam. Es gab meinem ganzen Leben eine andere Richtung und ich sage nicht zuviel, wenn ich behaupte, daß meine Herkunft nach Weimar und mein jetziges Hiersein davon eine unmittelbare Folge war.«

Beginn des Jahres 1775: Die Grafen Stolberg, genialisch-literarische Jünglinge, hatten dem Verfasser des Werther in einem begeisterten Briefe gedankt, die Schwester hatte eine Nachschrift beigefügt. Diese Schwester, Auguste Gräfin zu Stolberg, wird in der Folge die Empfängerin vieler Briefe von Goethe. Ihr, die er nie gesehen, berichtet und beichtet Goethe am unmittelbarsten die Wirrnisse, die Freuden und Leiden seines Innern.

Goethe an Auguste Gräfin zu Stolberg (Januar 1775):

»Meine Teure – ich will Ihnen keinen Namen geben, denn was sind die Namen Freundin, Schwester, Geliebte, Braut, Gattin, oder ein Wort, das einen Komplex von all diesen Namen begriffe, gegen das unmittelbare Gefühl, zu dem – ich kann nicht weiter schreiben, Ihr Brief hat mich in einer wunderlichen Stunde gepackt. Adieu, gleich den ersten Augenblick! –
Ich komme doch wieder – ich fühle Sie können ihn tragen diesen zerstückten, stammelnden Ausdruck wenn das Bild des Unendlichen in uns wühlt. Und was ist das als Liebe! – Mußte E r Menschen machen nach seinem Bild, ein Geschlecht das ihm ähnlich sei, was müssen wir fühlen wenn wir Brüder finden, unser Gleichnis, uns selbst verdoppelt.
Und so solls weg, so sollen Sies haben dieses Blatt, obiges schrieb ich wohl vor acht Tagen, unmittelbar auf den Empfang Ihres Briefs.
Haben Sie Geduld mit mir, bald sollen Sie Antwort haben. Hier indes meine Silhouette, ich bitte um die Ihrige, aber nicht ins Kleine, den großen von der Natur genommenen Riß bitt ich. Adieu ein herzlichstes Adieu. Frankfurt den 26. Januar 1775.

Goethe.

Der Brief ist wieder liegen blieben o haben Sie Geduld mit mir. Schreiben Sie mir und in meinen besten Stunden will ich an Sie denken. Sie fragen ob ich glücklich bin? Ja meine Beste ich bins, und wenn ichs nicht bin, so wohnt wenigstens all das tiefe Gefühl von Freud und Leid in mir. Nichts außer mir stört, schiert, hindert mich. Aber ich bin wie ein klein Kind weiß Gott. Noch einmal adieu.«

Ein geistreicher Franzos hat schon gesagt: wenn irgendein guter Kopf die Aufmerksamkeit des Publikums durch ein verdienstliches Werk auf sich gezogen hat, so tut man das Möglichste, um zu verhindern, daß er jemals dergleichen wieder hervorbringt. Es ist so wahr: irgend etwas Gutes, Geistreiches wird in stiller, abgesonderter Jugend hervorgebracht, der Beifall wird erworben, aber die Unabhängigkeit verloren; man zerrt das konzentrierte Talent in die Zerstreuung, weil man denkt, man könne von seiner Persönlichkeit etwas abzupfen und sich zueignen.
In diesem Sinne erhielt ich manche Einladungen, ein Freund, ein Bekannter schlug mir vor, gar oft mehr als dringend, mich da oder dort einzuführen. Unter anderm ersuchte mich ein Freund eines Abends, mit ihm ein kleines Konzert zu besuchen, welches in einem angesehenen reformierten Handelshause *(der Bankierswitwe Schönemann, geborenen d'Orville)* gegeben wurde. Es war schon spät, doch weil ich alles aus dem Stegreife liebte, folgte ich ihm, wie gewöhnlich anständig angezogen. Wir traten in ein Zimmer gleicher Erde, in das eigentliche geräumige Wohnzimmer. Die Gesellschaft war zahlreich, ein Flügel stand in der Mitte, an den sich sogleich die einzige Tochter des Hauses niedersetzte und mit bedeutender Fertigkeit und Anmut spielte. Ich stand am unteren Ende des Flügels, um ihre Gestalt und Wesen nahe genug bemerken zu können; sie hatte etwas Kindartiges in ihrem Betragen; die Bewegungen, wozu das Spiel sie nötigte, waren ungezwungen und leicht. – Nach geendigter Sonate trat sie ans Ende des Pianos mir gegenüber. Wir begrüßten uns ohne weitere Rede, denn ein Quartett war schon angegangen. Am Schlusse trat ich etwas näher und sagte einiges Verbindliche: wie sehr es mich freue, daß die erste Bekanntschaft mich auch zugleich mit ihrem Talent bekannt gemacht habe. Sie wußte sehr artig meine Worte zu erwidern, behielt ihre Stellung und ich die meinige. Ich konnte bemerken, daß sie mich aufmerksam betrachtete, und daß ich ganz eigentlich zur Schau stand, welches ich mir wohl konnte gefallen lassen, da man auch mir etwas gar Anmutiges zu schauen gab. Indessen blickten wir

einander an, und ich will nicht leugnen, daß ich eine Anziehungskraft von der sanftesten Art zu empfinden glaubte. Das Hin- und Herwogen der Gesellschaft verhinderte jedoch jede andere Art von Annäherung diesen Abend. Doch muß ich eine angenehme Empfindung gestehen, als die Mutter beim Abschied zu erkennen gab, sie hofften mich bald wiederzusehen, und die Tochter mit einiger Freundlichkeit einzustimmen schien.

Herz, mein Herz, was soll das geben,
Was bedränget dich so sehr?
Welch ein fremdes, neues Leben –
Ich erkenne dich nicht mehr.
Weg ist alles, was du liebtest,
Weg, worum du dich betrübtest,
Weg dein Fleiß und deine Ruh –
Ach, wie kamst du nur dazu?

Fesselt dich die Jugendblüte,
Diese liebliche Gestalt,
Dieser Blick voll Treu und Güte,
Mit unendlicher Gewalt?
Will ich rasch mich ihr entziehen,
Mich ermannen, ihr entfliehen,
Führet mich im Augenblick,
Ach, mein Weg zu ihr zurück.

Und an diesem Zauberfädchen,
Das sich nicht zerreißen läßt,
Hält das liebe, lose Mädchen
Mich so wider Willen fest.
Muß in ihrem Zauberkreise
Leben nun auf ihre Weise;
Die Verändrung, ach, wie groß!
Liebe, Liebe, laß mich los!

Goethe an Auguste Gräfin zu Stolberg:

»Wenn Sie sich, meine Liebe, einen Goethe vorstellen können, der im galonierten Rock, sonst von Kopf zu Fuße auch in leidlich konsistenter Galanterie, umleuchtet vom unbedeutenden Pracht-

glanze der Wandleuchter und Kronenleuchter, mitten unter allerlei Leuten, von ein paar schönen Augen am Spieltische gehalten wird, der in abwechselnder Zerstreuung aus der Gesellschaft ins Konzert, und von da auf den Ball getrieben wird, und mit allem Interesse des Leichtsinns einer niedlichen Blondine den Hof macht: so haben Sie den gegenwärtigen Fastnachts-Goethe, der Ihnen neulich einige dumpfe tiefe Gefühle vorstolperte, der nicht an Sie schreiben mag, der Sie auch manchmal vergißt, weil er sich in Ihrer Gegenwart ganz unausstehlich fühlt.
Aber nun gibts noch einen, den im grauen Biberfrack mit dem braunseidnen Halstuch und Stiefeln, der in der streichenden Februarluft schon den Fühling ahndet, dem nun bald seine liebe weite Welt wieder geöffnet wird, der, immer in sich lebend, strebend und arbeitend, bald die unschuldigen Gefühle der Jugend in kleinen Gedichten, das kräftige Gewürze des Lebens in mancherlei Dramas, die Gestalten seiner Freunde und seiner Gegenden und seines geliebten Hausrats mit Kreide auf grauem Papier auszudrücken sucht, weder rechts noch links fragt: was von dem gehalten werde was er machte? Weil er arbeitend immer gleich eine Stufe höher steigt, weil er nach keinem Ideale springen, sondern seine Gefühle sich zu Fähigkeiten, kämpfend und spielend, entwickeln lassen will. Das ist der, dem Sie nicht aus dem Sinne kommen, der auf einmal am frühen Morgen einen Beruf fühlt Ihnen zu schreiben, dessen größte Glückseligkeit ist mit den besten Menschen seiner Zeit zu leben.
Hier also meine Beste sehr mancherlei von meinem Zustande, nun tun Sie desgleichen und unterhalten mich von dem Ihrigen, so werden wir näherrücken, einander zu schauen glauben – denn das sag ich Ihnen voraus daß ich Sie oft mit viel Kleinigkeit unterhalten werde, wie mirs in Sinn schießt.
Noch eins was mich glücklich macht, sind die vielen edlen Menschen, die von allerlei Enden meines Vaterlands, zwar freilich unter viel unbedeutenden, unerträglichen, in meine Gegend, zu mir kommen, manchmal vorübergehen, manchmal verweilen. Man weiß erst daß man ist wenn man sich in andern wiederfindet.
Ob mir übrigens verraten worden: wer und wo Sie sind, tut nichts zur Sache, wenn ich an Sie denke fühl ich nichts als Gleichheit, Liebe, Nähe! Und so bleiben Sie mir, wie ich gewiß

auch durch alles Schweben und Schwirren durch unveränderlich bleibe. Recht wohl –! diese Kußhand – Leben Sie recht wohl.

Frankfurt, den 13. Februar 1775

Goethe.«

Ich brachte mit Lili die angenehmsten Stunden zu, teils in Gegenwart ihrer Mutter, teils allein mit ihr. Man traute mir aus meinen Schriften Kenntnis des menschlichen Herzens, wie man es damals nannte, zu, und in diesem Sinne waren unsere Gespräche sittlich interessant auf jede Weise. Wie wollte man sich aber von dem Innern unterhalten, ohne sich gegenseitig aufzuschließen? Es währte daher nicht lange, daß Lili mir in ruhiger Stunde die Geschichte ihrer Jugend erzählte. Sie war im Genuß aller geselligen Vorteile und Weltvergnügungen aufgewachsen. Auch kleiner Schwächen wurde gedacht, und so konnte sie nicht leugnen, daß sie eine gewisse Gabe anzuziehen an sich habe bemerken müssen, womit zugleich eine gewisse Eigenschaft fahren zu lassen verbunden sei. Hierdurch gelangten wir im Hin- und Widerreden auf den bedenklichen Punkt, daß sie diese Gabe auch an mir geübt habe, jedoch bestraft worden sei, indem sie auch von mir angezogen worden.

Diese Geständnisse gingen aus einer so reinen, kindhaften Natur hervor, daß sie mich dadurch aufs allerstrengste sich zu eigen machte. Ein wechselseitiges Bedürfnis, eine Gewohnheit, sich zu sehen, trat nun ein, wie hätt ich aber manchen Tag, manchen Abend bis in die Nacht hinein entbehren müssen, wenn ich mich nicht hätte entschließen können, sie in ihren Zirkeln zu sehen! Hieraus erwuchs mir mannigfaltige Pein. In den Umgebungen und bei den Einwirkungen einzelner Glieder ihres Kreises, was ergaben sich da oft für Mißtage und Fehlstunden!

Diejenige, die ich nur im einfachen, selten gewechselten Hauskleide zu sehen gewohnt war, trat mir im eleganten Modeputz nun glänzend entgegen, und doch war es ganz dieselbe. Ihre Anmut, ihre Freundlichkeit blieb sich gleich, nur möcht ich sagen, ihre Anziehungsgabe tat sich mehr hervor; es sei nun, weil sie hier gegen viele Menschen stand, daß sie sich lebhafter zu äußern, sich von mehreren Seiten, je nachdem ihr dieser oder jener entgegenkam, zu vermannigfaltigen Ursache fand: genug, ich konnte mir nicht leugnen, daß diese Fremden mir zwar einerseits unbequem fielen, daß ich aber doch um vieles der

Freude nicht entbehrt hätte, ihre geselligen Tugenden kennenzulernen und einzusehen, sie sei auch weiteren und allgemeineren Zuständen gewachsen. War es doch derselbige nun durch Putz verhüllte Busen, der sein Inneres mir geöffnet hatte, und in den ich so klar wie in den meinigen hineinsah, waren es doch dieselben Lippen, die mir so früh den Zustand schilderten, in dem sie herangewachsen, in dem sie ihre Jahre verbracht hatte. Jeder wechselseitige Blick, jedes begleitende Lächeln sprach ein verborgenes edles Verständnis aus, und ich staunte selbst hier in der Menge über die geheime unschuldige Verabredung, die sich auf das menschlichste, auf das natürlichste gefunden hatte.

Warum ziehst du mich unwiderstehlich,
Ach, in jene Pracht?
War ich guter Junge nicht so selig
In der öden Nacht?

Heimlich in mein Zimmerchen verschlossen
Lag im Mondenschein,
Ganz von seinem Schauerlicht umflossen,
Und ich dämmert ein.

Träumte da von vollen goldnen Stunden
Ungemischter Lust;
Ahndungsvoll hatt ich dein Bild empfunden
Tief in meiner Brust.

Bin ichs noch, den du bei soviel Lichtern
An dem Spieltisch hältst?
Oft so unerträglichen Gesichtern
Gegenüberstellst?

Reizender ist mir des Frühlings Blüte
Nun nicht auf der Flur;
Wo du Engel bist, ist Lieb und Güte,
Wo du bist, Natur!

Anfang März schreibt Goethe aus Offenbach bei Frankfurt, wo Lilis Verwandte Landhäuser hatten, an Auguste Gräfin zu Stolberg:

»Warum soll ich Ihnen nicht schreiben, warum wieder die Feder liegen lassen, nach der ich bisher so oft reichte. Wie immer immer hab ich an Sie gedacht. Und jetzo! – Auf dem Land bei sehr lieben Menschen – in Erwartung – liebe Auguste – Gott weiß ich bin ein armer Junge – Den 28. Februar haben wir getanzt die Fastnacht beschlossen – ich war mit von den Ersten im Saale, ging auf und ab, dachte an Sie – und dann – viel Freud und Lieb umgab mich – Morgens da ich nach Hause kam, wollt ich Ihnen schreiben, ließ es aber und redete viel mit Ihnen – Was soll ich Ihnen sagen, da ich Ihnen meinen gegenwärtigen Zustand nicht ganz sagen kann, da Sie mich nicht kennen. Liebe! Liebe! Bleiben Sie mir hold – ich wollt ich könnt auf Ihrer Hand ruhen, in Ihrem Aug rasten. Großer Gott was ist das Herz des Menschen! – Gute Nacht. Ich dachte mir sollts unterm Schreiben besser werden. Umsonst mein Kopf ist überspannt. Ade. Heut ist der 6. März denk ich. Schreiben Sie mir doch auch immer die Data, in solcher Entfernung ist das viel Freud –
Heut war der Tag wunderbar. Habe gezeichnet – eine Szene geschrieben. O wenn ich jetzt nicht Dramas schriebe ich ging zu Grund. Bald schick ich Ihnen eins geschrieben –
Die Kinder tollen über mir, es ist mir besser ich geh hinauf als zu tief in Text zu geraten. Ade! – Warum sag ich dir nicht alles – Beste – Geduld Geduld hab mit mir!

Frankfurt:

Den 10. wieder in der Stadt auf meiner Bergere, aufm Knie schreib ich Ihnen. Liebe der Brief soll heute fort, und nur sag ich Ihnen noch daß mein Kopf ziemlich heiter mein Herz leidlich frei ist – Was sag ich –! O Beste wie wollen wir Ausdrück finden für das was wir fühlen! Beste wie können wir einander was von unserm Zustande melden, da der von Stund zu Stund wechselt. Adieu. Halten Sie einen armen Jungen am Herzen. Geb Ihnen der gute Vater im Himmel viel mutige frohe Stunden wie ich deren oft hab, und dann laß die Dämmrung kommen, tränenvoll und selig. – Amen. Ade Liebe ade!«

Goethe an Johanna Fahlmer, der er kurz zuvor das eben beendete Schauspiel für Liebende, »Stella«, übersandt hatte (März 1775):

»Liebe Tante, ich wußte was Stella Ihrem Herzen sein würde. Ich bin müde über das Schicksal unsres Geschlechts von Menschen zu klagen, aber ich will sie darstellen, sie sollen sich erkennen, womöglich wie ich sie erkannt habe, und sollen wo nicht beruhigter, doch stärker in der Unruhe sein.
In mir ist viel wunderbares Neues, in drei Stunden hoff ich Lili zu sehen. Liebe Tante auf den Sonntag!!! – Nehmen Sie das Mädchen an Ihr Herz, es wird Euch beiden wohl tun.«

Aus »Stella«, Schauspiel für Liebende.

STELLA: »Seit dem Augenblick, da ich dich zum erstenmal sah, wie ward alles so ganz anders in meiner Seele! Weißt du den Nachmittag noch im Garten, wie du zu uns hineintratst? Ich weiß nicht ob du bemerktest, daß du im ersten Augenblick meine Aufmerksamkeit gefesselt hattest. Ich wenigstens merkte bald, daß deine Augen mich suchten. – Da brachte mein Onkel die Musik; du nahmst deine Violin, und wie du spieltest, lagen meine Augen sorglos auf dir; ich spähte jeden Zug in deinem Gesicht, und – in einer unvermuteten Pause schlugst du die Augen auf – auf mich! sie begegneten den meinigen; wie ich errötete, wie ich wegsah! Du hast es bemerkt; denn von der Zeit an fühlt ich wohl, daß du öfter über dem Blatt wegsahst, oft zur ungelegenen Zeit aus dem Takt kamst. Jeder Fehlstrich ging mir durch die Seele – es war die süßeste Konfusion, die ich in meinem Leben gefühlt habe; um alles Gold hätt ich dich nicht wieder grad ansehen können. Ich machte mir Luft und ging –
Ich erstaune oft selbst, wie ich dich liebe, wie ich jeden Augenblick bei dir mich ganz vergesse, doch alles vor mir noch zu haben, so lebhaft, als wärs heute! Ja wie oft hab ich mirs auch erzählt, wie oft – wie ihr mich suchtet, wie du an der Hand meiner Freundin durchs Boskett streiftest, und sie rief: Stella! – und du riefst: Stella! Stella! – ich hatte dich kaum reden gehört, und erkannte deine Stimme, und wie ihr auf mich traft, und du meine Hand nahmst! Wer war konfuser, ich oder du? Eins half dem andern –«

Goethe an Auguste Gräfin zu Stolberg:

»Mir ists wieder eine Zeit her vor Wohl und Weh, daß ich nicht weiß ob ich auf der Welt bin, und da ist mirs doch als wär ich im Himmel. Dies liebe Schwester den 19. März nachts um elfe. – *(23. März)* – doch wenn du leidest, schreib mir – ich will alles teilen – o dann laß mich auch nicht stecken edle Seele zur Zeit der Trübsal, die kommen könnte, wo ich dich flöhe und alle Lieben! Verfolge mich ich bitte dich, verfolge mich mit deinen Briefen dann und rette mich von mir selbst.«

Goethe an Herder (25. März 1775):

»Schick mir doch was, schreib mir doch was von dir was es auch sei! –
Es sieht aus als wenn die Zwirnsfädchen, an denen mein Schicksal hängt, und die ich schon so lange in rotierender Oszillation auf- und zutrille, sich endlich knüpfen wollten. Übrigens machen mich allerlei Umstände ziemlich zahm, ohne mir doch den guten jungen Mut zu nehmen.«

Bei eintretendem Frühling sollte eine ländliche Freiheit mein Verhältnis zu Lili enger knüpfen. Offenbach am Main zeigte schon damals bedeutende Anfänge einer Stadt. Schöne, für die damalige Zeit prächtige Gebäude hatten sich schon hervorgetan. Gärten, Terrassen bis an den Main reichend, überall freien Ausgang nach der holden Umgegend erlaubend, setzten den Eintretenden und Verweilenden in ein stattliches Behagen. Der Liebende konnte für seine Gefühle keinen erwünschteren Raum finden.

Ich wohnte bei Johann André, eigentlich Fabrikant, zugleich aber Dichter und Komponist, der zwischen dem Kapellmeister und Dilettanten schwebte. Lilis Pianospiel fesselte ihn vollkommen an unsre Gesellschaft; als unterrichtend, meisternd, ausführend, waren wenige Stunden des Tags und der Nacht, wo er nicht in das Familienwesen, in die gesellige Tagesreihe mit eingriff. Dieses alles aber diente den Liebenden nur zur Verlängerung des Zusammenseins; sie wissen kein Ende zu finden, und der gute Johann André war durch wechselsweise Verführung der beiden gar leicht in ununterbrochene Bewegung zu setzen, um bis nach Mitternacht seine Musik wiederholend zu verlängern.

Trat man am Morgen in aller Frühe aus dem Hause, so fand man sich in der freiesten Luft. Freie Übersicht über den Fluß bis ans jenseitige Ufer, oft schon früh eine tätige Schiffahrt von Flößen und gelenken Marktschiffen und Kähnen, eine sanft hingleitende lebendige Welt, mit liebevollen zarten Empfindungen im Einklang. Selbst das einsame Vorüberwogen und Schilfgeflüster eines leise bewegten Stromes verbreitete über den Herantretenden einen beruhigenden Zauber. Ein heiterer Himmel der schönsten Jahreszeit überwölbte das Ganze, und wie angenehm mußte sich eine traute Gesellschaft, von solchen Szenen umgeben, morgendlich wiederfinden!

Sollte jedoch einem ernsten Leser eine solche Lebensweise gar zu lose, zu leichtfertig erscheinen, so möge er bedenken, daß zwischen dasjenige, was hier wie im Zusammenhange geschildert ist, sich Tage und Wochen des Entbehrens, andere Bestimmungen und Tätigkeiten einstellten. Männer und Frauen waren in ihrem Pflichtkreise eifrig beschäftigt. Auch ich versäumte nicht, in Betracht der Gegenwart und Zukunft, das mir Obliegende zu besorgen, und fand noch Zeit genug, dasjenige zu vollbringen, wohin mich Talent und Leidenschaft unwiderstehlich hindrängten. Die frühesten Morgenstunden war ich der Dichtkunst schuldig; der wachsende Tag gehörte den weltlichen Geschäften, die auf eine ganz eigene Art behandelt wurden. Mein Vater, ein gründlicher, ja eleganter Jurist, aber von langsamer Konzeption und Ausführung, studierte die Akten als geheimer Referendar, und wenn wir zusammentraten, legte er mir die Sache vor, und die Ausfertigung ward von mir mit solcher Leichtigkeit vollbracht, daß es ihm zur höchsten Vaterfreude gedieh, und er auch wohl einmal auszusprechen nicht unterließ; wenn ich ihm fremd wäre, er würde mich beneiden.

Oft kam ich nur spät des Abends zur Gesellschaft und fand Lili dem Scheine nach teilnehmend, und da ich oft nur auf wenige Stunden erschien, so mocht ich ihr gern in irgend etwas nützlich sein, indem ich ihr Größeres oder Kleineres besorgt hatte, oder irgendeinen Auftrag zu übernehmen kam. Und es ist wohl diese Dienstschaft das Erfreulichste, was einem Menschen begegnen kann; wie uns die alten Ritterromane dergleichen zwar auf eine dunkle, aber kräftige Weise zu überliefern verstehen. Daß sie mich beherrsche, war nicht zu verbergen, und sie durfte sich diesen Stolz gar wohl erlauben: hier triumphieren Überwinder und Überwundene, und beide behagen sich in gleichem Stolze.

Es war eine durchaus glänzende Zeit; eine gewisse Exaltation waltete in der Gesellschaft, man traf niemals auf nüchterne Momente. Ganz ohne Frage teilte sich dies den übrigen aus unserm Verhältnisse mit. Denn wo Neigung und Leidenschaft in ihrer eigenen kühnen Natur hervortreten, geben sie verschüchterten Gemütern Mut, die nunmehr nicht begreifen, warum sie ihre gleichen Rechte verheimlichen sollten. Daher gewahrte man mehr oder weniger versteckte Verhältnisse, die sich nunmehr ohne Scheu durchschlangen, andere, die sich nicht gut bekennen ließen, schlichen doch behaglich unter der Decke mit durch.

Es war ein Zustand, von welchem geschrieben steht: »Ich schlafe, aber mein Herz wacht«; die hellen wie die dunklen Stunden waren einander gleich; das Licht des Tages konnte das Licht der Liebe nicht überscheinen, und die Nacht wurde durch den Glanz der Neigung zum hellsten Tage.

Wir waren beim klarsten Sternhimmel bis spät in der freien Gegend umherspaziert; und nachdem ich Lili und die Gesellschaft von Türe zu Türe nach Hause begleitet und von ihr zuletzt Abschied genommen hatte, fühlte ich mir so wenig Schlaf, daß ich eine frische Spazierwanderung anzutreten nicht säumte. Ich ging die Landstraße nach Frankfurt zu, mich meinen Gedanken und Hoffnungen zu überlassen; ich setzte mich auf eine Bank, in der reinsten Nachtstille, unter dem blendenden Sternhimmel mir selbst und ihr anzugehören.

Bemerkenswert schien mir ein schwer zu erklärender Ton, ganz nahe bei mir; es war kein Rascheln, kein Rauschen, und bei näherer Aufmerksamkeit entdeckte ich, daß es unter der Erde und das Arbeiten von kleinem Getier sei. Es mochten Igel oder Wieseln sein, oder was in solcher Stunde dergleichen Geschäft vornimmt.

Ich war darauf weiter nach der Stadt zu gegangen und an den Röderberg gelangt, wo ich die Stufen, welche nach den Weingärten hinaufführen, an ihrem kalkweißen Scheine erkannte. Ich stieg hinauf, setzte mich nieder und schlief ein.

Als ich wieder aufwachte, hatte die Dämmerung sich schon verbreitet. Sachsenhausen lag vor mir, leichte Nebel deuteten den Weg des Flusses an; es war frisch, mir willkommen.

Da verharrt ich, bis die Sonne nach und nach hinter mir aufgehend das Gegenüber erleuchtete. Es war die Gegend, wo ich die Geliebte wiedersehen sollte, und ich kehrte langsam in das Paradies zurück, das sie, die noch Schlafende, umgab.

Goethe an Johanna Fahlmer (zu Beginn der Frühjahrsmesse):

»Liebste Tante ich komme von Offenbach! – kann Ihnen weder Blick noch Zug geben von der Wirtschaft. Mein Herz immer wie ein Strumpf, das Äußere zu innerst, das Innere zu äußerst gekehrt. Bitte! Bitte! – Sehen Sie sich in der Messe um, nach was – für Lili!!!! Galanterie Bijouterie, das Neueste, Eleganteste! – Sie fühlens allein, und meine Liebe dazu! aber heilig unter uns, der Mama nichts davon. Ich bitte. Und schreiben Sie was es kostet!!!! –«

An dieselbe (Anfang April):

»Ja Tante sie war schön wie ein Engel, und ich hatte sie in 4 Tagen nicht gesehn. Und lieber Gott wieviel ist sie noch besser als schön.«

Goethe schreibt an Lili – ein Brief, der nicht vollendet und nicht abgesandt wurde:

»Herzlich bin – lieber Engel, bist du mein? – Ach warum bin ich nicht immer sogleich bei – lieber Engel – Ach wie möcht ich zu deinen Wolken steil – Wo sie streben und durcheinander gleiten. Wo sie drängen und durcheinander wandern –«

Je mehr aber, um des wachsenden Geschäftskreises willen, den ich aus Liebe zu ihr zu erweitern und zu beherrschen trachtete, meine Besuche in Offenbach sparsamer wurden und dadurch eine gewisse peinliche Verlegenheit hervorbringen mußten, so ließ sich wohl bemerken, daß man eigentlich um der Zukunft willen das Gegenwärtige hintansetze und verliere.
Wie nun meine Aussichten sich nach und nach verbesserten, hielt ich sie für bedeutender, als sie wirklich waren, und dachte um so mehr auf eine baldige Entscheidung, als ein so öffentliches Verhältnis nicht länger ohne Mißbehagen fortzuführen war. Und wie es in solchen Fällen zu gehen pflegt, sprachen wir es nicht

ausdrücklich gegeneinander aus; aber das Gefühl eines wechselseitigen unbedingten Behagens, die volle Überzeugung, eine Trennung sei unmöglich, das ineinander gleichmäßig gesetzte Vertrauen – das alles brachte einen solchen Ernst hervor, daß ich, der ich mir fest vorgenommen hatte, kein schleppendes Verhältnis wieder anzuknüpfen, mich doch in dieses wieder verschlungen fand.

In diesem wunderlichen Zustande kam uns eine Hausfreundin zu Hilfe. Es war dies die Demoiselle Delf, die einem kleinen Handelshaus in Heidelberg vorstand. Sie kannte und liebte Lili von Jugend auf. Man konnte sie nicht intrigant nennen, sie pflegte den Verhältnissen lange zuzusehen und ihre Absichten stille mit sich fortzutragen: dann aber hatte sie die Gabe, die Gelegenheit zu ersehen. Unsern Zustand hatte sie längst durchblickt, sodaß sie sich überzeugte: diese Neigung sei zu begünstigen, diese Vorsätze, redlich, aber nicht genugsam verfolgt und angegriffen, müßten unterstützt und dieser kleine Roman fördersamst abgeschlossen werden.

Seit vielen Jahren hatte sie das Vertrauen von Lilis Mutter. In meinem Hause durch mich eingeführt, hatte sie sich den Eltern angenehm zu machen gewußt. Sie kannte sehr wohl unsere Wünsche, unsere Hoffnungen, ihre Lust zu wirken sah darin einen Auftrag; kurz, sie unterhandelte mit den Eltern. Wie sie es begonnen, wie sie die Schwierigkeiten, die sich ihr entgegenstellen mochten, beseitigt, genug, sie tritt eines Abends zu uns und bringt die Einwilligung. »Gebt euch die Hände!« – rief sie mit ihrem pathetisch-gebieterischen Wesen. Ich stand Lili gegenüber und reichte meine Hand dar; sie legte die ihre, zwar nicht zaudernd, aber doch langsam hinein. Nach einem tiefen Atemholen fielen wir einander lebhaft bewegt in die Arme. –

Es war ein seltsamer Beschluß des hohen über uns Waltenden, daß ich in dem Verlaufe meines wundersamen Lebensganges doch auch erfahren sollte, wie es einem Bräutigam zumute sei.

Ich darf wohl sagen, daß es für einen gesitteten Mann die angenehmste aller Erinnerungen sei. Es ist erfreulich, sich jene Gefühle zu wiederholen, die sich schwer aussprechen und kaum erklären lassen. Der vorhergehende Zustand ist durchaus verändert; die schroffsten Gegensätze sind gehoben, der hartnäkkigste Zwiespalt geschlichtet, die vordringliche Natur, die ewig warnende Vernunft, die tyrannisierenden Triebe, das verständige Gesetz, welche sonst in immerwährendem Zwist uns bestritten, alle diese treten nunmehr in freundlicher Einigkeit heran, und bei allgemein gefeiertem frommem Feste wird das Verbotene gefordert und das Verpönte zur unerläßlichen Pflicht erhoben.

Mit sittlichem Beifall aber wird man vernehmen, daß von dem Augenblick an eine gewisse Sinnesveränderung in mir vorging. War die Geliebte mir bisher schön, anmutig, anziehend vorgekommen, so erschien sie mir nun als würdig und bedeutend. Sie war eine doppelte Person; ihre Anmut und Liebenswürdigkeit gehörten mein, das fühlt ich wie sonst; aber der Wert ihres Charakters, die Sicherheit in sich selbst, ihre Zuverlässigkeit in allem, das blieb ihr eigen. Ich schaute es, ich durchblickte es und freute mich dessen als eines Kapitals, von dem ich zeitlebens die Zinsen mit zu genießen hätte.

Auf dem Gipfel der Zustände aber hält man sich nicht lange.

DER UNRUHIGE

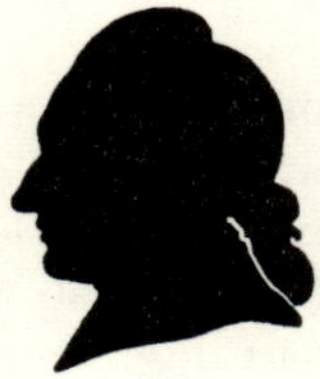

Sobald etwas Ideelles, wie man ein solches Verlöbnis wirklich nennen kann, in die Wirklichkeit eintritt, so entsteht, wenn man völlig abgeschlossen zu haben glaubt, eine Krise. Die Außenwelt ist durchaus unbarmherzig, und sie hat recht, denn sie muß sich ein für allemal selbst behaupten; die Zuversicht der Leidenschaft ist groß, aber wir sehen sie doch gar oft an dem ihr entgegenstehenden Wirklichen scheitern.
Um diese Zeit meldeten sich die Grafen Stolberg an, die, auf einer Schweizerreise begriffen, bei uns einsprechen wollten. – In einer Stadt wie Frankfurt befindet man sich in einer wunderlichen Lage; immer sich kreuzende Fremde deuten nach allen Weltgegenden hin und erwecken Reiselust. Früher war ich schon bei manchem Anlaß mobil geworden, und gerade jetzt im Augenblicke, wo es darauf ankam, einen Versuch zu machen, ob ich Lili entbehren könne, wo eine gewisse peinliche Unruhe mich zu allem bestimmten Geschäft unfähig machte, war mir die Aufforderung der Stolberge, sie nach der Schweiz zu begleiten, willkommen. Begünstigt durch das Zureden meines Vaters, welcher eine Reise in jener Richtung sehr gerne sah und mir empfahl, einen Übergang nach Italien, wie es sich fügen und schicken wollte, nicht zu versäumen, entschloß ich mich daher schnell, und es war bald gepackt. Mit einiger Andeutung, aber ohne Abschied, trennt ich mich von Lili.

Goethe an Herder (Frankfurt, Anfang Mai 1775):

»Mir gehts wie dir, lieber Bruder, meinen Ballen spiel ich wider die Wand, und Federballen mit den Weibern. Dem Hafen häuslicher Glückseligkeit, und festem Fuße in wahrem Leid und

Freud der Erde, wähnt ich vor kurzem näher zu kommen, bin aber auf eine leidige Weise wieder hinaus ins weite Meer geworfen.
Ich tanze auf dem Drahte – Fatum congenitum genannt – mein Leben so weg!
Adieu. Ich geh fort auf wenige Zeit. Ade.«

Von unterwegs an Johanna Fahlmer (5. Juni):

»Ich bin sehr in der Luft. Schlafen Essen Trinken Baden Reiten Fahren, war so ein paar Tage her der selige Inhalt meines Lebens. –
Ich geh nach Schaffhausen den Rheinfall zu sehen, mich in die große Idee einzuwickeln. Denn noch, fühl ich, ist der Hauptzweck meiner Reise verfehlt, und komm ich wieder, ists dem Bären schlimmer als vorher. Ich weiß es wohl ich bin ein Tor. Allein drum bin ichs doch – und warum soll man auch das Lämpchen auslöschen, das einem so artig auf dem Wege des Lebens vorleuchtet und dämmert.«

An dieselbe, zwei Tage später:

»Mir ists recht wohl. Könnt ich nur recht tief in die Welt. Vermute aber ich werde nächstens wieder bei euch sein!«

Christian Stolberg an seine Schwester (17. Mai 1775):

»Wenn du unsere Wirtschaft auf der Reise sähest, du würdest sehen, daß wir immer in so einem Taumel sind, daß man jeden Augenblick stehlen muß. Das macht uns herrliche Freuden, daß wir mit Goethe reisen. Es ist ein wilder, unbändiger, aber sehr guter Junge. Voll Geist, voll Flamme. Und wir lieben uns schon so sehr. Schon, sag ich. Seit der ersten Stunde waren wir Herzensfreunde. Wir vier sind bei Gott eine Gesellschaft, wie man sie von Peru bis Indostan umsonst suchen könnte. Und so herrlich schicken wir uns zusammen. In Frankfurt haben wir uns alle Werthers Uniform machen lassen, einen blauen Rock mit gelber Weste und Hosen; runde graue Hüte haben wir dazu.«

Aus Goethes Reisetagebuch. Auf dem Züricher See (15. Juni 1775):

Ich saug an meiner Nabelschnur
Nun Nahrung aus der Welt.
Und herrlich rings ist die Natur
Die mich am Busen hält.
Die Welle wieget unsern Kahn
Im Rudertakt hinauf
Und Berge Wolken angetan
Entgegnen unserm Lauf.

Aug mein Aug was sinkst du nieder
Goldne Träume kommt ihr wieder
Weg du Traum so gold du bist
Hier auch Lieb und Leben ist.

Auf der Welle blinken
Tausend schwebende Sterne
Liebe Nebel trinken
Rings die türmende Ferne
Morgenwind umflügelt
Die beschattete Bucht
Und im See bespiegelt
Sich die reifende Frucht.

Wenn ich liebe Lili dich nicht liebte
Welche Wonne gäb mir dieser Blick
Und doch wenn ich Lili dich nicht liebte
Wär, was wär mein Glück.

Mit einem Freund aus Frankfurt reist Goethe weiter durch die Schweiz. An der Grenze gegen Italien angelangt, auf dem Gipfel des Gotthardt, versucht dieser, Goethe zur Fortsetzung der Reise zu überreden.

Mir kommt vor, als wenn der Mensch in solchen Augenblicken keine Entschiedenheit in sich fühlte, vielmehr von früheren Eindrücken regiert und bestimmt werde. Die Lombardie und Italien lag als ein ganz Fremdes vor mir; Deutschland als ein

Bekanntes, Liebwertes, voller freundlichen einheimischen Aussichten, und, sei es nur gestanden: das, was mich so lange ganz umfangen, meine Existenz getragen hatte, blieb auch jetzt das unentbehrlichste Element, aus dessen Grenzen zu treten ich mich nicht getraute. Ein goldnes Herzchen, das ich in schönsten Stunden von Lili erhalten hatte, hing noch an demselben Bändchen, an welchem sie es umknüpfte, lieberwärmt an meinem Halse. Ich faßte es an und küßte es. –

Schnell stand ich auf, damit ich von der schroffen Stelle wegkäme und der Freund mich in den Abgrund nicht mit fortrisse. Ich wendete mich, ohne ein Wort zu verlieren, dem Pfade zu, woher wir gekommen waren. Etwas zaudernd folgte mir der Freund, und ungeachtet seiner Liebe und Anhänglichkeit an mich blieb er eine Zeitlang eine Strecke zurück, bis uns endlich jener herrliche Wasserfall wieder zusammenbrachte, zusammenhielt, und das einmal Beschlossene endlich auch für gut und heilsam gelten sollte.

Ende Juli fand ich mich wieder in Frankfurt, wohl empfangen von jedermann, auch von meinem Vater, ob dieser gleich seine Mißbilligung, daß ich nicht nach Airolo hinabgestiegen, ihm meine Ankunft in Mailand gemeldet habe, stillschweigend merken ließ.

Ich vermied nicht und konnte nicht vermeiden, Lili zu sehen; es war ein schonender zarter Zustand zwischen uns beiden. Ich war unterrichtet man habe sie in meiner Abwesenheit völlig überzeugt, sie müsse sich von mir trennen, und dieses sei um so notwendiger, weil ich durch meine Reise und eine ganz willkürliche Abwesenheit mich genugsam selbst erklärt habe. Es war ein verwünschter Zustand, der sich in einem gewissen Sinne dem Hades, dem Zusammensein jener glücklich-unglücklichen Abgeschiedenen, verglich. Es waren Augenblicke, wo die vergangenen Tage sich wiederherzustellen schienen, aber gleich wie wetterleuchtende Gespenster verschwanden. Ich leugne nicht, in ihrer Gegenwart traten alle Hoffnungen, alle Wünsche wieder hervor, und neue Unsicherheiten bewegten sich in mir.

An Auguste Gräfin zu Stolberg (Offenbach, am 3. August):

»Gustchen! Gustchen! Ein Wort daß mir das Herz frei werde, nur ein Händedruck. Ich kann Ihnen nichts sagen. Hier! – Wie

soll ich Ihnen nennen das H i e r ! Vor dem stroheingelegten bunten Schreibzeug – da sollten feine Briefchen ausgeschrieben werden, und diese Tränen und dieser Drang! Welche Verstimmung. O daß ich alles sagen könnte. Hier in dem Zimmer des Mädchens, das mich unglücklich macht, ohne ihre Schuld, mit der Seele eines Engels, dessen heitre Tage ich trübe, ich! – O mein Herz – Soll ichs denn anzapfen, auch dir, Gustchen, von dem hefetrüben Wein schenken! – Vergebens daß ich drei Monate in freier Luft herumfuhr, tausend neue Gegenstände in alle Sinnen sog. Engel, und ich sitze wieder in Offenbach, so vereinfacht wie ein Kind, so beschränkt als ein Papagei auf der Stange. – Alles wirft sich in einen Schlangenknoten! Und ich finde nicht Luft zu schreiben. – Aber jetzt will ich nicht aufhören bis jemand an die Türe kommt und mich wegruft. – Und doch Engel manchmal, wenn die Not in meinem Herzen am größten ist, ruf ich aus, ruf ich dir zu: Getrost! Getrost! Ausgeduldet und es wird werden. Diese Leidenschaft ists die uns aufblasen wird zum Brand, in dieser Not werden wir um uns greifen, und brav sein, und handeln, und gut sein, und getrieben werden, dahin wo Ruhesinn nicht reicht. – Wische mit deiner lieben Hand diese Stirn ab, und ein Kraftwort, und wir sind auf unsern Füßen.
Hundertmal wechselts mit mir den Tag! O wie war mir so wohl mit deinen Brüdern. Jetzt wieder allein. –
Oft sind mir selbst die Züge der liebsten Freundschaft tote Buchstaben, wenn mein Herz blind ist und taub – Engel es ist ein schrecklicher Zustand die Sinnlosigkeit. In der Nacht tappen ist Himmel gegen Blindheit – Verzeihen Sie mir denn diese Verworrenheit und das all – Wie wohl ist mirs daß ich so mit Ihnen reden kann, wie wohl bei dem Gedanken, Sie wird dies Blatt in der Hand halten! Sie! dies Blatt! das ich berühre das jetzt hier auf dieser Stätte noch weiß ist. Goldnes Kind. Ich kann doch nie ganz unglücklich sein. Jetzt noch einige Worte – Lang halt ichs hier nicht aus ich muß wieder fort – wohin! –
Ich mache Ihnen Striche denn ich saß eine Viertelstunde in Gedanken und mein Geist flog auf dem ganzen bewohnten Erdboden herum. Unseliges Schicksal das mir keinen Mittelzustand erlauben will. Entweder auf einem Punkt, fassend, festklammernd, oder schweifend gegen alle vier Winde! –
Und auf dem Tisch hier ein Schnupftuch, ein Panier ein Halstuch drüber, dort hängen des lieben Mädchens Stiefel. N. B. heut

reiten wir aus. Hier liegt ein Kleid, eine Uhr hangt da, viel Schachteln, und Pappedeckel, zu Hauben und Hüten – Ich hör ihre Stimme – – Ich darf bleiben, sie will sich drinne anziehen. – Gut Gustchen ich hab Ihnen beschrieben wies um mich herum aussieht, um die Geister durch den sinnlichen Blick zu vertreiben – – Lili war verwundert mich da zu finden, man hatte mich vermißt. Sie fragte an wen ich schriebe. Ich sagts ihr. Adieu Gustchen.

Der Unruhige.«

Meine nähere Vertraulichkeit zu Lili hatte sich gerade dadurch eingeleitet, daß sie mir von ihrer frühern Jugend erzählte: wie sie von Kind auf durchaus manche Neigung und Anhänglichkeit erregt und sich daran ergötzt habe, obgleich ohne weitere Folge und Verknüpfung.

Wahrhaft Liebende betrachten alles, was sie bisher empfunden, nur als Vorbereitung zu ihrem gegenwärtigen Glück, nur als Basis, worauf sich erst ihr Lebensgebäude erheben soll. Vergangene Neigungen erscheinen wie Nachtgespenster, die sich vor dem anbrechenden Tage wegschleichen.

Aber was ereignete sich! Die Messe kam, und so erschien der Schwarm jener Gespenster in ihrer Wirklichkeit; alle Handelsfreunde des bedeutenden Hauses kamen nach und nach heran, und es offenbarte sich schnell, daß keiner einen gewissen Anteil an der liebenswürdigen Tochter völlig aufgeben wollte noch konnte. Die Jüngeren, ohne zudringlich zu sein, erschienen doch als Wohlbekannte; die Mittleren mit einem gewissen verbindlichen Anstand, wie solche, die sich beliebt machen und allenfalls mit höheren Ansprüchen hervortreten möchten. Es waren schöne Männer darunter, mit dem Behagen eines gründlichen Wohlstandes.

Nun aber die alten Herren waren ganz unerträglich mit ihren Onkelsmanieren, die ihre Hände nicht im Zaum hielten und bei widerwärtigem Tätscheln sogar einen Kuß verlangten, welchem die Wange nicht versagt wurde. Ihr war so natürlich, dem allem anständig zu genügen. Aber unter diesem Zudrang, in dieser Bewegung versäumte sie den Freund nicht, und wenn sie sich zu ihm wendete, so wußte sie mit wenigem das Zarteste zu äußern.

Doch wenden wir uns von dieser noch in der Erinnerung beinahe unerträglichen Qual zur Poesie.

Nach einem plötzlich abgebrochenen Aufenthalt in Offenbach schreibt Goethe aus Frankfurt an das Ehepaar d'Orville, Lilis Onkel und Tante (Ende Juli, Anfang August):

»Lieber Herr d'Orville, liebe Frau.
Ich bitt euch, nehmts nicht so genau;
Ihr kennt nun doch einmal den Affen,
Wißt ihr nichts Gescheuts mit ihm zu schaffen.

Lauft da, was kann wohl Tollers sein,
Wie Kain in die Welt hinein.
Dafür sitzt er auch auf dem Sand,
Die Stadt ist ihm ein ödes Land.
Was hilft mir nun das Glockengebrumm,
Das Kutschengerassel und Leutegesumm!
Was tät ich in der Kirche gar,
Da ich schon einmal im Himmel war?

Ich Hand in Hand mit Engeln saß,
Mich in dem Himmelsblau vergaß,
Das aus dem süßen Auge winkt,
Drin Lieb und Treu wie Sternlein blinkt.
Was hört ich an des Pfarrers Lehr,
Die doch nicht halb so kräftig wär,
Als wenn ihr Mündlein lieb und mild
Mich über Fluch und Unart schilt.

Frau d'Orville, wo mag Lili sein?
Ist sie in ihrer Stub allein? –
Sie hat die Stirn in ihrer Hand!
Was ist ihr in dem Freudenland?
Soll das ein böses Kopfweh sein?
Oder ach! ists etwan andre Pein?
Geh, liebes Mufti, ich bitte dich,
Klettr' ihr auf den Schoß, küß sie für mich.

So mag es wohl dem Teufel sein,
Wenn er, in seiner Höll allein,
Nach Himmelsfreuden seufzt und klagt,
Daß ihn der Unmut rausgejagt.
Doch hab ich weit ein besser Los,
Die Kluft ist lange nicht so groß;

Bin euch mit Leib und Seele nah.
Pliz! Plaz! So bin ich wieder da.

Da ist Käs, liebe Frau, und gleich in Keller mit ihm. Der Kerl ist wie ich, so lang er die Sonne nicht spürt und ich Lili nicht sehe, so sind wir feste, tapfre Kerls. Drum in den Keller mit ihm, wie ich auch gegenwärtig in Frankfurt sitze, vollkommen wie in einer Eisgrube.«

An Merck (Anfang August):

»Ich bin wieder scheißig gestrandet, und möchte mir tausend Ohrfeigen geben, daß ich nicht zum Teufel ging, da ich flott war. Ich passe wieder auf neue Gelegenheit abzudrücken: nur möcht ich wissen, ob du mir im Fall mit einigem Geld beistehen wolltest, nur zum ersten Stoß.
Allenfalls magst du meinem Vater beim künftigen Kongreß klärlich beweisen, daß er mich aufs Frühjahr nach Italien schikken müsse; das heißt, zu Ende dieses Jahres muß ich fort. Daur' es kaum bis dahin, auf diesem Bassin herum zu gondolieren, und auf die Frosch- und Spinnenjagd mit großer Feierlichkeit auszuziehen. Ade.«

An Auguste Gräfin zu Stolberg:

»Ja lieb Gustchen gleich fang ich an den 14. September im Moment da ich Ihren Brief endige, sehen Sie wie hoch und klein, wie viel ich zu schreiben denke. Heut bin ich ruhig, da liegt zwar meist eine Schlang im Grase. Hören Sie, ich hab immer eine Ahndung, Sie werden mich retten, aus tiefer Not, kanns auch kein weiblich Geschöpf als Sie.
Was Sie von Lili sagen ist ganz wahr. Unglücklicherweise macht der Abstand von mir das Band nur fester das mich an sie zaubert. Ich kann ich darf Ihnen nicht alles sagen. Es geht mir zu nah ich mag keine Erinnerungen. – Ja Gustchen wir wollen das lassen – über des Menschen Herz läßt sich nichts sagen, als mit dem Feuerblick des Moments. Nun soll ich zu Tische.
Nach Tische. – Dein gut Wort wirkte in mir, da sprachs auf einmal in mir, sollte nicht übermäßiger Stolz sein zu verlangen, daß dich ganz das Mädchen erkennte und so erkennend liebte,

erkenn ich sie vielleicht auch nicht, und da sie anders ist wie ich, ist sie nicht vielleicht besser. – Gustchen! – Laß mein Schweigen dir sagen, was keine Worte sagen können.
Bei Gott was hier vorgeht ist unaussprechlich fein und schnell und nur dir vernehmbar. – Gute Nacht.
Den 15. Guten Morgen. Ich habe eine gute Nacht gehabt. Und bin jetzt recht wie ein Mädchen. Sie raten nicht was mich beschäftigt, eine Maske, auf kommenden Dienstag, wo wir Ball haben.
Und meine Maske wird eine altdeutsche Tracht, schwarz und gelb, Pumphose, Wämslein, Mantel und Federstutzhut. Ach wie dank ich Gott, daß er mir diese Puppe auf die paar Tage gegeben hat, wenns so lang währt.
Halb viere. In Brunnen gefallen wie ichs ahndete. Meine Maske wird nicht gemacht. Lili kommt nicht auf den Ball. Aber dürft ich, könnt ich alles sagen! – Ich tats sie zu ehren weil ich deklariert für sie bin, und eines Mädchens Herz pp. – Also Gustchen! – Ich tats auch halb aus Trutz, weil wir nicht sonderlich stehen die acht Tage her. Und nun! – Sieh Gustchen! so kanns allein werden wenn ich dir so von Moment zu Moment schreibe. – –
Halb fünf. Ich wollt ich könnt mich dir darstellen wie ich bin, du solltest doch dein Wunder sehn. Gott! so in dem ewigen Wechsel, immer eben derselbe.
Nach Mittage halb vier. Offen und gut der Morgen, ich tat was, Lili eine kleine Freude zu machen, hatte Fremde. Trieb mich nach Tische spaßend närrisch unter Bekannten und Unbekannten herum. Gehe jetzt nach Offenbach, um Lili heute abend nicht in der Komödie morgen nicht im Konzert zu sehen. Ich stecke das Blatt ein und schreibe draußen fort.
Offenbach. Sonntag den 17. nachts zehn. – Ist der Tag leidlich und stumpf herumgegangen, da ich aufstund war mirs gut, ich machte eine Szene an meinem Faust. Vergängelte ein paar Stunden. Verliebelte ein paar mit einem Mädchen. Aß in einer Gesellschaft ein Dutzend guter Jungens, so grad wie sie Gott erschaffen hat. Fuhr auf dem Wasser selbst auf und nieder, ich hab die Grille selbst fahren zu lernen. Spielte ein paar Stunden Pharao und verträumte ein paar mit guten Menschen. Und nun sitz ich dir gute Nacht zu sagen. Mir wars in all dem wie einer Ratte die Gift gefressen hat, sie läuft in alle Löcher, schlurpft alle Feuchtigkeit, verschlingt alles Eßbare das ihr in Weg kommt

und ihr Innerstes glüht von unauslöschlich verderblichem Feuer. Heut vor acht Tagen war Lili hier. Und in dieser Stunde war ich in der grausamst feierlichst süßesten Lage meines ganzen Lebens möcht ich sagen. O Gustchen warum kann ich nichts davon sagen! Warum! Wie ich durch die glühendsten Tränen der Liebe, Mond und Welt schaute und mich alles seelenvoll umgab. Und in der Ferne die Waldhorn, und der Hochzeit Gäste laute Freuden. Gustchen auch seit dem Wetter bin ich – nicht ruhig aber still – was bei mir still heißt und fürchte nur wieder ein Gewitter das sich immer in den harmlosesten Tagen zusammenzieht, und – Gute Nacht Engel. Einzigstes Einzigstes Mädchen – und ich kenne ihrer viele – – –

Montag den 18. Mein Schiffchen steht bereit, ich werds gleich hinunterlenken. Ein herrlicher Morgen, der Nebel ist gefallen alles frisch und herrlich umher! – Und ich wieder in die Stadt, wieder ans Sieb der Danaiden! Ade! – Ich hab einen offnen frischen Morgen! O Gustchen! Wird mein Herz endlich einmal in ergreifendem wahren Genuß und Leiden die Seligkeit, die Menschen gegönnt ward, empfinden, und nicht immer auf den Wogen der Einbildungskraft und überspannten Sinnlichkeit, Himmel auf und Höllen ab getrieben werden. Beste ich bitte dich schreib mir auch so ein Tagebuch. Das ist das einzige was die ewige Ferne bezwingt. – – –

Montag nacht halb zwölf. Frankfurt an meinem Tisch. Komme noch dir gute Nacht zu sagen. Hab getrieben und geschwärmt bis jetzt. Morgen gehts noch ärger. O Liebste. Was ist das Leben des Menschen. Und doch wieder die vielen Guten die sich zu mir sammeln! – das viele Liebe, das mich umgibt – – –

Lili heut nach Tisch gesehn – in der Komödie gesehen. Hab kein Wort mit ihr zu reden gehabt – auch nichts geredt! – Wär ich das los. O Gustchen – und doch zittr' ich vor dem Augenblick da sie mir gleichgültig, ich hoffnungslos werden könnte. – Aber ich bleib meinem Herzen treu, und laß es gehn – Es wird –

Dienstag sieben morgens. – Im Schwarm! Gustchen! ich lasse mich treiben, und halte nur das Steuer, daß ich nicht strande. Doch ich bin gestrandet ich kann von dem Mädchen nicht ab – heut früh regt sichs wieder zu ihrem Vorteil in meinem Herzen. – Eine große schwere Lektion! – Ich geh doch auf den Ball einem süßen Geschöpfe zulieb, aber nur im leichten Domino, wenn ich noch einen kriege. Lili geht nicht.

Nach Tische halb vier. Geht das immer so fort, zwischen kleinen Geschäften durch immer Müßiggang getrieben, nach Dominos und Lappenware. Hab ich doch mancherlei noch zu sagen. Adieu. Ich bin ein Armer Verirrter Verlorner – –
Nachts achte, aus der Komödie und nun die Toilette zum Ball! O Gustchen wenn ich das Blatt zurücksehe! Welch ein Leben. Soll ich fortfahren? oder mit diesem auf ewig endigen. Und doch Liebste, wenn ich wieder so fühle, daß mitten in all dem Nichts sich doch wieder so viel Häute von meinem Herzen lösen, so die konvulsiven Spannungen meiner kleinen närrischen Komposition nachlassen, mein Blick heitrer über die Welt, mein Umgang mit den Menschen sichrer, fester, weiter wird, und doch mein Innerstes immer ewig allein der heiligen Liebe gewidmet bleibt, die nach und nach das Fremde durch den Geist der Reinheit, der sie selbst ist, ausstößt und so endlich lauter werden wird wie gesponnen Gold. – Da laß ichs denn so gehn – Betrüge mich vielleicht selbst. – Und danke Gott. Gute Nacht. Addio. – Amen: 1775.«

An Lavater (Frankfurt, den 28. September):

»Ich bin bis zehn im Bette liegenblieben um einen Catharr auszubrüten, mehr aber um die Empfindung häuslicher Innigkeit wieder in mir zu beleben, die das gottlose Geschwarme der Tage her ganz zerflittert hatte. Vater und Mutter sind vors Bett gekommen, es ward vertraulicher diskuriert, ich hab meinen Tee getrunken und so ists besser. Ich hab wieder ein Wohngefühl in meinen vier Wänden – wie lange es währt.«

An Bürger:

»Die ersten Augenblicke Sammlung, die ersten, nach den zerstreutesten, verworrensten, ganzesten, vollsten, leersten, kräftigsten und läppischsten drei Vierteljahren die ich in meinem Leben gehabt habe. Was die menschliche Natur nur von Widersprüchen sammeln kann, hat mir die Fee Hold oder Unhold, wie soll ich sie nennen? zum Neujahrsgeschenk von 75 gereicht. Wies von nun an mit mir werden wird weiß Gott! Es wird noch unruhiger werden, noch verwickelter, und dann will ich mich mit Freuden des gegenwärtigen Augenblicks erinnern in dem ich schreibe. Glockenschlag sechs. Mittwoch den 18. Oktober 1775.«

Ich war von dem Gipfel des Gotthard, Italien den Rücken wendend, nach Hause gekehrt, weil ich Lili nicht entbehren konnte. Eine Neigung, die auf die Hoffnung eines wechselseitigen Besitzes, eines dauernden Zusammenlebens gegründet ist, stirbt nicht auf einmal ab; ja sie nährt sich an der Betrachtung rechtmäßiger Wünsche und redlicher Hoffnungen, die man hegt.
Solange ich abwesend war, glaubte ich an die Trennung, glaubte nicht an die Scheidung. Alle Erinnerungen, Hoffnungen und Wünsche hatten ein freies Spiel. Nun kam ich zurück, und wie das Wiedersehen der frei und freudig Liebenden ein Himmel ist, so ist das Wiedersehn von zwei nur durch Vernunftgründe getrennten Personen ein unleidliches Fegefeuer, ein Vorhof der Hölle. Als ich wieder vor sie selbst hintrat, fiel mirs hart aufs Herz, daß sie für mich verloren sei. Ich hatte auf Lili mit Überzeugung Verzicht getan, aber die Liebe machte mir diese Überzeugung verdächtig. –
Ich bin meinem eigentlichen Glücke nie so nahe gewesen als in der Zeit meiner Liebe zu Lili. Die Hindernisse, die uns auseinanderhielten, waren im Grunde nicht unübersteiglich – und doch ging sie mir verloren.

Zwanzig Jahre später, im Herbst 1795, war Lili als Frau von Türckheim zu Besuch in Zürich bei Bäbe Schultheß, einer Freundin von Lavater und Goethe. Diese schreibt darüber nach Weimar:

»Schon seit dem August hebe ich dir einen lieben Gruß auf. Da sahe ich zum ersten Male die Liese Türckheim und genoß ein paar schöne, stille Stunden mit ihr. So fühlte ich mich wohl noch kaum mit jemandem gleich zuhause wie mit ihr. Ach, aber sie ist durch Leiden und Schicksale körperlich sehr mitgenommen, aber desto erhöhter ihr Mut, desto fester die Kraft ihrer Seele. Es tat mir sehr wohl, auch von dir mit ihr zu sprechen. Sie sagte: ›Ich laß ihn grüßen und freue mich beim Andenken an ihn, das reine Bild, das er durch sein Betragen gegen mich in meine Seele gelegt, darin zu wahren, und werde es durch nichts, das mir gesagt werden mag, verwischen lassen.‹ Wies ihr nun wohl weiter ergehen mag? Und doch, wann eine Sterbliche von guten Geistern bewacht und hindurchgeführt wird, so ists diese. Es war mir so wohl neben ihr, als wenn ich in deiner Iphigenie lese, so wohl und so wehmütig, als wenn ich mir eine Stelle im Werther aufschlage.«

Im Jahre 1807 gibt ein Besuch ihres Sohnes Karl von Türckheim und seiner Frau in Weimar Lili Anlaß, nach langer Pause an Goethe zu schreiben.

»Der Gedanke, eines meiner Kinder in Weimar zu wissen, verbindet sich mit dem lebhaften Wunsche, daß es ihm in Goethes Nähe wohl werden möchte! Gönnen Sie meinem guten Karl und seiner lieben Frau das Glück, den Freund meiner Jugend kennenzulernen, und schenken Sie Ihre Gewogenheit einem jungen Manne, dessen Leben bis jetzt eine Reihe beglückender Tage für seine Eltern war. – Der reißende Strom der Begebenheiten und das zu frühe Eintreten in das Mechanische seiner Laufbahn haben seinem Geiste zwar eine bestimmte, ruhige Richtung gegeben, aber ihn das Glück einer feineren Bildung im Wissenschaftlichen beraubt.
Beurteilen Sie meinen Karl mit Schonung und Liebe und lassen Sie des Gedankens mich froh werden, daß Ihr belehrender Umgang ebenso glücklich auf meine Kinder wirken wird, als die in meinem Herzen so unauslöschbar tief eingegrabene Erinnerung an Ihre Freundschaft.

Ihre Freundin Elise von Türckheim.«

Goethe antwortet (14. Dezember 1807):

»Ihr lieber Brief, verehrte Freundin, kam zu spät; Ihr Herr Sohn schickte ihn mir von Dresden. Er war bei mir gewesen, ohne daß ichs wußte, er sei es. Ich verwechselte die beiden Familien ähnlichen Namens und hielt ihn für den andern. Aber auch so, als mir ganz fremd, hat er mir sehr wohlgefallen. Das zweitemal kam ein Regenguß gelegen, der ihn lange bei mir festhielt. Ich machte mir Vorwürfe, ihn nicht bei Tische behalten zu haben, da es eben an der Zeit war, denn ich empfand eine wahrhafte Neigung zu ihm. Mit Ungeduld erwarte ich den andern Angekündigten schon lange vergebens, ich wünschte bei diesem nachzuholen, was ich bei dem ersten versäumte.

Zum Schluß erlauben Sie mir zu sagen: daß es mir unendliche Freude machte, nach so langer Zeit einige Zeilen wieder von Ihrer lieben Hand zu sehen, die ich tausendmal küsse in Erinnerung jener Tage, die ich unter die glücklichsten meines Lebens zähle. Leben Sie wohl und ruhig nach so vielen äußern Leiden und Prüfungen, die zu uns später gelangt sind und bei denen ich oft Ursache habe, an Ihre Standhaftigkeit und ausdauernde Großheit zu denken. Nochmals ein Lebewohl mit der Bitte meiner zu gedenken.

Ihr ewig verbundener Goethe.«

Um Mitternacht – der Sterne Glanz geleitet
Im holden Traum zur Schwelle, wo sie ruht.
O sei auch mir dort auszuruhn bereitet!
Wie es auch sei, das Leben, es ist gut.

ABBRUCH IN FRANKFURT, AUFBRUCH NACH WEIMAR

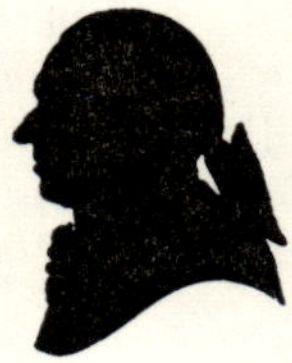

Zu jener Zeit ging bei mir das Dichten und Bilden unaufhaltsam miteinander. Ich zeichnete die Porträts meiner Freunde im Profil auf grau Papier mit weißer und schwarzer Kreide. Wenn ich diktierte oder mir vorlesen ließ, entwarf ich die Stellungen der Schreibenden und Lesenden mit ihrer Umgebung; die Ähnlichkeit war nicht zu verkennen und die Blätter wurden gut aufgenommen. Diesen Vorteil haben Dilettanten immer, weil sie ihre Arbeit umsonst geben. Das Unzulängliche dieses Abbildens jedoch fühlend, griff ich wieder zu Sprache und Rhythmus, die mir besser zu Gebote standen. Wie munter, froh und rasch ich dabei zu Werke ging, davon zeugen manche Gedichte, welche, die Kunstnatur und die Naturkunst enthusiastisch verkündend, im Augenblicke des Entstehens sowohl mir als meinen Freunden immer neuen Mut beförderten.

An Merck (5. Dezember 1774):

»Mein altes Evangelium
Bring ich dir hier schon wieder
Doch mir ists wohl um mich herum
Darum schreib ich dirs nieder.

Ich holte Gold, ich holte Wein,
Stellt alles da zusammen
Da dacht ich da wird Wärme sein
Geht mein Gemäld in Flammen;

Auch tät ich bei den Schätzen hier
Viel Glut und Reichtum schwärmen

Doch Menschenfleisch geht allem für
Um sich daran zu wärmen;

O daß die innre Schöpfungskraft
Durch meinen Sinn erschölle
Daß eine Bildung voller Saft
Aus meinen Fingern quölle.

Ich zittre nur ich stottre nur
Ich kann es doch nicht lassen
Ich fühl ich kenne dich Natur
Und so muß ich dich fassen.

Wenn ich bedenk wie manches Jahr
Sich schon mein Sinn erschließet,
Wie er wo dürre Heide war
Nur Freudenquell genießet

Da ahnd ich ganz Natur nach dir
Dich frei und lieb zu fühlen
Ein lustger Springbrunn wirst du mir
Aus tausend Röhren spülen

Wirst alle meine Kräfte mir
In meinem Sinn erheitern
Und dieses enge Dasein hier
Zur Ewigkeit erweitern.«

Als ich nun einst in dieser Epoche und so beschäftigt, bei gesperrtem Lichte in meinem Zimmer saß, dem wenigstens der Schein einer Künstlerwerkstatt hierdurch verliehen war, überdies auch die Wände mit halbfertigen Arbeiten besteckt und behangen das Vorurteil einer großen Tätigkeit gaben, so trat ein wohlgebildeter schlanker Mann bei mir ein, den ich zuerst in der Halbdämmerung für Fritz Jacobi hielt, bald aber meinen Irrtum erkennend als einen Fremden begrüßte. An seinem freien anständigen Betragen war eine gewisse militärische Haltung nicht zu verkennen. Er nannte mir seinen Namen von Knebel, und aus einer kurzen Eröffnung vernahm ich, daß er, im preußischen Dienste, bei einem längeren Aufenthalt in Berlin und Potsdam

mit der deutschen Literatur ein gutes und tätiges Verhältnis angeknüpft habe.
Zu meinem Vergnügen erfuhr ich, daß er gegenwärtig in Weimar angestellt und zwar dem Prinzen Konstantin zum Begleiter bestimmt sei. Von den dortigen Verhältnissen hatte ich schon manches Günstige vernommen: wie die Herzogin Amalia zu Erziehung ihrer Prinzen die vorzüglichsten Männer berufen; wie die Künste nicht nur von der Fürstin beschützt, sondern selbst von ihr gründlich und eifrig getrieben würden. Auch vernahm man, daß Wieland in vorzüglicher Gunst stehe. Eins der besten deutschen Theater war dort eingerichtet und berühmt durch Schauspieler sowohl als Autoren. Wie ich mich nun, gleichsam als ein alter Bekannter, nach diesen Personen und Gegenständen erkundigte und den Wunsch äußerte mit den dortigen Verhältnissen näher bekannt zu sein, so versetzte der Ankömmling gar freundlich: es sei nichts leichter als dieses, denn soeben lange der Erbprinz Karl August mit seinem Bruder, dem Prinzen Konstantin, in Frankfurt an, welche mich zu sprechen und zu kennen wünschten. Ich zeigte sogleich die größte Bereitwilligkeit, und eilte mit dem neuen Freund zu den jungen Fürsten, die mich sehr frei und freundlich empfingen. Weil der Aufenthalt der jungen Herrschaften in Frankfurt nur kurz sein konnte, ward mir das Versprechen abgenommen, daß ich nach Mainz folgen und dort einige Tage zubringen sollte, welches ich denn herzlich gern ablegte und mit dieser vergnügten Nachricht nach Hause eilte, um sie meinen Eltern mitzuteilen. Meinem Vater wollte es jedoch keineswegs gefallen: denn nach seinen reichsbürgerlichen Gesinnungen hatte er sich jederzeit von den Großen entfernt gehalten, ja es gehörten die Höfe unter die Gegenstände, worüber er zu scherzen pflegte. –
Ich gelangte in sehr kalter Jahreszeit zur bestimmten Stunde nach Mainz und wurde von den jungen Herrschaften, der Einladung gemäß, gar freundlich aufgenommen. Man erinnerte sich der in Frankfurt geführten Gespräche, die begonnenen wurden fortgesetzt, und als von der neuesten deutschen Literatur und von ihren Kühnheiten die Rede war, fügte es sich ganz natürlich, daß auch jenes vielbesprochene Stück »Götter, Helden und Wieland« zur Sprache kam, wobei ich gleich anfangs mit Vergnügen bemerkte, daß man die Sache heiter und lustig betrachtete. Wie es aber mit dieser Posse, welche so großes Auf-

sehen erregt, eigentlich zugegangen, war ich zu erzählen veranlaßt, und so konnte ich nicht umhin, vor allen Dingen einzugestehen, daß wir, als wahrhaft oberrheinische Gesellen, sowohl der Neigung als Abneigung keine Grenzen kannten. Auch teilte ich die lustige und verwegene Art mit, wie wir uns untereinander zu necken und zu verspotten pflegten. Hierauf sah ich die Gemüter völlig erheitert und man bewunderte uns beinahe, daß wir eine so große Furcht hatten, es möge irgend jemand auf seinen Lorbeeren einschlafen. Nach manchen Hin- und Widerreden ward ich endlich veranlaßt, Wielanden einen freundlichen Brief zu schreiben, wozu ich die Gelegenheit sehr gern ergriff, da er sich schon im Merkur über diesen Jugendstreich sehr liberal erklärt und, wie er es in literarischen Fehden meist getan, geistreich abschließend benommen hatte.

Knebel an Bertuch, einen Bekannten aus dem Weimarer Kreis (23. Dezember 1774):

»Von Wieland werden Sie erfahren können, daß ich Goethes Bekanntschaft gemacht habe, und daß ich etwas enthusiastisch von ihm denke. Ich kann mir nicht helfen, aber ich schwöre es, Ihr alle, Ihr Leute die Ihr Kopf und Herz habt, Ihr würdet so von ihm denken, wenn Ihr ihn kennen solltet. Dies bleibt mir immer eine der außerordentlichsten Erscheinungen meines Lebens. –
Was sagt unser Wieland zu Goethes Brief? Nur böse muß er niemals auf ihn werden. Keine Menschen in der Welt würden sich geschwinder verstehen, wenn sie beisammen wären, als Wieland und Goethe. Goethes Kopf ist sehr viel mit Wielands Schriften beschäftigt. Daher kommt es, daß sie sich reiben. Goethe lebt in einem beständigen innerlichen Krieg und Aufruhr, da alle Gegenstände aufs heftigste auf ihn wirken. Es ist ein Bedürfnis seines Geistes, sich Feinde zu machen, mit denen er streiten kann; und dazu wird er nun freilich die Schlechtsten nicht aussuchen. Er hat mir von allen den Personen, auf die er losgezogen ist, mit ganz besonderer empfundenen Hochachtung gesprochen. Aber der Bube ist kampflustig, er hat den Geist eines Athleten. Wie er der allereigenste Mensch ist, der vielleicht nur gewesen sein mag, so fing er mir einmal des Abends in Mainz ganz traurig an: ›Nun bin ich mit all den Leuten wieder

gut Freund, den Jacobis, Wieland – das ist mir gar nicht recht. Es ist der Zustand meiner Seele, daß, so wie ich etwas haben muß, auf das ich eine Zeitlang das Ideal des Vortrefflichen lege, so auch wieder etwas für das Ideal meines Zorns. Ich weiß, das sind lauter vortreffliche Leute; aber just deshalb: was kann ich ihnen schaden?‹ Ich mußte herzlich über seine Naivitäten dieser Art lachen. So viel von Goethe! Aber lange noch das Geringste. Die ernsthafte Seite seines Geistes ist sehr ehrwürdig. Ich habe einen Haufen Fragmente von ihm, unter anderm zu einem Doktor Faust, wo ganz ausnehmend herrliche Szenen sind. Er zieht die Manuskripte aus allen Winkeln seines Zimmers hervor.«

Lavater an Wieland (8. und 9. Februar 1775):

»Wer kann verschiedener denken, als Goethe und ich; und dennoch lieben wir uns sehr. Goethe ist der liebenswürdigste zutraulichste herzigste Mensch. Nehmen Sie zum Pfand seines edlen Herzens seine brüderliche Liebe zu mir tausend Mal Schwächeren. Der Wurm darf dem Adler um den Schnabel kriechen. Seine Größe ist wirklich übern Neid erhaben, und der Wurm darf ihm dennoch ins lächelnde Herz flüstern: deiner Flügel Schlag, und ihren Todeston – laß ruhn! Billiger ist kein Mensch in mündlicher Beurteilung anderer, toleranter niemand, als er. Ich hab ihn neben Basedow und Hasenkamp – bei Herrenhutern und Mystikern, bei Weibchens und Männinnen, bei Kleinjoggen und Boßhard, zwei unendlich verschiedene Himmelsprodukte unsers Landes, allenthalben denselben edeln alles durchschauenden duldenden Mann gesehen. Aber ja! – wehe dem, der Prätensionen gegen ihn macht – und – der seine kanonischen Bücher angreift. –«

Im Frühjahr 1775 folgt Goethe der Aufforderung der Brüder Stolberg, sie nach der Schweiz zu begleiten. Die erste Station der Reise ist Darmstadt.

Ich brachte meine Zeit bei Merck zu, welcher meine vorgenommene Reise mephistophelisch querblickend ansah und meine Gefährten, die ihn auch besucht hatten, mit schonungsloser Verständigkeit zu schildern wußte. Er kannte mich nach seiner

Art durchaus, die unüberwindliche naive Gutmütigkeit meines Wesens war ihm schmerzlich; das ewige Geltenlassen, das Leben und Lebenlassen war ihm ein Greuel. »Daß du mit diesen Burschen ziehst«, rief er aus, »ist ein dummer Streich«; und er schilderte sie sodann treffend, aber nicht ganz richtig. »Du wirst nicht lange bei ihnen bleiben!« das war das Resultat seiner Unterhaltungen. Dabei erinnere ich mich eines merkwürdigen Wortes, das er mir später wiederholte, das ich mir selbst wiederholte und oft im Leben bedeutend fand. »Dein Bestreben«, sagte er, »deine unablenkbare Richtung ist, dem Wirklichen eine poetische Gestalt zu geben, die andern suchen das sogenannte Poetische, das Imaginative zu verwirklichen, und das gibt nichts wie dummes Zeug.« Faßt man die ungeheure Differenz dieser beiden Handlungsweisen, hält man sie fest und wendet sie an, so erlangt man viel Aufschluß über tausend andere Dinge.

Von Darmstadt geht die Reise über Mannheim nach Karlsruhe.

Am bedeutendsten war für mich, daß der junge Herzog Karl August von Sachsen-Weimar mit seiner edlen Braut, der Prinzessin Louise von Hessen-Darmstadt, hier zusammenkam, um ein förmliches Ehebündnis einzugehen. Meine Gespräche mit beiden hohen Personen waren die gemütlichsten, und sie schlossen sich, bei der Abschiedsaudienz, wiederholt mit der Versicherung: es würde ihnen beiderseits angenehm sein, mich bald in Weimar zu sehen.

Auf der Rückreise aus der Schweiz macht Goethe Station in Straßburg. Hier trifft er mit dem Arzt Zimmermann zusammen, der in lebhaftem Briefwechsel mit Charlotte von Stein in Weimar stand. Schon früher hatte er ihr von Goethe berichtet (19. Januar 1775):

»Sie wollen daß ich Ihnen von Goethe spreche? Sie bedenken nicht, meine arme Freundin, daß dadurch der Wunsch in Ihnen entstehen wird, ihn zu sehen, und Sie wissen nicht, wie sehr dieser liebenswerte Mensch Ihnen gefährlich werden könnte.
Jemand, der mich neulich besuchte, machte mir folgende Schilderung von Goethe: 24 Jahre alt, Rechtsgelehrter, guter Advokat, Kenner und Leser der Alten, besonders der Griechen, Dichter

und Schriftsteller, orthodox, Ketzer, Possentreiber, Musikus, zeichnet frappant, ätzt in Kupfer, gießt in Gips, schneidet in Holz – kurz, er ist ein großes Genie, aber ein furchtbarer Mensch.
Eine Frau von Welt, die ihn häufig gesehen, sagte mir, Goethe sei der schönste, der lebhafteste, der originalste, glühendste, ungestümste, zugleich sanfteste, verführerischste, kurz der für das Herz einer Frau gefährlichste Mann, den sie in ihrem ganzen Leben getroffen habe.«

Nach Goethes Besuch schreibt Zimmermann an Frau von Stein (22. Oktober 1775):

»Ich zeigte Goethe in Straßburg unter hundert anderen Silhouetten die Ihrige. Hier, was er eigenhändig darunter geschrieben hat: ›Es wäre ein herrliches Schauspiel, zu sehen, wie die Welt sich in dieser Seele spiegelt. Sie sieht die Welt, wie sie ist, und doch durchs Medium der Liebe. So ist auch Sanftheit der allgemeinere Eindruck.‹ Niemals, so scheint mir, wurde eine Silhouette mit mehr Genie beurteilt, und niemals wurde von Ihnen, Verehrteste, mit größerer Wahrheit gesprochen.
Sicherlich wird Ihnen Goethe in Weimar seine Aufwartung machen. Erinnern Sie sich alsdann, daß die Schilderung, die ich ihm von Ihnen gab, drei Nächte lang Goethe um seinen Schlaf brachte.
Alles um Liebe! sagt er, und wer ihn gesehen hat, weiß, wie er durch Anmut die Kraft seines Geistes zudecket und durch Freundlichkeit den Ernst seiner einsamen Stunden.«

Im Juli kommt Goethe wieder nach Frankfurt:

Als ich in die Umgebung Lilis zurückkam, fühlte ich alle jene Mißhelligkeiten doppelt, die unser Verhältnis gestört hatten; als ich wieder vor sie selbst hintrat, fiel mirs hart aufs Herz, daß sie für mich verloren sei.
Ich entschloß mich daher abermals zur Flucht, und es konnte mir deshalb nichts erwünschter sein, als daß das junge herzoglich-weimarische Paar von Karlsruhe nach Frankfurt kommen und ich, früheren oder späteren Einladungen gemäß, ihnen nach Weimar folgen sollte. – Nachdem ich so freundlichen Anträgen

aus guten Gründen nachgegeben hatte, so ward folgendes verabredet. Der in Karlsruhe zurückgebliebene Kammerjunker von Kalb, welcher einen in Straßburg verfertigten Landauer Wagen erwarte, werde an einem bestimmten Tage in Frankfurt eintreffen, ich solle mich bereit halten, mit ihm nach Weimar sogleich abzureisen. Der heitere und gnädige Abschied, den ich von den jungen Herrschaften erfuhr, das freundliche Betragen der Hofleute machten mir diese Reise höchst wünschenswert, wozu sich der Weg so angenehm zu ebnen schien.
Aber auch hier sollte durch Zufälligkeiten eine so einfache Angelegenheit verwickelt, durch Leidenschaftlichkeit verwirrt und nahezu völlig vernichtet werden: denn nachdem ich überall Abschied genommen und den Tag meiner Abreise verkündet, sodann aber eilig eingepackt und dabei meiner ungedruckten Schriften nicht vergessen, erwartete ich die Stunde, die den gedachten Freund im neuen Wagen herbeiführen und mich in eine neue Gegend, in neue Verhältnisse bringen sollte. Die Stunde verging, der Tag auch, und da ich, um nicht zweimal Abschied zu nehmen und überhaupt um nicht durch Zulauf und Besuch überhäuft zu sein, mich seit dem besagten Morgen als abwesend angegeben hatte, so mußte ich mich im Hause, ja in meinem Zimmer stillhalten und befand mich daher in einer sonderbaren Lage.

An Knebel (Oktober 1775):

»Euer junges herzogliches Paar verlangte ich sollte sie nach Weimar begleiten, ich richtete mich ein, packte, zog meine Reisekleider an, nahm Abschied, und blieb sitzen. Durch welch Geschick weiß ich nicht. Kalb kam nicht, an den man mich verwies, aber ich wäre doch nachgefahren, wenn es nicht zu fatal wäre bei jetziger Witterung und Straße den Weg allein zu machen. Indessen sind Briefe gewiß an mich bei Kalb und Wieland, und drunter die mein Herz nah angehen, drum macht sie zusammen, bitt ich, und schickt sie mit der Reitenden an meine gewöhnliche Adresse nach Frankfurt. Liebt mich und grüßt alles was sich mein erinnert, nach Stands und Herzens Gebühr und Würden.«

So vergingen acht Tage, und ich weiß nicht, wieviel drüber, und diese völlige Einkerkerung fing an, mir beschwerlich zu werden. Schon einige Abende war es mir nicht möglich gewesen, zu Hause zu bleiben. In einen großen Mantel gehüllt, schlich ich in der Stadt umher, an den Häusern meiner Freunde und Bekannten vorbei, und versäumte nicht, auch an Lilis Fenster zu treten. Sie wohnte im Erdgeschoß eines Eckhauses, die grünen Rouleaux waren niedergelassen; ich konnte aber recht gut bemerken, daß die Lichter am gewöhnlichen Platze standen. Bald hörte ich sie zum Klavier singen; es war das Lied »Warum ziehst du mich unwiderstehlich!«, das nicht ganz vor einem Jahr an sie gedichtet ward. Es mußte mir scheinen, daß sie es ausdrucksvoller sänge als jemals, ich konnte es deutlich Wort für Wort verstehn; ich hatte das Ohr so nahe angedrückt, wie nur das auswärts gebogene Gitter erlaubte. Nachdem sie es zu Ende gesungen, sah ich an dem Schatten, der auf die Rouleaux fiel, daß sie aufgestanden war; sie ging hin und wieder, aber vergebens suchte ich den Umriß ihres lieblichen Wesens durch das dichte Gewebe zu erhaschen. Nur der feste Vorsatz, mich wegzubegeben, ihr nicht durch meine Gegenwart beschwerlich zu sein, ihr wirklich zu entsagen, und die Vorstellung, was für ein seltsames Aufsehen mein Wiedererscheinen machen müßte, konnte mich entscheiden, die so liebe Nähe zu verlassen.

An Friedrich Leopold, Graf zu Stolberg:

»Oktober den 26. nachts. Ich fühl einen Drang Bruder dir zu schreiben in diesem Augenblick, daß ich so weit von dir entfernt bin, schwebend im herrlich unendlich heiligen Ozean unsers Vaters des unergreiflichen aber des berührlichen!
O Bruder! Nennbare aber unendliche Gefühle durchwühlen mich – und wie ich dich liebe fühlst du da ich unter allen Lieben in dem Augenblick dein gedenke.
Das erbärmliche Liegen am Staube! und das Winden der Würme ich schwöre dir bei meinem Herzen! Wenn das nicht Kindergelall und Gerassel ist der Werther und all das Gezeug! Gegen das innre Zeugnis meiner Seele! –«

Noch einige Tage verstrichen, und nun hatte mein Vater gutes Spiel bei der Unruhe, von der ich innerlich zerarbeitet war. Er stellte mir vor: die Sache sei nun einmal nicht zu ändern, mein Koffer sei gepackt, er wolle mir Geld und Kredit geben, nach Italien zu gehn, ich müsse mich aber gleich entschließen, aufzubrechen. In einer so wichtigen Sache zweifelnd und zaudernd, ging ich endlich darauf ein, daß, wenn zu einer bestimmten Stunde weder Wagen noch Nachricht eingelaufen sei, ich abreisen wolle, und zwar zuerst nach Heidelberg.

Auf der ersten Station der geplanten Reise nach Italien beginnt Goethe ein Reisetagebuch:

»Eberstadt, den 30. Oktober 1775. Bittet, daß eure Flucht nicht geschehe im Winter, noch am Sabbat: ließ mir mein Vater zur Abschiedswarnung auf die Zukunft noch aus dem Bette sagen! – Diesmal, rief ich aus, ist nun ohne mein Bitten Montag morgens sechse, und was das übrige betrifft, so fragt das liebe unsichtbare Ding, das mich leitet und schult, nicht, ob und wann ich mag. Ich packte für Norden, und ziehe nach Süden, ich sagte zu, und komme nicht, ich sagte ab, und komme! Frisch also, die Torschließer klimpern vom Burgemeister weg, und eh es tagt und mein Nachbar Schuhflicker seine Werkstätte und Laden öffnet: fort. Adieu Mutter! – Am Kornmarkt machte der Spenglersjunge rasselnd seinen Laden zurechte, begrüßte die Nachbarsmagd in dem dämmrigen Regen. Es war so was Ahndungsvolles auf den künftigen Tag in dem Gruß. Ach dacht ich wer doch – Nein sagt ich es war auch eine Zeit – Wer Gedächtnis hat sollte niemand beneiden. – – Lili adieu Lili zum zweitenmal! Das erstemal schied ich noch hoffnungsvoll unsere Schicksale zu verbinden! Es hat sich entschieden – wir müssen einzeln unsre Rollen ausspielen. Mir ist in dem Augenblick weder bange für dich noch für mich, so verworren es aussieht! – Adieu –«

Daß ich mich nach Heidelberg begab, dazu hatte ich mehrere Ursachen: eine verständige, denn ich hatte gehört, der weimarische Freund würde von Karlsruhe über Heidelberg kommen; und sogleich gab ich, angelangt, auf der Post ein Billet ab, das man einem auf bezeichnete Weise durchreisenden Kavalier einhändigen sollte; die zweite Ursache war leidenschaftlich und bezog sich auf mein früheres Verhältnis zu Lili. Demoiselle Delf nämlich, welche die Vertraute unserer Neigung, ja die Vermittlerin einer ernstlichen Verbindung bei den Eltern gewesen war, wohnte daselbst, und ich schätzte mir es für das größte Glück, ehe ich Deutschland verließ, noch einmal jene glücklichen Zeiten mit einer werten, geduldigen und nachsichtigen Freundin durchschwätzen zu können.

Planvoll, wie Demoiselle Delf war, hatte sie sich schon wieder zu meinem künftigen Unterkommen einen Entwurf gebildet, aus dem ich nun wohl sah, daß ihre letzte Einladung nach Heidelberg nicht so absichtslos gewesen, als es schien. Was sie mir vorstellte, lehnte ich zwar nicht ab, allein mein planloses Wesen konnte sich mit der Planmäßigkeit meiner Freundin nicht ganz vereinigen; ich genoß das Wohlwollen des Augenblicks, Lilis Bild schwebte mir wachend und träumend vor und mischte sich in alles andere, was mir hätte gefallen oder mich zerstreuen können. Nun rief ich mir aber den Ernst meines großen Reiseunternehmens vor die Seele und beschloß, auf eine sanfte und artige Weise mich loszulösen und in einigen Tagen meinen Weg weiter fortzusetzen. Bis tief in die Nacht hinein hatte Demoiselle Delf mir ihre Pläne und was man für mich zu tun willens war, im einzelnen dargestellt. Wir trennten uns erst gegen eins. Ich hatte nicht lange aber tief geschlafen, als das Horn eines Postillons mich weckte, der reitend vor dem Hause hielt. Bald darauf erschien Demoiselle Delf mit einem Licht und Brief in den Händen und trat vor mein Lager. »Da haben wirs!« rief sie aus. »Lesen Sie, sagen Sie mir, was es ist. Gewiß kommt es von den Weimarischen. Ist es eine Einladung, so folgen Sie ihr nicht und erinnern sich an unsre Gespräche.« Ich bat sie um das Licht und um eine Viertelstunde Einsamkeit. – Ohne den Brief zu eröffnen, sah ich eine Weile vor mich hin. Die Stafette kam von Frankfurt, ich kannte Siegel und Hand; der Freund war also dort angekommen. Es fiel mir wie Schuppen von den Augen. Alle vorhergegangene Güte, Gnade, Zutrauen stellte sich mir lebhaft wieder vor, ich schämte mich fast meines wunderlichen Seitensprungs. Nun eröffnete ich den Brief, und alles war ganz natürlich zugegangen. Mein ausgebliebener Geleitsmann hatte auf den neuen Wagen Tag für Tag, Stunde für Stunde, wie wir auf ihn geharrt; war alsdann nach Frankfurt gegangen und hatte dort zu seinem Schreck mich nicht gefunden. Durch eine Stafette sendete er gleich das eilige Blatt ab, worin er voraussetzte, daß ich sofort nach aufgeklärtem Irrtum zurückkehren und ihm nicht die Beschämung bereiten wolle, ohne mich in Weimar anzukommen.

Ich hatte mich indes angezogen und ging in der Stube auf und ab. Meine ernste Wirtin trat herein. »Was soll ich hoffen?« rief sie aus. »Meine Beste«, sagte ich, »reden Sie mir nichts ein, ich bin entschlossen, zurückzukehren; die Gründe habe ich selbst bei mir abgewogen, sie zu wiederholen würde nichts fruchten. Der Entschluß am Ende muß gefaßt werden, und wer soll ihn fassen als der, den er zuletzt angeht?«

Ich war bewegt, sie auch, und es gab eine heftige Szene, die ich dadurch endigte, daß ich meinem Burschen befahl, Post zu bestellen. Vergebens bat ich meine Wirtin, sich zu beruhigen und den scherzhaften Abschied, den ich gestern abend bei der Gesellschaft genommen hatte, in einen wahren zu verwandeln, zu bedenken, daß es nur auf einen Besuch, auf eine Aufwartung für kurze Zeit angesehen sei, daß meine italienische Reise nicht aufgehoben, meine Rückkehr hierher nicht abgeschnitten sei. Sie wollte von nichts wissen und beunruhigte den schon Bewegten noch immer mehr. Der Wagen stand vor der Tür; aufgepackt war; der Postillon ließ das gewöhnliche Zeichen der Ungeduld erschallen; ich riß mich los; sie wollte mich noch nicht fahren lassen und brachte künstlich genug die Argumente der Gegenwart alle vor, sodaß ich endlich leidenschaftlich und begeistert die Worte Egmonts ausrief:

»Kind, Kind! nicht weiter! Wie von unsichtbaren Geistern gepeitscht, gehen die Sonnenpferde der Zeit mit unsers Schicksals leichtem Wagen durch, und uns bleibt nichts als mutig gefaßt die Zügel festzuhalten und bald rechts, bald links, vom Steine hier, vom Sturze da, die Räder wegzulenken. Wohin es geht, wer weiß es? Erinnert er sich doch kaum, woher er kam.«

Seefahrt

Lange Tag' und Nächte stand mein Schiff befrachtet;
Günstiger Winde harrend, saß mit treuen Freunden,
Mir Geduld und guten Mut erzechend,
Ich im Hafen.

Und sie waren doppelt ungeduldig:
Gerne gönnen wir die schnellste Reise,

Gern die hohe Fahrt dir, Güterfülle
Wartet drüben in den Welten deiner,
Wird Rückkehrendem in unsern Armen
Lieb und Preis dir.

Und am frühen Morgen wards Getümmel,
Und dem Schlaf entjauchzt uns der Matrose,
Alles wimmelt, alles lebet, webet,
Mit dem ersten Segenshauch zu schiffen.

Und die Segel blühen in dem Hauche,
Und die Sonne lockt mit Feuerliebe;
Ziehn die Segel, ziehn die hohen Wolken,
Jauchzen an dem Ufer alle Freunde
Hoffnungslieder nach, im Freudetaumel
Reisefreuden wähnend, wie des Einschiffmorgens,
Wie der ersten hohen Sternennächte.

Aber gottgesandte Wechselwinde treiben
Seitwärts ihn der vorgestreckten Fahrt ab,
Und er scheint sich ihnen hinzugeben,
Strebet leise sie zu überlisten,
Treu dem Zweck auch auf dem schiefen Wege.

Aber aus der dumpfen grauen Ferne
Kündet leisewandelnd sich der Sturm an,
Drückt die Vögel nieder aufs Gewässer,
Drückt der Menschen schwellend Herz darnieder;
Und er kommt. Vor seinem starren Wüten
Streckt der Schiffer klug die Segel nieder,
Mit dem angsterfüllten Balle spielen
Wind und Wellen.

Und an jenem Ufer drüben stehen
Freund' und Lieben, beben auf dem Festen:
Ach, warum ist er nicht hier geblieben!
Ach, der Sturm! Verschlagen weg vom Glücke!
Soll der Gute so zugrunde gehen?
Ach, er sollte, ach, er könnte! Götter!

Doch er steht männlich an dem Steuer:
Mit dem Schiffe spielen Wind und Wellen,
Wind und Wellen nicht mit seinem Herzen.
Herrschend blickt er auf die grimme Tiefe
Und vertrauet, scheiternd oder landend,
Seinen Göttern.

DAS DÄMONISCHE

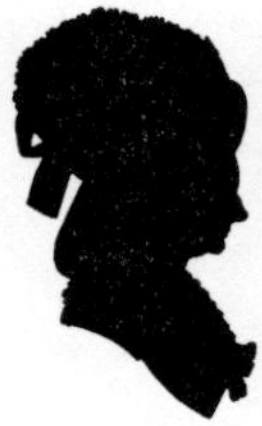

Goethe hatte sich entschlossen, der Einladung an den Hof nach Weimar zu folgen. Er spürte, daß dieser Entschluß schicksalhafte Bedeutung hatte.
Die bestimmende Kraft, die er über sich und in sich spürt, die zusammen mit den Kräften der äußeren Welt sein Leben formt, nennt der junge Goethe »das liebe, unsichtbare Ding« – später nennt er es »das Dämonische«. Im Egmont, der 1775 entsteht, bewegt ihn das Bild eines Mannes, der sich vertrauend seinem Schicksals-Dämon überläßt.
Was Goethe meint, wenn er »Dämon« sagt, spricht er aus in den Erläuterungen, die er selbst zu seinem Gedicht »Urworte, orphisch« gibt.

In dem Gedicht »Urworte, orphisch« habe ich, was von älteren und neueren orphischen Lehren überliefert worden, zusammenzudrängen, poetisch-lakonisch vorzutragen gesucht. Diese wenigen Strophen enthalten viel Bedeutendes in einer Folge, die, wenn man sie erst kennt, dem Geiste die wichtigsten Betrachtungen erleichtert. Die erste Strophe ist überschrieben »Daimon« – »Dämon«. Der Bezug der Überschrift auf die Strophe selbst bedarf einer Erläuterung. Der Dämon bedeutet hier die notwendige, bei der Geburt unmittelbar ausgesprochene, begrenzte Individualität der Person, das Charakteristische, wodurch sich der Einzelne von jedem andern bei noch so großer Ähnlichkeit unterscheidet. Diese Bestimmung schrieb man dem einwirkenden Gestirn zu, und es ließen sich die unendlich mannigfaltigen Bewegungen und Beziehungen der Himmelskörper unter sich selbst und zu der Erde gar schicklich mit den mannigfaltigen Abwechselungen der Geburten in Bezug stellen. Hiervon sollte nun auch das künftige Schicksal des Menschen ausgehen, und man möchte, jenes Erste zugebend, gar wohl gestehen, daß angeborene Kraft und Eigenheit mehr als alles übrige des Menschen Schicksal bestimmen. Deshalb spricht diese Strophe die Unveränderlichkeit des Individuums mit wiederholter Beteuerung aus. Das noch so entschieden Einzelne kann als ein Endliches gar wohl zerstört, aber, solange sein Kern zusammenhält, nicht zersplittert noch zerstückelt werden, sogar durch Generationen hindurch.

ΔΑΙΜΩΝ, Dämon

Wie an dem Tag, der dich der Welt verliehen,
Die Sonne stand zum Gruße der Planeten,
Bist alsobald und fort und fort gediehen
Nach dem Gesetz, wonach du angetreten.
So mußt du sein, dir kannst du nicht entfliehen,
So sagten schon Sibyllen, so Propheten,
Und keine Zeit und keine Macht zerstückelt
Geprägte Form, die lebend sich entwickelt.

Dieses feste, zähe, dieses nur aus sich selbst zu entwickelnde Wesen kommt freilich in mancherlei Beziehungen, wodurch sein erster und ursprünglicher Charakter in seinen Wirkungen gehemmt, in seinen Neigungen gehindert wird, und was hier nun eintritt, nennt unsere Philosophie »Tyche« – »Das Zufällige«.
Zufällig ist es jedoch nicht, daß einer aus dieser oder jener Nation, Stamm oder Familie sein Herkommen ableite; denn die auf der Erde verbreiteten Nationen sind so wie ihre mannigfaltigen Verzweigungen als Individuen anzusehen, und die Tyche kann nur bei Vermischung und Durchkreuzung eingreifen. Bei der Erziehung, wenn sie nicht öffentlich und national ist, behauptet Tyche ihre wandelbaren Rechte. Säugamme und Wärterin, Vater oder Vormund, Lehrer oder Aufseher, sowie alle die ersten Umgebungen an Gespielen, ländlicher oder städtischer Lokalität, alles bedingt die Eigentümlichkeit durch frühere Entwicklung, durch Zurückdrängen oder Beschleunigen; der Dämon freilich hält sich durch alles durch, und dieses ist denn die eigentliche Natur, der alte Adam und wie man es nennen mag, der, so oft auch ausgetrieben, immer wieder unbezwinglicher zurück-

kehrt. In diesem Sinne einer notwendig aufgestellten Individualität hat man einem jeden Menschen seinen Dämon zugeschrieben, der ihm gelegentlich ins Ohr raunt, was denn eigentlich zu tun sei, und so wählte Sokrates den Giftbecher, weil ihm ziemte zu sterben.

TYXH, Das Zufällige

Die strenge Grenze doch umgeht gefällig
Ein Wandelndes, das mit und um uns wandelt;
Nicht einsam bleibst du, bildest dich gesellig,
Und handelst wohl so wie ein andrer handelt.
Im Leben ists bald hin- bald widerfällig,
Es ist ein Tand und wird so durchgetandelt.
Schon hat sich still der Jahre Kreis geründet,
Die Lampe harrt der Flamme, die entzündet.

Tyche läßt nicht nach und wirkt besonders auf die Jugend immerfort, die sich mit ihren Neigungen, Spielen, Geselligkeiten und flüchtigem Wesen bald da-, bald dorthin wirft und nirgends Halt noch Befriedigung findet. Da entsteht denn mit dem wachsenden Tage eine ernstere Unruhe, eine gründlichere Sehnsucht; die Ankunft eines neuen Göttlichen wird erwartet. »Eros« – »Liebe«.

Hierunter ist alles begriffen, was man von der leisesten Neigung bis zur leidenschaftlichsten Raserei nur denken möchte; hier verbinden sich der individuelle Dämon und die verführende Tyche miteinander; der Mensch scheint nur sich zu gehorchen, sein eigenes Wollen walten zu lassen, seinem Triebe zu frönen, und doch sind es Zufälligkeiten, die sich unterschieben, Fremdartiges, was ihn von seinem Wege ablenkt; er glaubt zu erhaschen und wird gefangen, er glaubt gewonnen zu haben und ist schon verloren. Auch hier treibt Tyche wieder ihr Spiel, sie lockt den Verirrten zu neuen Labyrinthen, hier ist keine Grenze des Irrens: denn der Weg ist ein Irrtum. Nun zeigt sich erst, wessen der Dämon fähig sei; er, der selbständige, selbstsüchtige, der mit unbedingtem Wollen in die Welt griff und nur mit Verdruß empfand, wenn Tyche da oder dort in den Weg trat, er fühlt nun, daß er nicht allein durch Natur bestimmt und gestempelt sei; jetzt wird er in seinem Innern gewahr, daß er sich selbst bestimmen könne, daß er den durch Geschick ihm zugeführten Gegenstand nicht nur gewaltsam ergreifen, sondern auch sich aneignen und, was noch mehr ist, ein zweites Wesen eben wie sich selbst mit ewiger, unzerstörlicher Neigung umfassen könne.

ΕΡΩΣ, Liebe

Die bleibt nicht aus! – Er stürzt vom Himmel nieder,
Wohin er sich aus alter Öde schwang,
Er schwebt heran auf luftigem Gefieder
Um Stirn und Brust den Frühlingstag entlang,
Scheint jetzt zu fliehn, vom Fliehen kehrt er wieder,
Da wird ein Wohl im Weh, so süß und bang.
Gar manches Herz verschwebt im Allgemeinen,
Doch widmet sich das edelste dem Einen.

Man hat im Verlaufe dieses biographischen Vortrages umständlich gesehen, wie das Kind, der Knabe, der Jüngling sich auf verschiedenen Wegen dem Übersinnlichen zu nähern gesucht; erst mit Neigung nach einer natürlichen Religion hingeblickt, dann mit Liebe sich an eine positive festgeschlossen; ferner durch Zusammenziehung in sich selbst seine eigenen Kräfte versucht und sich endlich dem allgemeinen Glauben freudig hingegeben. Als er in den Zwischenräumen dieser Regionen hin und wider wanderte, suchte, sich umsah, begegnete ihm manches, was zu keiner von allen gehören mochte, und er glaubte mehr und mehr einzusehen, daß es besser sei, den Gedanken von dem Ungeheuren, Unfaßlichen abzuwenden. Er glaubte in der Natur, der belebten und unbelebten, der beseelten und unbeseelten, etwas zu entdecken, das sich nur in Widersprüchen manifestierte und deshalb unter keinen Begriff, noch viel weniger unter ein Wort gefaßt werden könnte. Es war nicht göttlich, denn es schien unvernünftig; nicht menschlich, denn es hatte keinen Verstand; nicht teuflisch, denn es war wohltätig; nicht engelhaft, denn es ließ oft Schadenfreude merken. Es glich dem Zufall, denn es bewies keine Folge; es ähnelte der Vorsehung, denn es deutete auf Zusammenhang. Alles, was uns begrenzt, schien für dasselbe durchdringbar; es schien mit den notwendigen Elementen unseres Daseins willkürlich zu schalten; es zog die Zeit zusammen und dehnte den Raum aus. Nur im Unmöglichen schien es sich

zu gefallen und das Mögliche mit Verachtung von sich zu stoßen.
Dieses Wesen, das zwischen alle übrigen hineinzutreten, sie zu sondern, sie zu verbinden schien, nannte ich dämonisch, nach dem Beispiel der Alten und derer, die etwas Ähnliches gewahrt hatten. Ich suchte mich vor diesem furchtbaren Wesen zu retten, indem ich mich nach meiner Gewohnheit hinter ein Bild flüchtete.
Unter die einzelnen Teile der Weltgeschichte, die ich sorgfältiger studierte, gehörten auch die Ereignisse, welche die nachher vereinigten Niederlande so berühmt gemacht. Ich hatte die Quellen fleißig erforscht und mich möglichst unmittelbar zu unterrichten und mir alles lebendig zu vergegenwärtigen versucht. Höchst dramatisch waren mir die Situationen erschienen, und als Hauptfigur, um welche sich die übrigen am glücklichsten versammeln ließen, war mir Graf Egmont aufgefallen, dessen menschlich-ritterliche Größe mir am meisten behagte.
Im Götz von Berlichingen hatte ich das Symbol einer bedeutenden Weltepoche nach meiner Art abgespiegelt. Hier war es ein tüchtiger Mann, der untergeht in dem Wahn: zu Zeiten der Anarchie sei der wohlwollende Kräftige von einiger Bedeutung. Im Egmont waren es fest gegründete Zustände, die sich vor strenger, gut berechneter Despotie nicht halten können. Meinen Vater hatte ich davon auf das lebhafteste unterhalten, was zu tun sei, was ich tun wolle, daß ihm dies ein unüberwindliches Verlangen gab, das in meinem Kopf schon fertige Stück auf dem Papiere, es gedruckt, es bewundert zu sehen.
Hatt' ich in den früheren Zeiten, da ich noch hoffte, Lili mir zuzueignen, meine ganze Tätigkeit auf Einsicht und Ausübung bürgerlicher Geschäfte gewendet, so traf es gerade jetzt, daß ich die fürchterliche Lücke, die mich von ihr trennte, durch Geistreiches und Seelenvolles auszufüllen hatte. Ich fing also wirklich Egmont zu schreiben an, und zwar nicht wie den ersten Götz von Berlichingen in Reih und Folge, sondern ich griff nach der ersten Einleitung gleich die Hauptszenen an, ohne mich um die allenfallsigen Verbindungen zu bekümmern. Damit gelangte ich weit, indem ich bei meiner läßlichen Art zu arbeiten von meinem Vater, es ist nicht übertrieben, Tag und Nacht angespornt wurde, da er das so leicht Entstehende auch leicht vollendet zu sehen glaubte.

Allein zu meinem Gebrauche mußte ich Egmont in einen Charakter umwandeln, der solche Eigenschaften besaß, die einen Jüngling besser zieren als einen Mann in Jahren, einen Unbeweibten besser als einen Hausvater, einen Unabhängigen mehr als einen, der, noch so frei gesinnt, durch mancherlei Verhältnisse begrenzt ist. Als ich ihn nun so in meinen Gedanken verjüngt und von allen Bedingungen losgebunden hatte, gab ich ihm die ungemessene Lebenslust, das grenzenlose Zutrauen zu sich selbst, die Gabe, alle Menschen an sich zu ziehen und so die Gunst des Volkes, die stille Neigung einer Fürstin, die ausgesprochene eines Naturmädchens, die Teilnahme eines Staatsklugen zu gewinnen, ja selbst den Sohn seines größten Widersachers für sich einzunehmen.
Die persönliche Tapferkeit, die den Helden auszeichnet, ist die Basis, auf der sein ganzes Wesen ruht, der Grund und Boden, aus dem er hervorsproßt. Er kennt keine Gefahr und verblendet sich über die größte, die sich ihm nähert. Durch Feinde, die uns umzingeln, schlagen wir uns allenfalls durch; die Netze der Staatsklugheit sind schwerer zu durchbrechen. Das Dämonische, was von beiden Seiten im Spiel ist, in welchem Konflikt das Liebenswürdige *(Egmont)* untergeht und das Gehaßte *(Alba)* triumphiert, sodann die Aussicht, daß hieraus ein Drittes *(die Freiheit)* hervorgehe, das dem Wunsch aller Menschen entsprechen werde, dieses ist es wohl, was dem Stücke, freilich nicht gleich bei seiner Erscheinung, aber doch später und zur rechten Zeit, die Gunst verschafft hat, deren es noch jetzt genießt.

Aus dem Egmont:

Im zweiten Aufzug des Stückes versucht der Sekretär Egmonts diesen zu veranlassen, einen Brief des Grafen Oliva, eines Egmont gewogenen Granden am Madrider Hofe, freundlich zu beantworten:

EGMONT: Gib mir den Brief. *(Nachdem er hineingesehen:)* Guter ehrlicher Alter! Warst du in deiner Jugend auch wohl so bedächtig? Erstiegst du nie einen Wall? Bliebst du in der Schlacht, wo es die Klugheit anrät, hinten? – Der treue Sorgliche! Er will mein Leben und mein Glück und fühlt nicht, daß der schon tot ist, der um seiner Sicherheit willen lebt. –

Was soll ich mehr sagen? Daß ich fröhlich bin, die Sachen leicht nehme, rasch lebe, das ist mein Glück; und ich vertausch es nicht gegen die Sicherheit eines Totengewölbes. Leb ich nur, um aufs Leben zu denken? Soll ich den gegenwärtigen Augenblick nicht genießen, damit ich des folgenden gewiß sei? Und diesen wieder mit Sorgen und Grillen verzehren?

SEKRETÄR: Ich bitt Euch, Herr, seid nicht so rauh gegen den guten Mann. Seht, wie sorgfältig er ist, wie leis er Euch berührt.

EGMONT: Und doch berührt er immer diese Saite. Er weiß von alters her, wie verhaßt mir diese Ermahnungen sind; sie machen nur irre, sie helfen nichts. Und wenn ich ein Nachtwandler wäre und auf dem gefährlichen Gipfel eines Hauses spazierte, ist es freundschaftlich, mich beim Namen zu rufen und mich zu warnen, zu wecken und zu töten? Laßt jeden seines Pfades gehn; er mag sich wahren. Wenn ihr das Leben gar so ernsthaft nehmt, was ist denn dran? Wenn uns der Morgen nicht zu neuen Freuden weckt, am Abend uns keine Lust zu hoffen übrigbleibt, ists wohl des An- und Ausziehens wert? Schenke mir diese Betrachtungen.

SEKRETÄR: Verzeiht mir, es wird dem Fußgänger schwindlig, der einen Mann mit rasselnder Eile daherfahren sieht.

EGMONT: Kind! Kind! nicht weiter! Wie von unsichtbaren Geistern gepeitscht, gehen die Sonnenpferde der Zeit mit unsers Schicksals leichtem Wagen durch; und uns bleibt nichts, als, mutig gefaßt, die Zügel festzuhalten und bald rechts, bald links, vom Steine hier, vom Sturze da, die Räder wegzulenken. Wohin es geht, wer weiß es? Erinnert er sich doch kaum, woher er kam. – Ich stehe hoch und kann und muß noch höher steigen; ich fühle mir Hoffnung, Mut und Kraft. Noch hab ich meines Wachstums Gipfel nicht erreicht, und steh ich droben einst, so will ich fest, nicht ängstlich stehn. Soll ich fallen, so mag ein Donnerschlag, ein Sturmwind, ja ein selbst verfehlter Schritt mich abwärts in die Tiefe stürzen; da lieg ich mit viel Tausenden. Ich habe nie verschmäht, mit meinen guten Kriegsgesellen um kleinen Gewinst das blutige Los zu werfen, und sollt ich knickern, wenns um den ganzen freien Wert des Lebens geht?

SEKRETÄR: O Herr! Ihr wißt nicht, was für Worte Ihr sprecht! Gott erhalt Euch!

Im vierten Aufzug hat Alba Egmont in die Falle gelockt und versucht seine Meinung auszuforschen, ehe er die schon fest beschlossene Verhaftung Egmonts ausspricht.

EGMONT: Ich komme, die Befehle des Königs zu vernehmen, zu hören, welchen Dienst er von unserer Treue verlangt, die ihm ewig ergeben bleibt.

ALBA: Euren Rat, Eure Meinung wünscht der König, wie diese Staaten wieder zu befriedigen. Ja, er hofft, Ihr werdet kräftig mitwirken, diese Unruhen zu stillen und die Ordnung der Provinzen völlig und dauerhaft zu gründen.

EGMONT: Ihr könnt besser wissen als ich, daß schon alles genug beruhigt ist, ja, noch mehr beruhigt war, eh die Erscheinung der neuen Soldaten wieder mit Furcht und Sorge die Gemüter bewegte.

ALBA: Ich leugne es nicht. Der Tumult ist gestillt, und jeder scheint in die Grenzen des Gehorsams zurückgebannt. Aber wer bürgt uns, daß sie sich ferner treu und untertänig zeigen werden? Ihr guter Wille ist alles Pfand, das wir haben.

EGMONT: Und ist der gute Wille eines Volks nicht das sicherste, das edelste Pfand? Bei Gott! Wann darf sich ein König sicherer halten, als wenn sie alle für einen, einer für alle stehn? Der König schreibe einen Generalpardon aus, er beruhige die Gemüter; und bald wird man sehen, wie Treue und Liebe mit dem Zutraun wieder zurückkehrt.

ALBA: Und jeder, der die Majestät des Königs, der das Heiligtum der Religion geschändet, ginge frei und ledig hin und wider! Lebte, den andern zum bereiten Beispiel, daß ungeheure Verbrechen straflos sind? Ungestraft soll, wenn ich rate, kein Schuldiger sich freuen.

EGMONT: Nicht jede Absicht ist offenbar, und manches Mannes Absicht ist zu mißdeuten. Muß man doch auch von allen Seiten hören, es sei des Königs Absicht weniger, die Provinzen nach einförmigen und klaren Gesetzen zu regieren, die Majestät der Religion zu sichern und einen allgemeinen Frieden seinem Volke zu geben, als vielmehr sie unbedingt zu unterjochen, sie ihrer alten Rechte zu berauben, sich Meister von ihren Besitztümern zu machen, die schönen Rechte des Adels einzuschränken, um derentwillen der Edle allein ihm dienen, ihm Leib und Leben widmen mag. Die Religion, sagt man, sei nur ein prächtiger Teppich, hinter dem man jeden gefährlichen Anschlag nur desto leichter ausdenkt. Das Volk liegt auf den Knieen, betet die heiligen gewirkten Zeichen an, und hinten lauscht der Vogelsteller, der sie berücken will. Die Niederländer fürchten ein doppeltes Joch, und wer bürgt ihnen für ihre Freiheit?

ALBA: Freiheit? Ein schönes Wort, wers recht verstünde. Was wollen sie für Freiheit? Was ist des Freiesten Freiheit? – Recht zu tun! – und daran wird sie der König nicht hindern. Nein! Nein! Sie glauben sich nicht frei, wenn sie sich nicht selbst und andern schaden können. Weit besser ists, sie einzuengen, daß man sie wie Kinder halten, wie Kinder zu ihrem Besten leiten kann.

EGMONT: Leider rechtfertigen deine Worte die Furcht des Volks, die allgemeine Furcht! So hat er denn beschlossen, was kein Fürst beschließen sollte. Die Kraft seines Volks, ihr Gemüt, den Begriff, den sie von sich selbst haben, will er schwächen, niederdrücken, zerstören, um sie bequem regieren zu können. Er will den inneren Kern ihrer Eigenheit verderben.

ALBA: Wie du gesinnt bist, scheint es ein vergeblicher Versuch, uns vereinigen zu wollen. Ich habe keinen Auftrag, jedes Für und Wider noch einmal durchzugehen. Gehorsam fordre ich von dem Volke und von euch.

EGMONT: Fordre unsre Häupter, so ist es auf einmal getan. Ob sich der Nacken diesem Joche biegen, ob er sich vor dem Beile ducken soll, kann einer edeln Seele gleich sein. Umsonst hab ich so viel gesprochen: die Luft hab ich erschüttert, weiter nichts gewonnen.

Egmont wird im Gefängnis das Todesurteil verkündet. Ferdinand, Albas Sohn, bleibt bei ihm zurück.

EGMONT: Du stehst und bleibst? Willst du mein Erstaunen, mein Entsetzen noch durch deine Gegenwart vermehren? Willst du noch etwa die willkommene Botschaft deinem Vater bringen, daß ich unmännlich verzweifle? Geh! Sag ihm! Sag ihm, daß er weder mich noch die Welt belügt. Ihm, dem Ruhmsüchtigen, wird man es erst hinter den Schultern leise lispeln, dann laut und lauter sagen, und wenn er einst von diesem Gipfel herabsteigt, werden tausend Stimmen es ihm entgegenrufen!

Nicht das Wohl des Staats, nicht die Würde des Königs, nicht die Ruhe der Provinzen haben ihn hierher gebracht. Um sein selbst willen hat er Krieg geraten, daß der Krieger im Kriege gelte. Er hat diese ungeheure Verwirrung erregt, damit man seiner bedürfe. Und ich falle, ein Opfer seines niedrigen Hasses, seines kleinlichen Neides. Ja, ich weiß es, und ich darf es sagen; der Sterbende, der tödlich Verwundete kann es sagen.

FERDINAND: Ich stehe und sehe dich an, und sehe dich nicht, und fühle mich nicht. Soll ich mich entschuldigen? Soll ich dir versichern, daß ich erst spät, erst ganz zuletzt des Vaters Absichten erfuhr, daß ich als ein gezwungenes, ein lebloses Werkzeug seines Willens handelte? Was fruchtets, welche Meinung du von mir haben magst? Du bist verloren; und ich Unglücklicher stehe nur da, um dirs zu versichern, dich zu bejammern.

EGMONT: Welch sonderbare Stimme, welch ein unerwarteter Trost begegnet mir auf dem Wege zum Grabe? Du, Sohn meines ersten, meines fast einzigen Feindes, du bedauerst mich, du bist nicht unter meinen Mördern? Sage, rede. Wie bewegt dich so tief das Schicksal eines fremden Mannes?

FERDINAND: Nicht fremd! Du bist mir nicht fremd. Dein Name wars, der mir in meiner ersten Jugend gleich einem Stern des Himmels entgegenleuchtete. Wie oft hab ich nach dir gehorcht, gefragt! Des Kindes Hoffnung ist der Jüngling, des Jünglings der Mann. So bist du vor mir hergeschritten; immer vor, und ohne Neid sah ich dich vor, und schritt dir nach, und fort und fort. Nun hofft ich endlich dich zu sehen, und sah dich, und mein Herz flog dir entgegen. Dich hatte ich mir bestimmt und wählte dich aufs neue, da ich dich sah. Nun hofft ich erst, mit dir zu sein, mit dir zu leben, dich zu fassen, dich – Das ist nun alles weggeschnitten, und ich sehe dich hier!

EGMONT: Mein Freund, wenn es dir wohltun kann, so nimm die Versicherung, daß im ersten Augenblick mein Gemüt dir entgegenkam. Und höre mich. Laß uns ein ruhiges Wort untereinander wechseln. Sage mir: ist es der strenge, ernste Wille deines Vaters, mich zu töten?

FERDINAND: Er ists.

EGMONT: Und keine Rettung?

FERDINAND: Keine! – Und ich soll daneben stehn, zusehn, dich nicht halten, nicht hindern können! O welche Stimme reichte zur Klage! Du kannst dich fassen, du kannst entsagen. Was kann ich? Was soll ich? Du überwindest dich selbst und uns; du überstehst; ich überlebe dich und mich selbst. Bei der Freude des Mahls hab ich mein Licht, im Getümmel der Schlacht meine Fahne verloren, schal, verworren, trüb scheint mir die Zukunft.

EGMONT: Junger Freund, den ich durch ein sonderbares Schicksal zugleich gewinne und verliere, der für mich die Todesschmerzen empfindet, für mich leidet, sieh mich in diesen Augenblicken an; du verlierst mich nicht. War dir mein Leben ein Spiegel, in welchem du dich gerne betrachtetest: so sei es auch mein Tod. Die Menschen sind nicht nur zusammen, wenn sie beisammen sind; auch der Entfernte, der Abgeschiedene lebt uns. Ich lebe dir, und habe mir genug gelebt. Eines jeden Tages hab ich mich gefreut; an jedem Tage mit rascher Wirkung meine Pflicht getan, wie mein Gewissen sie mir zeigte. Nun endigt sich das Leben. Ich höre auf zu leben; aber ich habe gelebt. So leb auch du, mein Freund, gern und mit Lust, und scheue den Tod nicht.

FERDINAND: Du hättest dich für uns erhalten können, sollen. Du hast dich selber getötet. Wie oft wünscht ich, dich warnen zu können! Hattest du denn keine Freunde?

EGMONT: Ich war gewarnt. Dies sei beiseitegelegt. Es glaubt der Mensch, sein Leben zu leiten, sich selbst zu führen; und sein Innerstes wird unwiderstehlich nach seinem Schicksale gezogen. Laß uns darüber nicht sinnen; dieser Gedanken entschlag ich mich leicht – schwerer der Sorge für dieses Land! Kann mein Blut für viele fließen, meinem Volke Friede bringen, so fließt es willig. Leider wirds nicht so werden. Doch es ziemt dem Menschen, nicht mehr zu grübeln, wo er nicht mehr wirken soll.

Weil ich nicht weiß, ob ich so bald wieder zur Rede gelange, will ich mir selbst vorgreifen und etwas aussprechen, wovon ich mich erst viel später überzeugte. Obgleich jenes Dämonische sich in allem Körperlichen und Unkörperlichen manifestieren kann, ja bei den Tieren sich aufs merkwürdigste ausspricht, so steht es vorzüglich mit dem Menschen im wunderbarsten Zusammenhang und bildet eine der moralischen Weltordnung wo nicht entgegengesetzte, doch sie durchkreuzende Macht, sodaß man

die eine für den Zettel, die andre für den Einschlag könnte gelten lassen.
Für die Phänomene, welche hierdurch hervorgebracht werden, gibt es unzählige Namen: denn alle Philosophien und Religionen haben prosaisch und poetisch dieses Rätsel zu lösen und die Sache schließlich abzutun gesucht, welches ihnen noch fernerhin unbenommen bleibe.
Am furchtbarsten aber erscheint dieses Dämonische, wenn es in irgendeinem Menschen überwiegend hervortritt. Während meines Lebensganges habe ich mehrere teils in der Nähe, teils in der Ferne beobachten können. Es sind nicht immer die vorzüglichsten Menschen, weder an Geist noch an Talenten, selten durch Herzensgüte sich empfehlend; aber eine ungeheure Kraft geht von ihnen aus, und sie üben eine unglaubliche Gewalt über alle Geschöpfe, ja sogar über die Elemente, und wer kann sagen, wie weit sich eine solche Wirkung erstrecken wird? Alle vereinten sittlichen Kräfte vermögen nichts gegen sie; vergebens, daß der hellere Teil der Menschen sie als Betrogene oder als Betrüger verdächtig machen will, die Masse wird von ihnen angezogen. Selten oder nie finden sich Gleichzeitige ihresgleichen, und sie sind durch nichts zu überwinden, als durch das Universum selbst, mit dem sie den Kampf begonnen; und aus solchen Bemerkungen mag wohl jener sonderbare, aber ungeheure Spruch entstanden sein: Nemo contra deum nisi deus ipse. *(Niemand vermag etwas gegen Gott, es sei denn Gott selbst.)*

ΑΝΑΓΚΗ, Nötigung

Da ists denn wieder, wie die Sterne wollten:
Bedingung und Gesetz und aller Wille
Ist nur ein Wollen, weil wir eben sollten,
Und vor dem Willen schweigt die Willkür stille;
Das Liebste wird vom Herzen weggescholten,
Dem harten Muß bequemt sich Will und Grille.
So sind wir scheinfrei denn, nach manchen Jahren
Nur enger dran, als wir am Anfang waren.

ΕΛΠΙΣ, Hoffnung

Doch solcher Grenze, solcher ehrnen Mauer
Höchst widerwärtge Pforte wird entriegelt,
Sie stehe nur mit alter Felsendauer!
Ein Wesen regt sich leicht und ungezügelt.
Aus Wolkendecke, Nebel, Regenschauer
Erhebt sie uns, mit ihr, durch sie beflügelt,
Ihr kennt sie wohl, sie schwärmt durch alle Zonen;
Ein Flügelschlag – und hinter uns Äonen!

DAS HAUPTGESCHÄFT

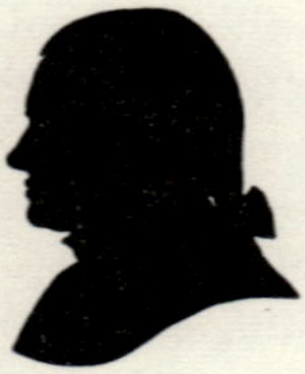

Unter den Manuskripten, die Goethe 1775 nach Weimar mitgebracht hatte und die er dort vorlas, befand sich auch die erste Niederschrift des »Faust«. Das Hoffräulein von Göchhausen machte sich damals eine Abschrift. Viele Jahrzehnte nach Goethes Tod fand man diese Blätter – wir kennen sie als den »Urfaust«.

Die Faust-Dichtung, das »Hauptgeschäft«, wie Goethe es nennt, beschäftigt und begleitet ihn aus früher Jugend, wo ihm die mittelalterliche Fabel vom »Doktor Faustus« im Puppenspiel vor Augen kam, bis in seine letzten Lebenstage. Die Ahnung und den Entwurf des Jünglings versucht der Mann in wiederholtem neuem Ansatz auszubilden und zu vollenden – und er bescheidet sich in wiederholter Resignation, diesen Traum Fragment bleiben zu sehen. Dem Greis endlich wird in unablässiger Bemühung das Geschenk der Vollendung, für ihn selbst fast überraschend und ein beglückendes Wunder.

Nun beschließt Goethe, mit dieser Dichtung die Welt erst nach seinem Tode bekannt zu machen, und siegelt das Manuskript ein. Zwar löst er selbst dieses Siegel, um noch einmal zu verbessern und hinzuzufügen; er bleibt aber bei seinem Entschluß, den Faust ungedruckt als sein Testament der Nachwelt zu hinterlassen. So bildet »Faust« auch den Inhalt des letzten Briefes, den Goethe am 17. März 1832, fünf Tage vor seinem Tode, an Wilhelm von Humboldt schreibt:

»Es sind über sechzig Jahre, daß die Konzeption des Faust bei mir, jugendlich von vorneherein klar, die ganze Reihenfolge hin weniger ausführlich, vorlag. Nun hab ich die Absicht immer sachte neben mir hergehen lassen, und nur die mir gerade inter-

essantesten Stellen einzeln durchgearbeitet, so daß im zweiten Teile Lücken blieben, durch ein gleichmäßiges Interesse mit dem übrigen zu verbinden. Hier trat nun freilich die große Schwierigkeit ein, dasjenige durch Vorsatz und Charakter zu erreichen, was eigentlich der freiwillig tätigen Natur allein zukommen sollte. Es wäre aber nicht gut, wenn es nicht nach einem so langen, tätig nachdenkenden Leben möglich geworden wäre, und ich lasse mich keine Furcht angehen, man werde das Ältere vom Neueren, das Spätere vom Früheren unterscheiden können, welches wir denn den künftigen Lesern zur geneigten Einsicht übergeben wollen.
Ganz ohne Frage würd es mir unendliche Freude machen, meinen werten, durchaus dankbar anerkannten, weit verteilten Freunden auch bei Lebzeiten diese sehr ernsten Scherze zu widmen, mitzuteilen und ihre Erwiderung zu vernehmen. Der Tag aber ist wirklich so absurd und konfus, daß ich mich überzeuge, meine redlichen, lange verfolgten Bemühungen um dieses seltsame Gebäu würden schlecht belohnt und an den Strand getrieben, wie ein Wrack in Trümmern daliegen und von dem Dünenschutt der Stunden zunächst überschüttet werden. Verwirrende Lehre zu verwirrtem Handel waltet über die Welt, und ich habe nichts angelegentlicher zu tun, als dasjenige, was an mir ist und geblieben ist, wo möglich zu steigern und meine Eigentümlichkeiten zu kohobieren, wie Sie es, würdiger Freund, auf Ihrer Burg ja auch bewerkstelligen.
Verzeihung diesem verspäteten Blatte! Ohngeachtet meiner Abgeschlossenheit findet sich selten eine Stunde, wo man sich diese Geheimnisse des Lebens vergegenwärtigen mag.

Treu angehörig

v. Goethe.«

1775 war Goethe nach Weimar gekommen. Mehr als zehn Jahre ruht die Arbeit am »Faust«. Erst aus Rom schreibt Goethe:

(8. 12. 1787) »Um das Stück zu vollenden werd ich mich sonderbar zusammen nehmen müssen. Ich muß einen magischen Kreis um mich ziehen, wozu mir das günstige Glück eine eigene Stätte bereiten möge –«
(1. 3. 1788) »Natürlich ist es ein ander Ding, das Stück jetzt oder vor fünfzehn Jahren auszuschreiben; ich denke, es soll nichts da-

bei verlieren, besonders da ich jetzt glaube, den Faden wiedergefunden zu haben. Auch was den Ton des Ganzen betrifft, bin ich getröstet; ich habe schon eine neue Szene ausgeführt, und wenn ich das Papier räuchere, so dächt ich, sollte sie mir niemand aus den alten herausfinden. Da ich durch die lange Ruhe und Abgeschiedenheit ganz auf das Niveau meiner eigenen Existenz zurückgebracht bin, so ist es merkwürdig, wie sehr ich mir gleiche und wie wenig mein Inneres durch Jahre und Begebenheiten gelitten hat. Das alte Manuskript macht mir manchmal zu denken, wenn ich es vor mir sehe. Es ist noch das erste, ja in den Hauptszenen gleich so ohne Konzept hingeschrieben; nun ist es so gelb von der Zeit, so vergriffen, so mürbe und an den Rändern zerstoßen, daß es wirklich wie das Fragment eines alten Kodex aussieht, sodaß ich, wie ich damals in eine frühere Welt mich mit Sinnen und Ahnen versetzte, mich jetzt in eine selbstgelebte Vorzeit wieder versetzen muß. Ich freue mich auch darauf und habe die beste Hoffnung; ich sehe das Ganze schon vor mir stehen und wünsche mir nur Muße und Gemütsruhe, um nun Schritt vor Schritt das Gedachte auszuführen.«

Zwar rückt der »Faust« in Rom ein Stück weiter, es entstehen einige Szenen; aber die Hoffnung, die Dichtung zu vollenden, wird für diesmal aufgegeben. 1790 veröffentlicht Goethe »Faust« als Fragment. Der entscheidende Neubeginn gelingt in der Folge der Begegnung mit Schiller. Am 29. November 1794 schreibt Schiller an Goethe:

»Es würde mich sehr verlangen, die Bruchstücke von Ihrem ›Faust‹, die noch nicht gedruckt sind, zu lesen; denn ich gestehe Ihnen, daß mir das, was ich von diesem Stücke gelesen, der Torso des Herkules ist. Es herrscht in diesen Szenen eine Kraft und Fülle des Genies, die den besten Meister unverkennbar zeigt, und ich möchte diese große und kühne Natur, die daran atmet, soweit als möglich verfolgen.«

Goethe antwortet (2. Dezember 1794):

»Von ›Faust‹ kann ich jetzt nichts mitteilen; ich wage nicht das Paket aufzuschnüren, das ihn gefangen hält. Ich könnte nicht abschreiben ohne auszuarbeiten, und dazu fühle ich mir keinen Mut. Kann mich künftig etwas dazu vermögen, so ist es gewiß Ihre Teilnahme.«

Schiller gibt in den folgenden Jahren seine Bemühung, Goethe zur Weiterarbeit am »Faust« zu bewegen, nicht auf; Goethe aber kann sich nicht entschließen. Es gehe ihm, schreibt er an Schiller, mit dem »Faust« wie mit einem Pulver, das sich gesetzt habe – solange Schiller daran rüttle, scheine es sich wieder zu vereinigen, sobald er allein sei, setze es sich wieder zu Boden. Am 22. Juni 1797 aber schreibt er an Schiller:

»Da es höchst nötig ist, daß ich mir, in meinem jetzigen unruhigen Zustande, etwas zu tun gebe, so habe ich mich entschlossen, an meinen ›Faust‹ zu gehen und ihn, wo nicht zu vollenden, doch wenigstens um ein gutes Teil weiter zu bringen, indem ich das, was gedruckt ist, wieder auflöse und mit dem, was schon fertig oder erfunden ist, in große Massen disponiere, und so die Ausführung des Plans, der eigentlich nur eine Idee ist, näher vorbereite. Nun habe ich eben diese Idee und deren Darstellung wieder vorgenommen und bin mit mir selbst ziemlich einig. Nun wünschte ich aber, daß Sie die Güte hätten, die Sache einmal in schlafloser Nacht durchzudenken, mir die Forderungen, die Sie an das Ganze machen würden, vorzulegen und so mir meine eigenen Träume als ein wahrer Prophet zu erzählen und zu deuten.«

Schiller antwortet (23. Juni 1797):

»Ihr Entschluß, an den Faust zu gehen, ist mir in der Tat überraschend. Aber ich hab es einmal für immer aufgegeben, Sie mit der gewöhnlichen Logik zu messen, und bin also im voraus überzeugt, daß Ihr Genius sich vollkommen gut aus der Sache ziehen wird.
Ihre Aufforderung an mich, Ihnen meine Erwartungen und Desideria mitzuteilen, ist nicht leicht zu erfüllen; aber soviel ich kann, will ich Ihren Faden aufzufinden suchen. – So viel bemerke ich hier nur, daß der Faust, das Stück nämlich, bei aller seiner dichterischen Individualität die Forderungen an eine symbolische Bedeutsamkeit nicht ganz von sich weisen kann, wie

auch wahrscheinlich Ihre eigene Idee ist. Kurz, die Anforderungen an den Faust sind zugleich philosophisch und poetisch, und Sie mögen sich wenden wie Sie wollen, so wird Ihnen die Natur des Gegenstandes eine philosophische Behandlung auflegen, und die Einbildungskraft wird sich zum Dienst einer Vernunftidee bequemen müssen.
Aber ich sage Ihnen damit schwerlich etwas Neues, denn Sie haben diese Forderung in dem, was bereits da ist, schon in hohem Grade zu befriedigen angefangen. Wenn Sie jetzt wirklich an den Faust gehen, so zweifle ich auch nicht mehr an seiner völligen Ausführung, welches mich sehr erfreut.«

Goethe an Schiller (24. Juni 1797):

»Dank für Ihre ersten Worte über den wiederauflebenden Faust. Wir werden wohl in der Ansicht dieses Werkes nicht variieren, doch gibts gleich einen ganz andern Mut zur Arbeit, wenn man seine Gedanken und Vorsätze auch von außen bezeichnet sieht, und Ihre Teilnahme ist in mehr als einem Sinne fruchtbar.«

Zueignung

Ihr naht euch wieder, schwankende Gestalten,
Die früh sich einst dem trüben Blick gezeigt.
Versuch ich wohl, euch diesmal festzuhalten?
Fühl ich mein Herz noch jenem Wahn geneigt?
Ihr drängt euch zu! nun gut, so mögt ihr walten,
Wie ihr aus Dunst und Nebel um mich steigt;
Mein Busen fühlt sich jugendlich erschüttert
Vom Zauberhauch, der euren Zug umwittert.

Ihr bringt mit euch die Bilder froher Tage,
Und manche liebe Schatten steigen auf;
Gleich einer alten, halb verklungnen Sage
Kommt erste Lieb' und Freundschaft mit herauf;
Der Schmerz wird neu, es wiederholt die Klage
Des Lebens labyrinthisch irren Lauf
Und nennt die Guten, die, um schöne Stunden
Vom Glück getäuscht, vor mir hinweggeschwunden.

Sie hören nicht die folgenden Gesänge,
Die Seelen, denen ich die ersten sang;
Zerstoben ist das freundliche Gedränge,
Verklungen, ach! der erste Widerklang.
Mein Leid ertönt der unbekannten Menge,
Ihr Beifall selbst macht meinem Herzen bang,
Und was sich sonst an meinem Lied erfreuet,
Wenn es noch lebt, irrt in der Welt zerstreuet.

Und mich ergreift ein längst entwöhntes Sehnen
Nach jenem stillen, ernsten Geisterreich,
Es schwebet nun in unbestimmten Tönen
Mein lispelnd Lied, der Äolsharfe gleich,
Ein Schauer faßt mich, Träne folgt den Tränen,
Das strenge Herz, es fühlt sich mild und weich;
Was ich besitze, seh ich wie im Weiten,
Und was verschwand, wird mir zu Wirklichkeiten.

Schiller an Goethe (26. Juni 1797):

»Den Faust habe ich nun wieder gelesen und mir schwindelt ordentlich vor der Auflösung. Dies ist indes sehr natürlich, denn die Sache beruht auf einer Anschauung, und so lang man die nicht hat, muß ein selbst nicht so reicher Stoff den Verstand in Verlegenheit setzen. Was mich daran ängstigt, ist, daß mir der Faust seiner Anlage nach auch eine Totalität der Materie nach zu erfordern scheint, wenn am Ende die Idee ausgeführt erscheinen soll, und für eine so hoch aufquellende Masse finde ich keinen poetischen Reif, der sie zusammenhält. Nun, Sie werden sich schon zu helfen wissen.«

In diesen Jahren des durch Schiller beförderten Neubeginns der Arbeit am Faust gewinnt der erste Teil im wesentlichen seine endgültige Gestalt; darüber hinaus gelingt Goethe mit der Konzeption der »Helena« der entscheidende Ansatz für den zweiten Teil und für die Vollendung des Ganzen. Am 23. September 1800 schreibt Goethe an Schiller:

»Meine ›Helena‹ ist die Zeit auch etwas vorwärts gerückt. Die Hauptmomente des Plans sind in Ordnung, und da ich in der

Hauptsache Ihre Beistimmung habe, so kann ich mit desto besserm Mute an die Ausführung gehen.
Ich mag mich diesmal gern zusammenhalten und nicht in die Ferne blicken; aber das sehe ich schon, daß, von diesem Gipfel aus, sich erst die rechte Aussicht über das Ganze zeigen wird.«

Noch am gleichen Tage antwortet Schiller:

»Gelingt Ihnen diese Synthese des Edeln mit dem Barbarischen, wie ich nicht zweifle, so wird auch der Schlüssel zu dem übrigen Teil des Ganzen gefunden sein, und es wird Ihnen alsdann nicht schwer sein, gleichsam analytisch von diesem Punkt aus den Sinn und Geist der übrigen Partien zu bestimmen und zu verteilen. Denn dieser Gipfel, wie Sie ihn selbst nennen, muß von allen Punkten des Ganzen gesehen werden und nach allen hinsehen.«

1805 stirbt Schiller. Viele Jahre lang sieht es aus, als sei die Arbeit am »Faust« wieder zu völligem Stillstand gekommen. Das Jahr 1825 aber bringt den späten Neubeginn, und am 25. Januar des Jahres 1827 zeigt Goethe, als Eckermann zu ihm ins Zimmer tritt, auf ein versiegeltes Papier, das vor ihm auf dem Tische liegt.

GOETHE: »Was ist das? – Es ist die ›Helena‹, die an Cotta zum Druck abgeht. Ich habe bis jetzt immer noch Kleinigkeiten daran zu tun und nachzuhelfen gefunden. Endlich aber muß es genug sein, und ich bin nun froh, daß es zur Post geht und ich mich mit befreiter Seele zu etwas anderem wenden kann. Es mag nun seine Schicksale erleben! – Was mich tröstet, ist, daß die Kultur in Deutschland doch jetzt unglaublich hoch steht und man also nicht zu fürchten hat, daß eine solche Produktion lange unverstanden und ohne Wirkung bleiben werde.«

ECKERMANN: »Es steckt ein ganzes Altertum darin.«

GOETHE: »Ja, die Philologen werden daran zu tun finden.«

ECKERMANN: »Für den antiken Teil fürchte ich nicht, denn es ist da das große Detail, die gründlichste Entfaltung des Einzelnen, wo jedes geradezu das sagt, was es sagen soll. Allein der moderne, romantische Teil ist sehr schwer, denn eine halbe Weltgeschichte steckt dahinter; die Behandlung ist bei so großem Stoff nur andeutend und macht sehr große Ansprüche an den Leser.«

GOETHE: »Aber doch ist alles sinnlich und wird, auf dem Theater gedacht, jedem gut in die Augen fallen. Und mehr habe ich nicht gewollt. Wenn es nur so ist, daß die Menge der Zuschauer Freude an der Erscheinung hat; dem Eingeweihten wird zugleich der höhere Sinn nicht entgehen, wie es ja auch bei der Zauberflöte und anderen Dingen der Fall ist. –«

Am 6. Mai 1827 zu Eckermann:

»Die Deutschen sind übrigens wunderliche Leute! – Sie machen sich durch ihre tiefen Gedanken und Ideen, die sie überall suchen und überall hineinlegen, das Leben schwerer, als billig. – Ei! so habt doch endlich einmal die Courage, euch den Eindrükken hinzugeben, euch ergötzen zu lassen, euch rühren zu lassen, euch erheben zu lassen, ja euch belehren und zu etwas Großem entflammen zu lassen; aber denkt nur nicht immer, es wäre alles eitel, wenn es nicht irgend abstrakter Gedanke und Idee wäre!

Da kommen sie und fragen, welche Idee ich in meinem ›Faust‹ zu verkörpern gesucht? – Als ob ich das selber wüßte und aussprechen könnte! Vom Himmel durch die Welt zur Hölle, das wäre zur Not etwas; aber das ist keine Idee, sondern Gang der Handlung. Und ferner, daß der Teufel die Wette verliert, und daß ein aus schweren Verirrungen immerfort zum Besseren aufstrebender Mensch zu erlösen sei, das ist zwar ein wirksamer, manches erklärender guter Gedanke, aber es ist keine Idee, die dem Ganzen und jeder einzelnen Szene im besonderen zugrunde liege. Es hätte auch in der Tat ein schönes Ding werden müssen, wenn ich ein so reiches, buntes und so höchst mannigfaltiges Leben, wie ich es im ›Faust‹ zur Anschauung gebracht, auf die magere Schnur einer einzigen durchgehenden Idee hätte reihen wollen!

Es war im Ganzen nicht meine Art, als Poet nach Verkörperung von etwas Abstraktem zu streben. Ich empfing in meinem Innern Eindrücke, und zwar Eindrücke sinnlicher, lebensvoller, lieblicher, bunter, hundertfältiger Art, wie eine rege Einbildungskraft es mir darbot; und ich hatte als Poet weiter nichts zu tun, als solche Anschauungen und Eindrücke in mir künstlerisch zu ründen und auszubilden und durch eine lebendige Darstel-

lung so zum Vorschein zu bringen, daß andere dieselben Eindrücke erhielten, wenn sie mein Dargestelltes hörten oder lasen.
Je inkommensurabler und für den Verstand unfaßlicher eine poetische Produktion, desto besser.«

Johannes Falk berichtet:

»Die gerechtere Nachwelt« – nahm ich das Wort – aber Goethe, ohne abzuwarten, was ich eigentlich von der Nachwelt sagen wollte, entgegnete mir mit ungeheimer Hastigkeit: »Ich will nichts davon hören, weder von dem Publikum, noch von der Nachwelt, noch von der Gerechtigkeit, wie sie es nennen, die sie einst meinem Bestreben widerfahren lassen. Ich verwünsche den Tasso, bloß deshalb, weil man sagt, daß er auf die Nachwelt kommen wird; ich verwünsche die Iphigenie, mit einem Worte, ich verwünsche alles, was diesem Publikum irgend an mir gefällt. Ich weiß, daß es dem Tag, und daß der Tag ihm gehört; aber ich will nun einmal nicht für den Tag leben. Ja, wenn ich es nur je dahin noch bringen könnte, daß ich ein Werk verfaßte – aber ich bin zu alt dazu –, daß die Deutschen mich so ein fünfzig oder hundert Jahre hintereinander recht gründlich verwünschten und aller Orten und Enden mir nichts als Übels nachsagten; das sollte mich außer Maßen ergötzen. Sie mögen mich nicht! Das matte Wort! ich mag sie auch nicht! Ich habe es ihnen nie recht zu Danke gemacht! Vollends, wenn mein Walpurgissack nach meinem Tode sich einmal eröffnen und alle bis dahin verschlossenen, stygischen Plagegeister, wie sie mich geplagt, so auch zur Plage für andere wieder loslassen sollte; oder wenn sie in der Fortsetzung von Faust etwa zufällig an die Stelle kämen, wo der Teufel selbst Gnad' und Erbarmen vor Gott findet; das, denke ich doch, vergeben sie mir sobald nicht! Dreißig Jahre haben sie sich nun fast mit den Besenstielen des Blocksberges und den Katzengesprächen in der Hexenküche, die im Faust vorkommen, herumgeplagt, und es hat mit dem Interpretieren und dem Allegorisieren dieses dramatisch-humoristischen Unsinns nie so recht fortgewollt. Wahrlich, man sollte sich in seiner Jugend öfter den Spaß machen und ihnen solche Brocken wie den Brocken hinwerfen. Nahm doch selbst die geistreiche Frau von Staël es übel, daß ich in dem Engelgesang, Gott Vater gegenüber, den Teufel so gutmütig gehalten hätte; sie wollte ihn durchaus grimmiger. Was soll es nun werden, wenn sie ihm auf einer noch höheren Staffel und vielleicht gar einmal im Himmel wiederbegegnet?« »Um Verzeihung«, nahm ich hier das Wort; »Sie sprachen vorhin von einem Walpurgissack? Es ist das erste Wort, was ich heute darüber aus Ihrem Munde höre. Darf ich wissen, was es mit demselben eigentlich für ein Bewenden hat?« – »Der Walpurgissack«, gab er mir hierauf mit dem angenommenen feierlichen Ernste eines Höllenrichters zur Antwort, »ist eine Art von infernalischem Schlauch, Behältnis, Sack, oder wie ihrs sonst nennen wollt, ursprünglich zur Aufnahme einiger Gedichte bestimmt, die auf Hexenszenen im Faust, wo nicht auf den Blocksberg selbst, einen nähern Bezug hatten. Nach diesem, wie es zu gehen pflegt, erweiterte sich diese Bestimmung ungefähr so, wie die Hölle auch von Anfang herein nur einen Aufenthalt hatte, späterhin aber die Limbusse und das Fegefeuer als Unterabteilungen in sich aufnahm. Jedes Papier, das in meinem Walpurgissack herunterfällt, fällt in die Hölle; und aus der Hölle, wie ihr wißt, gibt es keine Erlösung. Ja, wenn es mir einmal einfällt, wozu ich eben heute nicht übel gelaunt bin, und ich nehme mich selbst beim Schopf und werfe mich in den Walpurgissack: bei meinem Eid, was da unten steckt, das steckt unten, und kommt nicht wieder an den Tag, und wenn ich es selbst wäre! So streng, sollt ihr wissen, halte ich über meinen Walpurgissack und die höllische Konstitution, die ich ihm gegeben habe. Es brennt da unten ein unverlöschliches Fegefeuer, was, wenn es um sich greift, weder Freund noch Feind verschont. Ich wenigstens will niemand raten, ihm allzunahe zu kommen. Ich fürchte mich selbst davor!«

In den folgenden Jahren schreitet die Arbeit am »Faust« fort. Am 24. Januar 1830 sagt Goethe zu Eckermann:

»Der mythologischen Figuren, die sich bei der klassischen Walpurgisnacht zudrängen, sind eine Unzahl; aber ich hüte mich und nehme bloß solche, die bildlich den gehörigen Eindruck machen. Wenn ich mich fleißig dazu halte, kann ich in ein paar Monaten mit der ›Walpurgisnacht‹ fertig sein. Es soll mich nun aber auch nichts wieder vom Faust abbringen; denn es wäre doch toll genug, wenn ich es erlebte, ihn zu vollenden! Und möglich ist es; – der fünfte Akt ist so gut wie fertig, und der vierte wird sich sodann wie von selber machen.«

Als Eckermann am 17. Februar 1831 sich bei Goethe nach dem »Faust« erkundigt, antwortet dieser:

»Der läßt mich nun nicht wieder los, ich denke und erfinde täglich daran fort. Ich habe nun auch das ganze Manuskript des zweiten Teiles heute heften lassen, damit es mir als eine sinnliche Masse vor Augen sei. Die Stelle des fehlenden vierten Aktes habe ich mit weißem Papier ausgefüllt, und es ist keine Frage, daß das Fertige anlocket und reizet, um das zu vollenden, was noch zu tun ist. Es liegt in solchen sinnlichen Dingen mehr, als man denkt, und man muß dem Geistigen mit allerlei Künsten zu Hilfe kommen.«

Eckermann: »Es ist doch alles seit den sechs Jahren gemacht, die ich hier bin, und doch haben Sie bei dem andern Vielen, was seitdem geschehen, nur sehr wenige Zeit darauf verwenden können. Man sieht aber, wie etwas heranwächst, wenn man auch nur hin und wieder etwas hinzutut.«

Goethe: »Davon überzeugt man sich besonders, wenn man älter wird, während die Jugend glaubt, es müsse alles an einem Tage geschehen. Wenn aber das Glück mir günstig ist, und ich mich ferner wohl befinde, so hoffe ich in den nächsten Frühlingsmonaten am vierten Akt sehr weit zu kommen. Es war auch dieser Akt, wie Sie wissen, längst erfunden; allein da sich das übrige während der Ausführung so sehr gesteigert hat, so kann ich jetzt von der früheren Erfindung nur das Allgemeinste brauchen, und ich muß nun auch dieses Zwischenstück durch neue Erfindungen so heranheben, daß es dem anderen gleich werde.«

Eckermann: »Es kommt doch in diesem zweiten Teil eine weit reichere Welt zur Erscheinung als im ersten.«

Goethe: »Ich sollte denken. Der erste Teil ist fast ganz subjektiv; es ist alles aus einem unbefangeneren, leidenschaftlicheren Individuum hervorgegangen, welches Halbdunkel den Menschen auch so wohl tun mag. Im zweiten Teile aber ist fast gar nichts Subjektives, es erscheint hier eine höhere, breitere, hellere, leidenschaftslosere Welt, und wer sich nicht etwas umgetan und einiges erlebt hat, wird nichts damit anzufangen wissen.«

In goldnen Frühlings Sonnenstunden
Lag ich gebunden
An dies Gesicht.
In holder Dunkelheit der Sinnen
Konnt ich wohl diesen Traum beginnen,
Vollenden nicht.

Am 20. Juli 1831 schreibt Goethe (an Meyer):

»Das Ganze liegt vor mir, und ich habe nur noch Kleinigkeiten zu berichtigen; so siegle ichs ein, und dann mag es das spezifische Gewicht meiner folgenden Bände, wie es auch damit werden mag, vermehren. Wenn es noch Probleme genug enthält, indem, der Welt- und Menschengeschichte gleich, das zuletzt aufgelöste Problem immer wieder ein neues, aufzulösendes darbietet, so wird es doch gewiß denjenigen erfreuen, der sich auf Miene, Wink und leise Hindeutung versteht. Er wird sogar mehr finden, als ich geben konnte.
Und so ist nun ein schwerer Stein über den Berggipfel auf die andere Seite hinabgewälzt. Gleich liegen aber wieder andere hinter mir, die auch wieder gefördert sein wollen, damit erfüllt werde, was geschrieben steht: Solche Mühe hat Gott dem Menschen gegeben.«

Den Beifall, den der Faust nah und fern gefunden, mag er wohl der seltenen Eigenschaft schuldig sein, daß er für immer die Entwicklungsperiode eines Menschengeistes festhält, der von allem, was die Menschheit peinigt, auch gequält, von allem, was sie beunruhigt, auch ergriffen, in dem, was sie verabscheut, gleichfalls befangen und durch das, was sie wünscht, auch beseligt worden. Sehr entfernt sind solche Zustände gegenwärtig von dem Dichter, auch die Welt hat gewissermaßen ganz andere Kämpfe zu bestehen; indessen bleibt doch meistens der Menschenzustand in Freud und Leid sich gleich, und der Letztgeborne wird immer noch Ursache finden, sich nach demjenigen umzusehen, was von ihm genossen und gelitten worden, um sich einigermaßen in das zu schicken, was auch ihm bereitet wird.

Alles Vergängliche
Ist nur ein Gleichnis;
Das Unzulängliche,
Hier wirds Ereignis;

Das Unbeschreibliche,
Hier ist es getan;
Das Ewig-Weibliche
Zieht uns hinan.

BESUCH IN WEIMAR

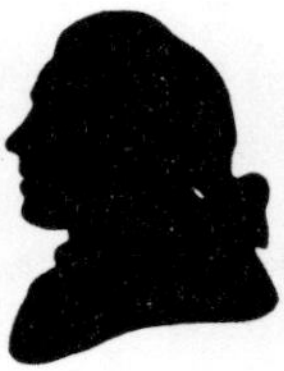

1775 ist Weimar eine Stadt von 6000 Einwohnern, die Herzogtümer Weimar und Eisenach zählen 90 000 Untertanen. In diesem Jahr 1775 übergibt die Regentin, die jungverwitwete, noch immer jugendliche Herzogin Anna-Amalia, die Herrschaft ihrem 18jährigen Sohne Carl August. Dieser vermählt sich mit der Prinzessin Louise von Hessen-Darmstadt; auf der Hochzeitsreise lernt er Goethe kennen, der zwar einige Jahre älter, aber gleichfalls jung – 26 Jahre – und schon berühmt ist, und lädt ihn nach Weimar ein.

Ich habe niemals einen präsumtuoseren – einen mehr von sich eingenommenen – Menschen gekannt als mich selbst, und daß ich das sage, zeigt schon, daß wahr ist, was ich sage. Niemals glaubte ich, daß etwas zu erreichen wäre, immer dachte ich, ich hätt es schon. Man hätte mir eine Krone aufsetzen können, und ich hätte gedacht, das verstehe sich von selbst. Und doch war ich gerade dadurch nur ein Mensch wie andere. Aber daß ich das über meine Kräfte Ergriffene durchzuarbeiten, das über mein Verdienst Erhaltene zu verdienen suchte, dadurch unterschied ich mich bloß von einem wahrhaft Wahnsinnigen. – Erst war ich den Menschen unbequem durch meinen Irrtum, dann durch meinen Ernst. Ich mochte mich stellen, wie ich wollte, so war ich allein.

Gelassen beobachtende Freunde pflegen gemeiniglich die genialischen Nachtwandler unsanft mitunter aufzuwecken, durch Bemerkungen, die gerade das innerste mystische Leben solcher begünstigten oder, wenn man will, bevorteilten Naturkinder aufheben und zerstören. In meiner besten Zeit sagten mir öfters Freunde, die mich freilich kennen mußten, was ich lebte, sei

besser, als was ich spreche, dieses besser, als was ich schreibe, und das Geschriebene besser als das Gedruckte. Durch solche wohlgemeinte, ja schmeichelhafte Reden bewirkten sie jedoch nichts Gutes, denn sie vermehrten dadurch die in mir ohnehin obwaltende Verachtung des Augenblicks, und es ward eine nicht zu überwindende Gewohnheit, das, was gesprochen und geschrieben ward, zu vernachlässigen und manches, was der Aufbewahrung wohl wert gewesen wäre, gleichgültig dahinfahren zu lassen. –
Der Besuch in Weimar umschlang mich mit schönen Verhältnissen und drängte mich unversehens auf einen neuen, glücklichen Lebensgang. An allen früheren, nach Weimar mitgebrachten, unvollendeten Arbeiten konnte ich nicht fortfahren; denn da der Dichter durch Antizipation die Welt vorwegnimmt, so ist ihm die auf ihn losdrängende wirkliche Welt unbequem und störend. Sie will ihm geben, was er schon hat, aber anders, daß er es sich zum zweiten Male zueignen muß.

Zu Goethes Eintritt in Weimar sagt Ortega:

»Wenn etwas auf der Welt klar ist, so ist es die Sendung Goethes. Es springt in die Augen, daß Goethe das Schicksal eines morgendlichen Rufers, ein Lerchenschicksal zugeteilt war. Er trat auf dem Planeten mit der Sendung auf, die Dichtkunst seines Landes und durch sie die Dichtung der Welt aufzurütteln! –
Aber Goethe nimmt die Einladung des Großherzogs Carl August an! Und nun möchte ich Sie bitten, sich ein Leben Goethes ohne Weimar vorzustellen – einen Goethe, eingesenkt in das Dasein des damaligen Deutschland, das ganz Gärung, brodelndes Element, geöffnete Poren war; einen Goethe, allen Unbilden preisgegeben, ohne die Basis materieller Sicherheit, ohne wohlgeordnete Schubladen voller Mappen mit Radierungen – kurz, das Gegenteil jenes Goethe, der mit 26 Jahren in die keimfreie Glasretorte von Weimar gesperrt und durch Zauberkünste zum Geheimbderat präpariert wird. In dem Augenblick, da in dieser königlichen Seele der heroische Frühling einer echten deutschen Poesie aufblüht, schneidet ihn Weimar von Deutschland ab, reißt seine Wurzeln aus dem deutschen Boden und verpflanzt ihn in den humusarmen Topf eines Liliputhofes. Wie beglückend wäre für die Menschheit ein Goethe gewesen,

der in Unsicherheit, von der Umwelt bedrängt und unter dem Zwang gelebt hätte, die wunderbaren, in ihm schlummernden Kräfte zu lösen.«

Goethe an seine Mutter, Weimar den 11. August 1781:

»Sie erinnern sich der letzten Zeiten, die ich bei Ihnen, ehe ich hierherging, zubrachte; unter solchen fortwährenden Umständen würde ich gewiß zu Grunde gegangen sein. Das Unverhältnis des engen und langsam bewegten bürgerlichen Kreises zu der Weite und Geschwindigkeit meines Wesens hätte mich rasend gemacht. Bei der lebhaften Einbildung und Ahndung menschlicher Dinge wäre ich doch immer unbekannt mit der Welt, und in einer ewigen Kindheit geblieben, welche meist durch Eigendünkel, und alle verwandte Fehler, sich und andern unerträglich wird. Wieviel glücklicher war es, mich in ein Verhältnis gesetzt zu sehen, dem ich von keiner Seite gewachsen war, wo ich durch manche Fehler des Unbegriffs und der Übereilung mich und andere kennenzulernen Gelegenheit genug hatte, wo ich, mir selbst und dem Schicksal überlassen, durch so viele Prüfungen ging, die vielen hundert Menschen nicht nötig sein mögen, deren ich aber zu meiner Ausbildung äußerst bedürftig war.«

Die wahre Geschichte der ersten zehn Jahre meines weimarischen Lebens könnte ich nur im Gewande der Fabel oder eines Märchens darstellen; als wirkliche Tatsache würde die Welt es nimmermehr glauben. Kommt doch jener Kreis, wo auf hohem Standort ein reines Wohlwollen und gebührende Anerkennung – durchkreuzt von den wunderlichsten Anforderungen –, ernstliche Studien neben verwegensten Unternehmungen, und heiterste Mitteilungen trotz abweichenden Ansichten sich betätigen, mir selbst, der das alles miterlebt hat, schon als ein mythologischer vor. Ich würde vielen weh, vielleicht nur wenigen wohl, mir selbst niemals Genüge tun; wozu das? Bin ich doch froh, mein Leben hinter mir zu haben; was ich geworden und geleistet, mag die Welt wissen; wie es im einzelnen zugegangen, bleibe mein eigenstes Geheimnis.

Hierzu sagt Kanzler von Müller in seiner »Gedächtnisrede«, die er nach dem Tode Goethes hielt:

»Doch der Hochsinn und die Pietät seines fürstlichen Freundes hat den schönsten Teil handschriftlicher Dokumente aus jener Zeit für eine dankbare Nachwelt aufbewahrt und dafür gesorgt, daß sie in späterer Zeit öffentlich kund gemacht werden können. Dann erst wird die Welt den ganzen seltenen Wert, die ganze Charakter- und Gemütsgröße des Mannes völlig kennen- und schätzen lernen, den kleinlicher Neid und blöder Stumpfsinn so oft aus dem Gesichtspunkte der Gemeinheit zu lästern – mindestens, wo sie die Übermacht seines Geistes nicht anzufechten vermochten, seine sittliche Würde zu entstellen versuchten! Wie ein Werk der bildenden Kunst zwar auch in der Ferne gewürdigt und bewundert werden kann, doch aber nur dem unmittelbaren Beschauer den vollen Zauber lebendiger Harmonie offenbart, so trat auch Goethes ganze Liebenswürdigkeit, die ganze harmonische Fülle seines Daseins erst im näheren persönlichen Umgange unverschleiert hervor.«

Am 7. November 1775 trifft Goethe in Weimar ein. Am 22. schreibt er an Johanna Fahlmer:

»Lieb Täntchen! Wie eine Schlittenfahrt geht mein Leben, rasch weg und klingelnd und promenierend auf und ab. Gott weiß wozu ich noch bestimmt bin, daß ich solche Schulen durchgeführt werde. Diese gibt meinem Leben neuen Schwung, und es wird alles gut werden. Ich kann nichts von meiner Wirtschaft sagen, sie ist zu verwickelt, aber alles geht erwünscht, wunderlich Aufsehn machts hier, wie natürlich. Schreiben Sie mir ein Wort. Wieland ist gar lieb, wir stecken immer zusammen, und gar zu gerne bin ich unter seinen Kindern. Sein Weib ist herzebrav, und gleicht der Laroche. Adieu.«

Wieland, nach dem Zusammentreffen mit Goethe, an Jacobi (10. November 1775):

»Wie ganz der Mensch beim ersten Anblick nach meinem Herzen war! Wie verliebt ich in ihn wurde, da ich am nämlichen Tage an der Seite des herrlichen Jünglings zu Tische saß!

Alles, was ich Ihnen (nach mehr als einer Krisis, die diese Tage über in mir vorging) jetzt von der Sache sagen kann, ist dies: Seit dem heutigen Morgen ist meine Seele so voll von Goethe, wie ein Tautropfe von der Morgensonne.«

Aus einem Gedicht Wielands:

Mit einem schwarzen Augenpaar,
Zaubernden Augen voll Götterblicken,
Gleich mächtig, zu töten und zu entzücken.
So trat er unter uns, herrlich und hehr,
Ein echter Geisterkönig, daher;
Und niemand fragte, wer ist denn der?
Wir fühlten beim ersten Blick, 's war ER!
Wir fühltens mit allen unsern Sinnen,
Durch alle unsre Adern rinnen.
So hat sich nie in Gottes Welt
Ein Menschensohn uns dargestellt,
Der alle Güte und alle Gewalt
Der Menschheit so in sich vereinigt!
So feines Gold, ganz innrer Gehalt,
Von fremden Schlacken so ganz gereinigt!
Der unzerdrückt von ihrer Last
So mächtig alle Natur umfaßt,
So tief in jedes Wesen sich gräbt,
Und doch so innig im Ganzen lebt!

Friedrich von Einsiedel aber, Hofmann der Herzogin-Mutter Anna-Amalia, dichtet:

's ist ein Genie voll Geist und Kraft,
Wie eben unser Herrgott zur Kurzweil schafft.
Meint, er könn uns alle übersehn,
Täten für ihn auf allen Vieren gehn.
Wenn der Fratz so mit einem spricht,
Schaut er einem stier ins Angesicht,
Glaubt er könns fein riechen an,
Was wäre hinter jedermann.
Mit seinen Schriften unsinnsvoll
Macht er die halbe Welt jetzt toll,

Schreibt ein Buch von einem albernen Tropf,
Der heiler Haut sich schießt vor den Kopf.
Meint wunder, was er ausgedacht,
Wenn er einem Mädel Herzweh macht.
Paradiert sich drauf als Doktor Faust,
Daß dem Teufel selber vor ihm graust. –
Nun denkt man sich einen Fürstensohn,
Der so vergißt Geburt und Thron
Und lebt mit solchen lockern Gesellen,
Die dem lieben Gott die Zeit abprellen,
Die glauben, es wohne Menschenverstand,
Wo man alle Etikette verbannt,
Sprechen immer aus vollem Herz,
Treiben mit der heiligen Staatskunst Scherz,
Sind ohne Plan und Politik,
Verhunzen unser bestes Meisterstück,
Daß es ein Jammer ist anzusehn,
Wie alle Projekte ärschlings gehn.

Ein anderer Hofmann, Freiherr von Seckendorff, berichtet seinem Bruder über den Weimarer Hof:

»Das Ganze teilt sich jetzt in zwei Horden, von denen jene des Herzogs die geräuschvolle, die andere die ruhige ist. In der ersten rennt, jagt, schreit, hetzpeitscht und galoppiert man; seltsamerweise hält man sich für geistreich, weil nämlich schöne Geister dazu gehören. Die zweite langweilt sich meistens; sie sieht ihre Pläne durchkreuzt von der anderen Gruppe, und die Vergnügen, die man sucht, entfliehen gewöhnlich in dem Augenblicke, wo sie beginnen sollen. – Man tanzt viel; man ermüdet nicht, Komödie zu spielen; aber ich weiß nicht, welches Hindernis sich der Fröhlichkeit in den Weg stellt. Die Intriguen, die Ungewißheit wegen der Zukunft, die geheimen Eifersüchteleien und Kabalen geben allen etwas Gezwungenes inmitten der Vergnügungen und nehmen den Festen Saft und Leben. So redet wohl Eins dem Andern vor, man amüsiere sich; indessen ist unter Zehn vielleicht noch nicht Einer, der sich nicht zum Sterben langweilt.
Serenissimus überläßt sich fortwährend den geräuschvollsten Zerstreuungen und kommt nicht heraus aus dem Kreise der Per-

sonen, die seine Augen bezaubert haben. Alle Tage werden durch neue ungewöhnliche Vergnügungen ausgezeichnet, ohne daß man fragt, was darüber geredet wird. Denn nach dem leider allzu getreulich befolgten Systeme seiner Ratgeber gibt es keine Konvenienz in der Welt und soll es keine geben. Nach ihrer Lehre stammen die geltenden Regeln nur aus menschlichen Grillen, und der erste Mann im Staate ist in der Lage, sie abzuschaffen. Es werden ja die wunderlichsten Dinge durch die Gewohnheit geheiligt; um nun neue Sitten einzuführen, muß man nur die ersten Angriffe der Kritik unbeachtet lassen. Und den öffentlichen Vorurteilen muß man festen Willen und Befehl entgegensetzen. Nach diesem schönen System wird gehandelt; du wirst zugeben, daß es weit führen kann!«

Von einer kleinen Exkursion Weihnachten 1775 schreibt Goethe an den Herzog Carl August:

»Im Nebelgeriesel, im tiefen Schnee,
Im wilden Wald, in der Winternacht,
Ich hörte der Wölfe Hungergeheul,
Ich hörte der Eulen Geschrei:
Wille wau wau wau!
Wille wo wo wo!
Wito hu!

Daß mir in diesem Winkel der Welt, nachts, in dieser Jahreszeit, mein alt Zigeunerlied wieder einfällt, ist ebenso natürlich, lieber gnädiger Herr, als daß ich mich gleich hinsetze es Ihnen aufzuschreiben, und hinterdrein einen Brief zu sudeln, denn ich vermisse Sie wahrlich schon, ob wir gleich nicht zwölf Stunden auseinander sind.

Drunten sitzen sie noch, nach aufgehobenem Tische, und schmauchen, und schwatzen daß ichs durch den Boden höre, Einsiedels klingende Stimme voraus. Ich bin heraufgegangen, es ist halb neune. Einsiedel ist zu Bette. Sein Magen liegt schief, Kaffee und Branntwein wolltens nicht bessern. Ich will auch gehen. Gute, herzliche Nacht.

Noch ein Wort ehe ich schlafen gehe. Wie ich so in der Nacht gegen das Fichtengebirge ritt, kam das Gefühl der Vergangenheit, meines Schicksals und meiner Liebe über mich, und sang so bei mir selber:

Angedenken du verklungner Freude,
Das ich immer noch am Halse trage,
Hältst du länger als das Seelenband uns beide?
Verlängerst du der Liebe kurze Tage?

Flieh ich, Lili, vor dir! Muß noch an deinem Bande
Durch fremde Lande,
Durch ferne Täler und Wälder wallen!
Ach, Lilis Herz konnte so bald nicht
Von meinem Herzen fallen.

Wie ein Vogel, der den Faden bricht
Und zum Walde kehrt,
Er schleppt, des Gefängnisses Schmach,
Noch ein Stückchen des Fadens nach;
Er ist der alte freigeborne Vogel nicht,
Er hat schon jemand angehört.

Den ersten Feiertag früh achte. Hab ziemlich lange geschlafen, die Sonne steht schon am Himmel. Der Abend gestern ward mit Würfeln und Karten vervagabundet. – Dienstag abends sechs. So auch der ganze heutige Tag! Nach Bürgel geritten! Das Amtshaus ist schön. Wäre wohl einmal ein Sommerritt für Ihro Durchlaucht. Und das Revier Waldeck ist recht schön. Die Waldungen in gutem Stand, daß es wohl Freude ist. – Drauf nach Hause. Die Odyssee war endlich aufgetrieben. Nach Tisch rammelten sich Rugantino und Basko, nachdem wir vorher unsere Imagination spazieren geritten hatten wies sein möchte, wenn wir Spitzbuben und Vagabunden wären, und, um das natürlich vorzustellen, die Kleider gewechselt hatten. Kraus war auch gekommen und sah in Bertuchs weißem Tressenrocke und einer alten Perücke des Wildmeisters wie ein verdorbener Landschreiber, Einsiedel in meinem Frack mit blauem Krägelchen wie ein verspielt Bürschchen, und ich in Kalbs blauem Rock mit gelben Knöpfen, rotem Kragen und vertrotteltem Kreuz und Schnurrbart wie ein Kapitalspitzbube aus. –«

Goethe verursacht in Weimar einen gewaltigen Wirbel, dessen Wellen sich durch ganz Deutschland verbreiten.

Johann Heinrich Voß schreibt an seine Braut. Wandsbek, den 14. Juli 1776:

»In Weimar geht es erschrecklich zu. Der Herzog läuft mit Goethen wie ein wilder Pursche auf den Dörfern herum, er besauft sich und genießet brüderlich einerlei Mädchen mit ihm. Ein Minister, ders gewagt hat, ihm seiner Gesundheit halber die Ausschweifungen abzuraten, hat zur Antwort gekriegt: Er müßte es tun, sich zu stärken.«

Gotter. Gotha, den 28. Dezember 1775:

»Goethe weiß noch nicht wie lang er in Weimar bleiben wird, wo er den Günstling in bester Form und Ordnung spielt und den ihm eigenen vertraulichen, nachlässigen, hingeworfenen Ton überall eingeführt hat.«

Frau von Stein an Zimmermann. Weimar, den 10. Mai 1776:

»Goethe verursacht hier einen großen Umsturz. Wenn er auch wieder Ordnung machen kann, um so besser für sein Genie. Sicherlich ist seine Meinung gut, aber zu große Jugend und zu geringe Erfahrung. – Doch warten wir das Ende ab!«

v. Byern an Knebel. Potsdam, den 8. Dezember 1776:

»In Berlin hatte ich einen Diskurs mit Himburg *(Verleger, der Goethes Schriften unrechtmäßig nachgedruckt hatte).* Er versicherte mir, Goethe und sein Busenfreund, der Herzog, führten das ausschweifendste Leben von der Welt. Wir würden wohl auch nichts mehr von Goethe zu hoffen haben, weil er sich den ganzen Tag in Branntwein besöffe.«

Merck an Nicolai. Darmstadt, den 19. Januar 1776:

»Was wird von dem sonderbaren Menschen nicht alles erzählt! Er folgt ganz seiner Laune, unbekümmert um die Folge ihrer Moralität. Ein Buch ließe sich von allen dem Törichten und Bösen schreiben, was seine Landsleute selbst in Frankfurt und drei Meilen von da mir selbst als Geheimnisse anvertraut haben, die, wenn sie wahr wären, ihn seines Bürgerrechtes verlustig und vogelfrei erklärten, wovon aber gottlob kein Jota wahr ist.«

Der Klatsch dringt auch zu Klopstock, der sich veranlaßt fühlt, Goethe zu schreiben (Hamburg, den 8. März 1776):

»Hier einen Beweis meiner Freundschaft, liebster Goethe. Er wird mir zwar ein wenig schwer, aber er muß gegeben werden. Lassen Sie mich nicht damit anfangen, daß ich es glaubwürdig weiß, denn ohne Glaubwürdigkeit würd ich schweigen. Denken Sie auch nicht, daß ich Ihnen, wenn es auf Ihr Tun und Lassen ankommt, dreinreden wolle; auch das denken Sie nicht, daß ich Sie deswegen, weil Sie vielleicht in diesem und jenem andere Grundsätze haben als ich, streng verurteile. Aber Grundsätze – Ihre und meine – beiseite, was wird denn der unfehlbare Erfolg sein, wenn er fortfährt? Der Herzog wird, wenn er sich fortwährend bis zum Krankwerden betrinkt, anstatt, wie er sagt, seinen Körper dadurch zu stärken, erliegen und nicht lange leben. – Wenn es nun wird geschehen sein, was ich fürchte, das geschehen werde? Die Herzogin wird vielleicht ihren Schmerz jetzo noch niederhalten können, denn sie denkt sehr männlich. Aber dieser Schmerz wird Gram werden. Und läßt sich der dann auch noch niederhalten? Louisens Gram! Goethe! – nein, rühmen Sie sich nur nicht, daß Sie sie lieben, wie ich! –

Es kommt auf Sie an, ob Sie dem Herzoge diesen Brief zeigen wollen oder nicht. Ich für mich habe nichts darwider. Im Gegenteil. Denn da ist er gewiß noch nicht, wo man die Wahrheit, die ein treuer Freund sagt, nicht mehr hören mag.

Ihr Klopstock.«

Goethe antwortet (21. Mai 1776):

»Verschonen Sie uns ins Künftige mit solchen Briefen, lieber Klopstock! Sie helfen nichts, und machen uns immer ein paar böse Stunden.

Sie fühlen selbst, daß ich nichts darauf zu antworten habe. Entweder müßte ich als Schulknabe ein pater peccavi anstimmen, oder mich sophistisch entschuldigen, oder als ein ehrlicher Kerl verteidigen, und dann käm vielleicht in der Wahrheit ein Gemisch von allen dreien heraus, und wozu? Also kein Wort mehr zwischen uns über diese Sache! Glauben Sie, daß mir kein Augenblick meiner Existenz überbliebe, wenn ich auf all solche Briefe, auf all solche Anmahnungen antworten sollte. – Dem

Herzog tats einen Augenblick weh, daß es von Klopstock wäre. Er liebt und ehrt Sie. Von mir wissen und fühlen Sie eben das. – Wir sind nicht schlimmer, und wills Gott besser als man uns sieht. Goethe.«

Ach, was soll der Mensch verlangen?
Ist es besser, ruhig bleiben?
Klammernd fest sich anzuhangen?
Ist es besser, sich zu treiben?

Soll er sich ein Häuschen bauen?
Soll er unter Zelten leben?
Soll er auf die Felsen trauen?
Selbst die festen Felsen beben.

Eines schickt sich nicht für alle!
Sehe jeder, wie ers treibe,
Sehe jeder, wo er bleibe,
Und, wer steht, daß er nicht falle!

Am 5. Februar 1776 schreibt Wieland an Lavater:

»Goethe bleibt vermutlich vielleicht noch lange hier – er ist mächtig umsponnen, und versucht nun das Abenteuer, von welchem ich abgestanden bin, so wie ich sah, daß es für einen andern aufgehoben sei. Er tut das Mögliche und was hunderten andern unmöglich wäre noch dazu. Aber o! wieviel mehr könnte, würde der herrliche Geist tun, wenn er nicht in dies unser Chaos gesunken wäre aus welchem er doch – mit allem seinen Willen, aller seiner Kraft – doch keine leidliche Welt schaffen wird. Aber – war ich nicht schon 38 Jahre alt, da ich mich noch durch eine magische Einbildung und die noch stärkere Magie des verführerischen Gedankens, viel Gutes, im Großen, auf Jahrhunderte zu tun, an diesen Hof ziehen, in dieses gefahrvolle, mit Precipicen umgebne – und beim Tageslicht besehn doch immer unmögliche Abenteuer verwickeln ließ? Goethe ist erst 26 Jahre alt. Wie sollt er, mit dem Gefühl solcher Kräfte, einer noch größeren Reizung widerstehen können? Denn sein ascendant über unsere Fürstenkinder, alt und jung, ist unglaublich. Und doch – doch, doch, wollen wir sehen! Wenns auch nur nicht ganz so schlimm wird als es sonst geworden wäre, wenn auch nur etwas Gutes geschieht, das sonst nicht geschehen wäre – so wars ja der Mühe wert!«

2 Tage später an Andreä:

»Goethe spielt seine Rolle edel und groß und meisterhaft. Außer der Erfahrenheit, die er nicht haben kann, fehlt ihm nichts.«

Goethe an Herder (12. Dezember 1775 und 2. Januar 1776):

»Lieber Bruder, der Herzog bedarf eines Generalsuperintendenten, hier wäre wohl was zu tun. Wieland ist eine brave Seele und die Fürstenkinder edel, lieb und hold. Er wünscht dich her, hatte eh die Idee als ich. Weiß aber nicht, was jetzt vorgeht. Ich hoffe du sollsts allein durch mich, und aus freier Wahl des Herzogs haben; – der Statthalter von Erfurt hat das Beste von dir gesagt, und bestätigt dem jungen Fürsten deinen Geist und Kraft, ich habe für deine politische Klugheit in geistlichen Dingen gutgesagt. Ich wünsche dich meinem Herzog und ihn dir. Es wird euch beiden wohltun, und – ja lieber Bruder, ich muß das stiften eh ich scheide. Lebe wohl! Wie die Sache rückt sollst du Nachricht haben.«

Goethe an Merck (5. und 22. Januar 1776):

»Ich treibs hier freilich toll genug, und denk oft an dich. Wirst hoffentlich bald vernehmen, daß ich auch auf dem Theatro mundi was zu tragieren weiß und mich in allen tragikomischen Farcen leidlich betrage. –
Ich bin nur ganz in alle Hof- und politische Händel verwickelt und werde fast nicht wieder weg können. Meine Lage ist vorteilhaft genug, und die Herzogtümer Weimar und Eisenach immer ein Schauplatz, um zu versuchen, wie einem die Weltrolle zu Gesicht stünde. Ob ich gleich mehr als jemals am Platz bin, das durchaus Scheißige dieser zeitlichen Herrlichkeit zu erkennen. Eben drum, adieu! – Ich hab einen Streich gemacht, der hoffentlich durchgeht und dir hoher Spaß sein wird.«

Goethe an Herder (24. Januar 1776):

»Bruder sei ruhig, ich habe mit trefflichen Hetzpeitschen die Kerls zusammengetrieben, und es kann nicht lang mehr stocken, so hast du den Ruf. Ich will dir ein Plätzchen kehren, daß du gleich hier sollst die Zügel zur Hand nehmen. Vielleicht bleib ich auch eine Zeitlang da. – Unser Herzog ist ein goldner Junge. Die Herzoginnen wünschen dich auch. – Vielleicht kriegst du den Ruf mit dieser Post schon.«

Goethe an Johanna Fahlmer (14. Februar 1776):

»Ich richte mich hier ins Leben, und das Leben in mich. Ich wollt, ich könnt Ihnen so vom Innersten schreiben, das geht aber nicht, es laufen so viel Fäden durcheinander, so viel Zweige aus dem Stamme, die sich kreuzen, daß ohne Diarium, das ich doch nicht geschrieben habe, nichts Anschauliches zu sagen ist. Herder hat den Ruf als Generalsuperintendent angenommen.

Ich werd auch wohl dableiben und meine Rolle so gut spielen als ich kann und so lang als mirs und dem Schicksal beliebt. Wärs auch nur auf ein paar Jahre, ist doch immer besser als das untätige Leben zu Hause, wo ich mit der größten Lust nichts tun kann. Hier hab ich doch ein paar Herzogtümer vor mir. Jetzt bin ich dran, das Land nur kennenzulernen, das macht mir schon viel Spaß. Und der Herzog kriegt auch dadurch Liebe zur Arbeit, und weil ich ihn ganz kenne, bin ich über viele Sachen ganz und gar ruhig. –

Die Mägdlein sind hier gar hübsch und artig, ich bin gut mit allen. Eine herrliche Seele ist die Frau von Stein, an die ich so was man sagen möchte geheftet und genistelt bin. Louise und ich leben nur in Blicken und Silben zusammen. Sie ist und bleibt ein Engel. Mit der Herzogin-Mutter hab ich sehr gute Zeiten, treiben auch wohl allerlei Schwänk und Schabernack. Sie sollten nicht glauben, wie viel gute Jungens und gute Köpfe beisammen sind, wir halten zusammen, sind herrlich untereins und dramatisieren einander, und halten den Hof uns vom Leibe.«

So schreibt er am 14. Februar; und am 6. März:

»Jetzt bitt ich euch, beruhigt euch ein für allemal, der Vater mag kochen was er will, ich kann nicht immer darauf antworten, nicht immer die Grillen zurechtlegen. Soviel ists: Ich bleibe hier, hab ein schön Logis gemiet', aber der Vater ist mir Ausstattung und Mitgift schuldig, das mag die Mutter nach ihrer Art einleiten, sie soll nur kein Kind sein, da ich Bruder und alles eines Fürsten bin. Der Herzog hat mir wieder hundert Dukaten geschenkt. Gegeben. Wie ihr wollt – ich bin ihm was ich ihm sein kann, er mir was er sein kann – das mag nun fortgehn wie und so lang das kann.«

1828 stirbt der Herzog. – Im Gespräch mit Eckermann sagt Goethe am 23. Oktober 1828:

»Fünfzig Jahre lang haben wir es miteinander fortgetrieben und es wäre kein Wunder, wenn wir es endlich zu etwas gebracht hätten. –

Der Herzog war 18 Jahre alt als ich nach Weimar kam; aber schon damals zeigten seine Keime und Knospen, was einst der Baum sein würde. Er schloß sich bald auf das Innigste an mich an, und nahm an allem, was ich trieb, gründlichen Anteil. Daß ich fast zehn Jahre älter war als er, kam unserem Verhältnis zugute. Er saß ganze Abende bei mir in tiefen Gesprächen über Gegenstände der Kunst und Natur und was sonst allerlei Gutes vorkam. Wir saßen oft tief in die Nacht hinein und es war nicht selten, daß wir nebeneinander auf meinem Sofa einschliefen.

Er war damals sehr jung, und es ging mit uns freilich etwas toll her. Er war wie ein edler Wein, aber noch in gewaltiger Gärung. Er wußte mit seinen Kräften nicht wohinaus, und wir waren oft sehr nahe am Halsbrechen. Auf Parforce-Pferden über Hecken, Gräben und durch Flüsse, und bergauf bergein sich tagelang abarbeiten, und dann nachts unter freiem Himmel kampieren, etwa bei einem Feuer im Walde: das war nach seinem Sinne.

In meinem Gedicht ›Ilmenau‹ ist eine nächtliche Szene vorgeführt, etwa nach einer solchen halsbrechenden Jagd im Gebirge. Wir hatten uns am Fuß eines Felsens kleine Hütten gebaut und mit Tannenreisern gedeckt, um darin auf trockenem Boden zu übernachten. Vor den Hütten brannten mehrere Feuer und wir kochten und brieten was die Jagd gegeben hatte. Knebel, dem schon damals die Tabakspfeife nicht kalt wurde, saß dem Feuer zunächst und ergötzte die Gesellschaft mit allerlei trockenen Späßen, während die Weinflasche von Hand zu Hand ging. Seckendorff, der schlanke, mit den langen feinen Gliedern, hatte sich behaglich am Stamm eines Baumes hingestreckt.«

Sagt, wem vergleich ich diese muntre Schar?
Von wannen kommt sie? Um wohin zu ziehen?
Wie ist an ihr doch alles wunderbar!
Soll ich sie grüßen? Soll ich vor ihr fliehen?
Ist es der Jäger wildes Geistesheer?
Sinds Gnomen, die hier Zauberkünste treiben?
Ich seh im Busch der kleinen Feuer mehr –
Es schaudert mich, ich wage kaum, zu bleiben.
Ists der Ägyptier verdächtger Aufenthalt?
Ist es ein flüchtger Fürst wie im Ardennerwald?
Soll ich Verirrter hier in den verschlungnen Gründen
Die Geister Shakespeares gar verkörpert finden?
Ja, der Gedanke führt mich eben recht:
Sie sind es selbst, wo nicht ein gleich Geschlecht!
Unbändig schwelgt ein Geist in ihrer Mitten,
Und durch die Roheit fühl ich edle Sitten.

»Abseits, in einer der kleinen Tannenhütten lag der Herzog in tiefem Schlaf. Ich selber saß davor, bei glimmenden Kohlen, in allerlei schweren Gedanken, auch in Anwandlungen von Bedauern über mancherlei Unheil, das meine Schriften angerichtet. Knebel und Seckendorff erscheinen mir noch jetzt in jenem Gedicht gar nicht schlecht gezeichnet, und auch der junge Fürst nicht, in diesem düstern Ungestüm seines zwanzigsten Jahres.

Der Vorwitz lockt ihn in die Weite,
Kein Fels ist ihm zu schroff, kein Steg zu schmal;
Der Unfall lauert an der Seite
Und stürzt ihn in den Arm der Qual.
Dann treibt die schmerzlich überspannte Regung
Gewaltsam ihn bald da bald dort hinaus,
Und von unmutiger Bewegung
Ruht er unmutig wieder aus.

Und düster wild an heitern Tagen,
Unbändig ohne froh zu sein,
Schläft er, an Seel und Leib verwundet und zerschlagen,
Auf einem harten Lager ein.

So war er ganz und gar. Es ist darin nicht der kleinste Zug übertrieben. Doch aus dieser Sturm- und Drangperiode hatte sich der Herzog bald zu wohltätiger Klarheit durchgearbeitet, so daß ich ihn zu seinem Geburtstage im Jahre 1783 an die Gestalt seiner früheren Jahre sehr wohl erinnern mochte.
Ich leugne nicht, er hat mir anfänglich manche Not und Sorge gemacht. Doch seine tüchtige Natur reinigte sich bald und bildete sich bald zum besten, so daß es eine Freude wurde mit ihm zu leben und zu wirken.«

Am 4. März 1776 schreibt Wieland an Lavater:

»Denken Sie sich einmal Favorit und Faktotum und Goethe zusammen! Und Faktotum, das am Ende doch – nicht den hundertsten Teil von dem tun kann, was er gern täte! Und gleichwohl sehen Sie aus Herders Berufung zum Generalsuperintendenten und Oberhofprediger, daß Goethe etwas tut. Ich stelle mir seine hiesige Existenz als ein Farao-Spiel vor: Der Herzog hält die Bank, Goethe pointiert wider ihn. Goethe setzt 1, 2, 3, 4, oft 8 und mehr Tage auf eine Karte; verliert manchmal; aber weil er sein Spiel poussiert, so braucht er auch nur wieder ein einziges trente-leva oder soixante-leva zu gewinnen, so ist alles wieder ersetzt.«

Am 22. Februar an Gleim:

»Genug, daß ich nichts Besseres, Edleres, Herzlicheres, Lieberes und Größeres in der Menschheit kenne als ihn – so wild und siebenseltsam der holde Unhold auch zuweilen ist oder scheint.«

In den ersten zehn Jahren entsteht das Gedicht:

Das Göttliche

Edel sei der Mensch,
Hilfreich und gut!
Denn das allein
Unterscheidet ihn
Von allen Wesen,
Die wir kennen.

Heil den unbekannten
Höhern Wesen,
Die wir ahnen!
Ihnen gleiche der Mensch!
Sein Beispiel lehr uns
Jene glauben.

Denn unfühlend
Ist die Natur;
Es leuchtet die Sonne
Über Bös' und Gute,
Und dem Verbrecher
Glänzen wie dem Besten
Der Mond und die Sterne.

Wind und Ströme,
Donner und Hagel
Rauschen ihren Weg
Und ergreifen
Vorüber eilend
Einen um den andern.

Auch so das Glück
Tappt unter die Menge,
Faßt bald des Knaben
Lockige Unschuld,
Bald auch den kahlen
Schuldigen Scheitel.

Nach ewigen, ehrnen,
Großen Gesetzen
Müssen wir alle
Unseres Daseins
Kreise vollenden.

Nur allein der Mensch
Vermag das Unmögliche:
Er unterscheidet,
Wählet und richtet;
Er kann dem Augenblick
Dauer verleihen.

Er allein darf
Den Guten lohnen,
Den Bösen strafen,
Heilen und retten,
Alles Irrende, Schweifende
Nützlich verbinden.

Und wir verehren
Die Unsterblichen,
Als wären sie Menschen,
Täten im großen,
Was der Beste im kleinen
Tut oder möchte.

Der edle Mensch
Sei hilfreich und gut!
Unermüdet schaff er
Das Nützliche, Rechte,
Sei uns ein Vorbild
Jener geahneten Wesen!

DAS GARTENHAUS

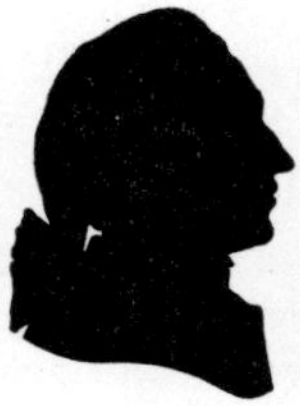

Goethe, der Achtundsiebzigjährige, zu Eckermann (26. September 1827):

»Immer die alte Geschichte! Immer der alte Meeresboden! – Wenn man von dieser Höhe auf Weimar hinabblickt und auf die mancherlei Dörfer umher, so kommt es einem vor wie ein Wunder, wenn man sich sagt, daß es eine Zeit gegeben, wo in dem weiten Tale dort unten die Walfische ihr Spiel getrieben. Und doch ist es so, wenigstens höchst wahrscheinlich. Die Möve aber, die damals über dem Meere flog, das diesen Berg bedeckte, hat sicher nicht daran gedacht, daß wir heute hier fahren würden. Und wer weiß, ob nach vielen Jahrtausenden die Möve nicht abermals über diesen Berg fliegt.

Ich war sehr oft an dieser Stelle und dachte in späteren Jahren sehr oft, es würde das letzte Mal sein, daß ich von hier aus die Reiche der Welt und ihre Herrlichkeiten überblickte. Allein es hält immer noch einmal zusammen.

Ich übersehe von hier aus eine Menge Punkte, an die sich die reichsten Erinnerungen eines langen Lebens knüpfen. Was habe ich nicht drüben in den Bergen von Ilmenau in meiner Jugend alles durchgemacht! Dann dort unten im lieben Erfurt wie manches gute Abenteuer erlebt! Auch in Gotha war ich in frühester Zeit oft und gerne; doch seit langen Jahren so gut wie gar nicht. Das hat so seine Bewandtnis, ich bin dort nicht zum Besten angeschrieben. Als die Mutter des jetzt regierenden Herrn noch in hübscher Jugend war, befand ich mich dort sehr oft. Ich saß eines Abends bei ihr alleine am Teetisch, als die beiden zehn- bis zwölfjährigen Prinzen, zwei hübsche, blondlockige Knaben, hereinsprangen und zu uns an den Tisch kamen. Übermütig, wie ich sein konnte, fuhr ich den beiden Prinzen mit meinen Hän-

den in die Haare, mit den Worten: Nun, ihr Semmelköpfe, was macht ihr? – Die Buben sahen mich mit großen Augen an, im höchsten Erstaunen über meine Kühnheit, und haben es mir später nie vergessen.
Ich will nun just eben nicht damit prahlen, aber es war so und lag tief in meiner Natur. Ich hatte vor der bloßen Fürstlichkeit, als solcher, wenn nicht zugleich eine tüchtige Menschennatur und ein tüchtiger Menschenwert dahinter steckte, nie viel Respekt. – Ja es war mir selber so wohl in meiner Haut, und ich fühlte mich selber so vornehm, daß, wenn man mich zum Fürsten gemacht hätte, ich es nicht eben sonderlich merkwürdig gefunden haben würde. Als man mir das Adelsdiplom gab, glaubten viele, wie ich mich dadurch möchte erhoben fühlen. Allein, unter uns, es war mir nichts, gar nichts! Wir Frankfurter Patrizier hielten uns immer dem Adel gleich, und als ich das Diplom in Händen hielt, hatte ich in meinen Gedanken eben nichts weiter, als was ich längst besessen.
Wir haben überhaupt in frühester Zeit hier manchen guten Tag gehabt und manchen guten Tag vertan. Wir waren alle jung und voll Übermut, und es fehlte uns im Sommer nicht an allerlei improvisiertem Komödienspiel und im Winter nicht an allerlei Tanz und Schlittenfahren mit Fackeln.«

Damals dichtete der junge Goethe:

Dem Schnee, dem Regen,
Dem Wind entgegen,
Im Dampf der Klüfte,
Durch Nebeldüfte,
Immer zu! Immer zu!
Ohne Rast und Ruh!

Lieber durch Leiden
Möcht ich mich schlagen,
Als so viele Freuden
Des Lebens ertragen.
Alle das Neigen
Von Herzen zu Herzen,
Ach wie so eigen
Schaffet das Schmerzen!

Wie? soll ich fliehen?
Wälderwärts ziehen?
Alles vergebens!
Krone des Lebens,
Glück ohne Ruh,
Liebe, bist du!

Sehr bald nach seinem Eintritt in Weimar begegnet Goethe Frau von Stein. Seit Beginn des Jahres 1776 vergeht kaum ein Tag, an dem er ihr nicht einen Brief oder wenigstens ein rasch hingeworfenes Zettelchen schickt.

»Einen guten Morgen liebste Frau. Herzogin Louise läßt Ihnen sagen: Sie möchten bald wieder gesund werden, denn ohne Sie sei kein Auskommens. Gehen Sie in die Komödie? Ich bitte nur um ein Wort, Besänftigerin!«

(Undatiert.)

»Lieber Engel, ich komm nicht ins Konzert, denn ich bin so wohl, daß ich nicht sehen kann das Volk! Lieber Engel. Liebe Frau, leide daß ich dich so lieb habe. Wenn ich jemand lieber haben kann, will ich dir's sagen. Will dich ungeplagt lassen. Adieu Gold. Du begreifst nicht wie ich dich lieb hab.«

(28. Januar 1776.)

»Liebe Frau. Um fünfe seh ich Sie, kann Ihnen jetzt nichts von mir sagen. Auf der Galerie war mirs wunderlich, habe nachher allerlei Schicksale ausgestanden. – Vielleicht mach ich mir auch weis, daß ich sehe, wenns Tag ist, daß ich mich wärme an der Hitze, und friere am Frost. Es kann all Grille sein – genug, vor der Hand ist mirs so, wenn mirs anders wird, wird sichs zeigen. Sollst mich auch ein bißchen lieb haben.«

(29. Januar 1776.)

»Liebe Frau, ich werde wieder weggerissen und hab dir so viel zu sagen. Heut hab ich wieder Wieland viel meiner letzten Jahrs-Geschicht erzählt, und wenn ihr mich warm haltet, so schreib ichs wohl für euch ganz allein. Denn es ist mehr als Beichte, wenn man auch das bekennt, worüber man nicht Absolution bedarf. Adieu Engel, ich werde eben nie klüger, und muß

Gott danken dafür. Adieu. Und mich verdrießts doch auch, daß ich dich so lieb habe und just dich!« *(Undatiert.)*

Der du von dem Himmel bist,
Alle Freud und Schmerzen stillest,
Den, der doppelt elend ist,
Doppelt mit Erquickung füllest,
Ach ich bin des Treibens müde!
Was soll all die Qual und Lust.
Süßer Friede,
Komm ach komm in meine Brust!

Am Hang des Ettersberg,
den 12. Februar 1776.

Frau von Stein an den Arzt Zimmermann, der Goethe in Straßburg Frau von Steins Silhouette gezeigt hatte (6. März 1776):

»Goethe ist hier geliebt und gehaßt. Sie fühlen wohl, daß es hier genug Dickköpfe gibt, die ihn nicht begreifen. Vor einigen Stunden war er bei mir. Ich gestand ihm, ich wünschte selbst, er möchte etwas von seinem wilden Wesen, darum ihn die Leute hier so schief beurteilen, ablegen. Aber eine Weile muß ers so treiben, um den Herzog zu gewinnen und dann Gutes zu stiften, so denk ich davon. Er gab mir den Grund nicht an, verteidigte sich mit wunderbaren Gründen, mir bliebs als hätt er unrecht. Er war sehr gut gegen mich, nannte mich im Vertrauen seines Herzens Du, das verwies ich ihm mit dem sanftesten Ton von der Welt sichs nicht anzugewöhnen, weil es nun eben niemand wie ich zu verstehen weiß, und er ohnedies oft gewisse Verhältnisse aus den Augen setze. Da springt er wild auf vom Kanapee, sagt, ich muß fort, läuft ein paar Mal auf und ab um seinen Stock zu suchen, find ihn nicht, rennt so zur Türe hinaus ohne Abschied, ohne Gute Nacht. Sehen Sie, lieber Zimmermann, so wars heute mit unserm Freund. Schon einige Mal habe ich bittern Verdruß um ihn gehabt, das weiß er nicht und solls nie wissen.
Ich habe erstaunlich viel auf meinem Herzen, das ich dem Unmenschen sagen muß. Es ist nicht möglich, mit seinem Betragen kommt er nicht durch die Welt. Wenn unser sanfter Sittenlehrer gekreuziget wurde, so wird dieser bittere zerhackt. Warum seine beständige bittere Kritik an den Menschen, es sind ja alles Ge-

schöpfe des großen Wesens, das duldet sie ja. Ich fühle, Goethe und ich werden niemals Freunde; auch seine Art mit unserm Geschlecht umzugehn gefällt mir nicht, er ist eigentlich was man kokett nennt; es ist nicht Achtung genug in seinem Umgang. Zerreißen Sie meinen Brief, es ist mir, als wenn ich eine Undankbarkeit gegen Goethen damit begangen hätte, aber um keine Falschheit zu begehn will ichs ihm alles sagen sobald ich nur Gelegenheit finde.«

Wieland an Merck (25. März 1776):

»Goethe bleibt nun wohl hier, so lange Carl August lebt, und möchte das bis zu Nestors Alter währen! Er ist auch im Begriff einen Garten zu kaufen, welches ich auch getan habe, also und dergestalt, daß wir beide, notabene ohne vorgängige Abrede, uns beinahe in ein und ebendemselben Augenblick in den Weimarischen Philisterorden begeben haben – welches dann mit alle dem lustig genug ist. Für mich ist kein Leben mehr, ohne diesen wunderlichen Knaben, den ich als meinen eingeborenen einzigen Sohn liebe, und, wie einem echten Vater zukommt, meine innige Freude daran habe, daß er mir so schön übern Kopf wächst, und alles das ist, was ich nicht habe werden können.«

Frau von Stein an Zimmermann (10. Mai 1776):

»Mir gehts mit Goethen wunderbar, nach acht Tagen, wie er mich so heftig verlassen hat, kommt er mit einem Übermaß von Liebe wieder. Ich hab zu mancherlei Betrachtungen durch Goethen Anlaß bekommen; je mehr ein Mensch fassen kann deucht mir, je dunkler, anstößiger wird ihm das Ganze, je eher fehlt man den ruhigen Weg. Gewiß hatten die gefallenen Engel mehr Verstand als die übrigen. –

Ich bin durch unsern lieben Goethe ins Deutsch-Schreiben gekommen, wie Sie sehen, und ich danks ihm, was wird er wohl noch mehr aus mir machen? denn wenn er hier, lebt er immer um mich herum.

Goethe und Wieland haben sich alle beide hier Gärtens gekauft, sind aber nicht Nachbarn, sondern liegen an verschiedenen Toren. In Goethens Garten hab ich schon einmal Kaffee getrunken und von seinem Spargel gegessen, den er selbst gestochen und in seinem Ziehbrunnen gewaschen hatte. In Goethens Garten ist die schönste Aussicht, die hier zu haben ist. Er liegt an einem Berg, und unten ist die Wiese, die von einem kleinen Fluß durchschlungen wird.«

Goethe an Frau von Stein:

»Zum erstenmal im Garten geschlafen, und nun Erdkulin für ewig. Da sind Spargel, erst jetzt gestochen, lassen Sie sie nicht unter die andern kommen, essen Sie sie allein, da Sie doch einmal das glückliche Vorurteil dafür haben; wie mirs eben am besten schmeckt, wenn ich sie mit Ihnen esse. Sagen Sie mir, wies Ihnen heut mittag ist. Ob ich kommen darf? Die Ruhe hierhaußen ist unendlich. – Ade. Den 19. Mai Sonntag.«

Aus seinem Gartenhaus schreibt Goethe an Auguste Gräfin zu Stolberg:

»Ach Gustchen! Welcher Anblick! So viel von deiner Hand! – der ersehnten, erflehten – noch heut abend! – du Liebe nur dies! eh ich anfange zu lesen. – Und da ich gelesen habe, eine solche gute Nacht wie sie der Himmel der Erde bietet! – Engel – Ja Gustchen morgen fang ich dir ein Journal an! – das ist alles was ich tun kann – denn der dir nicht schrieb bisher ist immer derselbe. Nachts elf, den 16. Mai 1776.
Den 17. Mai. Morgens acht. Guten Morgen Gustchen. Nichts als dies zur Grundlage eines Tagbuchs für dich. Ach du nimmst an dem unsteten Menschen noch teil, der, seit er dir nichts von sich schrieb, seltsame Schicksale gehabt hat. Ich fühle daß ich dir nicht alles sagen kann drum mag ich nichts sagen. Adieu! –
In meinem Garten Gustchen gegen zehn. Hab ein liebes Gärtchen vorm Tore an der Ilm schönen Wiesen in einem Tale. Ist ein altes Häuschen drinne, das ich mir reparieren lasse. Alles blüht alle Vögel singen. Gustchen, und du bist krank! –
Den 18. Mai. Gestern konnt ich dir nichts mehr sagen. Der Husarnrittmeister kam in meinen Garten, ich ritt um elf nach dem Lustschloß Belvedere, wo ich hinten im Garten eine Einsiedelei anlege, allerlei Plätzchen drin für arme Kranke und bekümmerte Herzen. Ich aß mit dem Herzog, nach Tisch ging ich zur Frau von Stein, einem Engel von einem Weibe, der ich so oft die

Beruhigung meines Herzens und manche der reinsten Glückseligkeiten zu verdanken habe. Wir gingen in meinen Garten spazieren. Ihr Mann, ihre Kinder, ihr Bruder, ein paar Fräulein Ilten, es kamen mehr zu uns, wir gingen spazieren, begegneten der Herzogin-Mutter und dem Prinzen, die sich zu uns. Wir waren ganz vergnügt. Ich verließ die Gesellschaft, ging noch einen Augenblick zum Herzog und aß mit Frau von Stein zu Nacht. Nun ists wieder schöner heitrer Tag. Soviel jetzt halb neun.

Zwölf Uhr in meinem Garten. Da laß ich mir von den Vögeln was vorsingen, und zeichne Rasenbänke die ich will anlegen lassen, damit Ruhe über meine Seele komme, und ich wieder von vorne mög anfangen zu tragen und zu leiden. Gustchen könnt ich dir von meiner Lage sagen! die erwünschteste für mich, die glücklichste, und dann wieder – Ich sagte immer in meiner Jugend zu mir, da so viel tausend Empfindungen das schwankende Ding bestürmten: Was das Schicksal mit mir will, daß es mich durch alle die Schulen gehen läßt, es hat gewiß vor, mich dahin zu stellen, wo mich die gewöhnlichen Qualen der Menschheit gar nicht mehr anfechten müssen. Und jetzt noch, ich seh alles als Vorbereitung an!

Sonnabends nachts zehn in meinem Garten. Ich habe meinen Philipp nach Hause geschickt und will allein hier zum erstenmal schlafen. Und so meinen Schlaf einweihen, daß ich dir schreibe. Die Maurer haben gearbeitet bis Nacht, ich wollt sie aus dem Haus haben, wollte – o ich kann dir nicht ins Detail gehn. Den ganzen Nachmittag war die Herzogin-Mutter da und der Prinz, und waren guten lieben Humors, und ich hab denn so herum gehausvatert, wie alles weg war, ein Stück kalten Braten gessen und mit meinem Philipp von seiner und meiner Welt geschwätzt, war ruhig und bins und hoffe gut zu schlafen zu holdem Erwachen. Gute Nacht Beste. – Es geht gegen elf ich hab noch gegessen und einen englischen Garten gezeichnet. Es ist eine herrliche Empfindung dahausen im Feld allein zu sitzen. Morgen frühe wie schön. Alles ist so still. Ich höre nur meine Uhr tacken, und den Wind und das Wehr von ferne, gute Nacht. –
Sonntag früh den 19. Guten Morgen! ein trüber aber herrlicher Tag. Ich hab lang geschlafen, wachte aber gegen vier auf, wie schön war das Grün dem Auge, das sich halbtrunken auftat. Da schlief ich wieder ein.

Nachts zehn. Im Garten versteht sich jetzt von selbst. Ging um elf heut früh in die Stadt, steckte mich in ehrbare Kleider, machte eine Visite, ging zum Herzog, einen Augenblick zur Herzogin-Mutter, wir haben Italieners hier, die uns gute Güsse der Antiken schaffen, dann bei Frau von Stein zu Tisch, wir hatten Lust uns zu necken, um vier zu Wieland in Garten, wo der Maler Kraus dazukam. Beide mit mir in meinen Garten. Sie verließen mich, da kam der Herzog und der Prinz mit noch zween guten Geistern. Wir schwatzten und trieben allerlei. Frau von Stein mit ihrer Mutter kam von Oberweimar herunter spazieren, wir begleiteten sie, kehrten um, der Prinz verließ uns auch, ich erzählte dem Herzog eine Geschichte eines meiner Freunde, der sich wunderlich durch die Welt schlagen mußte, begleitet' ihn nach der Stadt und kam allein zurück. Hier treu mein Tag, lieb Gustchen. Ich hab so viel gedacht! daß ichs doch nur nicht so hinsagen kann.

Montag, 20. Süßer Morgen. Arbeiter in meinem Garten. Allerlei Beschäftigungen! – – –

Bei der Herzogin-Mutter gessen. Nach Tische ging alles nach Tiefurt wo der Prinz sich hat ein Pachtgut artig zurecht machen lassen. Die Bauern empfingen ihn mit Musik, Böllern, ländlichen Ehrenpforten, Kränzlein, Kuchen, Tanz, Feuerwerkspuppen, Serenade usw. Wir waren vergnügt, ich hatte das Glück, alles sehr schön zu sehen. Und nun bin ich im Garten, hab eine Viertelstunde nach dem Feuerzeug getappt und mich geärgert und bin so froh, daß ich jetzt Licht habe, dir das zu schreiben. Da drüben auf dem Schlosse sah ich viel Licht, indes ich nach einem Funken schnappte, und wußte doch, daß der Herzog gern mit mir getauscht hätte, wenn ers in dem Augenblick hätte wissen können. Es ist ein trefflicher Junge und wird, wills Gott, auch ausgären. Gute Nacht. Eine große Bitte hab ich! – Meine Schwester, der ich so lang geschwiegen hab als dir, plagt mich wieder heute um Nachrichten oder so was von mir. Schick ihr diesen Brief, und schreib ihr! – O daß ihr verbunden wärt! Daß in ihrer Einsamkeit ein Lichtstrahl von dir auf sie hinleuchtete, und wieder von ihr ein Trostwort zur Stunde der Not herüber zu dir käme. Lernt euch kennen. Seid einander, was ich euch nicht sein kann. Was rechte Weiber sind, sollten keine Männer lieben, wir sinds nicht wert. Gute Nacht, halb elfe.

Dienstag 21. Früh sechs aufgestanden, herrlicher kühler Sonnen-

morgen. Arbeiter im Garten. Ein Jäger bringt mir einen jungen Fuchs.
Mittwoch, den 22. um zehn Uhr. Gestern wieder nach Tiefurt, die regierende Herzogin war dort. Der Herzog und noch einige blieben die Nacht draußen, heut früh ritten wir herein, dem Manöver der Husaren zuzusehen, und nun bin ich wieder in meinem Garten.
Donnerstag, den 23. ist mir auch wieder wunderbares Wesen um den Kopf gezogen – Was wirds werden, ich hab eben noch viel auszustehen, das ists, was ich in allen Drangsalen meiner Jugend fühlte, aber gestählt bin ich auch und will ausdauern bis ans Ende. Adieu.«

Aus dem Gartenhaus, an Frau von Stein:

»Guten Morgen mit Spargels. Wie ists Ihnen gestern gegangen. Mir hat Philipp noch einen Eierkuchen gebacken und drauf hab ich mich in blauen Mantel gehüllt auf den Altan, an den Boden in ein trocken Winkelchen gelegt und im Blitz, Donner und Regen herrlich geschlummert, daß mir sogar mein Bett nachher fatal war. Den 3. Mai 1777, Goethe.
Ich erziehe schon die ganze Woche an einem Strauß für Sie auf morgen.«
»Im Garten unter freiem Himmel! Seit Sie weg sind, fühl ich erst, daß ich etwas besitze, und daß mir was obliegt. Meine übrigen kleinen Leidenschaften, Zeitvertreibe und Miseleien hingen sich nur so an dem Faden der Liebe zu Ihnen an, der mich durch mein jetzig Leben durchziehen hilft, da Sie weg sind, fällt alles in Brunnen.
Heut früh war ich in Belvedere, haben gefischt und auf der Stelle gebacken.
Neue Einrichtungen und Ausrichtungen werd ich machen. Meine Bäume versorgen! – und werde sehr von den Mücken gestochen.
Mit beschmierten Baumwachsfingern fahr ich fort. Ich habe meine Bäume versorgt, und die Räuber abgedrückt! – diese Heilung heischten sie schon Monate her und ich ging immer vorbei. – Ein Poet und Liebhaber sind schlechte Wirte! – Ists wohl, weil der Poet ein Liebhaber, oder weil der Liebhaber ein Poet ist??!! – –

Adieu Beste! – Bleiben Sie mir! Wie ich Ihnen! Adieu Gold. Den 12. Juni 1777.«

»Heut ists eben zwei Jahre daß ich herkam. Diese noch einmal zu leben!? Nun am Ende doch. Adieu Gold. Den 7. November 1777.

Mit einem Blick auf den Morgen, da ich vor zwei Jahren zuerst in Weimar aufwachte, und nun bis hierher ist mir wunderbar fröhlich und rührend geworden. Was mir das Schicksal alles gegeben hat, und wie nach und nach, wie man Kindern Freuden macht, daß ich jedes Gut erst ganz ausgekostet, mir so ganz eigen gemacht habe, daß ich in die von mir ehdes entferntesten Gefühle und Zustände lieblich bin hineingeleitet worden.«

Unter den Briefen dieser Zeit an Frau von Stein findet sich die erste Fassung des Gedichtes:

An den Mond

Füllest wieder 's liebe Tal
Still mit Nebelglanz,
Lösest endlich auch einmal
Meine Seele ganz.

Breitest über mein Gefild
Lindernd deinen Blick
Wie der Liebsten Auge, mild
Über mein Geschick.

Das du so beweglich kennst,
Dieses Herz im Brand,
Haltet ihr wie ein Gespenst
An den Fluß gebannt,

Wenn in öder Winternacht
Er vom Tode schwillt
Und bei Frühlingslebens Pracht
An den Knospen quillt.

Selig, wer sich vor der Welt
Ohne Haß verschließt,
Einen Mann am Busen hält
Und mit dem genießt,

Was den Menschen unbewußt
Oder wohl veracht'
Durch das Labyrinth der Brust
Wandelt in der Nacht.

Goethe an Merck (5. August 1778):

»In meinem Tal wirds immer schöner, das heißt, es wird mir näher und andern und mir genießbarer, da ich die vernachlässigten Plätzchen alle mit Händen der Liebe polstre und putze, und jederzeit mit größter Sorgfalt die Fugen der Kunst der lieben immer bindenden Natur zu befestigen und zu decken übergebe. Dies herzige Spielwerk ist ein Kahn, auf dem ich oft über flache Gegenden meines Zustandes wegschwimme. Im Innersten aber geht alles nach Wunsch. Bäume pflanz ich jetzt, wie die Kinder Israel Steine legten zum Zeugnis.«

Schaff, das Tagwerk meiner Hände,
Hohes Glück, daß ichs vollende!
Laß, o laß mich nicht ermatten!
Nein, es sind nicht leere Träume:
Jetzt nur Stangen, diese Bäume
Geben einst noch Frucht und Schatten.

Aus dem Tagebuch des Jahres 1780.

4. März

»Die Veränderungen, die ich nach und nach im Garten gemacht habe, ließen mich über die Veränderung meiner Sinnesart nachdenken. Es ward mir viel lebendig.«

26. März

»Mannigfaltige Gedanken und Überlegungen, das Leben ist so geknüpft und die Schicksale so unvermeidlich. Wundersam! Ich habe so manches getan, was ich jetzt nicht möchte getan haben, und doch, wenns nicht geschehen wäre, würde unentbehrliches

Gute nicht entstanden sein. Es ist, als ob ein Genius oft unser hegemonikon *(unseren Leitstern)* verdunkelte, damit wir zu unsrem und andrer Vorteil Fehler machen. War eingehüllt den ganzen Tag, und konnte den vielen Sachen, die auf mich drücken, weniger widerstehn. Ich muß den Zirkel, der sich in mir umdreht, von guten und bösen Tagen näher bemerken, Leidenschaften, Anhänglichkeit, Trieb dies oder jenes zu tun. Erfindung, Ausführung, Ordnung, alles wechselt und hält einen regelmäßigen Kreis. Heiterkeit, Trübe, Stärke, Elastizität, Schwäche, Gelassenheit, Begier ebenso. Da ich sehr Diät lebe, wird der Gang nicht gestört, und ich muß noch herauskriegen, in welcher Zeit und Ordnung ich mich um mich selbst bewege.«

22. Juni

»Meine Tage waren von morgens bis in die Nacht besetzt. Man könnte noch mehr, ja das Unglaubliche tun, wenn man mäßiger wäre. Das geht nun nicht. Wenn nur jeder den Stein hübe, der vor ihm liegt. Doch sind wir hier sehr gut dran. Alles muß zuletzt auf einen Punkt, aber eherne Geduld, ein steinern Aushalten. Wenns nur immer schön Wetter wäre. Wenn die Menschen nur nicht so pover innerlich wären und die reichen so unbehilflich. Wenn pppp. Ordnung hab ich nun in allen meinen Sachen, nun mag Erfahrenheit, Gewandtheit pp. auch ankommen. Wie weit ists im Kleinsten zum Höchsten.«

Sechs Jahre lang ist das kleine Gartenhaus Goethes ständige Wohnung, bis er 1782 das weiträumige Haus am Frauenplan bezieht. Der Abschied wird ihm schwer; er tröstet sich, indem er sich sagt, daß der Garten ihm Zufluchtsort bleibe.

Einen Besuch im Garten im Jahre 1824 schildert Eckermann (22. März):

»Mit Goethe vor Tisch nach seinem Garten gefahren. Die Lage dieses Gartens, jenseits der Ilm, in der Nähe des Parks, an dem westlichen Abhange eines Hügelzuges, hat etwas sehr Trauliches. Von Nord- und Ostwinden geschützt, ist er den erwärmenden und belebenden Einwirkungen des südlichen und westlichen Himmels offen, welches ihn, besonders im Herbst und Frühling, zu einem höchst angenehmen Aufenthalte macht.

Die Luft war sommerartig, angenehm; es wehte ein sehr linder Südwestwind. Einzelne kleine Gewitterwolken zogen am heitern Himmel herüber; sehr hoch bemerkte man sich auflösende Zyrrus-Streifen. Wir betrachteten die Wolken genau und sahen, daß sich die ziehenden geballten der untern Region gleichfalls auflösten, woraus Goethe schloß, daß das Barometer im Steigen begriffen sein müsse.
Goethe sprach darauf sehr viel über das Steigen und Fallen des Barometers, welches er die Wasserbejahung und Wasserverneinung nannte. Er sprach über das Ein- und Ausatmen der Erde nach ewigen Gesetzen.
Während er mich so über höhere Dinge belehrte, gingen wir in dem breiten Sandwege des Gartens auf und ab. Wir traten in die Nähe des Hauses, das er seinem Diener aufzuschließen befahl, um mir das Innere zu zeigen. Die weiß abgetünchten Außenseiten sah ich ganz mit Rosenstöcken umgeben, die, von Spalieren gehalten, sich bis zum Dach hinaufgerankt hatten.
Goethe führte mich in das Innere des Hauses, das ich vorigen Sommer zu sehen versäumt hatte. Unten fand ich nur ein wohnbares Zimmer, an dessen Wänden einige Karten und Kupferstiche hingen.
Wir gingen die Treppe hinauf in die oberen Zimmer; ich fand deren drei und ein Kabinettchen, aber alle sehr klein und ohne eigentliche Bequemlichkeit. Goethe sagte, daß er in früheren Jahren hier eine ganze Zeit mit Freuden gewohnt und sehr ruhig gearbeitet habe.«

Aus dem Jahre 1827 berichtet der Dichter Holtei:

»Irgendein unangenehmer Zufall, eine kleine Familienszene, machte Goethe verdrüßlich, und er sprach diesen Verdruß zum höchsten Erstaunen des Hofes und der ganzen Stadt dadurch aus, daß er urplötzlich vom raschesten Entschlusse getrieben seine Wohnung mied und das kleine Gartenhaus am Park bezog. Mit diesem seinen Verehrern völlig unerklärlichen Wechsel des gewohnten Aufenthaltes war denn auch der Wille, allein und ungestört zu bleiben, ausgesprochen, und ich würde Weimar verlassen haben, ohne ihn noch einmal zu sehen, wenn nicht Eckermann in seiner unerschöpflichen Gutmütigkeit mir ein Abschiedsstündchen vermittelt hätte. Hab ich mirs nur eingebildet, oder hatte der unerforschliche Greis im ländlichen Häuschen andere Formen angenommen, – mir erschien er, als ich mich dort einfand, zugänglicher wie in den städtischen Räumen, milder, mitteilender.«

Aus einem Gedicht, das Goethe Ende 1780 an Frau von Stein schickt:

Sag ichs euch, geliebte Bäume,
Die ich ahndevoll gepflanzt,
Als die wunderbarsten Träume
Morgenrötlich mich umtanzt?

Wachset wie aus meinem Herzen,
Treibet in die Luft hinein;
Denn ich grub viel Freud und Schmerzen
Unter eure Wurzeln ein.

Diese Bäume habe ich vor fünfzig Jahren alle eigenhändig gepflanzt, ich habe die Freude gehabt, sie heranwachsen zu sehen, und genieße nun schon seit geraumer Zeit die Erquickung ihres Schattens. Das Laub dieser Eichen und Buchen ist der mächtigsten Sonne undurchdringlich; ich sitze hier gerne an warmen Sommertagen nach Tische, wo denn auf diesen Wiesen und auf dem ganzen Park umher oft eine Stille herrscht, von der die Alten sagen würden: daß der Pan schlafe.
Wir haben hier in diesem Gartenhäuschen tüchtige Jahre verlebt, und weil es denn mit uns sich auch dem Abschlusse nähert, so mag sich die Schlange in den Schwanz beißen, damit es ende, wo es begonnen.

DAS AMT

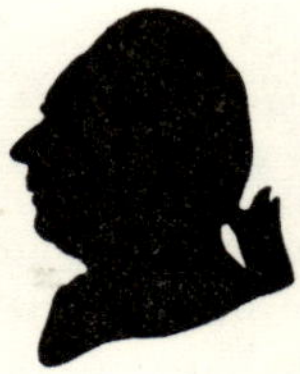

Jedes Geschäft wird eigentlich nur durch ethische Hebel bewegt, daher alles auf die Persönlichkeit ankommt, die jede auf eigentümliche Weise behandelt sein will. Ist man der Liebe des Individuums zu seinem Geschäftszweige gewiß, so verfahre man läßlich, doch Ordnung fordernd und erhalte verdiente Männer bei gutem Humor. Daraus entstehen nun freilich so viele kleine Welten als Individuen. Ich wirkte in meinen öffentlichen Geschäften nach meiner Weise, als Mensch, nicht kanzleimäßig, nicht so direkt und folglich etwas minder platt. Ich suchte jeden Untergebenen frei im gemessenen Kreise sich bewegen zu lassen, damit er auch fühle, daß er ein Mensch sei. Es kommt alles auf den Geist an, den man einem öffentlichen Wesen einhaucht, und auf Folge. –

Ich war mir edler, großer Zwecke bewußt, konnte aber niemals die Bedingungen begreifen, unter denen ich wirkte; was mir mangelte, merkt ich wohl, was an mir zuviel sei, gleichfalls; deshalb unterließ ich nicht, mich zu bilden, nach außen und von innen. Und doch blieb es beim alten. Ich verfolgte jeden Zweck mit Ernst, Gewalt und Treue; dabei gelang mir oft, widerspenstige Bedingungen vollkommen zu überwinden, oft aber auch scheiterte ich daran, weil ich nachgeben und umgehen nicht lernen konnte. Und so ging mein Leben hin unter Tun und Genießen, Leiden und Widerstreben, unter Liebe, Zufriedenheit, Haß und Mißfallen anderer. Hieran spiegele sich, dem das gleiche Schicksal geworden.

Goethes Vater schreibt an Schönborn, einen Verehrer des Sohnes in Algier (24. Juli 1776):

»Ihr freundschaftlicher Brief an unsern Sohn ist allhier richtig eingelaufen, und ist seine Schuld nicht, daß er bisher unbeantwortet geblieben. Er war damals schon abwesend, und wir mußten ihm solchen nach Weimar schicken, wo er sich noch aufhält.
Der Herzog von Weimar lernte ihn schon vor zwei Jahren auf der vorteilhaften Seite kennen, und nachdem er von Durlach, wo er sich mit der Darmstädtischen Prinzessin Louise vermählt hat, wieder zurück nach Frankfurt kam, wurde er von diesem jungen herzoglichen Paar in aller Form nach Weimar eingeladen. Er hielt sich den vergangenen Winter daselbst als Gast auf und unterhielt die dortige Herrschaften mit Vorlesung seiner noch ungedruckten Werkchens, führte das Schlittschuhfahren und andern guten Geschmack ein.
Je mehr nun aber der Herzog den Doktor kennenlernte, desto weniger konnte er ihn entbehren, und prüfte seine Gaben hinlänglich, die er so beschaffen fand, daß er ihn endlich zu seinem Geheimen Legationsrat mit Sitz und Stimme im Geheimen Conseil und zwölfhundert Talern Besoldung ernannte.
Da sitzt nun der Poet und fügt sich in sein neues Amt bestmöglichst. Wir wollen ihn auch darin sitzen lassen.«

Auf dem Wege zu dem neuen Amt hatte es von seiten des Adels und der Beamtenschaft erhebliche Widerstände gegeben. Vor allem widersetzt sich der erste Minister, Freiherr von Fritsch, und bittet um seine Entlassung. Carl August nimmt das Entlassungsgesuch des Ministers nicht an, besteht auf Goethes Berufung und versucht Fritsch für diesen zu gewinnen. Fritsch läßt sich nicht überzeugen. Erst ein Brief der Herzogin-Mutter Anna-Amalia (13. Mai 1776) veranlaßt ihn zum Nachgeben:

»Die Gründe, welche Sie anführen, haben mich tief bekümmert, sie sind eines geistreichen Mannes wie Sie, der die Welt kennt, nicht würdig. Sie sind eingenommen gegen Goethe, den Sie vielleicht nur aus unwahren Berichten kennen, oder den Sie von einem falschen Gesichtspunkte beurteilen. Sie wissen, wie sehr mir der Ruhm meines Sohnes am Herzen liegt, und wie sehr ich darauf hingearbeitet habe und noch täglich arbeite, daß er von

Ehrenmännern umgeben sei; wäre ich überzeugt, daß Goethe zu diesen kriechenden Geschöpfen gehörte, denen kein anderes Interesse heilig ist als ihr eigenes, und die nur aus Ehrgeiz tätig sind, so würde ich die erste sein, die gegen ihn auftritt. Ich will zu Ihnen nicht von seinen Talenten, von seinem Genie sprechen; ich rede nur von seiner Moral. Seine Religion ist die eines wahren und guten Christen, die ihn lehrt, seinen Nächsten zu lieben und es zu versuchen, ihn glücklich zu machen. Das ist doch der erste, hauptsächlichste Wille unseres Schöpfers. Machen Sie Goethes Bekanntschaft, suchen Sie ihn kennenzulernen; Sie wissen, daß ich meine Leute erst gehörig prüfe, bevor ich über sie urteile, daß die Erfahrung mich in solcher Bekanntschaft vielfach belehrt hat und daß ich dann ohne Vorurteil richte.
Noch einmal, gehen Sie in sich; ich kenne Sie als dankbar; ich bitte Sie aus Liebe für mich, verlassen Sie meinen Sohn nicht unter diesen Umständen; ich rate es Ihnen und ich bitte Sie darum, ebenso aus Liebe für meinen Sohn wie aus Liebe für Sie.
Ich bin mit aller möglichen Freundschaft

Ihre sehr wohlgewogene Freundin Amalia.«

Zu Goethes neuem Amt äußert Wieland:

An Merck (27. Mai 1776):

»Goethe lebt und regiert und wütet, und gibt Regenwetter und Sonnenschein, tour à tour comme vous savez, und macht uns glücklich, er mache was er will.«

An Lavater (22. Juni 1776):

»Er ist nun Geheimer Legationsrat, und sitzt im Ministerio unsers Herzogs – ist Favorit-Minister, Faktotum und trägt die Sünden der Welt. Er wird viel Gutes schaffen, viel Böses hindern, und das muß – wenns möglich ist – uns dafür trösten, daß er als Dichter wenigstens auf viele Jahre für die Welt verloren ist. Denn Goethe tut nichts halb. Da er nun einmal in diese neue Laufbahn getreten ist, so wird er nicht ruhen, bis er am Ziel ist; wird als Minister so groß sein, wie er als Autor war.«

Der Hofmann Freiherr von Lyncker dagegen schreibt in seinen Erinnerungen:

»Die alten erfahrenen Diener, mit welchen die hochgeschätzte Herzogin-Mutter so lange weislich und glücklich regiert und das Land wie die Kassen in blühenden Zustand versetzt hatte, machten bedenkliche Gesichter und meinten wohl mit Recht, daß es nicht immer gut sei, sogenannten schönen Geistern gewichtige Landesstellen anzuvertrauen. Und wirklich wollte man behaupten, daß der der Direktion des nunmehrigen Geheimen Legationsrat Goethe übergebene Ilmenauer Bergbau sowie seine Behandlung des Chausseewesens und der Wasser- und Uferbauten unverhältnismäßiges Geld gekostet und dafür doch nicht den erwünschten Erfolg gehabt hätten. – Possierlicherweise hatte das Hofpferd, auf welchem Goethe in vorbenannten Angelegenheiten umherritt, den Stallnamen Poesie erhalten, und, wo dieses Pferd mit seinem geistreichen Reiter erschien, da, sagte man, gab es wunderbare Veranstaltungen. – Der Durchlauchtige junge Herr überzeugte sich wohl nach einiger Zeit selbst hiervon und hat seinen gewiß vortrefflichen Goethe nicht mehr mit derlei Gegenständen belastet, sondern ihm Muße zu der Pflege seines hohen Geistes, zu dem Studio der Kunst und Wissenschaften und deren Verbreitung gegönnt.«

Von einer Inspektionsreise 1780 schreibt Goethe an Frau von Stein:

»Kalten Nordheim den 13. September abends. Wir sind gegen Mittag hier angekommen und ich finde hier kein Interesse als was man mir von Wiesenwässerungen vorerzählt, die sie in der Gegend eingerichtet haben. Morgen wollen wir alles besichtigen.

Den 14. nachts. Endlich, nachdem ich 15 Stunden gelebt habe, finde ich einen ruhigen Augenblick, Ihnen zu schreiben. Wenn ich doch einem guten Geist das alles in die Feder diktieren könnte, was ich Ihnen den ganzen Tag sage und erzähle. Abends bin ich abgetragen und es fällt mir nicht alles wieder ein.

Heute in dem Wesen und Treiben verglich ich mich einem Vogel, der sich aus einem guten Endzweck ins Wasser gestürzt hat und dem, da er am Ersaufen ist, die Götter seine Flügel in Floß-

federn nach und nach verwandeln. Die Fische, die sich um ihn bemühen, begreifen nicht, warum es ihm in ihrem Elemente nicht sogleich wohl wird.
Heute haben wir heiß gehabt und ein sehr pfiffiges Kind dieser Welt bei uns zu Tische. Dann hat mir ein böser Prozeß einige Stunden Nachdenkens und Schreibens gemacht.
In meinem Kopf ists wie in einer Mühle mit viel Gängen wo zugleich geschroten, gemahlen, gewalkt und Öl gestoßen wird.
O thou sweet poetry ruf ich manchmal und preise den Mark Antonin glücklich, wie er auch selbst den Göttern dafür dankt, daß er sich in die Dichtkunst und Beredsamkeit nicht eingelassen. Ich entziehe diesen Springwerken und Kaskaden soviel möglich die Wasser und schlage sie auf Mühlen und in die Wässerungen, aber eh ichs mich versehe zieht ein böser Genius den Zapfen und alles springt und sprudelt. Und wenn ich denke, ich sitze auf meinem Klepper und reite meine pflichtmäßige Station ab, auf einmal kriegt die Mähre unter mir eine herrliche Gestalt, unbezwinglich Lust und Flügel und geht mit mir davon.

Meine Göttin

Welcher Unsterblichen
Soll der höchste Preis sein?
Mit niemand streit ich,
Aber ich geb ihn
Der ewig beweglichen,
Immer neuen,
Seltsamsten Tochter Jovis,
Seinem Schoßkinde,
Der Phantasie.

Denn ihr hat er
Alle Launen,
Die er sonst nur allein
Sich vorbehält,
Zugestanden
Und hat seine Freude
An der Törin.

Sie mag rosenbekränzt
Mit dem Lilienstengel
Blumentäler betreten,
Sommervögeln gebieten
Und leichtnährenden Tau
Mit Bienenlippen
Von Blüten saugen,

Oder sie mag
Mit fliegendem Haar
Und düsterm Blicke
Im Winde sausen
Um Felsenwände
Und tausendfarbig
Wie Morgen und Abend,
Immer wechselnd
Wie Mondesblicke
Den Sterblichen scheinen.

Laßt uns alle
Den Vater preisen,
Den alten, hohen,
Der solch eine schöne,
Unverwelkliche Gattin
Dem sterblichen Menschen
Gesellen mögen!

Denn uns allein
Hat er sie verbunden
Mit Himmelsband,
Und ihr geboten,
In Freud und Elend
Als treue Gattin
Nicht zu entweichen.

Alle die andern
Armen Geschlechter
Der kinderreichen
Lebendigen Erde
Wandeln und weiden

In dunklem Genuß
Und trüben Schmerzen
Des augenblicklichen
Beschränkten Lebens,
Gebeugt vom Joche
Der Notdurft.

Uns aber hat er
Seine gewandteste,
Verzärtelte Tochter,
Freut euch! gegönnt.
Begegnet ihr lieblich
Wie einer Geliebten!
Laßt ihr die Würde
Der Frauen im Haus!

Und daß die alte
Schwiegermutter Weisheit
Das zarte Seelchen
Ja nicht beleid'ge!

Doch kenn ich ihre Schwester,
Die ältere, gesetztere,
Meine stille Freundin –
O daß die erst
Mit dem Licht des Lebens
Sich von mir wende,
Die edle Treiberin,
Trösterin: Hoffnung!«

Unser physisches sowohl als geselliges Leben, Sitten, Gewohnheiten, Weltklugheit, Philosophie, Religion, ja so manches zufällige Ereignis, alles ruft uns zu: daß wir entsagen sollen. So manches, was uns innerlich eigenst angehört, sollen wir nicht nach außen hervorbilden; was wir von außen zu Ergänzung unsres Wesens bedürfen, wird uns entzogen, dagegen aber so vieles aufgedrungen, das uns so fremd als lästig ist. Man beraubt uns des mühsam Erworbenen, des freundlich Gestatteten, und ehe wir hierüber recht ins klare sind, finden wir uns genötigt, unsere Persönlichkeit erst stückweis und dann völlig aufzugeben.

Dabei ist es aber hergebracht, daß man denjenigen nicht achtet, der sich deshalb ungebärdig stellt; vielmehr soll man, je bittrer der Kelch ist, eine desto süßere Miene machen, damit ja der gelassene Zuschauer nicht durch irgendeine Grimasse beleidigt werde.
Diese schwere Aufgabe jedoch zu lösen, hat die Natur den Menschen mit reichlicher Kraft, Tätigkeit und Zähigkeit ausgestattet. Besonders aber kommt ihm der Leichtsinn zu Hilfe, der ihm unzerstörlich verliehen ist. Hierdurch wird er fähig, dem Einzelnen in jedem Augenblick zu entsagen, wenn er nur im nächsten Moment nach etwas Neuem greifen darf; und so stellen wir uns unbewußt unser ganzes Leben immer wieder her, Wir setzen eine Leidenschaft an die Stelle der andern; Beschäftigungen, Neigungen, Liebhabereien, Steckenpferde, alles probieren wir durch, um zuletzt auszurufen, daß alles eitel sei. Niemand entsetzt sich vor diesem falschen, ja gotteslästerlichen Spruch; ja man glaubt etwas Weises und Unwiderlegliches gesagt zu haben. Nur wenige Menschen gibt es, die solche unerträgliche Empfindung vorausahnen und, um allen partiellen Resignationen auszuweichen, sich ein für allemal im ganzen resignieren.
Diese überzeugen sich von dem Ewigen, Notwendigen, Gesetzlichen und suchen sich solche Begriffe zu bilden, welche unverwüstlich sind, ja durch die Betrachtung des Vergänglichen nicht aufgehoben, sondern vielmehr bestätigt werden.

Aus dem Tagebuch der ersten Weimarer Jahre:

»1778.

14. Dezember. Ich bin nicht zu dieser Welt gemacht; wie man aus seinem Haus tritt, geht man auf lauter Kot, und weil ich mich nicht um Lumperei kümmre, nicht klatsche und solche Rapporteurs nicht halte, handle ich oft dumm. – Viel Arbeit in mir selbst, zu viel Sinnens, daß abends mein ganzes Wesen zwischen den Augenknochen sich zusammenzudrängen scheint. Hoffnung auf Leichtigkeit durch Gewohnheit. Bevorstehende neue Ekelverhältnisse durch die Kriegskommission. Durch Ruhe und Geradheit geht doch alles durch.

1779.

10. Januar, Gartenhäuschen. Früh die Offiziere und meine künftigen Subalternen. Über das Geschäft mich in der Stille be-

arbeitet. Immer bild ich mir ein, es sei besser, wenn einer menschlichere Leidenschaften hätte. Ich bin zu abgezogen, um die rechten Verhältnisse, die meist Lumperei und Armut Geists und Beutels sind, zu finden und zu benutzen; doch es muß gehn, da ich viel klarer bin und sehr vorsichtig, oft zu mißtrauisch, das aber nichts schadet.
13. Januar. Die Kriegskommission übernommen. Erste Session. Fest und ruhig in meinen Sinnen, und scharf. Allein dies Geschäfte diese Tage her. Mich drin gebadet, und gute Hoffnung, in Gewißheit des Ausharrens. Der Druck der Geschäfte ist sehr schön der Seele; wenn sie entladen ist, spielt sie freier und genießt des Lebens. Elender ist nichts als der behagliche Mensch ohne Arbeit, das Schönste der Gaben wird ihm ekel. Schwierigkeit, irdische Maschinen in Gang zu setzen, auch zu erhalten. Lehrbuch und Geschichte sind gleich lächerlich dem Handelnden. Aber auch kein stolzes Gebet als um Weisheit, denn diese haben die Götter ein für allemal den Menschen versagt. Klugheit teilen sie aus, dem Stier nach seinen Hörnern und der Katze nach ihren Klauen, sie haben alle Geschöpfe bewaffnet.
25. Juli. Das Elend wird mir nach und nach so prosaisch wie ein Kaminfeuer. Aber ich lasse doch nicht ab von meinen Gedanken und ringe mit dem unerkannten Engel, sollt ich mir die Hüfte ausrenken. Es weiß kein Mensch, was ich tue und mit wieviel Feinden ich kämpfe, um das Wenige hervorzubringen. Bei meinem Streben und Streiten und Bemühen bitt ich euch, nicht zu lachen, zuschauende Götter. Allenfalls lächeln mögt ihr, und mir beistehen.

1780.

13. Mai. Bei Gott, es ist kein Kanzellist, der nicht in einer Viertelstunde mehr Gescheits reden kann, als ich in einem Vierteljahr, Gott weiß, in zehn Jahren tun kann. Dafür weiß ich auch, was sie alle nicht wissen, und tu, was sie alle nicht wissen, oder auch wissen. Ich fühle nach und nach ein allgemeines Zutrauen, und gebe Gott, daß ichs verdienen möge, nicht wies leicht ist, sondern wie ichs wünsch. Was ich trage an mir und andern, sieht kein Mensch. Das Beste ist die tiefe Stille, in der ich gegen die Welt lebe und wachse, und gewinne, was sie mir mit Feuer und Schwert nicht nehmen können.«

Am 16. Juni 1777 schreibt Goethe an Frau von Stein:

»Um achte war ich in meinem Garten, fand alles gut und wohl und ging mit mir selbst, mitunter lesend, auf, ab. Um neune kriegt ich Brief, daß meine Schwester tot sei. – Ich kann nun weiter nichts sagen.«

Aus dem Tagebuch:

»16. Juni. Brief des Tods meiner Schwester. Dunkler zerrissener Tag.
17. Juni. Leiden und Träumen.«

Goethe an seine Mutter (28. Juni 1777):

»Ich kann Ihr nichts sagen, als daß das Glück sich gegen mich immer gleich bezeigt, daß mir der Tod der Schwester nur desto schmerzlicher ist, da er mich in so glücklichen Zeiten überrascht. Ich kann nur menschlich fühlen und lasse mich der Natur, die uns heftigen Schmerz nur kurze Zeit, Trauer lang empfinden läßt.
Lebe Sie glücklich, sorge Sie für des Vaters Gesundheit, wir sind nur einmal so beisammen. Adieu, liebe Mutter. Grüße Sie den armen Schlosser auch von mir.«

An Auguste Gräfin zu Stolberg (17. Juli 1777):

»Dank, Gustchen, daß du aus deiner Ruhe mir in die Unruhe des Lebens einen Laut herübergegeben hast.

Alles geben die Götter, die unendlichen,
Ihren Lieblingen ganz,
Alle Freuden, die unendlichen,
Alle Schmerzen, die unendlichen, ganz.

So sang ich neulich, als ich tief in einer herrlichen Mondnacht aus dem Flusse stieg, der vor meinem Garten durch die Wiesen fließt; und das bewahrheitet sich täglich an mir. Ich muß das Glück für meine Liebste erkennen, dafür schiert sie mich auch wieder wie ein geliebtes Weib. Den Tod meiner Schwester wirst du wissen. Mir geht in allem alles erwünscht, und leide allein um andre. Grüße die Brüder und behaltet mich lieb.«

Aus dem Tagebuch:

»24. Juni. Im Garten geschlafen, in herrlichem Mondschein aufgewacht. Herrliche Mischung des Mondlichts und anbrechenden Tags.«

Wieland an Merck (13. Juni 1777):

»Von meinen hiesigen sogenannten oder auch wirklich guten Freunden ist auch nicht ein einziger, der mir soviel Licht und Wärme mitteilte, als vonnöten ist, um ein paar Eier dabei lind zu sieden. Sogar Goethe und Herder sind für mich wenig besser, als ob sie gar nicht da wären. Mit jenem – was für herrliche Stunden und halbe Tage lebt' ich mit ihm im ersten Jahre! Nun ists als ob in den fatalen Verhältnissen, worin er steckt, ihn sein Genius ganz verlassen hätte; seine Einbildungskraft scheint erloschen; statt der allbelebenden Wärme, die sonst von ihm ausging, ist politischer Frost um ihn her. Er ist immer gut und harmlos, aber – er teilt sich nicht mehr mit – und es ist nichts mit ihm anzufangen. Auch sehen wir uns nur selten, wiewohl ich fest glaube, daß er nichts wider mich hat, und von mir überzeugt ist, daß ich ihn herzlich liebe.«

Einige Wochen später (30. Juli 1777) schreibt er:

»Goethe und ich sind seit meinem letzten Brief wieder mehr und näher zusammengerückt – und ich habe ihn wiedergefunden, wo ich ihn nun bald vor Jahr und Tag gelassen hatte, habe auch mir selbst geschworen, daß mich nimmer und nimmermehr nichts an ihm irremachen, noch von seiner Liebe scheiden soll.«

Goethes Mutter an dessen Diener Philipp Seidel (10. Oktober 1777):

»Euer Brief vom 5. Oktober hat uns sehr gefreut, insbesondere daß der Doktor gesund und guten Humors ist – Wann ihr sowas schreibt sollen euch für jetzt und künftig alle Vagabundereien verziehen sein, zumal der Herr Merck viel guts von euch erzählt hat, und wie hübsch ihr alle Sachen von eurem Herrn besorgt und in obacht nehmetet – als ein braver Pursch dürft ihr auch Freude haben, und ich wünsche euch recht viele. Die Reise von eurem Herrn mag gehen wohin sie will; so werdet ihr uns doch als im Vertrauen sagen wo er ist, denn man kann nicht wissen was als vorfällt, daß doch ein Brief zu euch gelangen kann. Von Herrn Wieland habe gar ein liebes Briefchen erhalten, wo er mir sagt, daß er das Christkindchen bei uns holen will, wir freuen uns sehr auf seine Ankunft. – Der Herr Rat ist immer noch nicht recht wohl, wir brauchen Medizin, laufen spazieren usw. Die Jahre kommen freilich heran, von denen es heißt, sie gefallen mir nicht. Was aber mich anbelangt so bin ich Gott sei Dank frisch und gesund auch gutes Humors zumal wenn ich als gute neue Mähr von euch geschrieben bekomme; macht mir also öfters so einen Spaß, dafür sollt ihr auch gelobt und gepriesen werden von allen, besonders aber von eurer euch stet gewogenen

E. Goethe.«

Aus Goethes Tagebuch (November 1777):

»Heiliges Schicksal, du hast mir mein Haus gebaut und ausstaffiert über mein Bitten, ich war vergnügt in meiner Armut unter meinem halbfaulen Dache, ich bat dich, mirs zu lassen, aber du hast mir Dach und Beschränktheit vom Haupte gezogen wie eine Nachtmütze. Laß mich nun auch frisch und zusammengenommen der Reinheit genießen. Amen. Ja und Amen winkt der erste Sonnenblick des 14. Novembers.

16. November. Projekte zur heimlichen Reise.

30. November, unterwegs zum Harz. Früh nach sechsen mit einem Boten ab. War scharf gefroren, und die Sonne ging mit herrlichsten Farben auf. Ich sah den Ettersberg, den Inselsberg, die Berge des Thüringer Waldes hinter mir. Dann die Spitze des Brockens auf einen Augenblick. Die Nacht kam leise und traurig. Ich mußte einen Boten mit einer Laterne nehmen, um durch die tiefe Finsternis hierher zu kommen. Fand keine Stube leer. Sitze im Kämmerchen neben der Wirtsstube. War den ganzen Tag in gleicher Reinheit.

7. Dezember, Clausthal. Heimweh. Geburtstag meiner abgeschiedenen Schwester.

10. Dezember, auf dem Harz. Früh nach dem Torfhause in tie-

fem Schnee. Ein Viertel nach zehn aufgebrochen von da auf den Brocken. Schnee eine Elle tief, der aber trug. Ein Viertel nach eins droben. Heiterer herrlicher Augenblick, die ganze Welt in Wolken und Nebel und oben alles heiter. Was ist der Mensch, daß du sein gedenkst.«

Harzreise im Winter

Dem Geier gleich,
Der auf schweren Morgenwolken
Mit sanftem Fittig ruhend
Nach Beute schaut,
Schwebe mein Lied.

Denn ein Gott hat
Jedem seine Bahn
Vorgezeichnet,
Die der Glückliche
Rasch zum freudigen
Ziele rennt;

Wem aber Unglück
Das Herz zusammenzog,
Er sträubt vergebens
Sich gegen die Schranken
Des ehernen Fadens,
Den die doch bittre Schere
Nur einmal löst. –

Der du der Freuden viel schaffst,
Jedem ein überfließend Maß,
Segne die Brüder der Jagd
Auf der Fährte des Wilds.

Aber den Einsamen hüll'
In deine Goldwolken!
Umgib mit Wintergrün,
Bis die Rose wieder heranreift,
Die feuchten Haare,
O Liebe, deines Dichters!

An Frau von Stein (4. bis 9. Dezember 1777):

»Mir ists eine sonderbare Empfindung unbekannt in der Welt herumzuziehen; es ist mir, als wenn ich mein Verhältnis zu den Menschen und den Sachen weit wahrer fühlte. Ich heiße Weber, bin ein Maler, habe jura studiert, oder ein Reisender überhaupt, betrage mich sehr höflich gegen jedermann, und bin überall wohl aufgenommen. Mit Frauens hab ich noch gar nichts zu schaffen gehabt. Eine reine Ruh und Sicherheit umgibt mich, bisher ist mir noch alles zu Glück geschlagen.
Wie sehr ich wieder, auf diesem dunklen Zug, Liebe zu der Klasse von Menschen gekriegt habe, die man niedre nennt, die aber gewiß für Gott die höchste ist. Da sind doch alle Tugenden beisammen, Beschränktheit, Genügsamkeit, grader Sinn, Treue, Freude über das leidlichste Gute, Harmlosigkeit, Dulden – Ausharren.
Der Nutzen aber, den das auf meinen phantastischen Sinn hat, mit lauter Menschen umzugehn, die ein bestimmtes, einfaches, dauerndes, wichtiges Geschäft haben, ist unsäglich. Es ist wie ein kaltes Bad, das einen aus einer bürgerlich-wollüstigen Abspannung wieder zu einem neuen, kräftigen Leben zusammenzieht.
Ich denke des Tags hundert Mal an den Herzog und wünsche ihm den Mitgenuß so eines Lebens, aber den rechten leckeren Geschmack davon kann er noch nicht haben, er gefällt sich noch zu sehr, das Natürliche zu was Abenteuerlichem zu machen, statt daß es einem erst wohl tut, wenn das Abenteuerliche natürlich wird.
Es ist eben um die Zeit, wenig Tage auf ab, daß ich vor neun Jahren krank zum Tode war; meine Mutter schlug damals in der äußersten Not ihres Herzens ihre Bibel auf und fand, wie sie mir nachher erzählt hat: ›Man wird wiederum Weinberge pflanzen an den Bergen Samariä, pflanzen wird man und dazu pfeifen.‹«

Aus den Tagebüchern der Jahre 1778 und 1779:

18. Januar 1778

»Diese Woche viel auf dem Eis, in immer gleicher fast zu reiner Stimmung. Schöne Aufklärungen über mich selbst und unsere

Wirtschaft, Stille und Vorahndung der Weisheit. Immer fortwährende Freude an Wirtschaft, Ersparnis, Auskommen. Schöne Ruhe in meinem Hauswesen gegen vorm Jahr. Bestimmteres Gefühl von Einschränkung und dadurch der wahren Ausbreitung.«

12. Februar 1778

»Fortdauernde reine Entfremdung von den Menschen. Stille und Bestimmtheit im Leben und Handeln. In mir viel fröhliche bunte Imagination.«

14. Juli 1779

»Gar schön ist der Feldbau, weil alles so rein antwortet, wenn ich was dumm oder was gut mache. Aber ich spüre zum voraus, es ist auch nicht für mich. Ich darf nicht von dem mir vorgeschriebnen Weg abgehn, mein Dasein ist einmal nicht einfach, nur wünsch ich, daß nach und nach alles Anmaßliche versiege, mir aber schöne Kraft übrigbleibe, die wahren Röhren nebeneinander in gleicher Höhe aufzupumpen.

Man beneidet jeden Menschen, den man auf seine Töpferscheibe gebannt sieht, wenn vor einem unter seinen Händen bald ein Krug, bald eine Schale nach seinem Willen hervorkommt. Den Punkt der Vereinigung des Mannigfaltigen zu finden, bleibt immer ein Geheimnis, weil die Individualität eines jeden darin besonders zu Rate gehen muß und niemanden anhören darf.«

7. August 1779

»Zu Hause aufgeräumt, meine Papiere durchgesehen und alle alten Schalen verbrannt. Andre Zeiten, andre Sorgen. Stiller Rückblick aufs Leben, auf die Verworrenheit, Betriebsamkeit, Wißbegierde der Jugend, wie sie überall herumschweift, um etwas Befriedigendes zu finden. Wie ich besonders in Geheimnissen, dunklen imaginativen Verhältnissen eine Wollust gefunden habe. Wie ich alles Wissenschaftliche nur halb angegriffen und bald wieder habe fahren lassen, wie eine Art von demütiger Selbstgefälligkeit durch alles geht, was ich damals schrieb. Wie kurzsinnig in menschlichen und göttlichen Dingen ich mich umgedreht habe. Wie des Tuns, auch des zweckmäßigen Denkens und Dichtens so wenig, wie in zeitverderbender Empfindung und Schatten-Leidenschaft gar viel Tage vertan, wie wenig mir davon zu Nutz kommen, und, da die Hälfte nun des Lebens vorüber ist, wie nun kein Weg zurückgelegt, sondern vielmehr ich nur dastehe, wie einer, der sich aus dem Wasser rettet, und den die Sonne anfängt wohltätig abzutrocknen. Die Zeit, daß ich im Treiben der Welt bin seit Oktober 75, getrau ich noch nicht zu übersehen. Gott helfe weiter und gebe Lichter, daß wir uns nicht selbst so viel im Wege stehn. Lasse uns vom Morgen zum Abend das Gehörige tun und gebe uns klare Begriffe von den Folgen der Dinge. Daß man nicht sei wie Menschen, die den ganzen Tag über Kopfweh klagen und gegen Kopfweh brauchen und alle Abend zu viel Wein zu sich nehmen. Möge die Idee des Reinen, die sich bis auf den Bissen erstreckt, den ich in Mund nehme, immer lichter in mir werden.«

In diesen Jahren entsteht das Gedicht:

Grenzen der Menschheit

Wenn der uralte
Heilige Vater
Mit gelassener Hand
Aus rollenden Wolken
Segnende Blitze
Über die Erde sät,
Küß ich den letzten
Saum seines Kleides,
Kindliche Schauer
Treu in der Brust.

Denn mit Göttern
Soll sich nicht messen
Irgend ein Mensch.
Hebt er sich aufwärts
Und berührt
Mit dem Scheitel die Sterne,
Nirgends haften dann
Die unsichern Sohlen,
Und mit ihm spielen
Wolken und Winde.

Steht er mit festen,
Markigen Knochen
Auf der wohlgegründeten
Dauernden Erde,
Reicht er nicht auf,
Nur mit der Eiche
Oder der Rebe
Sich zu vergleichen.

Was unterscheidet
Götter von Menschen?
Daß viele Wellen
Vor jenen wandeln,
Ein ewiger Strom:
Uns hebt die Welle,
Verschlingt die Welle,
Und wir versinken.

Ein kleiner Ring
Begrenzt unser Leben,
Und viele Geschlechter
Reihen sie dauernd
An ihres Daseins
Unendliche Kette.

DIE FREUNDIN

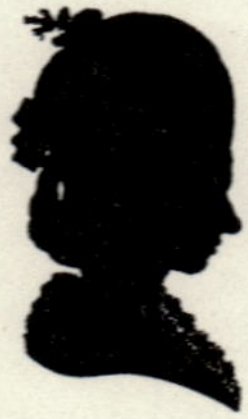

Warum gabst du uns die tiefen Blicke,
Unsre Zukunft ahndungsvoll zu schaun,
Unsrer Liebe, unserm Erdenglücke
Wähnend selig nimmer hinzutraun?
Warum gabst uns, Schicksal, die Gefühle,
Uns einander in das Herz zu sehn,
Um durch all die seltenen Gewühle
Unser wahr Verhältnis auszuspähn?

Ach, so viele tausend Menschen kennen,
Dumpf sich treibend, kaum ihr eigen Herz,
Schweben zwecklos hin und her und rennen
Hoffnungslos in unversehnem Schmerz;
Jauchzen wieder, wenn der schnellen Freuden
Unerwart'te Morgenröte tagt.
Nur uns armen liebevollen beiden
Ist das wechselseitge Glück versagt,
Uns zu lieben, ohn uns zu verstehen,
In dem andern sehn, was er nie war,
Immer frisch auf Traumglück auszugehen
Und zu schwanken auch in Traumgefahr.

Glücklich, den ein leerer Traum beschäftigt!
Glücklich, dem die Ahndung eitel wär!
Jede Gegenwart und jeder Blick bekräftigt
Traum und Ahndung leider uns noch mehr.
Sag, was will das Schicksal uns bereiten?
Sag, wie band es uns so rein genau?
Ach, du warst in abgelebten Zeiten
Meine Schwester oder meine Frau;

Kanntest jeden Zug in meinem Wesen,
Spähtest, wie die reinste Nerve klingt,
Konntest mich mit einem Blicke lesen,
Den so schwer ein sterblich Aug durchdringt.
Tropftest Mäßigung dem heißen Blute,
Richtetest den wilden irren Lauf,
Und in deinen Engelsarmen ruhte
Die zerstörte Brust sich wieder auf;

Hieltest zauberleicht ihn angebunden
Und vergaukeltest ihm manchen Tag.
Welche Seligkeit glich jenen Wonnestunden,
Da er dankbar dir zu Füßen lag,
Fühlt' sein Herz an deinem Herzen schwellen,
Fühlte sich in deinem Auge gut,
Alle seine Sinnen sich erhellen
Und beruhigen sein brausend Blut.

Und von allem dem schwebt ein Erinnern
Nur noch um das ungewisse Herz,
Fühlt die alte Wahrheit ewig gleich im Innern,
Und der neue Zustand wird ihm Schmerz.
Und wir scheinen uns nur halb beseelet,
Dämmernd ist um uns der hellste Tag.
Glücklich, daß das Schicksal, das uns quälet,
Uns doch nicht verändern mag.

Den 14. April 1776.

Im Alter – Frau von Stein war schon gestorben – erzählt Goethe Eckermann (7. Oktober 1827):

»Wir tappen alle in Geheimnissen und Wundern. Auch kann eine Seele auf die andere durch bloße stille Gegenwart entschieden einwirken. Unter Liebenden ist diese magnetische Kraft besonders stark und wirkt sogar in die Ferne. So erinnere ich mich eines Falles aus den ersten Jahren meiner Anwesenheit in Weimar, wo ich sehr bald wieder in leidenschaftliche Zustände geraten war. Ich hatte eine größere Reise gemacht und war schon seit einigen Tagen zurückgekehrt, aber durch Hofverhältnisse, die mich spät bis in die Nacht hielten, immer behindert gewesen, die Geliebte zu besuchen. Auch hatte unsere Neigung bereits die Aufmerksamkeit der Leute auf sich gezogen, und ich trug daher Scheu am offenen Tage hinzugehen, um das Gerede nicht zu vergrößern. Am vierten oder fünften Abend aber konnte ich es nicht länger aushalten, und ich war auf dem Wege zu ihr und stand vor ihrem Hause ehe ich es dachte. Ich ging leise die Treppe hinauf und war im Begriff in ihr Zimmer zu treten, als ich an verschiedenen Stimmen hörte, daß sie nicht alleine war. Ich ging unbemerkt wieder hinab und war schnell wieder in den dunklen Straßen, die damals noch keine Beleuchtung hatten. Unmutig und leidenschaftlich durchstreifte ich die Stadt in allen Richtungen wohl eine Stunde lang und immer einmal wieder vor ihrem Hause vorbei, voll sehnsüchtiger Gedanken an die Geliebte. Ich war endlich auf dem Punkt wieder in mein einsames Zimmer zurückzukehren, als ich noch einmal an ihrem Hause vorbeiging und bemerkte, daß sie kein Licht mehr hatte. Sie wird ausgegangen sein! sagte ich zu mir selber; aber wohin in dieser Dunkelheit der Nacht? und wo soll ich ihr begegnen? Ich ging abermals durch mehrere Straßen, es begegneten mir viele Menschen und ich war oft getäuscht, indem ich ihre Gestalt und ihre Größe zu sehen glaubte, aber bei näherem Hinzukommen immer fand, daß sie es nicht war. Ich glaubte schon damals fest an eine gegenseitige Einwirkung und daß ich durch ein mächtiges Verlangen sie herbeiziehen könne. Auch glaubte ich mich unsichtbar von höheren Wesen umgeben, die ich anflehte, ihre Schritte zu mir, oder die meinigen zu ihr zu lenken. Aber was bist du für ein Tor! sagte ich dann wieder zu mir selber. Noch einmal es versuchen und noch einmal zu ihr gehen wolltest du nicht und jetzt verlangst du Zeichen und Wunder!

Indessen war ich an der Esplanade hinuntergegangen und bis an das kleine Haus gekommen, das in späteren Jahren Schiller bewohnte, als es mich anwandelte umzukehren und zurück nach dem Palais und von dort eine kleine Straße rechts zu gehen. Ich hatte kaum hundert Schritte in dieser Richtung getan, als ich eine weibliche Gestalt mir entgegenkommen sah, die der ersehnten vollkommen gleich war. Die Straße war nur von dem schwachen Licht ein wenig dämmerig, das hin und wieder durch ein Fenster drang, und da mich diesen Abend eine scheinbare Ähnlichkeit schon oft getäuscht hatte, so fühlte ich nicht den Mut, sie aufs Ungewisse anzureden. Wir gingen dicht aneinander vorbei, so daß unsere Arme sich berührten; ich stand still und blickte mich um, sie auch. ›Sind Sie es?‹ sagte sie. Und ich erkannte ihre liebe Stimme. Endlich! sagte ich, und war beglückt bis zu Tränen. Unsere Hände ergriffen sich. Mein Glück war unbeschreiblich, sowohl über das endliche Wiedersehen, als auch darüber, daß mein Glaube mich nicht betrogen und mein Gefühl von einer unsichtbaren Entwicklung mich nicht getäuscht hatte.«

Henriette von Beaulieu, die Frau von Stein 1787 kennengelernt hatte, schreibt 1828, zwei Jahre nach dem Tode von Frau von Stein, in ihren Erinnerungen:

»Es läßt sich nicht leugnen, daß Frau von Stein bei dem besten Herzen viele Schlauheit und Weltklugheit besitzen mußte; sonst wäre es ihr unmöglich gewesen, bis ans Ende ihrer sehr langen Laufbahn ohne die mindeste Unterbrechung eine Stellung zu behaupten, die sie der Herzogin Louise und Goethen so nahe brachte, daß nur der Tod dies innige Verhältnis lösen konnte, auf welchem selbst jetzt noch, wo ich dies schreibe, ein undurchdringlicher Schleier ruht. Goethe allein vermöchte es, ihn zu lüften; aber schwerlich wird er sich dazu verstehen. Folglich wird auch die Nachwelt über eine Sache nicht klarer urteilen können, die den Zeitgenossen des großen Mannes stets rätselhaft blieb. Dem sei nun wie ihm wolle! Was auch jener Schleier verhüllen mag, Unwürdiges kann es nicht sein.«

Am 7. Oktober 1776 schreibt Goethe an Frau von Stein:

»Leben Sie wohl, Beste! Sie gehen und weiß Gott was werden wird! ich hätte dem Schicksal dankbar sein sollen, das mich in den ersten Augenblicken da ich Sie wiedersah so ganz rein fühlen ließ wie lieb ich Sie habe, ich hätte mich damit begnügen und Sie nicht weiter sehen sollen. Verzeihen Sie! Ich seh nun, wie meine Gegenwart Sie plagt, wie lieb ist mirs daß Sie gehn, in einer Stadt hielt ichs so nicht aus. Leben Sie wohl. Sie kommen mir eine Zeither vor wie Madonna die gen Himmel fährt, vergebens daß ein Rückbleibender seine Arme nach ihr ausstreckt, vergebens daß sein scheidender tränenvoller Blick den ihrigen noch einmal niederwünscht, sie ist nur in den Glanz versunken, der sie umgibt, nur voll Sehnsucht nach der Krone die ihr überm Haupte schwebt. Adieu doch Liebe!«

Auf die Rückseite dieses Briefes schrieb Frau von Stein:

»Obs unrecht ist was ich empfinde – –
und ob ich büßen muß die mir so liebe Sünde
will mein Gewissen mir nicht sagen;
vernicht' es Himmel du! wenn michs je könnt anklagen.«

Goethe am 6. September 1780 aus Ilmenau:

»Auf dem Gickelhahn, dem höchsten Berg des Reviers, hab ich mich gebettet, um dem Wuste des Städtchens, den Klagen, dem Verlangen, der unverbesserlichen Verworrenheit der Menschen auszuweichen. Wenn nur meine Gedanken zusamt von heut aufgeschrieben wären, es sind gute Sachen drunter.
Meine Beste, ich bin in die Hermannsteiner Höhle gestiegen, an den Platz, wo Sie mit mir waren, und habe das S, das so frisch noch wie gestern angezeichnet steht, geküßt und wieder geküßt, daß der Porphyr seinen ganzen Erdgeruch ausatmete, um mir auf seine Art wenigstens zu antworten. Ich bat den hundertköpfigen Gott, der mich so viel vorgerückt und verändert und mir doch Ihre Liebe, und diese Felsen erhalten hat: noch weiter fortzufahren und mich werter zu machen seiner Liebe und der Ihrigen.
Es ist ein ganz reiner Himmel und ich gehe des Sonnenuntergangs mich zu freuen. Die Aussicht ist groß aber einfach. – Die Sonne ist unter. Es ist eben die Gegend von der ich Ihnen die aufsteigenden Nebel zeichnete jetzt ist sie so rein und ruhig, und so uninteressant als eine große schöne Seele wenn sie sich am wohlsten befindet.«

Damals schreibt Goethe an die Wand des Jagdhäuschens auf dem Gickelhahn:

Über allen Gipfeln
Ist Ruh,
In allen Wipfeln
Spürest du

Kaum einen Hauch;
Die Vögelein schweigen im Walde.
Warte nur, balde
Ruhest du auch.

Goethe an Lavater (20. September 1780):

»Das Tagewerk, das mir aufgetragen ist, das mir täglich leichter und schwerer wird, erfordert wachend und träumend meine Gegenwart, diese Pflicht wird mir täglich teurer, und darin wünscht ichs den größten Menschen gleich zu tun, und in nichts größerm. Diese Begierde, die Pyramide meines Daseins, deren Basis mir angegeben und gegründet ist, so hoch als möglich in die Luft zu spitzen, überwiegt alles andre und läßt kaum augenblickliches Vergessen zu. Ich darf mich nicht säumen, ich bin schon weit in Jahren vor, und vielleicht bricht mich das Schicksal in der Mitte, und der babylonische Turm bleibt stumpf unvollendet. Wenigstens soll man sagen, es war kühn entworfen, und wenn ich lebe, sollen, wills Gott, die Kräfte bis hinauf reichen.
Auch tut der Talisman jener schönen Liebe, womit die Stein mein Leben würzt, sehr viel. Sie hat meine Mutter, Schwester und Geliebten nach und nach geerbt, und es hat sich ein Band geflochten wie die Bande der Natur sind. – –«

Goethe an Frau von Stein:

7. November 1780.

»Heut sinds fünf Jahre, daß ich nach Weimar kommen bin. Es tut mir recht leid, daß ich mein Lustrum nicht mit Ihnen feiern kann.
Gestern hatten wir recht schön und wunderbar Wetter, kamen sehr vergnügt hierher. Ihrer Liebe wieder ganz gewiß, ist mirs ganz anders. Es muß mit uns wie mit dem Rheinweine alle Jahr besser werden. Ich rekapituliere in der Stille mein Leben seit diesen 5 Jahren und finde wunderbare Geschichten. Der Mensch ist doch wie ein Nachtgänger; er steigt die gefährlichsten Kanten im Schlafe. Behalten Sie mich lieb. Das muß einen befestigen, daß man mit allem Guten bleibender und näher wird, das andre wie Schalen und Schuppen täglich von einem herunter fällt.«

8. März 1781.

»Gestern auf dem langen Weg dacht ich unsrer Geschichte nach; sie ist sonderbar genug. Ich habe mein Herz einem Raubschlosse verglichen, das Sie nun in Besitz genommen haben. Das Gesindel ist draus vertrieben, nun halten Sie es auch der Wache wert; nur durch Eifersucht auf den Besitz erhält man die Besitztümer. Machen Sies gut mit mir und schaffen Sie gottselig den Grimmenstein in Friedenstein um. Sie haben es weder durch Gewalt noch List; mit dem freiwillig sich Übergebenden muß man aufs Edelste handeln und sein Zutraun belohnen.

Setzen Sie Ihr gutes Werk fort und lassen Sie mich jedes Band der Liebe, Freundschaft, Notwendigkeit, Leidenschaft und Gewohnheit mich täglich fester an Sie binden. Wir sind in der Tat unzertrennlich, lassen Sie es uns auch immer glauben und immer sagen.«

11. März 1781.

»Adieu süße Unterhaltung meines innersten Herzens. Ich sehe und höre nichts guts, das ich nicht im Augenblick mit Ihnen teile. Und alle meine Beobachtungen über Welt und mich richten sich nicht, wie Mark Antonins, an mein eignes, sondern an mein zweites Selbst. Durch diesen Dialog, da ich mir bei jedem denke was Sie dazu sagen möchten, wird mir alles heller und werter. Auf das Siegel drück ich einen Kuß und bin dein für ewig.«

12. März 1781.

»Meine Seele ist fest an die deine angewachsen, ich mag keine Worte machen, du weißt, daß ich von dir unzertrennlich bin und daß weder Hohes noch Tiefes mich zu scheiden vermag. Ich wollte, daß es irgend ein Gelübde oder Sakrament gäbe, das mich dir auch sichtlich und gesetzlich zu eigen machte, wie wert sollte es mir sein. Und mein Noviziat war doch lang genug um sich zu bedenken. Adieu. Ich kann nicht mehr Sie schreiben, wie ich eine ganze Zeit nicht du sagen konnte.«

22. März 1781.

»Deine Liebe ist mir wie der Morgen- und Abendstern, er geht nach der Sonne unter und vor der Sonne wieder auf. Ja wie ein Gestirn des Pols, das nie untergehend über unserm Haupt einen ewig lebendigen Kranz flicht. Ich bete, daß es mir auf der Bahn des Lebens die Götter nie verdunkeln mögen. Der erste Frühlingsregen wird unsrer Spazierfahrt schaden. Die Pflanzen wird er aufquellen, daß wir bald des ersten Grüns uns erfreuen. Wir haben noch so keinen schönen Frühling zusammen erlebt, möchte er keinen Herbst haben. Adieu. Ich frage gegen 12 Uhr nach wie es wird. Adieu Beste, Liebste.«

23. März 1781.

»Sagen kann ich nicht, und darfs nicht begreifen, was deine Liebe für ein Umkehrens in meinem Innersten wirkt. Es ist ein Zustand, den ich, so alt ich bin, noch nicht kenne. Wer lernt aus in der Liebe. Adieu. Gott erhalte dich.«

22. April 1781.

»Fritz *(Frau von Steins Sohn)* hat mich noch im Bette angetroffen und so war das erste, was ich heute sah, das Beste, was dir angehört. Gestern Nacht hatt' ich große Lust meinen Ring wie Polykrates in das Wasser zu werfen, denn ich summierte in der stillen Nacht meine Glückseligkeit und fand eine ungeheure Summe. Ich werde wohl am Tasso schreiben können. Sag mir, was du heute vorhast. Ich will doch die kleine Schwägerin besuchen. Es ist ein unendlich schöner Tag. Vielleicht gibts einen warmen Regen. Adieu Liebste. Du meine Erfüllung vieler tausend Wünsche.«

23. April 1781.

»Diesen Morgen ward mirs so wohl, daß mich ein Regen zum Tasso weckte. Als Anrufung an dich ist gewiß gut was ich geschrieben habe. Obs als Szene und an dem Orte gut ist, weiß ich nicht. Hier etwas Neues von den Kindern der Erde. Ich habe mich zu reiten entschlossen, will zu Hause essen, und hören, was du für mich von deinen Abendstunden aufhebst, da du zum Tee gehst. Adieu, meine Seele ist auf deinen Lippen.«

Aus Herrenau

18. Juli 1781.

»Ich sehne mich heimlich nach dir ohne es mir zu sagen, mein Geist wird kleinlich und hat an nichts Lust, einmal gewinnen Sorgen die Oberhand, einmal der Unmut, und ein böser Genius mißbraucht meiner Entfernung von euch, schildert mir die lä-

stigste Seite meines Zustandes und rät mir, mich mit der Flucht zu retten; bald aber fühl ich, daß ein Blick, ein Wort von dir alle diese Nebel verscheuchen kann.
Jeden Abend grüß ich das rötliche Gestirn des Mars, das über die Fichtenberge vor meinem Fenster aufgeht, es muß dir über meinem Garten stehn und bald seh ichs mit dir an einem Fenster. Gute Nacht, meine Beste, entfernt von seiner Liebe ist nicht zu leben.«

9. Oktober 1781

»Den einzigen, Lotte, welchen du lieben kannst,
Forderst du ganz für dich und mit Recht.
Auch er ist einzig dein. Denn seit ich von dir bin
Scheint mir des schnellsten Lebens lärmende Bewegung
Nur ein leichter Flor durch den ich deine Gestalt
Immerfort wie in Wolken erblicke,
Sie leuchtet mir freundlich und treu,
Wie durch des Nordlichts bewegliche Strahlen
Ewige Sterne schimmern.

Es geht mir wohl, und ich lerne endlich der Welt gebrauchen. O Lotte, was für Häute muß man abstreifen, wie wohl ist mirs, daß sie nach und nach weiter werden, doch fühl ich, daß ich noch in manchen stecke. Manchmal, wenn ich abends die einsamen Treppen hinaufgehe, denk ich dich lebhaft, als ob du mir entgegen kämst. Ich bin ganz dein und habe ein neu Leben und ein neu Betragen gegen die Menschen seit ich weiß, daß du davon überzeugt bist. Adieu, Beste, Liebste. Grüße die Deinigen.«

Goethes Mutter schreibt an die Herzogin-Mutter Anna Amalia (16. November 1781):

»Haben doch Ihro Durchlaucht die Gnade und helfen mit dazu, daß mein Sohn den Winter in der Stadt eine Wohnung bekommt. So oft wir hier schlimme Witterung haben so fällt mirs schwer aufs Herz, daß der Doktor Wolf in seinen Garten gehen muß, daß allerlei Übels draus entstehen kann usw. Ihro Durchlaucht werden Frau Aja unendlich verbinden, wenn Sie ihr diesen Herzendruck helfen wegnehmen.«

Anna-Amalia antwortet (21. November 1781):

»Liebste Frau Aja, ich kann Ihnen mit viel Vergnügen ankündigen, daß Ihr geliebter Hätschelhans sich in Gnaden resolvieret hat, ein Haus in der Stadt zu mieten! Zwar werden sie erst um Ostern es beziehen, weil der Kontrakt von den jetzigen Bewohnern bis dahin gehet; indessen haben wir doch, liebe Mutter, halb den Sieg davon getragen! Es ist gut, daß es nun so weit gekommen ist. Auch habe ich ihm versprochen, einige Möbel anzuschaffen, weil er so hübsch fein und gut ist. Sie werden also die Güte haben, liebe Mutter, und mir einige Stoffproben von Bezügen zu schicken für Stühle und Kanapee und zugleich die Preise dabei.«

Goethes Mutter an Anna-Amalia (30. November 1781):

»Es hat mich sehr gefreut, daß mein Sohn sich ins künftige wie andere Christenmenschen gebärden und aufführen will. Daß Ihro Durchlaucht die Gnade haben wollen, dem guten Wolf sein neues Haus ausschmücken zu helfen, dafür statte ich den untertänigsten Dank ab.«

Im November 1781 mietet Goethe das Haus am Frauenplan, dessen Gartenausgang in die Straße führt, in der Frau von Stein wohnt. Er schreibt ihr am 14. November 1781:

»Auf Ostern zieht Hendrich aus, und ich trete in seine Miete, habe den ganzen Sommer Zeit mich einzurichten, und künftigen Winter sehn wir unsern Planen entgegen. Adieu Beste, du siehst, das Glück sorgt für uns. Der Ausgang durch den Garten ist nicht das Geringste von den Annehmlichkeiten dieser Wohnung.«

12. Dezember 1781:

»Um Gotteswillen kein Sie mehr! – Wie hofft ich auf deinen Brief, ich macht ihn zuletzt auf, und die Ihnen! er mag nun erst liegen, ich muß dich erst aus diesen Ihnen wieder übersetzen. Zur Strafe schreib ich dir nichts von mir und meiner Liebe, du sollst nur hören wie es andern geht und mir mit andern.
Indes die andre Seite trocknete hab ich diesen Brief durchkorrigiert und alle Ihnen weggestrichen. Nun wird es erst ein Brief.«

Gotha, 31. März 1782:

»Sonntag. Nachts halb zwölfe.
So verkehrt ist die Ordnung meiner Stunden, daß ich dir zu dieser Zeit schreibe. Liebste Lotte, mich wundert nicht, daß die Reichen so krank und elend sind, mich wundert, daß sie nur leben. Ich bin vergnügt, weil ich mitten durch die vielerlei fremden Menschen mich an dem Faden der Liebe zu dir sachte und sicher winde. Wie die Muscheln schwimmen, wenn sie ihren Körper aus der Schale entfalten, so lern ich leben, indem ich das in mir Verschloßne sacht auseinander lege. Ich versuche alles, was wir zuletzt über Betragen, Lebensart, Anstand und Vornehmigkeit abgehandelt haben, lasse mich gehen, und bin mir immer bewußt. Und ich kann dir versichern, daß alle, die ich beobachte, weit mehr ihre eigne Rolle spielen als ich die meine. Wie angenehm wird mir dies Spiel da ich keine Absichten habe und keinen Wunsch als den, dir zu gefallen und dir immer willkommen zu sein. Wenn ich wieder komme sollst du meiner ganzen Ernte teilhaftig werden. Gute Nacht!«

9. und 10. April 1782:

»Über dein letztes Blatt sind mir viel traurige Gedanken aufgestiegen, ich habe in einer Nacht recht bitterlich geweint da ich mir vorstellte daß ich dich verlieren könnte. Gegen alles was mir wahrscheinlich begegnen kann hab ich ein Gleichgewicht in mir selbst, gegen das einzige nicht. Die Hoffnung hilft uns leben, nun denk ich wieder du bist wohl und wirst wohl sein wenn du dies Blatt erhältst. Ich schäme mich dir zu wiederholen, wie und wie immer ich an dich denke. Du bist mir in alle Gegenstände transsubstanziiert, ich seh alles recht gut und sehe dich doch überall, ich bin weder abwesend noch zerstreut und doch immer bei dir und immer mit dir beschäftigt.«

Denn was der Mensch in seinen Erdeschranken
Von hohem Glück mit Götternamen nennt,
Die Harmonie der Treue, die kein Wanken,
Der Freundschaft, die nicht Zweifelsorge kennt,
Das Licht, das Weisen nur zu einsamen Gedanken,
Das Dichtern nur in schönen Bildern brennt –

Das hatt' ich all, in meinen besten Stunden,
In ihr entdeckt und es für mich gefunden.

7. November 1782

»Heute sind es sieben Jahre daß ich herkam; möchte ich doch auch mit heute eine neue Epoche meines Lebens und Wesens anfangen, wodurch ich dir immer gefälliger würde. Tausend Gedanken gehen zu und von dir. O meine Geliebte, die Schicksale der Menschen sind wunderlich.

Hier schick ich dir die Weltkarte, die du einige Zeit vermissest; es ist kein Plätzchen drauf gezeichnet oder drin enthalten, wo ich nicht dein mit Liebe und Treue gedenken würde. Lebe wohl und sei und bleibe mir was du bist – alles und alles.«

13. November 1782

»Gar sehr wünsche ich ein Wort von dir zu sehen. Gestern Abend ward mirs auf einmal gar wehe daß ich weg mußte. Der Schlaf hat alles fortgenommen. Nur brauch ich deine Liebe täglich mehr um den bösen Geistern zu widerstehn die mich anfallen. Adieu Beste.«

Im Frühjahr 1782 entstand ein Epigramm, das noch heute als Inschrift auf einem Stein in Goethes Garten zu finden ist:

Hier im stillen gedachte der Liebende seiner Geliebten;
Heiter sprach er zu mir: Werde mir Zeuge, du Stein!
Doch erhebe dich nicht, du hast noch viele Gesellen;
Jedem Felsen der Flur, die mich, den Glücklichen, nährt,
Jedem Baume des Walds, um den ich wandernd mich schlinge:
Denkmal bleibe des Glücks! ruf ich ihm weihend und froh.
Doch die Stimme verleih ich nur dir, wie unter der Menge
Einen die Muse sich wählt, freundlich die Lippen ihm küßt.

17. November 1782

»Frühe hab ich zwar nicht vor Tag doch mit dem Tage meine erste Wallfahrt gemacht. Unter deinen Fenstern grüßt ich dich und ging nach deinem Steine. Er ist jetzt der einzige lichte Punkt in meinem Garten. Die schönen Tränen des Himmels rollten an ihm herunter, es soll hoff ich nichts zu bedeuten haben.

Ich streich um mein verlassen Häuschen, wie Melusine um das ihrige, wohin sie nicht zurückkehren sollte, und dachte an die Vergangenheit von der ich nichts verstehe, und an die Zukunft von der ich nichts weiß. Wie viel hab ich verloren da ich jenen stillen Aufenthalt verlassen mußte! Es war der zweite Faden der mich hielt, jetzt hänge ich ganz allein an dir, und Gott sei Dank ist dies der stärkste. Seit einigen Tagen seh ich die Briefe durch, die an mich seit zehn Jahren geschrieben worden, und begreife immer weniger was ich bin und was ich soll.
Bleibe mir, l. Lotte, du bist mein Anker zwischen diesen Klippen.«

24. April 1783

»Wieviel bin und werde ich dir schuldig, du liebe Wohltäterin, und womit kann ich dir danken? Ich bin wohl. Nur ist es ein sauer Stückchen Brot wenn man drauf angenommen ist, die Disharmonie der Welt in Harmonie zu bringen. Das ganze Jahr sucht mich kein angenehmes Geschäft auf, und man wird von Not und Ungeschick der Menschen immer hin und wider gezogen. Lebe wohl! Liebe mich. Laß mir die Hoffnung dich zu sehen.«

4. Mai 1783

»Die Art womit du mir gestern Abend sagtest, du habest mir eine Geschichte zu erzählen, ängstigte mich einen Augenblick. Ich fürchtete, es sei etwas bezüglich auf unsre Liebe, und ich weiß nicht warum, seit einiger Zeit bin ich in Sorgen. Wie wundersam wenn des Menschen ganzes schweres Glück an so einem einzigen Faden hängt. Adieu, bleibe mir.«

28. Juni 1784

»Ja, liebe Lotte, jetzt wird es mir erst deutlich wie du meine eigne Hälfte bist und bleibst. Ich bin kein einzelnes, kein selbständiges Wesen. Alle meine Schwächen habe ich an dich angelehnt, meine weichen Seiten durch dich beschützt, meine Lücken durch dich ausgefüllt. Wenn ich nun entfernt von dir bin, so wird mein Zustand höchst seltsam. Auf einer Seite bin ich gewaffnet und gestählt, auf der andern wie ein rohes Ei, weil ich da versäumt habe mich zu harnischen, wo du mir Schild und Schirm bist. Wie freue ich mich, dir ganz anzugehören. Und dich nächstens wieder zu sehen.«

23. August 1784

»Gewiß, ich wäre schon so ferne, ferne,
So weit die Welt nur offen liegt, gegangen,
Bezwängen mich nicht übermächtge Sterne,
Die mein Geschick an deines angehangen,
Daß ich in dir nun erst mich kennenlerne.
Mein Dichten, Trachten, Hoffen und Verlangen
Allein nach dir und deinem Wesen drängt,
Mein Leben nur an deinem Leben hängt.«

30. August 1784

»Du mußt fühlen, wie ich dir gehöre, wie ich wünsche dich wiederzusehen. Nein, meine Liebe zu dir ist keine Leidenschaft mehr, sie ist eine Krankheit – eine Krankheit, die mir lieber ist als alle Gesundheit, und von der ich nicht genesen möchte.«

Aus dem Schauspiel »Torquato Tasso«:

PRINZESSIN:
Du denkst uns zu verlassen, ober bleibst
Vielmehr in Belriguardo noch zurück,
Und willst dich dann von uns entfernen, Tasso?
Ich hoffe, nur auf eine kurze Zeit.
Du gehst nach Rom?

TASSO:
Ich richte meinen Weg
Zuerst dahin, und nehmen meine Freunde
Mich gütig auf, wie ich es hoffen darf,
So leg ich da mit Sorgfalt und Geduld
Vielleicht die letzte Hand an mein Gedicht.
Ich finde viele Männer dort versammelt,
Die Meister aller Art sich nennen dürfen.
Und spricht in jener ersten Stadt der Welt
Nicht jeder Platz, nicht jeder Stein zu uns?
Wie viele tausend stumme Lehrer winken
In ernster Majestät uns freundlich an!
Vollend ich da nicht mein Gedicht, so kann
Ichs nie vollenden.

PRINZESSIN:

Wie tröstlich ist es, einem Freunde, der
Auf eine kurze Zeit verreisen will,
Ein klein Geschenk zu geben, sei es nur
Ein neuer Mantel oder eine Waffe!
Dir kann man nichts mehr geben, denn du wirfst
Unwillig alles weg, was du besitzest.
Gar wenig ists, was wir von dir verlangen;
Und dennoch scheint es allzuviel zu sein.
Du sollst dich selbst uns freundlich überlassen.
Wir wollen nichts von dir, was du nicht bist,
Wenn du nur erst dir mit dir selbst gefällst.
Du machst uns Freude, wenn du Freude hast.
Und du betrübst uns nur, wenn du sie fliehst;
Und wenn du uns auch ungeduldig machst,
So ist es nur, daß wir dir helfen möchten
Und, leider! sehn, daß nicht zu helfen ist;
Wenn du nicht selbst des Freundes Hand ergreifst,
Die, sehnlich ausgereckt, dich nicht erreicht.

TASSO:

Du bist es selbst, wie du zum erstenmal,
Ein heilger Engel, mir entgegenkamst!
Verzeih dem trüben Blick des Sterblichen,
Wenn er auf Augenblicke dich verkannt.
Er kennt dich wieder! Ganz eröffnet sich
Die Seele, nur dich ewig zu verehren.
Es füllt sich ganz das Herz von Zärtlichkeit –
Sie ists, sie steht vor mir. Welch ein Gefühl!
Ist es Verirrung, was mich nach dir zieht?
Ists Raserei? Ists ein erhöhter Sinn,
Der erst die höchste reinste Wahrheit faßt?
Ja, es ist das Gefühl, das mich allein
Auf dieser Erde glücklich machen kann,
Das mich allein so elend werden ließ,
Wenn ich ihm widerstand und aus dem Herzen
Es bannen wollte. Diese Leidenschaft
Gedacht ist zu bekämpfen, stritt und stritt
Mit meinem tiefsten Sein, zerstörte frech
Mein eignes Selbst, dem du so ganz gehörst –

Prinzessin:
Wenn ich dich, Tasso, länger hören soll,
So mäßige die Glut, die mich erschreckt.
Tasso:
Hilft denn kein Beispiel der Geschichte mehr?
Stellt sich kein edler Mann mir vor die Augen,
Der mehr gelitten, als ich jemals litt,
Damit ich mich mit ihm vergleichend fasse?
Nein, alles ist dahin! – Nur eines bleibt:
Die Träne hat uns die Natur verliehen,
Den Schrei des Schmerzens, wenn der Mann zuletzt
Es nicht mehr trägt – Und mir noch über alles –
Sie ließ im Schmerz mir Melodie und Rede,
Die tiefste Fülle meiner Not zu klagen:
Und wenn der Mensch in seiner Qual verstummt,
Gab mir ein Gott, zu sagen, wie ich leide.

Am 23. August 1786 schreibt Goethe aus Karlsbad an Frau von Stein:

»Auf alle Fälle muß ich noch eine Woche bleiben, dann wird aber auch alles so sanfte endigen und die Früchte reif abfallen.
Und dann werde ich in der freien Welt mit dir leben, und in glücklicher Einsamkeit, ohne Namen und Stand, der Erde näher kommen, aus der wir genommen sind.«

1. September 1786:

»Ich habe bisher im stillen gar mancherlei getragen, und nichts so sehnlich gewünscht, als daß unser Verhältnis sich so herstellen möge, daß keine Gewalt ihm was anhaben könne. Sonst mag ich nicht in deiner Nähe wohnen, und ich will lieber in der Einsamkeit der Welt bleiben, in die ich jetzt hinausgehe.«

Frau von Stein an Knebel (10. Mai 1786):

»Goethe lebt in seinen Betrachtungen, aber er teilt sie nicht mit. Ich bedaure den Armen: wem wohl ist, der spricht!«

Und am 30. August 1786:

»Ich hab Briefe von Goethe, wo er mir schreibt, er werde noch acht Tage in Karlsbad bleiben, alsdann dunkel und unbekannt eine Weile in Wäldern und Bergen herumziehen, so daß er unter sechs Wochen nicht hier sein wird.«

Goethe an Frau von Stein:

»Morgen, Sonntags, d. 3ten Sept., geh ich von hier ab, niemand weiß es noch, niemand vermutet meine Abreise so nah.
Ich muß machen, daß ich fortkomme, es wird sonst zu spät im Jahr.
Wenn du ein Paket oder eine Rolle von mir erhältst: so mache sie nicht in Gegenwart andrer auf, sondern verschließ dich in dein Kämmerlein.
Lebe wohl du süßes Herz! Ich bin dein.«

Und von allem dem schwebt ein Erinnern
Nur noch um das ungewisse Herz,
Fühlt die alte Wahrheit ewig gleich im Innern,
Und der neue Zustand wird ihm Schmerz.
Und wir scheinen uns nur halb beseelet,
Dämmernd ist um uns der hellste Tag.
Glücklich, daß das Schicksal, das uns quälet,
Uns doch nicht verändern mag.

DIE NATUR

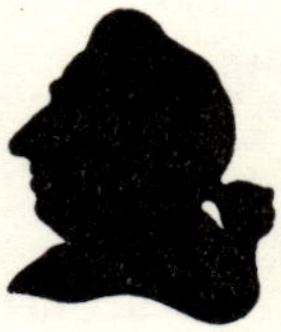

Aus dem in den ersten zehn Weimarer Jahren anonym erschienenen Fragment »Die Natur«:

»Natur! Wir sind von ihr umgeben und umschlungen – unvermögend aus ihr herauszutreten, und unvermögend tiefer in sie hineinzukommen. Ungebeten und ungewarnt nimmt sie uns in den Kreislauf ihres Tanzes auf und treibt sich mit uns fort, bis wir ermüdet sind und ihrem Arme entfallen.

Sie schafft ewig neue Gestalten; was da ist, war noch nie, was war, kommt nicht wieder – alles ist neu und doch immer das Alte.

Wir leben mitten in ihr, und sind ihr fremde. Sie spricht unaufhörlich mit uns, und verrät uns ihr Geheimnis nicht. Wir wirken beständig auf sie, und haben doch keine Gewalt über sie.

Sie scheint alles auf Individualität angelegt zu haben, und macht sich nichts aus den Individuen. Sie baut immer und zerstört immer, und ihre Werkstätte ist unzugänglich.

Sie lebt in lauter Kindern, und die Mutter, wo ist sie? – Sie ist die einzige Künstlerin: aus dem simpelsten Stoff zu den größten Kontrasten; ohne Schein der Anstrengung zu der größten Vollendung – zur genausten Bestimmtheit, immer mit etwas Weichem überzogen. Jedes ihrer Werke hat ein eigenes Wesen, jede ihrer Erscheinungen den isoliertesten Begriff, und doch macht alles eins aus.

Es ist ein ewiges Leben, Werden und Bewegen in ihr, und doch rückt sie nicht weiter. Sie verwandelt sich ewig, und ist kein Moment Stillestehen in ihr. Fürs Bleiben hat sie keinen Begriff, und ihren Fluch hat sie ans Stillestehen gehängt. Sie ist fest, ihr Tritt ist gemessen, ihre Ausnahmen selten, ihre Gesetze unwandelbar.

Auch das Unnatürliche ist Natur. Wer sie nicht allenthalben sieht, sieht sie nirgendwo recht.
Ihr Schauspiel ist immer neu, weil sie immer neue Zuschauer schafft. Leben ist ihre schönste Erfindung, und der Tod ist ihr Kunstgriff, viel Leben zu haben.
Ihre Krone ist die Liebe. Nur durch sie kommt man ihr nahe. Sie macht Klüfte zwischen allen Wesen, und alles will sich verschlingen. Sie hat alles isoliert, um alles zusammenzuziehen. Durch ein paar Züge aus dem Becher der Liebe hält sie für ein Leben voll Mühe schadlos.
Sie ist ganz, und doch immer unvollendet. So wie sies treibt, kann sies immer treiben.
Jedem erscheint sie in einer eignen Gestalt. Sie verbirgt sich in tausend Namen und Termen, und ist immer dieselbe.
Sie hat mich hereingestellt, sie wird mich auch herausführen. Ich vertrau mich ihr. Sie mag mit mir schalten. Sie wird ihr Werk nicht hassen.«

Hierzu äußert rund fünfzig Jahre später der alte Goethe:

»Daß ich diese Betrachtungen verfaßt, kann ich mich faktisch zwar nicht erinnern, allein sie stimmen mit den Vorstellungen wohl überein, zu denen sich mein Geist damals ausgebildet hatte. Ich möchte die Stufe damaliger Einsicht einen Komparativ nennen, der seine Richtung gegen einen noch nicht erreichten Superlativ zu äußern gedrängt ist. Man sieht die Neigung zu einer Art von Pantheismus, indem den Welterscheinungen ein unerforschliches, unbedingtes, humoristisches, sich selbst widersprechendes Wesen zum Grunde gedacht ist, und mag als Spiel, dem es bitterer Ernst ist, gar wohl gelten.
Die Erfüllung aber, die ihm fehlt, ist die Anschauung der zwei großen Triebräder aller Natur: der Begriff von Polarität und von Steigerung, jene der Materie, insofern wir sie materiell, diese ihr dagegen, insofern wir sie geistig denken, angehörig; jene ist in immerwährendem Anziehen und Abstoßen, diese in immerstrebendem Aufsteigen. Weil aber die Materie nie ohne Geist, der Geist nie ohne Materie existiert und wirksam sein kann, so vermag auch die Materie sich zu steigern, sowie sichs der Geist nicht nehmen läßt, anzuziehen und abzustoßen, wie derjenige nur allein zu denken vermag, der genugsam getrennt hat, um

zu verbinden, genugsam verbunden hat, um wieder trennen zu mögen.

In jenen Jahren, wohin gedachter Aufsatz fallen möchte, war ich hauptsächlich mit vergleichender Anatomie beschäftigt und gab mir 1784 unsägliche Mühe, bei anderen an meiner Überzeugung, dem Menschen dürfe der Zwischenknochen nicht abgesprochen werden, Teilnahme zu erregen. Die Wichtigkeit dieser Behauptung wollten selbst sehr gute Köpfe nicht einsehen, die Richtigkeit leugneten die besten Beobachter, und ich mußte, wie in so vielen Dingen, im Stillen meinen Weg für mich fortgehen.

Die Versatilität der Natur im Pflanzenreiche verfolgte ich unablässig, und es glückte mir 1788 in Sizilien die Metamorphose der Pflanzen, so im Anschauen wie im Begriff, zu gewinnen. Die Metamorphose des Tierreichs lag nahe dran, und im Jahre 1790 offenbarte sich mir in Venedig der Ursprung des Schädels aus Wirbelknochen; ich verfolgte nun eifriger die Konstruktion des Typus und hatte bald die Freude, von deutschen Naturforschern mich in diesem Fache abgelöst zu sehen.

Vergegenwärtigt man sich die hohe Ausführung, durch welche die sämtlichen Naturerscheinungen nach und nach vor dem menschlichen Geiste verkettet worden, und liest alsdann obigen Aufsatz, von dem wir ausgingen, nochmals mit Bedacht, so wird man nicht ohne Lächeln jenen Komparativ, wie ich ihn nannte, mit dem Superlativ, mit dem hier abgeschlossen wird, vergleichen und eines fünfzigjährigen Fortschreitens sich erfreuen.«

Freudig war vor vielen Jahren
Eifrig so der Geist bestrebt,
Zu erforschen, zu erfahren,
Wie Natur im Schaffen lebt.
Und es ist das ewig Eine,
Das sich vielfach offenbart:
Klein das Große, groß das Kleine,
Alles nach der eignen Art;
Immer wechselnd, fest sich haltend,
Nah und fern und fern und nah,
So gestaltend, umgestaltend –
Zum Erstaunen bin ich da.

In einer ansehnlichen Stadt geboren und erzogen, gewann ich meine erste Bildung in der Bemühung um alte und neuere Sprachen, woran sich früh rhetorische und poetische Übungen anschlossen. Hierzu gesellte sich übrigens alles, was in sittlicher und religiöser Hinsicht den Menschen auf sich selbst hinweist.

Eine weitere Ausbildung hatte ich gleichfalls größeren Städten zu danken, und es ergibt sich hieraus, daß meine Geistestätigkeit sich auf das Gesellig-Sittliche beziehen mußte und im Gefolge dessen auf das Angenehme, was man damals schöne Literatur nannte.

Von dem hingegen, was eigentlich äußere Natur heißt, hatte ich keinen Begriff und von ihnen sogenannten drei Reichen nicht die geringste Kenntnis.

Hie und da mag sich in meinen ersten poetischen Versuchen ein Anklang finden von einem leidenschaftlichen Ergötzen an ländlichen Naturgegenständen sowie von einem ernsten Drange, das ungeheure Geheimnis, das sich in stetigem Erschaffen und Zerstören an den Tag gibt, zu erkennen, ob sich schon dieser Trieb in ein unbestimmtes, unbefriedigtes Hinbrüten zu verlieren scheint.

In das tätige Leben jedoch sowohl als in die Sphäre der Wissenschaft trat ich eigentlich zuerst, als der weimarische Kreis mich günstig aufnahm. Sogleich bei meinem Eintritt ward mir der unschätzbare Gewinn zuteil, Stuben- und Stadtluft mit Land-, Wald- und Gartenatmosphäre zu vertauschen.

Schon der erste Winter gewährte die raschen geselligen Freuden der Jagd, von welchen ausruhend man die langen Abende nicht nur mit allerlei merkwürdigen Abenteuern der Wildbahn, sondern auch vorzüglich mit Unterhaltung über die nötige Holzkultur zubrachte. Auch wenn von Benutzung die Rede war, mußte man sich nach den Eigenschaften der Baumarten erkundigen. Nadelhölzer aller Art, mit ernstem Grün und balsamischem Dufte, Buchenhaine von freudigerm Anblick, die schwanke Birke und das niedere namenlose Gesträuch, jedes hatte seinen Platz gesucht und gewonnen. Wir aber konnten dies alles in großen, meilenweiten, mehr oder weniger wohlbestandenen Forsten überschauen und erkennen. Auch die angehende Geologie bemühte sich in jugendlicher Bestrebsamkeit, Rechenschaft von dem Grund und Boden zu geben, worauf diese uralten Wälder sich angesiedelt.

Das Bedürfnis, dem Herzog bei seinen mancherlei Unternehmungen, Bauten, Anlagen praktische Ratschläge geben zu können, trieb mich zum Studium der Natur. Der Ilmenauer Bergbau hat mich viele Zeit, Mühe und Geld gekostet, dafür habe ich aber auch etwas dabei gelernt und mir eine Anschauung der Natur erworben, die ich um keinen Preis umtauschen möchte.

Goethe an Herder (9. August 1776):

»Lieber Bruder, wir sind in Ilmenau, seit drei Wochen wohnen wir auf dem Thüringer Wald, und ich führe mein Leben in Klüften, Höhlen, Wäldern, in Teichen, unter Wasserfällen, bei den Unterirdischen und weide mich aus in Gottes Welt.«

Ein Bergmann berichtet:

»Unser Dienstweg führte uns nahe an der Rehbergklippe vorbei. Diese hohe, senkrecht dastehende Felswand war mit einem großen Haufen heruntergestürzter Bruchstücke verschanzt, von welchen sogleich viele zerschlagen wurden. Unter ihnen fanden sich mehrere von jenen Doppelgesteinarten: Granit, mit aufgesetztem, eingewachsenem, dunkelblauem Tongestein. Die können nirgends anders herkommen, als von jener Klippe da vor uns, sagte ich. – Dahin müssen wir! antwortete mein Freund Goethe. Behutsam! Vorsichtig! schrie ich ihm nach, die moosbedeckten schlüpfrigen Felsstücke liegen gefahrvoll durcheinander, wir können die Beine dazwischen brechen. – Nur fort! Nur fort! antwortete er voraneilend; wir müssen noch zu großen Ehren kommen, ehe wir die Hälse brechen! – Wir kamen zusammen heran an den Fuß der Felswand. Wenn du dich fest hinstellen wolltest, sagte Goethe zu mir, so wollte ich jene in den Felsen eingewachsene Strauchwurzel ergreifen, mich im Anhalten an sie hebend auf deine Schultern schwingen, und dann würde ich das so kenntliche Gestein wenigstens mit der Hand erreichen können. So geschahs, und wir hatten das seltene Vergnügen, den merkwürdigen Abschnittsstrich von hier eingewurzeltem Urgebirge, rotem Granit, und daraufstehenden schwarzblauen Tongesteins nah zu sehen, sogar mit Händen zu greifen.«

1777 besteigt Goethe einsam den Gipfel des Brockens. 1779 unternimmt er mit dem Herzog eine Reise in die Schweiz. 1784 entsteht der Aufsatz »Über den Granit«:

»Auf einem hohen nackten Gipfel sitzend und eine weite Gegend überschauend, kann ich mir sagen: Hier ruhst du unmittelbar auf einem Grunde, der bis zu den tiefsten Orten der Erde hinreicht, keine neuere Schicht, keine aufgehäufte zusammengeschwemmte Trümmer haben sich zwischen dich und den festen Boden der Urwelt gelegt, du gehst nicht wie in jenen fruchtbaren schönen Tälern über ein anhaltendes Grab, diese Gipfel haben nichts Lebendiges erzeugt und nichts Lebendiges verschlungen, sie sind vor allem Leben und über alles Leben.

Hier auf dem ältesten, ewigen Altare, der unmittelbar auf die Tiefe der Schöpfungen gebaut ist, bring ich dem Wesen aller Wesen ein Opfer. Ich fühle die ersten, festesten Anfänge unseres Daseins. Diese Klippe, sage ich zu mir selber, stand schroffer, zackiger, höher in den Wolken, da dieser Gipfel noch als eine meerumflossene Insel in den alten Wassern dastand, um sie sauste der Geist, der über den Wogen brütete, und in ihrem weiten Schoße die höheren Berge aus den Trümmern des Urgebirges und aus ihren Trümmern und den Resten der eignen Bewohner die späteren und ferneren Berge sich bilden. Schon fängt das Moos zuerst sich zu erzeugen an, schon bewegen sich seltner die schaligen Bewohner des Meeres, es senkt sich das Wasser, die höhern Berge werden grün, es fängt alles an von Leben zu wimmeln.

Aber bald setzen sich diesem Leben neue Szenen der Zerstörung entgegen. In der Ferne heben sich tobende Vulkane in die Höhe, sie scheinen der Welt den Untergang zu drohen; jedoch unerschüttert bleibt die Grundfeste, auf der ich noch sicher ruhe, indes die Bewohner der fernen Ufer und Inseln unter dem untreuen Boden begraben werden.

Ich kehre von jeder schweifenden Betrachtung zurück und sehe die Felsen selbst an, deren Gegenwart meine Seele erhebt und sicher macht. Wenig wissen wir von diesem Gesteine. Aus bekannten Bestandteilen auf eine geheimnisreiche Weise zusammengesetzt, erlaubt es ebensowenig, seinen Ursprung aus Feuer wie aus Wasser herzuleiten. Höchst mannigfaltig in der größten Einfalt, wechselt seine Mischung ins Unzählige ab. Die Lage

und das Verhältnis seiner Teile, seine Dauer, seine Farbe ändert sich mit jedem Gebirge, und die Massen eines jeden Gebirges sind oft von Schritt zu Schritte wieder in sich unterschieden und im ganzen doch wieder immer einander gleich. Wie vereinigen wir alle diese Widersprüche und finden einen Leitfaden zu fernsten Beobachtungen?
Dies ist es, was ich zu tun mir gegenwärtig vorsetze. Und so wird jeder, der den Reiz kennt, den natürliche Geheimnisse für den Menschen haben, sich nicht wundern, daß ich den Kreis der Beobachtungen, den ich sonst betreten, verlassen und mich mit einer recht leidenschaftlichen Neigung in diesen gewandt habe. Ich fürchte den Vorwurf nicht, daß es ein Geist des Widerspruches sein müsse, der mich von der Betrachtung und Schilderung des menschlichen Herzens, des jüngsten, mannigfaltigsten, beweglichsten, veränderlichsten, erschütterlichsten Teiles der Schöpfung, zu der Beobachtung des ältesten, festesten, tiefsten, unerschütterlichsten Sohnes der Natur geführt hat. Denn man wird mir gerne zugeben, daß alle natürlichen Dinge in einem genauen Zusammenhange stehen, daß der forschende Geist sich nicht gerne von etwas Erreichbarem ausschließen läßt. Ja man gönne mir, der ich durch die Abwechslung der menschlichen Gesinnungen, durch die schnellen Bewegungen derselben in mir selbst und in andern manches gelitten habe und leide, die erhabene Ruhe, die jene einsame stumme Nähe der großen, leise sprechenden Natur gewährt, und wer davon eine Ahnung hat, der folge mir.«

Am 1. Mai 1784 schreibt Frau von Stein an Knebel:

»Herders neue Schrift, der erste Teil der Ideen zur Geschichte der Menschheit, macht wahrscheinlich, daß wir erst Pflanzen und Tiere waren; was nun die Natur weiter aus uns stampfen wird, wird uns wohl unbekannt bleiben. Goethe grübelt jetzt gar denkreich in diesen Dingen, und jedes, was erst durch seine Vorstellung gegangen ist, wird äußerst interessant. So sind mirs durch ihn die gehässigen Knochen geworden und das öde Steinreich.«

Kurz zuvor hatte Goethe ihr geschrieben (27. März 1784):

»Es ist mir ein köstliches Vergnügen geworden, ich habe eine anatomische Entdeckung gemacht, die wichtig und schön ist. Du sollst auch dein Teil dran haben. Ich habe eine solche Freude, daß sich mir alle Eingeweide bewegen.«

Und am gleichen Tage an Herder:

»Ich muß dich auf das Eiligste mit einem Glücke bekannt machen, das mir zugestoßen ist. Ich habe gefunden – weder Gold noch Silber, aber was mir eine unsägliche Freude macht – das os intermaxillare am Menschen!
Ich verglich Menschen- und Tierschädel, kam auf die Spur und siehe, da ist es. Es soll dich auch recht herzlich freuen, denn es ist wie der Schlußstein zum Menschen, fehlt nicht, ist auch da! Aber wie! Ich habe mirs auch in Verbindung mit deinem Ganzen gedacht, wie schön es da wird. Lebe wohl!

Sonnabend nachts.«

Herder an Knebel (6. November 1784):

»Goethe hat uns seine Abhandlung vom Zwischenknochen vorgelesen, die sehr einfach und schön ist; der Mensch geht auf dem wahren Naturwege, und das Glück geht ihm entgegen.«

Gottfried Benn schreibt in seinem Essay »Goethe und die Naturwissenschaft« (1932):

»Am 27. März 1784 findet Goethe das Knöchlein – und ein neues wissenschaftliches Zeitalter ist geboren.«

Merkwürdig ist, daß hier abermals beinahe vierzig Jahre nötig waren, um ein einfaches, zwar unscheinbares, aber folgereiches Enunziat rein und freudig anerkannt zu sehen. Ich konnte mich jedoch keineswegs irremachen lassen, denn ich fühlte wohl, daß ich mich auf irgendeiner prägnanten Stelle befand, von wo aus gar manches zu erwarten, auch wohl zu tun sein möchte, und der Erfolg hat mich nicht getäuscht.

Müsset im Naturbetrachten
Immer eins wie alles achten.
Nichts ist drinnen, nichts ist draußen,
Denn was innen, das ist außen.
So ergreifet ohne Säumnis
Heilig öffentlich Geheimnis.

Im Sommer 1786 schreibt Goethe an Frau von Stein (9. Juli):

»Ich bin von tausend Vorstellungen getrieben, beglückt und gepeinigt. Das Pflanzenreich rast einmal wieder in meinem Gemüte, ich kann es nicht einen Augenblick loswerden, mache aber auch schöne Fortschritte.
Es zwingt sich mir alles auf, ich sinne nicht mehr drüber, es kommt mir alles entgegen und das ungeheure Reich simplifiziert sich mir in der Seele, daß ich bald die schwerste Aufgabe gleich weglesen kann.
Wenn ich nur jemanden den Blick und die Freude mitteilen könnte, es ist aber nicht möglich. Und es ist kein Traum, keine Phantasie; es ist ein Gewahrwerden der wesentlichen Form, mit der die Natur gleichsam nur immer spielt und spielend das mannigfaltige Leben hervorbringt.«

Der Gang meiner botanischen Bildung ähnelt einigermaßen der Geschichte der Botanik selbst, denn ich war vom augenfälligsten Allgemeinsten auf das Nutzbare, Anwendbare, vom Bedarf zur Kenntnis gelangt. – Chemie und Botanik gingen damals vereint aus den ärztlichen Bedürfnissen hervor. Der Besitzer der damals einzigen Apotheke in Weimar richtete mit ruhmwürdiger Lernbegierde seine Tätigkeit auf Naturwissenschaften, und wie er von seinem Dispensatorium sich in die höhere Chemie wagte, so schritt er auch aus den engen Gewürzbeeten in die freiere Pflanzenwelt. Dieses Mannes Tätigkeit lenkte der junge, schon früh den Wissenschaften sich hingebende Regent allgemeinerem Gebrauch und Belehrung zu, indem er große sonnige Gartenflächen, in der Nachbarschaft von schattigen und feuchten Plätzen, einer botanischen Anstalt widmete. Unter solchen Umständen war auch ich genötigt, über botanische Dinge immer mehr und mehr Aufklärung zu suchen. Linnés Terminologie, die Fundamente, worauf das Kunstgebäude sich stützen sollte, begleitete mich auf Wegen und Stegen; und noch heute erinnert mich das schmächtige Heft an die frischen, glücklichen Tage, in welchen jene gehaltreichen Blätter mir zuerst eine neue Welt aufschlossen.

Ich hatte mich ihm und seiner Lehre mit völligem Zutrauen hingegeben; demungeachtet mußt ich nach und nach empfinden, daß mich auf dem bezeichneten eingeschlagenen Wege manches, wo nicht irremachte, doch zurückhielt. Unauflösbar schien mir die Aufgabe, Genera mit Sicherheit zu bezeichnen, ihnen die Spezies unterzuordnen. Wie es vorgeschrieben war, las ich wohl, allein wie sollt ich eine treffende Bestimmung hoffen, da man bei Linnés Lebzeiten schon manche Geschlechter in sich getrennt und zersplittert, ja sogar Klassen aufgehoben hatte; woraus hervorzugehen schien, der genialste, scharfsichtigste Mann selbst habe die Natur nur en gros bewältigen und beherrschen können. Wurde nun dabei meine Ehrfurcht für ihn im geringsten nicht geschmälert, so mußte deshalb ein ganz eigener Konflikt in mir entstehen.

Bei einem schnellen Übergang über die Alpen ward meine Richtung gegen die Natur, besonders gegen die Pflanzenwelt, lebhaft angeregt. Der Lärchenbaum, häufiger als sonst, die Zirbelnuß, eine neue Erscheinung, machten sogleich auf klimatischen Einfluß dringend aufmerksam. Andere Pflanzen, mehr oder weniger verändert, blieben bei eiligem Vorüberrollen nicht unbemerkt. Am meisten aber erkannt ich die Fülle einer fremden Vegetation, als ich in den botanischen Garten von Padua hineintrat.

Eine Fächerpalme zog meine ganze Aufmerksamkeit auf sich; glücklicherweise standen die einfachen, lanzenförmigen ersten Blätter noch am Boden, die sukzessive Trennung derselben nahm zu, bis endlich das Fächerartige in vollkommener Ausbildung zu sehen war. Aus einer spathagleichen Scheide zuletzt trat ein Zweiglein mit Blüten hervor und erschien als ein sonderbares, mit dem vorhergehenden Wachstum in keinem Verhältnis stehendes Erzeugnis, fremdartig und überraschend.

Das Wechselhafte der Pflanzengestalten, dem ich längst auf seinem eigentümlichen Gange gefolgt, erweckte nun bei mir immer mehr die Vorstellung: die uns umgebenden Pflanzenformen seien nicht ursprünglich determiniert und festgestellt, ihnen sei vielmehr, bei einer eigensinnigen generischen und spe-

zifischen Hartnäckigkeit, eine glückliche Mobilität und Biegsamkeit verliehen, um in so viele Bedingungen, die über dem Erdkreis auf sie einwirken, sich zu fügen und danach bilden und umbilden zu können.
Wie sie sich nun unter einen Begriff sammeln lassen, so wurde mir nach und nach klar und klarer, daß die Anschauung noch auf eine höhere Weise belebt werden könnte: eine Forderung, die mir damals unter der sinnlichen Form einer übersinnlichen Urpflanze vorschwebte.

Briefe aus Italien (Italienische Reise):

Padua, 27. September 1786:

»Es ist erfreuend und belehrend unter einer Vegetation umherzugehen, die uns fremd ist. Bei gewohnten Pflanzen, sowie bei andern längst bekannten Gegenständen, denken wir zuletzt gar nichts, und was ist Beschauen ohne Denken? Hier in dieser neu mir entgegentretenden Mannigfaltigkeit wird jener Gedanke immer lebendiger: das man sich alle Pflanzengestalten vielleicht aus einer entwickeln könne. Hierdurch würde es allein möglich werden, Geschlechter und Arten wahrhaft zu bestimmen, welches, wie mich dünkt, bisher sehr willkürlich geschieht. Auf diesem Punkte bin ich in meiner botanischen Philosophie stekkengeblieben, und ich sehe noch nicht, wie ich mich entwirren will. Die Tiefe und Breite dieses Geschäfts scheint mir völlig gleich.«

Neapel, 17. Mai 1787:

»Hier bin ich wieder, meine Lieben, frisch und gesund. Ich habe die Reise durch Sizilien leicht und schnell getrieben, wenn ich wiederkomme, sollt ihr beurteilen, wie ich gesehen habe. Daß ich sonst so an den Gegenständen klebte und haftete, hat mir nun eine unglaubliche Fertigkeit verschafft, alles gleichsam vom Blatt wegzuspielen.
Ich muß dir vertrauen, daß ich dem Geheimnis der Pflanzenzeugung und -organisation ganz nahe bin und daß es das Einfachste ist, was nur gedacht werden kann. Unter diesem Himmel kann man die schönsten Beobachtungen machen. Den Hauptpunkt, wo der Keim steckt, habe ich ganz klar und zweifellos

gefunden; alles übrige seh ich auch schon im Ganzen und nur noch einige Punkte müssen bestimmter werden. Die Urpflanze wird das wunderlichste Geschöpf von der Welt, um welches mich die Natur selbst beneiden soll. Mit diesem Modell und dem Schlüssel dazu kann man alsdann noch Pflanzen ins Unendliche erfinden, die konsequent sein müssen, das heißt: die, wenn sie auch nicht existieren, doch existieren könnten und nicht etwa malerische oder dichterische Schatten und Scheine sind, sondern eine innerliche Wahrheit und Notwendigkeit haben. Dasselbe Gesetz wird sich auf alles übrige Lebendige anwenden lassen.«

Von einem solchen Gewahrwerden wie von einer Leidenschaft eingenommen und getrieben, mußte ich mich, wo nicht ausschließlich, doch durch alles übrige Leben hindurch damit beschäftigen.

Auf der Rückreise verfolgte ich unablässig diese Gedanken, ich ordnete mir im stillen Sinne einen annehmlichen Vortrag dieser meiner Ansichten, schrieb ihn bald nach meiner Rückkehr nieder und ließ ihn drucken. Dieser Versuch, die Metamorphose der Pflanzen zu erklären, das heißt die mannigfaltigen besonderen Erscheinungen des herrlichen Weltgartens auf ein allgemeines, einfaches Prinzip zurückzuführen, blieb freilich zunächst unverstanden. Hier sollte mir ebenfalls begegnen, was ich an meinen ersten dichterischen Arbeiten erlebt: ich ward gleich anfangs auf mich selbst zurückgewiesen; doch hier deuteten die ersten Hindernisse leider gleich auf die spätern, und noch bis auf den heutigen Tag lebe ich in einer Welt, aus der ich wenigen etwas mitteilen kann.

Nirgends wollte man zugeben, daß Wissenschaft und Poesie vereinbar seien. Man vergaß, daß Wissenschaft sich aus Poesie entwickelt habe, man bedachte nicht, daß, nach einem Umschwung von Zeiten, beide sich freundlich, zu beiderseitigem Vorteil, auf höherer Stelle gar wohl wieder begegnen könnten. Freundinnen, welche mich schon früher den einsamen Gebirgen, der Betrachtung starrer Felsen gern entzogen hätten, waren auch mit meiner abstrakten Gärtnerei keineswegs zufrieden. Pflanzen und Blumen sollten sich durch Gestalt, Farbe, Geruch auszeichnen, nun verschwanden sie aber zu einem gespensterhaften Schemen. Da versuchte ich diese wohlwollenden Gemüter zur Teilnahme durch eine Elegie zu locken. – Höchst willkommen war dieses Gedicht der eigentlich Geliebten *(Christiane)*, welche das Recht hatte, die lieblichen Bilder auf sich zu beziehen; und auch ich fühlte mich sehr glücklich, als das lebendige Gleichnis unsere schöne vollkommene Neigung steigerte und vollendete.

Dich verwirret, Geliebte, die tausendfältige Mischung
  Dieses Blumengewühls über dem Garten umher;
Viele Namen hörest du an und immer verdränget
  Mit barbarischem Klang einer den andern im Ohr.
Alle Gestalten sind ähnlich, und keine gleichet der andern;
  Und so deutet das Chor auf ein geheimes Gesetz,
Auf ein heiliges Rätsel. Oh, könnt ich dir, liebliche Freundin,
  Überliefern sogleich glücklich das lösende Wort!
Werdend betrachte sie nun, wie nach und nach sich die Pflanze,
  Stufenweise geführt, bildet zu Blüten und Frucht.
Aus dem Samen entwickelt sie sich, sobald ihn der Erde
  Stille befruchtender Schoß hold in das Leben entläßt,
Und dem Reize des Lichts, des heiligen, ewig bewegten,
  Gleich den zärtesten Bau keimender Blätter empfiehlt.
Einfach schlief in dem Samen die Kraft; ein beginnendes Vorbild
  Lag, verschlossen in sich, unter die Hülle gebeugt,
Blatt und Wurzel und Keim, nur halb geformet und farblos;
  Trocken erhält so der Kern ruhiges Leben bewahrt,
Quillet strebend empor, sich milder Feuchte vertrauend,
  Und erhebt sich sogleich aus der umgebenden Nacht.
Aber einfach bleibt die Gestalt der ersten Erscheinung;
  Und so bezeichnet sich auch unter den Pflanzen das Kind.
Gleich darauf ein folgender Trieb, sich erhebend, erneuet,
  Knoten auf Knoten getürmt, immer das erste Gebild.
Zwar nicht immer das gleiche; denn mannigfaltig erzeugt sich,
  Ausgebildet, du siehsts, immer das folgende Blatt,
Ausgedehnter, gekerbter, getrennter in Spitzen und Teile,
  Die verwachsen vorher ruhten im untern Organ.
Und so erreicht es zuerst die höchst bestimmte Vollendung,
  Die bei manchem Geschlecht dich zum Erstaunen bewegt.
Viel gerippt und gezackt, auf mastig strotzender Fläche,
  Scheinet die Fülle des Triebs frei und unendlich zu sein.
Doch hier hält die Natur, mit mächtigen Händen, die Bildung
  An und lenket sie sanft in das Vollkommnere hin.
Mäßiger leitet sie nun den Saft, verengt die Gefäße,

Und gleich zeigt die Gestalt zärtere Wirkungen an.
Stille zieht sich der Trieb der strebenden Ränder zurücke,
Und die Rippe des Stiels bildet sich völliger aus.
Blattlos aber und schnell erhebt sich der zärtere Stengel,
Und ein Wundergebild zieht den Betrachtenden an.
Rings im Kreise stellet sich nun, gezählet und ohne
Zahl, das kleinere Blatt neben dem ähnlichen hin.
Um die Achse gedrängt, entscheidet der bergende Kelch sich,
Der zur höchsten Gestalt farbige Kronen entläßt.
Also prangt die Natur in hoher, voller Erscheinung,
Und sie zeiget, gereiht, Glieder an Glieder gestuft.
Immer staunst du aufs neue, sobald sich am Stengel die Blume
Über dem schlanken Gerüst wechselnder Blätter bewegt.
Aber die Herrlichkeit wird des neuen Schaffens Verkündung;
Ja, das farbige Blatt fühlet die göttliche Hand,
Und zusammen zieht es sich schnell; die zärtesten Formen,
Zwiefach streben sie vor, sich zu vereinen bestimmt.
Traulich stehen sie nun, die holden Paare, beisammen,
Zahlreich ordnen sie sich um den geweihten Altar.
Hymen schwebet herbei, und herrliche Düfte, gewaltig,
Strömen süßen Geruch, alles belebend, umher.
Nun vereinzelt schwellen sogleich unzählige Keime,
Hold in den Mutterschoß schwellender Früchte gehüllt.
Und hier schließt die Natur den Ring der ewigen Kräfte;
Doch ein neuer sogleich fasset den vorigen an,
Daß die Kette sich fort durch alle Zeiten verlänge
Und das Ganze belebt, so wie das Einzelne, sei.
Wende nun, o Geliebte, den Blick zum bunten Gewimmel,
Das verwirrend nicht mehr sich vor dem Geiste bewegt.
Jede Pflanze verkündet dir nun die ewgen Gesetze,
Jede Blume, sie spricht lauter und lauter mit dir.
Aber entzifferst du hier der Göttin heilige Lettern,
Überall siehst du sie dann, auch in verändertem Zug:
Kriechend zaudre die Raupe, der Schmetterling eile geschäftig,
Bildsam ändre der Mensch selbst die bestimmte Gestalt.
Oh, gedenke denn auch, wie aus dem Keim der Bekanntschaft
Nach und nach in uns holde Gewohnheit entsproß,
Freundschaft sich mit Macht in unserm Innern enthüllte,
Und wie Amor zuletzt Blüten und Früchte gezeugt.
Denke, wie mannigfach bald die, bald jene Gestalten,

Still entfaltend, Natur unsern Gefühlen geliehn!
Freue dich auch des heutigen Tags! Die heilige Liebe
Strebt zu der höchsten Frucht gleicher Gesinnungen auf,
Gleicher Ansicht der Dinge, damit in harmonischem Anschaun
Sich verbinde das Paar, finde die höhere Welt.

Seit länger als einem halben Jahrhundert kennt man mich, im Vaterlande und auch wohl auswärts, als Dichter und läßt mich ebenfalls für einen solchen gelten; daß ich aber mit großer Aufmerksamkeit mich um die Natur in ihren allgemeinen physischen und ihren organischen Phänomenen emsig bemüht und ernstlich angestellte Betrachtungen stetig und leidenschaftlich im stillen verfolgt, dieses ist nicht so allgemein bekannt, noch weniger mit Aufmerksamkeit bedacht worden.
Nicht also durch eine außerordentliche Gabe des Geistes, nicht durch eine momentane Inspiration, noch unvermutet und auf einmal, sondern durch ein folgerechtes Bemühen bin ich endlich zu einem so erfreulichen Resultate gelangt. –
Ich habe die Absicht verfolgt: auszusprechen, wie ich die Natur anschaue, zugleich aber gewissermaßen mich selbst, mein Inneres, meine Art zu sein, insofern es möglich wäre, zu offenbaren.
Ein wohlwollender Beobachter hat ausgesprochen, daß mein Denkvermögen gegenständlich tätig sei, daß nämlich mein Denken sich von den Gegenständen nicht sondere; daß die Elemente der Gegenstände, die Anschauungen in dasselbe eingehen und von ihm auf das innigste durchdrungen werden; daß mein Anschauen selbst ein Denken, mein Denken ein Anschauen sei.
Da ich mich fernerhin prüfte, fand ich, daß mein ganzes Verfahren auf dem Ableiten beruhe; ich raste nicht, bis ich einen prägnanten Punkt finde, von dem sich vieles ableiten läßt, oder vielmehr der vieles freiwillig aus sich hervorbringt und mir entgegenträgt, da ich denn im Bemühen und Empfangen vorsichtig und treu zu Werke gehe. Findet sich in der Erfahrung irgendeine Erscheinung, die ich nicht abzuleiten weiß, so laß ich sie als Problem liegen, und ich habe diese Verfahrungsart in einem langen Leben sehr vorteilhaft gefunden: denn wenn ich auch die Herkunft und Verknüpfung irgendeines Phänomens lange nicht enträtseln konnte, sondern es beiseite lassen mußte, so fand sich nach Jahren auf einmal alles aufgeklärt in dem schönsten Zu-

sammenhange. Ich werde mir daher die Freiheit nehmen, meine bisherigen Erfahrungen und Bemerkungen und die daraus entspringende Sinnesweise fernerhin geschichtlich darzulegen; wenigstens ist dabei ein charakteristisches Glaubensbekenntnis zu erzwecken, Gegnern zur Einsicht, Gleichdenkenden zur Fördernis, der Nachwelt zur Kenntnis und, wenn es glückt, zu einiger Ausgleichung.

Kanzler von Müller über einen Besuch bei dem achtundsechzig Jahre alten Goethe in Dornburg (29. April 1818):

»Goethe, dem über die heiligsten und wichtigsten Anliegen der Menschheit so selten ein entschiedenes Wort abzugewinnen ist, sprach diesmal über Religion, sittliche Ausbildung und letzten Zweck der Staatsanstalten mit einer Klarheit und Wärme, wie wir sie noch nie an ihm in gleichem Grade gefunden hatten. Das Vermögen, jedes Sinnliche zu veredeln und auch den totesten Stoff durch Vermählung mit der Idee zu beleben, sagte er, ist die schönste Bürgschaft unseres übersinnlichen Ursprungs. Der Mensch, wie sehr ihn auch die Erde anzieht mit ihren tausend und abertausend Erscheinungen, hebt doch den Blick forschend und sehnend zum Himmel auf, der sich in unermeßlichen Räumen über ihm wölbt, weil er es tief und klar in sich fühlt, daß er ein Bürger jenes geistigen Reiches sei, woran wir den Glauben nicht abzulehnen noch aufzugeben vermögen.

Es war, als ob vor Goethes innerem Auge die großen Umrisse der Weltgeschichte vorübergingen, die sein gewaltiger Geist in ihre einfachsten Elemente aufzulösen bemüht war. Mit jeder neuen Äußerung nahm sein ganzes Wesen etwas Feierlicheres an, ich möchte sagen, etwas Prophetisches. Dichtung und Wahrheit verschmolzen sich ineinander und die höhere Ruhe des Weisen leuchtete aus seinen Zügen. Dabei war er kindlich mild und teilnehmend, weit geduldiger als sonst in Beantwortung unserer Fragen und Einwürfe, und seine Gedanken schienen wie in einem reinen ungetrübten Äther gleichsam auf und nieder zu wogen.

Laßt mich, Kinder, sprach er, plötzlich vom Sitze aufstehend, laßt mich einsam zu meinen Steinen dort unten eilen; denn nach solchem Gespräch geziemt dem alten Merlin, sich mit den Urelementen wieder zu befreunden. – Wir sahen ihm lange und frohbewegt nach, als er, in seinen lichtgrauen Mantel gehüllt, feierlich ins Tal hinabstieg, bald bei diesem, bald bei jenem Gestein, oder auch bei einzelnen Pflanzen verweilend, und die ersteren mit seinem mineralogischen Hammer prüfend. Schon fielen längere Schatten von den Bergen, in denen er uns wie eine geisterhafte Erscheinung allmählich verschwand.«

VON KARLSBAD NACH ROM

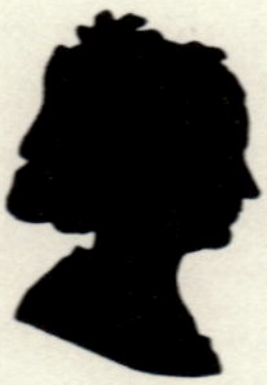

Ich kann es keinem Reisenden, der aus Italien zurückkommt, verargen, wenn er mit Begeisterung davon redet; weiß ich doch, wie mir selber zumute gewesen ist! Ja, ich kann sagen, daß ich nur in Rom empfunden habe, was eigentlich ein Mensch sei. – Zu dieser Höhe, zu diesem Glück der Empfindung bin ich später nie wieder gekommen; ich bin, mit meinem Zustande in Rom verglichen, eigentlich nachher nie wieder froh geworden.

Meine gedruckte »Italienische Reise« habe ich in späteren Jahren ganz aus Briefen redigiert. Die Briefe aber, die ich während meines zweiten Aufenthaltes in Rom geschrieben, sind nicht der Art, um davon vorzüglichen Gebrauch machen zu können; sie enthalten zu viele Bezüge nach Haus, auf meine Weimarischen Verhältnisse, und zeigen zu wenig von meinem italienischen Leben. Aber es finden sich darin manche Äußerungen, die meinen damaligen inneren Zustand ausdrücken. Solche Stellen nun habe ich ausgezogen, einzeln übereinander gesetzt und so meiner Erzählung eingeschaltet, auf welche dadurch eine Art von Ton und Stimmung übergegangen ist.

Ein sehr geistvoller Beobachter, der Franzose Ampère, hat den abwechselnden Gang meiner irdischen Laufbahn und meiner Seelenzustände im tiefsten studiert und sogar die Fähigkeit gehabt, das zu sehen, was ich nicht ausgesprochen und was, so zu sagen, nur zwischen den Zeilen zu lesen war. Wie richtig hat er bemerkt, daß ich in den ersten zehn Jahren meines Weimarischen Dienst- und Hoflebens so gut wie gar nichts gemacht, daß die Verzweiflung mich nach Italien getrieben, und daß ich dort mit neuer Lust zum Schaffen die Geschichte des Tasso ergriffen, um mich in der Behandlung dieses angemessenen Stoffes von demjenigen frei zu machen, was mir noch aus meinen Weimari-

schen Eindrücken und Erinnerungen Schmerzliches und Lästiges anklebte. Sehr treffend nennt er daher auch den Tasso einen gesteigerten Werther.
Sodann über den Faust äußert er sich nicht weniger geistreich, indem er nicht bloß das düstere unbefriedigte Streben der Hauptfigur, sondern auch den Hohn und die herbe Ironie des Mephistopheles als Teile meines eigenen Wesens bezeichnet.
Man hat zu allen Zeiten gesagt und wiederholt, man solle trachten sich selber zu kennen. Dies ist eine seltsame Forderung, der bis jetzt niemand genügt hat und der eigentlich auch niemand genügen soll. Der Mensch ist mit allem seinen Sinnen und Trachten aufs Äußere angewiesen, auf die Welt um ihn her, und er hat zu tun, diese insoweit zu kennen und sich dienstbar zu machen, als er es zu seinen Zwecken bedarf. Von sich selber weiß er bloß, wenn er genießt oder leidet, und so wird er auch bloß durch Leiden und Freuden über sich belehrt, was er zu suchen oder zu meiden hat. Übrigens aber ist der Mensch ein dunkeles Wesen, er weiß nicht woher er kommt, noch wohin er geht, er weiß wenig von der Welt und am wenigsten von sich selber. Ich kenne mich auch nicht – und Gott soll mich auch davor behüten.

Am 8. Februar 1787 schreibt Caroline Herder an Gleim:

»Von Goethe wissen Sie also noch nicht, daß er seit Oktober vorigen Jahres in Rom ist? Er lebt dort sehr glücklich. Sein Geist hatte hier keine bleibende Stätte mehr, und er eilte im Stillen, ohne es den vertrautesten Freunden zu sagen, fort.
Ihm ist diese Erholung äußerst nötig gewesen, und wir sehen schon, daß er in einem halben Jahr vergnügt wieder zu uns kehrt. Wir genießen sein Glück ganz mit ihm.«

Herbst 1786; aus Goethes Reisetagebuch für Frau von Stein:

»Den 3. September früh 3 Uhr stahl ich mich aus dem Karlsbad weg, man hätte mich sonst nicht fortgelassen. Ich ließ mich aber nicht hindern, denn es war Zeit.
Ich hatte nur einen Mantelsack und Dachsranzen mitgenommen, und für meine Garderobe wäre es überflüssig, da ich aber soviel Bücher und Papiere mit habe, so war es zu beschwerlich. Nun hab ich mir ein Kofferchen gekauft, das mich recht freut.

Auch ists recht gut, daß ich allein bin, denn gewiß, man wird durch anhaltende Bedienung vor der Zeit alt und unfähig. Jetzt freut mich alles mehr, und ich fang in allem gleichsam wieder von vorne an.
Gewiß, ich hoffe auf dieser Reise ein paar Hauptfehler, die mir ankleben, loszuwerden.

Wie glücklich mich meine Art, die Welt anzusehn, macht, ist unsäglich, und was ich täglich lerne! Und wie doch mir fast keine Existenz ein Rätsel ist. Es spricht eben alles zu mir und zeigt sich mir an. Und da ich ohne Diener bin, bin ich mit der ganzen Welt Freund. Jeder Bettler weist mich zurechte, und ich rede mit den Leuten, die mir begegnen, als wenn wir uns lange kennten. Es ist mir eine rechte Lust.
Ich reise unter dem angenommenen Namen Möller, den ich auch behalten werde. Herder hat wohl recht zu sagen: daß ich ein großes Kind bin und bleibe, und jetzt ist mir es so wohl, daß ich ungestraft meinem kindischen Wesen folgen kann.
Noch eine böse Arbeit steht mir bevor. Nach einer letzten Konferenz mit Herdern mußt ich die Iphigenie mitnehmen und muß sie nun gelegentlich durchgehn und ihr wenigstens einige Tage widmen. Das will ich auch tun, sobald ich ein Plätzchen finde, wo ich bleiben mag.

D. 8. Sept. abends.

Auf dem Brenner angelangt, gleichsam hierher gezwungen, wie ich mir nur ein Ruheort gewünscht habe. Mein Erstes ist, dir das Gute des vergangenen Tages mitzuteilen. Es war ein Reisetag, an dem man jahrelang in der Erinnerung genießen kann.
Auf dem Wege hierher ward es dunkel und dunkler, das Detail verlor sich und die Massen wurden größer und herrlicher. Endlich, da alles nur wie ein tiefes geheimnisvolles Bild vor mir sich bewegte, sah ich auf einmal die hohen Gipfel wieder vom Monde erleuchtet und die Sterne herabblinken.

D. 9. Sept. 86 abends.

Hier oben in einem wohlgebauten, reinlichen, bequemen Hause seh ich nun noch einmal nach dir zurück. Von hier fließen die Wasser nach Deutschland und nach Welschland, diesen hoff ich morgen zu folgen. Wie sonderbar, daß ich schon zweimal auf so einem Punkte stand, ausruhte und nicht hinüberkam! Auch glaub ich es nicht eher, als bis ich drunten bin. Was andern Menschen gemein und leicht ist, wird mir sauer gemacht. Lebe wohl! Gedenk an mich in dieser wichtigen Epoche meines Lebens.

D. 11. früh.

Am 9. abends fuhr ich vom Brenner weg. Wie ich gehofft hatte, war die Atmosphäre Herr der Wolken und der Abend gar schön. Der Postillon schlief ein und die Pferde liefen den schnellsten Trab bergunter, immer auf dem bekannten Wege fort; kamen sie an ein eben Fleck, gings desto langsamer, er erwachte und trieb, und so kam ich sehr geschwind, zwischen hohen Felsen, an den reißenden Etschfluß hinunter. Der Mond ging auf und beleuchtete ungeheure Gegenstände. So leid es mir tat, diese interessanten Gegenden mit der entsetzlichen Schnelle (die Postillone fuhren, daß einem oft Hören und Sehen verging), und bei Nacht wie der Schuhu zu durchreisen; so freute michs doch, daß es wie ein Wind hinter mir herblies und mich meinen Wünschen zujagte.

Mit Tagesanbruch erblickte ich die ersten Rebhügel, eine Frau mit Birnen und Pfirsichen begegnete mir, und endlich erblickt ich bei hohem Sonnenschein das Tal, worin Bozen liegt.

Mir ists nur jetzt um die sinnlichen Eindrücke zu tun, die mir kein Buch und kein Bild geben kann, daß ich wieder Interesse an der Welt nehme, und daß ich meinen Beobachtungsgeist versuche, und auch sehe, wieweit es mit meinen Wissenschaften und Kenntnissen geht, ob und wie mein Auge licht, rein und hell ist, was ich in der Geschwindigkeit fassen kann, und ob die Falten, die sich in mein Gemüt geschlagen und gedruckt haben, wieder auszutilgen sind.

Komm ich weiter, so sag ich dir mehr. Könnt ich nur mit dir diese Gegend und Luft genießen, in der du dich gewiß gesund fühlen würdest.

Und nun, wenn es Abend wird, und bei der milden Luft wenige Wolken an den Bergen ruhn, am Himmel mehr stehn als ziehn, und gleich nach Sonnenuntergang das Geschrille der Heuschrecken laut zu werden anfängt! Es ist mir, als wenn ich hier geboren und erzogen wäre und nun von einer Grönlandsfahrt, von einem Walfischfang zurückkäme.

Ach, was ich da schreibe, hab ich lang gewußt, seitdem ich mit dir unter einem bösen Himmel leide, und jetzt mag ich gern diese Freude als Ausnahme fühlen, die wir als eine ewige Naturwohltat immer genießen sollten.

Verona, d. 15. Sept. abends.

Ja, meine Geliebte, hier bin ich endlich angekommen, hier, wo ich schon lang einmal hätte sein sollen, manche Schicksale meines Lebens wären linder geworden. Doch wer kann das sagen, und wenn ichs gestehen soll, so hätt ich mirs nicht eher, nicht ein halb Jahr eher wünschen dürfen.

D. 16. Sept.

Das Amphitheater hier ist das erste Monument der alten Zeit, das ich sehe. So ein Amphitheater ist eigentlich recht gemacht, dem Volk mit sich selbst zu imponieren, das Volk mit sich selbst zum besten zu haben. Wenn es sich so beisammen gesehen hat, muß es über sich selbst erstaunt sein. Da es sonst nur gewohnt ist, sich durcheinander laufen zu sehn, sich in einem Gewühl ohne Ordnung und ohne sonderliche Zucht zu sehn, sieht das vielköpfige, vielsinnige, schwankende, schwebende Tier sich zu einem Ganzen vereinigt, zu einer Einheit gestimmt, in eine Masse verbunden und befestigt und zu einer Form gleichsam von einem Geiste belebt.

Vicenza, d. 21. abends.

Ich gehe nur immer herum und herum und sehe und übe mein Auge und meinen innern Sinn. Du weißt, was die Gegenwart der Dinge zu mir spricht, und ich bin den ganzen Tag in einem Gespräche mit den Dingen.

Padua, d. 27. Sept.

Schöne Bestätigungen meiner botanischen Ideen hab ich wiedergefunden. Es wird gewiß kommen, und ich dringe noch weiter. Nur ists sonderbar und manchmal macht michs fürchten, daß so gar viel auf mich gleichsam eindringt, dessen ich mich nicht erwehren kann, daß meine Existenz wie ein Schneeball wächst, und manchmal ists, als wenn mein Kopf es nicht fassen noch ertragen könnte, und doch entwickelt sich alles von innen heraus, und ich kann nicht leben ohne das.

Venedig.

So stand es denn in dem Buche des Schicksals auf meinem Blatte geschrieben, daß ich d. 28. Sept. abends, nach unsrer Uhr um fünfe, Venedig zum erstenmal, aus der Brenta in die Lagunen einfahrend, erblicken und bald darauf diese wunderbare Inselstadt, diese Biberrepublik betreten und besuchen sollte. So ist denn auch, Gott sei Dank, Venedig kein bloßes Wort mehr für mich, ein Name, der mich so oft, der ich von jeher ein Todfeind von Wortschwällen gewesen bin, so oft geängstigt hat. –
Ich eilte auf den Markusplatz, und mein Geist ist nun auch um dieses Bild reicher und weiter.

Den 30. abends.

Die Revolution, die ich voraussah und die jetzt in mir vorgeht, ist die in jedem Künstler entstand, der lang emsig der Natur treu gewesen und nun die Überbleibsel des alten großen Geistes erblickte, die Seele quoll auf, und er fühlte eine innere Art von Verklärung seiner selbst, ein Gefühl von freierem Leben, höherer Existenz, Leichtigkeit und Grazie.

D. 5. Oktbr.

Auf dieser Reise, hoff ich, will ich mein Gemüt über die schönen Künste beruhigen, ihr heilig Bild mir recht in die Seele prägen und zum stillen Genuß bewahren. Dann aber mich zu den Handwerkern wenden und, wenn ich zurückkomme, Chemie und Mathematik studieren. Denn die Zeit des Schönen ist vorüber, nur die Not und das strenge Bedürfnis erfordern unsre Tage.
Wie mir die römische Geschichte entgegensteigt! Schade, schade, meine Geliebte! Alles ein wenig spät. O, daß ich nicht einen klugen Engländer zum Vater gehabt habe, daß ich das alles allein, ganz allein habe erwerben und erobern müssen und noch muß.
Mit der Baukunst geht es täglich besser. Wenn man ins Wasser kommt, lernt man schwimmen.

D. 7. abends.

Heute Abend hatte ich mir den famosen Gesang der Fischer bestellt, die den Tasso und den Ariost auf ihre Melodie singen. Bei Mondenschein bestieg ich eine Gondel, einen Sänger vorn, den

andern hinten, die ihr Lied anfingen und abwechselnd Vers nach Vers sagen.
Die Frauen der Fischer hier haben die Gewohnheit, wenn ihre Männer auf dem Meer sind, sich ans Ufer zu setzen und mit durchdringender Stimme abends diese Gesänge zu singen, bis sie auch von ferne die Stimmen der Ihrigen wieder hören und sich so mit ihnen unterhalten. Findst du das nicht schön? Sehr schön! Es läßt sich leicht denken, daß ein naher Zuhörer wenig Freude an diesen Stimmen haben möchte, die mit den Wellen des Meeres kämpfen. Aber wie menschlich und wahr wird der Begriff dieses Gesangs. Wie lebendig wird mir nun diese Melodie, über deren toten Buchstaben wir uns so oft den Kopf zerbrochen haben. Gesang eines Einsamen in der Ferne und Weite, daß ihn ein andrer Gleichgestimmter höre und ihm antworte.
Warum kann ich dir nicht auch einen Ton herüberschicken, den du in dieser Stunde vernähmst und mir antwortetest.
Gute Nacht, meine Liebe, ich bin müde vom vielen Laufen und Brückensteigen. Gute Nacht.

D. 10. Oktbr.

Jetzt darf ichs sagen, darf meine Krankheit und Torheit gestehen. Schon einige Jahr hab ich keinen lateinischen Schriftsteller ansehen, nichts, was nur ein Bild von Italien erneuerte, berühren dürfen, ohne die entsetzlichsten Schmerzen zu leiden.
Hätt ich nicht den Entschluß gefaßt, den ich jetzt ausführe, so wär ich rein zugrunde gegangen und zu allem unfähig geworden, solch einen Grad von Reife hatte die Begierde, diese Gegenstände mit Augen zu sehen, in meinem Gemüt erlangt. Denn ich konnte mit der historischen Erkenntnis nicht näher, die Gegenstände standen gleichsam nur eine Handbreit von mir ab, waren aber durch eine undurchdringliche Mauer von mir abgesondert.
Denn es ist mir wirklich auch jetzt so, nicht als ob ich die Sachen sähe, sondern als ob ich sie wiedersähe.

D. 18. Bologna. Abends.

Ich habe eben einen Entschluß gefaßt, der mich sehr beruhigt. Ich will nur durch Florenz durchgehn und grade auf Rom. Ich habe keinen Genuß an nichts, bis jenes erste Bedürfnis gestillt ist.

Mir läuft die Welt unter den Füßen fort, und eine unsägliche Leidenschaft treibt mich weiter.

D. 25. abends. Perugia.

Ich schreibe nur so hin, es ist kalt und draußen am Kamin essen Kaufleute von Fuligno, ich gehe von Zeit zu Zeit mich wärmen. Auch hier ist allerlei zu sehen, das ich liegen lasse; eh ich nach Rom komme, mag ich die Augen nicht auftun, das Herz nicht erheben. Ich habe noch drei Tage hin, und es ist mir noch, als wenn ich nie hinkäme.

D. 27. abends. Terni.

Rom! Rom! – Ich ziehe mich gar nicht mehr aus, um früh gleich bei der Hand zu sein. Noch zwei Nächte! Und wenn uns der Engel des Herrn nicht auf dem Wege schlägt, sind wir da.«

Am 17. November 1786 schreibt Goethes Mutter:

»Lieber Sohn! Eine Erscheinung aus der Unterwelt hätte mich nicht mehr in Verwunderung setzen können als dein Brief aus Rom. – Jubelieren hätte ich vor Freude mögen, daß der Wunsch, der von frühester Jugend an in deiner Seele lag, nun in Erfüllung gegangen ist. – Einen Menschen wie du bist, mit deinen Kenntnissen, mit dem reinen großen Blick für alles was gut, groß und schön ist, der so ein Adlerauge hat, muß so eine Reise auf sein ganzes übriges Leben vergnügt und glücklich machen – und nicht allein dich, sondern alle, die das Glück haben, in deinem Wirkungskreis zu leben. – Aber sehen hätte ich dich mögen beim ersten Anblick der Peterskirche!!! Doch du versprichst ja, mich auf der Rückreise zu besuchen, da mußt du mir alles haarklein erzählen.
Deine Freunde sind alle noch die sie waren, keiner hat so Riesenschritte wie du gemacht. – Wenn du herkommst so müssen diese Menschenkinder alle eingeladen und herrlich traktiert werden – Wildprets, Braten, Geflügel wie Sand am Meer – es soll eben pompös hergehen. Lieber Sohn! Da fällt mir nun ein untertäniger Zweifel ein, ob dieser Brief auch wohl in deine Hände kommen möchte, ich weiß nicht, wo du in Rom wohnst – du bist halb Inkognito, wie du schreibst, wollen das beste hoffen. Du wirst doch, ehe du kommst, noch vorher etwas von dir hören

lassen, sonst glaube ich, jede Postchaise brächte mir meinen einzig Geliebten – und betrogne Hoffnung ist meine Sache gar nicht. Lebe wohl, Bester! Und gedenke öfters an deine treue Mutter Elisabetha Goethe.«

Der Maler Tischbein schreibt an Lavater (9. Dezember 1786):

»Stellen Sie sich meine unbeschreibliche Freude vor, welche ich vor einigen Wochen hatte! Goethe kam mir unverhofft hierher, und jetzt wohnet er in meiner Stube neben mir! Ich genieße also vom Morgen bis zur Nacht den Umgang dieses so seltenen, klugen Mannes.

Ich habe sein Porträt angefangen und werde es in Lebensgröße machen, wie er auf den Ruinen sitzet und über das Schicksal der menschlichen Werke nachdenket. – Sein Gesicht will ich recht genau und wahr nachzeichnen, denn man kann wohl keinen glücklicheren und ausdrucksvolleren Kopf sehen.

Was mich noch so sehr an ihm freut, ist sein einfaches Leben. Er begehrte von mir ein klein Stübchen, wo er in schlafen und ungehindert in arbeiten könnte, und ein ganz einfaches Essen, das ich ihm denn leicht verschaffen konnte, weil er mit so Wenigem begnügt ist. Da sitzet er nun jetzo und arbeitet des Morgens an seiner Iphigenia fertig zu machen, bis um neun Uhr. Dann gehet er aus und siehet die großen hiesigen Kunstwerke. Mit was für einem Auge und Kenntnis er alles siehet, werden Sie sich leicht denken können, indem Sie wissen, wie wahr er denkt.«

Goethe an Herder (10. und 13. Dezember 1786):

»Wie herzlich freut es mich, daß Ihr mein Verschwinden so ganz wie ich es wünschte genommen. Versöhnt mir Frau von Stein und den Herzog, ich habe niemand kränken wollen und kann nun auch nichts sagen, um mich zu rechtfertigen.

Ich erhole mich nun hier nach und nach von meinem Salto mortale und studiere mehr, als daß ich genieße. Rom ist eine Welt und man braucht Jahre, um sich nur erst drinne gewahr zu werden.

Meine Übung, alle Dinge wie sie sind zu sehen und zu lesen, meine Treue, das Auge Licht sein zu lassen, meine völlige Entäußerung von aller Prätention machen mich hier höchst im stillen glücklich.

Heute war ich bei der Pyramide des Cestius und abends auf dem Palatin, oben auf den Ruinen der Kaiserpaläste, die wie Felsenwände dastehn.
Von allem diesem mag und kann ich nichts sagen, das sei zur Wiederkunft aufgespart. Was ich aber sagen kann, und was mich am tiefsten freut, ist die Wirkung, die ich schon in meiner Seele fühle: es ist eine innere Solidität, mit der der Geist gleichsam gestempelt wird; Ernst ohne Trockenheit und ein gesetztes Wesen mit Freude. Ich denke die gesegneten Folgen auf mein ganzes Leben zu fühlen.
Dieser Brief kommt Euch zum neuen Jahre, das beste Glück zum Anfang. Das vergangne war das wichtigste meines Lebens, ich mag nun sterben, oder noch eine Weile dauern, in beiden Fällen war es gut. Liebt mich. Goethe.«

Goethe an Frau von Stein:

»Rom, d. 13. Dez. 86.

Könnt ich doch, meine Geliebteste, jedes gute, wahre, süße Wort der Liebe und Freundschaft auf dieses Blatt fassen, dir sagen und versichern, daß ich dir nah, ganz nah bin und daß ich mich nur um deinetwillen des Daseins freue.
Dein Zettelchen hat mich geschmerzt, aber am meisten darum, daß ich dir Schmerzen verursacht habe. Du willst mir schweigen? Du willst die Zeugnisse deiner Liebe zurücknehmen? Das kannst du nicht ohne viel zu leiden, und ich bin schuld daran. Doch vielleicht ist ein Brief von dir unterwegs, der mich aufrichtet und tröstet, vielleicht ist mein Tagebuch angekommen und hat dich zur guten Stunde erfreut.«

»D. 14. Dez. 86.

Was ich schrieb, sieht so ruhig aus, ich bin es nicht und muß dir, liebe Vertraute, alles vertrauen.
Seitdem ich in Rom bin, hab ich unermüdet alles Sehenswürdige gesehen und meinen Geist recht damit überfüllt, in der Zeit, da sich manches zu setzen und aufzuklären schien, kam dein Zettelchen und brach mir alles ab. Ich sah noch einige Villen, einige Ruinen, mit den Augen bloß. Da ich merkte, daß ich nichts mehr sah, ließ ich ab und ging nur so vor mich hin.
Nicht genug! Ich las Tischbein meine Iphigenie vor, die nun bald fertig ist. Die sonderbare, originale Art, wie dieser das Stück ansah und mich über den Zustand, in welchem ich es geschrie-

ben, aufklärte, erschreckte mich. Es sind keine Worte, wie fein und tief er den Menschen unter dieser Heldenmaske empfunden.«

»D. 20. Dez. 86.

Heute Nacht hatt' ich halb angenehme, halb ängstliche Träume. Ich war in eurer Gegend und suchte dich. Du flohst mich und dann wieder, wenn ich dir begegnen konnte, wich ich dir aus.
Gestern träumte ich, die Herdern sei, eben als ich in ihr Haus trat, in die Wochen gekommen.
Hab ich dir denn von Rom nichts zu schreiben, als Träume? Noch viel! Gar viel!
Ich fange nun an, die besten Sachen zum zweitenmal zu sehen, wo denn das erste Staunen sich in ein Mitleben und näheres Gefühl des Wertes der Sachen auflöst.
Und doch ist das alles mir mehr Mühe und Sorge, als Genuß. Die Wiedergeburt, die mich von innen heraus umarbeitet, wirkt immerfort, ich dachte wohl, hier was zu lernen, daß ich aber soweit in die Schule zurückgehn, daß ich soviel verlernen müßte, dacht ich nicht. Desto lieber ist mirs, ich habe mich ganz hingegeben und es ist nicht allein der Kunstsinn, es ist auch der moralische, der große Erneuerung leidet. Viel erleichtern würde mir diese sonderbare Hauptepoche meines Lebens, wenn ich ein freundlich Wort von dir vernähme, da ich jetzt alles allein austragen muß. Doch ich will dirs nicht abzwingen, folge deinem Herzen, und ich will meinen Weg im stillen endigen.«

»Rom, d. 6. Jan. 87.

Schon habe ich viel in meinem Innern gewonnen, schon habe ich viele Ideen, auf denen ich festhielt, die mich und andre unglücklich machten, hingegeben, und ich bin um vieles freier. Täglich werf ich eine neue Schale ab und hoffe als ein Mensch wiederzukehren. Hilf mir aber nun auch, und komme mir mit deiner Liebe entgegen, schreibe mir wieder von deinem Schreibtische und gedenke göttlich des Vergangnen nicht, wenn du dich auch dessen erinnerst. Ich habe in der Welt nichts zu suchen als das Gefundene, nur daß ichs genießen lerne, das ist alles, warum ich mich hier noch mehr hämmern und bearbeiten lasse.
Seit gestern hab ich einen kolossalen Junokopf in meinem Zimmer. Keine Worte geben eine Ahndung davon; er ist wie ein Gesang Homers.«

Aus der »Italienischen Reise«, die 30 Jahre später aus Briefen und Tagebüchern entstand (6. Januar 1787):

»Es ist wie ein Gesang Homers.
Ich habe aber auch für die Zukunft die Nähe einer so guten Gesellschaft wohl verdient, denn ich kann nun vermelden, daß Iphigenia endlich fertig geworden ist.
Ihr beklagtet euch schon einigemal über dunkle Stellen meiner Briefe, die auf einen Druck hindeuten, den ich unter den herrlichsten Erscheinungen erleide. Hieran hatte diese griechische Reisegefährtin nicht geringen Anteil, der mich zur Tätigkeit nötigte, wenn ich hätte schauen sollen.
Ich erinnerte mich jenes trefflichen Freundes, der sich auf eine große Reise eingerichtet hatte, die man wohl eine Entdeckungsreise hätte nennen können. Nachdem er einige Jahre darauf studiert und ökonomisiert, fiel es ihm zuletzt noch ein, die Tochter eines angesehenen Hauses zu entführen, weil er dachte, es ging in einem hin.
Ebenso frevelhaft entschloß ich mich, Iphigenien nach Karlsbad mitzunehmen. Als ich den Brenner verließ, nahm ich sie aus dem größten Paket und steckte sie zu mir. Am Gardasee, als der gewaltige Mittagswind die Wellen ans Ufer trieb, wo ich wenigstens so allein war als meine Heldin am Gestade von Tauris, zog ich die ersten Linien der neuen Bearbeitung, die ich in Verona, Vicenza, Padua, am fleißigsten aber in Venedig fortsetzte. In Rom ging die Arbeit in geziemender Stetigkeit fort. Abends beim Schlafengehen bereitete ich mich aufs morgende Pensum, welches denn sogleich beim Erwachen angegriffen wurde. Mein Verfahren dabei war ganz einfach: ich schrieb das Stück ruhig ab und ließ es Zeile für Zeile, Periode für Periode regelmäßig erklingen. Was daraus entstanden ist, werdet ihr beurteilen. –«

Aus »Iphigenie auf Tauris«.

Orest, von rächenden Furien verfolgt, gelangt mit seinem Freunde Pylades nach der Insel Tauris, wo, ihm unbekannt, seine Schwester Iphigenie als Priesterin der Diana lebt.

Orest:

Laßt mir so lange Ruh, ihr Unterirdschen,
Die nach dem Blut ihr, das, von meinen Tritten
Hernieder träufelnd, meinen Pfad bezeichnet,
Wie losgelaßne Hunde spürend hetzt.
Laßt mich, ich komme bald zu euch hinab;
Das Licht des Tags soll euch nicht sehn, noch mich.
Der Erde schöner grüner Teppich soll
Kein Tummelplatz für eure Larven sein. Dort unten
Such ich euch auf: dort bindet alle dann
Ein gleich Geschick in ewge matte Nacht.

Pylades:

Ich bin noch nicht, Orest, wie du bereit,
In jenes Schattenreich hinabzugehn.
Ich sinne noch, durch die verwornen Pfade,
Die nach der schwarzen Nacht zu führen scheinen,
Uns zu dem Leben wieder aufzuwinden.
Ich denke nicht den Tod; ich sinn und horche,
Ob nicht zu irgendeiner frohen Flucht
Die Götter Rat und Wege zubereiten.
Uns gebe die Erinnrung schöner Zeit
Zu frischem Heldenlaufe neue Kraft.
Die Götter brauchen manchen guten Mann
Zu ihrem Dienst auf dieser weiten Erde.
Sie haben noch auf dich gezählt; sie gaben
Dich nicht dem Vater zum Geleite mit,
Da er unwillig nach dem Orkus ging.

Orest:

Bin ich bestimmt zu leben und zu handeln,
So nehm ein Gott von meiner schweren Stirn
Den Schwindel weg, der auf dem schlüpfrigen,
Mit Mutterblut besprengten Pfade fort
Mich zu den Toten reißt. Er trockne gnädig
Die Quelle, die, mir aus der Mutter Wunden
Entgegen sprudelnd, ewig mich befleckt.

Iphigenie erkennt den Bruder.

Iphigenie:

So steigst du denn, Erfüllung, schönste Tochter
Des größten Vaters, endlich zu mir nieder!

Wie ungeheuer steht dein Bild vor mir!
Kaum reicht mein Blick dir an die Hände, die,
Mit Frucht und Segenskränzen angefüllt,
Die Schätze des Olympus niederbringen.
Wie man den König an dem Übermaß
Der Gaben kennt: denn ihm muß wenig scheinen,
Was Tausenden schon Reichtum ist: so kennt
Man euch, ihr Götter, an gesparten, lang
Und weise zubereiteten Geschenken.
Denn ihr allein wißt, was uns frommen kann,
Und schaut der Zukunft ausgedehntes Reich,
Wenn jedes Abends Stern- und Nebelhülle
Die Aussicht uns verdeckt. Gelassen hört
Ihr unser Flehn, das um Beschleunigung
Euch kindisch bittet; aber eure Hand
Bricht unreif nie die goldnen Himmelsfrüchte;
Und wehe dem, der, ungeduldig sie
Ertrotzend, saure Speise sich zum Tod
Genießt. O laßt das lang erwartete,
Noch kaum gedachte Glück nicht, wie den Schatten
Des abgeschiednen Freundes, eitel mir
Und dreifach schmerzlicher vorübergehn!

OREST:

Rufst du die Götter an für dich und Pylades,
So nenne meinen Namen nicht mit eurem.
Du rettest den Verbrecher nicht, zu dem
Du dich gesellst, und teilest Flucht und Not.

IPHIGENIE:

Mein Schicksal ist an deines fest gebunden.

OREST:

Mit nichten! Laß allein und unbegleitet
Mich zu den Toten gehn. Verhülltest du
In deinen Schleier selbst den Schuldigen:
Du birgst ihn nicht vorm Blick der Immerwachen,
Und deine Gegenwart, du Himmlische,
Drängt sie nur seitwärts und verscheucht sie nicht.
Sie dürfen mit den ehrnen frechen Füßen
Des heilgen Waldes Boden nicht betreten;
Doch hör ich aus der Ferne hier und da
Ihr gräßliches Gelächter. Wölfe harren

So um den Baum, auf den ein Reisender
Sich rettete. Da draußen ruhen sie
Gelagert; und verlaß ich diesen Hain,
Dann steigen sie, die Schlangenhäupter schüttelnd,
Von allen Seiten Staub erregend, auf
Und treiben ihre Beute vor sich her.

IPHIGENIE:
Kannst du, Orest, ein freundlich Wort vernehmen?

OREST:
Spar es für einen Freund der Götter auf.

IPHIGENIE:
Sie geben dir zu neuer Hoffnung Licht.

Orest erkennt die Schwester.

OREST:
Laß mich zum erstenmal mit freiem Herzen
In deinen Armen reine Freude haben!
Ihr Götter, die mit flammender Gewalt
Ihr schwere Wolken aufzuzehren wandelt,
Und gnädig-ernst den lang erflehten Regen
Mit Donnerstimmen und mit Windesbrausen
In wilden Strömen auf die Erde schüttet,
Doch bald der Menschen grausendes Erwarten
In Segen auflöst und das bange Staunen
In Freudeblick und lauten Dank verwandelt,
Wenn in den Tropfen frischerquickter Blätter
Die neue Sonne tausendfach sich spiegelt
Und Iris freundlich bunt mit leichter Hand
Den grauen Flor der letzten Wolke trennt:
O laßt mich auch in meiner Schwester Armen,
An meines Freundes Brust, was ihr mir gönnt,
Mit vollem Dank genießen und behalten.
Es löset sich der Fluch, mir sagts das Herz.
Die Eumeniden ziehn, ich höre sie,
Zum Tartarus und schlagen hinter sich
Die ehrnen Tore fernab donnernd zu.
Die Erde dampft erquickenden Geruch
Und ladet mich auf ihren Flächen ein,
Nach Lebensfreud und großer Tat zu jagen.

PYLADES:
Versäumt die Zeit nicht, die gemessen ist!

Goethe an Frau von Stein, am 17. Januar 1787:

»Dein Brief vom 1. Januar ist mir gekommen und hat mir Freude und Schmerzen gebracht. Dazu kann ich nichts weiter sagen als: ich habe nur eine Existenz, diese hab ich diesmal ganz gespielt und spiele sie noch. Komm ich leiblich und geistlich davon, überwältigt meine Natur, mein Geist, mein Glück diese Krise, so ersetz ich dir tausendfältig, was zu ersetzen ist. – Komm ich um, so komm ich um, ich war ohne dies zu nichts mehr nütze.«

Aus der »Italienischen Reise«:

25. Januar 1787

»Ja, meine Existenz hat einen Ballast bekommen, der ihr die gehörige Schwere gibt; ich fürchte mich nun nicht mehr vor den Gespenstern, die so oft mit mir spielten. Seid auch guten Muts, ihr werdet mich oben halten und mich zu euch zurückziehen.«

2. Februar 1787

»Von der Schönheit, im vollen Mondschein Rom zu durchgehen, hat man, ohne es gesehen zu haben, keinen Begriff. Alles einzelne wird von den großen Massen des Lichts und Schattens verschlungen, und nur die größten allgemeinsten Bilder stellen sich dem Auge dar. Seit drei Tagen haben wir die hellsten und herrlichsten Nächte wohl und vollständig genossen. Einen vorzüglich schönen Anblick gewährt das Coliseo. Es wird nachts zugeschlossen, ein Eremit wohnt darin an einem Kirchelchen, und Bettler nisten in den verfallenen Gewölben. Sie hatten auf flachem Boden ein Feuer angelegt, und eine stille Luft trieb den Rauch erst auf der Arena hin, daß der untere Teil der Ruinen bedeckt war und die ungeheuern Mauern oben drüber finster herausragten; wir standen am Gitter und sahen dem Phänomen zu, der Mond stand hoch und heiter. Nach und nach zog sich der Rauch durch die Wände, Lücken und Öffnungen, ihn beleuchtete der Mond wie einen Nebel. Der Anblick war köstlich. So muß man das Pantheon, das Kapitol beleuchtet sehn, den Vorhof der Peterskirche und andere große Straßen und Plätze. Und so haben Sonne und Mond, eben wie der Menschengeist, hier ein ganz anderes Geschäft als anderer Orten, hier, wo ihrem Blick ungeheure und doch gebildete Massen entgegenstehn.«

BEGEGNUNG MIT DEM SÜDEN, RÜCKKEHR NACH DEM NORDEN

Goethe an Frau von Stein:

»Rom, den 21. Februar 1787.

Ich habe alles eingepackt, um noch mittägiger, noch weiter von dir zu gehen! Wann werd ich wieder hier sein? Wann einpacken, um dir wieder näherzurücken. Ich hoffe, es soll alles gut gehn, mein lange mühseliges Leben soll sich gegen das Ende erheitern.

Soviel weiß ich, daß mir dieses Einpacken selbst leicht wird und daß ich für ein künftig tätiges nördliches Leben schon Kraft und Lust genug gesammelt habe.

An dir häng ich mit allen Fasern meines Wesens. Es ist entsetzlich, was mich oft Erinnerungen zerreißen. Ach, liebe Lotte, du weißt nicht, welche Gewalt ich mir angetan habe und antue, und daß der Gedanke, dich nicht zu besitzen, mich doch im Grunde, ich mags nehmen und stellen und legen wie ich will, aufreibt und aufzehrt. Ich mag meiner Liebe zu dir Formen geben, welche ich will, immer, immer – Verzeih mir, daß ich dir wieder einmal sage, was solange stockt und verstummt. Wenn ich dir meine Gesinnungen, meine Gedanken der Tage, der einsamsten Stunden sagen könnte. Leb wohl. Liebe mich, ich gehe nun weiter, und du hörst bald von mir und sollst durch mich noch ein Stück Welt weiter kennen lernen.«

Aus der »Italienischen Reise«:

»D. 21. Februar 1787.

Das Einpacken wird mir leicht, ich tue es mit leichterem Herzen als vor einem halben Jahre, da ich mich von allem loslöste, was mir so lieb und wert war. Ja, es ist schon ein halbes Jahr, und von den vier Monaten, in Rom zugebracht, habe ich keinen

Augenblick verloren, welches zwar viel heißen will, aber doch nicht zuviel gesagt ist. –
Man erzählt von einem Schiffer, der, von einer stürmischen Nacht auf der See überfallen, nach Hause zu steuern trachtete. Sein Söhnchen, in der Finsternis an ihn geschmiegt, fragte: Vater, was ist denn das für ein närrisch Lichtchen dort, das ich bald über uns, bald unter uns sehe? Der Vater versprach ihm die Erklärung des andern Tags, und da fand es sich, daß es die Flamme des Leuchtturms gewesen, die einem von wilden Wogen auf und nieder geschaukelten Auge bald unten bald oben erschien.
Auch ich steure auf einem leidenschaftlich bewegten Meere dem Hafen zu, und halte ich die Glut des Leuchtturms nur scharf im Auge: wenn sie mir auch den Platz zu verändern scheint, so werde ich doch zuletzt am Ufer genesen.«

Der österreichische Gesandte am Heiligen Stuhl, Graf Herzan, berichtet am 3. März 1787 nach Wien an Fürst Kaunitz:

»Herr Goethe hat sich mehrere Monate hier aufgehalten. Er trachtete unbekannt zu bleiben, und änderte deswegen seinen Namen in jenen Müller, unter welcher Aufschrift auch seine Briefe an ihn gekommen.
Er wohnte hier bei dem deutschen Maler Tischbein und mit eben diesem ist er nach Neapel gereiset.
Ich habe meinem Sekretär, auf dessen Rechtschaffenheit ich mich verlassen kann, aufgetragen, daß er bei seiner Zurückkunft, die wahrscheinlich bald erfolgen dürfte, sich mit jenem in einen näheren Umgang setzen soll, um hierdurch imstande zu sein, mit Sicherheit ein wachsames Auge auf seine Aufführung und allfällig geheime Absichten tragen zu können.«

Frau von Stein an Charlotte von Lengefeld, Schillers spätere Frau (25. Dezember 1786):

»Aus Rom habe ich viele hübsche Briefe vom Goethe, die ich Ihnen, wenn Sie zu uns kommen, will zu lesen geben. Daß er wieder zu uns zurück will, ist gewiß sein Vorsatz; aber der Himmel beschließt manchmal anders, als wir gebundene Sterbliche wollen. Ein bißchen unartig hat er seine Freunde verlassen.«

Goethes Mutter schreibt:

an Frau von Stein (9. Januar 1787):

»Ich freue mich, daß die Sehnsucht, Rom zu sehen, meinem Sohne geglückt ist. Es war von Jugend auf sein Tagesgedanke, nachts sein Traum. Die Seligkeit, die er bei Beschauung der Meisterwerke der Vorwelt empfinden und genießen muß, kann ich mir lebendig vorstellen und freue mich seiner Freuden.«

an Charlottes Sohn Fritz von Stein (9. März 1787):

»Sie sind also nicht der Meinung, daß mein Sohn noch eine längere Zeit ausbleiben wird? Ich für meine Person gönne ihm gern, die Freude und Seligkeit, in der er jetzt lebt, bis auf den letzten Tropfen zu genießen. Und in dieser glücklichen Konstellation wird er wohl Italien nie wiedersehen. Ich votiere also aufs längere Dortbleiben – vorausgesetzt, daß es mit Bewilligung des Herzogs geschieht.«

an die Herzogin-Mutter (9. März 1787):

»Die zwei Briefe meines Sohnes – denn mehr habe ich nicht empfangen – haben mich unendlich gefreut, weil sein innigster und heißester Wunsch erhört worden ist. Ich kann mir die Freude sehr lebhaft denken, die er jetzt fühlt. Auf sein ganzes Leben muß ihn das ergötzen. Auch seine Freunde werden mit genießen, denn er hat die Gabe, ziemlich lebendig die Dinge darzustellen. Gott bringe ihn nur gesund und wohlbehalten zurück!«

Aus der »Italienischen Reise II«.

Neapel, im Februar und März 1787

»Bei ganz rein heller Atmosphäre kamen wir Neapel näher, und nun fanden wir uns wirklich in einem andern Lande. Neapel selbst kündigt sich froh, frei und lebhaft an; unzählige Menschen rennen durcheinander, der König ist auf der Jagd, die Königin guter Hoffnung, und so kanns nicht besser gehn.

Man sage, erzähle, male, was man will, hier ist mehr als alles. Die Ufer, Buchten und Busen des Meeres, der Vesuv, die Stadt, die Vorstädte, die Kastelle, die Lusträume! – Ich verzieh es allen, die in Neapel von Sinnen kommen, und erinnerte mich mit Rührung meines Vaters, der einen unauslöschlichen Eindruck besonders von den Gegenständen, die ich heut zum erstenmal sah, erhalten hatte. Und wie man sagt, daß einer, dem ein Gespenst erschienen, nicht wieder froh wird, so konnte man umgekehrt von ihm sagen, daß er nie ganz unglücklich werden konnte, weil er sich immer wieder nach Neapel dachte. Ich bin nun nach meiner Art ganz stille und mache nur, wenns gar zu toll wird, große, große Augen.

Wenn man in Rom gern studieren mag, so will man hier nur leben; man vergißt sich und die Welt, und für mich ist es eine wunderliche Empfindung, nur mit genießenden Menschen umzugehen. Der Ritter Hamilton, der noch immer als englischer Gesandter hier lebt, hat nun, nach so langer Kunstliebhaberei, nach so langem Naturstudium, den Gipfel aller Natur- und Kunstfreude in einem schönen Mädchen gefunden. Er hat sie bei sich, eine Engländerin von etwa zwanzig Jahren. Sie ist sehr schön und wohlgebaut. Er hat ihr ein griechisch Gewand machen lassen, das sie trefflich kleidet; dazu löst sie ihre Haare auf, nimmt ein paar Schals und macht eine Abwechslung von Stellungen, Gebärden, Mienen usw., daß man zuletzt wirklich meint, man träume.
Der alte Ritter hält das Licht dazu und hat mit ganzer Seele sich diesem Gegenstand ergeben. Er findet in ihr alle Antiken, alle schöne Profile der sizilianischen Münzen, ja den Belvederschen Apoll selbst. So viel ist gewiß, der Spaß ist einzig!

Neapel ist ein Paradies; jedermann lebt in einer Art von trunkner Selbstvergessenheit. Mir geht es ebenso; ich erkenne mich kaum, ich scheine mir ein ganz anderer Mensch. Gestern dacht ich: entweder du warst sonst toll, oder du bist es jetzt.

Wenn ich Worte schreiben will, so stehen mir immer Bilder vor Augen, des fruchtbaren Landes, des freien Meeres, der duftigen Inseln, des rauchenden Berges, und mir fehlen die Organe, das alles darzustellen.
Ich habe viel gesehen, und noch mehr gedacht: die Welt eröffnet sich mehr und mehr; auch alles, was ich schon lange weiß, wird

mir erst eigen. Welch ein früh wissendes und spät übendes Geschöpf ist doch der Mensch!
Und doch ist die Welt nur ein einfach Rad, in dem ganzen Umkreise sich gleich und gleich, das uns aber so wunderlich vorkommt, weil wir selbst mit herumgetrieben werden.

Hier wissen die Menschen gar nichts voneinander, sie merken kaum, daß sie nebeneinander hin und her laufen; sie rennen den ganzen Tag in einem Paradiese hin und wider, ohne sich viel umzusehen, und wenn der benachbarte Höllenschlund zu toben anfängt, hilft man sich mit dem Blute des heiligen Januarius.
Zwischen einer so unzählbaren und rastlos bewegten Menge durchzugehen, ist gar merkwürdig und heilsam. Wie alles durcheinanderströmt, und doch jeder einzelne Weg und Ziel findet. In so großer Gesellschaft und Bewegung fühl ich mich erst recht still und einsam; je mehr die Straßen toben, desto ruhiger werd ich.
Fühlt ich nicht solchen Anteil an den natürlichen Dingen und säh ich nicht, daß in der scheinbaren Verwirrung hundert Beobachtungen sich vergleichen und ordnen lassen, wie der Feldmesser mit einer durchgezogenen Linie viele einzelne Messungen probiert, ich hielte mich oft selbst für toll.

Was ich mir immer sagte, ist eingetroffen: daß ich so manche Phänomene der Natur und manche Verworrenheiten der Meinungen erst in diesem Lande verstehen und entwickeln lerne. Ich fasse von allen Seiten zusammen und bringe viel zurück, auch gewiß viel Vaterlandsliebe und Freude am Leben mit wenigen Freunden.

Bald muß sichs entscheiden, ob ich nach Sizilien gehe. Noch nie bin ich so sonderbar in einem Entschluß hin und her gebogen worden. Heute kommt etwas, das mir die Reise anrät, morgen ein Umstand, der sie abrät. Es streiten sich zwei Geister um mich.
Triebe mich nicht die deutsche Sinnesart und das Verlangen, mehr zu lernen und zu tun als zu genießen, so sollte ich in dieser Schule des leichten und lustigen Lebens noch einige Zeit verweilen und mehr zu profitieren suchen.

Seltsamerweise erinnert mich ein Freund in diesen Tagen an Wilhelm Meister und verlangt dessen Fortsetzung: unter diesem Himmel möchte sie wohl nicht möglich sein; vielleicht läßt sich von dieser Himmelsluft den letzten Büchern etwas mitteilen. Möge meine Existenz sich dazu genugsam entwickeln, der Stengel mehr in die Länge rücken und die Blumen reicher und schöner hervorbrechen. Gewiß, es wäre besser, ich käme gar nicht wieder, wenn ich nicht wiedergeboren zurückkommen kann.«

Überfahrt nach Sizilien (29. März 1787):

»Die ganze Nacht ging das Schiff ruhig fort. Es war in Amerika gebaut, schnellsegelnd, inwendig mit artigen Kämmerchen und einzelnen Lagerstätten eingerichtet. Die Gesellschaft anständig munter: Operisten und Tänzer, nach Palermo verschrieben.

Bei Tagesanbruch fanden wir uns zwischen Ischia und Capri, ungefähr von letzterem eine Meile. Die Sonne ging hinter den Gebirgen von Capri und Capo Minerva herrlich auf. Wir setzten mit schwachem und halbem Winde unsern Weg fort. Der Vesuv verlor sich gegen vier Uhr aus unsern Augen, als Capo Minerva und Ischia noch gesehen wurden. Auch diese verloren sich gegen Abend. Die Sonne ging unter ins Meer, begleitet von Wolken und einem langen, meilenweit reichenden Streifen; alles purpurglänzende Lichter. Nur war kein Land mehr zu sehen, der Horizont ringsum ein Wasserkreis, die Nacht hell und schöner Mondschein.
Ich hatte doch dieser herrlichen Ansichten nur Augenblicke genießen können, die Seekrankheit überfiel mich bald. Ich begab mich in meine Kammer, wählte die horizontale Lage, enthielt mich, außer weißem Brot und rotem Wein, aller Speisen und Getränke und fühlte mich ganz behaglich. Abgeschlossen von der äußern Welt ließ ich die innere walten.

Mit keinen Worten ist die dunstige Klarheit auszudrücken, die um die Küsten schwebte, als wir am schönsten Nachmittage gegen Palermo anfuhren. Die Reinheit der Konture, die Weichheit des Ganzen, das Auseinanderweichen der Töne, die Harmonie von Himmel, Meer und Erde.
Wie diese Königin der Inseln uns empfangen hat, habe ich keine

Worte auszudrücken: mit frischgrünenden Maulbeerbäumen, immergrünendem Oleander, Zitronenhecken und so weiter. In einem öffentlichen Garten stehn weite Beete von Ranunkeln und Anemonen. Die Luft ist mild, warm und wohlriechend, der Wind lau. Der Mond ging dazu voll hinter einem Vorgebirge herauf und schien ins Meer; und diesen Genuß, nachdem man vier Tage und Nächte auf den Wellen geschwebt!«

Palermo, im April 1787:

»Nachmittags besuchten wir das fruchtreiche und angenehme Tal, welches die südlichen Berge herab an Palermo vorbeizieht, durchschlängelt von dem Fluß Oreto.

Die schönste Frühlingswitterung und eine hervorquellende Fruchtbarkeit verbreitete das Gefühl eines belebenden Friedens über das ganze Tal, welches mir der ungeschickte Führer durch seine Gelehrsamkeit verkümmerte, umständlich erzählend, wie Hannibal hier vormals eine Schlacht geliefert und was für ungeheure Kriegstaten an dieser Stelle geschehen. Unfreundlich verwies ich ihm das fatale Hervorrufen solcher abgeschiedenen Gespenster. Es sei schlimm genug, meinte ich, daß von Zeit zu Zeit die Saaten, wo nicht immer von Elefanten, doch von Pferden und Menschen zerstampft werden müßten. Man solle wenigstens die Einbildungskraft nicht mit solchem Nachgetümmel aus ihrem friedlichen Traume aufschrecken. Er verwunderte sich sehr, daß ich das klassische Andenken an so einer Stelle verschmähte, und ich konnte ihm freilich nicht deutlich machen, wie mir bei einer solchen Vermischung des Vergangenen und des Gegenwärtigen zumute sei.

Noch wunderlicher erschien ich diesem Begleiter, als ich auf allen seichten Stellen, deren der Fluß gar viele trocken läßt, nach Steinchen suchte und die verschiedenen Arten derselben mit mir forttrug. Ich konnte ihm abermals nicht erklären, daß man sich von einer gebirgigen Gegend nicht schneller einen Begriff machen kann, als wenn man die Gesteinarten untersucht, die in den Bächen herabgeschoben werden, und daß hier auch die Aufgabe sei, durch Trümmer sich eine Vorstellung von jenen ewig klassischen Höhen des Erd-Altertums zu verschaffen.

Nachdem ich den Morgen zugebracht, die verschiedenen Kirchen zu besuchen und die Volksgesichter und Gestalten zu betrachten, fuhr ich zum Palast des Vizekönigs, welcher am obern Ende der Stadt liegt. Weil ich etwas zu früh gekommen, fand ich die großen Säle noch leer, nur ein kleiner munterer Mann ging auf mich zu, den ich sogleich für einen Malteser erkannte.
Als er vernahm, daß ich ein Deutscher sei, fragte er, ob ich ihm Nachricht von Erfurt zu geben wisse; er habe daselbst einige Zeit sehr angenehm zugebracht. Mit bedenklichem Anteil erkundigte er sich nach Weimar. Wie steht es denn, sagte er, mit dem Manne, der, zu meiner Zeit jung und lebhaft, daselbst Regen und schönes Wetter machte? Ich habe seinen Namen vergessen; genug aber, es ist der Verfasser des Werther!
Nach einer kleinen Pause, als wenn ich mich bedächte, erwiderte ich: Die Person, nach der Ihr Euch gefällig erkundigt, bin ich selbst! – Mit dem sichtbarsten Zeichen des Erstaunens fuhr er zurück und rief aus: Da muß sich viel verändert haben! – O ja! versetzte ich; zwischen Weimar und Palermo hab ich manche Veränderung gehabt.

In dem öffentlichen Garten von Palermo, unmittelbar an der Reede, brachte ich im stillen die vergnügtesten Stunden zu. Es ist der wunderbarste Ort von der Welt. Regelmäßig angelegt, scheint er uns doch feenhaft; vor nicht gar langer Zeit gepflanzt, versetzt er ins Altertum. Grüne Beeteinfassungen umschließen fremde Gewächse; Zitronenspaliere wölben sich zum niedlichen Laubengange; hohe Wände des Oleanders, geschmückt von tausend roten nelkenhaften Blüten, locken das Auge. Ganz fremde, mir unbekannte Bäume, noch ohne Laub, wahrscheinlich aus wärmern Gegenden, verbreiten seltsame Zweige.
Da war uns nun selbst mit einer nahen Abreise aus diesem Paradies bedrohen müssen, so hoffe ich, heute noch in diesem Garten ein vollkommenes Labsal zu finden, mein Pensum in der Odyssee zu lesen und auf einem Spaziergang nach dem Tale, am Fuße des Rosalienberges, den Plan der ›Nausikaa‹ weiter durchzudenken und zu versuchen, ob diesem Gegenstande eine dramatische Seite abzugewinnen sei.«

Aus dem Fragment:

NAUSIKAA:
In meines Vaters Garten soll die Erde
Dich umgetriebnen vielgeplagten Mann
Zum freundlichsten empfangen.
Dort dringen neben Früchten wieder Blüten,
Und Frucht auf Früchte wechseln durch das Jahr.
Die Pomeranze, die Zitrone steht
Im dunklen Laube, und die Feige folgt
Der Feige.
Dort wirst du in den schönen Lauben wandeln,
An weiten Teppichen von Blumen dich erfreun.
Es rieselt neben dir der Bach, geleitet
Von Stamm zu Stamm. Der Gärtner tränket sie
Nach seinem Willen. –

Ein weißer Glanz ruht über Land und Meer,
Und duftend schwebt der Äther ohne Wolken.

Palermo, den 17. April 1787:

»Es ist ein wahres Unglück, wenn man von vielerlei Geistern verfolgt und versucht wird! Heute früh ging ich mit dem festen, ruhigen Vorsatz, meine dichterischen Träume fortzusetzen, nach dem öffentlichen Garten; allein eh ich michs versah, erhaschte mich ein anderes Gespenst, das mir schon diese Tage nachgeschlichen. Die vielen Pflanzen, die ich sonst nur in Kübeln und Töpfen, ja die größte Zeit des Jahres nur hinter Glasfenstern zu sehen gewohnt war, stehen hier froh und frisch unter freiem Himmel, und indem sie ihre Bestimmung vollkommen erfüllen, werden sie uns deutlicher. Im Angesicht so vielerlei neuen und erneuten Gebildes fiel mir die alte Grille wieder ein, ob ich nicht unter dieser Schar die Urpflanze entdecken könnte. Eine solche muß es denn doch geben! Woran würde ich sonst erkennen, daß dieses oder jenes Gebilde eine Pflanze sei, wenn sie nicht alle nach einem Muster gebildet wären?
Ich bemühte mich zu untersuchen, worin denn die vielen abweichenden Gestalten voneinander unterschieden seien. Und ich fand sie immer mehr ähnlich als verschieden, und wollte ich meine botanische Terminologie anbringen, so ging das wohl,

aber es fruchtete nicht, es machte mich unruhig, ohne daß es mir weiterhalf. Gestört war mein guter poetischer Vorsatz: der Garten des Alkinous war verschwunden, ein Weltgarten hatte sich aufgetan.«

Neapel, 17. Mai 1787:

»Hier bin ich wieder, meine Lieben, frisch und gesund. Ich habe die Reise durch Sizilien leicht und schnell getrieben; wenn ich wiederkomme, sollt ihr beurteilen, wie ich gesehen habe.
Nun bleibt meiner Sehnsucht kein Gegenstand mehr im Mittag. Das Meer und die Inseln haben mir Genuß und Leiden gegeben, und ich kehre befriedigt zurück. Ich muß euch so bald als möglich wiedersehen, es sollen gute Tage werden. Ich habe unsäglich aufgeladen und brauche Ruhe, es wieder zu verarbeiten.«

Neapel, 1.-3. Juni 1787:

»Der letzte Tag in Neapel ging auf Abschiedsbesuche hin, die ich so vielen wohlwollenden Personen schuldig war. Auch der Abend sollte nicht frei sein. Ich hatte versprochen, die Herzogin von Giovane zu besuchen. In einem großen und hohen Zimmer, das keine sonderliche Aussicht hatte, fand ich eine wohlgestaltete junge Dame. Als einer gebornen Deutschen war ihr nicht unbekannt, wie sich unsere Literatur zu einer freieren, weit umherblickenden Humanität gebildet; Herders Bemühungen, und was ihnen ähnelte, schätze sie vorzüglich. Ein solches Gespräch kennt keine Grenzen. Die Dämmerung war schon eingebrochen, und man hatte noch keine Kerzen gebracht. Wir gingen im Zimmer auf und ab, und sie, einer durch Läden verschlossenen Fensterseite sich nähernd, stieß einen Laden auf, und ich erblickte, was man in seinem Leben nur einmal sieht. Tat sie es absichtlich, mich zu überraschen, so erreichte sie ihren Zweck vollkommen. Wir standen an einem Fenster des oberen Geschosses, der Vesuv gerade vor uns; die herabfließende Lava, deren Flamme bei längst niedergegangener Sonne schon deutlich glühte und ihren begleitenden Rauch schon zu vergolden anfing; der Berg gewaltsam tobend, über ihm eine ungeheure, feststehende Dampfwolke. Von da herab bis gegen das Meer ein Streif von Gluten

und glühenden Dünsten; übrigens Meer und Erde, Fels und Wachstum deutlich in der Abenddämmerung, klar friedlich, in einer zauberhaften Ruhe. Dies alles mit einem Blick zu übersehen und den hinter den Bergrücken hervortretenden Vollmond als die Erfüllung des wunderbaren Bildes zu schauen, mußte wohl Erstaunen erregen.
War unser Gespräch durch dieses Schauspiel unterbrochen, so nahm es eine desto gemütlichere Wendung. Wir hatten nun einen Text vor uns, welchen Jahrtausende zu kommentieren nicht hinreichen. Je mehr die Nacht wuchs, desto mehr schien die Gegend an Klarheit zu gewinnen; der Mond leuchtete wie eine zweite Sonne.
Meine Wirtin – so will ich sie nennen, weil mir nicht leicht ein köstlicheres Abendmahl zubereitet war – ließ die Kerzen an die Gegenseite des Zimmers stellen, und die schöne Frau, vom Monde beleuchtet, als Vordergrund dieses unglaublichen Bildes, schien mir immer schöner zu werden, ja ihre Lieblichkeit vermehrte sich besonders dadurch, daß ich in diesem südlichen Paradiese eine sehr angenehme deutsche Mundart vernahm. Ich vergaß, wie spät es war, so daß sie mich zuletzt aufmerksam machte: sie müsse mich, wiewohl ungerne, entlassen; die Stunde nahe schon, wo ihre Galerien klostermäßig verschlossen würden. Und so schied ich zaudernd von der Ferne und von der Nähe, mein Geschick segnend, das mich noch so schön am Abend belohnt hatte. –
Und so fuhr ich denn am anderen Tage durch das unendliche Leben dieser unvergleichlichen Stadt, die ich wahrscheinlich nicht wiedersehen sollte, halb betäubt hinaus, vergnügt jedoch, daß weder Reue noch Schmerz hinter mir blieb.«

Schiller an Körner (12. August 1787):

»Goethes Geist hat alle Menschen, die sich zu seinem Zirkel zählen, gemodelt. Eine stolze philosophische Verachtung aller Spekulation, eine gewisse künstliche Einfalt der Vernunft bezeichnet ihn und seine ganze hiesige Sekte. Da sucht man lieber Kräuter oder treibt Mineralogie, als daß man sich in leeren Demonstrationen verfinge. Die Idee kann ganz gesund und gut sein, aber man kann auch viel übertreiben.
Dieser Tage habe ich in großer adliger Gesellschaft einen höchst langweiligen Spaziergang machen müssen. Die Beste unter allen

war Frau von Stein, eine wahrhaftig eigene, interessante Person, und von der ich begreife, daß Goethe sich so ganz an sie attachiert hat. Schön kann sie nie gewesen sein, aber ihr Gesicht hat einen sanften Ernst und eine ganz eigene Offenheit. Diese Frau besitzt vielleicht über tausend Briefe von Goethe, und aus Italien hat er ihr noch jede Woche geschrieben. Man sagt, daß ihr Umgang ganz rein und untadelhaft sein soll.
Goethe wird von sehr vielen Menschen (auch außer Herder) mit einer Art von Anbetung genannt, und mehr noch als Mensch denn als Schriftsteller geliebt und bewundert. Alles, was er ist, ist er ganz, und er kann, wie Julius Cäsar, vieles zugleich sein.
Seine Reise nach Italien hat er von Kindheit an schon im Herzen herumgetragen. Sein Vater war da. Seine zerrüttete Gesundheit hat sie nötig gemacht. Er soll dort im Zeichnen große Schritte getan haben. Man sagt, daß er sich sehr erholt habe, aber schwerlich vor Ende des Jahres zurückkommen werde.«

Am 25. Januar 1788 schreibt Goethe aus Rom an den Herzog Carl August:

»Die Hauptabsicht meiner Reise war: mich von den physisch moralischen Übeln zu heilen, die mich in Deutschland quälten und mich zuletzt unbrauchbar machten; sodann den heißen Durst nach wahrer Kunst zu stillen. Das erste ist mir ziemlich, das letzte ganz geglückt.
Da ich ganz frei war, ganz nach meinem Wunsch und Willen lebte, so konnte ich nichts auf andre, nichts auf Umstände, Zwang oder Verhältnisse schieben, alles kehrte unmittelbar auf mich zurück, und ich habe mich recht durchaus kennen lernen. Ganz unter fremden Menschen, in einem fremden Lande zu leben, hat mich aus manchen Träumen geweckt, ich habe an munterm und resolutem Leben viel gewonnen. Als ich zuerst nach Rom kam, bemerkte ich bald, daß ich von Kunst eigentlich gar nichts verstand und daß ich bis dahin nur den allgemeinen Abglanz der Natur in den Kunstwerken bewundert und genossen hatte, hier tat sich eine andre Natur, ein weiteres Feld der Kunst vor mir auf, ja ein Abgrund der Kunst, in den ich mit desto mehr Freude hineinschaute, als ich meinen Blick an die Abgründe der Natur gewöhnt hatte. Ich überließ mich gelassen den sinnlichen Eindrücken; so sah ich Rom, Neapel, Sizilien und

kam nach Rom zurück. Die großen Szenen der Natur hatten mein Gemüt ausgeweitet und alle Falten herausgeglättet.
Vierzehn Tage war ich in Tivoli, dann sperrte mich die Hitze zwei Monate in das Haus, ich machte Egmont fertig und fing an, Perspektiv zu treiben und ein wenig mit Farben zu spielen. So kam der September heran, ich ging nach Frascati, und von da nach Castello und zeichnete nach der Natur und konnte nun leicht bemerken, was mir fehlte. Gegen Ende Oktober kam ich wieder in die Stadt, und da ging eine neue Epoche an. Die Menschengestalt zog nunmehr meine Blicke auf sich, und wie ich vorher, gleichsam wie von dem Glanz der Sonne, meine Augen von ihr weggewendet, so konnte ich nun mit Entzücken sie betrachten und auf ihr verweilen. Ich begab mich in die Schule, lernte den Kopf mit seinen Teilen zeichnen und nun fing ich erst an, die Antiken zu verstehen. Damit brachte ich November und Dezember hin und schrieb indessen Erwin und Elmire, auch die Hälfte von Claudinen. Mit dem ersten Januar stieg ich vom Angesicht aufs Schlüsselbein, verbreitete mich auf die Brust und so weiter, alles von innen heraus, den Knochenbau, die Muskeln wohl studiert und überlegt, dann die antiken Formen betrachtet, mit der Natur verglichen und das Charakteristische sich wohl eingeprägt. Meine sorgfältigen, ehemaligen Studien der Osteologie und der Körper überhaupt sind mir sehr zustatten gekommen, und ich habe gestern die Hand, als den letzten Teil, der mir übrigblieb, absolviert. Die nächste Woche werden nun die vorzüglichsten Statuen und Gemälde Roms mit frisch gewaschnen Augen besehen.
Wegen meiner Ausgaben dient folgendes zur Nachricht. Ich habe die Summe, welche ich Ihrer Güte und Vorsorge danke, bisher fort erhoben und sie nach Abzug dessen, was mir meine fortgehende Wirtschaft kostet, auf die Reise verwendet, dabei noch tausend Taler, welche mir die vier ersten Bände meiner Schriften eintrugen, verzehrt. Bei meiner Lebensart hätte ich sollen wohlfeiler davon kommen, allein meine Existenz ist wieder auf eine wahre Wilhelmiade hinausgelaufen. Doch kann ich völlig zufrieden sein, meine Endzwecke aus dem Grunde erreicht zu haben. Auch habe ich Bedacht gehabt, mein Inkognito selbst durch eine mäßige und schickliche Freigebigkeit respektabel zu machen, und dadurch, daß ich einige Künstler immer mit mir leben ließ, zugleich Lehrer, Freunde und Diener erworben. Es

hat sich alles so hübsch gemacht, daß ich völlig zufrieden sein kann. –
Gar manches macht mir den Rückweg nach Hause reizend. Ohne Ihren Umgang, den Umgang geprüfter Freunde länger zu leben, ist denn doch so eine Sache. Das Herz wird in einem fremden Lande, merk ich, leicht kalt und frech, weil Liebe und Zutrauen selten angewandt ist.«

Cupido, loser, eigensinniger Knabe!
Du batst mich um Quartier auf einige Stunden.
Wie viele Tag und Nächte bist du geblieben!
Und bist nun herrisch und Meister im Hause geworden!
Von meinem breiten Lager bin ich vertrieben;
Nun sitz ich an der Erde, Nächte gequälet:
Dein Mutwill schüret Flamm auf Flamme des Herdes,
Verbrennet den Vorrat des Winters und senget mich Armen.
Du hast mir mein Geräte verstellt und verschoben;
Ich such und bin wie blind und irre geworden.
Du lärmst so ungeschickt, ich fürchte das Seelchen
Entflieht, um dir zu entfliehen, und räumet die Hütte.

An den Herzog (17. März 1788):

»Ihren freundlichen, herzlichen Brief beantworte ich sogleich mit einem fröhlichen: ich komme! So werden meine Hoffnungen, Wünsche und so wird mein erster Vorsatz erfüllt. Ich fühle ganz den Umfang Ihrer Güte, mein erster und nächster Dank soll eine unbedingte Aufrichtigkeit sein.
Ich möchte die Bitte aussprechen: daß Sie mir nach meiner Ankunft, dem Gegenwärtigen, den Urlaub gönnen wollten, den Sie dem Abwesenden schon gegeben haben. Mein Wunsch ist: bei einer sonderbaren und unbezwinglichen Gemütsart, die mich, sogar in völliger Freiheit und im Genuß des erflehtesten Glücks, manches hat leiden machen, mich an Ihrer Seite, mit den Ihrigen, in dem Ihrigen wiederzufinden, die Summe meiner Reise zu ziehen und die Masse mancher Lebenserinnerungen und Kunstüberlegungen in die drei letzten Bände meiner Schriften zu schließen.
Ich darf wohl sagen: ich habe mich in dieser anderthalbjährigen Einsamkeit selbst wiedergefunden; aber als was? – Als Künstler!

Was ich sonst noch bin, werden Sie beurteilen und nutzen. Nehmen Sie mich als Gast auf, lassen Sie mich an Ihrer Seite das ganze Maß meiner Existenz ausfüllen und des Lebens genießen: so wird meine Kraft, wie eine nun geöffnete, gesammelte, gereinigte Quelle von einer Höhe, nach Ihrem Willen leicht dahin oder dorthin zu leiten sein. Alles, was ich bisher gesagt und gebeten habe, gründet sich auf den Begriff, daß Sie meiner jetzt nicht unmittelbar, nicht im Mechanischen bedürfen.
In dem Geiste und Sinne, wie ich Sie handeln sehe, können Sie nichts tun, was nicht auch mir, sowohl fürs Ganze, als für mein Individuum wünschenswert scheinen sollte. Sie sind gut beraten und werden es nach der Art, wie Sie zu Werke gehen, immer besser sein.«

Aus der »Italienischen Reise III« (April 1788):

»Mein Abschied aus Rom sollte auf eine besonders feierliche Weise vorbereitet werden; drei Nächte vorher stand der volle Mond am klarsten Himmel, ein Zauber, der sich dadurch über die ungeheure Stadt verbreitet, so oft empfunden, ward nun aufs eindringlichste fühlbar. Die großen Lichtmassen, klar, wie von einem milden Tage beleuchtet, mit ihren Gegensätzen von tiefen Schatten, durch Reflexe manchmal erhellt, zur Ahnung des einzelnen, setzen uns in einen Zustand wie von einer andern, einfachern, größern Welt.
Nach zerstreuenden, mitunter peinlich zugebrachten Tagen macht ich den Umgang mit wenigen Freunden einmal ganz allein. Nachdem ich den langen Korso, wohl zum letztenmal, durchwandert hatte, bestieg ich das Kapitol, das wie ein Feenpalast in der Wüste dastand. Die Statue Mark Aurels rief den Kommandeur in Don Juan zur Erinnerung und gab dem Wanderer zu verstehen, daß er etwas Ungewöhnliches unternehme. Dessenungeachtet ging ich die hintere Treppe hinab. Ganz finster, finstern Schatten werfend, stand mir der Triumphbogen des Septimius Severus entgegen; in der Einsamkeit der Via Sacra erschienen die sonst so bekannten Gegenstände fremdartig und geisterhaft. Als ich aber den erhabenen Resten des Coliseums mich näherte und in dessen verschlossenes Innere durchs Gitter hineinsah, darf ich nicht leugnen, daß mich ein Schauer überfiel und meine Rückkehr beschleunigte.

Alles Massenhafte macht einen eignen Eindruck, zugleich als erhaben und faßlich, und in solchen Umgängen zog ich gleichsam ein unübersehbares Summa Summarum meines ganzen Aufenthaltes. Dieses, in aufgeregter Seele tief und groß empfunden, erregte eine Stimmung, die ich heroisch-elegisch nennen darf, woraus sich in poetischer Form eine Elegie zusammenbilden wollte.

Und wie sollte mir gerade in solchen Augenblicken Ovids Elegie nicht ins Gedächtnis zurückkehren, der, auch verbannt, in einer Mondnacht Rom verlassen sollte:

Wandelt von jener Nacht mir das traurige Bild vor die Seele,
Welche die letzte für mich ward in der römischen Stadt,
Wiederhol' ich die Nacht, wo des Teuren soviel mir zurückblieb;
Gleitet vom Auge mir noch jetzt eine Träne herab.«

RÖMISCHER NACHKLANG

Weichet, Sorgen, von mir! – Doch ach! Den sterblichen Menschen
Lässet die Sorge nicht los, eh ihn das Leben verläßt.
Soll es einmal denn sein, so kommt ihr, Sorgen der Liebe.
Treibt die Geschwister hinaus, nehmt und behauptet mein Herz!

Aus Italien, dem formreichen, war ich in das gestaltlose Deutschland zurückgewiesen, heiteren Himmel mit einem düsteren zu vertauschen; die Freunde, statt mich zu trösten und wieder an sich zu ziehen, brachten micht zur Verzweiflung. Mein Entzükken über entfernteste, kaum bekannte Gegenstände, mein Leiden, meine Klagen über das Verlorne schien sie zu beleidigen, ich vermißte jede Teilnahme, niemand verstand meine Sprache. In diesen peinlichen Zustand wußt ich mich nicht zu finden, die Entbehrung war zu groß, an welche sich der äußere Sinn gewöhnen sollte, der Geist erwachte sonach und suchte sich schadlos zu halten.

Im Laufe von zwei vergangenen Jahren hatte ich ununterbrochen beobachtet, gesammelt, gedacht, jede meiner Anlagen auszubilden gesucht. Wie die begünstigte griechische Nation verfahren, um die höchste Kunst im eignen Nationalkreise zu entwickeln, hatte ich bis auf einen gewissen Grad einzusehen gelernt, so daß ich hoffen konnte, nach und nach das Ganze zu überschauen und mir einen reinen vorurteilsfreien Kunstgenuß zu bereiten. Ferner glaubte ich der Natur abgemerkt zu haben, wie sie gesetzlich zu Werke gehe, um lebendiges Gebild, als Muster alles künstlichen, hervorzubringen. Das dritte, was mich beschäftigte, waren die Sitten der Völker. An ihnen zu lernen, wie aus dem Zusammentreffen von Notwendigkeit und Willkür, von Antrieb und Wollen, von Bewegung und Widerstand ein

Drittes hervorgeht, was weder Kunst noch Natur, sondern beides zugleich ist, notwendig und zufällig, absichtlich und blind. Ich verstehe die menschliche Gesellschaft.
Wie ich mich nun in diesen Regionen hin und her bewegte, mein Erkennen auszubilden bemüht, unternahm ich sogleich, schriftlich zu verfassen, was mir am klarsten vor dem Sinne stand, und so ward das Nachdenken geregelt, die Erfahrung geordnet und der Augenblick festgehalten. Ich schrieb zu gleicher Zeit einen Aufsatz über Kunst, Manier und Stil, einen andern, die Metamorphose der Pflanzen zu erklären, und das Römische Karneval; sie zeigen sämtlich, was damals in meinem Innern vorging und welche Stellung ich gegen jene drei großen Weltgegenden genommen hatte.

Goethe an Jacobi (21. Juli 1788):

»Ja, mein Lieber, ich bin wieder zurück und sitze in meinem Garten, hinter der Rosenwand, unter den Aschenzweigen und komme nach und nach zu mir selbst. Ich war in Italien sehr glücklich, es hat sich so mancherlei in mir entwickelt, das nur zu lange stockte, Freude und Hoffnung ist wieder ganz in mir lebendig geworden. Mein hiesiger Aufenthalt wird mir sehr nützlich sein. Denn da ich ganz mir selbst wiedergegeben bin, so kann mein Gemüt, das die größten Gegenstände der Kunst und Natur fast zwei Jahre auf sich wirken ließ, nun wieder von innen heraus wirken, sich weiter kennen lernen und ausbilden.«

Goethes erster Brief an Frau von Stein nach der Rückkehr aus Italien (Mitte Juli 1788):

»Heute früh komm ich noch einen Augenblick. Gerne will ich alles hören, was du mir zu sagen hast, ich muß nur bitten, daß du es nicht zu genau mit meinem jetzt so zerstreuten, ich will nicht sagen zerrißnen Wesen nehmest. Dir darf ich wohl sagen, daß mein Innres nicht ist wie mein Äußres. Lebe wohl.«

Caroline Herder an ihren Mann, der zu dieser Zeit sich auf einer italienischen Reise befindet (14. und 15. August 1788):

»Eben war Goethe da. Er hat viel Lustiges, ich möchte sagen, Betäubendes über seine häusliche, menschliche Situation gesagt; es war aber in allem viel Klarheit und Richtigkeit. Ihm sei es jetzt gar wohl, daß er ein Haus habe, Essen und Trinken hätte und dergleichen. Alles, was du in deinen drei Bänden der ›Philosophie‹ von den Tartaren bis zu den Römern geschrieben hättest, käme alles darauf hinaus, daß ein Mensch ein Hauswesen besäße und – setzte ich hinzu – mit Vernunft sich regiere.
Im Ganzen will es mir nicht wohl mit ihm werden. Er lebt jetzt, ohne seinem Herzen Nahrung zu geben. Die Stein meint, er sei sinnlich geworden, und sie hat nicht ganz unrecht.
Er will sich diesen Winter ganz an die Herzogin halten, das sei die einzige, die ihm geblieben. Mitunter sollte ich und die Imhof zu ihm zum Tee kommen. Ich sagte: Ja, wenn die Stein mitkäme. ›Ach, mit der ist nicht viel anzufangen‹, sagte er; ›sie ist verstimmt, und es scheint nicht, daß etwas werden will.‹«

Sophie von Schard, Frau von Steins Schwägerin, schreibt (an Seckendorff, 26. September 1788):

»Goethe hat durch seine Reise und durch die Freiheit, die er genießt, und ohne Zweifel auch durch die Hoffnung, nach Italien zurückzukehren, eine Fröhlichkeit erlangt, wie er seit langer Zeit nicht gehabt hat. Ich denke, daß seine literarischen Arbeiten die nebelfreie Luft Italiens wieder ausatmen werden.«

Fromm sind wir Liebende, still verehren wir alle Dämonen,
  Wünschen uns jeglichen Gott, jegliche Göttin geneigt.
Und so gleichen wir euch, o römische Sieger! Den Göttern
  Aller Völker der Welt bietet ihr Wohnungen an,
Habe sie schwarz und streng aus altem Basalt der Ägypter,
  Oder ein Grieche sie weiß, reizend, aus Marmor geformt.
Doch verdrießet es nicht die Ewigen, wenn wir besonders
  Weihrauch köstlicher Art einer der Göttlichen streun.
Ja, wir bekennen euch gern: es bleiben unsre Gebete,
  Unser täglicher Dienst einer besonders geweiht.
Schalkhaft, munter und ernst begehen wir heimliche Feste,

Und das Schweigen geziemt allen Geweihten genau.
Eh an die Ferse lockten wir selbst durch gräßliche Taten
Uns die Erinnyen her, wagten es eher, des Zeus
Hartes Gericht am rollenden Rad und am Felsen zu dulden,
Als dem reizenden Dienst unser Gemüt zu entziehn.
Diese Göttin, sie heißt *Gelegenheit;* lernet sie kennen!
Sie erscheinet euch oft, immer in andrer Gestalt.
Tochter des Proteus möchte sie sein, mit Thetis gezeuget,
Deren verwandelte List manchen Heroen betrog.
So betrügt nun die Tochter den Unerfahrnen, den Blöden;
Schlummernde necket sie stets, Wachende fliegt sie vorbei;
Gern ergibt sie sich nur dem raschen, tätigen Manne,
Dieser findet sie zahm, spielend und zärtlich und hold.
Einst erschien sie auch mir, ein bräunliches Mädchen, die Haare
Fielen ihr dunkel und reich über die Stirne herab,
Kurze Locken ringelten sich ums zierliche Hälschen,
Ungeflochtenes Haar krauste vom Scheitel sich auf.
Und ich verkannte sie nicht, ergriff die Eilende: lieblich
Gab sie Umarmung und Kuß bald mir gelehrig zurück.
O wie war ich beglückt! –

Frau von Stein an ihre Schwägerin (15. August 1788):

»Die Ahnung, daß der Kreis der Lieben zerrissen wird und das Häuflein zerstreut, schwebt auch mir im Herzen. Goethe hat auf seinem Gewissen, den ersten Schritt dazu gemacht zu haben, doch hoff' ich, wir bleiben uns. – Ich habe sehr unrecht gehabt, Goethens wegen meine schöne Zeit in Kochberg zu versäumen; denn um ihn schob ich meine Abreise auf: aber er hat mich auf völlig fremden Fuß entlassen und ist nichts als Langeweile zwischen uns ausgewechselt worden.«

Schiller an seine Braut, Charlotte von Lengefeld (13. November 1788):

»Goethe, heißt es, wird bei uns bleiben, ob er schon so gut als ausgetreten ist und alle Geschäfte abgegeben hat.
Alles spricht hier mit ungemeiner Achtung von ihm und will ihn zu seinem Vorteil geändert gefunden haben. Er soll weit weniger Härten haben als ehmals.«

Tags darauf an Körner:

»Goethe ist jetzt auf einige Tage verreist. Es ist nun so ziemlich entschieden, daß er hier bleibt, aber privatisiert. In dem Conseil steht nur noch sein Stuhl; er ist so gut als ausgetreten. Die Kammer hat er ganz an Schmidt abgetreten; er ist jetzt nur noch bei der Bergwerkskommission als einer bloßen Liebhaberei.«

Caroline Herder an ihren Mann (14. November 1788):

»Goethes Betragen ist gar sonderbar.
Er will durchaus nichts mehr für seine Freunde sein. Ich vermute, daß er nach Weihnachten bald zu euch nach Rom kommt, und dies wäre sehr gut. Für Weimar taugt er nicht mehr. Er gedeiht am besten in Rom. Sein ganzes Wesen ist mir noch ein Rätsel. Ich weiß nicht, wie ich ihn entziffern soll. Vor mehreren Wochen sagte er mir einmal: er für seine Person hätte viel Glück; ja, es strömte ihm von allen Seiten zu.«

Zieret Stärke den Mann und freies mutiges Wesen,
  Oh, so ziemet ihm fast tiefes Geheimnis noch mehr.
Städtebezwingerin du, Verschwiegenheit! Fürstin der Völker!
  Teure Göttin, die mich sicher durchs Leben geführt,
Welches Schicksal erfahr ich! Es löset scherzend die Muse,
  Amor löset, der Schalk, mir den verschlossenen Mund.

Laß dich, Geliebte, nicht reun, daß du mir so schnell dich ergeben!
  Glaub es, ich denke nicht frech, denke nicht niedrig von dir.
Vielfach wirken die Pfeile des Amor: einige ritzen,
  Und vom schleichenden Gift kranket auf Jahre das Herz.
Aber mächtig befiedert, mit frisch geschliffener Schärfe
  Dringen die andern ins Mark, zünden behende das Blut.
In der heroischen Zeit, da Götter und Göttinnen liebten,
  Folgte Begierde dem Blick, folgte Genuß der Begier.

Ehret, wen ihr auch wollt! Nun bin ich endlich geborgen!
  Schöne Damen und ihr, Herren der feineren Welt,
Fraget nach Oheim und Vetter und alten Muhmen und Tanten,
  Und dem gebundnen Gespräch folge das traurige Spiel.
Auch ihr übrigen fahret mir wohl, in großen und kleinen

Zirkeln, die ihr mich oft nah der Verzweiflung gebracht.
Wiederholet, politisch und zwecklos, jegliche Meinung,
Die den Wandrer mit Wut über Europa verfolgt.
Und so mußt ich bis jetzt auf allen Tritten und Schritten
Schelten hören das Volk, schelten der Könige Rat.
Nun entdeckt ihr mich nicht so bald in meinem Asyle,
Das mir Amor der Fürst, königlich schützend, verlieh.
Hier bedecket er mich mit seinem Fittich; die Liebste
Fürchtet, römisch gesinnt, wütende Gallier nicht;
Sie erkundigt sich nie nach neuer Märe, sie spähet
Sorglich den Wünschen des Manns, dem sie sich eignete, nach.

Im Februar 1789 schreibt Goethe an Frau von Stein:

»Wenn du es hören magst, so mag ich dir gerne sagen, daß deine Vorwürfe, wenn sie mir auch im Augenblicke empfindlich sind, keinen Verdruß und Groll im Herzen zurücklassen. Auch sie weiß ich zurecht zu legen, und wenn du manches an mir dulden mußt, so ist es billig, daß ich auch wieder von dir leide. Es ist auch so viel besser, daß man freundlich abrechnet, als daß man sich immer einander anähnlichen will und, wenn das nicht reüssiert, einander aus dem Wege geht.
Mit dir kann ich am wenigsten rechten, weil ich bei jeder Rechnung dein Schuldner bleibe. Wenn wir übrigens bedenken, wie viel man an allen Menschen zu tragen hat, so werden wir ja noch lieber einander nachsehen. Lebe wohl und liebe mich.«

Caroline Herder an ihren Mann (8. März 1789):

»Ich habe nun das Geheimnis von der Stein selbst, warum sie mit Goethe nicht mehr recht gut sein will. Er hat die junge Christiane Vulpius zu seinem Klärchen und läßt sie oft zu sich kommen usw. Sie verdenkt ihm dies sehr. Da er ein so vorzüglicher Mensch ist, auch schon vierzig Jahre alt ist, so sollte er nichts tun, wodurch er sich zu den andern so herabwürdigt. –
Was meinst du hierüber?«

Herder antwortet (28. März 1789):

»Was du mir von Goethens Klärchen schreibst, mißfällt mir mehr, als daß es mich wundern sollte. Ein armes Mädchen – ich könnte mirs um Alles nicht erlauben! Aber die Menschen denken verschieden, und die Art, wie er hier unter rohen, obwohl guten Menschen gelebt hat, hat nichts anderes hervorbringen können. Auf mich macht Italien in allem nun einmal den ganz entgegengesetzten Eindruck. Ich kehre wie ein Geist zurück und kann dir nicht sagen, wie mir vor dem gewöhnlichen Troß der Buhlereien usw. ekelt.«

Der Besuch

Meine Liebste wollt ich heut beschleichen,
Aber ihre Türe war verschlossen.
Hab ich doch den Schlüssel in der Tasche!
Öffn' ich leise die geliebte Türe!

Auf dem Saale fand ich nicht das Mädchen,
Fand das Mädchen nicht in ihrer Stube.
Endlich, da ich leis die Kammer öffne,
Find ich sie, gar zierlich eingeschlafen,
Angekleidet auf dem Sofa liegen.

Bei der Arbeit war sie eingeschlafen;
Das Gestrickte mit den Nadeln ruhte
Zwischen den gefaltnen zarten Händen;
Und ich setzte mich an ihre Seite,
Ging bei mir zu Rat, ob ich sie weckte.

Da betrachtet' ich den schönen Frieden,
Der auf ihren Augenlidern ruhte:
Auf den Lippen war die stille Treue,
Auf den Wangen Lieblichkeit zu Hause,
Und die Unschuld eines guten Herzens
Regte sich im Busen hin und wieder.
Jedes ihrer Glieder lag gefällig
Aufgelöst vom süßen Götterbalsam.

Freudig saß ich da, und die Betrachtung
Hielte die Begierde, sie zu wecken,
Mit geheimen Banden fest und fester.

O, du Liebe, dacht ich, kann der Schlummer,
Der Verräter jedes falschen Zuges,
Kann er dir nicht schaden, nichts entdecken,
Was des Freundes zarte Meinung störte?

Deine holden Augen sind geschlossen,
Die mich offen schon allein bezaubern;
Es bewegen deine süßen Lippen
Weder sich zur Rede noch zum Kusse;

Aufgelöst sind diese Zauberbande
Deiner Arme, die mich sonst umschlingen,
Und die Hand, die reizende Gefährtin
Süßer Schmeicheleien, unbeweglich.

Wärs ein Irrtum, wie ich von dir denke,
Wär es Selbstbetrug, wie ich dich liebe,
Müßt ichs jetzt entdecken, da sich Amor
Ohne Binde neben mich gestellet.

Lange saß ich so und freute herzlich
Ihres Wertes mich und meiner Liebe;
Schlafend hatte sie mir so gefallen,
Daß ich mich nicht traute, sie zu wecken.

Leise leg ich ihr zwei Pomeranzen
Und zwei Rosen auf das Tischchen nieder;
Sachte, sachte schleich ich meiner Wege.

Öffnet sie die Augen, meine Gute,
Gleich erblickt sie diese bunte Gabe,
Staunt, wie immer bei verschloßnen Türen
Dieses freundliche Geschenk sich finde.

Seh ich diese Nacht den Engel wieder –
O, wie freut sie sich, vergilt mir doppelt
Dieses Opfer meiner zarten Liebe.

Frau von Stein an Schillers Braut (29. März 1789):

»Ich war den Winter immer nicht wohl, und da wird man geneigter zum Nachdenken, das einen im Leben nicht glücklicher macht. Der andre mir mühsame Begriff von meinem ehemaligen, vierzehn Jahre lang gewesenen Freund liegt mir auch manchmal wie eine Krankheit auf und ist mir nun wie ein schöner Stern, der mir vom Himmel gefallen.«

Zwei Monate später schreibt Goethe an Frau von Stein:

»Leider warst du, als ich ankam, in einer sonderbaren Stimmung und ich gestehe aufrichtig: daß die Art, wie du mich empfingst, wie mich andre nahmen, für mich äußerst empfindlich war. Ich sah Herdern, die Herzogin verreisen, einen mir dringend angebotnen Platz im Wagen leer, ich blieb um der Freunde willen, wie ich um ihrentwillen gekommen war, und mußte mir in demselben Augenblick hartnäckig wiederholen lassen, ich hätte nur wegbleiben können, ich nehme doch keinen Teil an den Menschen usw. Und das alles, eh von einem Verhältnis die Rede sein konnte, das dich so sehr zu kränken scheint.

Und welch ein Verhältnis ist es? Wer wird dadurch verkürzt? Wer macht Anspruch an die Empfindungen, die ich dem armen Geschöpf gönne? Wer an die Stunden, die ich mit ihr zubringe?

Frage Fritzen, die Herdern, jeden, der mir näher ist, ob ich unteilnehmender, weniger mitteilend, untätiger für meine Freunde bin als vorher? Ob ich nicht vielmehr ihnen und der Gesellschaft erst recht angehöre.

Und es müßte durch ein Wunder geschehen, wenn ich allein zu dir das beste innigste Verhältnis verloren haben sollte.

Wie lebhaft habe ich empfunden, daß es noch da ist, wenn ich dich einmal gestimmt fand, mit mir über interessante Gegenstände zu sprechen.

Aber das gestehe ich gern, die Art, wie du mich bisher behandelt hast, kann ich nicht erdulden. Wenn ich gesprächig war, hast du mir die Lippen verschlossen, wenn ich mitteilend war, hast du mich der Gleichgültigkeit, wenn ich für Freunde tätig war, der Kälte und Nachlässigkeit beschuldigt. Jede meiner Mienen hast du kontrolliert, meine Bewegungen, meine Art zu sein getadelt und mich immer mal à mon aise gesetzt. Wo sollte da Vertrauen und Offenheit gedeihen, wenn du mich mit vorsätzlicher Laune von dir stießest.

Ich möchte gern noch manches hinzufügen, wenn ich nicht befürchtete, daß es dich bei deiner Gemütsverfassung eher beleidigen als versöhnen könnte.

Ich gebe die Hoffnung nicht ganz auf, daß du mich wieder erkennen werdest. Lebe wohl.

Belvedere, den 1. Juni 1789.«

Eine Liebe hatt ich, sie war mir lieber als Alles!
Aber ich hab sie nicht mehr! Schweig und ertrag den Verlust!

Goethe an Jacobi (3. März 1790):

»Ich bereite mich zu einer kleinen Reise, wahrscheinlich gehe ich der Herzogin-Mutter, welche aus Italien zurückkehrt, entgegen, und tue in diesem schönen Frühjahr einen Blick über die Alpen. Lebe indessen wohl und liebe mich.«

Von unterwegs an Herder (12. März 1790):

»Da man gegen das Ende weich und sorglich zu werden anfängt, so fiel mir erst ein, daß nach meiner Abreise mein Mädchen und mein Kleiner ganz und gar verlassen sind, wenn ihnen irgend etwas zustieße, worin sie sich nicht zu helfen wüßte. Ich habe ihr gesagt, sich in einem solchen äußersten Fall an dich zu wenden. Verzeih!«

An den Herzog Carl August (3. April 1790):

»Am 31. März bin ich in Venedig glücklich angelangt, nach einer vergnüglichen Reise.
Ich muß im Vertrauen gestehen, daß meiner Liebe für Italien durch diese Reise ein tödlicher Stoß versetzt wird. Nicht, daß mirs in irgendeinem Sinne übel gegangen wäre, wie wollt es auch? Aber die erste Blüte der Neigung und Neugierde ist abgefallen, und ich bin doch auf oder ab ein wenig schmelfungischer geworden. Dazu kommt meine Neigung zu dem zurückgelassenen Erotio und zu dem kleinen Geschöpf in den Windeln, die ich Ihnen beide, wie alles das Meinige, bestens empfehle. Ich fürchte, meine Elegien haben ihre höchste Summe erreicht und das Büchlein möchte geschlossen sein. Dagegen bring ich ein Libellum Epigrammatum *(die Venezianischen Epigramme)* mit zurück, das sich Ihres Beifalls, hoff ich, erfreuen soll.«

An Caroline Herder (4. und 28. Mai 1790):

»Ich kann nicht leugnen, daß manchmal diesen Monat über sich die Ungeduld meiner bemächtigen wollte. Ich habe aber auch gesehen, gelesen, gedacht, gedichtet, wie sonst nicht in einem Jahr, wenn die Nähe der Freunde und des guten Schatzes mich ganz behaglich und vergnügt macht. Vor Pfingsten, hoffe ich, kommen wir hier weg und sind in dem halben Juni zu Hause. Meine Gesinnungen sind häuslicher als Sie denken.

Weit und schön ist die Welt, doch o! wie dank ich dem Himmel,
Daß ein Gärtchen, beschränkt, zierlich, mir eigen gehört.
Bringet mich wieder nach Hause! Was hat ein Gärtner zu reisen?
Ehre bringts ihm und Glück, wenn er sein Gärtchen besorgt.

Ich danke Ihnen für die Inlage, die Sie mir schickten; sie enthielt die Nachricht, daß mein Kleiner wieder besser ist; er war vierzehn Tage sehr übel. Es hat mich sehr beunruhigt, ich bin daran noch nicht gewöhnt.
Daß Sie aber in Ihrem Brief, meine Liebe, die hohen Trümmer und Künste heruntersetzen und uns dafür Fleiß, Mühe und Not anpreisen, soll als eine Hausfrauenlaune verziehen werden. Diese drei letzten allerliebsten Schwestern sind freilich des Menschen Gefährten, aber warum soll man nicht alles verehren, was das Gemüt erhebt und uns durchs mühselige Leben hindurchhilft! Wenn ihr das Salz wegwerft, womit soll man salzen!
Für die Gesinnungen gegen meine Zurückgelaßnen danke ich euch von Herzen; sie liegen mir sehr nahe, und ich gestehe gern, daß ich das Mädchen leidenschaftlich liebe. Wie sehr ich an sie geknüpft bin, habe ich erst auf dieser Reise gefühlt.
Sehnlich verlange ich nach Hause. Ich bin ganz aus dem Kreise des italienischen Lebens gerückt.«

Aus den »Venezianischen Epigrammen«:

Welch ein Mädchen ich wünsche zu haben? ihr fragt mich. Ich hab sie,
Wie ich sie wünsche – das heißt, dünkt mich, mit wenigem viel.

An dem Meere ging ich, und suchte mir Muscheln. In einer
Fand ich ein Perlchen; es bleibt nun mir am Herzen verwahrt.

»Ach, mein Hals ist ein wenig geschwollen!« so sagte die Beste
Ängstlich. – »Stille, mein Kind! still! und vernehme das Wort:
Dich hat die Hand der Venus berührt; sie deutet dir leise,
Daß sie das Körperchen bald, ach! unaufhaltsam verstellt.
Bald verdirbt sie die schlanke Gestalt, die zierlichen Brüstchen,
Alles schwillt nun, es paßt nirgends das neuste Gewand.
Sei nur ruhig! es deutet die fallende Blüte dem Gärtner,
Daß die liebliche Frucht schwellend im Herbste gedeiht.«

Wonniglich ists, die Geliebte verlangend im Arme zu halten,
Wenn ihr klopfendes Herz Liebe zuerst dir gesteht.
Wonniglicher, das Pochen des Neulebendigen fühlen,
Das in dem lieblichen Schoß immer sich nährend bewegt.
Schon versucht es die Sprünge der raschen Jugend; es klopfet
Ungeduldig schon an, sehnt sich nach himmlischem Licht.
Harre noch wenige Tage! Auf allen Pfaden des Lebens
Führen die Horen dich streng, wie es das Schicksal gebeut.
Widerfahre dir, was dir auch will, du wachsender Liebling –
Liebe bildete dich; werde dir Liebe zuteil!

Glänzen sah ich das Meer, und blinken die liebliche Welle,
Frisch mit günstigem Wind zogen die Segel dahin.
Keine Sehnsucht fühlte mein Herz; es wendete rückwärts,
Nach dem Schnee des Gebirgs, bald sich der schmachtende Blick.
Südwärts liegen der Schätze wie viel! Doch einer im Norden
Zieht, ein großer Magnet, unwiderstehlich zurück.

Schiller an Körner (1. November 1790):

»Goethes Philosophie mag ich auch nicht ganz: sie holt zuviel aus der Sinnenwelt, wo ich aus der Seele hole. Überhaupt ist seine Vorstellungsart zu sinnlich und betastet mir zuviel. Aber sein Geist wirkt und forscht nach allen Direktionen und strebt, sich ein Ganzes zu erbauen, und das macht mir ihn zum großen Mann.
Übrigens ergeht es ihm närrisch genug. Er fängt an alt zu werden, und die so oft von ihm gelästerte Weiberliebe scheint sich

an ihm rächen zu wollen. Er wird, wie ich fürchte, eine Torheit begehen und das gewöhnliche Schicksal eines alten Hagestolzes haben. Sein Mädchen ist eine Mamsell Vulpius, die ein Kind von ihm hat und sich nun in seinem Hause fast so gut als etabliert hat. Es ist sehr wahrscheinlich, daß er sie in wenigen Jahren heiratet. Sein Kind soll er sehr lieb haben und er wird sich bereden, daß, wenn er das Mädchen heiratet, es dem Kinde zu Liebe geschehe und daß dieses wenigstens das Lächerliche dabei vermindern könne.
Es könnte mich doch verdrießen, wenn er mit einem solchen Geniestreich aufhörte; denn man würde nicht ermangeln, es dafür anzusehen.«

Körner antwortet (11. November 1790):

»Auch mir ist Goethe zu sinnlich in der Philosophie; aber ich glaube, daß er für dich und mich gut ist, uns an ihm zu reiben, damit er uns warnt, wenn wir uns im Intellektuellen zu weit verlieren. – Seine Heirat mit der Vulpius würde mich nicht sehr befremden. Erstlich fragt sich vielleicht, ob die schlimmen Gerüchte von ihr begründet sind, und dann wäre es wohl möglich, daß man ihn sein bisheriges Verhältnis nicht in Ruhe fortsetzen ließe. Denke dir den Fall, daß er dem Mädchen gut ist, daß alle Welt auf sie loshackt, daß er ihr in einer kleinen Stadt keine erträgliche Existenz verschaffen kann, ohne sie zur Frau zu nehmen. In Weimar scheint man über das Konkubinat noch etwas anders zu denken als in Berlin.«

Herbstlich leuchtet die Flamme vom ländlich geselligen Herde,
  Knistert und glänzet, wie rasch! sausend vom Reisig empor.
Diesen Abend erfreut sie mich mehr; denn eh noch zur Kohle
  Sich das Bündel verzehrt, unter die Asche sich neigt,
Kommt mein liebliches Mädchen. Dann flammen Reisig und Scheite,
  Und die erwärmete Nacht wird uns ein glänzendes Fest.
Morgen frühe geschäftig verläßt sie das Lager der Liebe,
  Weckt aus der Asche behend Flammen aufs neue hervor.
Denn vor andern verlieh der Schmeichlerin Amor die Gabe,
  Freude zu wecken, die kaum still wie zu Asche versank.

Karoline von Dacheröden an Wilhelm von Humboldt (19. Dezember 1790):

»Mit Goethe möcht ich viel leben. Er hat für mich etwas sehr Anziehendes; so eine Geistes- und Herzensverschwebung ist sein ganzes Wesen. Aber dann kann er auch wieder wunderbar sein, drückend und leer, wenn er spricht, da, wo er glaubt, sprechen zu müssen.
Die Weimarer plagen und verschrauben ihn auch. Was für ein Lärm über das Kind ist, ist unglaublich. Die Herzogin Louise ist indelikat genug gewesen, ihm sagen zu lassen: sie fände es sonderbar, daß er ihr sein Kind alle Tage vor der Nase herumtragen ließe. Wie albern! Einige meinen, er werde sich wohl noch gar das Schätzchen antrauen lassen, um dem Kinde eine gesicherte Existenz zu verschaffen.«

Frau von Stein an ihren Sohn Fritz (27. Mai 1791):

»Schreib ja dem Goethe! Man hat mehr Briefe der Lebendigen an die Toten. Das Mitleid bemächtigt mich manchmal über ihn, daß ich weinen könnte.«

Im Herbst 1792 begleitet Goethe den Herzog Carl August zur Kampagne in Frankreich. Aus dem Lager bei Verdun schreibt er an Christiane (10. September):

»Ich habe dir schon viele Briefchen geschrieben und weiß nicht wann sie nach und nach bei dir ankommen werden. Du erfährst wieder, daß ich mich wohl befinde, du weißt, daß ich dich herzlich lieb habe. Wärst du nur jetzt bei mir! Es sind überall große breite Betten, und du solltest dich nicht beklagen, wie es manchmal zu Hause geschieht. Ach! Mein Liebchen! Es ist nichts besser als beisammen zu sein. Wir wollen es uns immer sagen, wenn wir uns wieder haben. Denke nur! Wir sind so nah an Champagne und finden kein gut Glas Wein. Auf dem Frauenplan solls besser werden, wenn nur erst mein Liebchen Küche und Keller besorgt.
Sei ja ein guter Hausschatz und bereite mir eine hübsche Wohnung. Sorge für das Bübchen und behalte mich lieb.
Behalte mich ja lieb! Denn ich bin manchmal in Gedanken eifer-

süchtig und stelle mir vor: daß dir ein andrer besser gefallen könnte, weil ich viele Männer hübscher und angenehmer finde als mich selbst. Das mußt du aber nicht sehen, sondern du mußt mich für den besten halten, weil ich dich ganz entsetzlich lieb habe und mir außer dir nichts gefällt. Ich träume oft von dir, allerlei konfuses Zeug, doch immer daß wir uns lieb haben. Und dabei mag es bleiben.
Solang ich dein Herz nicht hatte, was half mir das übrige, jetzt da ichs habe, möcht ichs gern behalten. Dafür bin ich auch dein. Küsse das Kind und liebe mich.«

Im Dezember 1792 kehrt Goethe von der Kampagne in Frankreich nach Weimar zurück:

Meine Ankunft in Weimar sollte nicht ohne Abenteuer bleiben; sie ereignete sich nach Mitternacht und gab Anlaß zu einer Familienszene, welche wohl in irgendeinem Roman die tiefste Finsternis erhellen und erheitern würde. – Nun fand ich das von meinem Fürsten mir bestimmte, erneuerte, wohleingerichtete Haus schon meistens wohnbar, ohne daß mir die Freude ganz versagt gewesen wäre, bei dem Ausbau mit- und einzuwirken. Die Meinigen entgegneten mir munter und gesund, und als es an ein Erzählen ging, kontrastierte freilich der heitere ruhige Zustand, in welchem sie die aus Verdun gesendeten Süßigkeiten genossen, mit demjenigen, worin wir, die sie in paradiesischen Zuständen glaubten, mit aller denkbaren Not zu kämpfen hatten. Unser stiller häuslicher Kreis war nun um so reicher und froher abgeschlossen.

Im April 1793 fährt Goethe zur Belagerung von Mainz.
Im Mai schreibt ihm Christiane aus Jena, wohin sie mit dem an Blattern erkrankten August, dem damals dreijährigen Sohn Goethes, zur Behandlung gefahren ist (13. Mai 1793):

»Lieber, ich wünsche dir, daß du glücklich angekommen bist, mit den August geht es gut. Der Herr Hof-Rath hat gesagt, daß mir den 17. Mai wieder nach Weimar zurückkehren könnten. Du wirst dich sehr freuen, wenn du wieder zurückkommst, und ihn gar nicht von Blattern verändert siehst, er hat nicht viel und sie schwären nicht tief und er ist auch recht wohl. Mir gefällt es

auch in Jena, aber auf dem Lande doch noch besser. Gestern sind mir in Burgau gewesen, da hat mir die Gegend sehr wohl gefallen, die Saale und die schönen Berge und die Dörferchen. Der junge Hage hat uns auch den Wasserbau an der Saale gewiesen, nun weiß ich dann auch, was es ist, ich habe immer davon reden hören. Auf den Mittwoch wollen mir nach Lobeda und wollen den August mitnehmen, der wird sich recht freuen. Es ist sehr gut, daß du mich nicht in Weimar gelassen, ich sehe hier immer viel Neues, aber ich wünsche mir nur immer, daß ich das alles mit dir sehen könnte, und mir könnten so ein paar Schlampamps-Stündchen halten, da wär ich recht glücklich. Ich will aber recht artig sein und mir immer denken, daß die schönen Stunden auch wiederkommen, und mir wollen sie recht genießen. Es ist mir aber sehr lieb, daß mir diese Woche wieder nach Weimar gehen, denn man ist hier doch nicht recht in seiner Ruhe. Schreibe mir nur bald und denke an das Judenkrämichen.
Sobald ich wieder in Weimar bin, schreibe ich. Behalt mich lieb und denke an mich.
Leb wohl, du Süßer. Deine dich ewig liebende Christel.«

Beilage von August:

»Lieber Vater, ich bin bald wieder gesund, schicke mir was.«

Elf Tage später am 24. Mai:

»Mein Lieber, du erhälst nun schon den zweiten Brief von mir, und ich habe noch keine von dir, das betrübt mich: übermorgen ist es doch schon vierzehn Tagen, daß du weg bist. Aber freuen wirst du dich, wenn ich dir sage, daß ich heute vor acht Tagen gesund und wohl mit dem Kleinen zurückgekommen bin. Er ist recht wohl. Das war eine Freude, wie die beiden Kinder den Schloßturm wieder erblickten! Da schrie der Kleine: ›Mutter! da ist ja Weimar, nu bin ich froh, da komm ich beis Väterchen.‹ Denn er glaubt, du müßtest da sein. Und ich bin auch froh, daß ich wieder da bin, es ist doch nie nirgends besser als zu Hause, in unserm Häusechen, nur du fehlst mir, alsdenn wär ich sehr glücklich. Aber meine Schwester kam mir mit der schönen Nachricht entgegen, daß du bald wiederkämst, da will ich auch recht

ruhig sein. Mit der Arbeit im Hause geht es sehr geschwinde; ich habe mich gewundert, wie ich wiederkam, daß so viel fertig war.
Leb recht wohl und behalte mich recht lieb, ich liebe dich unaussprechlich. Gehe ja nicht in Krieg und denke an mich. Adieu, mein Bester.«

Goethe an Christiane:

»Den 22. Juni 1793, bei Marienborn.

Es ist recht gut, daß man sich doch ein Wort sagen kann, wenn es gleich fatal genug ist, daß die Tage und Nächte vergehen, ohne daß man beisammen ist. Deine Briefe hab ich alle erhalten und mich ihrer gefreut, ich habe dir auch oft geschrieben und du wirst meine Briefe nach und nach empfangen. Ich hoffe dich bald wiederzusehen, richte mir das Hauswesen nur recht gut ein und putze mir recht auf, daß ich mich freue, wenn ich zurückkomme, und das Untröstliche vergesse, das ich hier täglich und stündlich sehen muß.
Ich bin ruhig und sicher; glaube den Leuten nicht, die alles vergrößern, vorzüglich üble Nachrichten, ich werde mich nicht mutwillig in Gefahr begeben, es lobt einen niemand darum und man hat nur den Schaden.
Küsse den Kleinen und erzähle ihm vom Vater, daß er ihn lieb behält.
Behalte mich auch lieb. Denn das ist das Beste für dich und für mich. Das Gute in der Welt ist viel schmäler gesät, als man denkt; was man hat, muß man halten.
Lebe wohl, liebes Kind. Die Zeit wird mir lang, bis ich zu dir komme.

Goethe«

DAS BÜNDNIS

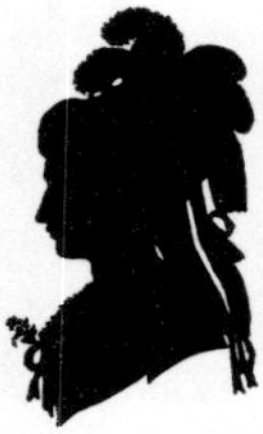

Von dem Jahre 1794 durft ich hoffen, es werde mich gegen die vorigen, in welchen ich viel entbehrt und gelitten, durch mancherlei Tätigkeit zerstreuen, durch mancherlei Freundlichkeit erquicken; und ich bedurfte dessen gar sehr.

Denn persönlicher Zeuge höchst bedeutender und die Welt bedrohender Umwendungen gewesen zu sein, das größte Unglück, was Bürgern, Bauern und Soldaten begegnen kann, mit Augen gesehen, ja solche Zustände geteilt zu haben, gab die traurigste Stimmung. Die äußern Kriegstaten der im Innersten aufgeregten französischen Nation drängten unaufhaltsam vorwärts und bedrohten alles Bestehende mit Umschwung, wo nicht mit Untergang.

Von allen Unbilden dieses Jahres nahm die Natur ihrer Gewohnheit gemäß nicht die geringste Kenntnis. Alle Feldfrüchte gediehen herrlich, alles reifte einen Monat früher, alles Obst gelangte zur Vollkommenheit, Aprikosen und Pfirsiche, Melonen und auch Kastanien boten sich dem Liebhaber reif und schmackhaft dar, und selbst in der Reihe vortrefflicher Weinjahre finden wir 1794 mit aufgezählt.

Der damalige Zustand ist schwer auszusprechen und nur durch den Begriff der ganzen Klasse gebildeter oder vielmehr der sich erst bildenden Deutschen einzusehen. Dem besten Teil der Nation war ein Licht aufgegangen, das sie aus der öden, gehaltlosen, abhängigen Pedanterie als einem kümmerlichen Streben herauszuleiten versprach. Sehr viele waren zugleich von demselben Geist ergriffen, sie erkannten die gegenseitigen Verdienste, sie achteten einander, fühlten das Bedürfnis, sich zu verbinden, sie suchten, sie liebten sich, und dennoch konnte keine wahrhafte Einigung entstehen. Das allgemeine Interesse, sittlich, moralisch, war doch ein vages, unbestimmtes, und es fehlte im ganzen wie im einzelnen an Richtung zu besondern Tätigkeiten. Daher zerfiel der große unsichtbare Kreis in kleinere, meist lokale, die manches Löbliche erschufen und hervorbrachten; aber eigentlich isolierten sich die Bedeutenden immer mehr und mehr.

Die Hauptfiguren wirkten ihrem Geist, Sinn und Fähigkeit nach unbedingt; an sie schlossen sich andere, die sich zwar Kräfte fühlten, aber doch schon gesellig und untergeordnet zu wirken nicht abgeneigt waren. Im Ganzen war jedoch jener Zustand eine aristokratische Anarchie, eine Art von Mittelalter, das einer höheren Kultur voranging, wie wir jetzt wohl übersehen, da uns mehrere Einblicke in diesen nicht zu beschreibenden, vielleicht für Nachlebende nicht zu fassenden Zustand eröffnet worden.

In mein Dasein hatte das wissenschaftliche Bemühen einen Zwiespalt gebracht, der noch keineswegs ausgeglichen war: denn die Art, wie ich die Naturerfahrungen behandelte, schien die übrigen Seelenkräfte sämtlich für sich zu fordern. In diesem Drange des Widerstreits übertraf alle meine Wünsche und Hoffnungen das auf einmal sich entwickelnde Verhältnis zu Schiller; von der ersten Annäherung an war es ein unaufhaltsames Fortschreiten philosophischer Ausbildung und ästhetischer Tätigkeit. Zum Behuf seiner Monatszeitschrift, der »Horen«, mußte ihm sehr angelegen sein, was ich im stillen gearbeitet, angefangen, unternommen, sämtlich zu kennen, neu anzuregen und zu benutzen; für mich war es ein neuer Frühling, in welchem alles froh nebeneinander keimte und aus aufgeschlossenen Samen und Zweigen hervorging.

Meeresstille und glückliche Fahrt

Tiefe Stille herrscht im Wasser,
Ohne Regung ruht das Meer,
Und bekümmert sieht der Schiffer
Glatte Fläche rings umher.
Keine Luft von keiner Seite!
Todesstille fürchterlich!
In der ungeheuren Weite
Reget keine Welle sich.

Die Nebel zerreißen,
Der Himmel ist helle,
Und Äolus löset
Das ängstliche Band.
Es säuseln die Winde,
Es rührt sich der Schiffer.
Geschwinde! Geschwinde!
Es teilt sich die Welle,
Es naht sich die Ferne:
Schon seh ich das Land.

Nach meiner Rückkunft aus Italien, wo ich mich zu größerer Bestimmtheit und Reinheit in allen Kunstfächern auszubilden gesucht hatte, unbekümmert, was während der Zeit in Deutschland vorgegangen, fand ich neuere und ältere Dichterwerke in großem Ansehn, von ausgebreiteter Wirkung, leider solche, die mich äußerst anwiderten: ich nenne nur Heines Ardinghello und Schillers Räuber. Jener war mir verhaßt, weil er Sinnlichkeit und abstruse Denkweisen durch bildende Kunst zu veredeln und aufzustutzen unternahm; dieser, weil ein kraftvolles, aber unreifes Talent gerade die ethischen und theatralischen Paradoxen des Sturm und Drang, von denen ich mich zu reinigen gestrebt, recht im vollen hinreißenden Strome über das Vaterland ausgegossen hatte.

Beiden Männern von Talent verargte ich nicht, was sie unternommen und geleistet; denn der Mensch kann sich nicht versagen, nach seiner Art wirken zu wollen. Das Rumoren aber, das im Vaterland dadurch erregt, der Beifall, der jenen wunderlichen Ausgeburten allgemein gezollt ward, der erschreckte mich, denn ich glaubte all mein Bemühen völlig verloren zu sehen. Die reinsten Anschauungen suchte ich zu nähren und mitzuteilen, und nun fand ich mich eingeklemmt zwischen Ardinghello und Franz Moor. Man denke sich meinen Zustand!

Ich vermied Schiller, der in meiner Nachbarschaft wohnte. »Don Carlos« war nicht geeignet, mich ihm näherzuführen, alle Versuche von Personen, die ihm und mir gleich nahestanden, lehnte ich ab, und so lebten wir eine Zeitlang nebeneinander fort.

Sein Aufsatz über Anmut und Würde war ebensowenig ein

Mittel, mich zu versöhnen. Die Kantische Philosophie, welche das Subjekt so hoch erhebt, indem sie es einzuengen scheint, hatte er mit Freuden in sich aufgenommen; sie entwickelte das Außerordentliche, was die Natur in sein Wesen gelegt, und er, im höchsten Gefühl der Freiheit und Selbstbestimmung, war undankbar gegen die große Mutter, die ihn gewiß nicht stiefmütterlich behandelte. Anstatt sie selbständig, lebendig, vom Tiefsten bis zum Höchsten gesetzlich hervorbringend zu betrachten, nahm er sie von der Seite einiger empirischen menschlichen Natürlichkeiten. Gewisse harte Stellen sogar konnte ich direkt auf mich deuten, sie zeigten mein Glaubensbekenntnis in einem falschen Lichte; dabei fühlte ich, es sei noch schlimmer, wenn es ohne Beziehung auf mich gesagt worden, denn die ungeheure Kluft zwischen unsern Denkweisen klaffte nur desto entschiedener. An keine Vereinigung war zu denken.

Im Herbst 1788 schreibt Schiller an seinen Freund Körner, den Vater Theodor Körners (12. September 1788):

»Endlich kann ich dir von Goethe erzählen, worauf du, wie ich weiß, sehr begierig wartetest. Ich habe vergangenen Sonntag beinahe ganz in seiner Gesellschaft zugebracht, wo er uns mit der Herder, Frau von Stein und der Frau von Schardt besuchte.
Im ganzen genommen ist meine in der Tat große Idee von ihm nach dieser persönlichen Bekanntschaft nicht vermindert worden; aber ich zweifle, ob wir einander je sehr nahe rücken werden. Vieles, was mir jetzt noch interessant ist, was ich noch zu wünschen und zu hoffen habe, hat seine Epoche bei ihm durchlebt; er ist mir (an Jahren weniger, als an Lebenserfahrungen und Selbstentwickelung) so weit voraus, daß wir unterwegs nie mehr zusammenkommen werden; und sein ganzes Wesen ist schon von Anfang her anders angelegt, als das meinige, seine Welt ist nicht die meinige, unsere Vorstellungsarten scheinen wesentlich verschieden. Indessen schließt sichs aus einer solchen Zusammenkunft nicht sicher und gründlich. Die Zeit wird das Weitere lehren.«

»Weimar, den 2. Februar 1789.

Öfters um Goethe zu sein, würde mich unglücklich machen. Er hat auch gegen seine nächsten Freunde kein Moment der Er-

gießung. Er ist an Nichts zu fassen. Ich glaube in der Tat, er ist ein Egoist in ungewöhnlichem Grade. Er macht seine Existenz wohltätig kund, aber nur wie ein Gott, ohne sich selbst zu geben. Ich betrachte ihn wie eine stolze Prüde, der man ein Kind machen muß, um sie vor der Welt zu demütigen. Eine ganz sonderbare Mischung von Haß und Liebe ist es, die er in mir erweckt hat; ich könnte seinen Geist umbringen und ihn wieder von Herzen lieben.
An seinem Urteil liegt mir überaus viel. Sein Kopf ist reif, und sein Urteil über mich wenigstens eher gegen mich als für mich parteiisch. Weil mir nun überhaupt nur daran liegt, Wahres von mir zu hören, so ist dies gerade der Mensch unter allen, die ich kenne, der mir diesen Dienst tun kann. Ich will ihn auch mit Lauschern umgeben, denn ich selbst werde ihn nie über mich befragen.«

»Weimar, den 9. März 1789.

Ich muß lachen, wenn ich nachdenke, was ich dir von und über Goethe geschrieben haben mag. Du wirst mich wohl recht in meiner Schwäche gesehen, und im Herzen über mich gelacht haben, aber mag es immer! Ich will mich gerne von dir kennen lassen, wie ich bin. Dieser Mensch, dieser Goethe, ist mir einmal im Wege, und er erinnert mich so oft, daß das Schicksal mich hart behandelt hat. Wie leicht ward sein Genie von seinem Schicksal getragen, und wie muß ich bis auf diese Minute noch kämpfen! Aber ich habe noch guten Mut, und glaube an eine glückliche Revolution für die Zukunft.«

Im Dezember dieses Jahres schreibt Charlotte von Lengefeld, Schillers spätere Frau (20. Dezember 1789):

»Goethe bleibt bis den ersten Feiertag in Jena. Du wirst ihn wahrscheinlich sehen. Ich wünschte es um seiner selbst willen, daß er mit dir umginge. Er scheint mir uneins mit sich, daher wird er es auch mit der Welt sein. Ich schließe es daher, weil er so viele Menschen um sich versammelt, die nichts sind. Fände er sich selbst wieder, so brauchte er diese nicht zu suchen.«

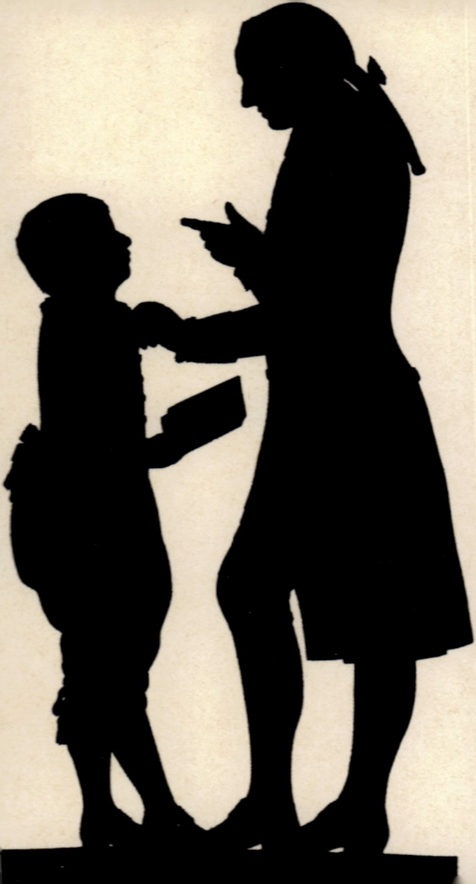

Schiller antwortet ihr (21. Dezember 1789):

»Goethe habe ich nicht gesehen, auch noch nichts von ihm gehört. Ich würde mich freuen, wenn ich ihm mehr sein könnte.«

Im Anfang des Jahres 1789 zog Schiller nach Jena, wo ich ihn ebenfalls nicht sah. Einstmals aber fand ich ihn auf einer Sitzung der dortigen naturforschenden Gesellschaft. Wir gingen zufällig beide zugleich heraus, ein Gespräch knüpfte sich an, er schien an dem Vorgetragenen teilzunehmen, bemerkte aber sehr verständig und einsichtig und mir sehr willkommen, wie eine so zerstückelte Art, die Natur zu behandeln, den Laien, der sich gern darauf einließe, keineswegs anmuten könne.
Ich erwiderte darauf, daß sie den Eingeweihten selbst vielleicht unheimlich bleibe, und daß es doch wohl noch eine andere Weise geben könne, die Natur nicht gesondert und vereinzelt vorzunehmen, sondern sie wirkend und lebendig, aus dem Ganzen in die Teile strebend darzustellen. Er wünschte hierüber aufgeklärt zu sein, verbarg aber seine Zweifel nicht; er konnte nicht eingestehen, daß ein solches, wie ich behauptete, schon aus der Erfahrung hervorgehe.
Wir gelangten zu seinem Hause, das Gespräch lockte mich hinein; da trug ich die Metamorphose der Pflanzen lebhaft vor und ließ, mit manchen charakteristischen Federstrichen, eine symbolische Pflanze vor seinen Augen entstehen. Er vernahm und schaute das alles mit großer Teilnahme, mit entschiedener Fassungskraft; als ich aber geendet, schüttelte er den Kopf und sagte: »Das ist keine Erfahrung, das ist eine Idee.« Ich stutzte, verdrießlich einigermaßen; denn der Punkt, der uns trennte, war dadurch aufs strengste bezeichnet. Der alte Groll wollte sich regen, ich nahm mich aber zusammen und versetzte: Das kann mir sehr lieb sein, daß ich Ideen habe, ohne es zu wissen, und sie sogar mit Augen sehe.
Schiller, der viel mehr Lebensklugheit und Lebensart hatte als ich und mich auch wegen der Horen, die er herauszugeben im Begriff stand, mehr anzuziehen als abzustoßen gedachte, erwiderte darauf als ein gebildeter Kantianer, und als aus meinem hartnäckigen Realismus mancher Anlaß zu lebhaftem Widerspruch entstand, so ward viel gekämpft und dann Stillstand gemacht. – Der erste Schritt war getan.

Schillers Anziehungskraft war groß, er hielt alle fest, die sich ihm näherten. Nun aber ist zu bedenken, daß ich so wenig als Schiller einer vollendeten Reife genoß, wie sie der Mann wohl wünschen sollte; deshalb denn zu der Differenz unserer Individualitäten die Gärung sich gesellte, die ein jeder mit sich selbst zu verarbeiten hatte; weswegen große Liebe und Zutrauen, Bedürfnis und Treue im hohen Grad gefordert wurden, um ein freundschaftliches Verhältnis entstehen und ohne Störung immerfort zusammenwirken zu lassen. Unsere beiderseitigen Briefe geben davon das unmittelbarste, reinste und vollständigste Zeugnis.

Schiller an Goethe:

»Jena, den 23. August 1794.

Die neulichen Unterhaltungen mit Ihnen haben meine ganze Ideenmasse in Bewegung gebracht, denn sie betrafen einen Gegenstand, der mich seit etlichen Jahren lebhaft beschäftigt. Über so manches, worüber ich mit mir selbst nicht recht einig werden konnte, hat die Anschauung Ihres Geistes (denn so muß ich den Totaleindruck Ihrer Ideen auf mich nennen) ein unerwartetes Licht in mir angesteckt. Mir fehlte das Objekt, der Körper, zu mehreren spekulativischen Ideen, und Sie brachten mich auf die Spur davon. Ihr beobachtender Blick, der so still und rein auf den Dingen ruht, setzt Sie nie in Gefahr, auf den Abweg zu geraten, in den sowohl die Spekulation als die willkürliche und bloß sich selbst gehorchende Einbildungskraft sich so leicht verirrt. In Ihrer richtigen Intuition liegt alles und weit vollständiger, was die Analysis mühsam sucht, und nur weil es als ein Ganzes in Ihnen liegt, ist Ihnen Ihr eigener Reichtum verborgen; denn leider wissen wir nur das, was wir scheiden. Geister Ihrer Art wissen daher selten, wie weit sie gedrungen sind, und wie wenig Ursache sie haben, von der Philosophie zu borgen, die nur von ihnen lernen kann.

Lange schon habe ich, obgleich aus ziemlicher Ferne, dem Gang Ihres Geistes zugesehen, und den Weg, den Sie sich vorgezeichnet haben, mit immer erneuter Bewunderung bemerkt. Sie suchen das Notwendige der Natur, aber Sie suchen es auf dem schwersten Wege, vor welchem jede schwächere Kraft sich wohl hüten wird. Sie nehmen die ganze Natur zusammen, um über das Einzelne Licht zu bekommen; in der Allheit ihrer Erscheinungsarten suchen Sie den Erklärungsgrund für das Individuum auf. Von der einfachen Organisation steigen Sie, Schritt vor Schritt, zu der mehr verwickelten hinauf, um endlich die verwickeltste von allen, den Menschen, genetisch aus den Materialien des ganzen Naturgebäudes zu erbauen. Dadurch, daß Sie ihn der Natur gleichsam nacherschaffen, suchen Sie in seine verborgene Technik einzudringen. Eine große und wahrhaft heldenmäßige Idee, die zur Genüge zeigt, wie sehr Ihr Geist das reiche Ganze seiner Vorstellungen in einer schönen Einheit zusammenhält. Sie können niemals gehofft haben, daß Ihr Leben zu einem solchen Ziele zureichen werde, aber einen solchen Weg auch nur einzuschlagen, ist mehr wert, als jeden andern zu endigen. –

Beim ersten Anblicke scheint es, als könnte es keine größeren Gegensätze geben, als den spekulativen Geist, der von der Einheit, und den intuitiven, der von der Mannigfaltigkeit ausgeht. Sucht aber der erste mit keuschem und treuem Sinn die Erfahrung, und sucht der letzte mit selbsttätiger freier Denkkraft das Gesetz, so kann es gar nicht fehlen, daß nicht beide einander auf halbem Wege begegnen werden. –

Aber ich bemerke, daß ich anstatt eines Briefes eine Abhandlung zu schreiben im Begriff bin – verzeihen Sie es dem lebhaften Interesse, womit dieser Gegenstand mich erfüllt hat; und sollten Sie Ihr Bild in diesem Spiegel nicht erkennen, so bitte ich sehr, fliehen Sie ihn darum nicht.

Meine Freunde so wie meine Frau empfehlen sich Ihrem gütigen Andenken, und ich verharre hochachtungsvoll

Ihr gehorsamster Diener

Friedrich Schiller.«

Goethe an Schiller:

»Zu meinem Geburtstage, der mir diese Woche erscheint, hätte mir kein angenehmer Geschenk werden können als Ihr Brief, in welchem Sie mit freundschaftlicher Hand die Summe meiner Existenz ziehen und mich durch Ihre Teilnahme zu einem emsigern und lebhaftern Gebrauch meiner Kräfte aufmuntern.

Reiner Genuß und wahrer Nutzen kann nur wechselseitig sein, und ich freue mich, Ihnen gelegentlich zu entwickeln: was mir Ihre Unterhaltung gewährt hat, wie ich von jenen Tagen an

auch eine Epoche rechne, und wie zufrieden ich bin, ohne sonderliche Aufmunterung, auf meinem Wege fortgegangen zu sein, da es nun scheint als wenn wir, nach einem so unvermuteten Begegnen, mit einander fortwandern müßten. Ich habe den redlichen und so seltenen Ernst, der in allem erscheint was Sie geschrieben und getan haben, immer zu schätzen gewußt, und ich darf nunmehr Anspruch machen, durch Sie selbst mit dem Gange Ihres Geistes, besonders in den letzten Jahren, bekannt zu werden. Haben wir uns wechselseitig die Punkte klargemacht, wohin wir gegenwärtig gelangt sind, so werden wir desto ununterbrochener gemeinschaftlich arbeiten können.
Alles was an und in mir ist werde ich mit Freuden mitteilen. Denn da ich sehr hebhaft fühle, daß mein Unternehmen das Maß der menschlichen Kräfte und ihre irdische Dauer weit übersteigt, so möchte ich manches bei Ihnen deponieren, und dadurch nicht allein erhalten, sondern auch beleben.
Wie groß der Vorteil Ihrer Teilnehmung für mich sein wird, werden Sie bald selbst sehen, wenn Sie, bei näherer Bekanntschaft, eine Art Dunkelheit und Zaudern bei mir entdecken, über die ich nicht Herr werden kann, wenn ich mir ihrer gleich deutlich bewußt bin. Doch dergleichen Phänomene finden sich mehr in unserer Natur, von der wir uns denn doch gerne regieren lassen, wenn sie nur nicht gar zu tyrannisch ist.
Ich hoffe bald einige Zeit bei Ihnen zuzubringen, und dann wollen wir manches durchsprechen.
Leben Sie recht wohl und gedenken mein in Ihrem Kreise.
Ettersburg, den 27. August 1794.

Goethe.«

Schiller an Goethe (31. August 1794):

»Ich ersehe aus Ihrem Brief, daß ich in meiner Ansicht Ihres Wesens Ihrem eigenen Gefühl begegnete, und daß Ihnen die Aufrichtigkeit, mit der ich mein Herz darin sprechen ließ, nicht mißfiel. Unsre späte, aber mir manche schöne Hoffnung erweckende Bekanntschaft ist mir abermals ein Beweis, wie viel besser man oft tut, den Zufall machen zu lassen, als ihm durch zu viele Geschäftigkeit vorzugreifen. Wie lebhaft auch immer mein Verlangen war, in ein näheres Verhältnis zu Ihnen zu treten, als zwischen dem Geist des Schriftstellers und seinem aufmerksamsten Leser möglich ist, so begreife ich doch nunmehr vollkommen, daß die so sehr verschiedenen Bahnen, auf denen Sie und ich wandelten, uns nicht wohl früher, als gerade jetzt, mit Nutzen zusammenführen konnten. Nun kann ich aber hoffen, daß wir, soviel von dem Wege noch übrig sein mag, in Gemeinschaft durchwandeln werden, und mit um so größerem Gewinn, da die letzten Gefährten auf einer langen Reise sich immer am meisten zu sagen haben.

Erwarten Sie bei mir keinen großen materialen Reichtum von Ideen; dies ist es was ich bei Ihnen finden werde. Mein Bedürfnis und Streben ist, aus wenigem viel zu machen, und wenn Sie meine Armut an allem, was man erworbene Kenntnis nennt, einmal näher kennen sollten, so finden Sie vielleicht, daß es mir in manchen Stücken damit mag gelungen sein. Weil mein Gedankenkreis kleiner ist, so durchlaufe ich ihn eben darum schneller und öfter, und kann eben darum meine kleine Barschaft besser nutzen, und eine Mannigfaltigkeit, die dem Inhalte fehlt, durch die Form erzeugen. Sie bestreben sich Ihre große Ideenwelt zu simplifizieren, ich suche Varietät für meine kleinen Besitzungen. Sie haben ein Königreich zu regieren, ich nur eine etwas zahlreiche Familie von Begriffen, die ich herzlich gern zu einer kleinen Welt erweitern möchte. –

Leider aber, nachdem ich meine moralischen Kräfte recht zu kennen und zu gebrauchen angefangen, droht eine Krankheit, meine physischen zu untergraben. Eine große und allgemeine Geistesrevolution werde ich schwerlich Zeit haben in mir zu vollenden, aber ich werde tun was ich kann, und wenn endlich das Gebäude zusammenfällt, so habe ich doch vielleicht das Erhaltungswerte aus dem Brande geflüchtet.

Sie wollten, daß ich von mir selbst reden sollte, und ich machte von dieser Erlaubnis Gebrauch. Mit Vertrauen lege ich Ihnen diese Geständnisse hin, und ich darf hoffen, daß Sie sie mit Liebe aufnehmen.

Alles bei uns empfiehlt sich Ihrem freundschaftlichen Andenken, und ich bin mit der herzlichsten Verehrung

der Ihrige.

Schiller.«

Im September 1794 lädt Goethe Schiller zu sich nach Weimar ein. Schiller antwortet (7. September):

»Mit Freuden nehme ich Ihre gütige Einladung nach Weimar an, doch mit der ernstlichen Bitte, daß Sie in keinem einzigen Stück Ihrer häuslichen Ordnung auf mich rechnen mögen, denn leider nötigen mich meine Krämpfe gewöhnlich, den ganzen Morgen dem Schlaf zu widmen, weil sie mir des Nachts keine Ruhe lassen, und überhaupt wird es mir nie so gut, auch den Tag über auf eine bestimmte Stunde sicher zählen zu dürfen.
Entschuldigen Sie diese Präliminarien, die ich noch notwendigerweise vorhergehen lassen mußte, um meine Existenz bei Ihnen auch nur möglich zu machen. Ich bitte bloß um die leidige Freiheit, bei Ihnen krank sein zu dürfen. –«

Nach dem Besuch schreibt Schiller:

»Jena, den 29. September.

Ich sehe mich wieder hier, aber mit meinem Sinn bin ich noch immer in Weimar. Es wird mir Zeit kosten, alle die Ideen zu entwirren, die Sie in mir aufgeregt haben; aber keine einzige, hoffe ich, soll verloren sein. Es war meine Absicht, diese vierzehn Tage bloß dazu anzuwenden, so viel von Ihnen zu empfangen, als meine Rezeptivität erlaubt; die Zeit wird es nun lehren, ob diese Aussaat bei mir aufgehen wird.«

Goethe antwortet (1. Oktober 1794):

»Wir wissen nun, mein Wertester, aus unsrer vierzehntägigen Konferenz, daß wir in Prinzipien einig sind und die Kreise unseres Empfindens, Denkens und Wirkens teils koinzidieren, teils sich berühren; daraus wird sich für beide gar mancherlei Gutes ergeben. –«

Schiller an Goethe:

»Jena, den 2. Januar 1795.

Meine besten Wünsche zu dem neuen Jahre, und noch einen herzlichen Dank für das verflossene, das mir durch Ihre Freundschaft vor allen übrigen ausgezeichnet und unvergeßlich ist.«

Goethe antwortet (3. Januar 1795):

»Lassen Sie uns dieses neue Jahr zubringen, wie wir das vorige geendigt haben, mit wechselseitiger Teilnahme an dem was wir lieben und treiben. Wenn sich die Gleichgesinnten nicht anfassen, was soll aus der Gesellschaft und der Geselligkeit werden! Ich freue mich, in der Hoffnung, daß Einwirkung und Vertrauen sich zwischen uns immer vermehren werden.«

Im Sommer 1795 begibt sich Goethe zur Kur nach Karlsbad. Dorthin schreibt ihm Schiller (20. Juli):

»Daß ich seit den letzten zwölf Tagen mich schlimm befunden, und dadurch abgehalten worden, Ihnen Nachricht von mir zu geben, hat meine Frau Ihnen geschrieben.
Ich bin ungeduldig zu hören, wie Sie mit Ihrer Gesundheit und mit Ihren Beschäftigungen vorwärts gerückt sind. –
Meine Poesien rücken sehr langsam vorwärts, da ich ganze Wochen lang zu jeder Arbeit untüchtig war. Etwas sollen Sie aber doch finden, wenn Sie kommen.
Leben Sie recht wohl, und der Himmel bringe Sie gesund und heiter zurück.«

Goethe schreibt aus Karlsbad (19. und 29. Juli):

»Wie danke ich Ihnen, daß Sie mir in den Strudel einer ganz fremden Welt eine freundliche Stimme erschallen lassen. –
Es tut mir leid, daß Sie inzwischen aus Not gefeiert haben, indes meine Tagedieberei willkürlich genug war. Ich habe mein einmal angefangenes Leben fortgesetzt, nur mit der Gesellschaft existiert und mich dabei ganz wohl befunden.
Nach Ihnen ist viel Nachfrage und ich antworte je nachdem die Menschen sind. Überhaupt hat das Publikum nur den dunkelsten Begriff vom Schriftsteller. Man hört nur uralte Reminiszenzen; von seinem Gange und Fortschritte nehmen die wenigsten Notiz. Doch muß ich billig sein und sagen, daß ich einige gefunden habe, die hierin eine merkwürdige Ausnahme machen.«

Unter den Kurgästen befindet sich die Schriftstellerin Friederike Brun. In ihren Tagebuchaufzeichnungen berichtet sie:

»Nun habe ich doch ein Interesse hier, und nun fängt die Kur auch an, mir zu bekommen: ich habe Goethe kennengelernt. Anspruchsloser wie er es ist in seinem Reden und Schweigen, in seinem Gehen und Stehen, ist es unmöglich zu sein. Sein Gesicht ist edel gebildet, ohne gleich einen innern Adel entgegenzustrahlen, eine bittre Apathie ruht wie eine Wolke auf seiner Stirn. Bei einem schönen männlichen Wuchs fehlt es ihm an Eleganz, und seinem ganzen Wesen an Gewandtheit; ist das der Günstling der Musen und Grazien! dies der Schöpfer des Tasso, des Egmont und der Iphigenie, des Werther und Götz, des Faust, und ach der Sänger jener herzempörenden und herzstillenden, jener sanft einlullenden und aufschreckenden Lieder? Ich sah nur den Verfasser des Wilhelm Meister diesen Abend und auch der ist aller Ehren wert. Da faßte mich bei einem Gedanken, aus dem der seinige zurückstrahlte, plötzlich sein Flammenauge und ich sehe Fausts Schöpfer.
Ich sehe ihn seitdem täglich und versäume keine Gelegenheit ihn zu sehen. Anfangs quälten mich seine Blicke, die ich immer auf mir und an mir empfand, wenn ich ihn nicht ansah, und die dann die des forschenden Beobachters waren; und des Beobachters ohne Hoffnung und Glauben an reinen Menschenwert. Das Glück hat ihn verzogen und die Weiber. Er hat geschwelgt ohne zu genießen, genommen ohne zu geben, ob je in seinem Herzen der reine Ton der Liebe wieder erklingen wird? Er hat viel geredet und immer als obs halb im Scherz wäre, aber im bittern Scherz herrliche Sachen gesagt.
Übrigens war er heut (dies ist alles beim Sprudeltrinken auf und ab geredet) schrecklich paradox und ich ergrimmte über sein Wegwerfen der Erinnerung. – Die Gegenwart ist die einzige Göttin, die ich anbete, sagte er –; über seinen Unglauben an intellektuelle Freundschaft: Freundschaft werde durch Verhältnisse genährt, und wenn diese sich änderten oder aufhörten, stürbe sie Hungers. Ich ward zur Salzsäule! – Einmal sagte er: ›Niemand hat Mitleiden mit mir, wenn ich klage‹ (es war Scherz). Ich sagte ihm ernst: Ich habe bei manchem Ihrer Lieder inniges Mitleiden empfunden. – ›O ja, ich war wohl unglücklich in diesen Augenblicken, aber dergleichen muß man abschüt-

teln.‹ – Nein, nicht abschütteln, sagte ich, durcharbeiten und in sich zur Heiterkeit verwandeln! – Denn seine Gleichgültigkeit ohne Heiterkeit und daß er schon so ganz mit den Menschen abgerechnet hat, ist mir schrecklich. – Er ist fertig mit dem dritten Teil von Wilhelm Meister: Ich bin der Redakteur jetzt, sagte er, und sehe das Ding nach, wie das Werk eines Verstorbenen.
Ach seine Forderungen sind nur zu eingeschränkt, nur wenige Worte sagte er über das Leiden, das er erduldet, ehe er nach und nach dahin gekommen, wo er nun sei. Dieser außerordentliche Mensch konnte freilich nicht auf gewöhnliche Weise sein viel forderndes Herz und seinen ungestümen Sinn befriedigen. Mir erscheint er als eins der seltensten Exemplare der Menschheit, in voller Kraft eines unbeugsamen Willens und hohen Geistes; ihm war es vielleicht neu, ein Weib zu sehen, die ruhig und ungeblendet ihn beobachtete. So blieben wir eine Weile einander gegenüber, aber dann öffnete er sich mir mit edler Offenheit, fühlend, daß ich sein besseres Selbst suchte – und ich entdeckte in ihm einen Schatz der Wahrheit, Billigkeit und Güte, die verbunden mit dem, was er als Dichter zu geben vermag, mir ihn unvergeßlich machen.«

Schiller an Goethe:

»Jena, den 31. August 1795.
Nur zwei Worte heute, Ihnen für Ihr Andenken zu danken. Es ist heute der Expeditionstag der Horen, wo ich immer viel zu schreiben habe.
Es ist mir aber daran gelegen, auf zwei Punkte schnell Ihre Resolution zu erfahren.
1) Schlug ich Ihnen vor, ob wir das Märchen nicht lieber auf einmal im zehnten Stück geben wollen. Das Publikum ist immer mit dem Abbrechen unzufrieden, und jetzt müssen wir es bei guter Laune erhalten.
2) Fehlt zu dem 101. Epigramme der letzte halbe Pentameter:

– – Es deutet die fallende Blüte dem Gärtner,
Daß die liebliche Frucht –

Wollen Sie mir diese zwei Punkte mit dem schnellsten beantworten?«

Goethe (3. September 1795):

»Der letzte Pentameter des 101. Epigramms mag heißen:
Daß die liebliche Frucht schwellend im Herbste gedeiht.
Das Märchen wünschte ich getrennt, weil eben bei so einer Produktion eine Hauptabsicht ist, die Neugierde zu erregen. Es wird zwar immer auch am Ende noch Rätsel genug bleiben.
Zu dem Zug der Horen wünsche ich Glück; möge sich die Lust und Liebe des Publikums verdoppeln.
Sonntagabend bin ich in Weimar und hoffe Sie bald zu sehen.«

Nach einem Besuch bei Schiller in den ersten Oktobertagen schreibt Goethe:

»Anstatt gestern von Ihnen fortzueilen, wäre ich lieber geblieben, und die Unbehaglichkeit eines unbefriedigten Zustandes hat mich auf dem ganzen Wege begleitet. In so kurzer Zeit gibt man vielerlei Themata an und führt keins aus, und so vielerlei man auch rege macht, kommt doch wenig zur Runde und Reife.
Ihren Gedichten hab ich auf meiner Rückkehr hauptsächlich nachgedacht; sie haben besondere Vorzüge, und ich möchte sagen, sie sind nun wie ich sie vormals von Ihnen hoffte. Diese sonderbare Mischung von Anschauen und Abstraktion, die in Ihrer Natur ist, zeigt sich nun in vollkommenem Gleichgewicht, und alle übrigen poetischen Tugenden treten in schöner Ordnung auf. Mit Vergnügen werde ich sie gedruckt wiederfinden, sie selbst wiederholt genießen und den Genuß mit andern teilen.«

Schiller:

(16. Oktober 1795)

»Ihr Brief hat mir große Freude gemacht. Es gibt gegen eine Stunde des Muts und Vertrauens immer zehn, wo ich kleinmütig bin und nicht weiß, was ich von mir denken soll. Da kommt mir eine solche Anschauung meiner selbst außer mir recht zum Troste. Auch Herder hat mir über meine Gedichte kürzlich viel Erfreuendes geschrieben. –«

(25. Dezember 1795)

»Das Glück, welches das kleine Gedicht, die Teilung der Erde, zu machen scheint, kommt mit auf Ihre Rechnung, denn schon von vielen hörte ich, daß man es Ihnen zuschreibt.«

Goethe:

»Daß man uns in unsern Arbeiten verwechselt, ist mir sehr angenehm; es zeigt, daß wir immer mehr die Manier los werden und ins allgemeine Gute übergehn. Und dann ist zu bedenken, daß wir eine schöne Breite einnehmen können, wenn wir mit einer Hand zusammenhalten und mit der andern so weit ausreichen als die Natur uns erlaubt hat.
Leben Sie recht wohl; ich suche mich von allem, was mich halten und zerstreuen könnte, loszumachen, um in Ihrer Nähe wieder einige gute Zeit zuzubringen.
Weimar, den 26. Dezember 1795. G.«

Nach diesem glücklichen Beginnen entwickelten sich im Verfolg eines zehnjährigen Umgangs mit Schiller die philosophischen Anlagen, inwiefern sie meine Natur enthielt, nach und nach. Davon Rechenschaft zu geben, ist schwer. Denn man wird gewiß gerne gestehen, daß ein fast Unmögliches unternommen werde, wenn man die Übergänge in einen geläuterten, freieren, selbstbewußten Zustand, deren es tausend und abertausend geben muß, zu schildern unternimmt. Von Bildungsstufen kann die Rede nicht sein, wohl aber von Irr-, Schleif- und Schleichwegen und sodann von unbeabsichtigtem Sprung und belebtem Aufsprung zu einer höhern Kultur.
Und wer kann denn zuletzt sagen, daß er wissenschaftlich in der höchsten Region des Bewußtseins immer wandele, wo man das Äußere mit größter Bedächtigkeit, mit so scharfer als ruhiger Aufmerksamkeit betrachtet, wo man zugleich sein eigenes Inneres mit kluger Umsicht, mit bescheidener Vorsicht walten läßt, in geduldiger Hoffnung eines wahrhaft reinen, harmonischen Anschauens? Trübt uns nicht die Welt, trüben wir uns nicht selbst solche Momente? Fromme Wünsche jedoch dürfen wir hegen; liebevolles Annähern an das Unerreichbare zu versuchen, ist nicht untersagt.

DAS UNSTERBLICHE GESPRÄCH

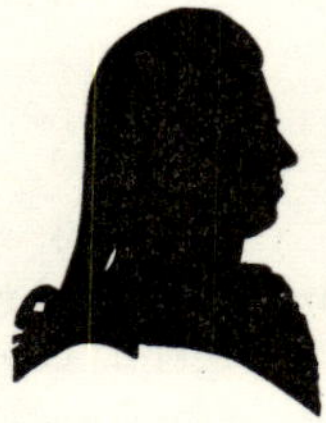

Aus dem Jahre 1825, zwanzig Jahre nach Schillers Tod, berichtet Eckermann von einem Abend bei Goethe (18. Januar):

»Goethe war in bester Laune. Er ließ eine Flasche Wein kommen, wovon er Riemern und mir einschenkte; er selbst trank Marienbader Wasser. Der Abend schien bestimmt zu sein, mit Riemern das Manuskript seiner fortgesetzten Selbstbiographie durchzugehen.

Ich hatte schon im Laufe des Sommers die Freude gehabt, alle diese noch ungedruckten Lebensjahre bis auf die neueste Zeit herauf wiederholt zu lesen und zu betrachten. Aber jetzt in Goethes Gegenwart sie laut vorlesen zu hören, gewährte mir einen ganz neuen Genuß. In Goethe war die geschilderte Lebensepoche rege, er schwelgte in Erinnerungen und ergänzte bei Erwähnung einzelner Personen und Vorfälle das Geschriebene durch mündliche Erzählung. Der bedeutendsten mitlebenden Männer ward wiederholt gedacht; zu Schiller jedoch, der dieser Epoche von 1795 bis 1800 am engsten verflochten war, kehrte das Gespräch immer von neuem zurück.

Nachdem das Manuskript bis zu Ende des Jahres 1800 vorgelesen und besprochen war, legte Goethe die Papiere an die Seite und ließ an einem Ende des großen Tisches, an dem wir saßen, decken und ein kleines Abendessen bringen. Wir ließen es uns wohl sein; Goethe selbst rührte aber keinen Bissen an, wie ich ihn denn nie Abends habe essen sehen. Er saß bei uns, schenkte uns ein, putzte die Lichter und erquickte uns mit den herrlichsten Worten. Das Andenken Schillers war in ihm so lebendig, daß die Gespräche dieser letzten Hälfte des Abends nur ihm gewidmet waren. – Riemer erinnerte an Schillers Persönlichkeit.

Der Bau seiner Glieder, sein Gang auf der Straße, jede seiner Bewegungen, sagte er, war stolz, nur die Augen waren sanft.«

Ja, alles übrige an ihm war stolz und großartig, aber seine Augen waren sanft. Und wie sein Körper war sein Talent. Er griff in einen großen Gegenstand kühn hinein und betrachtete und wendete ihn hin und her und sah ihn so an und so, und handhabte ihn so und so. Er sah seinen Gegenstand gleichsam nur von außen an, eine stille Entwickelung aus dem Innern war nicht seine Sache. Sein Talent war mehr desultorisch. Deshalb war er auch nie entschieden und konnte nie fertig werden. Er wechselte oft noch eine Rolle kurz vor der Probe.
Und wie er überhaupt kühn zu Werke ging, so war er auch nicht für vieles Motivieren. Daß ich dagegen oft zu viel motivierte, entfernte meine Stücke vom Theater. Schillers Talent war recht fürs Theater geschaffen. Mit jedem Stück schritt er vor und ward er vollendeter; doch war es wunderlich, daß ihm noch von den Räubern her ein gewisser Sinn für das Grausame anklebte, der selbst in seiner schönsten Zeit ihn nie ganz verlassen wollte. Er war ein wunderlicher großer Mensch.
In jenen Jahren hatten wir durch die Xenien ganz Deutschland aufgeregt, jedermann schalt und lachte zugleich. Die Verletzten suchten uns auch etwas Unangenehmes zu erweisen; alle unsere Gegenwirkung bestand in unermüdet fortgesetzter Tätigkeit. Im eigentlichen Sinne hielten wir Tag und Nacht keine Ruhe, Schiller besuchte der Schlaf erst gegen Morgen.
Seiner ideellen Tendenz konnte sich meine reelle gar wohl nähern, und weil beide vereinzelt doch nicht zu ihrem Ziele gelangen, so traten beide zuletzt in einem lebendigen Sinne zusammen. Schiller stand im Begriff, sich zu beschränken, dem Rohen, Übertriebenen, Gigantischen zu entsagen; schon gelang ihm das wahrhaft Große und dessen natürlicher Ausdruck. Wir verlebten keinen Tag in der Nähe, ohne uns mündlich, keine Woche in der Nachbarschaft, ohne uns schriftlich zu unterhalten.
Alle acht Tage war er ein Anderer und ein Vollendeterer; jedesmal wenn ich ihn wiedersah, erschien er mir vorgeschritten in Belesenheit, Gelehrsamkeit und Urteil. Seine Briefe sind das schönste Andenken, das ich von ihm besitze, und sie gehören mit zu dem Vortrefflichsten, was er geschrieben.

Schiller an Goethe:

»Jena, den 17. Januar 1797.

Ich mache eben Feierabend mit meinem Geschäft und sage Ihnen noch einen guten Abend, eh ich die Feder weglege. Ihr letzter Besuch, so kurz er auch war, hat eine gewisse Stagnation bei mir gehoben, und meinen Mut erhöht. Sie haben mich durch Ihre Beschreibungen wieder in die Welt geführt, von der ich mich ganz abgetrennt fühlte.

Besonders aber erfreut mich Ihre lebhafte Neigung zu einer fortgesetzten poetischen Tätigkeit. Ein neueres schöneres Leben tut sich dadurch vor Ihnen auf, es wird sich auch mir nicht nur in dem Werke, es wird sich mir auch durch die Stimmung, in die es Sie versetzt, mitteilen und mich erquicken. Ich wünsche besonders jetzt die Chronologie Ihrer Werke zu wissen; es sollte mich wundern, wenn sich an den Entwicklungen Ihres Wesens nicht ein gewisser notwendiger Gang der Natur im Menschen überhaupt nachweisen ließe. Sie müssen eine gewisse, nicht sehr kurze, Epoche gehabt haben, die ich Ihre analytische Periode nennen möchte, wo Sie durch die Teilung und Trennung zu einem Ganzen strebten, wo Ihre Natur gleichsam mit sich selbst zerfallen war und sich durch Kunst und Wissenschaft wieder herzustellen suchte. Jetzt deucht mir kehren Sie, ausgebildet und reif, zu Ihrer Jugend zurück, und werden die Frucht mit der Blüte verbinden. Diese zweite Jugend ist die Jugend der Götter und unsterblich wie diese.«

Goethe antwortet (18. Januar 1797):

»Ich empfange soeben Ihren lieben Brief und leugne nicht, daß mir die wunderbare Epoche, in die ich eintrete, selbst sehr merkwürdig ist; ich bin darüber leider noch nicht ganz beruhigt, denn ich schleppe von der analytischen Zeit noch so vieles mit, das ich nicht los werden und kaum verarbeiten kann. Indessen bleibt mir nichts übrig als auf diesem Strom mein Fahrzeug so gut zu lenken als es nur gehen will. Freilich läßt sich ins Ferne und Ganze nichts voraussagen, da diese regulierte Naturkraft, so wie alle unregulierten, durch nichts in der Welt geleitet werden kann, sondern, wie sie sich selbst bilden muß, auch aus sich selbst und auf ihre eigne Weise wirkt. Es wird uns dieses Phänomen zu manchen Betrachtungen Anlaß geben.«

Im Sommer 1797 plant Goethe eine Reise in die Schweiz und möglicherweise von da weiter nach Italien. Schiller schreibt ihm:

»Jena, den 18. Juni.

Seit Ihrer Entfernung habe ich schon einen Vorschmack der großen Einsamkeit, in die mich Ihre völlige Abreise versetzen wird. –

Die Entscheidung, ob Sie weiter gehen werden als nach der Schweiz, ist auch mir wichtig und ich erwarte sie mit Ungeduld. Je mehr Verhältnissen ich jetzt abgestorben bin, einen desto größeren Einfluß haben die wenigen auf meinen Zustand, und den entscheidendsten hat Ihre lebendige Gegenwart. Die letzten vier Wochen haben wieder vieles in mir bauen und gründen helfen. Sie gewöhnen mir immer mehr die Tendenz ab (die in allem Praktischen und besonders Poetischen eine Unart ist), vom Allgemeinen zum Individuellen zu gehen, und führen mich umgekehrt von einzelnen Fällen zu großen Gesetzen fort. Der Punkt ist immer klein und eng, von dem Sie auszugehen pflegen, aber er führt mich ins Weite und macht mir dadurch in meiner Natur wohl, anstatt daß ich auf dem andern Weg, dem ich, mir selbst überlassen, so gerne folge, immer vom Weiten ins Enge komme, und das unangenehme Gefühl habe, mich am Ende ärmer zu sehen als am Anfang.«

Goethe (21. Juni 1797):

»Wir haben in den letzten vier Wochen theoretisch und praktisch wirklich wieder schöne Fortschritte getan, und wenn meine Natur die Wirkung hat, die Ihrige ins Begrenzte zu ziehen, so habe ich durch Sie den Vorteil, daß ich auch wohl manchmal über meine Grenzen hinaus gezogen werde, wenigstens daß ich nicht so lange mich auf einem so engen Fleck herumtreibe.«

Vor Goethes Abreise verbringt Schiller einige Tage bei ihm in Weimar. Im Anschluß an diesen Besuch schreibt er am 21. Juli 1797 aus Jena:

»Ich kann nie von Ihnen gehen, ohne daß etwas in mir gepflanzt worden wäre, und es freut mich, wenn ich für das viele, was Sie mir geben, Sie und Ihren inneren Reichtum in Bewegung setzen kann. Ein solches auf wechselseitige Perfektibilität gebautes Verhältnis muß immer frisch und lebendig bleiben, und gerade desto mehr an Mannigfaltigkeit gewinnen, je harmonischer es wird und je mehr die Entgegensetzung sich verliert, welche bei so vielen andern allein die Einförmigkeit verhindert. Ich darf hoffen, daß wir uns nach und nach in allem verstehen werden, wovon sich Rechenschaft geben läßt, und in demjenigen, was seiner Natur nach nicht begriffen werden kann, werden wir uns durch die Empfindung nahe bleiben.«

Am gleichen Tage schreibt er an Meyer, Goethes Reisebegleiter in der Schweiz:

»Goethe hat sich in diesen letzten Jahren wirklich selbst übertroffen. Während wir andern mühselig sammeln und prüfen müssen, um etwas Leidliches langsam hervorzubringen, darf er nur leis an dem Baume schütteln, um sich die schönsten Früchte, reif und schwer, zufallen zu lassen. Es ist unglaublich, mit welcher Leichtigkeit er jetzt die Früchte eines wohlangewandten Lebens und einer anhaltenden Bildung an sich selber einerntet, wie bedeutend und sicher jetzt alle seine Schritte sind, wie ihn die Klarheit über sich selbst und über die Gegenstände vor jedem eiteln Streben und Herumtappen bewahrt. Sie werden mir aber auch darin beipflichten, daß er auf dem Gipfel, wo er jetzt steht, mehr darauf denken muß, die schöne Form, die er sich gegeben hat, zur Darstellung zu bringen, als nach neuem Stoffe auszugehen, kurz, daß er jetzt ganz der poetischen Praktik leben muß. Wenn es einmal einer unter Tausenden, die danach streben, dahin gebracht hat, ein schönes vollendetes Ganzes aus sich zu machen, der kann meines Erachtens nichts Besseres tun, als dafür jede mögliche Art des Ausdrucks zu suchen. – Ich gestehe daher, daß mir alles, was er bei einem längern Aufenthalt in Italien für gewisse Zwecke auch gewinnen möchte, für seinen höchsten und nächsten Zweck doch immer verloren scheinen würde. Also bewegen Sie ihn auch schon deswegen, lieber Freund, recht bald zurückzukommen, und das, was er zu Hause hat, nicht zu weit zu suchen.«

Im Oktober schreibt Goethe aus der Schweiz an Schiller (14. Oktober 1797):

»Wenn eine Reise uns zu gewissen Zeiten zerstreut, so führt sie uns zu andern desto schneller auf uns selbst zurück; der Mangel an äußern Verhältnissen und Verbindungen, ja die lange Weile, ist demjenigen günstig, der manches zu verarbeiten hat. Die Reise gleicht einem Spiel; es ist immer Gewinn und Verlust dabei, und meist von der unerwarteten Seite; man empfängt mehr oder weniger als man hofft, man kann ungestraft eine Weile hinschlendern, und dann ist man wieder genötigt sich einen Augenblick zusammenzunehmen. Für Naturen wie die meine, die sich gerne festsetzen und die Dinge festhalten, ist eine Reise unschätzbar.«

Einlage zu diesem Brief:

»Uri, den 1. Oktober 1797.

War doch gestern dein Haupt noch so braun wie die Locke der Lieben,
Deren holdes Gebild still aus der Ferne mir winkt;
Silbergrau bezeichnet dir früh der Schnee nun die Gipfel,
Der sich in stürmender Nacht dir um den Scheitel ergoß.
Jugend, ach! ist dem Alter so nah, durchs Leben verbunden,
Wie ein beweglicher Traum Gestern und Heute verband.«

Im November kommt Goethe nach Weimar zurück. Im Dezember antwortet er Schiller auf einen Brief, worin dieser von seinen Nöten bei der Arbeit am Wallenstein berichtet hatte (9. Dezember 1797):

»Ich kann mir den Zustand Ihres Arbeitens recht gut denken. Ohne ein lebhaftes pathologisches Interesse ist es auch mir niemals gelungen irgendeine tragische Situation zu bearbeiten und ich habe sie daher lieber vermieden als aufgesucht. Ich kenne mich zwar nicht selbst genug, um zu wissen ob ich eine wahre Tragödie schreiben könnte; ich erschrecke aber bloß vor dem Unternehmen, und bin beinahe überzeugt, daß ich mich durch den bloßen Versuch zerstören könnte.

Noch habe ich vierzehn Tage zu tun um manches einzuleiten, die neuen Theaterkontrakte in Ordnung zu bringen und was andere Dinge mehr sind. Dann will ich aber auch gleich zu meiner Tageseinsamkeit des jenaischen Schlosses und zu unsern Abendgesprächen eilen.«

Schiller (12. und 29. Dezember 1797):

»Sollte es wirklich an dem sein, daß die Tragödie ihrer pathetischen Gewalt wegen Ihrer Natur nicht zusagte? Wenigstens finde ich in Ihnen alle poetischen Eigenschaften des Tragödiendichters im reichlichsten Maße, und wenn Sie wirklich dennoch keine ganz wahre Tragödie sollten schreiben können, so müßte der Grund in den nicht-poetischen Erfordernissen liegen. –
Ich hatte immer ein gewisses Vertrauen zur Oper, daß aus ihr wie aus den Chören des alten Bacchusfestes das Trauerspiel in einer edlern Gestalt sich loswickeln sollte. Die Oper stimmt durch die Macht der Musik und durch eine freiere harmonische Reizung der Sinnlichkeit das Gemüt zu einer schönern Empfängnis; hier ist wirklich auch im Pathos selbst ein freieres Spiel, weil die Musik es begleitet, und das Wunderbare wird hier geduldet.«

Goethe:

»Die theoretischen Betrachtungen können mich nicht lange mehr unterhalten, es muß nun wieder an die Arbeit gehen und dazu muß ich mich auf das alte jenaische Kanapee, wie auf einen Dreifuß, begeben; wie ich denn überhaupt mich für dieses Jahr in unserm Kreise zu halten hoffe.
Ihre Hoffnung, die Sie von der Oper hatten, würden Sie neulich im Don Juan auf einen hohen Grad erfüllt gesehen haben; dafür steht aber auch dieses Stück ganz isoliert und durch Mozarts Tod ist alle Aussicht auf etwas Ähnliches vereitelt.
Weimar, den 30. Dezember 1797. Goethe.«

Schiller:

»Jena, den 2. Januar 1798.

Es soll mir ein gutes Omen sein, daß Sie es sind, an den ich zum erstenmal unter dem neuen Datum schreibe. Das Glück sei Ihnen in diesem Jahre ebenso hold als in den zwei letzt vergan-

genen, ich kann Ihnen nichts Besseres wünschen. Möchte auch mir die Freude in diesem Jahre beschert sein, das Beste aus meiner Natur in einem Werke zu sublimieren, wie Sie mit der Ihrigen es getan.
Ihre eigene Art und Weise, zwischen Reflexion und Produktion zu alternieren, ist wirklich beneidens- und bewundernswert. Beide Geschäfte trennen sich in Ihnen ganz, und das eben macht, daß beide als Geschäft so rein ausgeführt werden. Sie sind wirklich, so lang Sie arbeiten, im Dunkeln, und das Licht ist bloß in Ihnen; und wenn Sie anfangen zu reflektieren, so tritt das innere Licht von Ihnen heraus und bestrahlt die Gegenstände Ihnen und andern. Bei mir vermischen sich beide Wirkungsarten und nicht sehr zum Vorteil der Sache.«

5. Januar 1798:

»Unterdessen habe ich einige Schritte weiter in meiner Arbeit am Wallenstein gewonnen. Ich finde augenscheinlich, daß ich über mich selbst hinausgegangen bin, welches die Frucht unsers Umgangs ist; denn nur der vielmalige kontinuierliche Verkehr mit einer so objektiv mir entgegenstehenden Natur, mein lebhaftes Hinstreben danach und die vereinigte Bemühung, sie anzuschauen und zu denken, konnte mich fähig machen, meine subjektiven Grenzen so weit auseinander zu rücken. Ich finde, daß mich die Klarheit und die Besonnenheit, welche die Frucht einer spätern Epoche ist, nichts von der Wärme einer frühern gekostet hat. Doch es schickte sich besser, daß ich das aus Ihrem Munde hörte, als daß Sie es von mir erfahren.«

Goethe (6. Januar 1798):

»Ich wünsche Ihnen Glück zu Ihrer Zufriedenheit mit dem fertigen Teil Ihres Werkes. Bei der Klarheit, mit der Sie die Forderungen übersehen, die Sie an sich zu machen haben, zweifle ich nicht an der völligen Gültigkeit Ihres Zeugnisses. Das günstige Zusammentreffen unserer beiden Naturen hat uns schon manchen Vorteil verschafft und ich hoffe dieses Verhältnis wird immer gleich fortwirken. Wenn ich Ihnen zum Repräsentanten mancher Objekte diente, so haben Sie mich von der allzustrengen Beobachtung der äußern Dinge und ihrer Verhältnisse auf mich selbst zurückgeführt. Sie haben mich die Vielseitigkeit des innern Menschen mit mehr Billigkeit anzuschauen gelehrt, Sie haben mir eine zweite Jugend verschafft und mich wieder zum Dichter gemacht, welches zu sein ich so gut als aufgehört hatte.«

Im Frühjahr 1799 schreibt Schiller (5. März):

»Es hat mich diesen Winter oft geschmerzt, Sie nicht so heiter und mutvoll zu finden, als sonst, und eben darum hätte ich mir selbst etwas mehr Geistesfreiheit gewünscht, um Ihnen mehr sein zu können. Die Natur hat Sie einmal bestimmt, hervorzubringen; jeder andere Zustand, wenn er eine Zeitlang anhält, streitet mit Ihrem Wesen. Eine so lange Pause, als Sie dasmal in der Poesie gemacht haben, darf nicht mehr vorkommen, und Sie müssen darin ein Machtwort aussprechen und ernstlich wollen.
Das Frühjahr und der Sommer werden alles gut machen, Sie werden sich nach der langen Pause desto reicher entladen.«

Goethe (6. März 1799):

»Ich muß mich nur, nach Ihrem Rat, als eine Zwiebel ansehen, die in der Erde unter dem Schnee liegt, und auf Blätter und Blüten in den nächsten Wochen hoffen. Es ist sehr sonderbar, daß meine Lage, die im allgemeinen genommen nicht günstiger sein könnte, mit meiner Natur so sehr im Widerstreite steht. Wir wollen sehen, wie weit wirs im Wollen bringen können.
Grüßen Sie Ihre liebe Frau und fahren Sie fort mir in guten und bösen Stunden durch die Kraft Ihres Geistes und Herzens beizustehen.«

Einige Monate später (19. Juni 1799) schreibt Goethe:

»Mir wird, ich gestehe es gern, jeder Zeitverlust immer bedenklicher und ich gehe mit wunderlichen Projekten um, wenigstens noch einige Monate dieses Jahres für die Poesie zu retten, woraus denn wohl aber schwerlich was werden könnte. Verhältnisse nach außen machen unsere Existenz und rauben sie zugleich, und doch muß man sehen, wie man so durchkommt, denn sich gänzlich zu isolieren ist auch nicht ratsam.

Ob ich vor Ende dieses Monats kommen kann, weiß ich nicht zu sagen. Der Prinz ist zu mir ins Haus gezogen und außerhalb sieht es auch ziemlich unruhig aus. Um nicht ganz müßig zu sein, habe ich meine dunkle Kammer aufgeräumt und will einige Versuche machen und andere wiederholen.«

»Damit sei es für heute genug. Es bleibt uns nun einmal nichts übrig als auf dem eingeschlagenen Wege fortzugehen; dabei soll es aber auch treulich verbleiben. Ich nutze meine Tage so gut ich kann, und setze wenigstens immer einige Steine im Brette vorwärts. Tun Sie das Gleiche bis zu unserm erfreulichen Wiedersehn. Ich gehe nun dem Schicksal des übrigen Tages entgegen.
Weimar, am 22. Juni 1799.«

Gegen Ende dieses Jahres übersiedelt Schiller nach Weimar. Goethe und Schiller sehen sich täglich und die schriftliche Mitteilung beschränkt sich auf Verabredungen. Nur wenn Krankheit sie trennt oder wenn Goethe für Wochen und Monate die Arbeitsruhe von Jena aufsucht, gewinnt der Briefwechsel wieder seine frühere Bedeutung. Im August 1802 schreibt Goethe aus Jena (17. August):

»Heute bin ich 14 Tage da, und da ich auch sonst hier so viel Zeit brauchte um mich in Positur zu setzen, so will ich sehen, ob von nun an die Tätigkeit gesegneter wird. Einige unangenehme äußere Vorfälle haben mich auch hin und wieder retardiert. Selbst daß ich morgens badete, war meinen Vorsätzen nicht günstig.
Hier haben Sie also die negative Seite. Dagegen habe ich einiges erfunden das auf die Zukunft etwas verspricht, besonders auch sind gewisse Betrachtungen und Erfahrungen im naturhistorischen Fache nicht unfruchtbar geblieben. Einige Lücken in der Lehre der Metamorphose der Insekten habe ich nach Wunsch ausgefüllt.
Leben Sie recht wohl. Sagen Sie mir ein Wort und trösten mich über meine lange Entfernung von Ihnen, welche nur durch eine bedeutende Fruchtbarkeit einigermaßen entschuldigt und entschädigt werden könnte.«

Schiller antwortet aus Weimar (18. August 1802):

»Sie können nie untätig sein, und was Sie eine unproduktive Stimmung nennen, würden sich die meisten andern als eine vollkommen ausgefüllte Zeit anrechnen. Möchte nur irgendein subalterner Genius, einer von denen die gerade auf Universitäten wohnen und walten, die letzte Hand an Ihre wissenschaftlichen Ideen tun, um sie zu sammeln, leidlich zu redigieren und so für die Welt zu erhalten. Denn Sie selbst werden dieses Geschäft leider immer in die Ferne schieben, weil Ihnen, deucht mir, das eigentlich Didaktische gar nicht in der Natur ist. Sie sind eigentlich recht dazu geeignet, um von andern bei Lebzeiten beerbt und ausgeplündert zu werden, wie Ihnen schon mehrmals widerfahren ist, und noch mehr widerfahren würde, wenn die Leute nur ihren Vorteil besser verständen.
Hätten wir uns ein halb Dutzend Jahre früher gekannt, so würde ich Zeit gehabt haben, mich Ihrer wissenschaftlichen Untersuchungen zu bemächtigen; ich würde Ihre Neigung vielleicht unterhalten haben, diesen wichtigen Gegenständen die letzte Gestalt zu geben, und in jedem Fall würde ich ein redlicher Verwalter des Ihrigen gewesen sein.
Leben Sie recht wohl und lassen mich bald hören, daß Sie mit einer reichen Gabe zurückkehren.«

Im Frühjahr 1803 ist Goethe wiederum längere Zeit in Jena. Von dort schreibt er (22. Mai):

»Mit ein paar Worten muß ich Ihnen nur sagen: daß es mir diesmal, bis auf einen gewissen Grad, mit der Farbenlehre zu gelingen scheint. Ich stehe hoch genug, um mein vergangenes Wesen und Treiben, historisch, als das Schicksal eines Dritten anzusehen. Die naive Unfähigkeit, Ungeschicklichkeit, die passionierte Heftigkeit, das Zutrauen, der Glaube, die Mühe, der Fleiß, das Schleppen und Schleifen und dann wieder der Sturm und Drang, das alles macht in den Papieren und Akten eine recht interessante Ansicht; aber unbarmherzig excerpiere ich nur und ordne das auf meinem jetzigen Standpunkt Brauchbare, das übrige wird auf der Stelle verbrannt. Man darf die Schlacken nicht schonen, wenn man endlich das Metall heraus haben will.«

Schiller antwortet (24. Mai 1803):

»Ich wünsche Ihnen Glück, daß Sie sich Ihres Stoffs so gut erwehren. Möchten Sie einmal alle diese Schlacken aus Ihrem reinen Sonnenelement herausschleudern, wenn auch ein Planet daraus werden sollte, der sich dann ewig um Sie herum bewegt.«

Ein Zeitgenosse, der Historiker Woltmann, sagt:

»Wenn Goethe sich froh seiner Natur überläßt, so ist es wirklich, als wenn die Sonne aufgeht. Vor seinem Licht verschwindet immer mehr alle Schranke, und in seinem Auge, seiner Stirn, seinen Zügen, die sich immer mehr erweitern, liegt gleichsam das Universum.

Ich habe ihn einige Male mit Schiller zusammen gesehn, und ich möchte sagen, daß ich durch den Gegensatz dieser Natur ihn erst ganz gefaßt habe. Schiller ist eigentlich ein Denker und Goethe ein Dichter. In Schiller war, über wie tiefe Sachen sich das Gespräch verbreitete, immer alles fertig, und ich habe nie bemerkt, daß er mit seinen Gedanken in irgendeine Verlegenheit kam; in Goethe wurde alles, man schuf mit ihm, wenn Schiller nur gab.

Man hat mir gleichwohl viel von der Freundschaft der beiden Männer gesagt. Die war sehr schön und hatte einen großen Charakter. Keiner ordnete sich dem andern unter, und wenn Schiller wohl fühlte, daß die bildende Kraft in seinem Freunde unendlich größer als in ihm sei, wenn er im eigentlichsten Sinne glaubte an die dämonische Gewalt desselben: so trat Goethe mit Ehrfurcht in das Gebiet der hohen Ideen, worin Schiller seine Heimat hatte. Mir schien freilich nicht, daß er eben den Dichter in dem Freunde bewunderte, und am wenigsten den dramatischen. Ich merkte selbst, als ich einst fallen ließ, ob dessen Wallenstein denn etwas wirklich Lebendiges, seine Darstellung ein Werk des dramatischen Genius sei, daß über Goethes Gesicht ein Erröten der Überraschung ging, ein Ausdruck, der zu fragen schien, warum man ihm seine geheimste Überzeugung entlocken wolle. Und so bin ich überzeugt, daß er nicht einmal seinen Freund nur habe ahnen lassen, wie er über den Dichter Schiller denke. Überhaupt ist der zarten Schonung, der Gutmütigkeit in Goethe weit mehr, als die Menschen glauben, und ich meine, daß in seinem Charakter viel weniger Härte sei, als in Schillers. Doch es ist freilich leichter, keine Härte an sich hervortreten zu lassen, wenn man in Lebensfülle, reicher Wohlbehaglichkeit und rüstiger Gesundheit blüht, was doch im ganzen von Goethe gilt, als wenn ein starker Geist seinem Körper, in welchem das Leben untergraben ist, die lebendigste Anstrengung abtrotzen muß.«

Heinrich Voß, der Sohn des Homerübersetzers, der damals in naher häuslicher Verbindung mit Goethe und Schiller lebte, berichtet aus dem Jahre 1805:

»Am Morgen des letzten Neujahrstages, den Schiller erlebte, schreibt Goethe ihm ein Gratulationsbillet. Als er es aber durchliest, findet er, daß er darin unwillkürlich geschrieben hatte: ›der letzte Neujahrstag‹, statt ›erneute‹ oder ›wiedergekehrte‹ oder dergleichen. Voll Schrecken zerreißt ers und beginnt ein neues. Als er an die ominöse Zeile kommt, kann er sich wiederum nur mit Mühe zurückhalten, etwas vom ›letzten‹ Neujahrstage zu schreiben. So drängte ihn die Ahnung! – Denselben Tag besucht er die Frau von Stein, erzählt ihr, was ihm begegnet sei, und äußert, es ahne ihm, daß entweder er oder Schiller in diesem Jahre scheiden werde. –
Wenige Wochen nachher lagen beide krank darnieder und konnten sich nicht sehen.«

Goethe an Schiller (22. Februar 1805):

»Wenn es Ihnen nicht zuwider ist, ein paar Worte zu schreiben, so sagen Sie mir doch, wie es Ihnen geht? Wovon ich, so sehr es mich interessiert, nichts Eigentliches erfahren kann. Mit mir ist es wieder zur Stille, Ruh und Empfänglichkeit gelangt. Hervorbringen aber kann ich noch nichts.
Wie sehr wünschte ich Sie bald wieder zu sehen. Das Beste hoffend.«

Schiller an Goethe (22. Februar 1805):

»Es ist mir erfreulich wieder ein paar Zeilen Ihrer Hand zu sehen, und es belebt wieder meinen Glauben, daß die alten Zeiten zurückkommen können, woran ich manchmal ganz verzage. Die zwei harten Stöße, die ich nun in einem Zeitraum von sieben Monaten auszustehen gehabt, haben mich bis auf die Wurzeln erschüttert, und ich werde Mühe haben, mich zu erholen.
Zwar mein jetziger Anfall scheint nur die allgemeine epidemische Ursache gehabt zu haben, aber das Fieber war so stark und hat mich in einem schon so geschwächten Zustand überfallen, daß mir ebenso zu Mute ist als wenn ich aus der schwersten Krankheit erstünde, und besonders habe ich Mühe, eine gewisse Mutlosigkeit zu bekämpfen, die das schlimmste Übel in meinen Umständen ist.
Möge es sich täglich und stündlich mit Ihnen bessern und mit mir auch, daß wir uns bald in Freuden wiedersehen.

Schiller.«

Voß berichtet weiter:

»Schiller war der erste, der sich erholte, und kaum konnte er wieder ausgehen, so besuchte er Goethe, nachdem er sich durch mich hatte anmelden lassen. Ich war bei diesem Wiedersehen zugegen, und es rührt mich noch jedesmal, wenn ich daran denke. Sie fielen sich schweigend um den Hals. Keiner von ihnen erwähnte weder seine, noch des Andern Krankheit, sondern beide genossen der ungemischten Freude, wieder mit heiterm Geiste vereint zu sein.
In der letzten Krankheit Schillers war Goethe ungemein niedergeschlagen. Ich habe ihn einmal in seinem Garten weinend gefunden; aber es waren nur einzelne Tränen, die ihm in den Augen blinkten. Sein Geist weinte, nicht seine Augen; und in seinen Blicken las ich, daß er etwas Großes, Überirdisches, Unendliches fühlte. Ich erzählte ihm vieles von Schiller, das er mit unnennbarer Fassung anhörte. ›Das Schicksal ist unerbittlich, und der Mensch wenig!‹ Das war alles, was er sagte; und wenige Augenblicke nachher sprach er von heitern Dingen.
Als Schiller gestorben war, war eine große Besorgnis, wie man es Goethe beibringen sollte. Niemand hatte den Mut, es ihm zu

melden. Meyer war bei Goethe, als draußen die Nachricht eintraf, Schiller sei tot. Meyer wurde hinausgerufen, hatte nicht den Mut zu Goethe zurückzukehren, sondern ging weg, ohne Abschied zu nehmen. Die Einsamkeit, in der sich Goethe befindet, die Verwirrung die er überall wahrnimmt, das Bestreben, ihm auszuweichen, das ihm nicht entgehen kann, – alles dieses läßt ihn wenig Tröstliches erwarten. ›Ich merke es‹, sagt er endlich, ›Schiller muß sehr krank sein‹, und ist die übrige Zeit des Abends in sich gekehrt. Die gute Vulpius hat doch so viel Fassung, daß sie Goethe nichts entdeckt, sondern nur von einer langen Ohnmacht erzählt, aus der er sich jedoch erholt habe. Goethe läßt sich täuschen, aber er ahnt Schlimmes. Als er zu Bette gegangen ist, stellt sich die Vulpius, die die ganze Nacht kein Auge zugetan hat, schlafend, um Goethe sicher zu machen, daß kein besorgliches Unglück vorgefallen sei, und Goethe, der die Vulpius ruhig atmen hört, schläft auch am Ende ein. Am Morgen sagt er zur Vulpius: ›Nicht wahr, Schiller war gestern sehr krank?‹ Der Nachdruck, den er auf das ›sehr‹ legt, wirkt so heftig auf jene, daß sie sich nicht länger halten kann. Statt ihm zu antworten, fängt sie laut an zu schluchzen: ›Er ist tot?‹ fragt Goethe mit Festigkeit. ›Sie haben es selbst ausgesprochen‹, antwortet sie. ›Er ist tot‹, wiederholt Goethe noch einmal, wendet sich seitwärts, bedeckt die Augen mit den Händen und weint, ohne eine Silbe zu sagen.«

Als ich mich ermannt hatte, blickte ich nach einer entschiedenen großen Tätigkeit umher; mein erster Gedanke war, den Demetrius *(Schillers letztes dramatisches Vorhaben)* zu vollenden. Von dem Vorsatz an bis in die letzte Zeit hatten wir den Plan öfters durchgesprochen. Ich hatte beirätig und mittätig eingewirkt, das Stück war mir so lebendig als ihm. Nun brannt ich vor Begierde, unsere Unterhaltung, dem Tode zum Trutz, fortzusetzen, seine Gedanken, Ansichten und Absichten bis ins einzelne zu bewahren und ein herkömmliches Zusammenarbeiten bei Redaktion eigener und fremder Stücke hier zum letzten Mal auf seinem höchsten Gipfel zu zeigen. Sein Verlust schien mir ersetzt, indem ich sein Dasein fortsetzte. Aller Enthusiasmus, den die Verzweiflung bei einem großen Verlust in uns aufregt, hatte mich ergriffen. Frei war ich von aller Arbeit, in wenigen Monaten hätte ich das Stück vollendet. Es auf allen Theatern zugleich gespielt zu sehen, wäre die herrlichste Totenfeier gewesen, die er selbst sich und den Freunden bereitet hätte. Ich schien mir gesund, ich schien mir getröstet. Nun aber setzten sich der Ausführung mancherlei Hindernisse entgegen, mit einiger Besonnenheit und Klugheit vielleicht zu beseitigen, die ich aber durch leidenschaftlichen Sturm und Verworrenheit nur noch vermehrte; eigensinnig und übereilt gab ich den Vorsatz auf, und ich darf noch jetzt nicht an den Zustand denken, in welchen ich mich versetzt fühlte. Nun war mir Schiller eigentlich erst entrissen, sein Umgang erst versagt. Meiner künstlerischen Einbildungskraft war verboten, sich mit dem Katafalk zu beschäftigen, den ich ihm aufzurichten gedachte; sie wendete sich nun und folgte dem Leichnam in die Gruft. Nun fing er mir erst an zu verwesen; unleidlicher Schmerz ergriff mich, und da mich körperliche Leiden von jeglicher Gesellschaft trennten, so war ich in traurigster Einsamkeit befangen. Meine Tagebücher melden nichts von jener Zeit: die weißen Blätter deuten auf den hohlen Zustand, und was sonst noch an Nachrichten sich findet, zeugt nur, daß ich den laufenden Geschäften ohne weitern Anteil zur Seite ging und mich von ihnen leiten ließ, anstatt sie zu leiten. Wie oft mußt ich nachher im Laufe der Zeit still bei mir lächeln, wenn teilnehmende Freunde Schillers Monument in Weimar vermißten: mich wollte fort und fort bedünken, als hätt ich ihm und unserm Zusammensein das erfreulichste stiften können.

Einige geschriebene Hefte der Farbenlehre erhielt ich nach seinem Tode zurück. Was er bei angestrichenen Stellen einzuwenden gehabt, konnt ich mir in seinem Sinne deuten, und so wirkte seine Freundschaft vom Totenreiche aus noch fort.

Im Jahre 1829 entstand das Gedicht, welches im Nachlaß den Titel trägt: »Bei Betrachtung von Schillers Schädel.«

Im ernsten Beinhaus wars, wo ich beschaute,
Wie Schädel Schädeln angeordnet paßten;
Die alte Zeit gedacht ich, die ergraute.
Sie stehn in Reih geklemmt, die sonst sich haßten,
Und derbe Knochen, die sich tödlich schlugen,
Sie liegen kreuzweis, zahm allhier zu rasten:
Entrenkte Schulterblätter! was sie trugen,
Fragt niemand mehr, und zierlich-tätge Glieder,

Die Hand, der Fuß, zerstreut aus Lebensfugen.
Ihr Müden also lagt vergebens nieder,
Nicht Ruh im Grabe ließ man euch, vertrieben
Seid ihr herauf zum lichten Tage wieder,
Und niemand kann die dürre Schale lieben,
Welch herrlich edlen Kern sie auch bewahrte.
Doch mir Adepten war die Schrift geschrieben,
Die heilgen Sinn nicht jedem offenbarte,
Als ich inmitten solcher starren Menge
Unschätzbar herrlich ein Gebild gewahrte,
Daß in des Raumes Moderkält und Enge
Ich frei und wärmefühlend mich erquickte,
Als ob ein Lebensquell dem Tod entspränge.
Wie mich geheimnisvoll die Form entzückte!
Die gottgedachte Spur, die sich erhalten!
Ein Blick, der mich an jenes Meer entrückte,
Das flutend strömt gesteigerte Gestalten.
Geheim Gefäß! Orakelsprüche spendend,
Wie bin ich wert, dich in der Hand zu halten,
Dich höchsten Schatz aus Moder fromm entwendend
Und in die freie Luft, zu freiem Sinnen,
Zum Sonnenlicht andächtig hin mich wendend.
Was kann der Mensch im Leben mehr gewinnen,
Als daß sich Gott-Natur ihm offenbare:
Wie sie das Feste läßt zu Geist verrinnen,
Wie sie das Geisterzeugte fest bewahre.

DIE FAMILIE

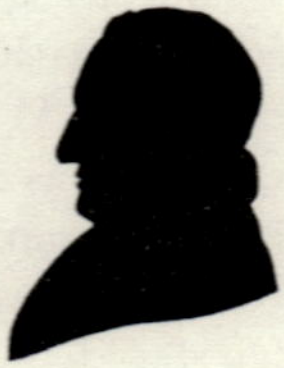

Das ist die wahre Liebe, die immer und immer sich gleich bleibt,
Wenn man ihr alles gewährt, wenn man ihr alles versagt.

Leben muß man und lieben: es endet Leben und Liebe.
Schnittest du, Parze, doch nur beiden die Fäden zugleich!

Wie bedeutend das Leben eines Menschen sei, kann ein jeder nur an sich selbst empfinden, und zwar in dem Augenblick, wenn er, auf sich selbst zurückgewiesen, das Vergangene zu betrachten und das Künftige zu ahnen genötigt ist. Alle spätere Versuche, solche Zustände darzustellen, bringen jedoch jenes Gefühl nicht wieder zurück. Deshalb sind Briefe so viel wert, weil sie das Unmittelbare des Daseins aufbewahren, und der Roman in Briefen war eine glückliche Erfindung.

Am 20. Juni 1793 schreibt Goethes Mutter zum erstenmal an Christiane:

»Daß Ihnen die überschickten Sachen Freude gemacht haben, war mir sehr angenehm – tragen Sie dieselben als ein kleines Andenken von der Mutter desjenigen, den Sie lieben und hochachten und der wirklich auch Liebe und Hochachtung verdient. Zehn kurze Tage war er nur bei mir und seinen Freunden – wir lebten herrlich und vergnügt – und trösten uns auf seine Wiederkunft – und hoffen ihn alsdann etwas länger zu genießen. Sie können nicht glauben, wie lange uns die Zeit wird, bis Mainz wieder in deutschen Händen ist – denn solange die Freiheits-Männer es im Besitz haben, dürfen wir noch nicht jubilieren. – Doch Gott lebt noch! und es kann alles besser gehen als viele jetzt glauben: Ein einziger Augenblick kann alles umgestalten, sagt Gevatter Wieland, und Gevatter Wieland hat recht. Verzeihen Sie, daß ich Ihnen von Krieg und Kriegsgeschrei sowas vortragiere – wir sehen und hören aber tagtäglich nichts als Bomben, Kugeln, Pulverwägen, Blessierte, Kranke, Gefangene u. d. g. Tag und besonders Nachts gehts Kanonieren beinahe an einem fort – da ists nun freilich kein Wunder, daß im Reden und Schreiben immer von der Sache was heraus kommt – da man freilich etwas Besseres und Interessanteres reden und schreiben könnte und sollte. Das soll auch jetzt sogleich geschehen – indem ich mich nach dem Befinden des kleinen lieben August erkundigen will – ich hoffe, er ist gesund und munter? Sagen Sie ihm, wenn er hübsch geschickt wäre und das ABC lernte, so wollte ich ihm herrliches Bonbon – und schöne Spielsachen schicken. Nun leben Sie wohl und vergnügt! Dieses wünscht von ganzen Herzen Ihre Freundin Goethe.«

Christiane an Goethe (Ende Juni 1793):

»Die Frau Rätin hat mir einen rechten lieben Brief geschrieben. Der hat mir einen rechten vergnügten Tag gemacht. Sei nur so gut und entschuldige mich wegen meinem Schreiben. Sie hat sich bei mir nach dem Kleinen erkundigt, und da habe ich ihr wieder geantwortet, ich wünsche mir nur, sie noch einmal in meinem Leben zu sehen und zu sprechen. Sie muß eine recht gute Frau sein, dich hat sie auch recht lieb. Im Garten geht alles mit den Pflanzen gut, nur der Gärtner und der Hofgärtner von Belvedere sind nicht einig wegen dem Spargel, und die jungen Bäume hat gewiß unser Gärtner nicht tief genug gepflanzet. Deswegen kömmt morgen der Hofgärtner von Belvedere herunter und hat unsern Gärtner auch bestellt. Darein lege ich mich aber nicht, das mögen sie selbst ausmachen. Nun wollte ich dir nur sagen, daß du mich hübsch lieb behältst und mannichmal an mich denkest, mir kömmst du nicht aus den Gedanken. Ich bin immer betrübt, ich habe es dir nicht schreiben wollen, aber seit du weg bist, kann ich mich über nichts recht freuen.«

Als Anfang 1794 die kriegerischen Verwickelungen zwischen Franzosen, Österreichern und Preußen sich wieder einmal Frankfurt nähern, bittet Goethe seine Mutter, zu ihm nach Weimar zu kommen. Frau Rat antwortet (7. Januar 1794):

»Vor dein gütiges Anerbieten mich aufzunehmen danke dir – aber alles im Stiche lassen!! Wie würden sie hausen, wenn sie ein leeres Haus anträfen! Vor der Hand habe ich noch guten Mut. – Einmal glaube ich steif und fest sie kommen nicht wieder zu uns – und dann habe ich Glauben an Gott – der hat auch bei der Sache noch was zu sagen.«

Im Herbst des Jahres 1795 nimmt Goethe den nicht ganz sechsjährigen August mit nach Ilmenau. Von dort schreibt er an Christiane (29. August 1795):

»Meine Liebe, ich behalte den Kleinen bei mir, er ist so artig, als sich nur denken läßt. Er hat schon vieles gesehen: den Schacht, das Pochwerk, die Porzellanfabrik, die Glashütte, die Mühle, worauf die Marmorkugeln zum Spiele der Kinder gemacht werden, und überall hat er etwas mitgenommen und spricht gar artig von den Sachen. Dann hält er sich zu allen Leuten und ist schon überall bekannt. Hier schickt er dir einen weißen Pfefferkuchen, den er selbst gern gegessen hätte. Gustel grüßt dich recht schön; er sitzt eben auf dem Kanapee, ich habe ihn ausgezogen, und wir sind die besten Freunde. Lebe wohl, behalte uns lieb.«

Im Februar 1797 begibt sich Goethe wieder zu einem längeren Aufenthalt nach Jena. Christiane und August haben ihn ein Stück Wegs begleitet. Von Weimar schreibt Christiane (21. und 22. Februar 1797):

»Ich und dein liebes Bübchen sind glücklich und wohl wieder zu Hause angelangt. Heute den ganzen Tag habe ich mich mit der Reinlichkeit deiner Zimmer beschäftigt und bin in der Komödie gewesen. Morgen werden vom ganzen Hause die Vorhänge gewaschen und den Donnerstag gebügelt, und überhaupt habe ich mir diese Woche vorgenommen, das Haus vom Boden bis runter in Ordnung zu bringen, den Sonntag mich mit dem roten Kleid zu putzen und künftige Woche die Aufsätzchen in Ordnung zu

bringen, und alsdenn das Übrige wird sich finden. Stell dir vor, wie lieb dich deine beiden Hasen haben: wie du in Kötschau von uns weg warst, gingen mir raus und sahen auf dem Berg deine Kutsche fahren, da fingen mir alle beide eins an zu heulen und sagten beide, es wäre uns so wunderlich.
Ich wünsche dir die allerbeste und förderseligste Laune zum Gedicht.
Leb wohl und behalt lieb

dein kleines Naturwesen.«

Goethe an Christiane (10. März 1797):

»Durch die Anwesenheit des Herzogs bin ich ein wenig an meinem Gedicht gestört worden, doch ist es noch recht gut im Gange und wird gewiß fertig, wenn ich mir nur die gehörige Zeit lasse. Ich will nicht eher von hier weggehen, bis das Ganze beisammen ist, und bis die ersten drei Gesänge abgeschrieben und fortgeschickt sind. Dadurch gewinne ich auch ein paar Monate die schönste Ruhe und Freiheit, denn ich möchte jetzt um vieles nicht den guten Gang unterbrechen, in welchen ich diese Arbeit eingeleitet habe.«

Christiane an Goethe (25. März 1797):

»Wenn ich nicht gewiß geglaubt hätte, du würdest heute kommen, so hätt ich dir am Mittewoche geschrieben, daß ich kein Geld mehr habe, und so gehet es mir nun sehr schlecht, ich bin in größter Not, denn ich gebe der Köchin alleweile meinen letzten kleinen Taler. Von dem Karolin, den du mir schicktest, habe ich das Komödie-Abonnement bezahlen müssen und Starke den Taler, zwei Paar Strümpfe für dich, habe Holz lassen machen, dem Kutscher Trinkgeld, und wenn ich nur nicht den Dukaten von dir schon angewandt hätte, so hätte ich doch noch was. Die Weiber, die sich etwas schmu machen, tun doch nicht ganz übel, um im Notfall was zu haben. Sei so gut und schicke mir durch einen Expressen oder durch die Post was. Leb wohl und behalt mich nur lieb.«

Goethe an Christiane (9. Juni 1797):

»Die beste Nachricht, die ich dir zu geben habe, ist denn doch wohl, daß das Gedicht fertig ist, und so wäre es recht gut, wenn ich nur sonst ruhen könnte; es wird aber jetzt unermüdet am Almanach gearbeitet, der denn auch recht stattlich ausgestattet werden soll.«

Frau Rat an Goethe (17. Juni 1797):

»Vielleicht kommst du doch noch hierher und hörst das Geplauder von Frau Aja – denn darin ist sie immer noch sehr stark –, siehst meine kleine aber hübsche Wohnung usw. Auf das Werk, worinnen eine Frau Aja vorkommen soll, freue ich mich sehr – so wie über alles, was von dir kommt.«

Aus »Hermann und Dorothea« (Gesang Euterpe):

»Fahre nur fort«, so sagte darauf die verständige Mutter,
»Alles mir zu erzählen, das Größte wie das Geringste;
Denn die Männer sind heftig, und denken nur immer das Letzte,
Und die Hindernis treibt die Heftigen leicht von dem Wege;
Aber ein Weib ist geschickt, auf Mittel zu denken, und wandelt
Auch den Umweg, geschickt zu ihrem Zweck zu gelangen.
Sage mir alles daher, warum du so heftig bewegt bist,
Wie ich dich niemals gesehn, und das Blut dir wallt in den Adern;
Wider Willen die Träne dem Auge sich drängt zu entstürzen.
Soll ich dir sagen, mein Sohn, so hast du, ich glaube, gewählet;
Denn dein Herz ist getroffen und mehr als gewöhnlich empfindlich.
Sag es gerad nur heraus, denn mir schon sagt es die Seele:
Jenes Mädchen ists, das vertriebene, die du gewählt hast.«

»Liebe Mutter, Ihr sagts!« versetzte lebhaft der Sohn drauf.
»Ja, sie ists! und führ ich sie nicht als Braut mir nach Hause
Heute noch, ziehet sie fort, verschwindet vielleicht mir auf immer
In der Verwirrung des Kriegs und im traurigen Hin- und Herziehn,

Mutter, ewig umsonst gedeiht mir die reiche Besitzung
Dann vor Augen; umsonst sind künftige Jahre mir fruchtbar.
Ja, das gewohnte Haus und der Garten ist mir zuwider;
Ach! und die Liebe der Mutter, sie selbst nicht tröstet den Armen
Denn es löset die Liebe, das fühl ich, jegliche Bande,
Wenn sie die ihrigen knüpft; und nicht das Mädchen allein läßt
Vater und Mutter zurück, wenn sie dem erwähleten Mann folgt;
Auch der Jüngling, er weiß nichts mehr von Mutter und Vater,
Wenn er das Mädchen sieht, das einzig geliebte, davonziehn.
Darum lasset mich gehn, wohin die Verzweiflung mich antreibt;
Denn mein Vater, er hat die entscheidenden Worte gesprochen,
Und sein Haus ist nicht mehr das meine, wenn er das Mädchen
Ausschließt, das ich allein nach Haus zu führen begehre.«

Da versetzte behend die gute verständige Mutter;
»Stehen wie Felsen doch zwei Männer gegeneinander!
Unbewegt und stolz will keiner dem andern sich nähern,
Keiner zum guten Worte, dem ersten, die Zunge bewegen.
Darum sag ich dir, Sohn: noch lebt die Hoffnung in meinem
Herzen, daß er sie dir, wenn sie gut und brav ist, verlobe,
Obgleich arm, so entschieden er auch die Arme versagt hat.
Denn er redet gar manches in seiner heftigen Art aus,
Das er doch nicht vollbringt; so gibt er auch zu das Versagte.
Aber ein gutes Wort verlangt er, und kann es verlangen;
Denn er ist Vater! Auch wissen wir wohl, sein Zorn ist nach Tische,
Wo er heftiger spricht und anderer Gründe bezweifelt,
Nie bedeutend; es reget der Wein dann jegliche Kraft auf
Seines heftigen Wollens, und läßt ihn die Worte der andern
Nicht vernehmen; er hört und fühlt alleine sich selber.
Aber es kommt der Abend heran, und die vielen Gespräche
Sind nun zwischen ihm und seinen Freunden gewechselt.
Milder ist er fürwahr, ich weiß, wenn das Räuschchen vorbei ist,
Und er das Unrecht fühlt, das er andern lebhaft erzeigte.
Komm! wir wagen es gleich; das Frischgewagte gerät nur.«

Im Sommer 1797 plant Goethe eine Reise in die Schweiz und vielleicht weiter nach Italien. Im August fährt er zuerst mit Christiane und August zur Mutter nach Frankfurt, von wo Christiane mit dem Kleinen allein nach Weimar zurückfährt. Nach ihrer Rückkehr schreibt Christiane (13. August 1797):

»Lieber Schatz, vor die schöne Reise und vor die viele Mühe und Beschwerlichkeit, die du mit uns gehabt hast, sage ich dir noch vielen Dank. Ich werde noch sehr lang davon zu erzählen haben; in Weimar sind die Leute sehr neugierig und haben sich wegen unserer Reise allerhand Mährichen gemacht, die ich dir, wenn wir wieder zusammen sind, erzählen will. In meiner Haushaltung habe ich alles in der größten Ordnung gefunden.
Ich bin sehr heiter und vergnügt, wenn ich an unsere Hinreise nach Frankfurt denke; wie du, Lieber, so gut warst und uns so lieb hattest, das werd ich nie vergessen. Und die liebe Frau Rat hat uns so gut aufgenommen! ich glaube, ich bin nach der Reise ganz anders, ich komme mir ganz glückselig vor. Ich werde wohl nie wieder gramselen. Die Ernestine will, weil sie das Einmachen einmal übernommen hat, auch es dies Jahr allein machen. Dies laß ich mir, da ich sehe, daß sie es ordentlich macht, sehr gern gefallen und will nun auch alle meine guten Freunde besuchen und etwas von Frankfurt erzählen. Das Kind ist sehr wohl und war sehr vergnügt, seinen Spielkamerad wiederzusehen. – Leb itzo wohl. Aber wenn du wiederkommst, da will ich dich auch lieb haben, so wie du dir es gar nicht denken kannst. Adieu, liebe mich wie ich dich.«

Goethe antwortet (15. August 1797):

»Du hast mir sehr viel Vergnügen gemacht, daß du mir gleich den Tag deiner Ankunft geschrieben und dein Tagebuch geschickt hast; fahre ja fort, mir fleißig zu schreiben, damit ich wisse, wie es dir geht, und was bei euch vorfällt.
Ich liebe dich recht herzlich und einzig, du glaubst nicht, wie ich dich vermisse. Nur jetzt wünschte ich reicher zu sein, als ich bin, daß ich dich und den Kleinen auf der Reise immer bei mir haben könnte. Künftig, meine Beste, wollen wir noch manchen Weg zusammen machen. Meine Mutter hat dich recht lieb und lobt dich und erfreut sich des Kleinen. In acht Tagen will ich hier

weggehen, denn an eine Arbeit ist nicht zu denken, du hast selbst die Lage gesehen; und so will ich die Zeit wenigstens anwenden, um viel zu sehen. Lebe recht wohl, halte alles in Ordnung, denke an mich und behalte mich recht lieb. Küsse das Kind.«

Christiane an Goethe (18. August 1797):

»Wenn ich mir es gleich schon lange vorgestellt habe, daß du reisen würdest, so ist es mir doch heut, als ich deinen Brief erhielte, sehr schwer aufgefallen. Ich und das Kind haben beide sehr geweint. Es soll nach der Schweiz auch wegen des Kriegs übel aussehen. Ich bitte dich sehr, schreib mir nur bald. Und wenn du in der Schweiz bist, laß mich auch immer etwas von dir hören, und ich bitte dich um alles in der Welt, gehe itzo nicht nach Italien! Du hast mich so lieb, du läßt mich gewiß keine Fehlbitte tun. Was mich die Menschen hier ängstigen, daß du nach Italien gingest, das glaubst du gar nicht; dem einen hat es der Herzog selbst gesagt, das andere weiß es von dir gewiß, ich will gar keinen Menschen mehr sehen und hören. Lieber, Bester, nimm mir es nicht übel, daß ich so gramsele, aber es wird mir diesmal schwerer als jemals, dich so lange zu entbehren; mir waren so aneinander gewöhnt. Die Wege im Garten sind nicht allein groß, alles im ganzen Hause kommt mir groß und leer vor.«

Frau Rat an Christiane (24. August 1797):

»Liebe Freundin! Das Vergnügen so ich in Ihrem lieben traulichen Umgang genossen macht mich noch immer froh – und ich bin meinem Sohn vielen Dank schuldig, daß er mir solches zu verschaffen die Güte hat haben wollen. So kurz unsere Zusammenkunft war, so vergnügt und herzlich war sie doch – und die Hoffnung, Ihnen meine Liebe einst auf längere Zeit bei mir hier zu sehen erfreut mich zum Voraus. Da wir nun einander kennen, so wird die Zukunft immer vergnügter und besser für uns werden – behalten Sie mich in liebevollem Andenken – und von meiner Seite glauben Sie das nämliche. Für Ihren lieben Brief danke Ihnen herzlich – auch dem lieben August danken Sie durch einen herzlichen Kuß von der Großmutter für den seinen.

Leben Sie wohl! Behalten diejenige in gutem liebevollen Andenken, die mit wahrer Liebe und Herzlichkeit ist und sein wird dero treue Freundin und Mutter Elisabetha Goethe.«

Ende November 1798 schreibt Christiane an Goethe nach Jena (24. November):

»Ich danke dir für das Rehbrätchen. Itzo gehen bei uns die Winterfreuden an, und ich will sie mir durch nichts lassen verbittern. Die Weimarer täten es gerne, aber ich achte auf nichts. Ich habe dich lieb und ganz allein lieb, sorge für Bübchen und halte mein Hauswesen in Ordnung, und mache mich lustig. Aber sie können einen gar nicht in Ruhe lassen. Vorgestern in der Komödie kommt Meisel und fragt mich ohne Umstände, ob es wahr wäre, daß du heurathst, du schafftest dir ja schon Kutsche und Pferde an. Ich wurde den Augenblick so böse, daß ich ihm eine recht maliciöse Antwort gab, und ich bin überzeugt, der fragt mich nicht wieder. Weil ich aber immer daran denke, so habe ich heute Nacht davon geträumt. Das war ein schlimmer Traum, den muß ich dir, wenn du kommst, erzählen. Ich habe dabei so geweint und laut geschrien, daß mich Ernestine aufgeweckt hat, und da war mein ganzes Kopfkissen naß. Ich bin sehr froh, daß es nur ein Traum war. Und dein lieber Brief macht mich wieder froh und zufrieden. Wenn du hier wärst, wäre uns freilich noch lieber; aber da ich höre, daß es dir mit deinen Arbeiten gut gehet, das ist besser als Redouten-Freude, weil ich weiß, wenn es dir mit deiner Arbeit gut geht, du auch recht vergnügt wiederkömmst. Und dann wollen wir sehr vergnügt zusammen sein.«

Im Herbst 1800 schreibt Christiane (1. Oktober 1800):

»Heute Abend freue ich mich auf die Komödie; ich bin recht froh, daß die Abende wieder etwas ist, denn ich habe alle Abende vor langer Weile gelesen und bin allemal um halb 9 Uhr zu Bette gegangen. Aber einmal bin ich so ins Lesen hineingekommen, daß ich bis um 1 Uhr gelesen habe; und wenn der Gustel auf dem Kanapee sich nicht geregt hätte, ich hätte noch länger gelesen. Das war die ›Heilige Genoveva‹ von Tieck, das ist sehr schön. Über den Gustel wirst du dich recht freuen, denn er kommt mir alle Tage verständiger vor. Wir haben uns recht lieb und unterhalten uns immer zusammen. Heute ist mein Brief gewiß besser geschrieben, denn ich habe mir sehr große Mühe gegeben. Es ist mir aber auch schon zweimal schlimm geworden, und wär der Brief nicht an dich, ich hätte längst schon aufgehört.«

Um die gleiche Zeit schreibt Schiller an eine Bekannte in Kopenhagen (an Gräfin Schimmelmann, 23. November 1800):

»Die hohen Vorzüge seines Geistes sind es nicht, die mich an Goethe binden. Wenn er nicht als Mensch für mich den größten Wert von allen hätten, die ich persönlich je habe kennen lernen, so würde ich sein Genie nur in der Ferne bewundern. Ich darf wohl sagen, daß ich in den sechs Jahren, die ich mit ihm zusammen lebte, auch nicht einen Augenblick an seinem Charakter irre geworden bin.
Es wäre zu wünschen, daß ich Goethe eben so gut in Rücksicht auf seine häuslichen Verhältnisse rechtfertigen könnte, als ich es in Absicht auf seine literarischen und bürgerlichen mit Zuversicht kann. Aber leider ist er durch einige falsche Begriffe über das häusliche Glück und durch eine unglückliche Ehescheu in ein Verhältnis geraten, welches ihn in seinem eigenen häuslichen Kreise drückt und unglücklich macht, und welches abzuschütteln er leider zu schwach und zu weichherzig ist. Dies ist seine einzige Blöße, die aber niemand verletzt als ihn selbst, und auch diese hängt mit einem sehr edlen Teil seines Charakters zusammen.«

Aus dem Gedicht »Amyntas«:

Runzle die Stirne nicht tiefer, mein Freund, und höre gefällig,
Was mich gestern ein Baum, dort an dem Bache, gelehrt.
Wenig Äpfel trägt er mir nur, der sonst so beladne;
Sieh, der Efeu ist schuld, der ihn gewaltig umgibt.
Und ich faßte das Messer, das krummgebogene, scharfe,
Trennte schneidend, und riß Ranke nach Ranken herab;
Aber ich schauderte gleich, als tief erseufzend und kläglich
Aus den Wipfeln zu mir lispelnde Klage sich goß:
O verletze mich nicht! den treuen Gartengenossen,
Dem du als Knabe, so früh, manche Genüsse verdankt.

O verletze mich nicht! du reißest mit diesem Geflechte,
Das du gewaltig zerstörst, grausam das Leben mir aus.
Hab ich nicht selbst sie genährt, und sanft sie herauf mir erzogen?
Ist wie mein eigenes Laub nicht mir das ihre verwandt?
Soll ich nicht lieben die Pflanze, die, meiner einzig bedürftig,
Still mit begieriger Kraft, mir um die Seite sich schlingt?
Halte das Messer zurück, o Nikias, schone den Armen,
Der sich in liebender Lust, willig gezwungen, verzehrt!
Süß ist jede Verschwendung; o laß mich der schönsten genießen!
Wer sich der Liebe vertraut, hält er sein Leben zu Rat?

Das von Goethe geleitete Weimarer Theater pflegte im Sommer in Bad Lauchstädt zu gastieren. Goethe schickt wiederholt Christiane nach Lauchstädt, die ihm von dort über das Theater Bericht erstattet. So auch im Sommer 1803. Christiane schreibt an Goethe (24. Juni 1803):

»Die heutige Vorstellung war die ›Offene Fehde‹ und ›Scherz und Ernst‹, beide Vorstellungen gefielen sehr, besonders die Jagemann in letzterm. Die Einnahme war 126 Taler. Nach der Komödie gingen wir in Salon, auch wurde zum ersten Mal getanzet; und speisten da und waren besonders lustig, und da man weiter nichts zu tun hat, so kann man sich Mühe geben, gut zu sprechen und vorher allerlei zu überlegen. Lustig bin ich, wie du nicht glauben kannst, und solche Einfälle, als ich hier habe, kommt mir kein einziger in Weimar in die Gedanken.«

Goethe antwortet ihr (28. Juni 1803):

»Du bist recht lieb und gut, daß du so viel schreibst, fahre nur fort, denn es macht mir viel Vergnügen, auch im Einzelnen zu wissen, wie dirs geht. Bleibe nur in Lauchstädt, so lange du Lust hast; auf alle Fälle sehe ich gern, wenn du dich den ganzen Monat Juli dort aufhältst, denn ich habe eine wichtige Arbeit vorgenommen –, wobei mir die Einsamkeit wohltut, ob ich mich gleich oft genug nach dir sehne. Bin ich damit zu Stande, so komme ich dich abzuholen, das mir auch gut sein wird. August hält sich sehr brav und bleibt gern bei mir, auch gehen wir oft zusammen spazieren. Er grüßt. Er hat das Heumachen besorgt, gehauen ist es und wird, bei dem schönen Wetter, auch wohl glücklich hereinkommen.«

Christiane (30. Juni bis 2. Juli 1803):

»Wie ich dir für alles Gute danken will, weiß ich gar nicht. Du machst mich sehr glücklich.
Heute kam vor der Komödie Schiller und der Professor Gentz. Ich habe von beiden den Wein erhalten und danke dir herzlich dafür. Das ist wieder ein Beweis deiner großen Liebe, wie sehr du an mich denkest. Wenn ich dir auch so viel Gutes erzeigen könnte! Aber lieben tue ich dich immer mehr und unaussprechlich. Daß Schiller hier ist, gibt gleich ein anderes Leben. Nur wünschet man auch dich; wenn es dir möglich ist, komm ja. Und von dir soll es ganz allein abhängen, wenn ich kommen soll. Sehr schöne ist es hier; es sind noch mehr Badegäste hier, und man ist noch artiger als voriges Jahr gegen mich. Das macht aber auch der Bediente, Kutscher und die schönen Pferde.«

(4. Juli 1803):

»›Die natürliche Tochter‹ hat sehr gefallen und allgemein, aber man wünschte sie nur noch einmal zu sehen. Sie haben auch alle recht gut gespielt, besonders Graff und die Miller haben besser als in Weimar gespielt. Und man wünschte nur, daß du hier sein möchtest. Hinterher mußten wir zu Sangusto gehen, wo wir noch Sardellen-Salat und Wein verzehrten. Als wir aber so da saßen, kam Niemeyer und seine Frau, die Jagemann, eine Menge Offiziere, der Prinz, Schiller und eine ganze Gesellschaft. Es wurde sehr lustig, das Reiterlied und ›Ein freies Leben‹ wurde gesungen und dabei sehr viel Champagner getrunken. Ich sprach lange mit dem Herrn Hofrat Schiller; und als die Herren Offiziere zu lustig wurden, so gingen wir mit unserer Gesellschaft weg und fuhren noch bei Mondschein auf dem Kahn. Das hat mir sehr gefallen. Sehr oft dachte ich aber: wenn nur der gute Schatz auch dabei wär! Die Einnahme in der ›Natürlichen Tochter‹ war 209 Taler.«

(10. Juli 1803):

»Heute wird es sehr voll; und frühe wollen wir den Herrn Hofrat Schiller besuchen, um zu hören, ob es wahr ist, daß er fort will. Ich kann mir gar nicht vorstellen, wie es hier jemand nicht gefallen kann. Wenn ich reich wär, so ging ich alle Jahre hierher; mir ist es, als finge ich erst an zu leben. Und im Stillen danke ich dir, Lieber, immer dafür und bitte Gott, daß er dir für diese Güte wieder allerlei Gutes erzeigen möchte; denn ich weiß sehr gut, daß es kein anderer Mann tät. Du sollst mich aber auch noch in der Ewigkeit dankbar finden.
Mittag waren wir im Salon sehr lustig. Wir speisten mit dem Herrn Hofrat Schiller an einem kleinen runden Tische, wo es mir sehr gefallen hat. Aber Herr Hofrat will fort, weil er hört, daß du nicht kömmst. Behalte mich nur so lieb wie ich, dein dich ewig liebender Schatz.«

Goethe (12. und 14. Juli 1803):

»Daß dir alles glücklich von Statten geht, freut mich sehr, du verdienst es aber auch, da du dich so klug und zierlich zu betragen weißt. Mache dir wegen der Ausgaben kein Gewissen, ich gebe alles gern, und du wirst zeitig genug in die Sorglichkeiten der Haushaltung zurückkehren. Mein einziger Wunsch ist, daß du heiter und liebend zurückkommst. Schicke mir mit nächster Gelegenheit deine letzten, neuen, durchgetanzten Schuhe, von denen du mir schreibst, daß ich nur wieder etwas von dir habe und an mein Herz drücken kann.«

Am Morgen des 14. Oktober 1806 hörten die Weimarer den Kanonendonner der Schlacht bei Jena. In der darauffolgenden Nacht drangen zwei französische Soldaten in Goethes Haus ein, in welchem bereits Quartier für einen französischen Marschall gemacht war, und verlangten den Hausherrn zu sehen. Hierüber berichtet Augusts Hauslehrer, Friedrich Wilhelm Riemer:

»Obgleich schon ausgekleidet und nur im weiten Nachtrock, der sonst scherzhaft Profetenmantel von ihm genannt wurde, schritt Goethe die Treppe herab auf sie zu, fragte, was sie von ihm wollten. Seine würdige, ehrfurchtgebietende Gestalt, seine geistvolle Miene schienen auch ihnen Respekt einzuflößen, sie waren auf einmal wieder die höflichen Franzosen, schenkten ein Glas ein und ersuchten ihn, mit ihnen anzustoßen. Es geschah auf eine Weise, die jeder Unbefangene den Umständen gemäß und seiner nicht unwürdig erkannt haben würde. Nach einigen gewechselten Reden entfernte er sich wieder; sie schienen zufrieden und beruhigt und sprachen den Flaschen von neuem zu; bald aber schienen sie schläfrig sich nach einer Ruhestatt umzusehen, und da ihnen die bloßen Dielen nicht genügen mochten, verfolgten sie die nahe Treppe, auf der sie den Hausherrn hatten kommen und gehen sehen. Ich eilte ihnen nach, sie nahten dem Zimmer, worin die Betten für die Begleitung des Marschalls standen, und drangen hinein. Widerrede half nichts, Widerstand war so unmöglich wie töricht, ich mußte es geschehen lassen. –

Als es völlig Tag geworden, kam der Marschall an, der die Nacht anderswo geblieben war. Augenblicklich trat Sauvegarde vor das Haus, größere Ruhe und Ordnung stellte sich ein und ich erfuhr in der ersten Unterredung mit den übrigen Hausgenossen, daß, während ich die beiden Marodeurs in den Betten glaubte, sie dem Hausherrn auf das Zimmer gerückt wären und sein Leben bedroht hätten. Da habe seine Frau einen der mit ins Haus Geflüchteten zu Hilfe gerufen, dieser habe Goethe von den Wütenden befreit, sie hinausgejagt, die Türen seines Zimmers und Vorgemachs verschlossen und verriegelt.

Goethe selbst ließ sich nie etwas davon merken; ich aber war nicht wenig bestürzt über die Gefahr, in welcher er ohne mein Wissen und Gedenken geschwebt.

Indes bewahrte Goethe von diesem Tage an eine treue Dankbarkeit sowohl gegen seinen Retter als gegen die Frau, die überhaupt in diesen Schreckenstagen sich mit großer Standhaftigkeit und Gewandtheit, ohnerachtet sie nicht französisch sprach, zu nehmen wußte.

Dieses Dankgefühl, dieses Anerkennen, daß er ihr in diesem Augenblick das Leben schuldig geworden, war das Hauptmotiv, eine Handlung zu beschleunigen, die er bereits im Sinne habend nur an den zur Ausführung schicklichen Moment knüpfte, wo sie als natürlich, sich von selbst verstehend, weniger befremdend und ohne Aufsehen zu erregen, sich vornehmen ließ.

Alle Freunde und Verehrer Goethes billigten und belobten diesen längst erwarteten Schritt, und so war es denn der 19. Oktober, der erste Sonntag nach der Schlacht vom 14ten, wo Goethe mit seiner Gattin, seinem Sohne und mir als Zeugen nach der Schloßkirche fuhr und in der Sakristei den Akt der Trauung vollziehen ließ.«

Frau Rat an Goethe (27. Oktober 1806):

»Lieber Sohn! Mein erstes Geschäfte – nach Erhaltung deines mir so zu rechter Zeit gekommenen Briefes – war Gott dem Allmächtigen auf meinen Knien zu danken. Ja lieber Sohn! das war wieder eine Errettung – wie die 1769 – 1801 – 1805, da nur ein Schritt, ja nur ein Haar dir zwischen Tod und Leben war. Vergiß es nie; so wie ich es auch nie vergesse. Zu deinem neuen Stand wünsche dir allen Segen – alles Heil – alles Wohlergehen – da hast du nach meines Herzens Wunsch gehandelt – Gott! erhalte euch! Meinen Segen habt ihr hiemit in vollem Maß. Der Mutter Segen erhält den Kindern die Häuser – wenn sie schon für den jetzigen Augenblick nichts weiter in diesen hochbeinigen erbärmlichen Zeiten tun kann. Grüße meine liebe Tochter herzlich – sage ihr, daß ich sie liebe, schätze, verehre – daß ich ihr selbst würde geschrieben haben, wenn wir nicht in einem beständigen Wirrwel lebten.«

Goethe an Christiane (Karlsbad, 2. Juli und 19. August 1808):

»Daß sie in Weimar gegen Frau von Staël Übels von dir gesprochen, mußt du dich nicht anfechten lassen. Das ist in der Welt nun einmal nicht anders, keiner gönnt dem andern seine Vorzüge, von welcher Art sie auch seien; und da er sie ihm nicht nehmen kann, so verkleinert er, oder leugnet sie, oder sagt gar das Gegenteil. Genieße also, was dir das Glück gegönnt hat, und was du dir erworben hast, und suche dirs zu erhalten. Wir wollen in unsrer Liebe verharren und uns immer knapper und besser einrichten, damit wir nach unserer Sinnesweise leben können, ohne uns um andre zu bekümmern.

Wenn die Leute dir deinen guten Zustand nicht gönnen und dir ihn zu verkümmern suchen, so denke nur, daß das die Art der Welt ist, der wir nicht entgehen. Bekümmre dich nur nichts drum, so heißts auch nichts. Wie mancher Schuft macht sich jetzt ein Geschäft daraus, meine Werke zu verkleinern, ich achte nicht drauf und arbeite fort. Ich habe die wunderbarsten Anträge, die wir zusammen überlegen wollen.«

Übers Niederträchtige
Niemand sich beklage;
Denn es ist das Mächtige,
Was man dir auch sage.

In dem Schlechten waltet es
Sich zum Hochgewinne,
Und mit Rechtem schaltet es
Ganz nach seinem Sinne.

Wandrer! – Gegen solche Not
Wolltest du dich sträuben?
Wirbelwind und trocknen Kot,
Laß sie drehn und stäuben.

Frau Rat nach einem längeren Besuch Christianes an Goethe (17. April 1807):

»Du kannst Gott danken! So ein liebes – herrliches unverdorbenes Gottesgeschöpf findet man sehr selten. Wie beruhigt bin ich jetzt – da ich sie genau kenne – über alles was dich angeht; und was mir unaussprechlich wohl tat, war, daß alle Menschen, alle meine Bekannten sie liebten. Es war eine solche Herzlichkeit unter ihnen, die nach zehnjähriger Bekanntschaft nicht inniger hätte sein können – mit einem Wort es war ein glücklicher Gedanke sich mir und allen meinen Freunden zu zeigen, alle vereinigen sich mit mir dich glücklich zu preisen.«

1808 stirbt Goethes Mutter. Bettina berichtet:

»Im September wurde mir ins Rheingau geschrieben, die Mutter sei nicht wohl, ich beeilte meine Rückkehr; mein erster Gang war zu ihr, der Arzt war grade bei ihr, sie sah sehr ernst aus. – Ein paar Tage darauf ließ sie mich rufen, sie lag zu Bett, ich lachte mit ihr und sagte ihr scherzweise viel, was sie rührte und erfreute. Da sah sie mich noch einmal recht feurig an, sie drückte

mir die Hand und sagte: ›Du bist so recht geeignet, um mich in dieser Leidenszeit aufrecht zu halten, denn ich weiß wohl, daß es mit mir zu Ende geht!‹ – Sie sprach noch ein paar Worte von dir, daß ich nicht aufhören sollte dich zu lieben, und ihrem Enkel solle ich zu Weihnachten noch einmal die gewohnten Zuckerwerke in ihrem Namen senden.
Zwei Tage drauf, am Abend, wo ein Konzert in ihrer Nähe gegeben wurde, sagte sie: ›Nun will ich im Einschlafen an die Musik denken, die mich bald im Himmel empfangen wird.‹ Sie ließ sich auch noch die Haare abschneiden und sagte, man sollte sie mir nach ihrem Tode geben, nebst einem Familienbild von Seekatz, worauf sie mit deinem Vater, deiner Schwester und dir als Schäfer gekleidet in anmutiger Gegend abgemalt ist. Am andern Morgen war sie nicht mehr, sie war nächtlich hinübergeschlummert. –
So entfernt du von ihr warst, so lange Zeit auch: du warst nie lebendiger geliebt als von ihr. Während Gelehrte und Philosophen vor deinen Werken mußten bestehen lernen, war sie das einzige Beispiel, wie du aufzunehmen seist.«

Der 12. Juli 1788 galt Goethe und Christiane als der Tag ihres Sichfindens. Im Jahre 1813 gedenkt Goethe der 25jährigen Wiederkehr dieses Tages in dem Gedicht »Gefunden«, welches er ihr, eigenhändig mit Bleistift geschrieben, am 26. August aus Stadt Ilm zusendet.

Gefunden

Ich ging im Walde
So vor mich hin,
Und nichts zu suchen
Das war mein Sinn.

Im Schatten sah ich
Ein Blümchen stehn,
Wie Sterne blinkend,
Wie Äuglein schön.

Ich wollt es brechen,
Da sagt' es fein:

Soll ich zum Welken
Gebrochen sein?

Mit allen Wurzeln
Hob ich es aus
Und trugs zum Garten
Am hübschen Haus.

Ich pflanzt es wieder
Am kühlen Ort;
Nun zweigt und blüht es
Mir immer fort.

Am 18. Mai 1816, wenige Wochen vor ihrem Tode, schreibt Christiane an Goethe:

»Ich freue mich unendlich, daß dirs gut geht, denn das ist ja unser aller Glück.
Dein Garten steht gegenwärtig in seiner größten Pracht, und es macht wirklich verdrüßlich, daß die üble Witterung so wenig im Freien zu sein erlaubt. Die Apfelbäume blühen in höchster Fülle, es steht Blüte an Blüte, die Rabatten vor deinen Fenstern schmücken die schönsten gefüllten Tulipanen, deren schöne Farben die stolzen Kaiserkronen verdunkeln, und trotz der geringen Wärme und den kühlen Nächten reift doch alles der Vollkommenheit entgegen.«

Unmittelbar darauf wird Christiane ernstlich krank. Goethe kehrt nach Weimar zurück. Aus dem Tagebuch:

»5. Juni. Den ganzen Tag im Bett zugebracht. Meine Frau in äußerster Gefahr. Die Köchin und Minchen leidlich. Mein Sohn Helfer, Ratgeber, ja einzig haltbarer Punkt in dieser Verwirrung.
6. Juni. Gut geschlafen und viel besser. Nahes Ende meiner Frau. Letzter fürchterlicher Kampf ihrer Natur. Sie verschied gegen Mittag. Leere und Totenstille in und außer mir. –«

Leben muß man und lieben; es endet Leben und Liebe.
Schnittest du, Parze, doch nur beiden die Fäden zugleich!

DER EUROPÄER

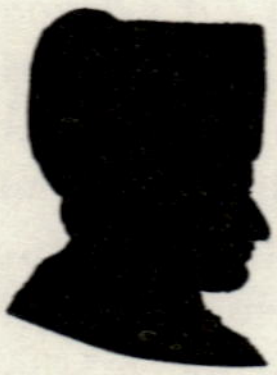

Nicht Zukünftiges nur verkündet Bakis; auch jetzt noch
Stillverborgenes zeigt er als ein Kundiger an.
Wünschelruten sind hier: sie zeigen am Stamm nicht die Schätze,
Nur in der fühlenden Hand regt sich das magische Reis.

Ich habe den Vorteil, daß ich zu einer Zeit geboren wurde, wo die größten Weltbegebenheiten an die Tagesordnung kamen, und sich durch mein langes Leben fortsetzten, so daß ich vom Siebenjährigen Kriege, sodann von der Trennung Amerikas von England, ferner von der Französischen Revolution und endlich von der ganzen napoleonischen Zeit bis zum Untergange des Helden und den folgenden Ereignissen lebendiger Zeuge war. Hierdurch bin ich zu ganz anderen Resultaten und Einsichten gekommen, als allen denen möglich sein wird, die jetzt geboren werden, und die sich jene großen Begebenheiten durch Bücher aneignen müssen, die sie nicht verstehen.

Es ist immer dieselbe Welt, die der Betrachtung offen steht, die immerfort angeschaut oder geahnt wird, und es sind immer dieselben Menschen, die im Wahren oder Falschen leben, im letzten bequemer als im ersten.

Die Wahrheit widerspricht unserer Natur, der Irrtum nicht, und zwar aus einem sehr einfachen Grunde: die Wahrheit fordert, daß wir uns für beschränkt erkennen sollen; der Irrtum schmeichelt uns, wir seien auf ein- oder die andere Weise unbegrenzt.

Mißgunst und Haß beschränken den Beobachter auf die Oberfläche, selbst wenn Scharfsinn sich zu ihnen gesellt; verschwistert sich dieser hingegen mit Wohlwollen und Liebe, so durchdringt er die Welt und den Menschen, ja er kann hoffen, zum Allerhöchsten zu gelangen. –

Kaum war ich, nach der Rückkehr aus Italien, in das Weima-

rische Leben und die dortigen Verhältnisse bezüglich auf die Geschäfte, Studien und literarischen Arbeiten wieder eingerichtet, als sich die Französische Revolution entwickelte und die Aufmerksamkeit aller Welt auf sich zog.
Wundersam war jene Zeit, die man sich kaum wieder vergegenwärtigen könnte; Voltaire hatte wirklich die alten Bande der Menschheit aufgelöst, daher entstand in guten Köpfen eine Zweifelsucht an dem, was man sonst für würdig gehalten hatte.
Was mir auffiel war, daß ein gewisser Freiheitssinn, ein Streben nach Demokratie sich in die hohen Stände verbreitet hattte; man schien nicht zu fühlen, was alles erst zu verlieren sei, um zu irgendeiner Art zweideutigen Gewinnes zu gelangen. Seltsam schwankte schon die Gesinnung der Deutschen; einige waren selbst in Paris gewesen, hatten die bedeutenden Männer reden hören, handeln sehen und waren leider nach deutscher Art und Weise zur Nachahmung aufgeregt worden, und das gerade zu einer Zeit, wo die Sorge für das linke Rheinufer sich in Furcht verwandelte.

Gestern war es noch nicht, und weder Heute noch Morgen
Wird es und jeder verspricht Nachbarn und Freunden es schon;
Ja, er verspricht es den Feinden. So edel gehn wir ins neue
Säk'lum hinüber und leer bleibet die Hand und der Mund.

Schon im Jahre 1785 erschreckte mich die Halsbandgeschichte wie das Haupt der Gorgone. Durch dieses unerhört frevelhafte Beginnen sah ich die Würde der Majestät untergraben, schon im voraus vernichtet, und alle Folgeschritte von dieser Zeit an bestätigten leider allzu sehr die furchtbaren Ahnungen. Ich trug sie mit mir nach Italien und brachte sie noch geschärfter wieder zurück. Glücklicherweise ward mein »Tasso« noch abgeschlossen, aber alsdann nahm die weltgeschichtliche Gegenwart meinen Geist völlig ein.
Was mich innerlich beschäftigte, erschien mir immer sofort in dramatischer Gestalt, und wie die Halsbandgeschichte als düstere Vorbedeutung, so ergriff mich nunmehr die Revolution selbst als die gräßlichste Erfüllung; den Thron sah ich gestürzt und zersplittert. Eine große Nation aus ihren Fugen gerückt und nach unserm unglücklichen Feldzug offenbar auch die Welt schon aus ihren Fugen.

Indem mich nun dies alles in Gedanken bedrängte, beängstigte, hatte ich leider zu bemerken, daß man im Vaterlande sich spielend mit Gesinnungen unterhielt, welche eben auch uns ähnliche Schicksale vorbereiteten. Ich kannte genug edle Gemüter, die sich gewissen Aussichten und Hoffnungen, ohne weder sich noch die Sache zu begreifen, phantastisch hingaben, indessen ganz schlechte Subjekte bittern Unmut zu erregen, zu mehren und zu benutzen strebten.

Wie mich aber niemals irgendein Äußeres mir selbst entfremden konnte, mich vielmehr nur strenger ins Innere zurückwies, so blieben Nachbildungen des Zeitsinnes für mich eine Art von gemütlich-tröstlichem Geschäft: die »Unterhaltungen der Ausgewanderten«, das unvollendete Stück »Die Aufgeregten« sind ebensoviel Bekenntnisse dessen, was damals in meinem Busen vorging; wie auch späterhin »Hermann und Dorothea« noch aus derselbigen Quelle flossen, welche denn freilich zuletzt erstarrte. Der Dichter konnte der rollenden Weltgeschichte nicht nacheilen und mußte den Abschluß sich und andern schuldig bleiben, da er das Rätsel auf eine so entschiedene als unerwartete Weise gelöst sah.

In allen wichtigen politischen Fällen sind immer diejenigen Zuschauer am besten dran, welche Partei nehmen; was ihnen wahrhaft günstig ist, ergreifen sie mit Freuden, das Ungünstige ignorieren sie, lehnens ab oder legens wohl gar zu ihrem Vorteil aus. Der Dichter, der seiner Natur nach unparteiisch sein und bleiben muß, sucht sich von den Zuständen beider kämpfender Teile zu durchdringen, wo er denn, wenn Vermittlung unmöglich wird, sich entschließen muß, tragisch zu endigen. Und mit welchem Zyklus von Tragödien sahen wir uns von der tosenden Weltbewegung bedroht.

Die Memoiren der Stefani von Bourbon-Conti erregten in mir die Konzeption der »Natürlichen Tochter«. In dem Plane bereitete ich mir ein Gefäß, worin ich alles, was ich so manches Jahr über die französische Revolution und deren Folgen geschrieben und gedacht, mit geziemendem Ernste niederzulegen hoffte.

Aus der »Natürlichen Tochter«:

Im Dunklen drängt das Künftge sich heran,
Das künftig Nächste selbst erscheinet nicht
Dem offnen Blick der Sinne, des Verstands.
Wenn ich beim Sonnenschein durch diese Straßen
Bewundernd wandle, der Gebäude Pracht,
Die felsengleich getürmten Massen schaue,
Der Plätze Kreis, der Kirchen edlen Bau,
Des Hafens masterfüllten Raum betrachte:
Das scheint mir alles für die Ewigkeit
Gegründet und geordnet; diese Menge
Gewerksam Tätiger, die hin und her
In diesen Räumen wogt, auch die verspricht
Sich unvertilgbar ewig herzustellen.
Allein wenn dieses große Bild bei Nacht
In meines Geistes Tiefen sich erneut,
Da stürmt ein Brausen durch die düstre Luft,
Der feste Boden wankt, die Türme schwanken,
Gefugte Steine lösen sich herab,
Und so zerfällt in ungeformten Schutt
Die Prachterscheinung. Wenig Lebendes
Durchklimmt bekümmert neuentstandne Hügel,
Und jede Trümmer deutet auf ein Grab.
Das Element zu bändigen, vermag
Ein tiefgebeugt, vermindert Volk nicht mehr,
Und rastlos wiederkehrend füllt die Flut
Mit Sand und Schlamm des Hafens Becken aus.

Die Zeit ist in ewigem Fortschreiten begriffen, und die menschlichen Dinge haben alle fünfzig Jahre eine andere Gestalt, so daß eine Einrichtung, die im Jahre 1800 eine Vollkommenheit war, schon im Jahre 1850 vielleicht ein Gebrechen ist.
Der Kampf des Alten, Bestehenden, Beharrenden mit Entwicklung, Aus- und Umbildung ist immer derselbe. Aus aller Ordnung entsteht zuletzt Pedanterie; um diese loszuwerden, zerstört man jene, und es geht eine Zeit hin, bis man gewahr wird, daß man wieder Ordnung machen müsse. Klassizismus und Romantizismus, Innungszwang und Gewerbsfreiheit, Festhalten und Zersplittern des Grundbodens, es ist immer derselbe Konflikt,

der zuletzt wieder einen neuen erzeugt. Der größte Verstand des Regierenden wäre daher, diesen Kampf so zu mäßigen, daß er ohne Untergang der einen Seite sich ins gleiche stellte; dies ist aber den Menschen nicht gegeben, und Gott scheint es auch nicht zu wollen.

Aus dem letzten Gesang von »Hermann und Dorothea«:

Aber als der geistliche Herr den goldenen Reif nun
Steckt' an die Hand des Mädchens, erblickt' er den anderen staunend,
Den schon Hermann zuvor am Brunnen sorglich betrachtet.
Und er sagte darauf mit freundlich scherzenden Worten:
»Wie! Du verlobest dich schon zum zweitenmal? Daß nicht der erste
Bräutigam bei dem Altar sich zeige mit hinderndem Einspruch!«
Aber sie sagte darauf: »O, laßt mich dieser Erinnrung
Einen Augenblick weihen! denn wohl verdient sie der Gute,
Der mir ihn scheidend gab und nicht zur Heimat zurückkam.
Alles sah er voraus, als rasch die Liebe der Freiheit,
Als ihn die Lust, im neuen veränderten Wesen zu wirken,
Trieb nach Paris zu gehen, dahin, wo er Kerker und Tod fand.
Lebe glücklich, sagt' er, ich gehe; denn alles bewegt sich
Jetzt auf Erden einmal, es scheint sich alles zu trennen.
Grundgesetze lösen sich auf der festesten Staaten,
Und es löst der Besitz sich los vom alten Besitzer,
Freund sich los vom Freund; so löst sich Liebe von Liebe.
Ich verlasse dich hier; und wo ich jemals dich wieder
Finde – wer weiß es? vielleicht sind diese Gespräche die letzten.
Nur ein Fremdling, sagt man mit Recht, ist der Mensch hier auf Erden;
Mehr ein Fremdling als jemals ist nun ein jeder geworden.
Uns gehört der Boden nicht mehr; es wandern die Schätze;
Gold und Silber schmilzt aus den alten heiligen Formen;
Alles regt sich, als wollte die Welt, die gestaltete, rückwärts
Lösen in Chaos und Nacht sich auf, und neu sich gestalten.
Du bewahrst mir dein Herz; und finden dereinst wir uns wieder
Über den Trümmern der Welt, so sind wir erneute Geschöpfe,
Umgebildet und frei und unabhängig vom Schicksal.
Denn was fesselte den, der solche Tage durchlebt hat!

Aber soll es nicht sein, daß je wir, aus diesen Gefahren
Glücklich entronnen, uns einst mit Freuden wieder umfangen,
O, so erhalte mein schwebendes Bild vor deinen Gedanken,
Daß du mit gleichem Mute zu Glück und Unglück bereit seist!
Locket neue Wohnung dich an und neue Verbindung,
So genieße mit Dank, was dann dir das Schicksal bereitet.
Liebe die Liebenden rein und halte dem Guten dich dankbar.
Aber dann auch setze nur leicht den beweglichen Fuß auf;
Denn es lauert der doppelte Schmerz des neuen Verlustes.
Heilig sei dir der Tag; doch schätze das Leben nicht höher
Als ein anderes Gut, und alle Güter sind trüglich.
Also sprach er, und nie erschien der Edle mir wieder.
Alles verlor ich indes und tausendmal dacht' ich der Warnung.
Nun auch denk ich des Worts, da schön mir die Liebe das Glück hier
Neu bereitet und mir hier die herrlichsten Hoffnungen aufschließt.
O, verzeih, mein trefflicher Freund, daß ich, selbst an dem Arm dich
Haltend, bebe! So scheint dem endlich gelandeten Schiffer
Auch der sicherste Grund des festesten Bodens zu schwanken.«
Also sprach sie und steckte die Ringe nebeneinander.
Aber der Bräutigam sprach mit edler männlicher Rührung:
»Desto fester sei, bei der allgemeinen Erschüttrung,
Dorothea, der Bund! Wir wollen halten und dauern,
Fest uns halten und fest der schönen Güter Besitztum.
Denn der Mensch, der zur schwankenden Zeit auch schwankend gesinnt ist,
Der vermehret das Übel und breitet es weiter und weiter;
Aber wer fest auf dem Sinne beharrt, der bildet die Welt sich.«

Was uns die nächsten Jahre bringen werden, ist durchaus nicht voraus zu sagen; doch ich fürchte, wir kommen so bald nicht zur Ruhe. Es ist der Welt nicht gegeben, sich zu bescheiden: dem Großen nicht, daß kein Mißbrauch der Gewalt stattfinde, und der Masse nicht, daß sie in Erwartung allmählicher Verbesserungen mit einem mäßigen Zustande sich begnüge. Könnte man die Menschen vollkommen machen, so wäre auch ein vollkommener Zustand denkbar; so aber wird es ewig herüber und hinüber schwanken, der eine Teil wird leiden, während der andere sich wohl befindet. Egoismus und Neid werden als böse Dämonen immer ihr Spiel treiben, und der Kampf der Parteien wird kein Ende haben. Das Vernünftigste ist immer, daß jeder sein Metier treibe, wozu er geboren ist und was er gelernt hat, und daß er den anderen nicht hindere, das Seinige zu tun.

Es wäre aber zu wünschen, daß die Deutschen, die so vieles Gute leisten indem sie sich das Gute fremder Nationen aneignen, sich nach und nach gewöhnten, in Gesellschaft zu arbeiten. Wir leben zwar in einer diesem Wunsche gerade entgegengesetzten Epoche. Jeder will nicht nur original in seinen Ansichten, sondern auch im Gange seines Lebens und Tuns von den Bemühungen anderer unabhängig, wo nicht sein, doch, daß er es sei, sich überreden. Man bemerkt sehr oft, daß Männer, die freilich manches geleistet, nur sich selbst, ihre eigenen Schriften, Journale und Kompendien zitieren; anstatt daß es für den Einzelnen und für die Welt viel vorteilhafter wäre, wenn Mehrere zu gemeinsamer Arbeit gerufen würden. Das Betragen unserer Nachbarn, der Franzosen, ist hierin musterhaft.

Die Menschen werfen sich im Politischen wie auf dem Krankenlager von einer Seite zur anderen, in der Meinung, besser zu liegen. Wenn man auch alle Geschichtsquellen durchforschte, man fände nichts anderes als die große Wahrheit, daß es zu allen Zeiten und in allen Ländern miserabel gewesen ist. Die Menschen haben sich stets geängstigt und geplagt, sie haben sich untereinander gequält und gemartert, sie haben sich und anderen das bißchen Leben sauer gemacht und die Schönheit der Welt und die Süßigkeit des Daseins, welche die schöne Welt ihnen darbietet, weder zu achten, noch zu genießen vermocht.

Was wir in uns nähren, das wächst; das ist ein ewiges Naturgesetz. Es gibt ein Organ des Mißwollens, der Unzufriedenheit in uns, wie es eines der Opposition, der Zweifelsucht gibt. Je mehr wir ihm Nahrung zuführen, es üben, je mächtiger wird es, bis es sich zuletzt aus einem Organ in ein krankhaftes Geschwür umwandelt und verderblich um sich frißt, alle guten Säfte aufzehrend und erstickend, dann setzt sich Reue, Vorwurf, und andere Absurdität daran, wir werden ungerecht gegen andere und gegen uns selbst. Die Freude am fremden und eigenen Gelingen und Vollbringen geht verloren, aus Verzweiflung suchen wir zuletzt den Grund alles Übels außer uns, statt es in unserer Verkehrtheit zu finden. Man nehme doch jeden Menschen, jedes Ereignis in seinem eigentlichen Sinne, gehe aus sich heraus, um desto freier wieder bei sich einzukehren.

Im Herbst 1808 berief Napoleon, auf dem Höhepunkt seiner Macht, einen Fürstenkongreß nach Erfurt. Hierzu notiert Kanzler von Müller:

»Der Herzog berief in diesen Tagen unsern Goethe nach Erfurt, der nach seiner eigentümlichen Sinnesweise sich bisher ganz fern gehalten hatte.
Bei Frau von der Recke lernte Goethe den Minister Maret kennen, auf den er einen außerordentlichen Eindruck machte, und der davon dem Kaiser erzählte, worauf Napoleon ihn sogleich am 2. Oktober zu sich einladen ließ.«

1824 zeichnet Goethe, auf Anregung des Kanzlers von Müller, seine Unterredung mit Napoleon auf:

Den 2. Oktober 1808.
Ich wurde um elf Uhr vormittags zu dem Kaiser bestellt.
Ein dicker Kammerherr, Pole, kündigte mir an, zu verweilen.
Die Menge entfernte sich.
Präsentation an Savary und Talleyrand.
Ich werde in das Kabinett des Kaisers gerufen.
In demselben Augenblick meldet sich Daru, welcher sogleich eingelassen wird.
Ich zaudere deshalb.
Werde nochmals gerufen.
Trete ein.
Der Kaiser sitzt an einem großen runden Tische frühstückend; zu seiner Rechten steht, etwas entfernt vom Tische, Talleyrand, zu seiner Linken, ziemlich nah, Daru, mit dem er sich über die Kontributionsangelegenheiten unterhält. Der Kaiser winkt mir heranzukommen.
Ich bleibe in schicklicher Entfernung vor ihm stehen.
Nachdem er mich aufmerksam angeblickt, sagt er:
»Vous êtes un homme.« Ich verbeuge mich. Er fragt: »Wie alt seid Ihr?«
»Sechzig Jahr.«

»Ihr habt Euch gut erhalten« –
»Ihr habt Trauerspiele geschrieben.«
Ich antwortete das Notwendigste.
Hier nahm Daru das Wort, der, um den Deutschen, denen er so wehe tun mußte, einigermaßen zu schmeicheln, von deutscher Literatur Notiz genommen.
Er sprach dem Kaiser von meinen Werken und fügte hinzu, daß ich auch aus dem Französischen übersetzt habe, und zwar Voltaires »Mahomet«.
Der Kaiser versetzte: »Es ist kein gutes Stück!« und legte sehr umständlich auseinander, wie unschicklich es sei, daß der Weltüberwinder von sich selbst eine so ungünstige Schilderung mache.
Er wandte sodann das Gespräch auf den Werther, den er durch und durch mochte studiert haben. Nach verschiedenen ganz richtigen Bemerkungen bezeichnete er eine gewisse Stelle und sagte: »Warum habt Ihr das getan? Es ist nicht naturgemäß!« welches er weitläufig und vollkommen richtig auseinandersetzte.
Ich hörte ihm mit heiterm Gesichte zu und antwortete mit einem vergnügten Lächeln, daß ich zwar nicht wisse, ob mir irgend jemand denselben Vorwurf gemacht habe; aber ich finde ihn ganz richtig und gestehe, daß an dieser Stelle etwas Unwahres nachzuweisen sei. Allein, setzte ich hinzu, es wäre dem Dichter vielleicht zu verzeihen, wenn er sich eines nicht leicht zu entdeckenden Kunstgriffs bediene, um gewisse Wirkungen hervorzubringen, die er auf einem einfachen, natürlichen Wege nicht hätte erreichen können. Der Kaiser schien damit zufrieden, kehrte zum Drama zurück und machte sehr bedeutende Bemerkungen, wie einer, der die tragische Bühne mit der größten Aufmerksamkeit gleich einem Kriminalrichter betrachtet und dabei das Abweichen des französischen Theaters von Natur und Wahrheit sehr tief empfunden hatte. So kam er auch auf die Schicksalsstücke mit Mißbilligung. Sie hätten einer dunklern Zeit angehört. »Was«, sagte er, »will man jetzt mit dem Schicksal? die Politik ist das Schicksal.«

Falk berichtet von einer Unterhaltung über Napoleon am 14. Oktober 1808, in der Goethe äußerte:

»Bildet Euch nur nicht ein, klüger zu sein als er; er verfolgt jedesmal einen Zweck; was ihm in den Weg tritt, wird niedergemacht, aus dem Wege geräumt, und wenn es sein leiblicher Sohn wäre. Wenn die anderen Fürsten und Großen sich gar vielen Abneigungen und Zuneigungen überlassen, so liebt er alles, was ihm zu seinem Zwecke dienen kann, so sehr es auch von seiner individuellsten Gemütsstimmung abweicht, wie ein tüchtiger Konzertmeister, der, wenn jeder Liebhaber sein Instrument hat, dem er den Vorzug gibt, ohne Liebe wie ohne Haß sie alle für sein Orchester zu benutzen weiß. Daher kommt es auch auf eins heraus und bringt schlechterdings dem Individuum keinen Vorteil, ob man von ihm gehaßt oder geliebt wird. Er liebt den Herzog von Weimar gewiß nicht, ohne daß derselbe sichtlichen Nachteil davon verspürt, und denen, die er liebt, wird ebensowenig Vorteil daraus erwachsen. Er lebt jedesmal in einer Idee, in einem Zweck, in einem Plan, und nur diesem muß man sich in Acht nehmen in den Weg zu treten, weil er in diesem Punkte keine Schonung kennt. Er kämpft mit den Umständen, mit einem verdorbenen Jahrhundert, mitten in einem verdorbenen Volk. Lasset uns ihn glücklich preisen, ihn und Europa, daß er bei seinen großen ungeheuren Weltplänen selbst nicht verdorben ist.«

Am 15. Dezember 1812 kommt Napoleon nach dem Ende der Großen Armee in Rußland durch Weimar und sendet Goethe einen Gruß. Am 22. April 1813 schreibt Knebel an seine Schwester:

»Goethe hatte sich vorgenommen, es diesen Sommer, womöglich, in Weimar auszuhalten und dabei sich ganz auf seine Arbeiten, vorzüglich auf seine Lebensgeschichte einzuschränken. Als ich letzthin in Weimar war, sah ich ihm wohl an seinem tiefen und schweigenden Ernst an, daß er etwas in sich gedrückt sei. Auf inständiges Zureden seiner Frau hat er sich endlich schleunig entschlossen abzureisen.«

Ein Jenaer Student erzählt:

»Als ich im April 1813 von Dresden aus, wo ich mit Theodor Körner zusammengetroffen war, mit den preußischen Freiwilligen als schwarzer Jäger nach Leipzig marschierte, erkannte ich in Meißen Goethe, wie er eben in den Wagen stieg, um weiter nach Böhmen seinen Rückzug zu nehmen. Kaum hatte ich der Kompagnie, die fast aus lauter Studenten bestand, meine Entdeckung mitgeteilt, als ihm sogleich ein dreifaches Hurra ausgebracht wurde. Er hüllte sich in seinen russischen Militärmantel mit rotem Kragen, und mochte glauben, daß wir ihn für irgendeinen moskowitischen General hielten, zumal da ich ordonnanzmäßig mit präsentiertem Gewehr an den Wagen herantrat und seiner Excellenz meldete, zu welcher Truppe wir gehörten, woher wir kämen, wohin wir marschierten. Als er sich aber noch mehr in der Ecke des Wagens drückte und einige unverständliche Worte in den Bart brummte, faßte ich mir ein Herz und sagte: ›Das hilft nun Ew. Excellenz alles nichts, wir haben Sie erkannt und sehen es nun als das günstigste Zeichen an, bei unserem ersten Ausfluge Deutschlands gefeiertem Dichter zu begegnen.‹ Goethe erkannte mich nun als einen Freund seines Sohnes, wünschte uns Glück, und indem er die Hand auf mein Gewehr legte, sagte er: ›Wenn Ihr jungen Vaterlandsbefreier meint, daß mein Segen für Eure Waffen von Erfolg sein könne, so sei er Euch hiermit von ganzem Herzen erteilt.‹ Unter einem wiederholten Lebehoch fuhr er nach Böhmen und wir marschierten zur Schlacht von Lützen.«

Aus den Erinnerungen Ernst Moritz Arndts (Dresden, 21. April 1813):

»Auch Goethe kam und besuchte mehrmals das ihm befreundete Körnersche Haus. Ich hatte ihn in zwanzig Jahren nicht gesehen; er erschien immer noch in seiner stattlichen Schöne, aber der große Mann machte keinen erfreulichen Eindruck. Ihm war es beklommen, und er hatte weder Hoffnung noch Freude an den neuen Dingen. Der junge Körner war da, freiwilliger Jäger bei den Lützowern; der Vater sprach sich begeistert und hoffnungsreich aus, da erwiderte Goethe ihm gleichsam erzürnt: ›Schüttelt nur an Euren Ketten, der Mann ist Euch zu groß, Ihr werdet ihn nicht zerbrechen.‹ –«

Aus den Erinnerungen des Feldmarschalls Freiherr von Heß (Teplitz, 27. Mai 1813):

»Wechselseitige allgemeine Beziehungen begannen ein Gespräch, das beinahe eine halbe Stunde dauerte. Es war nämlich der Krieg noch kein eigentlicher europäischer geworden, sondern der Kampf nur ein vereinzelter von Preußen und Russen mit Frankreich, der abwechselnd gefochten wurde und gegenwärtig mit einem Rückzuge der ersteren verbunden war. Österreich bemühte sich, dessen Ende durch Unterhandlungen herbeizuführen. Dies alles und der mehr als zweifelhafte Ausgang der Unterhandlungen mit einer so herrischen Riesennatur wie jene des Kaisers war der Hauptinhalt unseres Gespräches. Die gewaltige Zeit nun, der Kriegsgeist, der sie belebte, und die ebenso gewaltige Reaktion, welche den ersterfolgten Brand von Moskau nun wahrscheinlich zum allgemeinen Weltbrande anzufachen drohte, und das Unglück, welches dadurch über die einzelnen so blühenden Länder Deutschlands und besonders über die unteren Volksklassen, die an allem so unschuldig waren, kommen müsse, schienen den in diesen Gedanken ganz versunkenen edlen Mann tief zu durchdringen. Er sagte: ›Sie sind zwar Kriegsmänner oder noch Höhergestellte im Staatsleben, und die Welt bildet sich nach dem Ergebnis Ihrer Taten, allein wenn ich des Morgens so erwache und mit der dampfenden Sonne auf meinen schönen Schloßberg gehe, wie ich denn jetzt davon herkomme, und mir denke, daß in diesem gottgesegneten stillen Tale nur allein die Herzen der Kinder noch ruhig schlagen, während die Kultur von Jahrhunderten, möchte ich sagen, sowie die Ruhe und der Friede aller anderen Bewohner schon jetzt bedroht und gestört sind, so möchte ich gerne dem gigantischen Helden unseres Säkulums, um ihm Friedensgedanken einzuhauchen, auch nur den hundertsten Teil jener Empfindungen eingeben können, welche mich jeden Morgen für die Menschen in diesem Paradiese durchströmen.‹ –«

Wir können dem Vaterlande nicht auf gleiche Weise dienen. Wie hätte ich die Waffen ergreifen können ohne Haß! Und wie

hätte ich hassen können ohne Jugend! Hätte jenes Ereignis, der Befreiungskampf, mich als einen Zwanzigjährigen getroffen, so wäre ich sicher nicht der Letzte geblieben, allein er fand mich als einen, der bereits über die Sechzig hinaus war.
Kriegslieder schreiben und im Zimmer sitzen – das wäre meine Art gewesen! Aus dem Biwak heraus, wo man nachts die Pferde der feindlichen Vorposten wiehern hört, da hätte ich es mir gefallen lassen. Aber das war nicht mein Leben und meine Sache, sondern die von Theodor Körner. Ihn kleiden seine Kriegslieder auch ganz vollkommen. Bei mir aber, der ich keine kriegerische Natur bin und keinen kriegerischen Sinn habe, würden Kriegslieder eine Maske gewesen sein, die mir sehr schlecht zu Gesicht gestanden hätte. Ich habe in meiner Poesie nie affektiert. Was ich nicht lebte und was mir nicht auf die Nägel brannte und zu schaffen machte, habe ich auch nicht gedichtet und ausgesprochen. Liebesgedichte habe ich nur gemacht, wenn ich liebte. Wie hätte ich nun Lieder des Hasses schreiben können ohne Haß! Und, unter uns, ich haßte die Franzosen nicht, obwohl ich Gott dankte, als wir sie loswaren. Wie hätte auch ich, dem nur Kultur und Barbarei Dinge von Bedeutung sind, eine Nation hassen können, die zu den kultiviertesten der Erde gehört und der ich einen so großen Teil meiner eigenen Bildung verdanke.
Überhaupt ist es mit dem Nationalhaß ein eigenes Ding. Auf den untersten Stufen der Kultur werden Sie ihn immer am stärksten und heftigsten finden. Es gibt aber eine Stufe, wo er ganz verschwindet und wo man gewissermaßen über den Nationen steht und man ein Glück oder ein Wehe seines Nachbarvolkes empfindet, als wäre es dem eigenen begegnet. Diese Kulturstufe war meiner Natur gemäß, und ich hatte mich darin lange befestigt, ehe ich mein sechzigstes Jahr erreicht hatte.
Unser Leben führt uns nicht zur Absonderung und Trennung von andern Völkern, vielmehr zu dem größten Verkehr; unsere bürgerliche Existenz ist nicht die der Alten. Der ganze Gang unserer Kultur, der christlichen Religion selbst, führt uns zur Mitteilung, Gemeinmachung und Unterwürfigkeit und zu allen gesellschaftlichen Tugenden, wo man nachgibt, gefällig ist, selbst mit Aufopferung der Gefühle und Empfindungen, ja Rechte, die man im rohen Naturzustande haben kann. Wie sollte ich, gerade ich zum Kriege auffordern? Ich bin ein Kind des Friedens und will Frieden halten für und für mit der ganzen

Welt. Unsere modernen Kriege machen viele unglücklich, indessen sie dauern, und niemand glücklich, wenn sie vorbei sind. Der Krieg ist in Wahrheit eine Krankheit, wo die Säfte, die zur Gesundung und Erhaltung dienen, nur verwendet werden, um ein Fremdes, der Natur Ungemäßes zu ernähren.

Wilhelm von Humboldt an seine Frau (26. Oktober 1813):

»Ich wohne hier wieder nach alter Art bei Goethe, der dich herzlich grüßt. – Die Befreiung Deutschlands hat noch bei ihm keine tiefe Wurzel geschlagen. Er glaubt zwar ernstlich daran, aber stellt mit vielen Umschweifen, unbestimmten Phrasen und Gebärden vor, daß er sich an den vorigen Zustand einmal gewöhnt habe, daß alles schon in Ordnung und Geleis gewesen sei und der neue nun hart falle. Die Verheerungen der Kosaken, die wirklich arg sind, nehmen ihm alle Freude an dem Spaß. Er meint, das Heilmittel sei übler als die Krankheit, man werde der Knechtschaft los werden, aber zum Untergehn.«

Im Dezember 1813 besucht der Historiker Luden Goethe, um seine Protektion für eine politisch-patriotische Zeitschrift zu erbitten. Auf Goethes kühle Ablehnung steigert sich Luden in einige patriotische Erregung:

»Ich sprach von der großen Entscheidung vor unsern Augen, von der Erhebung des deutschen Volkes, von Vaterland, von Freiheit. Goethe saß ruhig. Endlich hob er mit einem leichten Lächeln die rechte Hand. Ich schwieg. Sogleich fing Goethe mit einer ungemein sanften Stimme, die zuweilen etwas bewegt zu werden schien, zu reden an:

Ich habe Ihnen, sagte er, ruhig zugehört und recht gern. Sie aber sind in einigen Eifer hineingeraten und dies ist eben nicht nötig gewesen, da Sie gewiß selbst nicht glauben, daß Sie mir etwas Neues, daß Sie mir etwas gesagt haben, was mir unbekannt gewesen wäre. Ich spreche über solche Dinge sehr, sehr ungern, und Sie dürfen überzeugt sein, daß ich meine guten Gründe habe.

Glauben Sie ja nicht, daß ich gleichgültig wäre gegen die großen Ideen Freiheit, Volk, Vaterland. Nein; diese Ideen sind in uns; sie sind ein Teil unsers Wesens, und niemand vermag sie

von sich zu werfen. Auch liegt mir Deutschland warm am Herzen. Ich habe oft einen bittern Schmerz empfunden bei dem Gedanken an das deutsche Volk, das so achtbar im einzelnen und so miserabel im ganzen ist. Eine Vergleichung des deutschen Volkes mit andern Völkern erregt uns peinliche Gefühle, über welche ich auf jegliche Weise hinwegzukommen suche; und in der Wissenschaft und in der Kunst habe ich die Schwingen gefunden, durch welche man sich darüber hinwegzuheben vermag: denn Wissenschaft und Kunst gehören der Welt an und vor ihnen verschwinden die Schranken der Nationalität; aber der Trost, den sie gewähren, ist doch nur ein leidiger Trost. –
Sie sprechen von dem Erwachen, von der Erhebung des deutschen Volks und meinen, dieses Volk werde sich nicht wieder entreißen lassen, was es errungen und mit Gut und Blut teuer erkauft hat, nämlich die Freiheit. Ist denn wirklich das Volk erwacht? Weiß es, was es will? Haben Sie das prächtige Wort vergessen, was der ehrliche Philister in Jena seinem Nachbar in seiner Freude zurief, als er seine Stuben gescheuert sah und nun nach dem Abzuge der Franzosen die Russen bequemlich empfangen konnte? Der Schlaf ist zu tief gewesen, als daß auch die stärkste Rüttelung so schnell zur Besinnung zurückführen vermöchte. Und ist denn jede Bewegung eine Erhebung? Erhebt sich, wer gewaltsam aufgestöbert wird? Wir sprechen nicht von den Tausenden gebildeter Jünglinge und Männer, wir sprechen von der Menge, den Millionen. Und was ist denn errungen oder gewonnen worden? Sie sagen: die Freiheit; vielleicht würden wir es aber Befreiung nennen; nämlich Befreiung nicht vom Joche der Fremden, sondern von einem fremden Joche. Es ist wahr: Franzosen sehe ich nicht mehr und nicht mehr Italiener, dafür aber sehe ich Kosaken, Baschkiren, Kroaten, Magyaren, Kassuben, Samländer, braune und andere Husaren. Wir haben uns seit einer langen Zeit gewöhnt, unsern Blick nur nach Westen zu richten und alle Gefahr nur von dorther zu erwarten, aber die Erde dehnt sich auch noch weithin nach Morgen aus.«

Sie werden so lange votieren und schnacken,
Wir sehen endlich wieder Kosaken;
Die haben uns vom Tyrannen befreit,
Sie befrein uns auch wohl von der Freiheit.

Man pflegt bei der Beurteilung der verschiedenen Regierungsformen nicht genug zu beachten, daß in allen, wie sie auch heißen, Freiheit und Knechtschaft zugleich polarisch existiere. Steht die Gewalt bei Einem, so ist die Menge unterwürfig, ist die Gewalt bei der Menge, so steht der Einzelne im Nachteil; dieses geht dann durch alle Stufen hindurch, bis sich vielleicht irgendwo in Gleichgewicht, jedoch nur auf kurze Zeit, finden kann. Dem Geschichtsforscher ist es kein Geheimnis; in bewegten Augenblicken des Lebens jedoch kann man darüber nicht ins klare kommen. Wie man denn niemals mehr von Freiheit reden hört, als wenn eine Partei die andere unterjochen will und es auf weiter nichts abgesehen ist, als daß Gewalt, Einfluß und Vermögen aus einer Hand in die andere gehen sollen. Freiheit ist die leise Parole heimlich Verschworner, das laute Feldgeschrei der öffentlich Umwälzenden, ja das Losungswort der Despotie selbst, wenn sie ihre unterjochte Masse gegen den Feind anführt und ihr von auswärtigem Druck Erlösung auf alle Zeiten verspricht.

Freiheit ist nichts als die Möglichkeit, unter allen Bedingungen das Vernünftige zu tun.

Mauern seh ich gestürzt, und Mauern seh ich errichtet,
Hier Gefangene, dort auch der Gefangenen viel.
Ist vielleicht nur die Welt ein großer Kerker? Und frei ist
Wohl der Tolle, der sich Ketten zu Kränzen erkiest?

Hast du die Welle gesehn, die über das Ufer einherschlug?
Siehe die zweite, sie kommt! rollet sich sprühend schon aus!
Gleich erhebt sich die dritte! Fürwahr, du erwartest vergebens,
Daß die letzte sich heut ruhig zu Füßen dir legt.

Eine wahrhaft allgemeine Duldung wird am sichersten erreicht, wenn man das Besondere der einzelnen Menschen und Völkerschaften auf sich beruhen läßt, bei der Überzeugung jedoch festhält, daß das wahrhaft Verdienstliche sich dadurch auszeichnet, daß es der ganzen Menschheit angehört. Zu einer solchen Vermittlung und wechselseitigen Anerkennung tragen die Deutschen seit langer Zeit schon bei.

Ich finde mich glücklich, daß nach einer so langen und mannigfaltigen Laufbahn meine guten Landsleute mich durchaus noch als den Ihrigen betrachten mögen. Diesen Vorzug einigermaßen verdient zu haben, darf ich mir wohl schmeicheln, da ich weder Blick noch Schritt in fremde Lande getan, als in der Absicht, das allgemein Menschliche, was über den ganzen Erdboden verbreitet und verteilt ist, unter den verschiedensten Formen kennen zu lernen und solches in meinem Vaterlande wiederzufinden, anzuerkennen, zu fördern. Denn es ist einmal die Bestimmung des Deutschen, sich zum Repräsentanten der sämtlichen Weltbürger zu erheben.

Das ewig Wirkende bewegt,
Uns unbegreiflich, dieses oder jenes
Als wie von ohngefähr zu unserm Wohl,
Zum Rate, zur Entscheidung, zum Vollbringen,
Und wie getragen werden wir ans Ziel.
Dies zu empfinden, ist das höchste Glück,
Es nicht zu fordern, ist bescheidne Pflicht,
Es zu erwarten, schöner Trost im Leiden.

DER ANDERE GIPFEL

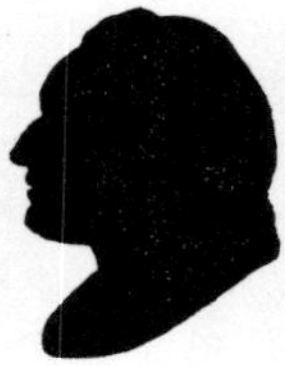

Die Würde der Kunst erscheint bei der Musik vielleicht am eminentesten, weil sie keinen Stoff hat, der abgerechnet werden müßte. Sie ist ganz Form und Gehalt und erhöht und veredelt alles, was sie ausdrückt.
Ohne selbst Genie zur Musik zu haben oder irgendein Instrument zu spielen, wußte ich ihren hohen Wert zu schätzen; ich suchte mir so oft als möglich diesen Genuß, der mit keinem andern verglichen werden kann, zu verschaffen. Ich kenne Musik mehr durch Nachdenken als durch Genuß und also nur im Allgemeinen. Und so verwandle ich Ton- und Gehörloser, obgleich Guthörender, jenen großen Genuß in Begriff und Wort. Ich weiß recht gut, daß mir deshalb ein Drittel des Lebens fehlt; aber man muß sich einzurichten wissen.

1796 werden Goethe Zelters Kompositionen goethischer Gedichte übersandt. Er antwortet darauf (an Helene Unger am 13. Juni):

»Musik kann ich nicht beurteilen, denn es fehlt mir an Kenntnis der Mittel, deren sie sich zu ihren Zwecken bedient; ich kann nur von der Wirkung sprechen, die sie auf mich macht, wenn ich mich ihr rein und wiederholt überlasse; und so kann ich von Herrn Zelters Kompositionen meiner Lieder sagen, daß ich der Musik kaum solche herzliche Töne zugetraut hätte.
Danken Sie ihm vielmals und sagen Sie ihm, daß ich sehr wünschte, ihn persönlich zu kennen, um mich mit ihm über manches zu unterhalten.«

Aus der Bekanntschaft mit Zelter entsteht eine bis zum Tode fortdauernde herzliche Freundschaft. Zelters Vermittlung und

Urteil in musikalischen Dingen bleibt Goethe von entscheidender Wichtigkeit. Im Jahre 1807 schreibt er an Zelter (27. Juli):

»Ob wir gleich Stimmen und Instrumente in Weimar haben, und ich noch dazu der Vorgesetzte solcher Anstalten bin, so habe ich doch niemals zu einem musikalischen Genuß in einer gewissen Folge gelangen können.
Mit der Oper, wie sie bei uns zusammengesetzt ist, mag ich mich nicht abgeben, besonders weil ich diesen musikalischen Dingen nicht auf den Grund sehe. Ich möchte daher das saeculum sich selbst überlassen und mich ins Heilige zurückziehn. Da möchte ich denn nun alle Woche einmal bei mir mehrstimmige geistliche Gesänge aufführen lassen. Helfen Sie mir dazu und senden mir vierstimmige nicht zu schwere Gesänge, schon in Stimmen ausgeschrieben.«

1808 schreibt Goethe an Zelter über die neuen, ihn beunruhigenden Bestrebungen in der Literatur (30. Oktober). Der Brief fährt fort:

»Haben Sie die Gefälligkeit, lieber Freund, wenn Sie eine Viertelstunde Zeit finden, mir die Verirrungen der musikalischen Jugend mit einigen Zügen zu schildern: ich möchte sie mit den Mißgriffen der Maler vergleichen; denn man muß sich ein für alle Mal über diese Dinge beruhigen, das ganze Wesen verfluchen, an die Bildung anderer nicht denken, und die kurze Zeit die einem übrig bleibt zu eigenen Werken verwenden.«

Zelter antwortet (12. November 1808):

»Zu jedem Ihrer genannten poetischen Geister könnte ich Ihnen einen musikalischen Gegenmann nennen, um Ihr Urteil zu bestätigen: Mit Bewunderung und Schrecken sieht man Irrlichter und Blutstreifen am Horizonte des Parnasses. Talente von der größten Bedeutung wie Cherubini, Beethoven u. M. entwenden Herkules' Keule, – um Fliegen zu klatschen; erst muß man erstaunen und nachher gleich drauf die Achsel zucken über den Aufwand von Talent, Lappalien wichtig und hohe Mittel gemein zu machen. Ja ich möchte verzweifeln wenn mir einfällt, daß die neue Musik verloren gehen muß wenn eine Kunst aus der Musik werden soll.

Keine Kunst kann einen wohltätigen Einfluß gewähren, die so frech und formlos im unendlichen Raume umherirrt, wie die neuere Musik, welche ihre geheimsten, ihre höchsten Reize vom Ganzen abgesondert dem allgemeinen Pöbel zur öffentlichen Schau entblößt, wie ein anatomisches Cabinet, oder eine Anekdotensammlung von Liebesgeheimnissen, um die gemeine Neugierde zu übersättigen. Man mag gegen die Tonkünstler der früheren Jahrhunderte einwenden was man will (denn wer hat nicht dazu zu lernen?) – nie haben sie die Kunst weggeworfen, das innere Heiligtum preisgegeben; wäre auf ihrem Grunde fortgebaut worden, wir könnten eine Kunst haben und wären ganz andere Leute.«

Im Frühjahr 1810 sieht Bettina Brentano, damals 25 Jahre alt, in Wien Beethoven. Sie schreibt an Goethe (vgl. Anmerkung im Quellenverzeichnis):

»Wie ich diesen sah, von dem ich dir jetzt sprechen will, da vergaß ich der ganzen Welt, schwindet mir doch auch die Welt, wenn mich Erinnerung ergreift, – ja sie schwindet. Mein Horizont fängt zu meinen Füßen an, wölbt sich um mich und ich stehe im Meer des Lichts, das von dir ausgeht, und in aller Stille schweb ich gelassenen Flugs über Berg und Tal zu dir.

Es ist Beethoven, von dem ich dir jetzt sprechen will, und bei dem ich der Welt und deiner vergessen habe; ich bin zwar unmündig, aber ich irre darum nicht, wenn ich ausspreche (was jetzt vielleicht keiner versteht und glaubt), er schreite weit der Bildung der ganzen Menschheit voran, und ob wir ihn je einholen? – Ich zweifle; möge er nur leben, bis das gewaltige und erhabene Rätsel, was in seinem Geiste liegt, zu seiner höchsten Vollendung herangereift ist, ja, möge er sein höchstes Ziel erreichen, gewiß dann läßt er den Schlüssel zu einer himmlischen Erkenntnis in unseren Händen, die uns der wahren Seligkeit um eine Stufe näher rückt.

Von dir kann ichs wohl bekennen, daß ich an einen göttlichen Zauber glaube, der das Element der geistigen Natur ist, diesen Zauber übt Beethoven in seiner Kunst; alles, wessen er dich darüber belehren kann, ist reine Magie, jede Stellung ist Organisation seiner höheren Existenz, und so fühlt Beethoven sich auch als Begründer einer neuen sinnlichen Basis im geistigen

Leben; du wirst wohl herausverstehen, was ich sagen will und was wahr ist. Wer könnte uns diesen Geist ersetzen? von wem könnten wir ein gleiches erwarten? – Das ganze menschliche Treiben geht wie ein Uhrwerk an ihm auf und nieder, er allein erzeugt frei aus sich das Ungeahnte, Unerschaffne; was sollte diesem auch der Verkehr mit der Welt, der schon vor Sonnenaufgang am heiligen Tagwerk ist, und nach Sonnenuntergang kaum um sich sieht, der seines Leibes Nahrung vergißt, und von dem Strom der Begeisterung im Flug an den Ufern des flachen Alltagslebens vorüber getragen wird; er selber sagte: Wenn ich die Augen aufschlage, so muß ich seufzen, denn was ich sehe ist gegen meine Religion, und die Welt muß ich verachten, die nicht ahnt, daß Musik höhere Offenbarung ist als alle Weisheit und Philosophie, sie ist der Wein, der zu neuen Erzeugungen begeistert, und ich bin der Bacchus, der für die Menschen diesen herrlichen Wein keltert und sie geistestrunken macht; wenn sie dann wieder nüchtern sind, dann haben sie allerlei gefischt, was sie mit aufs Trockne bringen. – Keinen Freund hab ich, ich muß mit mir allein leben; ich weiß aber wohl, daß Gott mir näher ist wie den andern in meiner Kunst; ich gehe ohne Furcht mit ihm um, ich hab ihn jedesmal erkannt und verstanden, mir ist auch gar nicht bange um meine Musik, die kann kein böses Schicksal haben, wem sie sich verständlich macht, der muß frei werden von all dem Elend, womit sich die andern schleppen. – Dies alles hat mir Beethoven gesagt, wie ich ihn zum ersten Mal sah, mich durchdrang ein Gefühl von Ehrfurcht, wie er sich mit so freundlicher Offenheit gegen mich äußerte, da ich ihm doch ganz unbedeutend sein mußte; auch war ich verwundert, denn man hatte mir gesagt, er sei ganz menschenscheu und lasse sich mit niemand in ein Gespräch ein. Man fürchtete sich, mich zu ihm zu führen, ich mußte ihn allein aufsuchen; er hat drei Wohnungen, in denen er abwechselnd sich versteckt, eine auf dem Lande, eine in der Stadt und die dritte auf der Bastei, da fand ich ihn im dritten Stock; unangemeldet trat ich ein, er saß am Klavier, ich nannte meinen Namen, er war sehr freundlich und fragte: ob ich ein Lied hören wolle, was er eben komponiert habe? – Dann sang er scharf und schneidend, daß die Wehmut auf den Hörer zurückwirkte: ›Kennst du das Land‹, – ›nicht wahr, es ist schön?‹ sagte er begeistert, ›wunderschön, ich wills noch einmal singen‹, er freute sich über meinen heitern Beifall. ›Die meisten

Menschen sind gerührt über etwas Gutes, das sind aber keine Künstlernaturen, Künstler sind feurig, die weinen nicht‹, sagte er. Dann sang er noch ein Lied von dir, das er auch in diesen Tagen komponiert hatte: ›Trocknet nicht Tränen der ewigen Liebe.‹ – Er begleitete mich nach Hause, und unterwegs sprach er eben das viele Schöne über die Kunst, dabei sprach er so laut und blieb auf der Straße stehen, daß Mut dazu gehörte zuzuhören, er sprach mit großer Leidenschaft und viel zu überraschend, als daß ich nicht auch der Straße vergessen hätte, man war sehr verwundert, ihn mit mir in eine große Gesellschaft, die bei uns zum Diner war, eintreten zu sehen. Nach Tisch setzte er sich unaufgefordert ans Instrument und spielte lange und wunderbar, sein Stolz fermentierte zugleich mit seinem Genie, in solcher Aufregung erzeugt sein Geist das Unbegreifliche, und seine Finger leisten das Unmögliche. Gestern ging ich mit ihm in einen herrlichen Garten, in voller Blüte, alle Treibhäuser offen, der Duft war betäubend; Beethoven blieb in der drückenden Sonnenhitze stehen und sagte: Goethes Gedichte behaupten nicht allein durch den Inhalt, auch durch den Rhythmus eine große Gewalt über mich, ich werde gestimmt und aufgeregt zum Komponieren durch diese Sprache, die wie durch Geister zu höherer Ordnung sich aufbaut und das Geheimnis der Harmonien schon in sich trägt. Da muß ich denn von dem Brennpunkt der Begeisterung der Melodie nach allen Seiten hin ausladen, ich verfolge sie, hole sie mit Leidenschaft wieder ein, ich sehe sie dahin fliehen, in der Masse verschiedener Aufregungen verschwinden, bald erfasse ich sie mit erneuter Leidenschaft, ich kann mich nicht von ihr trennen, ich muß mit raschem Entzücken in allen Modulationen sie vervielfältigen, und im letzten Augenblick da triumphiere ich über den ersten musikalischen Gedanken, sehen Sie, das ist eine Symphonie; ja, Musik ist so recht die Vermittlung des geistigen Lebens zum sinnlichen. Ich möchte mit Goethe hierüber sprechen, ob der mich verstehen würde? – Melodie ist das sinnliche Leben der Poesie. Wird nicht der geistige Inhalt eines Gedichtes zum sinnlichen Gefühl durch die Melodie? und erregt diese Empfindung nicht wieder zu neuen Erzeugungen? – Da will der Geist zu schrankenloser Allgemeinheit sich ausdehnen, wo Alles in Allem sich bildet zum Bett der Gefühle, die aus dem einfachen musikalischen Gedanken entspringen, und die sonst ungeahnt verhallen würden; das

ist Harmonie, das spricht sich in meinen Symphonien aus, der Schmelz vielseitiger Formen wogt dahin in einem Bett bis zum Ziel. Da fühlt man denn wohl, daß ein Ewiges, Unendliches, nie ganz zu Umfassendes in allem Geistigen liege, und obschon ich bei meinen Werken immer die Empfindung des Gelingens habe, so fühle ich einen ewigen Hunger, was mir eben erschöpft schien, mit dem letzten Paukenschlag, mit dem ich meinen Genuß, meine musikalische Überzeugung den Zuhörern einkeilte, wie ein Kind von neuem anzufangen. Sprechen Sie dem Goethe von mir, sagen Sie ihm, er solle meine Symphonien hören, da wird er mir recht geben, daß Musik der einzige unverkörperte Eingang in eine höhere Welt des Wissens ist, die wohl den Menschen umfaßt, daß er aber nicht sie zu fassen vermag. –
So vertritt die Kunst allemal die Gottheit, und das menschliche Verhältnis zu ihr ist Religion; was wir durch die Kunst erwerben, das ist von Gott, göttliche Eingebung, die den menschlichen Befähigungen ein Ziel steckt, was er erreicht. Obschon der Geist dessen nicht mächtig ist, was er durch sie erzeugt, so ist er doch glückselig in dieser Erzeugung, und so ist jede echte Erzeugung der Kunst unabhängig, mächtiger als der Künstler selbst, und kehrt durch ihre Erscheinungen zum Göttlichen zurück, und hängt nur darin mit dem Menschen zusammen, daß sie Zeugnis gibt von der Vermittlung des Göttlichen in ihm. –
Ich muß abbrechen mit meiner unerweislichen Weisheit, sonst möchte ich die Probe versäumen; schreiben Sie an Goethe von mir, wenn Sie mich verstehen, aber verantworten kann ich nichts, und will mich auch gern belehren lassen von ihm. – Ich versprach ihm, so gut ichs begreife, dir alles zu schreiben. – Er führte mich zu einer großen Musikprobe mit vollem Orchester, da saß ich im weiten unerhellten Raum in einer Loge ganz allein, einzelne Streiflichter stahlen sich durch Ritzen und Astlöcher, in denen ein Strom bunter Lichtfunken hin und her tanzte, wie Himmelsstraßen mit seligen Geistern bevölkert.
Da sah ich denn diesen ungeheuren Geist sein Regiment führen. O Goethe! Kein Kaiser und kein König hat so das Bewußtsein seiner Macht, und daß alle Kraft von ihm ausgehe, wie dieser Beethoven, der eben noch im Garten nach einem Grund suchte, wo ihm denn alles herkomme; verstünd ich ihn so wie ich ihn fühle, dann wüßt ich alles. Dort stand er, so fest entschlossen, seine Bewegungen, sein Gesicht drückten die Vollendung seiner

Schöpfung aus, er kam jedem Fehler, jedem Mißverstehen zuvor, kein Hauch war willkürlich, alles war durch die großartige Gegenwart seines Geistes in die besonnenste Tätigkeit versetzt. – Man möchte weissagen, daß ein solcher Geist in späterer Vollendung als Weltherrscher wieder auftreten werde.
Gestern Abend schrieb ich noch alles auf, heute Morgen las ichs ihm vor, er sagte: ›Hab ich das gesagt? – nun dann hab ich einen Raptus gehabt!‹ Er las es noch einmal aufmerksam, und strich einiges aus und schrieb zwischen die Zeilen, denn es ist ihm drum zu tun, daß du ihn verstehst.
Erfreue mich nun mit einer baldigen Antwort, die dem Beethoven beweist, daß du ihn würdigst. Es war ja immer unser Plan über Musik zu sprechen, ja, ich wollte auch, aber durch Beethoven fühl ich nun erst, daß ich der Sache nicht gewachsen bin.

Bettine.«

1811 schreibt Beethoven an Goethe (12. April):

»Ew. Exzellenz!
Nur einen Augenblick Zeit gewährt mir die dringende Gelegenheit, indem sich ein Freund von mir, ein großer Verehrer von Ihnen (wie auch ich), von hier so schnell entfernt, Ihnen für die lange Zeit, daß ich Sie kenne (denn seit meiner Kindheit kenne ich Sie), zu danken – das ist so wenig für so viel. – Bettine Brentano hat mich versichert, daß Sie mich gütig, ja sogar freundschaftlich aufnehmen würden. Wie könnte ich aber an eine solche Aufnahme denken, indem ich nur imstande bin, Ihnen mit der größten Ehrerbietung, mit einem unaussprechlichen, tiefen Gefühl für Ihre herrlichen Schöpfungen zu nahen. – Sie werden nächstens die Musik zu Egmont von Leipzig durch Breitkopf und Härtel erhalten, diesem herrlichen Egmont, den ich, indem ich ihn ebenso warm, als ich ihn gelesen, wieder durch Sie gedacht, gefühlt und in Musik gegeben habe. – Ich wünsche sehr, Ihr Urteil darüber zu wissen: Auch der Tadel wird mir für mich und meine Kunst ersprießlich sein und so gern wie das größte Lob aufgenommen werden. –

Ew. Exzellenz großer Verehrer
Ludwig van Beethoven.«

Goethe antwortet aus Karlsbad (25. Juni 1811):

»Ihr freundliches Schreiben, mein wertgeschätztester Herr, habe ich durch Herrn von Oliva zu meinem großen Vergnügen erhalten. Für die darin ausgedrückten Gesinnungen bin ich von Herzen dankbar und kann versichern, daß ich sie aufrichtig erwidre: Denn ich habe niemals etwas von Ihren Arbeiten durch geschickte Künstler und Liebhaber vortragen hören, ohne daß ich gewünscht hätte, Sie selbst einmal am Klavier zu bewundern und mich an Ihrem außerordentlichen Talent zu ergötzen. Die gute Bettine Brentano verdient wohl die Teilnahme, welche Sie ihr bewiesen haben. Sie spricht mit Entzücken und der lebhaftesten Neigung von Ihnen und rechnet die Stunden, die sie mit Ihnen zugebracht, unter die glücklichsten ihres Lebens.
Die mir zugedachte Musik zu Egmont werde ich wohl finden, wenn ich nach Hause komme, und ich bin schon im voraus dankbar; denn ich habe derselben bereits von Mehrern rühmlich erwähnen hören, und gedenke sie auf unserem Theater zu Begleitung des gedachten Stückes diesen Winter geben zu können, wodurch ich sowohl mir selbst als Ihren zahlreichen Verehrern in unserer Gegend einen großen Genuß zu bereiten hoffe. Am meisten aber wünsche ich, Herrn von Oliva recht verstanden zu haben, der uns Hoffnung machte, daß Sie auf einer vorhabenden Reise Weimar wohl besuchen könnten. Möchte es doch zu einer Zeit geschehen, wo sowohl der Hof als das sämtliche musikliebende Publikum versammelt ist. Gewiß würden Sie eine Ihrer Verdienste und Gesinnungen würdige Aufnahme finden. Niemand aber kann dabei mehr interessiert sein als ich, der ich mit dem Wunsche, recht wohl zu leben, mich Ihrem geneigten Andenken empfehle und für so vieles Gute, was mir durch Sie schon geworden, den aufrichtigsten Dank abstatte.«

Im Sammer 1812 begegnen sich Goethe und Beethoven in Teplitz. Goethe an Christiane (19. Juli 1812):

»Zusammengefaßter, energischer, inniger als Beethoven habe ich noch keinen Künstler gesehen. Ich begreife recht gut, wie er gegen die Welt wunderlich stehn muß.«

Aus dem Tagebuch (Juli 1812):

»19. Gebadet IV. Mit Serenissimo und Ambrosi. Gesundheit der Kaiserin. Visiten. Gerstner. Beethoven. Graf Buquoy. v. Kettenburg. Graf Schimmelmann. Graf Clary. Prince de Ligne bei mir. Mittag für mich. Bei Frau Hofrat Becker von Berlin. Meine Frau nach Karlsbad.
20. Gebadet. Um 9 Uhr mit Fürst Lichnowsky in dem Gartentempel der Kaiserin vorgelesen. Elegien II. besonders gut aufgenommen. Mittag an Tafel. Abends mit Beethoven nach Bilin zu gefahren.
21. Nicht gebadet. Spazierfahrt die Biliner Straße. Auf der Chaussee Klingstein, Quarzgestein, gebrannter Ton. Mit Serenissimo im Garten. Hofrat Gerstner. In dem Gartensaale vorgelesen aus Pandora, der neue Pausias. Zur Tafel. Nachher im Hüttchen. Abends bei Beethoven. Er spielte köstlich. Brief an Bury nach Dresden.
22. Gebadet. Bei dem Antiquar. Scherz mit der Gräfin O'Donel Gebetbuch. Moses gekauft. Mittag für mich. Bei Fräulein Stetten und Stamford. Bei Spiegels. Mit dem Hofe nach Kulm. Fuhr mit Gräfin O'Donel. Dem Großherzog von Würzburg vorgestellt. Abends allein.
23. Nicht gebadet. Biographie. Schlossers Bilderstürmer. Bei Ihro Majestät Das Leben ein Traum. Bei Fürst Clary zur Tafel. Fürst Paul Esterhazy usw. Spazieren gefahren. Bei Beethoven. Diels Obstorangerie. War ich ins dritte Stock gezogen.«

Wenige Tage nach dieser Begegnung schreibt Beethoven seinem Verleger Breitkopf und Härtel (9. August 1812):

»Goethe behagt die Hofluft sehr, mehr als einem Dichter geziemt. Es ist nicht mehr viel über die Lächerlichkeiten der Virtuosen hier zu reden, wenn Dichter, die als die ersten Lehrer der Nation angesehen sein sollten, über diesem Schimmer alles andere vergessen können.«

Goethe an Zelter (2. September 1812):

»Beethoven habe ich in Teplitz kennengelernt. Sein Talent hat mich in Erstaunen gesetzt; allein er ist leider eine ganz ungebändigte Persönlichkeit, die zwar gar nicht unrecht hat, wenn sie die Welt detestabel findet, aber sie freilich dadurch weder für sich noch für andere genußreicher macht. Sehr zu entschuldigen ist er hingegen und sehr zu bedauern, da ihn sein Gehör verläßt, das vielleicht dem musikalischen Teil seines Wesens weniger als dem geselligen schadet. Er, der ohnehin lakonischer Natur ist, wird es nun doppelt durch diesen Mangel.«

Zelter antwortet (14. September 1812):

»Was Sie von Beethoven sagen, ist ganz natürlich. Auch ich bewundere ihn mit Schrecken. Seine eigenen Werke scheinen ihm heimliches Grauen zu verursachen: eine Empfindung, die in der neuen Kultur viel zu leichtsinnig beseitigt wird. Mir scheinen seine Werke wie Kinder, deren Vater ein Weib oder deren Mutter ein Mann wäre. Das letzte mir bekannt gewordene Werk (Christus am Ölberge) kommt mir vor wie eine Unkeuschheit, deren Grund und Ziel ein ewiger Tod ist. Die musikalischen Kritiker, welche sich auf alles besser zu verstehen scheinen als auf Naturell und Eigentümlichkeit, haben sich auf die seltsamste Weise in Lob und Tadel über diesen Komponisten ergossen. Ich kenne musikalische Personen, die sich sonst bei Anhörung seiner Werke alarmiert, ja indigniert fanden und nun von einer Leidenschaft dafür ergriffen sind, wie die Anhänger der griechischen Liebe.«

Aus den Tag- und Jahresheften, 1821:

Durch die kenntnisreiche Sorgfalt eines bewährten Freundes kam ein bedachtsam geprüfter Streicherischer Flügel von Leipzig an, glücklicherweise: denn bald darauf brachte uns Zelter einen höchste Verwunderung erregenden Zögling, Felix Mendelssohn, dessen unglaubliches Talent wir ohne eine solche vermittelnde Mechanik niemals hätten gewahr werden können.

Der zwölfjährige Mendelssohn schreibt nach Berlin an seine Eltern (10. November 1821):

»Alle Nachmittage macht Goethe das Streicherische Instrument mit den Worten auf: Ich habe dich heute noch garnicht gehört.

Mache mir ein wenig Lärm vor; und dann pflegt er sich neben mich zu setzen, und wenn ich fertig bin (ich spiele teils Fugen von Bach, teils phantisiere ich), so bitte ich mir einen Kuß aus oder nehme mir einen. Jeden Morgen erhalte ich vom Autor des Faust und des Werther einen Kuß und jeden Nachmittag vom Vater und Freund Goethe zwei Küsse. Bedenkt! – von seiner Güte und Freundlichkeit macht ihr euch gar keinen Begriff. Man hält ihn nicht für einen Dreiundsiebziger, sondern für einen Fünfziger. Daß seine Figur imposant ist, kann ich nicht finden; er ist eben nicht viel größer als Vater. Doch seine Haltung, seine Sprache, sein Name, die sind imposant. Einen ungeheuren Klang der Stimme hat er und schreien kann er wie zehntausend Streiter. Sein Haar ist noch nicht weiß, sein Gang ist fest, seine Rede sanft.«

Von einem Abend in Goethes Haus am Frauenplan, an welchem Mendelssohn einer größeren Gesellschaft vorspielte, berichtet einer der Gäste:

»Goethe war ein großer Freund der Bachschen Fugen; es wurde also auch Felix Mendelssohn die Aufforderung gestellt, eine Fuge des hohen Altmeisters zu spielen. Zelter wählte sie aus dem Notenheft der Bachschen Fugen, welches herbeigebracht wurde, und der Knabe spielte sie völlig unvorbereitet mit vollendeter Sicherheit. Goethes Freude wuchs bei dem erstaunungswürdigen Spiel des Knaben. Unter anderm forderte er Felix auf, ihm eine Menuett zu spielen. Soll ich Ihnen die schönste, die es in der ganzen Welt gibt, spielen? – Nun, und welche wäre das? – Er spielte die Menuett aus Don Juan. Goethe blieb fortdauernd lauschend am Instrument stehen; die Freude glänzte in seinen Zügen. Er wünschte nach der Menuett auch die Ouvertüre der Oper; doch diese schlug der Spieler rund ab mit der Behauptung, sie lasse sich nicht spielen wie sie geschrieben stehe, und abändern dürfe man nichts daran. Dagegen erbot er sich, die Ouvertüre zum Figaro zu spielen. Er begann sie mit einer Leichtigkeit der Hand, mit einer Sicherheit, Rundung und Klarheit in den Passagen, wie ich sie nie wieder gehört, Goethe wurde immer heiterer, immer freundlicher, ja, er trieb Scherz und Neckerei mit dem geist- und lebensvollen Knaben. Bis jetzt, sprach er, hast du mir nur Stücke gespielt, die du kanntest, jetzt

wollen wir einmal sehen, ob du auch etwas spielen kannst, was du noch nicht kennst. Ich werde dich einmal auf die Probe stellen.
Er ging hinaus, kam nach einigen Minuten wieder ins Zimmer und hatte mehrere Blätter geschriebener Noten mitgebracht. Da habe ich einiges aus meiner Manuskriptensammlung geholt; nun wollen wir dich prüfen. Wirst du das hier spielen können? Er legte ein Blatt mit klar, aber klein geschriebenen Noten auf das Pult; es war Mozarts Handschrift. Der junge Künstler spielte mit vollster Sicherheit, ohne nur den kleinsten Fehler zu machen, das nicht leicht zu lesende Manuskript vom Blatt; das Stück klang, als wisse es der Spieler seit Jahr und Tag auswendig, so sicher, so klar, so abgewogen im Vortrag.
Goethe blieb, da alles Beifall spendete, bei seinem heiteren Ton. Das ist noch nichts! rief er; das könnten auch andere lesen. Jetzt will ich dir aber etwas geben, dabei wirst du stecken bleiben. Nun nimm dich in Acht! Mit diesem scherzenden Ton langte er ein anderes Blatt hervor und legte es aufs Pult. Das sah in der Tat sehr seltsam aus: man wußte kaum, ob es Noten waren oder nur ein liniertes, mit Tinte bespritztes, an unzähligen Stellen verwischtes Blatt. Felix Mendelssohn lachte verwundert laut auf.
Wie ist es geschrieben? Wie soll man das lesen? rief er aus. Doch plötzlich wurde er ernsthaft; denn indem Goethe die Frage aussprach: nun rate einmal, wer das geschrieben? rief Zelter schon: das hat ja Beethoven geschrieben! das kann man auf eine Meile sehn: Der schreibt immer wie mit einem Besenstiel und mit dem Ärmel über die frischen Noten gewischt. Ich habe viele Manuskripte von ihm; die sind leicht zu erkennen. Bei diesem Namen aber war Felix Mendelssohn plötzlich ernsthaft geworden, mehr als ernsthaft; ein heiliges Staunen verriet sich in seinen Zügen. Goethe betrachtete ihn mit forschenden, freudestrahlenden Blicken.
Der Knabe hielt das Auge unverwandt auf das Manuskript gespannt, und leuchtende Überraschung überflog seine Züge, wie sich aus dem Chaos ausgestrichener, frisch verwischter, über- und zwischengeschriebener Noten und Worte ein hoher Gedanke der Schönheit, der tiefen, edeln Erfindung hervorrang.«

Im Mai 1830 – Beethoven war vor drei Jahren gestorben – besucht Felix Mendelssohn noch einmal den achtzigjährigen Goethe; er schreibt (21. und 25. Mai):

»Goethe ließ mich zu Tische bitten. Da fand ich ihn denn im Äußern unverändert, anfangs aber etwas still und wenig teilnehmend; ich glaubte, er wollte mal zusehen, wie ich mich wohl nehmen möchte; mir war es verdrießlich, und ich dachte, er wäre jetzt immer so. –
Nach Tische fing er dann auf einmal an: Gute Kinder – hübsche Kinder – muß immer lustig sein – tolles Volk! und dazu machte er Augen wie der alte Löwe, wenn er einschlafen will. Dann mußte ich ihm vorspielen, und er meinte: wie das so sonderbar sei, daß er solange keine Musik gehört habe: nun hätten wir die Sache immer weitergeführt, und er wisse nichts davon; ich müsse ihm darüber viel erzählen: denn wir wollen doch auch einmal vernünftig miteinander darüber sprechen. – Heute, 24. Mai, soll ich ihm Sachen von Bach, Haydn und Mozart vorspielen und ihn dann so weiter führen bis jetzt – wie er sagte, und ich muß ihm erzählen, wie sie die Sache weitergebracht hätten, und dazu sitzt er in einer dunkeln Ecke wie ein Jupiter tonans und blitzt mit den alten Augen. An den Beethoven wollte er garnicht heran; ich sagte ihm aber, ich könne ihm nicht helfen, und spielte ihm nun das erste Stück der C-moll-Symphonie vor. Das berührte ihn ganz seltsam. Er sagte erst: das bewegt aber garnichts, das macht nur staunen; das ist grandios! und dann brummte er so weiter und fing nach langer Zeit wieder an: das ist sehr groß, ganz toll! Man möchte sich fürchten, das Haus fiele ein. Und wenn das nun alle die Menschen zusammen spielen! – und bei Tische, mitten in einem andern Gespräch, fing er wieder damit an.«

Goethe an Zelter (3. Juni 1830):

»So eben, früh halb 10 Uhr, fährt, beim klarsten Himmel, im schönsten Sonnenschein, der treffliche Felix, mit Ottilien, Ulriken und den Kindern, nachdem er vierzehn Tage bei uns vergnüglich zugebracht und alles mit seiner vollendeten, liebenswürdigen Kunst erbaut, nach Jena, um auch dort die wohlwollenden Freunde zu ergötzen und in unserer Gegend ein Andenken zurückzulassen, welches fortwährend hoch zu feiern ist.

Mir war seine Gegenwart besonders wohltätig, da ich fand: mein Verhältnis zur Musik sei noch immer dasselbe; ich höre sie mit Vergnügen, Anteil und Nachdenken, liebe mir das Geschichtliche; denn wer versteht irgendeine Erscheinung, wenn er sich nicht von dem Gang des Herankommens penetriert? Dazu denn die Hauptsache, daß Felix auch diesen Stufengang recht löblich einsieht, und glücklicherweise sein gutes Gedächtnis ihm Musterstücke aller Art nach Belieben vorführt. Von der Bachischen Epoche heran, hat er mir wieder Haydn, Mozart und Gluck zum Leben gebracht; von den großen neuern Technikern hinreichende Begriffe gegeben, und endlich mich seine eigenen Produktionen fühlen und über sie nachdenken machen; ist daher auch mit meinen besten Segnungen geschieden.«

ALTER UND JUGEND

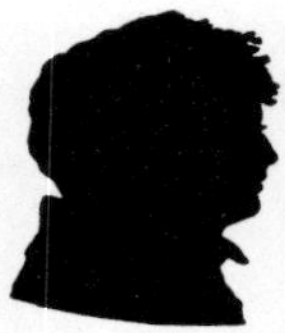

Jugend, ach! ist dem Alter so nah, durchs Leben verbunden,
Wie ein beweglicher Traum gestern und heute verband.

Der Maler Philipp Otto Runge, 25 Jahre alt, schreibt an seinen Bruder Daniel (Februar, März und Dezember 1802):

»Die Kunstausstellung in Weimar und das ganze Verfahren dort nimmt nachgerade einen ganz falschen Weg, auf welchem es unmöglich ist, irgendetwas Gutes zu bewirken. Wir sind keine Griechen mehr, können das Ganze schon nicht mehr so fühlen, wenn wir ihre vollendeten Kunstwerke sehen, viel weniger selbst solche hervorbringen, und warum uns bemühen, etwas Mittelmäßiges zu liefern?

Und was soll nun herauskommen bei all dem Schnickschnack in Weimar, wo sie unklug durch die bloßen Zeichen etwas wieder hervorrufen wollen, was schon dagewesen?

Die Weimarer Kunstfreunde haben sich gestellt, als hätten sie eine wunderhohe Ansicht von der Kunst, und haben doch gar keine gehabt; denn ist irgendwo eine Spur in allem zu finden, die auf den lebendigen Punkt hinführte, woher alles kommen muß? Wenn Goethe so etwas tun kann, wie dieses nun durch ihn geschehen ist, daß Sachen in die Welt hineingeschrieben werden, wovon er nicht gewiß ist, daß sie den Menschen aus sich wieder in die Kunst zeigen, so achte ich ihn nicht, und wenn es zehnmal ER ist, so ist es doch nur Rauch und Qualm. – Lieber, werde nicht böse, daß ich so heftig geworden, aber ich versichere es dir, der Goethe hat mich mit all dem verfluchten Zeug nahe an den Abgrund gebracht, und was mich gerettet, ist das, was er nicht glaubt. Ich habe eine ordentliche Bosheit auf ihn. Sich mit solcher Prätention so wichtig zu machen – und seine ganze Kraft ist nur in seinem Schnabel!«

Ein Jahr später schreibt Runge aus Weimar an seine Braut (16. November 1803):

»Wie ich hier gestern abend abbrach, und nebenan zu Voigts ging, traf ich Goethen auch dort, der zufällig hingekommen war. Er gefällt mir sehr, muß ich sagen; er kam mir gleich entgegen und fragte, was ich mache und arbeite. –
Wir haben so die Praeludia miteinander gemacht, ich schien ihm doch zu gefallen. Er wollte es einige Male versuchen, mich durch derbe Anrede und sein starkes Ansehen aus dem Zusammenhang zu bringen; ich blieb aber darin, und werde es wills Gott! auch bleiben; ich habe ihn eben wieder gerade angesehen, und das, was ich meine, ihm so unverhohlen gesagt, daß er wohl sah, wie sehr es mein Ernst und mein ist; nicht von mir selbst mein, sondern von Gott, dem alle Dinge sind. –
Er hatte keine Zeit, sein Wagen stand vor der Tür, und doch sagte er: ich kann nicht davon kommen. Er ist ein starker und hartnäckiger Mann, gegen den ich wie ein Kind stehe, das ohne Waffen ist, und doch fürchte ich mich nicht, auf welcher Seite er stehe, ob neben mir oder gegen mich.«

Goethe schreibt an Runge, der ihm seine vier Umrißzeichnungen, die »Tageszeiten«, zugesandt hatte (2. Juni 1806):

»Lange will ich nicht zaudern, wertester Herr Runge, Ihnen für die Blätter zu danken, welche mir sehr viel Vergnügen gemacht haben. Zwar wünschte ich nicht, daß die Kunst im ganzen den Weg verfolgte, den Sie eingeschlagen haben, aber es ist doch höchst erfreulich zu sehen, wie ein talentvolles Individuum sich in seiner Eigenheit dergestalt ausbilden kann, die man bewundern muß. Wir glauben, Ihre sinnvollen Bilder nicht eben ganz zu verstehen, aber wir verweilen gern dabei und vertiefen uns öfter in Ihre geheimnisvolle anmutige Welt.«

Runge an Goethe (3. Juli 1806):

»Es ist eine große Beruhigung für mich, meinen herzlichen Wunsch in Erfüllung gehen zu sehen, daß meine Arbeiten doch auf irgendeine Art ansprechen möchten. Ich empfinde es sehr, wie Sie auch ein Bestreben, was außer der Richtung liegt, die Sie der Kunst wünschen, zu würdigen vermögen.«

Als Goethe im November 1810 von der Todeskrankheit Runges erfährt, schreibt er dem gemeinsamen Freund Perthes nach Hamburg (16. November 1810):

»Daß wir Herrn Runge verlieren sollen, schmerzt mich sehr; doch er ist jung, Hoffnung ist bei den Lebenden, und meine Wünsche können ihn nicht loslassen. Er ist ein Individuum, wie sie selten geboren werden. Sein vorzüglich Talent, sein wahres treues Wesen als Künstler und Mensch erweckte schon längst Neigung und Anhänglichkeit bei mir; und wenn seine Richtung ihn von dem Wege ablenkte, den ich für den rechten halte, so erregte es in mir kein Mißfallen, sondern ich begleite ihn gern, wohin seine eigentümliche Art ihn trug. Möchte er sich doch nicht so geschwind in die ätherischen Räume verlieren.«

Der Diplomat Karl-Friedrich von Reinhard an Goethe (16. April 1810):

»Ich schreibe Ihnen heute, mein verehrter Freund, in der Angelegenheit eines meiner Freunde in Köln, Herrn Sulpiz Boisserée. Dieser junge Mann, Miterbe des sehr angesehenen dortigen Handlungshauses, Nicolaus de Tongres, hat, statt der Ziffern, sich unter das Panier eines freien Studiums der freien Künste begeben, ist durch eine in Paris gestiftete Bekanntschaft halb Mäcen, halb Schüler und Jünger von Friedrich Schlegel geworden, und lebt seit einigen Monaten in Heidelberg. Er ist Besitzer einer sehr merkwürdigen Sammlung altdeutscher Gemälde, die er vom Untergang gerettet hat. So, durch verschiedene Impulsionen, ist er zu einer Unternehmung geführt worden, die ihm Ehre macht und für die Sie sich gewiß interessieren werden. Er gedenkt nämlich eine Beschreibung der Domkirche zu Köln und ihrer Altertümer nebst der Geschichte ihres Baues herauszugeben. Die Zeichnungen, von der Hand eines geschickten Künstlers, liegen bereits fertig.

Was aber eigentlich Herrn Boisserée am meisten am Herzen liegt, ist bei dieser Gelegenheit Ihre persönliche Bekanntschaft zu machen, und er würde sich entschließen, die Zeichnungen entweder selbst Ihnen zu überbringen, oder selbst sie abzuholen, wenn er nicht fürchten müßte, den Zweck seiner Reise entweder durch Ihre Geschäfte, oder durch Ihre Abreise nach Karlsbad vereitelt zu sehen. Hierüber wünscht er durch mich Gewißheit zu erhalten.«

Goethe antwortet (22. April 1810):

»Jenem jungen Mann, von dem Sie mir sprechen, würde ich gegenwärtig eine Reise zu uns nicht raten. Wie Sie selbst am besten fühlen, so müßte ein Schüler von Friedrich Schlegel eine ziemliche Zeit um mich verweilen, und wohlwollende Geister müßten uns beiderseits mit besonderer Geduld ausstatten, wenn nur irgend etwas Erfreuliches oder Auferbauliches aus der Zusammenkunft entstehen sollte. So ein Versuch wäre etwa gegen den Herbst und Winter zu machen, wo ich in Weimar wäre, wo man eine mehrsinnige Gesellschaft, Theater, Musik, Bibliothek, Sammlungen aller Art um sich hat. Ihre Empfehlung und Einleitung soll ihm so wie jedem andern bei mir den freundlichsten Empfang vorbereiten, ja er soll auch bei mir in Punkten, die mir sonst feindselig sind, mehr Geduld und Nachsicht finden, als ich sonst zu üben pflege.«

Boisserée verschiebt den Besuch und schickt zunächst die Zeichnungen. Goethe schreibt darüber an Reinhard (14. Mai 1810):

»Ich bekenne gern, daß der Grundriß des Domes zu Köln, wie er hier vorliegt, eines der interessantesten Dinge ist, die mir seit langer Zeit in architektonischer Hinsicht vorgekommen. Der perspektivische Umriß gibt uns den Begriff der Unausführbarkeit eines so ungeheuren Unternehmens, und man sieht, mit Erstaunen und stiller Betrachtung, das Märchen vom Turm zu Babel an den Ufern des Rheins verwirklicht.

Desto erfreulicher, obgleich ebenso erstaunenswürdig, ist die Restauration oder vielmehr der auf dem Papier unternommene Ausbau. Man müßte sehr viel bewandter in diesen Dingen als ich sein, wenn man sich vermessen wollte, irgend etwas daran auszusetzen.

Freilich gehört eine solche leidenschaftliche Beschränkung dazu, um etwas der Art hervorzubringen. Ich habe mich früher auch für diese Dinge interessiert und ebenso eine Art von Abgötterei mit dem Straßburger Münster getrieben. Die Epoche, in welcher sich dieser Geschmack der Baukunst von Süden nach Norden

verbreitete, bleibt immer höchst merkwürdig. Mir kommt das ganze Wesen wie ein Raupen- und Puppenzustand vor, in welchem die ersten italienischen Künstler auch gesteckt, bis endlich Michelangelo, indem er die Peterskirche konzipierte, die Schale zerbrochen und als wundersamer Prachtvogel sich der Welt dargestellt hat.
Ich verarge es unterdessen unseren jungen Leuten nicht, daß sie bei dieser mittleren Epoche verweilen. Ich sehe sogar dieses Phänomen als notwendig an und enthalte mich aller pragmatischen Betrachtungen und welthistorischen Weissagungen. Ich füge die zwar unnötige, aber doch wohlgemeinte Bitte hinzu: daß Sie dem vorzüglichen jungen Mann nichts von meinen Äußerungen mitteilen, was ihn betrüben könnte.«

Reinhard an Goethe (27. Juni 1810):

»Ihre milde Beschränkung des mitzuteilenden Anteils auf das, was sich Beifälliges über seine Unternehmung sagen ließ, hat den Erfolg gehabt, der sich voraussehen ließ; der junge Mann hat flugs sich eingebildet, Sie sähen die ganze Sache mit seinen Augen. Er meint, sie sei Ihnen als etwas Großes, wovon Sie vorzeiten einen Jugendtraum, seitdem aber keine Kunde mehr gehabt, so eigentlich aufs Herz gefallen. Nun hofft er, die erste Ankündigung seines Unternehmens soll von Ihnen kommen.«

Goethe an Reinhard (22. Juli 1810):

»Zuerst will ich Sie ersuchen, den jungen Freund in Heidelberg hinreichend aufzuklären, damit er deutlich erfahre, wie ich es meine. Es würde sonst, wenn er uns besucht, leicht ein verdrießliches Verhältnis geben, wenn er erst alsdann erführe, wie ich denke. Das, was er mit seinen Künstlern geleistet hat, kann man ohne Bedingung loben. Die Behandlung des Gegenstandes ist trefflich: der Gegenstand selbst aber, für uns, nur an seiner Stelle schätzenswert, als ein Dokument einer Stufe menschlicher Kultur. Betrachteten freilich diese guten jungen Leute nicht einen solchen Mittelzustand als den obersten und letzten, wo sollten sie den Mut zu einer so unendlich mühsamen Arbeit hernehmen. Wenn der Ritter seine Schöne nicht für die Schönste und Einzige hielte, würde er Drachen und Ungeheuer um ihretwillen bekämpfen?

Ich habe schon oft genug in meinem Leben ähnliche Fälle mit jungen Leuten gehabt, so daß ich neulich mich ganz und gar auch von den Bessern enthalte. Einfluß gestehen sie uns, Einsicht trauen sie sich zu, und die erste zugunsten der letzten zu nutzen, ist eigentlich ihre stille Absicht. Ein wahres Zutraun ist nicht in der Sache. Ich nehme es Ihnen nicht übel; aber ich mag mich weder gutmütig selbst betrügen, noch fremde Zwecke gegen meine Überzeugung befördern. Ich will diese ganze Rücktendenz nach dem Mittelalter und überhaupt nach dem Veralteten recht gerne gelten lassen, weil wir sie vor 30 bis 40 Jahren ja auch gehabt haben, und weil ich überzeugt bin, daß etwas Gutes daraus entstehen wird; aber man muß mir nur nicht glorios damit zu Leibe rücken. Und manchmal machen sie mirs doch zu toll. So muß ich mich zum Beispiel zurückhalten, gegen Achim von Arnim, der mir seine Gräfin Dolores zuschickte und den ich recht lieb habe, nicht grob zu werden. Wenn ich einen verlorenen Sohn hätte, so wollte ich lieber, er hätte sich von den Bordellen bis zum Schweinkoben verirrt, als daß er in den Narrenwust dieser letzten Tage sich verfinge: denn ich fürchte sehr, aus dieser Hölle ist keine Erlösung. Übrigens gebe ich mir alle Mühe, auch diese Epoche historisch, als schon vorübergegangen zu betrachten.«

Einige Monate später, im Frühjahr 1811, kommt Boisserée nach Weimar. Er berichtet seinem Bruder Melchior (3. Mai 1811):

»Ich komme eben von Goethe, der mich recht kalt und steif empfing. Ich ließ mich nicht irre machen und war wieder gebunden und nicht untertänig. Der alte Herr ließ mich eine Weile warten, dann kam er mit gepudertem Kopf, seine Ordensbänder am Rock; die Anrede war so steif vornehm als möglich. Ich brachte ihm eine Menge Grüße: Recht schön, sagte er. Wir kamen gleich auf die Zeichnungen, das Kupferstichwesen, die Schwierigkeiten, den Verlag mit Cotta und alle die äußeren Dinge, ja, ja, schön, hem, hem. Darauf kamen wir an das Werk selbst, an das Schicksal der alten Kunst und ihre Geschichte. Ich hatte mir einmal vorgenommen, der Vornehmigkeit ebenso vornehm zu begegnen, sprach von der hohen Schönheit und Vortrefflichkeit der Kunst im Dom so kurz als möglich, verwies ihn darauf, daß er sich durch die Zeichnungen ja selbst davon überzeugt haben

würde – er machte bei allem ein Gesicht, als wenn er mich fressen wollte. Erst als wir von der alten Malerei sprachen, taute er etwas auf. Er fragte nach Eyck, bekannte, daß er noch nichts von ihm gesehen hatte, fragte nach den Malern zwischen ihm und Dürer und nach Dürers Zeitgenossen in den Niederlanden.
Ich war so bestimmt und frei wie möglich und ließ mich gar nicht irre machen durch seine Stummheit oder durch sein Ja, Ja, schön, schön, merkwürdig. Ich gab großmütig meine Gedanken über den Gang der Malerei durch die Einwirkung von Eyck zum besten, jedoch mit aller Vorsicht; ich gab sie auch nur in allgemeinen Zügen, das ließ er sich alles sehr wohl und behaglich einlaufen. Das Lächeln wurde häufiger, er lud mich auf morgen zu Tisch.
Als ich durchs Vorzimmer ging, sah ich ein kleines, dünnes schwarz-gekleidetes Herrchen, in seidenen Strümpfen, mit ganz gebücktem Rücken zu ihm hinein wandeln, da wird er wohl seine Vornehmigkeit haben brauchen können.«

(6. Mai 1811):

»Mit dem alten Herrn geht mirs vortrefflich, bekam ich auch den ersten Tag nur einen Finger, den andern hatte ich schon den ganzen Arm.
Bei Tisch kam die Rede auf allerlei. Je weiter wir ins Essen und Trinken kamen, desto mehr taute er auf. Nach Tisch wurde auf dem Flügel gespielt, ein Baron Oliva von Wien, Kapellmeister, wenn ich recht gehört, trug einiges vor; es war das kleine höfliche Männchen von Tags zuvor. In dem Musiksaal hingen Runges Arabesken, oder symbolisch-allegorische Darstellungen von Morgen, Mittag, Abend und Nacht. Goethe merkte, daß ich sie aufmerksam betrachtete, griff mich in den Arm und sagte: Was, kennen Sie das noch nicht? Da sehen Sie einmal, was das für Zeug ist, zum rasend werden, schön und toll zugleich. Ich antwortete, ja, ganz wie die Beethovensche Musik, die der da spielt, wie unsere ganze Zeit. Freilich, sagte er, das will alles umfassen und verliert sich darüber immer ins Elementarische, doch noch mit unendlichen Schönheiten im Einzelnen; da sehen Sie nur, was für Teufelszeug, und hier wieder, was der Kerl für Anmut und Herrlichkeit hervorgebracht, aber der arme Teufel hats auch nicht ausgehalten, er ist schon hin; es ist nicht anders mög-

lich, was so auf der Kippe steht, muß sterben oder verrückt werden, da ist keine Gnade.
Ich schreibe dir dieses Gespräch nur, um dir die Vertraulichkeit und den schönen Eifer des alten Herrn zu schildern. Du kannst denken, daß es viel mannigfaltiger war und sehr vieles dabei wechselseitig zur Rede kam. Von diesen Blättern selbst kannst du dir unmöglich eine Vorstellung machen, sie sind, einmal die Absicht und Art zugegeben, so wunderwürdig schön, wie in unsern Tagen nichts gemacht worden, ich will sie zu kaufen suchen und nach Köln mitbringen.
Nachher kamen wir auf die Philosophie, auf Deutschland, auf unsere Aussichten auf deutsche Bildung zu sprechen. Er sagte: Sie glauben nicht, für uns Alte ist es zum toll werden, wenn wir da, so um uns herum die Welt müssen vermodern und in die Elemente zurückkehren sehen, daß weiß Gott wann, ein Neues daraus erstehe! Und doch, sagte ich, ist es noch der einzige Trost, daß wir Jungen, als Leichenträger, gleichsam das Bessere, was in der Pest noch übrig bleibt, die alten Schätze der Bildung, zu retten suchen, und mit der Zeit, vielleicht erst in unsern Enkeln, die Schulmeister und so auch die Herren der jungen Völker werden, die uns einst beherrschen sollen. Alle anderen Hoffnungen und Bestrebungen sind leer. Was Sie da aussprechen das ist das Rechte, sagte er, aber die Dinge so anzusehen, dazu gehört Charakter, denn zur Resignation gehört Charakter.
Es ist natürlich nicht möglich, solche Gespräche in ihrer ganzen Folge wiederzugeben, zumal nicht in der Eile, in der ich schreiben muß, denn gleich geht die Post ab.«

Bertram, der Freund der Brüder Boisserée und Mitbegründer ihrer Sammlungen, an Sulpiz Boisserée (Heidelberg, 1. Mai 1811):

»Mein Brief trifft dich hoffentlich gesund und wohl in Weimar, wo du bedächtig deine Herrlichkeiten vor dem alten Herrn auskramst und demonstrierend und konstruierend ihn unter deinen Bogengängen und Knospentürmchen herumführst, erwartend, daß der starre Heidensinn vor dieser christlichdeutschen Künstlergröße wenn nicht bekehrt, doch staunend und bewundernd sich niederbeuge.«

Boisserée an Bertram (10. Mai 1811):

»Alle Einwendungen des Alten gegen die eigene vaterländische Erfindung der gotischen Baukunst verstummen, und alles, was er wegen dem Straßburger Münster zu sagen hatte, ließ er bald fallen. Er brummte am ersten Tage, als ich bei ihm mit den Zeichnungen allein war, wirklich zuweilen wie ein angeschossener Bär, man sah, wie er in sich kämpfte und mit sich zu Gericht ging, so Großes je verkannt zu haben.«

Aus Boisserées Tagebuch:

»Heute lobte er recht mit aller Wärme und allem Gewicht meine Arbeit. Ich hatte das erhebende Gefühl des Siegs einer großen, schönen Sache, über die Vorurteile eines der geistreichsten Menschen, mit dem ich in diesen Tagen recht eigentlich einen Kampf hatte bestehen müssen. Ich fühlte die uns im Leben so selten beschiedene Freude, einen der ersten Geister von einem Irrtum zurückkehren zu sehen, wodurch er an sich selber untreu geworden war; ich sagte ihm, wie ich es erkenne, wie hoch ich den Beifall schätze, von ihm, der diese Kunst gewissermaßen ein für alle Mal abgefertigt gehabt, wie sehr mich eine so ernste, wahrhafte Erkenntnis meines Strebens in der Sache entschädige für den oft schmerzhaften, nie aber das Herz erfreuenden, leider unentbehrlichen Beifall der großen Welt, zumeist der Fürsten, die gewöhnlich jedem Hanswurst und Schauspieler denselben schenken.
Ich sprach, wie eben meine Stimmung mir es eingab, ich weiß nicht, wie ich die Worte setzte, sie mußten meine Bewegung kundgeben, denn der Alte wurde ganz gerührt davon, drückte mir die Hand und fiel mir um den Hals, das Wasser stand ihm in den Augen.«

An Melchior Boisserée (15. Mai 1811):

»Ich hätte noch recht viel zu schreiben von Weimar und vom alten Herrn, wollte ich Euch alles erzählen. Das tut sich aber besser mündlich, dafür müssen wir auch was aufsparen, und dann will ich Euch den alten Herrn dabei nachmachen, es ist ein gar wunderlicher Heiliger. Er ist gerade jetzt mit seiner eigenen

Lebensbeschreibung beschäftigt, und hat schon einige Stücke davon bei Hof vorgelesen. Es muß auf jeden Fall ein höchst künstliches und merkwürdiges Buch werden, er hat da von einer Menge Menschen und Dingen zu reden, wovon er durchaus nicht alles mit klaren, baren Worten sagen darf, das wird dann allerlei wunderbare Tänze zwischen dem verständigen Hofmann und dem tollen deutschen Burschen hervorbringen, der besonders bei solchen Erinnerungen alter Zeiten immer noch wieder aufwacht.«

Aus Karlsbad schreibt Goethe an Reinhard (8. und 24. Mai 1811):

»Wenn man mit der Welt nicht ganz fremd werden will, so muß man die jungen Leute gelten lassen, für das, was sie sind, und muß es wenigstens mit einigen halten, damit man erfahre, was die übrigen treiben.
Mit Herrn Sulpiz habe ich mich sehr wohl vertragen. Ich gestehe gern, daß in seinem Umgang sich eine für mich schon verblichene Seite der Vergangenheit wieder auffrischt, daß ich manches durch ihn erfahre, und daß ich seine Behandlungsart gar wohl zu billigen Ursach habe.
Daß Boisserée mir als ein natürlicher, gebildeter und einsichtiger Mensch sehr wohlgetan, brauch ich kaum zu sagen; aber das will ich noch hinzufügen, daß er als Katholik mir sehr wohl gefallen hat; ja, ich hätte gewünscht, noch genauer einzusehen, wie gewisse Dinge bei ihm zusammenhangen. Ich kann vermuten, daß er Ihnen auch seinerseits von dem Aufenthalte in Weimar sprechen wird, und Sie werden alsdann gar leicht übersehen, inwiefern die beiden Hälften aneinander passen.«

Reinhard an Boisserée (7. Juni 1811):

»Ich habe mich an dem wirklich hübschen Pendant ergötzt, den die Beschreibung Ihres Umganges mit Goethe zu der seinigen macht. Zu Ihrer Meinung bekehrt haben Sie ihn nun wohl nicht, aber gefallen haben Sie ihm und er ist Ihnen wirklich zugetan.«

Bertram an Boisserée (15. Juli 1811):

»Frage dich selbst, ob dieser Mann, der mit der höhern Empfänglichkeit für geistige Wechselwirkung unter dem chaotischen Vernichten und Wiedergebären der Zeit einsam dasteht, nicht das bessere Streben der Jugend freudig anerkennen wird. Daß der, welcher am mächtigsten auf seine Zeit gewirkt, in dem verödeten Gebiete der Poesie die Keime neuen Lebens aufgeregt und in den mannigfaltigsten Formen und Gestalten entwickelt hat, für das Bessere, was die Zeit in ihrem Fortschritte wirklich zutage gefördert, nicht ganz unempfänglich geblieben, das hat er oft durch Wort und Tat bewiesen.
Es ist ein natürliches Bedürfnis jedes schöpferischen Geistes, seine Denkart in den kommenden Geschlechtern fortleben zu sehen, das Alter blüht so gerne in der Jugend wieder auf; es liegt auf den letzten Augenblicken des Scheidens guter Menschen von diesem Leben oft eine Innigkeit und Kraft, die mit dem reinen Enthusiasmus der Jugendjahre zu wetteifern im Stande ist: wie die Sonne bei ihrem Auf- und Untergehen in der höchsten Glut von Liebe strahlt, so erscheint mir der Alte.«

Seit der freundschaftlichen Begegnung in Weimar versucht Boisserée immer wieder, Goethe zu einer Reise an den Rhein und Main zu bewegen. Goethe kann sich nicht entschließen. Am 14. Februar 1814 aber schreibt er an Boisserée:

»Seit dem Anfange des neuen Jahres befinden wir uns wieder, im Rücken so großer Ereignisse, wie im völligen Frieden und werden nur durch einige kriegerische Symbole, durch einen Trupp Baschkiren und von Zeit zu Zeit durch einen Kanonenschuß von der Zitadelle von Erfurt an das kurz Vergangene erinnert.
Ihre Sammlung, so wie Ihr Unternehmen, sind mir nicht aus dem Sinn gekommen; beide sind zu ernstlich, als daß ich nicht wünschte, Ihnen förderlich zu sein.
Unter meine liebsten Wünsche gehört es, dieses Jahr die Bäder am Rhein, die Freunde und Ihre Sammlung zu besuchen, und ob ich gleich an der Gewährung zweifle, so will ich mich doch einstweilen an der Hoffnung ergötzen.«

Boisserée an Goethe (29. April 1814):

»Nun, da der Rhein frei geworden, folgen Sie doch wohl Ihren so herzlich ausgesprochenen Wünschen? Sie können die Wiederkehr glücklicher Tage für diese alte Heimat nicht besser feiern. Lassen Sie diesmal meine Hoffnung nicht wieder zunichte werden. Seien Sie nicht hartherzig gegen so viele Freunde, die nach Ihnen verlangen, seien Sie es nicht gegen sich selbst; es wartet Ihrer in diesen Ländern manche schöne, frische Freude, die Ihnen in der Seele wohltun wird.«

Goethe an Boisserée (12. Mai 1814):

»Was diesen Sommer mit mir werden wird, kann ich noch nicht sagen; sobald das sich entscheidet, zeige ich es an.«

Aus den Tag- und Jahresheften:

In diesem Jahre waren mir die sämtlichen Gedichte Hafis' in einer deutschen Übersetzung zugekommen, und wenn ich früher den hier und da in Zeitschriften übersetzt mitgeteilten einzelnen Stücken dieses herrlichen Poeten nichts abgewinnen konnte, so wirkten sie doch jetzt zusammen desto lebhafter auf mich ein, und ich mußte mich dagegen produktiv verhalten, weil ich sonst vor der mächtigen Erscheinung nicht hätte bestehen können. Alles, was dem Stoff und dem Sinne nach bei mir Ähnliches verwahrt und gehegt worden, tat sich hervor, und dies mit um so mehr Heftigkeit, als ich höchst nötig fühlte, mich aus der wirklichen Welt, die sich selbst offenbar und im stillen bedrohte, in eine ideelle zu flüchten, an welcher vergnüglichen Teil zu nehmen meiner Lust, Fähigkeit und Willen überlassen war.
Nicht ganz fremd mit den Eigentümlichkeiten des Ostens, wandt ich mich zur Sprache, insofern es unerläßlich war, jene Luft zu atmen, sogar zur Schrift mit ihren Eigenheiten und Verzierungen.
Den Beduinenzustand bracht ich mir vor die Einbildungskraft; Mahomets Leben förderte mich aufs neue. Medschnun und Leila, als Muster einer grenzenlosen Liebe, ward wieder dem Gefühl und der Einbildungskraft zugeeignet, die reine Religion der Parsen aus dem späteren Verfall hervorgehoben und zu ihrer

schönen Einfalt zurückgeführt; und so häufte sich der Stoff, bereicherte sich der Gehalt, daß ich nur ohne Bedenken zulangen konnte, um das augenblicklich Bedurfte sogleich zu ergreifen und anzuwenden. Die mir bekannten Orientalisten waren die Gefälligkeit selbst, meine wunderlichen Fragen zu beantworten; und obgleich diese Männer kaum ahnen, noch weniger begreifen konnten, was ich eigentlich wolle, so trug doch ein jeder dazu bei, mich aufs eiligste in einem Felde aufzuklären, in dem ich mich manchmal geübt, aber niemals ernstlich umgesehen hatte.
Indessen schien der politische Himmel sich nach und nach aufzuklären; der Wunsch in die freie Welt, besonders aber ins freie Geburtsland, zu dem ich wieder Lust und Anteil fassen konnte, drängte mich zu einer Reise. Heitere Luft und rasche Bewegung gaben sogleich mehreren Produktionen im neuen östlichen Sinne Raum. Ein heilsamer Badeaufenthalt, ländliche Wohnung in bekannter, von Jugend auf betretener Gegend, Teilnahme geistreicher, liebender Freunde gedieh zur Belebung und Steigerung eines glücklichen Zustandes, der sich einem jeden Reinfühlenden aus dem West-Östlichen Divan darbieten muß.
Das orientalische Interesse riß mein ganzes dichterisches Vermögen mit sich fort: glücklich genug! denn wäre dieser Trieb aufgehalten, abgelenkt worden, ich hätte den Weg zu diesem Paradiese nie wieder zu finden gewußt.

Nord und West und Süd zersplittern,
Throne bersten, Reiche zittern,
Flüchte du, im reinen Osten
Patriarchenluft zu kosten,
Unter Lieben, Trinken, Singen
Soll dich Chisers Quell verjüngen.

Dort im Reinen und im Rechten
Will ich menschlichen Geschlechten
In des Ursprungs Tiefe dringen,
Wo sie noch von Gott empfingen
Himmelslehr' in Erdesprachen,
Und sich nicht den Kopf zerbrachen.

Wo sie Vätern hochverehrten,
Jeden fremden Dienst verwehrten;
Will mich freun der Jugendschranke:
Glaube weit, eng der Gedanke,
Wie das Wort so wichtig dort war,
Weil es ein gesprochen Wort war.

Will mich unter Hirten mengen,
Mich durch Blütenbüsche drängen,
Will mit Karawanen wandeln,
Schal, Kaffee und Moschus handeln,
Jeden Pfad will ich betreten
Von der Wüste zu den Städten.

Bösen Felsweg auf und nieder
Trösten, Hafis, deine Lieder,
Wenn der Führer mit Entzücken
Von des Maultiers hohem Rücken
Singt, die Sterne zu erwecken
Und die Räuber zu erschrecken.

Will in Bädern und in Schenken,
Heil'ger Hafis, dein gedenken;
Wenn den Schleier Liebchen lüftet,
Schüttelnd Ambralocken düftet.
Ja des Dichters Liebeflüstern
Mache selbst die Huris lüstern.

Wolltet ihr ihm dies beneiden
Oder etwa gar verleiden:
Wisset nur, daß Dichterworte
Um des Paradieses Pforte
Immer leise klopfend schweben,
Sich erbittend ew'ges Leben.

Während der Gedanke sich dem Osten zuwendet, rollt am 25. Juli 1814 Goethes Reisewagen – sein »Fahrhäuschen« – dem Westen und der Jugendlandschaft zu.

Art'ges Häuschen hab ich klein,
Und darin verstecket,
Bin ich vor der Sonne Schein
Gar bequem bedecket.

Denn da gibt es Schalterlein,
Federchen und Lädchen,
Finde mich so wohl allein
Als mit hübschen Mädchen.

Denn, o Wunder! mir zu Lust
Regen sich die Wälder,
Näher kommen meiner Brust
Die entfernten Felder.

Und so tanzen auch vorbei
Die bewachsnen Berge;
Fehlet nur das Lustgeschrei
Aufgeregter Zwerge.

Doch so gänzlich still und stumm
Rennt es mir vorüber,
Meistens grad und oft auch krumm,
Und so ist mirs lieber.

Wenn ich's recht betrachten will
Und es ernst gewahre,
Steht vielleicht das alles still –
Und ich selber fahre.

Aus dem Reisetagebuch für Christiane:

»Zuvörderst muß ich die charmante Person *(Christiane)* loben, welche mich das Fahrhäuschen zu betreten bewog. Bei der großen Hitze, dem Staub und dergleichen wäre ich sonst vergangen. Den 25. schrieb ich viel Gedichte an Hafis, die meisten gut.«

Phänomen

Wenn zu der Regenwand
Phöbus sich gattet,
Gleich steht ein Bogenrand
Farbig beschattet.

Im Nebel gleichen Kreis
Seh ich gezogen,
Zwar ist der Bogen weiß,
Doch Himmelsbogen.

So sollst du, muntrer Greis,
Dich nicht betrüben,
Sind gleich die Haare weiß,
Doch wirst du lieben.

»Also fuhr ich zu Frankfurt ein, Freitag abends, den 28. Juli, die Stadt war illuminiert und ich nicht wenig über diese Attention betroffen. Allein meine Bescheidenheit fand einen Schlupfwinkel, indem der König von Preußen, gleichfalls inkognito, angekommen war. Ich bedankte mich daher nicht und ging, auf Carlen gestützt, durch die erhellte Stadt hin und her. Wo die Lampen nicht leuchteten, schien der Mond desto heller. Zuletzt ging ich an unserm alten Hause vorbei. Die Hausuhr schlug drinne. Es war ein sehr bekannter Ton, denn der Nachfolger im Hausbesitz hatte sie in der Auktion gekauft und sie am alten Platze stehen lassen.«

»Heidelberg, im September.
Sonnabend, den 24. um 6 Uhr früh, fuhr ich mit Boisserée von Frankfurt ab, bei einem frischen Nebel, der den Fluß und sodann auch, aufsteigend und sich verbreitend, die Gegend einhüllte. Wir kamen so nach Darmstadt, der Himmel heiterte sich völlig auf, so daß wir die Bergstraße in ihrem ganzen Glanze genossen. Die Nüsse wurden eben abgeschlagen, die Birnen erwarteten ihre Reife. So ging es von Station zu Station ohne Aufenthalt, bis endlich Weinheim und zuletzt Heidelberg erreicht war. Den Sonnenuntergang sahen wir noch von der Brücke. Bei Boisserées fand ich das lieblichste Quartier, ein großes Zimmer neben der Gemäldesammlung. Das Haus liegt

auf dem großen Platze, dem Schloß gegenüber. Hinter welchem der Mond bald heraufkam und zu einem freundlichen Abendessen leuchtete.
Sonntag, den 25. Begann die Betrachtung der alten Meisterwerke des Niederlandes, und da muß man bekennen, daß sie wohl eine Wallfahrt wert sind.«

Boisserée berichtet:

»Nun laß mich dir von Goethe erzählen; daß er volle vierzehn Tage bei uns gewohnt hat, wirst du wissen. Daß wir aber durch diesen längern Umgang, der in jeder Hinsicht sehr lehrreich und erfreulich für uns war, sein ganzes Vertrauen erworben und ein sehr enges Verhältnis mit ihm geknüpft haben, weißt du noch nicht. Es ist die Rede davon, über unsere Sammlung und über unser Bemühen um das altdeutsche Bauwesen eine eigene kleine Schrift zu schreiben.
Um recht zu begreifen, welchen gewaltigen Eindruck unsere Bilder auf den alten, rüstigen Freund gemacht haben, mußt du wissen, daß er nie einen Johann van Eyck und überhaupt außer Cranach und wenige Dürer keine altdeutschen Bilder gesehen hatte. Jeden Tag, nur einige, wo wir uns mit dem Bauwesen beschäftigten, ausgenommen, war er morgens um acht Uhr im Bildersaal und wich nicht von der Stelle bis zur Mittagszeit.«

Bertram berichtet:

»Er betrachtete die Bilder nicht, wie sie eins neben dem andern an der Wand hingen; er ließ sich immer nur eins, abgesondert von den anderen, auf die Staffelei stellen und studierte es. Er verhielt sich dabei still ohne viel zu reden, bis er des Gesehenen, seines Inhalts und seiner tieferen Beziehungen Herr zu sein glaubte, und fand er dann Anlaß, Personen, die er liebte und schätzte, gegenüber seinen Empfindungen Ausdruck zu geben, so geschah es in einer Weise, die alle Hörer zwang.«

Da habe ich nun in meinem Leben viele Verse gemacht, darunter sind ein paar gute und viel mittelmäßige. Da macht der Eyck ein solches Bild, das mehr wert ist, als alles, was ich gemacht habe.

Ach, Kinder, was sind wir dumm, was sind wir dumm, wir bilden uns ein, unsere Großmutter sei nicht auch schön gewesen; das waren andere Kerle als wir, ja Schwerenot! die wollen wir gelten lassen, die wollen wir loben und abermals loben!

Da hat man nun auf seine alten Tage sich mühsam von der Jugend, welche das Alter zu stürzen kommt, seines eigenen Bestehens wegen abgesperrt und hat sich, um sich gleichmäßig zu erhalten, von allen Eindrücken neuer und störender Art zu hüten gesucht, und nun tritt da mit einem Male vor mich hin eine ganz neue und bisher mir ganz unbekannte Welt von Farben und Gestalten, die mich aus dem alten Gleise meiner Anschauungen und Empfindungen herauszwingt – eine neue, ewige Jugend.

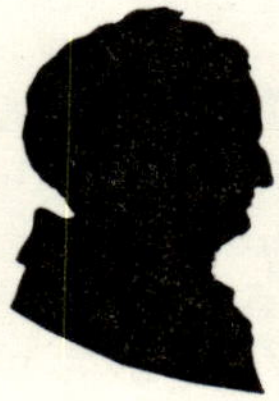

Wunderlichstes Buch der Bücher
Ist das Buch der Liebe;
Aufmerksam hab' ich's gelesen:
Wenig Blätter Freuden,
Ganze Hefte Leiden;
Einen Abschnitt macht die Trennung.
Wiedersehn – ein klein Kapitel,
Fragmentarisch. Bände Kummers
Mit Erklärungen verlängert,
Endlos, ohne Maß.
O Nisami! – doch am Ende
Hast den rechten Weg gefunden;
Unauflösliches, wer löst es?
Liebende, sich wieder findend.

Jene göttliche Erleuchtung, wodurch das Außerordentliche entsteht, werden wir immer mit der Jugend und der Produktivität im Bunde finden. Mit genialen Naturen aber hat es eine eigene Bewandtnis; sie erleben eine wiederholte Pubertät, während andere Leute nur einmal jung sind.

Jede Entelechie nämlich ist ein Stück Ewigkeit, und die paar Jahre, die sie mit dem irdischen Körper verbunden ist, machen sie nicht alt. Ist diese Entelechie geringer Art, so wird sie während ihrer körperlichen Verdüsterung wenig Herrschaft ausüben, vielmehr wird der Körper vorherrschen, und wie er altert, wird sie ihn nicht halten und hindern. Ist aber die Entelechie mächtiger Art, wie es bei allen genialen Naturen der Fall ist, so wird sie, bei ihrer belebenden Durchdringung des Körpers, nicht allein auf dessen Organisation kräftigend und veredelnd einwirken, sondern sie wird auch, bei ihrer geistigen Übermacht, ihr Vorecht einer ewigen Jugend fortwährend geltend zu machen suchen. Daher kommt es denn, daß wir bei vorzüglich begabten Menschen auch während ihres Alters immer noch frische Epochen besonderer Produktivität wahrnehmen; es scheint bei ihnen immer einmal wieder eine temporäre Verjüngung einzutreten, und das ist es, was ich eine wiederholte Pubertät nennen möchte.

Aber jung ist jung, und wie mächtig auch eine Entelechie sich erweise, sie wird doch über das Körperliche nie ganz Herr werden, und es ist ein gewaltiger Unterschied, ob sie an ihm einen Alliierten oder einen Gegner findet.

Was mir aber in meinen jungen Jahren täglich und unter allen Umständen gelang, gelang mir später nur periodenweise und unter gewissen günstigen Bedingungen. – Als mich in der glücklichen Zeit nach dem Befreiungskriege die Gedichte des »Divan« in ihrer Gewalt hatten, war ich produktiv genug, um oft an einem Tage zwei bis drei zu machen; und auf freiem Felde, im Wagen oder im Gasthof, es war mir alles gleich.

Das Buch Suleika ist das stärkste der ganzen Sammlung und möchte wohl für abgeschlossen anzusehen sein. Der Hauch und Geist einer Leidenschaft, der durch das Ganze weht, kehrt nicht leicht wieder zurück, wenigstens ist dessen Rückkehr, wie die eines guten Weinjahres, in Hoffnung und Demut zu erwarten.

Dem Dichter entwich die Jugend; sein Alter, seine grauen Haare schmückt er mit der Liebe Suleikas. Sie, die Geistreiche, weiß den Geist zu schätzen, der die Jugend früh zeitigt und das Alter verjüngt. Der Schleier irdischer Liebe verhüllt hier höhere Verhältnisse.

Ja, die Augen waren's, ja, der Mund,
Die mir blickten, die mich küßten.
Hüfte schmal, der Leib so rund
Wie zu Paradieses Lüsten.
War sie da? Wo ist sie hin?
Ja! sie war's, sie hat's gegeben,
Hat gegeben sich im Fliehn
Und gefesselt all mein Leben.

Im August 1814 schreibt Goethe aus Wiesbaden an Christiane (1. bis 8. August):

»Die Bewegung einer glücklichen Reise, die überwarme Jahreszeit, das erquickliche Schwalbacher Wasser und die wenigen warmen Bäder wirken schon so gut auf mein ganzes Wesen, daß ich mir das Beste verspreche. Daß ich mich leidlich befinde, könnt ihr daraus sehen, daß ich täglich an der Wirtstafel speise, die nie unter hundert Gästen ist und wo es weder an Hitze, noch an Lärm, noch an Fliegen fehlt. –
Ich finde hier mancherlei Unterhaltung. Gestern hatte ich Besuch von Brentano. Schon vor einigen Tagen besuchte mich Willemer mit seiner kleinen Gefährtin; und so gibts immer was Neues.«

Die kleine Gefährtin ist die damals dreißigjährige Marianne Jung aus Linz, die der Frankfurter Bankier Willemer als Sechzehnjährige vom Theater in sein Haus genommen hatte, wo er sie zusammen mit seinen Kindern erziehen ließ. Fünf Wochen nach dieser ersten Begegnung zwischen Goethe und Marianne, während Goethe in Heidelberg vor den Bildern der Brüder Boisserée sitzt, findet in Frankfurt in aller Eile die Eheschließung zwischen Marianne und Willemer statt. Im Oktober macht Goethe auf der Heimreise wieder in Frankfurt Station, von dort schreibt er an Christiane:

»Mittwoch, den 12. Abends zu Frau Geheimrätin Willemer: denn dieser unser würdiger Freund ist nunmehr in forma verheiratet. Sie ist so freundlich und gut wie vormals. Er war nicht zu Hause. – Jetzt lebet wohl. Nächstens erfahrt ihr, wie lange meines Bleibens hier sein wird.«

Am 18. Oktober, dem Jahrestag der Schlacht bei Leipzig, ist Goethe bei Marianne und Willemer zu Gast auf der Gerbermühle. Mit ihnen zusammen sieht er am Abend die Freudenfeuer, die rings auf allen Höhen brannten, vom Mühlberghäuschen aus. Hier schreibt er an einen Fensterpfosten:

Ich besänft'ge mein Herz, mit süßer Hoffnung ihm schmeichelnd.
Eng ist das Leben fürwahr, aber die Hoffnung ist weit.

An Christiane schreibt er (20. Oktober 1814):

»Die Feierlichkeiten von Dienstag und Mittwoch vermelden Euch vorläufig die Zeitungen. Sie waren sehr glänzend. Heute, Donnerstag, den 20., gehe nach Hanau und bin Dienstag oder Mittwoch, wills Gott! in Weimar. Ich freue mich sehr, Euch wiederzusehen. Es ist der Außenwelt nun genug, wir wollen es nun wieder im Innern versuchen. Lebt wohl und liebt.«

Im Dezember wird Goethe sein Stammbuch, das er auf der Gerbermühle zurückgelassen hatte, nach Weimar gesandt. Marianne hatte hineingeschrieben:

»Zu den Kleinen zähl ich mich,
Liebe Kleine nennst du mich.
Willst du immer so mich heißen,
Werd ich stets mich glücklich preisen.
Als den Größten kennt man dich,
Als den Besten ehrt man dich,
Sieht man dich, muß man dich lieben,
Wärst du nur bei uns geblieben –«

Hierzu bemerkt Willemer (12. Dezember 1814):

»Meine Frau will, seitdem sie von Ihnen die Kleine genannt worden, durchaus nicht mehr wachsen, es wäre denn in Ihrem Herzen. Ich kann ihr nicht Unrecht geben.«

Goethe antwortet (28. Dezember 1814):

»Das Stammbuch ist wieder glücklich zu mir gekommen, und ich hoffe, mit einigen Blättchen bald die guten und frohen Worte zu erwidern.
Noch sehr gern gedenke ich bei den roten Tüpfchen über den Bergen des Panoramas der lieben Hand, die sie bezeichnet.
Ob das so freundlich mir übersandte trinkbare Gold hier, hinter dem Thüringerwalde, so gut schmecken und duften wird, als damals, wo das Auge durch den Anblick des frohen Mains, das Ohr durch liebreiche Gespräche und das Herz durch vertrauende

Freundschaft erquickt war, ist ein Problem, welches zu lösen nicht säumen werde.«

Am 26. April 1815 schreibt Goethe:

»Möge die Verspätung des beikommenden Gedichts durch die Erklärung entschuldigt werden: daß es lange auf dem Papier stand, ehe die Einfassung, ohne die es nichts bedeutete, hinzugefügt werden konnte.

Reicher Blumen goldne Ranken
Sind des Liedes würdige Schranken;
Goldneres hab ich genossen
Als ich Euch ins Herz geschlossen.

Goldnes Netz, das Euch umwunden,
Wer will seinen Wert erkunden!
Wie dem heilgen Stein der Alten
Muß sich Golde Gold entfalten.«

Marianne antwortet (1. Mai 1815):

»Goldnes Netz, was dich umwunden,
Kann es deinen Wert erkunden?
Heil ihm, dessen goldne Worte
Uns beglückt am Schattenorte.«

Daß Suleika von Jussuph entzückt war,
Ist keine Kunst;
Er war jung, Jugend hat Gunst,
Er war schön, sie sagen zum Entzücken,
Schön war sie, konnten einander beglücken.
Aber daß du, die so lange mir erharrt war,
Feurige Jugendblicke mir schickst,
Jetzt mich liebst, mich später beglückst,
Das sollen meine Lieder preisen,
Sollst mir ewig Suleika heißen.

Diese Verse schreibt Goethe am 24. Mai in seinem Reisewagen, der wieder dem Westen zurollt, in diesem Jahre um zwei Monate früher als im vorigen. Am 26. abends kommt er nach Frankfurt und fährt am nächsten Morgen weiter nach Wiesbaden, ohne einen der Freunde gesehen zu haben. Am Morgen der Abreise aus Frankfurt aber war ein Gedicht entstanden:

Gruss

O wie selig ward mir!
Im Lande wandl' ich,
Wo Hudhud über den Weg läuft.
Des alten Meeres Muscheln
Im Stein sucht' ich die versteinten;
Hudhud lief einher
Die Krone entfaltend;
Stolzierte, neckischer Art,
Über das Tote scherzend,
Der Lebend'ge.
»Hudhud«, sagt' ich, »fürwahr!
Ein schöner Vogel bist du.
Eile doch, Wiedehopf!
Eile, der Geliebten
Zu verkünden, daß ich ihr
Ewig angehöre.«

Aus Wiesbaden schreibt Goethe an Christiane (27. Mai 1815):

»Durchaus ist alles gut gegangen. Hier habe ich gerade das gewünschte Zimmer getroffen. Ich richte mich ein, die Reise war nicht unfruchtbar. Mein Divan ist mit 18 Gedichten vermehrt worden. In Frankfurt habe ich niemand gesehen. Wenn man von der Höhe vor Wiesbaden den Rhein sieht, von Oppenheim herab, bei Mainz vorbeifließen, und wie er dann gegen Eltville die große Aue in sich faßt und weiter hinab die Reihe von Ortschaften, der Johannesberg und bis Bingen die Landschaft erscheint: so weiß man doch, warum man Augen hat. Dies zu erfahren war mir sehr nötig.«

Sechs Wochen später (11. Juli 1815):

»Vielleicht ist ein Brief von dir unterwegs. Wenn du diesen erhältst, schreibe mir noch einmal, was du zu tun gedenkst, und dann nicht weiter. Ich denke noch ein Stückchen Badekur mitzunehmen, in Frankfurt wenige Tage mich herum zu komplimentieren und dann nach Hause zu eilen. – Schöbe sich nicht so manches dazwischen, was ich nicht wegräumen kann, so wäre ich anfangs August in Weimar.«

Am 26. Juli besucht Goethe zusammen mit dem Freiherrn vom Stein den Kölner Dom. Hierüber berichtet Ernst Moritz Arndt:

»Wir gingen nach dem Dom, Stein begrüßte uns auf das Allerfreundlichste – und wen erblickten wir nicht weit von ihm? Da stand der neben ihm größte Deutsche des neunzehnten Jahrhunderts: Wolfgang Goethe, sich das Dombild betrachtend. Und Stein zu uns: Lieben Kinder, still! still! nur nichts Politisches! Das mag er nicht; wir können ihn da freilich nicht loben, aber er ist doch zu groß. – Wunderbar gingen die beiden deutschen Großen hier nebeneinander her, wie mit einer gegenseitigen Ehrfurcht, und zugleich wie mit einem zarten noli me tangere. Nimmer habe ich Steins Rede in Gesellschft stiller tönen gehört.«

An seinen Sohn schreibt Goethe über die Fahrt nach Köln (1. August 1815):

»Daß ich mit Herrn v. Stein gerade in diesem Moment die Reise mache, hat viel zu denken gegeben; sonderbar genug ist es, daß sie absichtslos, aus dem Stegreife geschah, gewiß aber nicht ohne Folgen bleiben wird.
Meine Absicht ist, nächsten Sonntag, den 6., abzugehen. Bei Willemer auf der Gerbermühle denke zu logieren.
Schreibe allenfalls nach Frankfurt, bei Christian Schlosser abzugeben.
Nun lebe wohl, grüße alles. Goethe.

Soeben ist Boisserée angekommen.«

Aus Boisserées Tagebuch:

»Den 2. August. Mittags bei Goethe, fröhlicher und herzlicher Empfang. Stein hat ihn ersucht, an Hardenberg ein Memoire zu schreiben über die Kunst und die antiquarischen Angelegenheiten; darüber will er sich mit mir beraten.
Den 4. August.
Heute, an meinem zweiunddreißigsten Geburtstag, habe ich den Bericht über deutsche Altertümer, Kunst und Wissenschaft am Rhein angefangen. Der Allgütige gebe sein Gedeihen zu dieser Arbeit! Goethe hat auch angefangen und, wie er sich ausdrückt: hat der Heilige Geist ihm offenbart, daß wir die Entwürfe hier fertigmachen, darum noch 8 Tage hierbleiben müssen; – in Frankfurt würden ihn die Freunde in Anspruch nehmen – und dann, wenn ich mit zu Willemers käme, so gebe es Wahlverwandtschaften. – Die Verhältnisse änderten sich ja immer, sowie ein Dritter oder Vierter hineintrete, das möge er nicht. – Darum, hätte Willemer selbst gesagt, ich sollte bei ihm sein, so würde e r mich gebeten haben, ich soll wegbleiben.«

Goethe an Willemer (7. August 1815):

»Nächsten Sonnabend, den 12., hoffe ich endlich bei Ihnen anzuklopfen. Da aber manches Hindernis begegnen könnte, bitte nicht allzuentschieden meiner zu warten. Mehr nicht! Lassen Sie mir die Freude, mündlich auszusprechen, wie sehr ich Ihnen verbunden bin.
Die schönsten Grüße den lieben Ihrigen.«

Aus Boisserées Tagebuch:

»Freitag, den 11., morgens 6 Uhr nach Mainz gefahren. Wir sahen auf der Höhe das Rheingau bis Bingen.
Samstag, den 12., schön Wetter. Morgens um 7 Uhr fuhren wir nach Frankfurt. Auf der Höhe von Höchst stillgehalten, schöne, prächtigreiche Aussicht.
In Frankfurt stieg ich *(wie Goethe gewünscht hatte)* im Schwanen ab, Goethe fuhr auf die Gerbermühle.«

Aus Goethes Tagebuch:

»Den 12. August. Von Mainz mit Boisserée. Am Schwanen gehalten. Durch Frankfurt. Gegen Mittag Gerbermühle. Unterhaltung. Gesang. Gespräch. Gewitter.«

Fast vier Wochen bleibt Goethe auf der Gerbermühle. Marianne berichtet:

»Den Morgen brachte er allein zu; den Mittag erschien er, auch wenn kein Besuch da war, im Frack; nachmittags liebte er gemeinsame Spaziergänge, besonders in den Wald, wo er voll Lust und Leben und sehr mitteilend war. Er führte immer ein großes Taschenmesser bei sich, womit er Zweige abschnitt oder aus dem Boden ausstach, was ihm auffiel. Auf Anziehendes im Tier- und Pflanzenreiche machte er gern aufmerksam, besonders auch auf Licht- und Farbenerscheinungen, den Lichtschein um Bäume, die blauen Schatten, die Farben beim Sonnenuntergang. Abends war er am liebenswürdigsten, besonders wenn er in seinem weißflanellenen Rock erschien und vorlas, meist aus seinem immer mehr heranwachsenden Divan. Von seinen ältern Sachen trug er weniger gern etwas vor. ›Was wollt Ihr mit dem alten Zeug!‹ rief er. Sehr schön las er, wie er auch schön sprach. Aus seinem Munde glaubte man manches erst recht zu verstehen.«

Anfang September zieht Goethe aus der Gerbermühle in die Stadt; von dort schreibt er an Christiane (12. September 1815):

»Die angenehmsten Tage, die ich zubrachte, waren immer die, wo alles so schnell zuging, daß ich nicht an mich denken konnte. Gegenwärtig bin ich in der Stadt, allein, in Willemers Wohnung, deren unschätzbare Aussicht du kennst. Von morgens bis abends ists unter meinen Fenstern lebendig, tags laufe in der Stadt herum, Menschen und Sammlungen zu sehen. Frankfurt steckt voll Merkwürdigkeiten.
Da es in vielem Betracht so schicklich als rätlich ist, daß ich dem Großherzog unterwegs begegne, so halte ich mich hier so lange auf, bis er zurückkehrt, und sehe ihn wahrscheinlich in Heidelberg und kehre über Würzburg zurück. Das Nähere erfährst du.
Und nun lebe wohl, meine herzlich Geliebte, und denke auf Unterhaltung für den Winter.«

Am 12. September schickt Goethe auf die Gerbermühle ein Gedicht an Marianne:

»Nicht Gelegenheit macht Diebe,
Sie ist selbst der größte Dieb;
Denn sie stahl den Rest der Liebe,
Die mir noch im Herzen blieb.

Dir hat sie ihn übergeben,
Meines Lebens Vollgewinn,
Daß ich nun, verarmt, mein Leben
Nur von dir gewärtig bin.

Doch ich fühle schon Erbarmen
Im Karfunkel deines Blicks
Und erfreu' in deinen Armen
Mich erneuerten Geschicks.«

Marianne antwortet:

»Hochbeglückt in deiner Liebe,
Schelt' ich nicht Gelegenheit;
Ward sie auch an dir zum Diebe,
Wie mich solch ein Raub erfreut!

Und wozu denn auch berauben?
Gib dich mir aus freier Wahl;
Gar zu gerne möcht' ich glauben –
Ja, ich bin's, die dich bestahl.

Was so willig du gegeben,
Bringt dir herrlichen Gewinn,
Meine Ruh, mein ganzes Leben
Geb' ich freudig, nimm es hin!

Scherze nicht! Nichts von Verarmen!
Macht uns nicht die Liebe reich?
Halt' ich dich in meinen Armen,
Jedem Glück ist meines gleich.«

Diese Antwort Mariannes ist das erste ihrer Gedichte, das Goethe in den »Divan« aufnahm. Mit ihm erhebt sich das Gespräch zwischen den Liebenden auf die Stufe der hohen Dichtung. Goethe übergab es im »Buch Suleika« bald darauf der Öffentlichkeit, lange Jahrzehnte noch aber wußte niemand, daß sich hinter den Namen »Suleika« und »Hatem« eine erlebte Wirklichkeit verbarg, und daß einige der schönsten dieser Gedichte von Marianne v. Willemer stammten.

Aus Boisserées Tagebuch:

»Mittwoch, den 13ten September, morgens um 7 Uhr läßt mich Goethe wecken und zu sich rufen. Ich muß Euch wecken aus Eurem Sündenschlaf, hab' Euch was zu sagen. Wir gehen nach Heidelberg, der Herzog kommt hin. Wir gehen Montags ab, bleiben Dienstag in Darmstadt, sind Mittwoch in Heidelberg.«

Marianne an Goethe (17. September 1815):

»Als ich auf dem Euphrat schiffte,
Streifte sich der goldne Ring
Fingerab in Wasserklüfte,
Den ich jüngst von dir empfing.

Also träumt' ich. Morgenröte
Blitzt ins Auge durch den Baum,
Sag', Poete, sag, o Goethe:
Was bedeutet dieser Traum?«

Goethe antwortet am gleichen Tag:

»Dies zu deuten, bin erbötig!
Hab' ich dir nicht oft erzählt,
Wie der Doge von Venedig
Mit dem Meere sich vermählt?

So von deinen Fingergliedern
Fiel der Ring dem Euphrat zu.
Ach zu tausend Himmelsliedern,
Süßer Traum, begeisterst du!

Mich, der von den Indostanen
Streifte bis Damaskus hin,
Um mit neuen Karawanen
Bis ans Rote Meer zu ziehn,
Mich vermählst du deinem Flusse,
Der Terrasse, diesem Hain,
Hier soll bis zum letzten Kusse
Dir mein Geist gewidmet sein.«

Aus Boisserées Tagebuch:

»Freitag, den 15ten September, große Hetze. Morgens Einkäufe, Einpacken. *(Goethe wollte für die letzten Tage mit Boisserée auf die Gerbermühle ziehen.)* Nachmittags herausgefahren. Heiter angenehmer Eindruck. Heiterer Abend. Goethe hatte der Willemer ein Blatt des Ginkho-biloba als Sinnbild der Freundschaft geschickt aus der Stadt. Man weiß nicht, ob es eins, das sich in zwei teilt, oder zwei, die sich in eins verbinden. So war der Inhalt des Verses.«

Dieses Baums Blatt, der von Osten
Meinem Garten anvertraut,
Gibt geheimen Sinn zu kosten,
Wie's den Wissenden erbaut.

Ist es ein lebendig Wesen,
Das sich in sich selbst getrennt?
sind es zwei, die sich erlesen,
Daß man sie als eines kennt?

Solche Frage zu erwidern,
Fand ich wohl den rechten Sinn:
Fühlst du nicht an meinen Liedern,
Daß ich eins und doppelt bin?

Suleika:
Sag', du hast wohl viel gedichtet,
Hin und her dein Lied gerichtet,
Schöne Schrift von deiner Hand,
Prachtgebunden, goldgerändet,
Bis auf Punkt und Strich vollendet,

Zierlich lockend, manchen Band?
Stets wo du sie hingewendet,
War's gewiß ein Liebespfand?

HATEM:
Ja, von mächtig holden Blicken,
Wie von lächelndem Entzücken
Und von Zähnen blendend klar,
Wimpernpfeilen, Lockenschlangen,
Hals und Busen reizumhangen
Tausendfältige Gefahr!
Denke nun, wie von so langem
Prophezeit Suleika war.

Aus Boisserées Tagebuch:

»Sonntag, den 17ten September. Abends singt die Marianne Willemer mit ganz besonderem Affekt und Rührung: ›Der Gott und die Bajadere.‹ Goethe wollte dies anfangs nicht – es bezog sich dies auf ein Gespräch, das ich kurz vorher mit ihm geführt, – daß es fast ihre eigene Geschichte sei – sodaß er gesagt, sie soll es nimmer singen. Sie singt dann ›Schlafe, was willst du noch mehr‹ – und aus dem Don Juan ›Gib mir die Hand mein Leben‹. Goethe nennt sie einen kleinen Don Juan; wirklich war ihr Gesang so verführerisch gewesen, daß wir alle in lautes Lachen ausbrachen und sie den Kopf in die Noten versteckte und sich nicht erholen konnte. –
Die lustige Stimmung setzte sich auch nach Tische fort. Man bat Goethe darum, Gedichte vorzulesen, und die kleine Frau schmückte sich mit ihrem Turban und orientalischen farbigen Schal, den Goethe ihr geschenkt. Es wurde viel gelesen, auch viel Liebesgedichte, an Suleika, Jussuph und Suleika usw. Willemer schlief ein, wird darum gefoppt. Wir bleiben deshalb desto länger zusammen bis 1 Uhr. Mondscheinnacht.
Montag, den 18ten September. Schön Wetter. Frühstück im Bett. Eine Partisane und Hellebarde stehen kreuzweise in der offenen Tür des Nebenzimmers, wo Marianne und Willemers Tochter, Rosette Städel, frühstücken. Fahrt mit beiden nach der Stadt – große Lustigkeit, wir sitzen sehr enge. Ich sitze mit halbem Sitz – nennens lavieren, mit halbem Winde fahren, während andere

mit vollen Segeln! – Große Hetze, Marianne dringt gewaltig auf die Abfahrt.
Nachmittags durch den Wald nach Darmstadt, schöne Lichter im Wald an den Stämmen und auf dem Rasen. Gespräch über die Willemer, über Musik Mozarts.«

Aus Goethes Tagebuch:

»Abgefahren halb fünf. Herrlicher Abend. Vollmonds Aufgang. Darmstadt. Allein zu Nacht essend.«

An vollen Büschelzweigen,
Geliebte, sieh nur hin!
Laß dir die Früchte zeigen,
Umschalet stachlig grün.

Sie hängen längst geballet,
Still, unbekannt mit sich,
Ein Ast, der schaukelnd wallet,
Wiegt sie geduldiglich.

Doch immer reift von innen
Und schwillt der braune Kern,
Er möchte Luft gewinnen
Und säh die Sonne gern.

Die Schale platzt, und nieder
Macht er sich freudig los;
So fallen meine Lieder
Gehäuft in deinen Schoß.

Aus Boisserées Tagebuch:

»Heidelberg, den 23ten September. Goethe morgens früh auf dem Schloß, dichtend. Mittags, als wir bei Tische, kommt Willemer unerwartet. Ich hatte ihm, weil der Herzog immer erwartet wurde, am Montag zu kommen geschrieben. Nachdem wir eine kurze Weile gesessen und uns von der ersten Überraschung erholt, springt Goethe plötzlich auf, ich folge ihm in sein Zimmer, er sagt: ›Wir können doch nicht essen, während die

Frauen im Gasthof warten.‹ – Das gibt ein Precipicio von der ersten Sorte! Ich ging hin zu den Frauen, und erst als ich sie bringe, setzt sich Goethe wieder zu Tisch.«

Auf der Bergstraße, unterwegs zu Goethe, hatte Marianne im Wagen gedichtet:

Was bedeutet die Bewegung?
Bringt der Ost mir frohe Kunde?
Seiner Schwingen frische Regung
Kühlt des Herzens tiefe Wunde.

Kosend spielt er mit dem Staube,
Jagt ihn auf in leichten Wölkchen,
Treibt zur sichern Rebenlaube
Der Insekten frohes Völkchen.

Lindert sanft der Sonne Glühen,
Kühlt auch mir die heißen Wangen,
Küßt die Reben noch im Fliehen,
Die auf Feld und Hügel prangen.

Und mich soll sein leises Flüstern
Von dem Freunde lieblich grüßen;
Eh' noch diese Hügel düstern,
Sitz ich still zu seinen Füßen.

Und du magst nun weiterziehen,
Diene Frohen und Betrübten;
Dort, wo hohe Mauern glühen,
Finde ich den Vielgeliebten.

Ach, die wahre Herzenskunde,
Liebeshauch, erfrischtes Leben
Wird mir nur aus seinem Munde,
Kann mir nur sein Atem geben.

Nach Mariannes Ankunft dichtet Goethe:

Ist es möglich: Stern der Sterne,
Drück' ich wieder dich ans Herz!
Ach, was ist die Nacht der Ferne
Für ein Abgrund, für ein Schmerz!
Ja du bist es! meiner Freuden
Süßer, lieber Widerpart;
Eingedenk vergangner Leiden
Schaudr' ich vor der Gegenwart.

Als die Welt im tiefsten Grunde
Lag an Gottes ew'ger Brust,
Ordnet' er die erste Stunde
Mit erhabner Schöpfungslust,
Und er sprach das Wort: »Es werde!«
Da erklang ein schmerzlich Ach!
Als das All mit Machtgebärde
In die Wirklichkeiten brach.

Auf tat sich das Licht: so trennte
Scheu sich Finsternis von ihm,
Und sogleich die Elemente
Scheidend auseinander fliehn.
Rasch, in wilden wüsten Träumen
Jedes nach der Weite rang,
Starr, in ungemeßnen Räumen,
Ohne Sehnsucht, ohne Klang.

Stumm war alles, still und öde,
Einsam Gott zum ersten Mal!
Da erschuf er Morgenröte,
Die erbarmte sich der Qual;
Sie entwickelte dem Trüben
Ein erklingend Farbenspiel,
Und nun konnte wieder lieben,
Was erst auseinander fiel.

Und mit eiligen Bestreben
Sucht sich, was sich angehört;

Und zu ungemeßnem Leben
Ist Gefühl und Blick gekehrt.
Sei's Ergreifen, sei es Raffen,
Wenn es nur sich faßt und hält!
Allah braucht nicht mehr zu schaffen,
Wir erschaffen seine Welt.

So, mit morgenroten Flügeln,
Riß es mich an deinen Mund,
Und die Nacht mit tausend Siegeln
Kräftigt sternenhell den Bund.
Beide sind wir auf der Erde
Musterhaft in Freud und Qual,
Und ein zweites Wort: Es werde!
Trennt uns nicht zum zweitenmal.

SULEIKA:
Nimmer will ich dich verlieren!
Liebe gibt der Liebe Kraft.
Magst du meine Jugend zieren
Mit gewalt'ger Leidenschaft.
Ach! wie schmeichelt's meinem Triebe,
Wenn man meinen Dichter preist.
Denn das Leben ist die Liebe,
Und des Lebens Leben Geist.

HATEM:
Lieb um Liebe, Stund um Stunde,
Wort um Wort und Blick um Blick;
Kuß um Kuß, vom treusten Munde,
Hauch um Hauch und Glück um Glück.

Aus Goethes Tagebuch:

»23ter September. Schloß. Divan. Mittag Familie. Kam Willemer. Kamen die Frauenzimmer.
24ter September. Auf dem Schloß. Nebel. Mittag Willemers.
25ter September. Auf dem Schlosse. Mittag Familie und Gesellschaft. Abendmusik. Gespräch. Abschied.

26ter September. Abreise der Freunde. Divan. Blieb zu Hause. Früh zu Bette.«

Deinem Blick mich zu bequemen,
Deinem Munde, deiner Brust,
Deine Stimme zu vernehmen,
War die letzt' und erste Lust.

Gestern, ach, war sie die letzte,
Dann verlosch mir Leucht' und Feuer,
Jeder Scherz, der mich ergetzte,
Wird nun schuldenschwer und teuer.

Eh es Allah nicht gefällt,
Uns aufs neue zu vereinen,
Gibt mir Sonne, Mond und Welt
Nur Gelegenheit zum Weinen.

Dieses Gedicht schreibt Goethe am 26. September, dem Tag der Abreise Mariannes. Am gleichen Tage, auf der Fahrt zurück nach Frankfurt, dichtet Marianne:

Ach, um deine feuchten Schwingen,
West, wie sehr ich dich beneide:
Denn du kannst ihm Kunde bringen,
Was ich durch die Trennung leide.

Die Bewegung deiner Flügel
Weckt im Busen stilles Sehnen;
Blumen, Augen, Wald und Hügel
Stehn bei deinem Hauch in Tränen.

Doch dein mildes sanftes Wehen
Kühlt die wunden Augenlider;
Ach, für Leid müßt' ich vergehen,
Hofft' ich nicht, wir sehn uns wieder.

Geh denn hin zu meinem Lieben,
Spreche sanft zu seinem Herzen;
Doch vermeid' ihn zu betrüben,
Und verschweig ihm meine Schmerzen.

Sag ihm nur, doch sag's bescheiden:
Seine Liebe sei mein Leben;
Freudiges Gefühl von beiden
Wird mir seine Nähe geben.

Am 27. September schreibt Goethe an Christiane:

»Die Russen gehen in drei Kolonnen durch Franken. Täglich ziehen sie hier eilig durch. Da sie so geschwind gehen, werden sie bald vorüber sein, worauf ich hoffe, um den Rückweg über Würzburg zu machen. Nach Frankfurt möcht ich nicht wieder. Es ist schwer, sich von soviel Verwandten, Bekannten und Freunden loszumachen.
Hier find ich überall nur Gutes und Liebes, bin überall willkommen, weil ich die Menschen lasse, wie sie sind, niemandem etwas nehme, sondern nur empfange und gebe. Wenn man zuhause den Menschen so vieles nachsähe, als man auswärts tut, man könnte einen Himmel um sich verbreiten; freilich ist auf der Reise alles vorübergehend, und das Drückende läßt sich ausweichen.
Nun wüßte nur noch das Wichtigste hinzuzufügen, den Wunsch, daß du dich immer mehr herstellen mögest. Lebe recht wohl und liebe mich. Verlangend dich wiederzusehen die besten Wünsche.«

Am gleichen Tage schreibt Goethe an Rosette Städel einen für Marianne bestimmten Brief:

»In der Hoffnung, daß sie den teuren Freunden alles getreulich ausrichten werden, wovon ich nicht den tausendsten Teil auszusprechen im Stande bin, schreib ich, liebe Rosette, diesen Brief. Da ich denn gleich, wie bisher, mich in die Poesie flüchten und ausrufen muß:

Wo war das Pergament? Der Griffel wo?
Die alles faßten; doch so war's – ja so!

Nachdem uns denn die Freunde verlassen hatten, fingen die bisher nur drohenden Übel an, förmlich auszubrechen, es entstand ein Brustweh, das sich fast in Herzweh verwandelt hätte, eine natürliche Folge der Heidelberger Zugluft und veränderlichen Schloßtemperatur, worüber mir unberufen und ungefragt Herr Doktor Nägeli die genaueste Auskunft gab, so daß ich mit einiger Resignation die gegenwärtigen, mit einiger Vorsicht die künftigen Gebrechen in lauter Heil und Glück umwandeln könnte. Inwiefern es gelingt, kann ich vielleicht zukünftig vertrauen.«

Drei Tage später dichtet er:

Locken, haltet mich gefangen
In dem Kreise des Gesichts!
Euch geliebten braunen Schlangen
Zu erwidern hab ich nichts.

Nur dies Herz, es ist von Dauer,
Schwillt in jugendlichstem Flor;
Unter Schnee und Nebelschauer
Rast ein Ätna dir hervor.

Du beschämst wie Morgenröte
Jener Gipfel ernste Wand,
Und noch einmal fühlet – Hatem
Frühlingshauch und Sommerbrand.

Am 6. Oktober schreibt Goethe an Willemer:

»Daß ich, teurer, verehrter Freund, immer um Sie und Ihre glücklichen Umgebungen beschäftigt bin, werden Sie an sich fühlen. Hundert Einbildungen hab ich gehabt: wann? wie? und wo? ich Sie zum erstenmal wiedersehn würde; da ich noch bis gestern Beruf hatte, mit meinem Fürsten am Rhein und Main schöne Tage zu verleben. Nun kommts aber! und ich eile über Würzburg nach Hause, ganz allein dadurch beruhigt, daß ich, ohne Willkür und Widerstreben, den vorgezeichneten Weg wandle und um desto reiner meine Sehnsucht nach denen richten kann, die ich verlasse.
Doch das ist schon zu viel für meine Lage, in der sich ein Zwiespalt nicht verleugnet, den ich auch nicht aufrege, sondern lieber schließe.«

Aus Boisserées Tagebuch:

»Freitag, den 6ten Oktober morgens will Goethe plötzlich fort, er sagte mir: ich mache mein Testament. Wir bereden ihn mit großer Mühe, noch einen Tag auszuruhen, und übermorgen zu reisen. Die Jagemann *(Geliebte des Herzogs)* hat ihn mit den andern Damen gedrängt, er soll nach Mannheim kommen, zu Tableaux und Attituden. Er fürchtet den Herzog. Er ist sehr angegriffen, hat nicht gut geschlafen, muß flüchten.
Den 7ten Regenwetter. Goethe ist früh morgens unruhig, fürchtet eine Krankheit, will schon zu Mittag fort. Ich biete mich ihm zur Begleitung an, und bereite mich vor, ihm bis Weimar zu folgen. Trauriger, schwerer Abschied.
Im Wagen erholt sich der Alte allmählich. Die Sicherheit, nicht mehr vom Herzog oder der Jagemann erreicht zu werden, beruhigt ihn sichtbar.
Abends in Neckarelz. Kaltes Zimmer. Goethe war munter, vergaß die Kälte, indem er mir von seinen orientalischen Liebesgedichten vorlas. Wir schliefen in einer Stube. Es ist ihm lieb, daß ich bei ihm bin, er hatte wirklich eine Krankheit befürchtet.
Montag, den 9ten Oktober. Goethe wollte mich in Neckarelz noch nicht entlassen. Gestern befand er sich viel besser, und da ich beide Nächte bei ihm im Zimmer geschlafen und mich davon überzeugt hatte, konnte ich ihn ohne Sorge mit meinen frömmsten Wünschen nach Weimar abreisen sehen. – Ich gehe in den Dom. Gebet.«

Goethe an die Gerbermühle (10. Oktober 1815):

»Schon bin ich auf die Höhe gelangt, wo die Wasser nicht mehr nach dem Main fließen, ich muß also meine Gedanken der Post anvertrauen.
Am 9ten früh gings an ein Scheiden von Boisserée, wo ich denn ganz eigentlich die Trennung fühlte, denn bisher war es noch immer durch seine Gegenwart eine Fortsetzung des glücklichsten Zustands. Auch, wie es zu geschehen pflegt, waren die letzten Stunden die interessantesten. Eine gewisse Scheu verliert sich, wenn man das Unvermeidliche vor sich sieht, und man sucht im offensten Vertrauen einen Ersatz für den drohenden Verlust. Nicht ohne Rührung war der Abschied, und wie man eine Hand

umwendet, wäre Sulpiz mit nach Weimar gegangen. Nun war ich denn allein, auf den weiten fruchtbaren Räumen zwischen Main und Main. Zu Werneck nahm ich nochmals von den geliebten Wassern Abschied, nachdem vorher die Weltgeschichte mich ereilt hatte. Auf den weiten Stoppelflächen hetzten Donsche Kosaken verschüchterte Hasen. Eine meilenlange Kolonne des russischen Trains retardierte meinen Eilweg bei hellem Mondschein.«

Mir will es finster bleiben,
Im vollsten Mondenlicht,
Ich mag nicht singen, schreiben
Und trinken mag ich nicht.

Wenn sie mich an sich lockte,
War Rede nicht im Brauch,
Und wenn die Zunge stockte,
Stockt nun die Feder auch.

Nur zu, geliebter Schenke!
Den Becher fülle still.
Ich sage nur: gedenke!
Man weiß schon, was ich will.

DER EINSAME

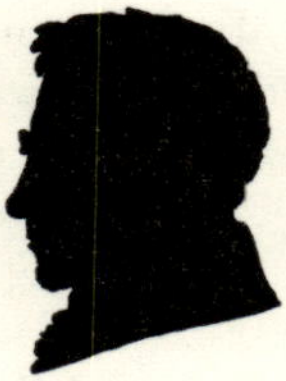

Was wird mir jede Stunde so bang? –
Das Leben ist kurz, der Tag ist lang.
Und immer sehnt sich fort das Herz,
Ich weiß nicht recht, ob himmelwärts;
Fort aber will es hin und hin,
Und möchte vor sich selber fliehn.
Und fliegt es an der Liebsten Brust,
Da ruht's im Himmel unbewußt;
Der Lebe-Strudel reißt es fort,
Und immer hängt's an Einem Ort;
Was es gewollt, was es verlor,
Es bleibt zuletzt sein eigner Tor.

Am Ende meiner Wallfahrt 1815 zu den Kunstschätzen in den Rhein- und Maingegenden fand ich die Sammlung meiner Divan-Gedichte so bereichert, daß ich sie schon nach gewisser Verwandtschaft sondern, in Bücher einteilen, die Verhältnisse der verschiedenen Zweige ermessen und das Ganze, wo nicht der Vollendung, doch dem Abschluß näher bringen konnte. Und so hatte ich in dieser Zerstreuung mehr gewonnen und gefunden, als mir eine gleiche Zeit in den ruhvollsten Tagen hätte gewähren können.
Die Beschäftigung mit diesen west-östlichen Gedichten riß mein ganzes Vermögen mit sich fort. Wenig Fremdes berührte mich; doch nahm ich großen Anteil an der älteren deutschen Baukunst, deren Begriff sich mir immer mehr und mehr erweiterte und reinigte.
Eine Fahrt nach Köln, in der ehrenden Gesellschaft des Herrn Staatsministers vom Stein, drückte hierauf das Siegel. Auch von

altertümlicher Malerei fand sich gar viel zu schauen, und der Aufenthalt, so kurz er gewesen, ließ doch unvergängliche Wirkungen zurück. Diese wurden gehegt und erhöht durch die gesellige Nähe von Sulpiz Boisserée, mit dem ich fast nur solche Gespräche führte.

So wurd ich denn auf dieser Reise gewahr, wieviel ich bisher, durch das unselige Kriegs- und Knechtschaftswesen auf einen kleinen Teil des Vaterlandes eingeschränkt, leider vermißt und für eine fortschreitende Bildung verloren hatte.

Auch meiner Rückreise werde ich mich immer mit vorzüglichem Anteil erinnern. Von Heidelberg auf Würzburg legte ich sie mit Sulpiz Boisserée zurück. Da uns beiden der Abschied wehe tat, so war es besser, auf fremdem Grund und Boden zu scheiden, als auf dem heimischen. Den 11. Oktober kam ich in Weimar an, nachdem ich viele Wochen mich auswärts umgesehen.

Das mannigfaltig Bedeutende, das ich im eigentlichen Mutterlande gesehen, erlebt und gedacht hatte, mußte sich auf irgendeine Weise widerspiegeln. Ein Heft Kunst und Altertum am Rhein und Main ward unternommen und dazu mehr als eine Vorarbeit durchgeführt, die älteren Niederländer, van Eyck und was sich von ihm herschrieb, gründlich erwogen, und in diesem Sinne wandte sich die Pietät der Weimarischen Kunstfreunde gegen alte Heiligenbilder.

Daß ich, was zu wiederholten Malen teilnehmend, ja leidenschaftlich ausgesprochen worden, zu Papier brachte, geschah freilich mehr anderen als mir zuliebe. Denn da so vieles in Bewegung war, fürchteten die Einsichtigen, es möchte sich manches falsch fixieren, und so wünschten sie, daß ich meine Meinung, und zugleich die ihrige, öffentlich aussprechen möge. Es war zwar meine Art nicht, auf den Tag zu wirken, diesmal aber hatte man mich so treulich und ernsthaft zu solcher Pflicht aufgefordert, daß ich mich nicht entziehen konnte.

Boisserée an Goethe (11. November 1815):

»Wir müssen es höchlich loben, daß die Dinge so von allen Seiten in Fluß kommen. Aber am meisten rühmen und ehren wir und rechnen uns zum Glück, daß Sie mit Lust und Freude an der Schrift fortarbeiten. Denn das Notwendigste ist, daß vor allem die liebe deutsche Welt belehrt und die in jeder Hinsicht schwankende, vielfach verwirrte öffentliche Meinung durch Ihr gewichtiges Urteil festgesetzt und geklärt werde. Denn daß gerade Sie keiner Torheit und Modeneigung frönen, wennschon das ganze Volk sie teilte, davon ist jeder überzeugt. Auch geht ja unser ganzes Bestreben darauf, in der Sache selbst das Echte von dem Falschen und Nichtigen zu scheiden. Daß Ihr Wort am meisten dazu beitragen wird, die Gewässer zu teilen und das Chaos zu ordnen, davon sind wir, ich kann es nicht genug wiederholen, aufs Innigste durchdrungen.«

Goethe an Boisserée (21. Dezember 1815):

»Das eigentliche Kunststück, das mir aufgegeben ist, bleibt immer: auszusprechen, worüber wir einig sind, alles Problematische abzuweisen, einen Grund zu legen, worauf Sie fortsammeln, studieren und sich unterhalten können. So ernst ich auch das behandle, so wird das sehr bald von der deutschen Vielmeinerei mit Schutt überdeckt werden, wie es mir mit allem ergangen ist, wo ich zu gründen suchte. Das rührt mich aber nicht, denn wer des Feuers bedarf, suchts unter der Asche.
An diesem orientalischen Sprichworte sehen Sie, daß meine Verhältnisse nach Osten noch immer bestehen. Meine Sehnsucht in diese Regionen ist unaussprechlich, und somit das herzlichste Lebewohl.«

Nachklang

Es klingt so prächtig, wenn der Dichter
Der Sonne bald, dem Kaiser sich vergleicht;
Doch er verbirgt die traurigen Gesichter,
Wenn er in düstern Nächten schleicht.

Von Wolken streifenhaft befangen,
Versank zu Nacht des Himmels reinstes Blau;
Vermagert bleich sind meine Wangen
Und meine Herzenstränen grau.

Laß mich nicht so der Nacht, dem Schmerze,
Du Allerliebstes, du mein Mondgesicht,
O du mein Phosphor, meine Kerze,
Du meine Sonne, du mein Licht!

Jakob v. Willemer und Marianne an Goethe (Dezember 1815):

»Mögen Sie mit den Ihrigen froh und gesund die heilige Zeit zurücklegen. Ich empfehle Sie, lieber lieber Herr, dem Schutz Mahomets und der Fürbitte Marianen. Möge der Erstere es so aufrichtig mit Ihnen meinen wie die Letztere. Doch für Marianne steh ich, denn sie teilt meine Gefühle. Ihr Willemer.

Empfehlen Sie mich Ihrer Frau und grüßen Sie August von
Ihrer Marianne.«

Goethe an die Gerbermühle (16. Dezember 1815):

»Bitte um Nachricht, ob Marianne wieder singt? Ich mag sie mir in den langen Winterabenden garnicht stumm denken. Ich bin unglaublich gedrängt und büße schwer den gefährlichen Müßiggang abgeschiedener Tage. Goethe.«

Wenn sie mich an sich lockte,
War Rede nicht im Brauch,
Und wenn die Zunge stockte,
Stockt nun die Feder auch.

11. März 1816, Goethe an Zelter:

»Das Heftlein von Rhein und Main, Kunst und Altertum, wird nun auch bald zu Euch gelangen. Ich habe beim dreizehnten Bogen abgebrochen wie Scheherazade. Wenn ich die Bedeutung solcher Blätter früher erkannt hätte, so würde ich das ganze Geschäftlein abgelehnt haben, auch bin ich nur nach und nach hineinverführt worden, und so mag es denn auch dahin fließen. Dagegen muß ich dankbar erkennen, daß ich ohne diese dringende Nötigung niemals weder dem wichtigen Punkt der Kunsterhaltung durch die barbarische Zeit hindurch noch auch den Eigentümlichkeiten nationeller und provinzieller Wiederherstel-

lung Aufmerksamkeit hätte schenken können. Es ist da viel Zeug unserer geläuterten Sinnlichkeit zuwider, das man nur durch den Begriff zu etwas machen kann, denn das Absurde freut uns auch, wenn wir uns darüber aufklären.
Der Divan ist angewachsen und stark. Diese Dichtart, die ich ohne weitere Reflexion ergriffen und geübt habe, sagte meinem Alter und meiner Denkweise, meiner Erfahrung und Umsicht zu, wobei sie erlaubt, in Liebesangelegenheiten so albern zu sein als nur immer die Jugend.«

14. Tage später (26. März 1816):

»Leider bleibt es immer die alte Leier, daß lange leben so viel heißt, als viele überleben, und zuletzt weiß man denn doch nicht, was es hat heißen sollen. Vor einigen Tagen kam mir zufälligerweise die erste Ausgabe meines Werther in die Hände, und dieses bei mir längst verschollene Lied fing wieder an zu klingen. Da begreift man denn nun nicht, wie es ein Mensch noch vierzig Jahre in einer Welt hat aushalten können, die ihm in früher Jugend schon so absurd vorkam.
Ein Teil des Rätsels löst sich dadurch, daß jeder etwas Eigenes in sich hat, das er auszubilden gedenkt, indem er es immer fortwirken läßt. Dieses wunderliche Wesen hat uns nun tagtäglich zum besten, und so wird man alt, ohne daß man weiß wie oder warum. Besehe ich es recht genau, so ist es ganz allein das Talent, das in mir steckt, was mir durch alle die Zustände durchhilft, die mir nicht gemäß sind und in die ich mich durch falsche Richtung, Zufall und Verschränkung verwickelt sehe.
Mein Rhein- und Mainheft ist geschlossen. Daß ich diese Arbeit übernommen, reut mich nicht. Der Hergang der Kunst durch das Mittelalter und gewisse Lichtpunkte bei der Wiedererscheinung reiner Naturtalente haben, hoffe ich, durch meine Darstellung gewonnen. Nur werden leider die schreibseligen Legionen Deutschlands meine Ernte, wie sie auch sein mag, sehr geschwinde ausdreschen und mit den Strohbündeln als reichen Garben am patriotischen Erntefest einherstolzieren.«

Boisserée an Goethe (3. Mai 1816):

»Von der Wirkung Ihres Heftes versprechen wir uns viel Gutes und Erfreuliches. Man hat allerwärts Hunger und Verlangen danach, wir sind schon gar zu oft darum bestürmt worden. Jeder, der das Morgenblatt gelesen, meint, es müsse erschienen sein; in Darmstadt namentlich hat der Buchhändler sich vor der Ungeduld und den Vorwürfen seiner Mitbürger kaum zu retten gewußt.«

Am 8. Juni, zwei Tage nach dem Tode seiner Frau, antwortet Goethe:

»Wenn diese Hefte so spät an Sie abgehen, so sind mancherlei Unbilden daran schuld; ich wollte verschiedenes dabei bemerken, wozu ich aber jetzt nicht gelangen kann. Nehmen Sie diese Bogen freundlich auf als hauptsächlich um Ihretwillen geschrieben. Sobald ich einigermaßen freien Geist habe, so will ich an die übrigen Künstler gehen, die Ihr Kabinett verherrlichen. Auf Eyck muß ich immer mit Ehrfurcht zurückschauen, dadurch wird erst die Darstellung desselben vollständig und lebendig.
Leider werde ich Sie dieses Jahr schwerlich besuchen. Wohin ich mich wende, ist noch ungewiß.«
Eigenhändige Nachschrift:
»Füge ich hinzu: daß meine liebe, kleine Frau uns in diesen Tagen verlassen, so nehmen liebe Freunde gewiß Teil an meinem Zustande.«

Johanna Schopenhauer berichtet (an Elisa v. d. Recke, 25. Juni 1816):

»Heute habe ich Goethe zum ersten Mal seit dem Tode seiner Frau wiedergesehen; denn es ist seine Art, jeden Schmerz ganz in der Stille austoben zu lassen und sich seinen Freunden erst wieder in völliger Fassung zu zeigen. Ich fand ihn dennoch verändert; mir scheint er recht im innerlichen Gemüt niedergeschlagen.«

Goethe an Boisserée (24. Juni 1816):

»Leugnen will ich es Ihnen nicht, und warum sollte man groß tun, daß mein Zustand an die Verzweiflung grenzt, deshalb ich auch, indem ich mich zu zerstreuen suchte, auf das allerfalscheste Mittel geraten bin, indem ich nämlich mich unfähig fand, irgendeine Produktion des Augenblicks von mir zu erwarten. So habe ich alte Papiere hervorgesucht, wo zwar manches Erfreuliche und Brauchbare sich findet, aber auch ein Wust von erst durchgeschmolzenem Gestein, wo man ein schreckliches Feuer und Schmiedearbeit anwenden müßte, um das bißchen Metallische herauszugewinnen; und doch kann man es nicht über sich gewinnen, dergleichen Blätter zu vertilgen, weil es immer Denksteine vergangener Zustände bleiben.
Zelter kommt in 8 Tagen und will mich mit nach Wiesbaden reißen; wenn ihm der Zauber gelingt, die Alraunwurzel aus dem Boden zu ziehen, so seht Ihr mich doch noch.
Und so will ich denn schließen mit den besten obzwar etwas konfusen Wünschen, möge Euch in dieser konfusen Welt etwas Sicheres und Geordnetes gelingen.«

Boisserée an Goethe (2. Juli 1816):

»Daß ich Ihrer recht viel und oft, ja fast täglich gedacht habe, brauche ich nicht zu versichern. Sie kennen meine Gesinnungen, meine Liebe und Anhänglichkeit genug, um überzeugt zu sein, daß ich den Verlust, den Sie erlitten, mit der innigsten Teilnahme bedaure. Es würde derselben gleichsam Abbruch tun, wenn ich weiter davon zu reden versuchte.
Was ich von der Aufnahme Ihrer Schrift höre, ist so günstig, als wir es erwartet hatten. Es wäre mir nicht möglich, den dabei eingeschlagenen Gang gebührend zu loben, und ich müßte weitläufig werden, wenn ich sagen wollte, in wie vielen Stücken mich der Inhalt, ich darf nicht leugnen, oft selbst durch den Widerstreit gefördert und belehrt hat.«

Dorothea Schlegel schreibt (an ihre Söhne, 3. Juli 1816):

»Das ist nun endlich das Kunst-Adelsdiplom, was zu erlangen die Boisserées so lange um den alten Heiden herumgeschwänzelt haben! Und wie überflüssig! Wer die Sammlung sieht und nur nicht eines ganz verstockten Sinnes ist, der braucht ja, weiß Gott, keines solchen Stempels, um zu sehen, daß diese Sammlung einzig in ihrer Art ist. Schwerlich werden Boisserées sehr zufrieden sein mit diesem platten, affektierten Gewäsch; aber gewiß werden sie nicht unterlassen, die Miene anzunehmen, als wären es goldene Sprüche.«

Am 19. Juli schreibt Goethe an die Großherzogin Luise:

»Nächsten Sonnabend gedenke nach Baden am Rhein abzugehen. Cottas wiederholte dringende Einladung war kaum abzulehnen, und den Gebrüdern Boisserée leuchten so glückliche Sterne, daß ich mich nicht enthalten kann, in die Konstellation mit einzutreten. Meinen Weg werde über Würzburg nehmen, um das uneinige Frankfurt in diesem Augenblick nicht zu berühren.«

Und am 22.:

»Ew. Königl. Hoheit vergönnen, daß ich mich wieder in Weimar melde.

Am 20ten dieses früh 7 Uhr fuhr ich von hier ab; um 9 Uhr, kurz vor Münchenholzen, warf der ungeschickteste aller Fuhrknechte den Wagen um, die Achse brach, und der gute Meyer wurde an der Stirne beschädigt. Das heftige Bluten der Wunde schien mir bedenklich, wir rafften uns, so gut wir konnten, aus dem Wagen. Hier war nichts zu tun, als Succurs von Weimar zu berufen, welcher denn auch nach einigen Stunden ankam, die wir glücklicherweise bei heiterem Himmel im Freien zubrachten.

Meyers Wunde hat nur die Haut gespalten und ist nicht gefährlich, doch unter vierzehn Tagen an keine vollendete Heilung zu denken, dadurch würde eine ohnehin etwas weit ausgreifende Reise verspätet, und ich habe mich daher, um den besten Monat nicht zu verlieren, ganz kurz entschlossen, nach Tennstedt zu gehen.«

Der Physiker Seebeck schreibt an Boisserée (3. August 1816):

»Sie werden ohne Zweifel schon den Unfall, welcher Goethe und Meyer betroffen hat, erfahren haben. Er hat mich um so mehr erschreckt, da Goethe in einem Briefe vom 19ten vorigen Monats, worin er mir seine bevorstehende Abreise anzeigt, zugleich erwähnte, daß ihn mehr Anstoß und Aufforderung als innerer Trieb zu diesem Schritte bestimme; und gleich den Tag darauf traf ein Brief datiert den 22ten ein, worin er jenen fatalen Vorfall meldet, welcher ihn genötigt zurückzukehren. Schwerlich wird er sich entschließen, die Reise wieder anzutreten, zumal wenn Meyer bedeutend verletzt sein sollte. Zureden möchte ich ihm nun weiter nicht, obgleich ich glaube, daß ihm die Reise sehr zuträglich sein würde; denn er scheint noch sehr betrübt und aufgeregt zu sein. Man muß hoffen, daß ihn sein guter Stern zum besten leiten werde.«

Goethe an Boisserée:

»Tennstedt, den 7ten August 1816.

Wunderlich kommt es mir manchmal vor, wenn ich mit Meyern mitten in Thüringen in einem kleinen Land- und Badestädtchen auf und ab gehe und von den Vorzügen Ihrer Sammlung spreche, woran wir uns nun schon zusammen ergötzt haben sollten. Da es aber ein Geschehenes ist, welches man immer als eine Gottheit verehren muß, so möge das daraus Erfolgende heilsam werden!

Der Effekt meiner Redekünste, wie er auch mir ungefähr bekannt geworden, freut mich sehr. Da ich von Ihrer als herrlich anerkannten Sammlung im Komparativ gesprochen, bleibt Freunden und Kennern der Superlativ anheimgestellt. Das mögen die Menschen gar zu gern. Auch ziehe ich durch diese Mäßigkeit die Gleichgültigen, ja die Widerstrebenden auf unsere Seite. Die Frömmler und Dichterlinge mußten befehdet werden, denn ihre doppelt und dreifachen Pfuschereien hindern, ja zerstören alles Gute. Im zweiten Stück soll es noch besser kommen.«

Boisserée antwortet (13. August 1816):

»Daß Sie auf unsere Gegenden für dies Jahr Verzicht getan, ist uns sehr schmerzlich, doch sage ich nichts dagegen, die geheimnisvolle Macht verehrend, von der alle guten Entschlüsse kommen. Sie hat mich nun schon so oft und auf so manchen schönen Tag mit Ihnen zusammengeführt, sie wird es auch weiter fügen und wird sich das Wann und Wie schon finden. Doch werden mir freilich diese beiden Monate schwer genug werden, und ich kann da in jeder Hinsicht nichts Besseres tun, als mich recht viel mit Ihnen zu beschäftigen.
Durch einen glücklichen Zufall erhielt ich gerade jetzt die mir bis dahin unbekannte neue Ausgabe Ihrer Gedichte und konnte mich nicht genug daran ergötzen. Ich müßte selbst Dichter und von den rechten sein, um Ihnen einigermaßen einen Begriff zu geben von der Freude, womit mich die in Ihren neuen wie in Ihren alten Werken herrschende Kraft und Heiterkeit des Geistes erfüllt.«

Goethe an Boisserée (29. August 1816):

»Daß meine neuen Gedichte zur guten Stunde bei Ihnen ankamen und heilsame Wirkung taten, dazu wünsche ich mir Glück. Haben Sie Dank, daß Sie mich es sogleich vernehmen ließen: denn als Dichter ist man gar oft im Fall in demselben Augenblick zu darben, wenn andere sich an unseren früheren Erzeugnissen ergötzen.
An meinem gestrigen Geburtstage ging Geheimerat Wolf und Hofrat Meyer zufällig morgens ab, da ich denn den ganzen Tag meinen Grillen überlassen blieb und mich an die vorjährige Feier dieses Tages auf der Gerbermühle halb traurig erinnerte.«

Die Bewohner der Gerbermühle hatten geschrieben (20. August 1816):

Willemer.
»Seit drei Monaten zog jeder Tag mit einer schönen Hoffnung an uns vorüber, aber der Tag verging und der Freund blieb aus. Ich habe darum zu hoffen, aber nicht zu lieben aufgehört. Der 28. August wird dieser Liebe nicht vergönnen, sich auszuspre-

chen, das kleine Haus am Main, das der Freund voriges Jahr nicht verschmähte für uns in ein großes umzuschaffen, steht einsam, doch soll es nur bis zum 28. August verlassen stehn, – dann aber soll der Vergangenheit gedacht, für des Freundes Wohl und Erhaltung gebeten, und mit einer Schale blinkenden Weins den Göttern ein Opfer gebracht werden.«

Marianne.

»Mit unsern Wünschen und Entbehrungen gibt Willemer zugleich seine Resignation zu erkennen, und so sehr ich mit der Auslegung unserer Empfindung im ganzen zufrieden bin, so weiche ich doch in einem Stücke von seiner Ansicht ab, indem ich weder zu lieben noch zu hoffen je aufhören werde.
Glück und Freude begleite sie,

Marianne.«

Goethe antwortet (6. Oktober 1816):

»Entbehrung ist ein leidiges Wesen, an sich selbst nichts und das wenige aufzehrend, was der Tag noch allenfalls enthalten könnte. So verlebe ich nun schon bald ein Vierteljahr mir fremd und ohne mir selbst zu sein. Wenn ich also auf der Mühle nicht erscheine und weder den Mühlherrn noch die Müllerin noch Knappen und Sippschaft begrüße, so deutet das auf nichts weiter, als daß ich immer da bin und aus der Ferne die traurige Entbehrung nicht auch noch mit Worten besiegeln mag.
Von Tennstedt nach Hause zurückgekehrt, fand ich weder den kosmischen noch politischen noch physiologischen Himmel erheitert, welches wohl an mir liegen mochte, und nur soviel kann ich meinen werten Freunden, die mir das Beste wünschen, versichern, daß nur ununterbrochene Tätigkeit nach innen und außen mich lebendig erhält.«

Und schwer und schwerer
Hängt eine Hülle
Mit Ehrfurcht. Stille
Ruhn oben die Sterne
Und unten die Gräber.

Doch rufen von drüben
Die Stimmen der Geister,

Die Stimmen der Meister:
Versäumt nicht, zu üben
Die Kräfte des Guten.

Hier winden sich Kronen
In ewiger Stille,
Die sollen mit Fülle
Die Tätigen lohnen!
Wir heißen euch hoffen.

Im Mai 1817 schickt Goethe an Boisserée das zweite Heft von »Kunst und Altertum am Rhein und Main«. Boisserée antwortet (23. Juni 1817), welche Freude ihm Goethes darin enthaltene Schilderung des Rochusfestes zu Bingen gemacht habe, fährt jedoch fort:

»Wie sehr weicht aber von dieser Ansicht die des Verfassers des polemischen Aufsatzes ab, in dem er gegen die Nachahmer italienischer und deutscher Kunst die hellenische als einzigen Kanon aufgestellt. Aus der Nachahmung von Kunstwerken wird nie etwas Echtes hervorgehen, die Vorbilder mögen nun sein, welche sie wollen. Und wer möchte, was aus jener Ansicht stillschweigend folgt, den Venezianern, den alten und neuern Niederländern alle wahre Kunst absprechen? Doch genug, Sie wissen diese Fragen und Antworten viel besser als ich.
Wir beklagen allein, daß nicht, wie wir es erwartet, Sie selbst den Aufsatz übernommen haben. Denn nur Sie mit Ihrem großen Sinn, empfänglich für alles Echte, welcher Gestalt es auch erscheine, nur Sie waren im Stande, die Aufgabe zu lösen und zwischen zwei Ultrapunkten die wahrhaft beseligende Mitte zu zeigen.«

Öffentlich äußerte sich zu diesem Aufsatz der Münchener Germanist Docen:

»Gegenwärtig teilt Goethe, als unter dem Namen der Weimarischen Kunstfreunde mitbegriffen, einen Aufsatz mit, worin das Ungünstige und Tadelnde, was der ganzen Darstellung zum Grunde liegt, sich schon in der Überschrift ›Neudeutsche religiös-patriotische Kunst‹ ankündigt. Man müßte sehr fremd in unserer Literatur sein, wenn man sich nicht erinnerte, daß der echte

Keim und Trieb zu solchen Gesinnungen weit früher schon durch Goethe selbst, in einzelnen Ergießungen in Prosa und Versen, dann, auf verwandtem Wege, durch Herder und Hamann gelegt worden war. Einer der Grundsätze des jetzt erwachten Kunstsinns ist Abweisung der einseitigen Schätzung des angelernten technischen Verdienstes und Vernichtung des Zutrauens zu einer engen Verstandesweisheit, wodurch in den höheren Aufgaben der bildenden Kunst nie etwas von bleibendem Werte zu leisten war.
Diese Grundsätze hat ein Goethe in den Blättern ›Von deutscher Baukunst‹ 1773, und in mehreren kleinen Gedichten, in der Hauptsache wenigstens, bekannt.«

1826 sagt Goethe in einem Brief an Reinhard (12. Mai):

»Den Symbolikern konnte ich bisher nicht gut sein: sie sind im Grunde Antiklassiker und haben in Kunst und Altertum, insofern es mich interessiert, nichts Gutes gestiftet, ja dem, was ich nach meiner Weise fördere, durchaus geschadet. Wir wollen sehen, ob in der Folge an irgendeiner Teilnahme und Annäherung zu denken ist.
Überhaupt muß ich mich jetzt sehr zusammennehmen und, mehr als jemals, alles Polemische an mir vorübergehen lassen. Der Mensch hat wirklich viel zu tun, wenn er sein eigenes Positive bis ans Ende durchführen will. Glücklicherweise bleibt uns zuletzt die Überzeugung, daß gar vieles nebeneinander bestehen kann und muß, was sich gerne wechselseitig verdrängen möchte: der Weltgeist ist toleranter als man denkt.«

Am 29. Juli 1817 schreibt Goethe aus Jena an Boisserée:

»Der zweite Band der italienischen Reise ist zu Ende gedruckt und der unselige Wandernde sieht soeben die Campagna felice mit dem Rücken an. Gar vieles ist vorbereitet und schematisiert, und das alles hab ich unter guter jüngerer Gesellschaft in vier Monaten zu Stande gebracht.
Was aber folgt daraus, als daß ich, zwar nicht müde, aber doch auch nicht reiselustig bin. Aber eben jetzt, weil so manches geschehen, seh ich, wie unendlich viel zu tun ist. Vielleicht wäre es

gescheiter gewesen, diese alten Knaule ins Feuer zu werfen, neue zu zwirnen und noch einmal mit Lust ins bewegte Leben hineinzugehen. Es sollte aber auch nicht sein, und ob ich gleich ziemlich mich in alles finde, was sich ergibt, so verwünsch ich doch manchmal wieder den Fahrdilettanten, der uns auf dem Wege zu Ihnen umwarf. Es ist unglaublich, was ein solcher Zufall eine Lebenstätigkeit und folglich eine Lebensgeschichte verrückt.«

Am 26. November 1817 schreibt Boisserée aus Heidelberg:

»Sie haben uns mit Ihrem Neapel und Sizilien ein wahres Fest gegeben. Die schönsten Bilder von Claude Lorrain sind mir zu wirklichen Naturszenen erweitert. Ich sehe das ganze Land vor mir, die Täler, Hügel und Felder, das Getreide, die Pflanzen, Bäume und Blüten, ja die Farben der Erde und Steine.

Darum, wäre ich befugt Kränze auszuteilen, dieser Brief müßte einen enthalten.

Und so knüpfe ich denn an diese Veilchen den Wunsch, daß in Ihrem Alter Ihre Jugend so wieder aufzublühen fortfahre.«

Goethe an Boisserée (4. Dezember 1817):

»Jena, im Dezember.

Ihr allerliebster Brief trifft mich in Jena an einem ganz einsamen Abende, in demselben Zimmer, wo ich vor Jahren Ihre Domzeichnungen entfaltete, und wo von so lange her Ihre oft erneute Erinnerung schwebt; auch Ihr vorletzter Brief hat mich hier erfreut und beschäftigt; nun aber will ich mich vor allen Dingen der spät-frühen Veilchen erfreuen, die ich immer im Auge behalten werde.

Soll ich es Ihnen sagen? – ja! – und Sie werden es sich zurecht legen: – alles geht bei mir so schnell und spurlos vorüber, daß ich schon nicht mehr weiß, daß jenes Büchelchen gedruckt sei. Ihre freundlichen Worte rufen mir soviele frische Geister hervor, und ich gewahre gern, daß ich Ihnen solche erst zugezaubert.«

Zu Anfang des Jahres 1818 antwortet Goethe auf eine Sendung Boisserées (16. Januar):

»Ihr liebreiches Andenken fand mich gerade allein am Weihnachtsabend in meiner wunderlichen Jenaischen Wohnung, wo

aller Komfort nur aus der Seele des Bewohners entspringen kann; ich versetzte mich gern zu den drei Königen an die Krippe und betrachtete mit Freude, was auch mir an diesem lieblichen Abende geworden war.
Ein mehr wunderliches als beschwerliches Bibliotheksgeschäft habe ich nun so gestellt, daß ich bis Ostern Friede habe.
Übrigens muß ich, wie schon vormals gesagt, von Tag zu Tage gehen, das Interesse des Augenblicks bleibt mir und früherer würdiger Zeit. Gestern heißt gar nichts! und so ist denn das allgemeine Menschenlos noch immer erträglich genug.
Mit meinem dritten Heft von Kunst und Altertum geht mirs wunderlich; die Rhein- und Mainluft verweht nachgerade, so geht Zeit und Raum dahin, ohne daß man sieht, was es fruchtet.
Damit der Platz nicht leer bleibe, das Neueste vom Jahr!

Worte sind der Seele Bild –
Nicht ein Bild! sie sind ein Schatten!
Sagen herbe, deuten mild,
Was wir haben, was wir hatten. –
Was wir hatten, wo ist's hin?
Und was ist's denn, was wir haben? –
Nun, wir sprechen! Rasch im Fliehn
Haschen wir des Lebens Gaben.«

Willemer und Marianne hatten in diesen Jahren Goethe immer wieder von neuem zu einer Reise an den Main zu bewegen versucht, Goethe hatte ebensooft seiner Sehnsucht Ausdruck gegeben, sich dann aber immer wieder hinter teils wirklich bestehenden, teils vorgetäuschten Notwendigkeiten verschanzt. Als aber im März 1819 Willemer auf der Durchreise ihn besucht, schreibt Goethe an Marianne (26. März):

»Den schönsten Augenblick der Täuschung erlebt ich.
Der verehrte Freund tritt ins Zimmer, die geliebte Freundin hofft ich im Hinterhalte. Da fühlt ich recht, daß ich ihr noch immer angehöre. Sagen Sie bald ein Wort. Hierbei wieder Fragmente des Divans; das Ganze folgt bald als Zeugnis fortwährender Unterhaltung mit der Entfernten.
Und so fort und für ewig.

Goethe.«

Für Marianne antwortet drei Monate später Willemer (24. Juni 1819):

»Das Leben hemmende und verkrüppelnde, traurige Ereignisse mancherlei Art, unter denen das traurigste die Schwermut der guten Marianne, sind Ursache ihres und meines so langen Stillschweigens. Ich glaubte immer, sie würde schreiben, und deshalb schrieb ich nicht, aber alles verstummt in ihrer Seele, ein geheimer Kummer nagt an ihrem Herzen, und zernagt es, wenn nicht bald Hilfe erscheint. Ich bin auf alles gefaßt, und weiß alles, und bin zu allem bereit, und spiele mit meinem Schmerz ohne ihm zu erliegen: so etwas versteht sich übrigens in meinen Jahren von selbst.
Wäre es aber möglich, so bringen Sie den 28ten August wie vor drei Jahren bei uns zu – Ihre unerwartete, mir allein bewußte Erscheinung – könnte vieles helfen, vieles ordnen – anders gestalten – und Sie lebten dabei auf der Mühle oder in der Stadt unbehelligt, sich ganz selbst überlassen.«

Goethe an Willemer (9. Juli 1819):

»Welche Seligkeit würde es für mich sein, an dem freundlichen heiteren Mainstrom die teuren, wahrhaft geliebten Freunde wiederzufinden und aufs neue das übrige Leben zu verpfänden! Wie ich dieses Jahr dazu gelangen sollte, seh ich nicht ab, da außer den allgemeinen Schwierigkeiten noch besondere eintreten, worüber Sie aufzuklären mir nächstens zur Pflicht mache. Schreiben Sie mir öfter, ersuchen Sie Mariannen, daß sie von sich hören lasse. Wie nah ich meinen südwestlichen Freunden bin, können Sie denken, da ich mich gegenwärtig in Jena befinde, um den Abdruck des Divan zu beschleunigen.
Zu einigem Aufschluß des Obgesagten füge bei, daß ich eine bedeutende Aufforderung, an Rhein und Main diesen Sommer zu gehn, erhalten hatte; die ich aber aus Gründen ablehnte, die noch jetzt dagegen gelten würden und die gewiß von Schwere sein mußten, weil sie die Hoffnung mit aufwogen die teuersten Freunde wiederzusehen. Mehr sag ich nicht. Nur den Wunsch noch, bald wieder von den Lieben zu hören.«

Aus Baden, wo sie zur Kur weilt, antwortet Marianne (19. Juli 1819):

»Daß ich so lange gezögert, für Ihre herzlichen Worte zu danken, ist kaum zu entschuldigen, denn ich fürchte meine Schuld zu vergrößern, wenn ich mich auf ein Gefühl berufe, was mich im Augenblick unfähig macht so viele Güte zu erwidern: einmal aufgeschoben, findet man den rechten Zeitpunkt nicht, und man erscheint als undankbar, wenn man sich auch hierüber keine Vorwürfe zu machen hat. Ich war überrascht, gerührt, ich weinte bei den Erinnerungen einer glücklichen Vergangenheit; es kam mir fast alles wie ein Traum vor, den ich mir in der Gegenwart wiederholte, um ihn nicht zu vergessen. Daß Willemer Sie gesehen, gesprochen hatte, vermehrte das Unbegreifliche meines Zustandes, ja selbst was er mir von Ihnen schrieb und Ihr eigener Brief vollendete meine Verwirrung; ich konnte oder ich wußte nicht zu antworten; können Sie mir verzeihen, was sich nicht entschuldigen läßt? – – Lassen Sie mir immer die angenehme Täuschung, daß Sie mir nicht aus Großmut nur verzeihen.
Wie glücklich würde ich sein, Sie hier zu wissen, selbst wenn ich nicht mehr anwesend sein sollte! es bliebe immer die schöne Hoffnung, Sie bei uns auf der Mühle zu sehen. – Ich falle schon wieder in meinen alten Fehler; so bescheiden auch meine Wünsche im ganzen sein mögen: wenn ich mir sie erfüllt denke, erscheinen sie mir verwegen.
Wie viele schöne Mädchen gibt es nicht hier! Hudhud läuft in einem fort über den Weg; auch hohe Herrschaften genug, wenn man will, und hohe Berge und Täler, und – doch Sie können ja nicht kommen. Ich würde mich sehr freuen, wenn ich noch einige Zeilen in Baden erhielte; freilich darf ich es kaum hoffen, denn ich habe es nicht verdient.
Von ganzem Herzen grüßt Sie

Marianne.«

Und nun schreibt Goethe:

»Nein, allerliebste Marianne, ein Wort von mir sollst du in Baden nicht vermissen, da du deine lieben Lippen wieder walten lässest und ein unerfreuliches Stillschweigen brechen magst. Soll ich wiederholen, daß ich dich von der Gegenwart des Freundes unzertrennlich hielt, und daß bei seinem treuen Anblick alles in mir rege ward, was er uns so gern und edel gönnt. Ob du gleich schwiegst, hatte ich allerlei zurechtgelegt, der Rückkehrende vermied uns und es blieb liegen.

Nun da du sagst, und so lieblich, daß du mein gedenkst und gern gedenken magst: so höre doppelt und dreifach die Versicherung, daß ich jedes deiner Gefühle herzlich und unablässig erwidere. Möge dich dies zur guten Stunde treffen, und dich zu einem recht langen Kommentar über diesen kurzen Text veranlassen. Wäre ich Hudhud, ich liefe dir nicht über den Weg, sondern schnurstracks auf dich zu. Nicht als Boten, um mein selbst willen müßtest du mich freundlich aufnehmen. Zum Schluß den frommen liebevollen Wunsch:

Eja! wären wir da!

Weimar, den 26ten Juli 1819. Goethe.«

Im Herbst 1819 übersendet Goethe den inzwischen fertig gedruckten West-Östlichen Divan. Marianne antwortet (Oktober 1819):

»Ich habe den Divan wieder und immer wieder gelesen; ich kann das Gefühl weder beschreiben noch auch mir selbst erklären, das mich bei jedem verwandten Ton ergriff; wenn Ihnen mein Wesen und mein Inneres so klar geworden ist als ich hoffe und wünsche, ja sogar gewiß sein darf, denn mein Herz lag offen vor Ihren Blicken, so bedarf es keiner weitern ohnehin höchst mangelhaften Beschreibung. Sie fühlen und wissen genau was in mir vorging, ich war mir selbst ein Rätsel; zugleich demütig und stolz, beschämt und entzückt, schien mir alles wie ein beseligender Traum, in dem man sein Bild verschönert, ja veredelt wieder erkennt und sich alles gerne gefallen läßt, was man in diesem erhöhten Zustande Liebens- und Lobenswertes spricht und tut; ja sogar die unverkennbare Mitwirkung eines mächtigen höheren Wesens, insofern sie uns Vorzüge beilegt, die wir vielleicht gar nicht besitzen, und andere entdeckt, die wir nicht zu besitzen glaubten, ist in seiner Ursache so beglückend, daß man nichts tun kann, als es für eine Gabe des Himmels anzunehmen, wenn das Leben solche Silberblicke hat.

Haben Sie Nachsicht mit mir und meinen verworrenen Begriffen, das größte Glück ist immer am unbegreiflichsten. – Diese schönen Tage haben wir fast immer auf der Mühle zugebracht, obschon wir in der Stadt wohnen; der Hain, die Terrassen färben sich wie damals, und die Erinnerung belebt die Schatten, und es wandeln Gestalten unter den Bäumen, die dem Ganzen eine wundersame Bedeutung geben.

Ganz Ihre Marianne.«

Wenige Wochen vor seinem Tode schreibt Goethe an Marianne (10. Februar 1832):

»Indem ich die mir gegönnte Zeit ernstlich anwende, die grenzenlosen Papiere, die sich um mich versammelt haben, durchzusehen, um sie zu sichten und darüber zu bestimmen, so leuchten mir besonders gewisse Blätter entgegen, die auf die schönsten Tage meines Lebens hindeuten; dergleichen sind manche von jeher abgesondert, nunmehr aber eingepackt und versiegelt.
Ein solches Paket liegt nun mit Ihrer Adresse vor mir, und ich möcht es Ihnen gleich jetzt, allen Zufälligkeiten vorzubeugen, zusenden. Nur würde mir das einzige Versprechen ausbitten, daß Sie es uneröffnet bei sich, bis zu unbestimmter Stunde, liegen lassen. Dergleichen Blätter geben uns das frohe Gefühl, daß wir gelebt haben; dies sind die schönsten Dokumente, auf denen man ruhen darf.
Da Sie es übrigens halten wie ich: den Tag zu sichern und zu schmücken wie möglich und dem Dulden sogleich eine Tätigkeit entgegenzusetzen, so bleiben Sie auch wie ich unwandelbar in freundlichster Neigung. Schreiben Sie öfter.«

Marianne antwortet (15. Februar 1832):

»Die Beweise Ihres unveränderten Wohlwollens machen mich sehr glücklich! Ihr Anerbieten, mir jenes inhaltreiche Paket zu senden, rührt mich ganz unbeschreiblich, ich sage nichts weiter; senden Sie es nur, ich will es treu und gewissenhaft bewahren wo Ihre Briefe liegen, die ich alle geordnet habe, und die ich oft und immer wieder lese.«

Als Marianne nach Goethes Tod das Paket öffnet, findet sie als oberstes Blatt die Verse:

Vor die Augen meiner Lieben,
Zu den Fingern die's geschrieben –
Einst, mit heißestem Verlangen
So erwartet, wie empfangen –
Zu der Brust der sie entquollen
Diese Blätter wandern sollen;
Immer liebevoll bereit
Zeugen allerschönster Zeit.

TRILOGIE DER LEIDENSCHAFT

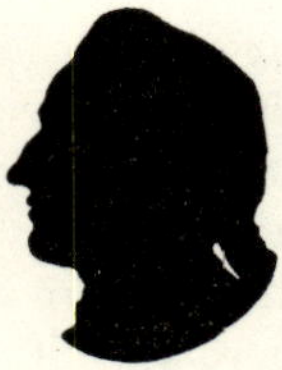

Die Form der Trilogie ist bei den Modernen selten. Es kommt darauf an, daß man einen Stoff finde, der sich naturgemäß in drei Partien behandeln lasse, so daß in der ersten eine Art Exposition, in der zweiten eine Art Katastrophe und in der dritten eine versöhnende Ausgleichung stattfinde. Meine sogenannte Trilogie der Leidenschaft ist ursprünglich nicht als Trilogie konzipiert, vielmehr erst nach und nach und gewissermaßen zufällig zur Trilogie geworden. Zuerst hatte ich, wie Sie wissen, bloß die Elegie als selbständiges Gedicht für sich. Nun wollte aber Weygand eine neue Ausgabe meines Werther veranstalten und bat mich um eine Vorrede, welches mir denn ein höchst willkommener Anlaß war, mein Gedicht an Werther zu schreiben. Da ich aber immer noch einen Rest jener Leidenschaft im Herzen hatte, aus welcher die Marienbader Elegie entstand, so gestaltete sich das Gedicht wie von selbst als Introduktion.

Noch einmal wagst du, vielbeweinter Schatten,
Hervor dich an das Tageslicht,
Begegnest mir auf neu beblümten Matten,
Und meinen Anblick scheust du nicht.
Es ist, als ob du lebtest in der Frühe,
Wo uns der Tau auf einem Feld erquickt,
Und nach des Tages unwillkommner Mühe
Der Scheidesonne letzter Strahl entzückt;
Zum Bleiben ich, zum Scheiden du erkoren,
Gingst du voran – und hast nicht viel verloren.

Des Menschen Leben scheint ein herrlich Los:
Der Tag wie lieblich, so die Nacht wie groß!
Und wir, gepflanzt in Paradieses Wonne,

Genießen kaum der hocherlauchten Sonne,
Da kämpft sogleich verworrene Bestrebung
Bald mit uns selbst und bald mit der Umgebung;
Keins wird vom andern wünschenswert ergänzt,
Von außen düstert's, wenn es innen glänzt,
Ein glänzend Äußres deckt mein trüber Blick,
Da steht es nah – und man verkennt das Glück.

Nun glauben wir's zu kennen! Mit Gewalt
Ergreift uns Liebreiz weiblicher Gestalt:
Der Jüngling, froh wie in der Kindheit Flor,
Im Frühling tritt als Frühling selbst hervor,
Entzückt, erstaunt, wer dies ihm angetan?
Er schaut umher – die Welt gehört ihm an.
Ins Weite zieht ihn unbefangne Hast,
Nichts engt ihn ein, nicht Mauer, nicht Palast;
Wie Vögelschar an Wäldergipfeln streift,
So schwebt auch er, der um die Liebste schweift,
Er sucht vom Äther, den er gern verläßt,
Den treuen Blick, und dieser hält ihn fest.

Doch erst zu früh und dann zu spät gewarnt,
Fühlt er den Flug gehemmt, fühlt sich umgarnt.
Das Wiedersehn ist froh, das Scheiden schwer,
Das Wieder-Wiedersehn beglückt noch mehr.
Und Jahre sind im Augenblick ersetzt;
Doch tückisch harrt das Lebewohl zuletzt.

Du lächelst, Freund, gefühlvoll, wie sich ziemt:
Ein gräßlich Scheiden machte dich berühmt;
Wir feierten dein kläglich Mißgeschick,
Du ließest uns zu Wohl und Weh zurück.
Dann zog uns wieder ungewisse Bahn
Der Leidenschaften labyrinthisch an;
Und wir, verschlungen wiederholter Not,
Dem Scheiden endlich – Scheiden ist der Tod!
Wie klingt es rührend, wenn der Dichter singt,
Den Tod zu meiden, den das Scheiden bringt!
Verstrickt in solche Qualen, halb verschuldet,
Gebt ihm ein Gott zu sagen, was er duldet.

1821, am Tage seiner Abreise nach Marienbad, schreibt Goethe an Frau von Stein (25. Juli):

»Beherbergen Sie, verehrte teure Freundin, indessen der Wandrer abermals das Weite sucht, dessen Bild und Gleichnis mit wohlwollender Teilnahme.«

Und aus Marienbad an seinen Sohn (22. August 1821):

»Grüße Frau und Kinder, auch Ulriken, wenn sie gegenwärtig ist. Zufälligerweise findet sich eine recht artige Ulrike hier im Hause, so daß ich auf eine und die andere Weise immer ihrer zu gedenken habe.«

Ulrike von Levetzow berichtet:

»Ich lernte Goethe im Jahre 1821 in Marienbad kennen; Mutter hatte mich aus meiner Pension in Straßburg herausgenommen, um mit mir einige Monate bei meinen Großeltern in Marienbad zuzubringen; Marienbad war damals noch ein kleiner, erst fast entstehender Ort, und unser Haus ›Stadt Weimar‹ fast das größte und schönste. Goethe hatte dort seine Wohnung genommen und ich kann mich noch des ersten Kennenlernens sehr deutlich erinnern. Die Großmutter ließ mich zu sich rufen, und das Mädchen sagte mir, es sei ein alter Herr bei ihr, welcher mich sehen wollte, was mir gar nicht angenehm, da es mich in einer eben begonnenen Handarbeit störte.
Als ich ins Zimmer trat, wo meine Mutter auch war, sagte diese: ›Das ist meine älteste Tochter, Ulrike.‹ Goethe nahm mich bei der Hand und sah mich freundlich an und frug mich, wie mir Marienbad gefalle. Da ich die letzten Jahre in Straßburg in einer französischen Pension zugebracht, auch erst siebzehn Jahre alt war, wußte ich gar nichts von Goethe, welch berühmter Mann und großer Dichter er sei, war daher auch ohne alle Verlegenheit, einem so freundlichen alten Herrn gegenüber, ohne alle Schüchternheit, welche mich sonst meist bei neuen Bekanntschaften ergriff. Goethe forderte mich gleich den andern Morgen auf, mit ihm einen Spaziergang zu machen, wo ich ihm viel von Straßburg und der Erziehungsanstalt erzählen mußte; ich klagte besonders, wie ich mich ohne meine Schwestern, von welchen

ich zum ersten Mal getrennt sei, einsam fühle, und ich bin überzeugt, daß gerade diese kindliche Unbefangenheit ihn interessierte, denn von da an beschäftigte er sich sehr viel mit mir; fast jeden Morgen nahm er mich mit, wenn er spazierenging, und ging ich nicht mit, brachte er mir Blumen mit, da er wohl sehr bald merkte, daß ich an den Steinen, welche er oft betrachtete, kein Interesse hatte, doch sonst mich gern unterrichten ließ; auch gegen Abend saß er oft stundenlang auf einer Bank vor der Türe, wo er mir von sehr verschiedenen Gegenständen erzählte. Als ich da wohl hörte, welch großer Gelehrter er sei, war ich schon viel zu vertraut mit ihm, daß es mich hätte einschüchtern oder verlegen machen können, es fiel auch später niemandem und auch meiner Mutter nicht ein, in dem vielen Zusammensein etwas anderes als ein Wohlgefallen eines alten Mannes, welcher mein Großvater hätte sein können nach den Jahren, zu einem Kind, welches ich ja noch war, zu finden. Goethe war ein so freundlicher, liebenswürdiger alter Herr, an welchen sich ein junges Wesen wohl anschließen konnte, besonders, wenn sie ein reges Interesse an allem nahm, was er in so angenehmer Form ihr lebhaft beschrieb: Blumen, Steine, Sterne und Literatur.
Noch in diesem Sommer schenkte mir Goethe ›Wilhelm Meisters Wanderjahre‹. Es war ihm das Buch als neue Auflage zur Durchsicht nach Marienbad gesandt worden. Als er es mir gegeben, und ich darin zu lesen begann, fand ich, daß schon früher etwas sein mußte, da sich manches noch mir Unbekanntes begab, und als ich es Goethe sagte, und ihn bat, mir doch das frühere Buch auch zu geben, meinte er, es sei nicht recht für mich, er wolle mir lieber daraus erzählen, damit ich die Wanderjahre recht verstehe.«

Im nächsten Jahr ist Goethe wieder in Marienbad. Von dort schreibt er an Zelter (8. August 1822):

»Am 19. Juni gelangte ich nach Marienbad, bei sehr schönem Wetter. Herrlich Quartier, freundliche Wirte, gute Gesellschaft, hübsche Mädchen, musikalische Liebhaber, angenehme Abendunterhaltung, köstliches Essen, neue bedeutende Bekanntschaften, alte wiedergefundene, leichte Atmosphäre, zweitausend Pariser Fuß über der Meeresfläche, Stiftsgelage usw. alles trug bei, das drei Wochen dauernde schöne Wetter vollkommen zu benutzen, zu genießen und das folgende, unfreundlich wechselnde zu übertragen. Nach der ausdauernden Trocknis des Mai und Juni gönnte man dem Landmann erquicklichen Regen. Erfahren habe ich manches und notiert, anderes Mitgebrachte redigiert und gereinigt, so daß bei meiner Rückkunft der Druck wieder angehen kann, wodurch ich denn abermals den leidigen Winter zu betrügen denke.«

Ulrike von Levetzow über den zweiten Marienbader Sommer:

»Auch in diesem Sommer war Goethe sehr freundlich mit mir und zeichnete mich bei jeder Gelegenheit aus; oft sagte er zu meiner Großmutter, Frau von Brösegke, wie sehr er wünschte, noch einen Sohn zu haben, denn er müßte dann mein Mann werden, mich würde er ganz nach seinem Sinn ausbilden, er habe eine große und väterliche Liebe für mich. Goethe schenkte mir wieder ein Buch, welches ihm geschickt wurde, ›Aus meinem Leben‹, II. Abtlg., 5. Teil. Auch ich in der Champagne. Er hatte darein geschrieben:

Wie schlimm es einem Freund ergangen,
Davon gibt dieses Buch Bericht.
Nun ist sein tröstendes Verlangen:
Zur guten Zeit vergiß ihn nicht.

Marienbad, den 24. Juli 1822.

Diesen Sommer waren sehr viele Menschen in Marienbad, und fast alle bemühten sich, Goethen kennenzulernen, und da er oft nicht aufgelegt war, neue Bekanntschaft zu machen, geschah es öfter, daß ich gebeten wurde, es zu vermitteln, auch schlug er es mir nie ab. Er pflegte in solchen Fällen zu sagen: Macht Sie das glücklich, Töchterchen?«

In dem darauffolgenden Winter schreibt Goethe aus Weimar an Ulrike (9. Januar 1823):

»Ihr holder Brief, meine Teure, hat mir das größte Vergnügen gewährt, und zwar doppelt wegen eines besonderen Umstands. Denn wenn auch der liebende Papa seiner treuen schönen Tochter immer gedenkt, so war doch seit einiger Zeit ihre willkom-

mene Gestalt lebendiger und klarer vor dem inneren Sinne als je. Nun aber entwickelt sichs! Es sind gerade die Tage und Stunden, da Sie mein auch in einem höheren Grade gedachten und Neigung fühlten, es auch aus der Ferne auszusprechen.
Dreifachen Dank also, meine Liebe, zugleich die besten Wünsche und Grüße.«

Ein Besucher Marienbads berichtet vom Juli 1823:

»Wenn Goethe nach beendigtem Spaziergange, wovon man ihn selten ohne eine Ladung Mineralien, auf den umgebenden Bergen gesammelt, zurückkehren sah, und, wie sichs fügte, bald vor vielen Zuhörern, bald vor einem, sich in gemütlicher Mitteilung erschloß, da schien das Licht seines Geistes alles, was ihn umgab, zu verklären und jedes Auge widerstrahlte das Feuer des seinigen. Da war es, wo das seelenvollste von allen, begierig an seinen Lippen hangend, die unwiderstehliche Gewalt kundgab, welche der edle Sänger noch jetzt, wie in den Tagen der Jugend, über die Schönheit auszuüben verstand.
Fräulein Ulrike von Levetzow, durch ihre eigene jungfräuliche Neigung gegen den schönen Greis, noch mehr aber durch den feurigen Anteil bekannt, den ihr Liebreiz auch ihm abzugewinnen wußte, sie, die Zierde des kleinen Kreises, welcher dem merkwürdigen Schauspiel einer zärtlichen Annäherung zwischen siebzehn und siebzig Jahren zum Zeugen diente, Fräulein von Levetzow also, Goethes unzertrennliche Gefährtin, seine Führerin und Stütze auf allen Wegen und Stegen – sie war auch die eifrigste seiner Zuhörerinnen und der Gegenstand, an welchen der heitere und galante Teil der Unterhaltung sich zu richten pflegte.«

In diesem Juli schreibt Goethe aus Marienbad an Zelter (24. Juli 1823):

»Da deine freundliche Stimme mir bis in diese Wälder folgt, entgegne sogleich mit heitern Worten, um zu vermelden, daß es mir besonders wohlgeht. Denn von Hause, nach einem so harten Winter, nach einer gewaltsamen Krankheit und einsam tätigen Monaten, beinahe lebensunfähig wegzugehen, war nicht zu verwundern. Reise, neue Gegenstände, Veränderung aller Art,

sogar auch Unbequemlichkeit, neue An- und Eingewöhnung riefen mich eigentlich wieder ins Leben. Hier finde ich Berg- und Berggenossen leidenschaftlich entzündet wieder, der Funke, den sie von mir aufgefangen, lodert jetzt in ihnen auf den Grad, daß er mich selbst erleuchtet.
So tun auch manche frühere Menschenverhältnisse gar wohl indem sie Zeuge sind, daß man nach einer Jahres-Nacht Neigung und Wohlwollen nicht verschlafen hat. Ältere Verhältnisse verknüpfen sich mit neuen und ein vergangenes Leben läßt an ein gegenwärtiges glauben.
Wie ich mich mit der Erdkunde vielleicht mehr als billig beschäftigt habe, so fange ich jetzt auch mit den atmosphärischen Reichen an; und wär es nur um zu erfahren, wie man denkt und denken kann, so ist das schon ein Vorgewinn. Man weiß recht gut, daß der Mensch alles, Gott selbst und das Göttliche an sich heranziehen, sich zueignen muß; aber auch dieses Heranziehen hat seine Grade, es gibt ein hohes und ein gemeines.
Was ich aber eigentlich fördere, ist die Redaktion meiner Lebenschronik. Nach mancherlei Versuchen hab ich endlich von der neuesten Zeit angefangen, da ich mich denn bei frischem Gedächtnis nicht lange um Stoff zu bemühen brauche; endlich merke ich, so rückwärts arbeitend, wie das Bekannte, Gegenwärtige das Verschwundene, Verschollene wieder zurückruft.«

Ulrike berichtet:

»Der Großherzog war es, welcher meinen Eltern und auch mir sagte, daß ich Goethe heiraten möchte; erst nahmen wir es für Scherz und meinten, daß Goethe sicher nicht daran denke, was er widersprach, und oft wiederholte, ja selbst mir es von der lockendsten Seite schilderte, wie ich die erste Dame am Hofe und in Weimar sein würde, wie sehr er, der Fürst, mich auszeichnen wolle, er würde meinen Eltern gleich ein Haus in Weimar einrichten und übergeben, damit sie nicht von mir getrennt lebten, für meine Zukunft wolle er in jeder Weise sorgen; meiner Mutter redete er sehr zu und später hörte ich, daß er ihr versprochen, daß, da nach aller Wahrscheinlichkeit ich Goethe überleben würde, er mir nach dessen Tod eine jährliche Pension von 10 000 Talern aussetzen wolle. Meine Mutter frug mich, ob ich mich wohl dazu geneigt fühle, worauf ich erwiderte, ob sie es wünsche, daß ich es tue; ihre Antwort war: Nein mein Kind, du bist noch zu jung, um daß ich dich schon jetzt verheiratet sehen möchte; doch ist der Antrag so ehrenvoll, daß ich auch nicht, ohne dich darüber zu fragen, ihn abweisen kann; du mußt es dir überlegen, ob du in einer solchen Lage den Goethe heiraten kannst. – Ich meinte: Ich brauche keine Zeit zu überlegen, ich hätte Goethe sehr lieb, so wie einen Vater, und wenn er ganz allein stünde, ich daher glauben dürfte, ihm nützlich zu sein, da wollte ich ihn nehmen; er habe ja aber durch seinen Sohn, welcher verheiratet sei, und welcher bei ihm im Hause lebt, eine Familie, welche ich ja verdrängen würde, wenn ich mich an ihre Stelle setzte; er brauche mich nicht, und die Trennung von Mutter, Schwester und Großeltern würde mir gar zu schwer; ich hätte noch gar keine Lust zu heiraten. So war es abgemacht. Goethe selbst sprach nie darüber, weder mit meiner Mutter noch mit mir, wenn er mich auch seinen Liebling nannte, doch meist: sein liebes Töchterchen.«

Eine Freundin des Hauses Levetzow berichtet über ein Gespräch, das sie mit Ulrike hatte, als diese eine alte Dame war:

»Ich wußte, daß das hübsche und wohlhabende Fräulein von Levetzow viel umworben war, und sprach ihr einmal meine Verwunderung aus, daß sie nicht geheiratet habe. ›Ich bin von Goethe geliebt worden‹, erwiderte sie mit einem stolzen und wehmütigen Lächeln. Und dann führte sie weiter aus, daß das Neinsagen ihr einen schweren Kampf gekostet habe, aber die Furcht vor dem Altersunterschied und dem Zusammenleben mit der Schwiegertochter sei doch stärker gewesen als alle Schwärmerei. Aber sie hatte wochenlang täglich seinen Umgang genossen, hatte – soweit das einem jungen, warm und lebhaft empfindenden Mädchen möglich war – an seiner Gedanken- und Interessenwelt teilnehmen dürfen. Wenn sich ihr ein Mann huldigend näherte, so vermißte sie etwas bei ihm. Alle ließen sie kühl. War sie auch damals noch zu jung gewesen, um sich selbst an der Leidenschaft zu entzünden, die sie entflammte – später kam ihrs wohl zum Bewußtsein, daß ihr solche Glut nie wieder geboten werden konnte. Sie wies einen Freier nach dem anderen ab. ›Ich hätte mich zu sehr mit ihnen gelangweilt‹, sagte sie.«

Auf der Heimreise von Marienbad schreibt Goethe an Zelter (24. August 1823):

»Die ungeheure Gewalt der Musik auf mich in diesen Tagen! die Stimme der Milder, das Klangreiche der Szymanowska, einer unglaublichen Pianospielerin, falten mich auseinander, wie man eine geballte Faust freundlich flach läßt. Zu einiger Erklärung sag ich mir: Du hast seit zwei Jahren und länger gar keine Musik gehört, und so hat sich dieses Organ, insofern es in dir ist, zugeschlossen und abgesondert; nun fällt die Himmlische auf einmal über dich her und übt ihre ganze Gewalt über dich aus, tritt in alle ihre Rechte und weckt die Gesamtheit eingeschlummerter Erinnerungen.«

Im September kehrt Goethe nach Weimar zurück. Aus diesem Herbst berichtet Eckermann (27. Oktober 1823):

»Stadelmann brachte zwei Wachslichter, die er auf Goethes Arbeitstisch stellte. Goethe ersuchte mich, vor den Lichtern Platz zu nehmen, er wolle mir etwas zu lesen geben. Und was legte er mir vor? Sein neuestes, liebstes Gedicht, seine Elegie von Marienbad.
Gleich nach Goethes diesmaliger Zurückkunft aus genanntem Badeort verbreitete sich hier die Sage, er habe dort die Bekanntschaft einer an Körper und Geist gleich liebenswürdigen jungen Dame gemacht und zu ihr eine leidenschaftliche Neigung gefaßt. Wenn er in der Brunnenallee ihre Stimme gehört, habe er immer rasch seinen Hut genommen und sei zu ihr hinunter geeilt. Er habe keine Stunde versäumt, bei ihr zu sein. Er habe glückliche Tage gelebt; sodann die Trennung sei ihm sehr schwer geworden und er habe in solchem leidenschaftlichen Zustande ein überaus schönes Gedicht gemacht, das er jedoch wie eine Art Heiligtum ansehe und geheimhalte. Er hatte die Verse eigenhändig mit lateinischen Lettern auf starkes Velin-Papier geschrieben und mit einer seidenen Schnur in einer Decke von rotem Maroquin befestigt, und es trug also schon im Äußeren, daß er dieses Manuskript vor allen seinen übrigen besonders wert halte.«

Goethe zu Eckermann (16. November 1823):

»Sie sehen das Produkt eines höchst leidenschaftlichen Zustandes. Als ich darin befangen war, hätte ich ihn um alles in der Welt nicht entbehren mögen, und jetzt möchte ich um keinen Preis wieder hineingeraten.
Ich schrieb das Gedicht unmittelbar als ich von Marienbad abreiste und mich noch im vollen frischen Gefühle des Erlebten befand. Morgens acht Uhr auf der ersten Station schrieb ich die erste Strophe und so dichtete ich im Wagen fort und schrieb von Station zu Station das im Gedächtnis Gefaßte nieder, so daß es abends fertig auf dem Papiere stand. Es hat daher eine gewisse Unmittelbarkeit und ist wie aus einem Gusse. Ich setzte auf die Gegenwart, so wie man eine bedeutende Summe auf eine Karte setzt, und suchte sie ohne Übertreibung so hoch zu steigern als möglich.«

Was soll ich nun vom Wiedersehen hoffen,
Von dieses Tages noch geschloßner Blüte?
Das Paradies, die Hölle steht dir offen;
Wie wankelsinnig regt sich's im Gemüte! –
Kein Zweifeln mehr! Sie tritt ans Himmelstor,
Zu ihren Armen hebt sie dich empor.

So warst du denn im Paradies empfangen,
Als wärst du wert des ewig schönen Lebens;
Dir blieb kein Wunsch, kein Hoffen, kein Verlangen,
Hier war das Ziel des innigsten Bestrebens,
Und in dem Anschaun dieses einzig Schönen
Versiegte gleich der Quell sehnsüchtiger Tränen.

Wie regte nicht der Tag die raschen Flügel,
Schien die Minuten vor sich her zu treiben!
Der Abendkuß, ein treu verbindlich Siegel:
So wird es auch der nächsten Sonne bleiben.
Die Stunden glichen sich in zartem Wandern
Wie Schwestern zwar, doch keine ganz den andern.

Der Kuß, der letzte, grausam süß, zerschneidend
Ein herrliches Geflecht verschlungner Minnen.

Nun eilt, nun stockt der Fuß, die Schwelle meidend,
Als trieb ein Cherub flammend ihn von hinnen;
Das Auge starrt auf düstrem Pfad verdrossen,
Es blickt zurück: die Pforte steht verschlossen.

Und nun verschlossen in sich selbst, als hätte
Dies Herz sich nie geöffnet, selige Stunden
Mit jedem Stern des Himmels um die Wette
An ihrer Seite leuchtend nicht empfunden;
Und Mißmut, Reue, Vorwurf, Sorgenschwere
Belasten's nun in schwüler Atmosphäre.

Ist denn die Welt nicht übrig? Felsenwände,
Sind sie nicht mehr gekrönt von heiligen Schatten?
Die Ernte, reift sie nicht? Ein grün Gelände,
Zieht sich's nicht hin am Fluß durch Busch und Matten?
Und wölbt sich nicht das überweltlich Große,
Gestaltenreiche, bald Gestaltenlose?

Wie leicht und zierlich, klar und zart gewoben
Schwebt, seraphgleich, aus ernster Wolken Chor,
Als glich' es ihr, am blauen Äther droben,
Ein schlank Gebild aus lichtem Duft empor;
So sahst du sie in frohem Tanze walten,
Die lieblichste der lieblichsten Gestalten.

Doch nur Momente darfst dich unterwinden,
Ein Luftgebild statt ihrer festzuhalten;
Ins Herz zurück, dort wirst du's besser finden,
Dort regt sie sich in wechselnden Gestalten;
Zu vielen bildet eine sich hinüber,
So tausendfach, und immer, immer lieber.

Wie zum Empfang sie an den Pforten weilte
Und mich von dannauf stufenweis beglückte;
Selbst nach dem letzten Kuß mich noch ereilte,
Den letztesten mir auf die Lippen drückte:
So klar beweglich bleibt das Bild der Lieben
mit Flammenschrift ins treue Herz geschrieben.

Ins Herz, das fest, wie zinnenhohe Mauer,
Sich ihr bewahrt und sie in sich bewahret,
Für sie sich freut an seiner eignen Dauer,
Nur weiß von sich, wenn sie sich offenbaret,
Sich freier fühlt in so geliebten Schranken
Und nur noch schlägt, für alles ihr zu danken.

War Fähigkeit zu lieben, war Bedürfen
Von Gegenliebe weggelöscht, verschwunden;
Ist Hoffnungslust zu freudigen Entwürfen,
Entschlüssen, rascher Tat sogleich gefunden!
Wenn Liebe je den Liebenden begeistet,
Ward es an mir aufs lieblichste geleistet;

Und zwar durch sie! – Wie lag ein innres Bangen
Auf Geist und Körper, unwillkommner Schwere:
Von Schauerbildern rings der Blick umfangen
Im wüsten Raum beklommner Herzensleere;
Nun dämmert Hoffnung von bekannter Schwelle,
Sie selbst erscheint in milder Sonnenhelle.

Dem Frieden Gottes, welcher euch hienieden
Mehr als Vernunft beseliget – wir lesen's –,
Vergleich' ich wohl der Liebe heitern Frieden
In Gegenwart des allgeliebten Wesens;
Da ruht das Herz, und nichts vermag zu stören
Den tiefsten Sinn: den Sinn, ihr zu gehören.

In unsers Busens Reine wogt ein Streben,
Sich einem Höhern, Reinern, Unbekannten
Aus Dankbarkeit freiwillig hinzugeben,
Enträtselnd sich den ewig Ungenannten;
Wir heißen's: fromm sein! – Solcher seligen Höhe
Fühl ich mich teilhaft, wenn ich vor ihr stehe.

Vor ihrem Blick, wie vor der Sonne Walten,
Vor ihrem Atem, wie vor Frühlingslüften,
Zerschmilzt, so längst sich eisig starr gehalten,
Der Selbstsinn tief in winterlichen Grüften;
Kein Eigennutz, kein Eigenwille dauert,
Vor ihrem Kommen sind sie weggeschauert.

Es ist, als wenn sie sagte: »Stund' um Stunde
Wird uns das Leben freundlich dargeboten;
Das Gestrige ließ uns geringe Kunde,
Das Morgende – zu wissen ist's verboten!
Und wenn ich je mich vor dem Abend scheute,
Die Sonne sank und sah noch, was mich freute.

Drum tu wie ich und schaue, froh-verständig,
Dem Augenblick ins Auge! Kein Verschieben!
Begegn' ihm schnell, wohlwollend wie lebendig,
Im Handeln sei's, zur Freude, sei's dem Lieben;
Nur wo du bist, sei alles, immer kindlich,
So bist du alles, bist unüberwindlich.«

Du hast gut reden, dacht ich: zum Geleite
Gab dir ein Gott die Gunst des Augenblickes,
Und jeder fühlt an deiner holden Seite
Sich augenblicks den Günstling des Geschickes;
Mich schreckt der Wink, von dir mich zu entfernen,
Was hilft es mir, so hohe Weisheit lernen!

Nun bin ich fern! Der jetzigen Minute,
Was ziemt denn der? Ich wüßt' es nicht zu sagen;
Sie bietet mir zum Schönen manches Gute,
Das lastet nur, ich muß mich ihm entschlagen;
Mich treibt umher ein unbezwinglich Sehnen,
Da bleibt kein Rat als grenzenlose Tränen.

So quellt denn fort und fließet unaufhaltsam!
Doch nie geläng's, die innre Glut zu dämpfen!
Schon rast's und reißt in meiner Brust gewaltsam,
Wo Tod und Leben grausend sich bekämpfen.
Wohl Kräuter gäb's, des Körpers Qual zu stillen;
Allein dem Geist fehlt's am Entschluß und Willen,

Fehlt's am Begriff: wie sollt' er sie vermissen?
Er wiederholt ihr Bild zu tausendmalen.
Das zaudert bald, bald wird es weggerissen,
Undeutlich jetzt und jetzt im reinsten Strahlen;
Wie könnte dies gerinstem Troste frommen,
Die Ebb' und Flut, das Gehen wie das Kommen?

Verlaßt mich hier, getreue Weggenossen!
Laßt mich allein am Fels, in Moor und Moos;
Nur immer zu! euch ist die Welt erschlossen,
Die Erde weit, der Himmel hehr und groß;
Betrachtet, forscht, die Einzelnheiten sammelt,
Naturgeheimnis werde nachgestammelt.

Mir ist das All, ich bin mir selbst verloren,
Der ich noch erst den Göttern Liebling war;
Sie prüften mich, verliehen mir Pandoren,
So reich an Gütern, reicher an Gefahr;
Sie drängten mich zum gabeseligen Munde,
Sie trennten mich – und richten mich zugrunde.

Wilhelm von Humboldt an seine Frau (19. November 1823):

»Heute früh habe ich eine himmlische Stunde bei Goethe zugebracht, die ein reicher Lohn für die ganze Reise ist. Ich muß dich aber sehr bitten, niemanden ein Wort davon zu sagen, weil er äußerst geheim damit tut. Er gab mir ein eigen gebundenes Gedicht, eine Elegie. Er sagte, er habe sich auf meine Ankunft gefreut, weil er vorher wisse, ich werde mit ihm fühlen. Er sagte das in einem bewegteren und sich mehr erschließenden Ton als ihm sonst eigen war. So fing ich an zu lesen, und ich kann mit Wahrheit sagen, daß ich nicht bloß von dieser Dichtung entzückt, sondern so erstaunt war, daß ich es kaum beschreiben kann. Es erreicht nicht bloß dies Gedicht das Schönste, was er je gemacht hat, sondern übertrifft es vielleicht, weil es die Frische der Phantasie, wie er sie nur je hatte, mit der künstlerischen Vollendung verbindet, die doch nur langer Erfahrung eigen ist.
Es ist mir sehr klar geworden, daß Goethe noch sehr mit den Marienbader Bildern beschäftigt ist, allein mehr, wie ich ihn kenne, mit der Stimmung, die dadurch in ihm aufgegangen ist, und mit der Poesie, mit der er sie umsponnen hat, als mit dem Gegenstand selbst. Was man also vom Heiraten und selbst von Verliebtheit sagt, ist teils ganz falsch, teils auf die rechte Weise zu verstehen.
Nur glaube ich doch, daß die Einförmigkeit, vielleicht sogar die geringe Erfreulichkeit des Familienkreises ihm nach der lebendigeren Regung in Böhmen nicht wohltut, und daß ihm dies

Gefühl mehr lastet, weil seine Krankheit ihm den gewohnten Trost beständiger Beschäftigung raubt.«

Charlotte von Schiller an ihren Sohn Ernst (28. November 1823):

»Die Familie hat Goethes Heiratsgedanken auf eine undelikate, harte Art aufgenommen, statt ihm Anteil zu zeigen. Der Sohn soll mit ihm sehr hart gewesen sein. Ottilie bekam Krämpfe. Alles war in Verzweiflung. Das ist nicht der Weg, sein Herz zu besänftigen. Er hat die Natur, daß ihn der Widerstand verhärtet. Ich weiß nicht, wie es enden wird.«

Aus Zelters Tagebuch:

»Mein Geschäft in Erfurt war in zwei halben Tagen abgemacht. Nun wasche mich, putze mich, freue mich, nehme Extrapost (24. November), komme nach Weimar, fahre vor. Ich bleibe eine Minute im Wagen; niemand kommt mir entgegen. Ich trete in die Tür, ein weibliches Gesicht guckt zur Küche heraus, sieht mich, zieht sich wieder zurück. Stadelmann kommt und hängt das Haupt und zuckt die Schultern. Ich frage – keine Antwort. Ich stehe noch an der Haustür: soll man etwa wieder gehen? Wohnt hier der Tod? Wo ist der Herr? – Trübe Augen. – Wo ist Ottilie? – Nach Dessau. – Wo ist Ulrike von Pogwisch? Im Bette. Der Kammerrat kommt: Vater ist – nicht wohl; krank, recht krank. – Er ist tot! – Nein, nicht tot, aber sehr krank. Ich trete näher, und Marmorbilder stehen und sehen mich an. So steig ich auf. Die bequemen Stufen scheinen sich zurückzuziehen. Was werde ich finden? – Was finde ich? Einen der aussieht, als hätte er Liebe, die ganze Liebe mit aller Qual der Jugend im Leibe. Nun, wenn das ist, er soll davonkommen! Nein, er soll sie behalten, er soll glühen wie Austernkalk; aber Schmerzen soll er haben wie mein Herkules auf dem Öta. Kein Mittel soll helfen; die Pein allein soll Stärkung und Mittel sein. – Und so geschahs, es war geschehen! Von einem Götterkinde, frisch und schön, war das liebende Herz entbunden. Es war schwer hergegangen, doch die göttliche Frucht war da, und lebt, und wir leben und ihres Geistes Namen über Zonen und Äonen hinaustragen und wird genennet werden: Liebe, ewige, allmächtige Liebe.«

Kanzler von Müller berichtet (25. September 1823):

»Goethe erzählte mir viel von Marienbad, besonders von der Gräfin Szymanowska, die so wunderschön Klavier spielt, und sagte von ihr, sie sei so schön und so liebenswürdig, daß man trotz ihrer zauberischen Töne froh sei, wenn sie aufhöre, um sie nur sprechen zu hören, und wieder umgekehrt wünsche, sie möge nur wieder spielen, weil ihr Sprechen so sehr aufrege, daß man nur Ruhe bei ihrem Spiel wieder zu finden hoffen könne. Er sagte: ohne alle Einleitung sei er so schnell mit ihr bekannt geworden, wie man in einer milden, reinen Luft sich alsobald heimisch fühle.«

Sie besuchte mich im Herbst und erreichte in mir durch ihre reizenden Melodien einen Nachklang jener jugendlich-seligen Tage. Die Strophen, die ich dieser Freundin widmete, sind daher auch ganz im Versmaß und Ton jener Elegie gedichtet, und fügen sich dieser wie von selbst als versöhnender Ausgang.

Aussöhnung

Die Leidenschaft bringt Leiden – Wer beschwichtigt,
Beklommnes Herz, dich, das zuviel verloren?
Wo sind die Stunden, überschnell verflüchtigt?
Vergebens war das Schönste dir erkoren!
Trüb' ist der Geist, verworren das Beginnen;
Die hehre Welt, wie schwindet sie den Sinnen!

Da schwebt hervor Musik mit Engelsschwingen,
Verflicht zu Millionen Tön' um Töne,
Des Menschen Wesen durch und durch zu dringen,
Zu überfüllen ihn mit ew'ger Schöne:
Das Auge netzt sich, fühlt im höhern Sehnen
Den Götterwert der Töne wie der Tränen.

Und so das Herz erleichtert merkt behende,
Daß es noch lebt und schlägt und möchte schlagen,
Zum reinsten Dank der überreichen Spende
Sich selbst erwidernd willig darzutragen.
Da fühlte sich – o, daß es ewig bliebe! –
Das Doppelglück der Töne wie der Liebe.

HAUS AM FRAUENPLAN

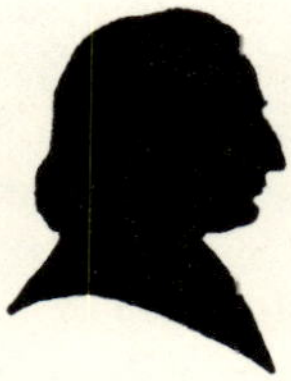

Wenn ich auf mein früheres und mittleres Leben zurückblicke, und nun in meinem Alter bedenke, wie wenige noch von denen übrig sind, die mit mir jung waren, so fällt mir immer der Sommeraufenthalt in einem Bade ein. Sowie man ankommt, schließt man Bekanntschaften und Freundschaften mit solchen, die schon eine Zeitlang dort waren und die in den nächsten Wochen wieder abgehen. Der Verlust ist schmerzlich. Nun hält man sich an die zweite Generation, mit der man eine gute Weile fortlebt und sich auf das innigste verbindet. Aber auch diese geht und läßt uns einsam mit der dritten, die nahe vor unserer Abreise ankommt und mit der man auch gar nichts zu tun hat.
Man hat mich immer als einen vom Glück besonders Begünstigten gepriesen; auch will ich mich nicht beklagen und den Gang meines Lebens nicht schelten. Allein im Grunde ist es nichts als Mühe und Arbeit gewesen, und ich kann wohl sagen, daß ich in meinen fünfundsiebzig Jahren keine vier Wochen eigentliches Behagen gehabt. Es war das ewige Wälzen eines Steins, der immer von neuem gehoben sein wollte. Der Ansprüche an meine Tätigkeit, sowohl von außen als innen, waren zu viele.

Im Herbst 1816 besucht Charlotte Kestner, geborene Buff – Werthers Lotte – Goethe in Weimar. Sie berichtet darüber an ihren Sohn August (4. September 1816):

»Von dem Wiedersehen des großen Mannes habe ich euch selbst noch wohl nichts gesagt: Viel kann ich auch nicht darüber bemerken. Nur so viel, ich habe eine neue Bekanntschaft von einem alten Manne gemacht, welcher, wenn ich nicht wüßte, daß es Goethe wäre, und auch dennoch, keinen angenehmen Eindruck auf mich gemacht hat. Du weißt, wie wenig ich mir von diesem Wiedersehen oder vielmehr dieser neuen Bekanntschaft versprach, war daher sehr unbefangen; auch tat er nach seiner steifen Art alles mögliche, um verbindlich gegen mich zu sein.«

Lottes Tochter, Klara Kestner, schreibt (29. September 1816):

»Leider waren alle Gespräche, die er führte, so gewöhnlich, so oberflächlich, daß es eine Anmaßung für mich sein würde zu sagen, ich hörte ihn sprechen oder ich sprach ihn, denn aus seinem Innern oder auch nur aus seinem Geiste kam nichts von dem, was er sagte. Beständig höflich war sein Betragen gegen Mutter und gegen uns alle, wie das eines Kammerherrn.«

Jeden Abend fand sich ein engerer Kreis bei mir zusammen, unterrichtete Personen beiderlei Geschlechts; damit aber auch der Anteil sich erweiterte, setzte man den Dienstag fest, wo man sicher war, eine gute Gesellschaft an dem Teetisch zusammen zu sehen; auch vorzügliche, Geist und Herz erquickende Musik ward von Zeit zu Zeit vernommen. Gebildete Engländer nahmen an diesen Unterhaltungen teil, und da ich außerdem gegen Mittag gewöhnlich Fremde auf kurze Zeit gern annahm, so blieb ich zwar auf mein Haus eingeschränkt, doch immer mit der Außenwelt in Berührung, vielleicht inniger und gründlicher, als wenn ich mich nach außen bewegt und zerstreut hätte.

Der Dichter Karl von Holtei berichtet:

»Zierlich geschriebene, von ihm eigenhändig unterzeichnete Einladungskarten riefen im Durchschnitt wöchentlich einmal, auch wohl öfter, zu Goethes Mittagstisch, wo acht bis zehn Personen versammelt wurden, bisweilen um einen unvermeidlichen Fremden abtöten zu helfen, gewöhnlich aber, um bei einem wohlbereiteten schlichten Mahle und sehr gutem Weine ein paar Stunden frei und heiter zu verleben. Er war ein sehr angenehmer, aufmerksamer Wirt, behielt sogar gern im Gedächtnis, was dieser und jener vorzüglich zu essen liebte, und trieb dann durch bedeutsame Augenwinke die Diener an, jene beliebte Schüssel noch einmal an den passenden Platz zu tragen. Zum Trinken nötigte der hohe Greis selten mit Worten, wohl aber durch Tat und Beispiel, denn er trank wie ein Alter, und mich hat es immer in meinem Herzen mit gelabt, wenn ich ihn seinen Würzburger voll Andacht schlürfen sah. Ein Fläschchen Champagner beim Dessert verschmähte er auch nicht. Der Genuß des Weines belebte sichtlich seine Sprechlust und steigerte die Fülle seines Ausdrucks, bisweilen sogar zu heftigen Gebärden des Zorns, wenn irgendein ihm widerwärtiger Gegenstand an die Reihe kam. In Ernst wie Scherz, in Glimpf wie Unglimpf hörte es sich ihm prächtig zu. Dagegen redete es sich nicht besonders, denn was man sagte, schien wenig Eindruck zu machen, schien vielmehr an der Glätte seines Stahlpanzers abzugleiten und häufig ganz verloren zu gehen. Von vielen aber, die um den Tisch saßen, war anzunehmen, daß sie der Äußerung eines Fremden nicht eher Anteil oder Beifall zu gönnen wagten, als bis Goethes zustimmendes Kopfnicken sie dazu ermutigt haben würde. Dieser Zustand erkältete mich allerdings, wenn er mich auch nicht abschreckte. Ganz vollkommen frei habe ich mich an Goethes Tafel nur dann gefühlt, wenn er selbst sprach.«

Friedrich Förster erzählt vom Sommer 1821:

»Am liebenswürdigsten und heitergeselligsten war Goethe am Mittagstische, wo jedoch die Eingeladenen nie die Zahl der Musen überschritten. Vor ihm stand eine Flasche alten Rheinweins, welche er ganz allein zu leeren pflegte; wir andern hatten uns aus den vor uns aufgestellten Flaschen nach Belieben zu versorgen. Auf den Küchenzettel, den er für gewöhnlich selbst angab, hatte die Anwesenheit von Gästen besonderen Einfluß. Es gab außer der Suppe gewöhnlich drei, höchstens vier Schüsseln: Fleisch mit Gemüse (er aß sehr gern ein nach italienischer Kochkunst bereitetes stuffato), dann gab es Fisch (Forellen liebte er zumeist), Braten (zumeist Geflügel oder Wild) und, wie er erklärte, wegen der Damen eine Mehlspeise (Karlsbader Strudel), wohlschmeckender, wenn auch nicht wohltätiger als der dortige Strudel. Er selbst zog der süßen Speise ein Stück englischen oder schweizer Käse vor. Das Zerlegen des Bratens, selbst wenn es ein schwieriges Wildziemer war, besorgte er eigenhändig, legte auch wohl einer begünstigten Tischgenossin ein ausgesuchtes Stück oder die zierlichste der Forellen vor. –
Vorherrschend war an dem Mittagstische bei dem alten Herrn

der ausgezeichnete gute Humor und die scherzhaften Neckereien mit seiner Schwiegertochter; doch nahm die Unterhaltung zuweilen auch eine ernste Richtung. Von dem einen wie von dem andern sind Erinnerungen in den Tafeln meines Gedächtnisses aufgezeichnet. Als einmal gegen das Ende der Mahlzeit der Wunsch ausgesprochen wurde, eine Spazierfahrt zu machen, brachten die einen Belvedere, die andern Tiefurt, noch andere Ettersburg und andere schön gelegene Orte in Vorschlag. Den nach so verschiedenen Himmelsrichtungen hinstrebenden Geistern rief Goethe mit erhobener Stimme in gebieterischer Haltung zu:

Verteilet euch nach allen Regionen
Von diesem heil'gen Schmaus!

und meinte, solches Gebot könne hier wohl Anwendung und Beachtung finden. Ottilie erklärte sich damit einverstanden und fügte hinzu: es sei ihr sehr lieb, doch endlich einmal über jenes geheimnisvolle Gedicht, über welches sie sich vergeblich den Kopf zerbrochen, von dem Dichter Aufschluß erhalten zu haben. ›Also du selbst, lieber Vater, bist der Allgebietende, welcher an die ihm dienenden Geister diesen Zuruf ergehen läßt, und so werden wir denn heute erfahren, weshalb jenes Gedicht die Überschrift »Weltseele« führt‹. – ›Das nehm ich an‹, erwiderte Goethe, ›daß ich den Aufruf ergehen lasse, und somit seid ihr es, an die ich mich wende, und mögt ihr euch nun als Cherubin, Äone oder dergleichen weltschöpferische Urgeister bezeugen und nach vollbrachtem Werke, worauf wir doch wohl mehr als sechs Tage zubringen dürfen, vom All ins All zurückkehren: dann werdet ihr wohl inne geworden sein, was unter der Weltseele gemeint ist.‹ – Uns allen eine gesegnete Mahlzeit wünschend, zog sich Goethe mit einer verbindlichen Handbewegung und den entschuldigenden Worten: Am 7. Tage ruhte er, in sein Zimmer zum Mittagsschläfchen zurück. –
›Da sind wir nun‹, bemerkte Frau von Goethe, nachdem der Papa sich entfernt hatte, ›so klug wie vorher; schon einigemal habe ich es versucht, ihn zu veranlassen, über jenes wundersame Gedicht und dessen Überschrift uns Aufklärung zu geben, allein ich erhielt immer ausweichende Antworten.‹ –«

Weltseele

Verteilet euch nach allen Regionen
Von diesem heil'gen Schmaus!
Begeistert reißt euch durch die nächsten Zonen
Ins All und füllt es aus!

Schon schwebet ihr in ungemeßnen Fernen
Den selgen Göttertraum
Und leuchtet nun, gesellig, unter Sternen
Im lichtbesäten Raum.

Dann treibt ihr auch, gewaltige Kometen,
Ins Weit' und Weitr' hinan:
Das Labyrinth der Sonnen und Planeten
Durchschneidet eure Bahn.

Ihr greifet rasch nach ungeformten Erden
Und wirket schöpfrisch jung,
Daß sie belebt und stets belebter werden
Im abgemeßnen Schwung.

Und kreisend führt ihr in bewegten Lüften
Den wandelbaren Flor
Und schreibt dem Stein in allen seinen Grüften
Die festen Formen vor.

Nun alles sich mit göttlichem Erkühnen
Zu übertreffen strebt;
Das Wasser will, das unfruchtbare, grünen,
Und jedes Stäubchen lebt.

Und so verdrängt mit liebevollem Streiten
Der feuchten Qualme Nacht!
Nun glühen schon des Paradieses Weiten
In überbunter Pracht.

Wie regt sich bald, ein holdes Licht zu schauen,
Gestaltenreiche Schar,
Und ihr erstaunt, auf den beglückten Auen,
Nun als das erste Paar.

Und bald verlischt ein unbegrenztes Streben
Im selgen Wechselblick.
Und so empfangt mit Dank das schönste Leben
Vom All ins All zurück.

Am 10. Juni 1823 kommt Johann Peter Eckermann zum erstenmal zu Goethe:

»Vor wenigen Tagen bin ich hier angekommen, heute war ich zuerst bei Goethe. Der Empfang seinerseits war überaus herzlich und der Eindruck seiner Person auf mich derart, daß ich diesen Tag zu den glücklichsten meines Lebens rechne.

Er hatte mir gestern, als ich anfragen ließ, diesen Mittag 12 Uhr als die Zeit bestimmt, wo ich ihm willkommen sein würde. Ich ging also zur gedachten Stunde hin und fand den Bedienten auch bereits meiner wartend und sich anschickend, mich hinaufzuführen. Das Innere des Hauses machte auf mich einen sehr angenehmen Eindruck; ohne glänzend zu sein, war alles höchst edel und einfach; auch deuteten verschiedene an der Treppe stehende Abgüsse antiker Statuen auf Goethes besondere Neigung zur bildenden Kunst und dem griechischen Altertum. Ich sah verschiedene Frauenzimmer, die unten im Hause geschäftig hin und wider gingen, auch einen der schönen Knaben Ottiliens, der zutraulich zu mir heran kam und mich mit großen Augen anblickte.

Nachdem ich mich ein wenig umgesehen, ging ich sodann mit dem sehr gesprächigen Bedienten die Treppe hinauf zur ersten Etage. Er öffnete ein Zimmer, vor dessen Schwelle man die Zeichen SALVE als gute Vorbedeutung eines freundlichen Willkommenseins überschritt. Er führte mich durch dieses Zimmer hindurch und öffnete ein zweites, etwas geräumigeres, wo er mich zu verweilen bat, indem er ging, mich seinem Herrn zu melden. Hier war die kühlste, erquicklichste Luft, auf dem Boden lag ein Teppich gebreitet, auch war es durch ein rotes Kanapee und Stühle von gleicher Farbe überaus heiter möbliert; gleich zur Seite stand ein Flügel, und an den Wänden sah man Handzeichnungen und Gemälde verschiedener Art und Größe.

Durch eine offene Tür gegenüber blickte man sodann in ein ferneres Zimmer, gleichfalls mit Gemälden verziert, durch welches der Bediente gegangen war, mich zu melden.

Es währte nicht lange, so kam Goethe, in einem blauen Oberrock und in Schuhen; eine erhabene Gestalt! Der Eindruck war überraschend. Doch verscheuchte er sogleich jede Befangenheit durch die freundlichsten Worte. Wir setzten uns auf das Sofa. Ich war glücklich verwirrt in seinem Anblick und seiner Nähe, ich wußte ihm wenig oder nichts zu sagen.
Wir saßen lange beisammen, in ruhiger liebevoller Stimmung. Ich drückte seine Knie, ich vergaß das Reden über seinem Anblick, ich konnte mich an ihm nicht sattsehen. Das Gesicht so kräftig und braun und voller Falten, und jede Falte voller Ausdruck. Und in allem solche Biederkeit und Festigkeit und solche Ruhe und Größe! Er sprach langsam und bequem, so wie man sich wohl einen bejahrten Monarchen denkt, wenn er redet. Man sah ihm an, daß er in sich selber ruht und über Lob und Tadel erhaben ist. Es war mir bei ihm unbeschreiblich wohl; ich fühlte mich beruhigt, so wie es jemandem sein mag, der nach vieler Mühe und langem Hoffen endlich seine liebsten Wünsche befriedigt sieht.«

Christian Schuchardt, Goethes letzter Sekretär, berichtet:

»In die Zeit, in welcher ich die Stelle eines Sekretärs bei Goethe versah, fällt die Herausgabe seiner Werke letzter Hand, und er diktierte mir dafür Neues und Umgearbeitetes, unter anderem auch ›Wilhelm Meisters Wanderjahre‹, wobei ich Gelegenheit hatte, die Kraft, Sicherheit und Klarheit seines Geistes in so hohen Jahren zu bewundern. Er tat dies so sicher, fließend, wie es mancher nur aus einem gedruckten Buche zu tun imstande sein würde.
Wäre das ruhig und ohne äußere Störung und Unterbrechung geschehen, so würde ich kaum aufmerksam geworden sein. Dazwischen aber kam der Barbier, der Friseur (Goethe ließ sich alle zwei Tage das Haar brennen, täglich frisieren), der Bibliotheksdiener, öfter der frühere Sekretär Goethes, der Bibliothekar Rat Kräuter, der Kanzlist, welche alle die Erlaubnis hatten, unangemeldet einzutreten. Der Kammerdiener meldete einen Fremden an, mit welchem sich Goethe, im Falle der Annahme, längere oder kürzere Zeit unterhielt; dazwischen trat auch wohl jemand aus der Familie ein. Der Barbier und Friseur erzählten, was in der Stadt etwa passiert sei, der Bibliotheksdiener berichtete von

der Bibliothek usw. Wie beim Anklopfen das kräftige Herein! ertönte, beendigte ich den letzten Satz und wartete, bis der Anwesende sich wieder entfernte. Da wiederholte ich so viel, als mir für den Zusammenhang nötig schien, und das Diktieren ging bis zur nächsten Störung fort, als wäre nichts vorgefallen. Das war mir doch zu arg, und ich sah mich überall im Zimmer um, ob nicht irgendwo ein Buch oder ein Konzept läge, in das Goethe im Vorübergehen schaute (während des Diktierens wanderte er nämlich ununterbrochen um den Tisch und den Schreibenden herum), aber niemals habe ich das Geringste entdecken können.
Während des Diktierens kam es auch nicht selten vor, daß Goethe plötzlich stehenblieb, wie man etwa tut, wenn man eine Gruppe Menschen oder einen anderen Gegenstand unvermutet vor sich sieht, welche die augenblickliche Aufmerksamkeit auf sich ziehen. Diese schien er sofort künstlerisch zu gestalten und zu gruppieren. Mit ausgebreiteten Händen und unter Beugung des Körpers nach der einen oder andern Seite brachte er den Gegenstand ins Gleichgewicht und in kunstgerechte Stellung. War ihm das gelungen, so rief er gewöhnlich: ›So recht! ganz recht!‹
Anfangs wurde es mir fast unheimlich bei dieser Unterhaltung mit der unsichtbaren Gesellschaft, seinen eigenen Kunstgebilden.«

Willibald Alexis, der Autor der »Hosen des Herrn von Bredow«, berichtet (13. September 1824):

»Ich war nicht mehr Student und schon gedruckt, als ich das zweitemal nach Weimar reiste, um Goethe zu sehen. Ein werter Freund aus Württemberg – auch schon gedruckt – begleitete mich; er hatte denselben Zweck. – Wir sandten, in Weimar angelangt, unsere Empfehlungsbriefe in das Goethesche Haus und wurden auf den Nachmittag um fünf Uhr, wie man uns vorausgesagt, beschieden. – Es schlug fünf! – Die Pforte öffnete sich – Excellenz werden alsbald erscheinen! sagte der Kammerdiener auf die für uns bereitgestellten Stühle weisend, und einige Sekunden darauf, als habe sie schon hinter der Tür bereit gestanden, trat die Excellenz ein. Von Kopf bis Fuß in glänzendem Schwarz, den großen blitzenden Stern auf der Brust. Wir verbeugten uns tief, wir stammelten einige Silben, die Excellenz

erwiderte andere und deutete einladend auf die Stühle, in der nächsten Sekunde saßen wir, den Rücken gegen das Licht, dessen voller Glanz auf die auch sitzende Excellenz spielte, die Hände halb vor sich auf dem Schoße gefaltet, mit den Daumen ein Rad schlagend. Wir saßen ehrfurchtsvoll übergebeugt, um keinen Laut zu verlieren. Unsere Empfehlungsbriefe waren voll gewichtig, die Unterhaltung war sofort eingeleitet und floß in dem ebenmäßigen Gleise fort, wie es unter anständigen Leuten Sitte ist, die sich nichts zu sagen haben.
Ich weiß nicht, ob es schon das Wort Excellenz auf der Lippe des Kammerdieners war oder der glänzend schwarze Frack oder der blitzende große Stern, was meinen Zauber mit einemmale verschwinden ließ und mich plötzlich in die bare Wirklichkeit zurückversetzte. Das Herz schlug ganz ruhig, das Fieber war fort; nicht Goethe, der Dichter des Werther, Götz, Faust, nicht der Liedersänger war zu uns getreten, sondern Goethe, der vornehme Mann, gab uns Audienz.«

Goethe (Dichtung und Wahrheit, 18. Buch):

Ich finde es nicht ganz schicklich, daß Reisende einen bedeutenden Mann, den sie besuchen, gleichsam signalisieren, als wenn sie Stoff zu einem Steckbrief geben wollten. Niemand bedenkt, daß es eigentlich nur ein Augenblick ist, wo er vorgetreten, neugierig beobachtet, und doch nur auf seine eigene Weise; und so kann der Besuchte bald wirklich, bald scheinbar als stolz oder demütig, als schweigsam oder gesprächig, als heiter oder verdrießlich erscheinen.

Der Maler Zahn berichtet von einer Mittagstafel am Frauenplan (7. September 1827):

»Die Unterhaltung war eine allgemeine, lebendige und nie stockende. Goethe leitete sie meisterhaft, ohne aber jemanden zu beschränken. Um ihn saßen seine lebenden Lexika, die er bei Gelegenheit aufrief, denn er mochte sich nicht selber mit dem Ballast der bloßen Stubengelehrsamkeit beschweren. Riemer vertrat die Philologie, Meyer die Kunstgeschichte, und Eckermann entrollte sich als ein endloser Zitatenknäuel für jedes beliebige Fach. Dazwischen lauschte er mit eingezogenem Atem den Worten des Meisters, die er wie Orakelsprüche sofort auswendig zu lernen schien.«

Eckermann erzählt (11. Oktober 1828):

»Goethe sagte mir, daß er Carlyles Aufsatz über ihn diesen Morgen betrachtet, und so waren wir denn imstande, über die Bestrebungen der Ausländer manche Worte des Lobes gegenseitig auszutauschen. – ›Liebes Kind‹, sagte er, ›ich will Ihnen etwas vertrauen, das Ihnen sogleich über vieles hinaushelfen und lebenslänglich zugute kommen soll. Meine Sachen können nicht populär werden; wer daran denkt und dafür strebt, ist in einem Irrtum. Sie sind nicht für die Masse geschrieben, sondern nur für einzelne Menschen, die etwas Ähnliches wollen und suchen, und die in ähnlichen Richtungen begriffen sind.‹ –
Biskuit und schöne Trauben wurden zum Nachtisch aufgetragen. Letztere waren aus der Ferne gesendet, und Goethe tat geheimnisvoll, woher sie gekommen. Er verteilte sie und reichte mir eine sehr reife über den Tisch. ›Hier, mein Guter‹, sagte er, ›essen Sie von diesen Süßigkeiten und seien Sie vergnügt.‹ Ich ließ mir die Traube aus Goethes Händen wohlschmecken und war nun mit Leib und Seele völlig in seiner Nähe.«

Zwischen Karl von Holtei und Goethes Sohn August entstand Freundschaft. In seinen Lebenserinnerungen schreibt Holtei:

»Wir sahen uns täglich und wurden Vertraute. Als wir es waren, verhehlte er mir es nicht, daß er oft absichtlich, vorzüglich vor Fremden, darauf ausgehe, als roher Gegner jedes poetischen Treibens zu erscheinen, weil ihm der Gedanke zu fürchterlich sei, für einen Erben zu gelten, der sich bestrebe, Firma und Geschäft des Vaters fortzuführen. Lieber, sprach er, sollen sie sagen, Goethes Sohn ist ein dummer Kerl oder was sie sonst sagen mögen, als daß es von mir heißt, er will den jungen Goethe spielen.
August Goethe war kein gewöhnlicher Mensch, auch in seinen Ausschweifungen lag etwas Energisches. Wenn er sich ihnen hingab, schien es weniger aus Schwäche, als vielmehr aus Trotz gegen die ihn umgebenden Formen zu geschehen. Stirn, Auge, Nase waren schön und bedeutend, machten seinen Kopf dem des Vaters ähnlich. Der Mund mit seinen sinnlich-aufgeworfenen

Lippen hatte dagegen etwas Gemeines und soll an die Abstammung von mütterlicher Seite erinnert haben. Er hielt sich, ging, stand, saß, gebärdete sich wie ein feiner Hofmann. Seine graziöse Haltung blieb stets unverändert, und auch wenn er berauscht war, wenn er tobte, fiel er nie aus dem Maße äußerer Schicklichkeit. Er wußte viel und mancherlei. Nicht nur, daß er, wenn er einmal ins Arbeiten kam, ein ganz tüchtiger Rat an fürstlicher Kammer sein konnte, trieb er auch Naturwissenschaften in vielfacher Richtung und hielt namentlich die vom Vater angelegten Sammlungen jeder Gattung in bester Ordnung. Das Münzkabinett hatte er gleichfalls in seinem Verschluß und wußte genügende historische Auskunft zu geben. Die Poesie, der abhold zu scheinen bisweilen seine Laune war, liebte mein armer Freund ebenso innig, wie er ihr aufs Innigste vertraut war.
Nie habe ich einen Freund gehabt, der so sichtlich und so zur Freude des Beschauers Ordnung und Sauberkeit in allem, was ihn umgab, in Papieren, Briefsammlungen, Kunstschätzen zu halten wußte. Während Vettern und Basen ihn für einen unordentlichen, liederlichen Menschen ausschrieen, war in seinen Gemächern eine wahrhaft strahlende Reinlichkeit, über jeden Schrank und Kasten der wohltuende Friede heimatlichen und behaglichen Sinnes verbreitet. Mit seiner Familie bewohnte August das zweite Stockwerk des väterlichen Hauses, auf deutsch gesagt: Dachstuben. Der Alte hatte mit Beziehung auf die kajütenartige Benutzung aller, auch der kleinsten Räume und den Glanz gutgepflegter Ausschmückung einmal nach einer oben besuchten Abendgesellschaft geäußert: ›Nun, in eurem Schiffchen war es ja gestern ganz brav.‹ Seitdem hieß Augusts Appartement kurzweg: Das Schiff. Ach, welche schöne Nachtstunden haben wir in diesem Schiffe durchlebt! Wieviel gelacht! Wie ernst und erschöpfend über manches geredet! August war voll Humor und ging auf alles ein, was dahin schlug, besaß ein seltenes Geschick, das Ergötzliche und Possierliche aufzufinden, wenn erst die Rinde um sein krankes Herz geschmolzen war. Aber mitten durch die lustigen Briefe, durch die jubelndsten Gespräche zuckten fortdauernd Blitze des Unmuts, des Verzweifelns an sich selbst, des Lebensüberdrusses, die den traurigen Zustand des Unseligen beleuchteten.
Den Hauptschlag, das weiß ich aus seinem eigenen Munde, der es mir nie mit klaren Worten und dennoch verständlich kund-

getan, hat ihm ein Machtwort des Vaters gegeben. Als im Frühling 1813 das deutsche Vaterland sich erhob, als Karl August, stets edel und deutsch gesinnt, auch seine Weimaraner zu den Waffen rief, da wollte sich auch August in die Reihe der Freiwilligen stellen, doch die väterliche Gewalt hielt ihn zurück. Damals hatte Goethe noch keinen Enkel. Der Gedanke, den einen, der seinen Namen führen und fortpflanzen solle, durch eine feindliche Kugel verlieren zu können, sagt man, wäre ihm unerträglich gewesen, und er habe Himmel und Erde in Bewegung gesetzt, um den höheren Befehl zu erlangen, der den Kampflustigen zurückzwang. Als nun nach glorreichen Taten die Sieger, von ihrem Fürsten geführt, heimkehrten, als Eltern, Schwestern und Kinder sie jubelnd empfingen, da zog auch unser August ihnen entgegen – er mußte, wo er begrüßen wollte, Äußerungen des Hohnes, des Spottes hören.

Und so bereitete sich denn in ihm nach allen Kämpfen und Krämpfen eine verbissene Wut, ein bohrender Groll, ein mächtiger Trotz gegen die Verhältnisse, gegen sein Geschick, ja, gegen sein Glück vor, und um dieser – contenance der Verzweiflung, daß ich es so nenne – eine Farbe zu geben, warf er sich mit kindischer Vorliebe auf – die Vergötterung Napoleons! Hinter dieser bemühte er sich, die Schmach zu verbergen, die des Vaters verletzende Fürsorge ihm bereitet hatte.

Man glaube aber ja nicht, daß deshalb das Verhältnis zwischen Vater und Sohn ein gespanntes gewesen sei. Dazu kam es nie. Ich habe zu deutliche Beweise, daß August kein Geheimnis vor dem Vater hatte. Diese kindliche Anhänglichkeit betreffend, bleibt mir die Nacht vor meiner Abreise von Weimar unvergeßlich. Früh um vier Uhr waren meine Pferde bestellt. Ich hatte noch zwei Stunden Zeit zum Einpacken. Es mochte drei sein, als mit gewaltigen Schlägen an das Haustor gepocht wurde. Eine Minute nachher stand August glühend vor Wein und Aufregung vor mir und gab meinem Diener ein Zeichen, uns zu verlassen. ›Sie haben‹, sprach er zu mir, ›gewünscht, ich solle Ihre Aufträge an Ihre Freundin übernehmen, während Sie von Weimar abwesend sind, und haben es mir dabei zur Bedingung gemacht, gegen jedermann das tiefste Geheimnis zu bewahren. Ich bin auf diese Bedingung stillschweigend eingegangen. Aber doch kann ich Sie nicht reisen lassen, ohne vorher zu fragen, ob unter »Jedermann« auch mein Vater mit inbegriffen ist?‹

›Natürlich‹, erwiderte ich, ›der vor allen!‹

›Dann‹, sagte August mit großer Entschiedenheit, ›muß ich mein Versprechen zurücknehmen und darf Ihr Vertrauen nicht empfangen. Vor meinem Vater kann und darf ich kein Geheimnis haben. Seitdem ich reden kann, ist kein Tag vergangen, wo ich nicht, wenn wir an einem Orte lebten, jeden Morgen zu meinem Vater getreten bin und ihm alles erzählt habe, was mir am vorigen Tage begegnet ist, was ich getan, was ich gedacht habe! Mein Vater ist mein Beichtiger. Sie wissen, wie lieb ich Sie habe. Über meinen Vater geht mir nichts.‹ – Er umarmte mich, sagte Lebewohl und schied. An der Zimmertür kehrte er noch einmal um, sah mich mit starren Augen lange durchdringend an und sprach: ›Sie glauben, ich wäre betrunken? Ich bins nie, wenn ich es nicht scheinen will! Ihr haltet mich für einen wilden, oberflächlichen Gesellen!? Aber hier –‹ (und dabei schlug er sich mit der geballten Faust auf seine hochgewölbte Brust, daß sie dumpf und hohl widerklang!) – ›hier ist es so tief! Wenn Sie einen Stein hinabwürfen, Sie könnten lange lauschen, bis Sie ihn fallen hörten!‹ –«

Der Prinzenerzieher Soret schreibt an seinen Onkel nach Genf (15. Februar 1824):

»Für unsere liebenswürdige Nina Bertrand in Genf finde ich hier einen Ersatz in Frau von Goethe, der Schwiegertochter des Dichters; es läßt sich mit ihr ebenso ungezwungen verkehren wie mit meiner alten Freundin, und sie gleicht ihr in vielen Stücken; klein, braun, mit feurigen, geistblitzenden Augen, lebhaft, originell, empfindsam, kokett (in allen Ehren versteht sich), voll Phantasie, ab und zu auch launenhaft; sie verdreht den Männern ein wenig die Köpfe, liebt Gesellschaft, Bälle, Toiletten und noch mehr geistreiche Leute und Literatur.«

Ottilie von Goethe schreibt in ihrem Tagebuch (22. April 1830):

»Halb sechs Uhr aufgestanden. Dreiviertel verließ uns August, da er sich nicht entschließen konnte, länger dem Abschied von Minute zu Minute entgegenzusehen. Er ging zu Eckermann, trat aber erst nach acht Uhr mit ihm auf der Schnellpost seine Reise nach Italien an.«

Aus Eckermanns Tagebuch (21. April 1830):

»Ich nahm heute Abschied von Goethe, indem die Abreise nach Italien mit seinem Sohn auf morgen früh bestimmt war. Als ich ging schenkte er mir ein Stammbuch, worin er sich mit folgenden Worten eingeschrieben:

›Es geht vorüber eh' ich's gewahr werde,
Und verwandelt sich eh' ich's merke.‹
Hiob.

Weimar, den 21. April 1830. Den Reisenden.«

Ottilies Mutter erhält aus Italien einen Bericht über ihren Schwiegersohn August:

»Ich sah ihn in Sorrent und Pompeji immer singend und tanzend. Er sprach von der guten Ordnung, in der er seine Angelegenheiten daheim zurückgelassen habe, und zu meiner Verwunderung von der Möglichkeit, daß er ja noch in Italien sterben könne. Er meinte: ›Mein armer Vater wird dann meine Kinder haben, die viel besser als ich beschaffen sind, ihm Freude zu machen; sie werden auch das Glück ihrer Mutter sein. Ich werde keinem Menschen fehlen. Glauben Sie mir, hinter meinem närrischen Treiben verbirgt sich ein ernsteres Herz, als man denkt.‹
Da er ging, drückte er mir mehrere Male die Hand und dankte mir für die gute Aufnahme. Ich sagte ihm bewegt: ›Auf Wiedersehen in Rom!‹ ›Ja, in Rom oder Dort!‹ antwortete er und wies gen Himmel. Er war aber ganz lustig dabei.«

Aus Goethes Tagebuch, 10. November 1830:

»Gegen Abend Herr Geheimerat von Müller und Hofrat Vogel, mir mit möglichster Schonung das in der Nacht vom 27ten bis 28ten Oktober erfolgte Ableben meines Sohnes in Rom zur Kenntnis zu bringen.«

Elf Tage später schreibt Goethe an Zelter:

»Prüfungen erwarte bis zuletzt.
Dir hat es, mein Guter, nicht daran gefehlt, mir auch nicht, und es scheinet, als wenn das Schicksal die Überzeugung habe, man sei nicht aus Nerven, Venen, Arterien und andern daher abgeleiteten Organen, sondern aus Draht zusammengeflochten. Das eigentlich Wunderliche und Bedeutende dieser Prüfung ist, daß ich alle Lasten, die ich zunächst, ja mit dem neuen Jahre abzustreifen und einem jünger Lebigen zu übertragen glaubte, nunmehr selbst fortzuschleppen und sogar schwieriger weiterzutragen habe.
Hier nun allein kann der große Begriff der Pflicht uns aufrecht erhalten. Ich habe keine Sorge, als mich physisch im Gleichgewicht zu bewegen; alles andere gibt sich von selbst. Der Körper muß, der Geist will, und wer seinem Wollen die notwendigste Bahn vorgeschrieben sieht, der braucht sich nicht viel zu besinnen.«

Karoline von Wolzogen schreibt (16. Februar 1831):

»Goethe hat nach dem Tode des Sohnes an einem schönen Tage den Haushalt umgestürzt und dem Schuldenmachen der Schwiegertochter gesteuert. Ich mußte lachen über die Pedanterie, womit er jetzt die Wirtschaft treibt; aber nötig mag es sein. Er hat den Schlüssel des Holzstalles unter seinem Kopfkissen und läßt das Brot abwiegen.
Als Gesellschafterin behandelt er Ottilien sehr artig.«

Goethe an Zelter (14. Dezember 1830):

»Schon manchmal hab ich bedacht, wie wir beiden gleichsam an die entgegengesetzten Enden der sozialen Welt angewiesen sind. Du, in die kreiselnde Bewegung einer volkreichen Königsstadt verschlungen, hast alles persönlich zu bestehen, unterrichtest und lehrst, gibst und genießest, arbeitest und vollbringst, versammelst und dirigierst, gebietest und herrschest und was nicht alles; hierzu noch der Familienzirkel und fremde Gelage gerechnet, da gibt es denn schon etwas auszuhalten. Indessen ich einsam, wie Merlin vom leuchtenden Grabe her, mein eignes

Echo ruhig und gelegentlich in der Nähe, wohl auch in die Ferne vernehmen lasse.«

Dämmrung senkte sich von oben,
Schon ist alles Nähe fern;
Doch zuerst emporgehoben
Holden Lichts der Abendstern!
Alles schwankt ins Ungewisse,
Nebel schleichen in die Höh;
Schwarzvertiefte Finsternisse
Widerspiegelnd ruht der See.

Nun im östlichen Bereiche
Ahn ich Mondenglanz und -glut,
Schlanker Weiden Haargezweige
Scherzen auf der nächsten Flut.
Durch bewegter Schatten Spiele
Zittert Lunas Zauberschein,
Und durchs Auge schleicht die Kühle
Sänftigend ins Herz hinein.

AHNUNG UND ANSCHAUUNG

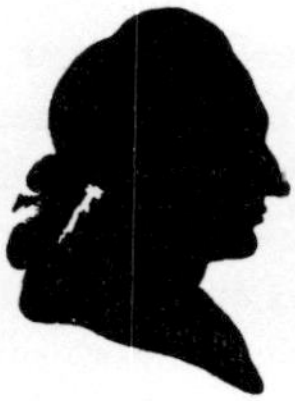

Im Namen dessen, der sich selbst erschuf!
Von Ewigkeit in schaffendem Beruf;
In seinem Namen, der den Glauben schafft,
Vertrauen, Liebe, Tätigkeit und Kraft;
In jenes Namen, der, so oft genannt,
Dem Wesen nach blieb immer unbekannt:

Soweit das Ohr, soweit das Auge reicht,
Du findest nur Bekanntes, das ihm gleicht,
Und deines Geistes höchster Feuerflug
Hat schon am Gleichnis, hat am Bild genug;
Es zieht dich an, es reißt dich heiter fort,
Und wo du wandelst, schmückt sich Weg und Ort –

Du zählst nicht mehr, berechnest keine Zeit,
Und jeder Schritt ist Unermeßlichkeit.

Wir müssen uns die Wissenschaft notwendig als Kunst denken, wenn wir von ihr irgendeine Art von Ganzheit erwarten. Wie die Kunst sich immer ganz in jedem einzelnen Kunstwerk darstellt, so sollte die Wissenschaft sich auch jedesmal ganz in jedem einzelnen Behandelten erweisen.

Um aber einer solchen Forderung sich zu nähern, so müßte man keine der menschlichen Kräfte bei wissenschaftlicher Tätigkeit ausschließen. Die Abgründe der Ahndung, ein sicheres Anschauen der Gegenwart, mathematische Tiefe, physische Genauigkeit, Höhe der Vernunft, Schärfe des Verstandes, bewegliche sehnsuchtsvolle Phantasie, liebevolle Freude am Sinnlichen, nichts kann entbehrt werden zum lebhaften fruchtbaren Ergrei-

fen des Augenblicks, wodurch ganz allein ein Kunstwerk, von welchem Gehalt es auch sei, entstehen kann.
Wenn diese geforderten Elemente wo nicht widersprechend, doch sich dergestalt gegenüberstehend erscheinen möchten, daß auch die vorzüglichsten Geister nicht hoffen dürften sie zu vereinigen: so liegen sie doch in der gesamten Menschheit offenbar da und können jeden Augenblick hervortreten.
Vielleicht ist es kühn, aber wenigstens in dieser Zeit nötig zu sagen: daß die Gesamtheit jener Elemente vielleicht vor keiner Nation so bereit liegt als vor der deutschen. Denn ob wir gleich, was Wissenschaft und Kunst betrifft, in der seltsamsten Anarchie leben, die uns von jedem erwünschten Zweck immer mehr zu entfernen scheint, so ist es doch eben diese Anarchie, die uns nach und nach aus der Weite ins Enge, aus der Zerstreuung zur Vereinigung drängen muß.

Aus Eckermanns Tagebuch (16. April 1825):

»Goethe wird nun in wenigen Jahren achtzig Jahre alt, aber des Forschens und Erfahrens wird er nicht satt. In keiner seiner Richtungen ist er fertig und abgetan; er will immer weiter, immer weiter! immer lernen, immer lernen! und zeigt sich eben dadurch als ein Mensch von einer ewigen, ganz unverwüstlichen Jugend.«
Es gibt in der Natur ein Zugängliches und ein Unzugängliches. Dieses unterscheide und bedenke man wohl und habe Respekt. Wer es weiß und klug ist, wird sich am Zugänglichen halten, und indem er in dieser Region nach allen Seiten geht und sich befestigt, wird er sogar auf diesem Wege dem Unzugänglichen etwas abgewinnen können.
Meine Naturstudien ruhen auf der reinen Basis des Erlebten. Das Erlebte weiß jeder zu schätzen, am meisten der Denkende und Nachsinnende im Alter; er fühlt mit Zuversicht und Behaglichkeit, daß ihm das niemand rauben kann.
Wer kann mir nehmen, daß ich 1749 geboren bin; daß ich Schritt für Schritt die großen Entdeckungen der zweiten Hälfte des achtzehnten Jahrhunderts bis auf den heutigen Tag wie einen Wunderstern nach dem andern vor mir aufgehen sah. Wer kann mir die heimliche Freude nehmen, wenn ich mir bewußt bin, durch fortwährendes aufmerksames Bestreben mancher

großen weltüberraschenden Entdeckung selbst so nahe gekommen zu sein, daß ihre Erscheinung gleichsam aus meinem eignen Innern hervorbrach.
Jetzt werden Fortschritte getan, auch auf den Wegen, die ich einleitete, wie ich sie nicht ahnden konnte, und es ist mir wie einem, der der Morgenröte entgegengeht und über den Glanz der Sonne erstaunt, wenn diese hervorleuchtet. Wenn nur die Menschen das Rechte, nachdem es gefunden, nicht wieder umkehrten und verdüsterten, so wäre ich zufrieden; denn es täte der Menschheit ein Positives not, das man ihr von Generation zu Generation überlieferte, und es wäre doch gut, wenn das Positive zugleich das Rechte und Wahre wäre. Aber die Menschen können keine Ruhe halten, und ehe man es sich versieht, ist die Verwirrung wieder obenauf. Wir wollen es nur im stillen auf dem rechten Wege forthalten und die übrigen gehen lassen; das ist das Beste.

Albrecht von Haller, der, als Goethe jung war, auf dem Gebiet der Naturwissenschaft als Autorität galt, hatte gedichtet:

»Ins Innre der Natur
Dringt kein erschaffner Geist,
Glückselig wem sie nur
Die äußre Schale weist.«

Der alte Goethe antwortet darauf:

»Ins Innre der Natur« –
O du Philister! –
»Dringt kein erschaffner Geist.«
Mich und Geschwister
Mögt ihr an solches Wort
Nur nicht erinnern!
Wir denken: Ort für Ort
Sind wir im Innern.
»Glückselig wem sie nur
Die äußre Schale weist!«
Das hör ich sechzig Jahre wiederholen,
Ich fluche drauf, aber verstohlen;
Sage mir tausend tausendmale:
Alles gibt sie reichlich und gern;

Natur hat weder Kern
Noch Schale,
Alles ist sie mit einemmale.
Dich prüfe du nur allermeist,
Ob du Kern oder Schale seist.

Von werter Hand erhalte ich eine Schrift, deren Bestreben mir allzuförderlich ist, daß ich derselben nicht mit Vergnügen gedenken sollte; sie führt den Titel: Wilhelm von Schütz, Zur Morphologie. I. Heft. 1821. Mir aber sei vergönnt, hier abermals, was sich zu meinen Gunsten hervorgetan, auszugsweise darzulegen:

»Was Goethe in der Natur sah, gewann für ihn zugleich den Charakter des Erlebten. Goethe scheint uns zu sagen: Ich wünsche ganz verstanden zu werden in dem, was ich der Natur geworden, in dem, was die Natur mir geworden. Willst du mich nur erträglich verstehen, so mußt du wissen, wie die Natur mich fand und wie ich die Natur fand, als wir uns einander begegneten; dann hast du die Geschichte und die Darstellung meiner Wahrnehmungen.

Ergreift uns Plato mit dem Gefühl, daß er sich noch nicht vollkommen ausgesprochen habe, daß er sich auch nie vollkommen aussprechen könne und werde, so wird Goethe durch dasselbe charakterisiert, als Dichter, als Weltbeobachter, als Naturkundiger. Man betrachte, wie wenig er mystisch ist in seiner Poesie, wie er das Geheimnis nie in den Stoff legt, aber man bedenke zugleich, wie wir, wenn das Gedicht geschlossen, uns zunächst an der Pforte fühlen, jenseits welcher das große Allgeheimnis schlummert, aus dem sein Werk hervorgetreten. Dies erkennt man zur Not an. Aber daß sich dasselbe wiederholt, wenn er uns an das Gebiet der Natur führt, das wollen nur wenige Wort haben; doch ist es gerade hier am merkwürdigsten. Durch das Anknüpfen an Lebensereignisse und durch die dichterischen Einströmungen werden die einzelnen Gegenstände wieder in das Element einer allen angehörigen Seele getaucht und gegen den Hintergrund eines gemeinschaftlichen Ganzen gestellt.

Die Betrachtungen des Einzelnen und Gegenwärtigen stehen voran, die Urphänomene im Hintergrunde; aber sie werden nicht vernachlässigt; ja was noch mehr ist, gerade das Sinnliche fördert das wahrhaft Übersinnliche.«

Vorstehendes konnte mir nicht anders als höchst willkommen sein. Ich finde mich bewogen, noch einiges aphoristisch hinzuzufügen:

Das Höchste, was wir von Gott und der Natur erhalten haben, ist das Leben, die rotierende Bewegung der Monas um sich selbst, welche weder Rast noch Ruhe kennt; der Trieb, das Leben zu hegen und zu pflegen, ist einem jeden unverwüstlich eingeboren; die Eigentümlichkeit desselben jedoch bleibt uns und andern ein Geheimnis.

Die zweite Gunst der von oben wirkenden Wesen ist das Erlebte, das Gewahrwerden, das Eingreifen der lebendig-beweglichen Monas in die Umgebungen der Außenwelt, wodurch sie sich erst selbst als innerlich Grenzenloses, als äußerlich Begrenztes gewahr wird. Über dieses Erlebte können wir, obgleich Anlage, Aufmerksamkeit und Glück dazu gehört, in uns selbst klar werden; andern bleibt aber auch dies immer ein Geheimnis.

Als Drittes entwickelt sich nun dasjenige, was wir als Handlung und Tat, als Wort und Schrift gegen die Außenwelt richten; dieses gehört derselben mehr an als uns selbst, so wie sie sich darüber auch eher verständigen kann, als wir es selbst vermögen; jedoch fühlt sie, daß sie, um recht klar darüber zu werden, auch von unserm Erlebten so viel als möglich zu erfahren habe. Weshalb man auch auf Jugendanfänge, Stufen der Bildung, Lebenseinzelheiten, Anekdoten und dergleichen höchst begierig ist.

Brief eines Sechzigjährigen von einem Aufenthalt in Weimar:

»Schon lange hätte ich Ihnen geschrieben; allein ich zögerte noch immer, weil ich nicht eher schreiben wollte, als bis ich Goethe gesehen hätte, auf dessen Anblick ich so begierig war. Ich ging zwei Monate alle Tage vor seinem Hause vorbei; allein vergebens. Wie ich nun ganz trübselig darüber nachdachte, daß mir alle Versuche, Goethe zu sehen, mißglückten, bemerkte ich eines Tages eine Gartentür, die offen war, und als ich hineintrat, sah ich, daß dieses der Nachbarsgarten sei, dessen Mauer dicht an Goethes Garten stößt, sodaß man von hier aus die Gänge in jenem ganz deutlich übersehen kann. Ich fragte den Mann, dem dieses Haus gehörte: ob Goethe oft in seinem Garten spazieren ginge, und um welche Zeit? Er antwortete mir: alle Tage, wenn es schön Wetter ist, manchmal um zehn Uhr, wenn die Sonne irgend am Himmel hervorkäme, so sei der Geheime Rat auch da; um zwölf Uhr aber liebe er ganz vorzüglich im Garten zu sein. Der alte Herr halte es, wie es scheine, mit den heißesten Sonnenstrahlen. Hierauf fragte ich ihn, ob er mir wohl die Erlaubnis geben wollte, daß ich seinen Garten täglich eine halbe Stunde besuchen könnte, um Goethe zu sehen und zu beobachten. Er antwortete mir ganz gleichgültig: warum nicht? da könne er nichts dawider haben. – Es ist doch wunderbar, lieber Freund, daß man, um einen Tiger, einen Bären, eine wilde Katze zu sehen, einen halben Gulden bezahlen muß, und daß man dagegen den Anblick eines großen Mannes, der doch das Seltenste ist, was man in der Welt sehen kann, völlig umsonst haben mag! Ich ging voll Freude nach Hause, konnte aber diese Nacht kaum ein Auge zutun. Der kommende Tag brach endlich an und brachte das schönste Frühlingswetter. Wie ich die Sonne scheinen sah, dachte ich: ha, heute ist gut Wetter für Goethe; und ich hatte mich nicht geirrt. Es war zehn Uhr vorbei, als ich von Hause aus nach dem Garten ging, wo Er schon auf und ab wandelte. Das Herz pochte mir gewaltig, als ich ihn sah. Nie habe ich in diesem vorgerückten Alter einen so rüstig schönen Mann gesehen. Ich sehe ihn jetzt, wenn schönes Wetter ist, täglich in seinem Garten. Er geht gewöhnlich mit langsamen Schritten auf und ab ohne sich hinzusetzen; stellt aber auch oft über einen Gegenstand des Pflanzenreiches, vor dem er alsdann still steht, in seinen Gedanken halbestundenlange Betrachtungen an. Könnte ich doch nur seinen Sinn und seine Gespräche mit sich selbst in solchen Augenblicken erraten!«

Ein anderer Besucher, Johannes Falk, berichtet Goethes Gartengespräche:

»Eines Nachmittags fand ich Goethe bei milder Witterung in seinem Garten sitzend. Vor ihm auf einem kleinen Gartentische stand ein langgehalstes Zuckerglas, worin sich eine kleine, lebendige Schlange munter bewegte, die er mit einem Federkiele fütterte und täglich Betrachtungen über sie anstellte. Er behauptete, daß sie ihn bereits kenne und mit dem Kopfe näher zum Rande des Glases komme, sobald sie seiner ansichtig werde. ›Die herrlich verständigen Augen!‹ fuhr er fort. ›Mit diesem Kopfe ist freilich manches unterwegs, aber, weil es das unbeholfene

Ringeln des Körpers nun einmal nicht zuläßt, wenig genug angekommen. Hände und Füße ist die Natur diesem länglich ineinandergeschobenen Organismus schuldig geblieben, wiewohl dieser Kopf und diese Augen beides wohl verdient hätten; wie sie denn überhaupt manches schuldig bleibt, was sie für den Augenblick fallen läßt, aber späterhin doch wieder unter günstigern Umständen aufnimmt.‹

Neben dem Glase mit der Schlange lagen einige Kokons von eingesponnenen Raupen, deren Durchbruch Goethe nächstens erwartete. Er nahm sie in die Hand und hielt sie an sein Ohr. ›Wie das klopft, wie das hüpft und ins Leben hinauswill! Wundervoll möcht' ich sie nennen, diese Übergänge der Natur, wenn nicht das Wunderbare in der Natur eben das Allgewöhnliche wäre. Ja, wenn die Schlange euch nur den Gefallen erzeigte, sich einzuspinnen und ein schöner Sommervogel zu werden, da würde von ihrem greulichen Wesen nicht weiter die Rede sein. Arme Schlange! Sie vernachlässigen dich! Sie sollten sich deiner besser annehmen! Wie sie mich ansieht! Wie sie den Kopf emporstreckt! Ist es nicht, als ob sie merkte, daß ich Gutes von ihr mit euch spreche! Armes Ding! Wie das drinnen steckt und nicht heraus kann, so gern es auch wollte! Ich meine zwiefach, einmal im Zuckerglas und sodann in dem Hauptfutteral, das ihr die Natur gab.‹

Als er dies gesagt, fing er an, seinen Reißstift und das Zeichenpapier, worauf er bisher einzelne Striche zu einer phantastischen Landschaft zusammengezogen hatte, ohne sich dadurch beim Sprechen im geringsten irre machen zu lassen, beiseitezulegen. Der Bediente brachte Wasser, und indem er die Hände wusch, sagte er: ›Wir sprechen viel zu viel. Wir sollten weniger sprechen und mehr zeichnen. Ich meinerseits möchte mir das Reden ganz abgewöhnen und wie die bildende Natur in lauter Zeichnungen fortsprechen. Jener Feigenbaum, diese kleine Schlange, der Kokon, der dort vor dem Fenster liegt und seine Zukunft ruhig erwartet, alles das sind inhaltsschwere Signaturen; ja, wer nur ihre Bedeutung recht zu entziffern vermöchte, der würde alles Geschriebene und alles Gesprochene bald zu entbehren im Stande sein! Je mehr ich darüber nachdenke, es ist etwas so Unnützes, so Müßiges, ich möchte fast sagen Geckenhaftes im Reden, daß man vor dem stillen Ernste der Natur und ihrem Schweigen erschrickt, sobald man sich ihr gesammelt entgegenstellt! Ich habe hier eine Menge Blumen- und Pflanzengewächse, wunderlich genug auf dem Papiere zusammengebracht. Die Seele musiziert, indem sie zeichnet, ein Stück von ihrem innersten Wesen heraus, und eigentlich sind es die höchsten Geheimnisse der Schöpfung, die, was ihre Grundanlagen betrifft, gänzlich auf Zeichnen und Plastik beruht, welche sie dadurch ausplaudert. Die Kombinationen in diesem Felde sind unendlich. Man denke sich die Natur, wie sie gleichsam vor einem Spieltische steht und unaufhörlich: verdoppeln! ruft, d. h. mit dem bereits Gewonnenen durch alle Reiche ihres Wirkens glücklich, ja bis ins Unendliche fortspielt. Stein, Tier, Pflanze, alles wird nach einigen solchen Glückswürfen beständig von neuem wieder aufgesetzt, und wer weiß, ob nicht auch der ganze Mensch wieder nur ein Wurf nach einem höhern Ziele ist?‹

Während dieser Unterhaltung war der Abend herbeigekommen, und weil es im Garten zu kühl wurde, gingen wir herauf in die Wohnzimmer. Späterhin standen wir am Fenster. Der Himmel war mit Sternen besät. Die durch die freiere Gartenumgebung angeklungenen Saiten in Goethes Seele zitterten noch immer fort und konnten auch zu Abend nich aus ihren Schwingungen kommen. ›Es ist alles so ungeheuer‹, sagte er zu mir, ›daß an kein Aufhören von irgendeiner Seite zu denken ist.‹«

Ohne meine Bemühungen in den Naturwissenschaften hätte ich die Menschen nie kennengelernt wie sie sind. In allen anderen Dingen kann man dem reinen Anschauen und Denken, den Irrtümer der Sinne wie des Verstandes, den Charakterschwächen und -stärken nicht so nachkommen; es ist alles mehr oder weniger biegsam und schwankend, und läßt alles mehr oder weniger mit sich handeln; aber die Natur versteht gar keinen Spaß, sie ist immer wahr, immer ernst, immer streng; sie hat immer recht, und die Fehler und Irrtümer sind immer des Menschen. Den Unzulänglichen verschmäht sie, und nur dem Zulänglichen, Wahren und Reinen ergibt sie sich und offenbart ihm ihre Geheimnisse. Der Verstand reicht zu ihr nicht hinauf, der Mensch muß fähig sein, sich zur höchsten Vernunft erheben zu können, um an die Gottheit zu rühren, die sich in Urphänomenen, physischen wie sittlichen, offenbart, hinter denen sie sich hält und die von ihr ausgehen.

Vor den Urphänomenen, wenn sie unseren Sinnen enthüllt erscheinen, fühlen wir eine Art von Scheu, bis zur Angst.

Im II. Teil des Faust sagt Mephisto zu Faust:

MEPHISTOPHELES:
Ungern entdeck ich höheres Geheimnis. –
Göttinen thronen hehr in Einsamkeit,
Um sie kein Ort, noch weniger eine Zeit,
Von ihnen sprechen ist Verlegenheit.
Die Mütter sind es!

FAUST:
Mütter!

MEPHISTOPHELES:
Schaudert's dich?

FAUST:
Die Mütter! Mütter! – 's klingt so wunderlich

MEPHISTOPHELES:
Das ist es auch. Göttinnen, ungekannt
Euch Sterblichen, von uns nicht gern genannt.

FAUST:
Wohin der Weg?

MEPHISTOPHELES:
Kein Weg! Ins Unbetretene,
Nicht zu Betretende; ein Weg ans Unerbetene,
Nicht zu Erbittende. Bist du bereit? –
Nicht Schlösser sind, nicht Riegel wegzuschieben,
Von Einsamkeiten wirst umhergetrieben.
Hast du Begriff von Öd und Einsamkeit?
Und hättest du den Ozean durchschwommen,
Das Grenzenlose dort geschaut,
So sähst du dort doch Well auf Welle kommen,
Selbst wenn es dir vorm Untergange graut.
Du sähst doch etwas. Sähst wohl in der Grüne
Gestillter Meere streichende Delphine;
Sähst Wolken ziehen, Sonne, Mond und Sterne;
Nichts wirst du sehn in ewig leerer Ferne,
Den Schritt nicht hören, den du tust,
Nichts Festes finden, wo du ruhst.

FAUST:
Nur immer zu! Wir wollen es ergründen,
In deinem Nichts hoff ich das All zu finden.

MEPHISTOPHELES:
Hier diesen Schlüssel nimm.

FAUST: Das kleine Ding!

MEPHISTOPHELES:
Erst faß ihn an und schätz ihn nicht gering.
Der Schlüssel wird die rechte Stelle wittern,
Folg ihm hinab, er führt dich zu den Müttern.

FAUST:
Den Müttern! Trifft's mich immer wie ein Schlag!
Was ist das Wort, das ich nicht hören mag?
Doch im Erstarren such ich nicht mein Heil,
Das Schaudern ist der Menschheit bester Teil;
Wie auch die Welt ihm das Gefühl verteure,
Ergriffen fühlt er tief das Ungeheure.

Das Höchste, wozu der Mensch gelangen kann, ist das Erstaunen; und wenn ihn das Urphänomen in Erstaunen setzt, so sei er zufrieden; ein Höheres kann es ihm nicht gewähren, und ein Weiteres soll er nicht dahinter suchen; hier ist die Grenze.
Das Wahre, mit dem Göttlichen identisch, läßt sich niemals von uns direkt erkennen, wir schauen es nur im Abglanz, im Beispiel, Symbol, in einzelnen und verwandten Erscheinungen; wir werden es gewahr als unbegreifliches Leben und können dem Wunsch nicht entsagen, es dennoch zu begreifen.

Auf Reisen und Wanderungen sind atmosphärische Erscheinungen eine bedeutende Beschäftigung, weil von trocknem und klarem Wetter auf dem Lande so wie zur See von einem günstigen Winde das ganze Schicksal einer Ernst- oder Lustfahrt oft allein abhängt. In meinen Tagebüchern bemerkte ich daher manchmal eine Folge von atmosphärischen Erscheinungen, dann auch wieder einzelne bedeutende Fälle.

Aus dem Tagebuch der Italienischen Reise für Frau von Stein (8. September 1786, auf dem Brenner):

»Gedanken über die Witterung.
Sobald ich die Schäfchen der oberen Luft sah, schon in Karlsbad den 2ten September, hatte ich gute Hoffnung, ich schloß daraus: daß die Atmosphäre ihre Elastizität wiedergewinne und im Begriff sei, das schöne Wetter wiederherzustellen. Allein ich dachte nicht an das, was ich nachher bemerkt zu haben glaube. Nämlich: daß eine elastischere Atmosphäre die Wolken aufzehrt, ihnen den Zusammenhang unter sich benimmt.
Ich sah das Aufzehren einer solchen Wolke ganz deutlich, sie hing am Berge fest, löste sich mit der größten Langsamkeit auf, kaum daß einige Flocken sichtbar sich ablösten und in die Höhe stiegen, die aber auch gleich verschwanden. Und so verschwand sie nach und nach, und hinter dem Berge bemerkt ich in der Luft ganz leichte, weiße Streifchen, die mir zuletzt auch aus dem Gesicht kamen. –
Ich habe das Wort Elastizität statt des in dieser Materie auch gewöhnlichen Wortes Schwere gebraucht, und es ist auch besser. Überhaupt aber sind meine Kunstwörter nicht die besten; komme ich zurück, so wollen wir meine Bemerkungen und Erfahrungen mit den Grundsätzen der Physiker, ihren Theorien und Erfahrungen zusammenhalten. Ich bin leider nicht gelehrt, wie du weißt.«

Ich mußte bei meiner alten Art verbleiben, die mich nötigt, alle Naturphänomene in einer gewissen Folge der Entwicklung zu betrachten und die Übergänge vor- und rückwärts aufmerksam zu begleiten. Denn dadurch gelangte ich ganz allein zur lebendigen Übersicht, aus welcher ein Begriff sich bildet, der sodann in aufsteigender Linie der Idee begegnen wird.

Aus dem Faust, II. Teil:

Hochgebirg. (Starre, zackige Felsengipfel. Eine Wolke zieht herbei, lehnt sich auf eine vorstehende Platte herab. Sie teilt sich.)

FAUST *tritt hervor:*
Der Einsamkeiten tiefste schauend unter meinem Fuß,
Betret ich wohlbedächtig dieser Gipfel Saum,

Entlassend meiner Wolke Tragewerk, die mich sanft
An klaren Tagen über Land und Meer geführt.
Sie löst sich langsam, nicht zerstiebend von mir ab.
Nach Osten strebt die Masse mit geballtem Zug,
Ihr strebt das Auge staunend in Bewundrung nach.
Sie teilt sich wandelnd, wogenhaft, veränderlich.
Doch will sich's modeln. – Ja! Das Auge trügt mich nicht! –
Auf sonnbeglänzten Pfühlen herrlich hingestreckt,
Zwar riesenhaft, ein göttergleiches Fraungebild,
Ich seh's! Junonen ähnlich, Ledan, Helenen,
Wie majestätisch lieblich mir's im Auge schwankt.
Ach, schon verrückt sich's! Formlos breit und aufgetürmt
Ruht es in Osten, fernen Eisgebirgen gleich,
Und spiegelt blendend flüchtger Tage großen Sinn.
Doch mir umschwebt ein zarter lichter Nebelstreif
Noch Brust und Stirn, erheiternd, kühl und schmeichelhaft.
Nun steigt es leicht und zaudernd hoch und höher auf,
Fügt sich zusammen. – Täuscht mich ein entzückend Bild,
Als jugenderstes, längstentbehrtes höchstes Gut?
Den tiefsten Herzens frühste Schätze quellen auf;
Aurorens Liebe, leichten Schwung bezeichnet's mir,
Den schnellempfundnen, ersten, kaumverstandnen Blick,
Der, festgehalten, überglänzte jeden Schatz.
Wie Seelenschönheit steigert sich die holde Form,
Löst sich nicht auf, erhebt sich in den Äther hin
Und zieht das Beste meines Innern mit sich fort.

Aus Eckermanns Tagebuch:

»Montag, den 2. August 1830.

Die Nachrichten von der begonnenen Juli-Revolution gelangten heute nach Weimar und setzten alles in Aufregung. Ich ging im Laufe des Nachmittags zu Goethe. ›Nun‹, rief er mir entgegen, ›was denken Sie von dieser großen Begebenheit? Der Vulkan ist zum Ausbruch gekommen, alles steht in Flammen, und es ist nicht ferner eine Verhandlung bei geschlossenen Türen!‹ – Eine furchtbare Geschichte! erwiderte ich. Aber was ließ sich bei den bekannten Zuständen und bei einem solchen Ministerium anderes erwarten, als daß man mit der Vertreibung der bisherigen Königlichen Familie endigen würde. – ›Wir scheinen uns nicht zu verstehen, mein Allerbester‹, erwiderte Goethe. ›Ich rede gar-

nicht von jenen Leuten; es handelt sich bei mir um ganz andere Dinge! Ich rede von dem in der Akademie zum öffentlichen Ausbruch gekommenen, für die Wissenschaft so höchst bedeutenden Streit zwischen Cuvier und Geoffroy de St.-Hilaire!‹
Diese Äußerung Goethes war mir so unerwartet, daß ich nicht wußte, was ich sagen sollte, und daß ich während einiger Minuten einen völligen Stillstand in meinen Gedanken verspürte.
›Die Sache ist von der höchsten Bedeutung‹, fuhr Goethe fort, ›von nun an wird auch in Frankreich bei der Naturforschung der Geist herrschen und über die Materie Herr sein. Man wird Blicke in große Schöpfungsmaximen tun, in die geheimnisvolle Werkstatt Gottes! Was ist auch im Grunde aller Verkehr mit der Natur, wenn wir bloß mit einzelnen materiellen Teilen uns zu schaffen machen, und nicht das Atmen des Geistes empfinden, der jedem Teile die Richtung vorschreibt. Ich habe mich seit 50 Jahren in dieser großen Angelegenheit abgemüht; anfänglich einsam, dann unterstützt und zuletzt zu meiner großen Freude überragt durch verwandte Geister. – Geoffroy hat mit seinem Urtypus aller Organisationen ganz recht gegen Cuvier, der doch nur ein Philister ist. Ich verfiel längst auf jenen einfachen Urtypus; kein organisches Wesen ist ganz der Idee, die zu Grunde liegt, entsprechend; hinter jedem steckt die höhere Idee; das ist mein Gott, das ist der Gott, den wir alle ewig suchen und zu erschauen hoffen. Aber wir können ihn nur ahnen, nicht schauen!‹«

Die Farben sind Taten des Lichts, Taten und Leiden. In diesem Sinne können wir von den Farben Aufschlüsse über das Licht erwarten. Farben und Licht stehen zwar untereinander in dem genauesten Verhältnis, aber wir müssen uns beide als der ganzen Natur angehörig denken: denn sie ist es ganz, die sich dadurch dem Sinne des Auges besonders offenbaren will. So spricht die Natur hinabwärts auch zu anderen Sinnen, zu bekannten, verkannten, unbekannten Sinnen; so spricht sie mit sich selbst und zu uns durch tausend Erscheinungen. Dem Aufmerksamen ist sie nirgends tot noch stumm. – So mannigfaltig, so verwickelt und unverständlich uns oft diese Sprache scheinen mag, so bleiben doch ihre Elemente immer dieselben. Mit leisem Gewicht und Gegengewicht wägt sich die Natur hin und her. Man hat ein Mehr und Weniger, ein Wirken ein Widerstreben, ein Tun

ein Leiden, ein Vordringendes ein Zurückhaltendes, ein Männliches ein Weibliches überall bemerkt und genannt; und so entsteht eine Sprache, eine Symbolik, die man auf ähnliche Fälle als Gleichnis anwenden mag.
Diese Natursprache durch die Farbenlehre zu bereichern und so die Mitteilung höherer Anschauungen zu erleichtern, war meine eigentliche Absicht.

Aus dem Faust, II. Teil:

Des Lebens Pulse schlagen frisch lebendig,
Ätherische Dämmerung milde zu begrüßen;
Du Erde warst auch diese Nacht beständig
Und atmest neu erquickt zu meinen Füßen,
Beginnest schon, mit Lust mich zu umgeben,
Du regst und rührst ein kräftiges Beschließen,
Zum höchsten Dasein immerfort zu streben. –
In Dämmerschein liegt schon die Welt erschlossen,
Der Wald ertönt von tausendstimmigem Leben;
Tal aus, Tal ein ist Nebelstreif ergossen,
Doch senkt sich Himmelsklarheit in die Tiefen,
Und Zweig und Äste, frisch erquickt, entsprossen
Dem duftgen Abgrund, wo versenkt sie schliefen;
Auch Farb' an Farbe klärt sich los vom Grunde,
Wo Blum' und Blatt von Zitterperle triefen –
Ein Paradies wird um mich her die Runde.

Hinaufgeschaut! – Der Berge Gipfelriesen
Verkünden schon die feierlichste Stunde,
Sie dürfen früh des ewigen Lichts genießen,
Das später sich zu uns herniederwendet.
Jetzt zu der Alpe grüngesenkten Wiesen
Wird neuer Glanz und Deutlichkeit gespendet,
Und stufenweis herab ist es gelungen –
Sie tritt hervor! – und, leider schon geblendet,
Kehr ich mich weg, vom Augenschmerz durchdrungen.

So ist es also, wenn ein sehnend Hoffen
Dem höchsten Wunsch sich traulich zugerungen,
Erfüllungspforten findet flügeloffen;

Nun aber bricht aus jenen ewigen Gründen
Ein Flammenübermaß, wir stehn betroffen;
Des Lebens Fackel wollten wir entzünden,
Ein Feuermeer umschlingt uns, welch ein Feuer!
Ists Lieb? ist's Haß? die glühend uns umwinden,
Mit Schmerz und Freuden wechselnd ungeheuer,
So daß wir wieder nach der Erde blicken,
Zu bergen uns in jugendlichstem Schleier.

So bleibe denn die Sonne mir im Rücken!
Der Wassersturz, das Felsenriff durchbrausend,
Ihn schau ich an mit wachsendem Entzücken.
Von Sturz zu Sturzen wälzt er jetzt in tausend,
Dann abertausend Strömen sich ergießend,
Hoch in die Lüfte Schaum und Schäume sausend.
Allein wie herrlich, diesem Sturm ersprießend,
Wölbt sich des bunten Bogens Wechseldauer,
Bald rein gezeichnet, bald in Luft zerfließend,
Umher verbreitend duftig kühle Schauer.
D e r spiegelt ab das menschliche Bestreben.
Ihm sinne nach, und du begreifst genauer:
Am farbigen Abglanz haben wir das Leben.

Am 15. Dezember 1831 schreibt Boisserée an Goethe:

»Es ist mir sehr lieb, daß Sie sich mit der Sammlung und Ordnung Ihrer naturwissenschaftlichen Schriften beschäftigen. Auf die Veränderung, welche Sie bei dieser Gelegenheit mit der Farbenlehre vornehmen, bin ich sehr begierig, und da hätte ich denn ein Wort für die Erklärung des Regenbogens einzulegen.«

Goethe antwortet (11. Januar 1832):

»Für Ihren werten Brief im allgemeinen und zum allerschönsten dankend, will ich nur eiligst die wichtige Frage wegen des Regenbogens zu erwidern anfangen. Hier ist mit Worten nichts ausgerichtet, nichts mit Linien und Buchstaben: unmittelbare Anschauung ist not und eigenes Tun und Denken. Schaffen Sie sich also augenblicklich eine Glaskugel an, wie sie Schuster und Schneider brauchen. Diese Kugel entfernen Sie nicht aus Ihrer

Gegenwart, sondern betrachten sie hin und her gehend beim hellsten Sonnenschein, abends bei Licht. Immer werden Sie finden, daß ein gebrochenes Bild an der einen Seite der Kugel sich abspiegelt und so nach innen gefärbt sich, wie Sie Ihr Auge nach dem Rande zu bewegen, verengt und, bei nicht ganz deutlichen mittleren Farben, entschieden rot verschwindet.
Haben Sie das angegebene ganz einfache Experiment recht zu Herzen genommen, so schreiben Sie mir auf welche Weise es Ihnen zusagt, und wir wollen sehen, wie wir immer weiter schreiten, bis wir es endlich im Regenbogen wieder finden.«

Boisserée an Goethe (2. Februar 1832):

»Die Glaskugel, verehrtester Freund, steht nun schon seit vielen Tagen vor meinen Augen. Ich habe sie Ihrem Rat gemäß bei gewöhnlichem Tageslicht wie bei Sonnen- und Kerzenlicht vielfach betrachtet, mich mit derselben vielfältig befreundet, und erkenne darin einen sehr belehrenden Repräsentanten des Regentropfens, so daß die Gedanken nun schon zum Regenbogen eilen.«

Am 25. Februar 1832, wenige Wochen vor seinem Tode, antwortet Goethe:

»Es ist ein großer Fehler, dessen man sich bei der Naturforschung schuldig macht, wenn wir hoffen, ein kompliziertes Phänomen als solches erklären zu können, da schon viel dazu gehört, dasselbe auf seine ersten Elemente zurückzubringen; es aber durch alle verwickelten Fälle mit eben der Klarheit durchführen zu wollen, ist ein vergebenes Bestreben. Wir müssen einsehen lernen, daß wir dasjenige, was wir im Einfachsten geschaut und erkannt, im Zusammengesetzten supponieren und glauben müssen. Denn das Einfache verbirgt sich im Mannigfaltigen, und da ists, wo bei mir der Glaube eintritt, der nicht der Anfang, sondern das Ende alles Wissens ist.«

Nach einer langen und genauen Anweisung, wie die Versuche mit der Glaskugel fortzusetzen seien, schließt Goethe diesen letzten Brief an Boisserée:

»Ich kehre zu meinem Anfang zurück und spreche noch aus, wie folgt. Ich habe immer gesucht, das möglichst Erkennbare, Wißbare, Anwendbare zu begreifen, und habe es zu eigener Zufriedenheit, ja auch zu Billigung anderer darin weit gebracht. Hierdurch bin ich für mich an die Grenze gelangt, dergestalt, daß ich da anfange zu glauben wo andere verzweifeln, und zwar diejenigen, die vom Erkennen zu viel verlangen und, wenn sie nur ein gewisses, dem Menschen Beschiedenes erreichen können, die größten Schätze der Menschheit für nichts achten.
So wird man aus dem Ganzen ins Einzelne und aus dem Einzelnen ins Ganze getrieben, man mag wollen oder nicht.

Für freundliche Teilnahme dankbar,
Fortgesetzte Geduld wünschend,
Ferneres Vertrauen hoffend,
Unwandelbar

J. W. v. Goethe.«

Das Leben wohnt in jedem Sterne:
Er wandelt mit den andern gerne
Die selbsterwählte reine Bahn;
Im innern Erdenball pulsieren
Die Kräfte, die zur Nacht uns führen
Und wieder zu dem Tag heran.

Wenn im Unendlichen dasselbe
Sich wiederholend ewig fließt,
Das tausendfältige Gewölbe
Sich kräftig ineinander schließt,
Strömt Lebenslust aus allen Dingen,
Dem kleinsten wie dem größten Stern –
Und alles Drängen, alles Ringen
Ist ewige Ruh in Gott dem Herrn.

DER LETZTE GEBURTSTAG

Hätte Gott mich anders gewollt,
So hätt er mich anders gebaut;
Da er mir aber Talent gezollt,
Hat er mir viel vertraut.
Ich brauch es zur Rechten und Linken,
Weiß nicht, was daraus kommt;
Wenn's nicht mehr frommt,
Wird er schon winken.

Aus dem »Domburger Brief« (an F. A. v. Beulwitz, 18. Juni 1828):

»Freudig trete herein und froh entferne dich wieder!
Ziehst du als Wandrer vorbei, segne die Pfade dir Gott.

Diese Zeilen fand ich als Überschrift der Hauptpforte des Dornburger Schlößchens. Die Einfassung ist nach Weise jener Zeit überreich verziert und gibt, zusammen mit der Inschrift, die Überzeugung, daß vor länger als zweihundert Jahren gebildete Menschen hier gewirkt. Konnte mir aber ein erwünschteres Symbol geboten werden, wie Vorfahr und Nachfolger, einen edlen Besitz gemeinschaftlich festhaltend, pflegend und genießend, sich von Geschlecht zu Geschlecht eine für alle Zeiten ruhige Folge bestätigten Daseins und genießenden Behagens einleiten und sichern?
Hier sprach der Gegenstand selbst das alles aus, was ein bekümmertes Gemüt so gern vernehmen mag: die vernünftige Welt sei von Geschlecht zu Geschlecht auf ein folgereiches Tun entschieden angewiesen. Wo nun der menschliche Geist diesen hohen, ewigen Grundsatz in der Anwendung gewahr wird, so fühlt er

sich auf seine Bestimmung zurückgeführt und ermutigt, wenn er auch zugleich gestehen wir, daß er eben in der Gliederung dieser Folge, selbst an- und abtretend, so Freude als Schmerz, wie in dem Wechsel der Jahreszeiten so in dem Menschenleben, an andern wie an sich selbst zu erwarten habe.

Von diesen Höhen seh ich in einem anmutigen Tal so vieles, was, dem Bedürfnis des Menschen entsprechend, weit und breit in allen Landen sich wiederholt. Ich sehe zu Dörfern versammelte ländliche Wohnsitze, durch Gartenbeete und Baumgruppen gesondert, einen Fluß, der sich vielfach durch Wiesen zieht, wo eben eine reichliche Heuernte die Emsigen beschäftigt: Wehr, Mühle, Brücke folgen aufeinander, die Wege verbinden sich auf- und absteigend. Gegenüber erstrecken sich Felder an wohlbebauten Hügeln bis an die steilen Waldungen hinan, bunt anzuschauen nach Verschiedenheit der Aussaat und des Reifegrades. Büsche, hie und da zerstreut, dort zu schattigen Räumen zusammengezogen. Reihenweis auch den heitersten Anblick gewährend, seh ich große Anlagen von Fruchtbäumen; sodann aber, damit der Einbildungskraft ja nichts Wünschenswertes abgehe, mehr oder weniger aufsteigende, alljährlich neuangelegte Weinberge.

Das alles zeigt sich mir wie vor fünfzig Jahren, und zwar in gesteigertem Wohlsein. Keine Spur von Verderben ist zu sehen, schritt auch die Weltgeschichte hart auftretend gewaltsam über die Täler. Alles deutet auf eine folgerechte, klüglich vermehrte Kultur eines sanft und gelassen regierten, sich durchaus mäßig verhaltenden Volkes.

So war es vor, so wird es nach sein, damit das hohe Wort eines Weisen erfüllt werde, welcher sagt: ›Die vernünftige Welt ist als ein großes unsterbliches Individuum zu betrachten, welches unaufhaltsam das Notwendige bewirkt und dadurch sich sogar über das Zufällige zum Herrn erhebt.‹

Nun aber sei vergönnt, mich von jenen äußern und allgemeinern Dingen zu meinem Eigensten und Innersten zu wenden: wo ich denn aufrichtig bekennen kann, daß eine gleichmäßige Folge der Gesinnungen daselbst lebendig sei.«

Aus dem Faust, II. Teil:

Grün das Gefilde, fruchtbar; Mensch und Herde
Sogleich behaglich auf der neusten Erde,
Gleich angesiedelt an des Hügels Kraft,
Den aufgewälzt kühn-emsige Völkerschaft.
Im Innern hier ein paradiesisch Land,
Da rase draußen Flut bis auf zum Rand,
Und wie sie nascht, gewaltsam einzuschießen,
Gemeindrang eilt, die Lücke zu verschließen.
Ja! diesem Sinne bin ich ganz ergeben,
Das ist der Weisheit letzter Schluß:
Nur der verdient sich Freiheit wie das Leben,
Der täglich sie erobern muß.
Und so verbringt, umrungen von Gefahr,
Hier Kindheit, Mann und Greis sein tüchtig Jahr.
Solch ein Gewimmel möcht ich sehn,
Auf freiem Grund mit freiem Volke stehn.
Zum Augenblicke dürft ich sagen:
Verweile doch, du bist so schön!
Es kann die Spur von meinen Erdetagen
Nicht in Äonen untergehn. –
Im Vorgefühl von solchem hohen Glück
Genieß ich jetzt den höchsten Augenblick.

(Faust sinkt zurück, die Lemuren fassen ihn auf und legen ihn auf den Boden.)

Goethe an Reinhard (7. September 1831):

»Die diesmal sehr gesteigerte Feier des 28. August, welche ich zu dämpfen kein Rechte hatte, glaubte ich nicht in der Nähe bestehen zu können. Deshalb verfügte ich mich mit meinen beiden Enkeln nach Ilmenau, um die Geister der Vergangenheit durch die Gegenwart des herankommenden Jahres auf eine gesetzte und gefaßte Weise zu begrüßen.«

Der Bergbeamte Mahr berichtet:

»Am 26. August 1831 gegen Abend traf Goethe mit seinen beiden Enkeln und Bedienung im Gasthofe zum Löwen hier in Ilmenau ein. Er hatte mir seine Ankunft gleich melden und mich, ihn zu besuchen, bitten lassen. Nach mehreren Erkundigungen, ob nicht wieder etwas in geognostischer Beziehung Merkwürdiges vorgekommen sei, fragte er dann: ob man wohl bequem zu Wagen auf den Gickelhahn fahren könne; er wünsche das auf dem Gickelhahn befindliche, ihm von früherer Zeit her sehr merkwürdige Jagdhäuschen zu sehen, und daß ich ihn auf dieser Fahrt begleiten möge. Also fuhren wir beim heitersten Wetter auf der Landstraße über Gabelbach. Ganz bequem waren wir so bis auf den höchsten Punkt des Gickelhahns gelangt, als er ausstieg, sich erst an der kostbaren Aussicht auf dem Rondel ergötzte, dann über die herrliche Waldung freute. – Hierauf fragte er: ›Das kleine Waldhaus muß hier in der Nähe sein. Ich kann zu Fuß dahin gehen, und die Chaise soll hier solange warten, bis wir zurückkommen.‹ Wirklich schritt er rüstig durch die auf der Kuppe des Berges ziemlich hoch stehenden Heidelbeersträucher hindurch bis zu dem wohlbekannten, zweistöckigen Jagdhause, welches aus Zimmerholz und Bretterbeschlag besteht. Eine steile Treppe führt in den oberen Teil desselben; ich erbot mich, ihn zu führen, er aber lehnte es mit jugendlicher Munterkeit ab, ob er gleich tags darauf seinen zweiundachtzigsten Geburtstag feierte, mit den Worten: ›Glauben Sie ja nicht, daß ich die Treppe nicht steigen könnte; das geht mit mir noch recht sehr gut.‹ Beim Eintritt in das obere Zimmer sagte er: ›Ich habe in früherer Zeit in dieser Stube mit meinem Bedienten im Sommer acht Tage gewohnt und damals einen kleinen Vers hier an die Wand geschrieben. Wohl möchte ich diesen Vers nochmals sehen, und wenn der Tag darunter vermerkt ist, an welchem es geschehen, so haben Sie die Güte, mir solchen aufzuzeichnen.‹ Sogleich führte ich ihn an das südliche Fenster der Stube, an welchem links mit Bleistift geschrieben steht:

Über allen Gipfeln
Ist Ruh,
In allen Wipfeln
Spürest du
Kaum einen Hauch;
Die Vögelein schweigen im Walde.
Warte nur, balde
Ruhest du auch.
D. 7. September 1780.

Goethe überlas diese wenigen Verse, und Tränen flossen über seine Wangen. Ganz langsam zog er sein schneeweißes Taschentuch aus seinem dunkelbraunen Tuchrock, trocknete sich die Tränen und sprach in sanftem, wehmütigem Ton: ›Ja, warte nur, balde ruhest du auch!‹, schwieg eine halbe Minute, sah nochmals durch das Fenster in den düstern Fichtenwald und wendete sich darauf zu mir mit den Worten: ›Nun wollen wir wieder gehen.‹«

Ein Zeitgenosse:

»Nach vielen Jahren erzählte Mahr von diesem letzten Besuche Goethes. War denn Goethe freundlich gegen Sie, wenn er so mit Ihnen durch den Wald ging? fragte man ihn. Mahr sah den Frager eine kurze Weile schweigend an und sprach dann: ›Er war die Liebe selbst!‹«

Goethe an Zelter (4. September 1831):

»Auf einem einsamen Bretterhäuschen des höchsten Gipfels der Tannenwälder rekognoszierte ich die Inschrift des Liedes, das du auf den Fittichen der Musik so lieblich beruhigend in alle Welt getragen hast: ›Über allen Gipfeln ist Ruh . . .‹
Nach sovielen Jahren war denn zu übersehen: das Dauernde, das Verschwundene. Das Gelungene trat vor und erheiterte, das Mißlungene war vergessen und verschmerzt.«

Und an Boisserée (8. September 1831):

»Diesmal hab ich, mein Wertester, die in Weimar sehr gesteigerte Feier meines Geburtstags für meine Person in die Gebirge des Thüringer Waldes verlegt, und Ihrem lieben Briefe gemäß Sie in Gedanken zwischen höheren und bedeutenderen Felsen aufgesucht. Ihr freundliches Blatt ward mir dahin nachgesendet und nun will ich denn die Anfrage, womit es sich schließt, vor allem etwas umständlicher beantworten.

Es ist mir nämlich gelungen, den zweiten Teil des Faust in sich selbst abzuschließen. Ich wußte schon lange her was, sogar wie ichs wollte, und trug es als ein inneres Märchen seit sovielen Jahren mit mir herum, führte aber nur die einzelnen Stellen aus, die mich von Zeit zu Zeit näher anmuteten. Nun bedurft es zuletzt einen recht kräftigen Entschluß, das Ganze zusammen zu arbeiten. Da steht es nun. Und, wenn es noch Probleme genug enthält, keineswegs jede Aufklärung darbietet, so wird es doch denjenigen erfreuen, der sich auf Miene, Wink und leise Hindeutung versteht. Er wird sogar mehr finden, als ich geben konnte.«

Faust, II. Teil, Pater profundus:

Wie Felsenabgrund mir zu Füßen
Auf tiefem Abgrund lastend ruht,
Wie tausend Bäche strahlend fließen
Zum grausen Sturz des Schaums der Flut,
Wie strack mit eignem kräftigen Triebe
Der Stamm sich in die Lüfte trägt,
So ist es die allmächtige Liebe,
Die alles bildet, alles hegt.

Ist um mich her ein wildes Brausen,
Als wogte Wald und Felsengrund,
Und doch stürzt, liebevoll im Sausen,
Die Wasserfülle sich zum Schlund,
Berufen, gleich das Tal zu wässern;
Der Blitz, der flammend niederschlug,
Die Atmosphäre zu verbessern,
Die Gift und Dunst im Busen trug;

Sind Liebesboten, sie verkünden,
Was ewig schaffend uns umwallt.
Mein Innres mög es auch entzünden,

Wo sich der Geist, verworren, kalt,
Verquält in stumpfer Sinne Schranken,
Scharfangeschloßnem Kettenschmerz.
O Gott, beschwichtige die Gedanken,
Erleuchte mein bedürftig Herz!

Kanzler von Müller berichtet vom 22. März 1832:

»Gegen neun Uhr verlangte Goethe Wasser mit Wein vermischt zu trinken, und als ihm dieses gebracht wurde, richtete er sich im Lehnstuhle auf, ergriff das Glas mit fester Hand und trank es aus, jedoch erst nach der Frage: ›Es wird doch nicht zuviel Wein darunter sein?‹ Dann rief er John herbei, und unterstützt von diesem und seinem Bedienten stand er vom Stuhle ganz auf. Vor demselben stehend, fragte er, welchen Tag im Monat man habe, und auf die Antwort, daß es der zweiundzwanzigste sei, erwiderte er: ›Also hat der Frühling begonnen, und wir können uns um so eher erholen.‹ Er setzte sich dann wieder in den Armstuhl und verfiel in einen sanften Schlaf mit angenehmen Träumen; denn er sprach unter anderm: ›Seht den schönen weiblichen Kopf – mit schwarzen Locken – in prächtigem Kolorit – auf dunklem Hintergrunde.‹ – Sein Geist beschäftigte sich darauf mit seinem vorausgegangenen Freund Schiller. Als er nämlich ein Blatt Papier auf dem Boden liegen sah, fragte er, warum man denn Schillers Briefwechsel hier liegen lasse; man möge denselben doch ja aufheben. Gleich darauf rief er Friedrichen zu: ›Mach doch den zweiten Fensterladen in der Stube auch auf, damit mehr Licht hereinkomme!‹ Dies sollen seine letzten Worte gewesen sein.
Als nun das Sprechen ihm immer schwerer wurde, und er doch noch Darstellungs- und Mitteilungsdrang fühlte, zeichnete er erst mit gehobener Hand in die Luft, wie er auch in gesunden Tagen zu tun pflegte; dann schrieb er mit dem Zeigefinger der Rechten in die Luft einige Zeilen. Da die Kraft abnahm und der Arm tiefer sank, so schrieb er etwas tiefer und zuletzt, wie es schien, dasselbe auf dem seine Beine bedeckenden Oberbette zu wiederholten Malen. Man bemerkte, daß er genau Interpunktionszeichen setzte, und den Anfangsbuchstaben erkannte man deutlich für ein großes W. Die übrigen Züge vermochte man nicht zu deuten. – Da die Finger anfingen blau zu werden, so

nahm man ihm den grünen Arbeitsschirm von den Augen und fand, daß sie schon gebrochen waren. Der Atem wurde von Augenblick zu Augenblick schwerer, ohne jedoch zum Röcheln zu werden, der Sterbende drückte sich, ohne das geringste Zeichen des Schmerzes, bequem in die linke Seite des Lehnstuhls, und die Brust, die eine Welt in sich erschuf und trug und hegte, hatte ausgeatmet.«

Laßt fahren hin das Allzuflüchtige!
Ihr sucht bei ihm vergebens Rat:
In dem Vergangnen lebt das Tüchtige,
Verewigt sich in schöner Tat.

Und so gewinnt sich das Lebendige
Durch Folg' aus Folge neue Kraft;
Denn die Gesinnung, die beständige,
Sie macht allein den Menschen dauerhaft.

So löst sich jene große Frage
Nach unserm zweiten Vaterland;
Denn das Beständige der ird'schen Tage
Verbürgt uns ewigen Bestand.

Sulpiz Boisserée an Ottilie von Goethe (9. April 1832):

»Gnädige Frau!
Schon mehrmals stand ich im Begriff, Ihnen und Ihren lieben Kindern meine innigste Teilnahme an dem Verlust unseres Freundes zu bezeugen, der seit einundzwanzig Jahren auch mir ein wahrhaft väterlicher Freund gewesen ist. Aber mein Gemüt war zu sehr erschüttert, es hatte sich alles vereinigt, um meinen Schmerz aufs höchste zu verbittern. Ich wollte einen schon längst für den Mai dieses Jahres beschlossenen Besuch bei Ihnen nun einen Monat früher machen und die Abreise war schon bestimmt, da kam den Tag vorher die Trauerbotschaft. Ich hatte eine Stunde früher noch die besten Nachrichten von dem Wohlsein und der Heiterkeit Ihres Schwiegervaters in den Zeitungen gelesen, da kam meine gute Frau und sagte: ›Du wirst wohl nicht reisen!‹ Ich erschrak und erriet aus ihren Augen was geschehen. Ich kann es noch nicht ohne Tränen niederschreiben.

Durch des Lebens Wechsel immer mehr auf Täuschung gefaßt, überwältigte mich dennoch diese fürchterliche Nachricht. Mehr kann ich heute nicht sagen; ich bin immer noch zu bewegt, wenn ich mir vergegenwärtige, was ich so nahe gehofft und nun auf dieser Erde für immer verloren habe.«

Schwebender Genius über der Erdkugel

Zwischen oben, zwischen unten
Schweb ich hin zu muntrer Schau,
Ich ergötze mich am Bunten,
Ich erquicke mich im Blau.

Und wenn mich am Tag die Ferne
Luftiger Berge sehnlich zieht,
Nachts das Übermaß der Sterne
Prächtig mir zu Häupten glüht –

Alle Tag und alle Nächte
Rühm ich so des Menschen Los:
Denkt er ewig sich ins Rechte,
Ist er ewig schön und groß.

Sagt es niemand, nur den Weisen,
Weil die Menge gleich verhöhnet!
Das Lebendge will ich preisen,
Das nach Flammentod sich sehnet.

In der Liebesnächte Kühlung,
Die dich zeugte, wo du zeugtest,
Überfällt dich fremde Fühlung,
Wenn die stille Kerze leuchtet.

Nicht mehr bleibest du umfangen
In der Finsternis Beschattung,
Und dich reißet neu Verlangen
Auf zu höherer Begattung.

Keine Ferne macht dich schwierig,
Kommst geflogen und gebannt,
Und zuletzt, des Lichts begierig,
Bist du, Schmetterling, verbrannt.

Und solang du das nicht hast,
Dieses: Stirb und werde!
Bist du nur ein trüber Gast
Auf der dunklen Erde.

Der Gedanke an den Tod läßt mich völlig ruhig, denn ich habe die feste Überzeugung, daß unser Geist ein Wesen ist ganz unzerstörbarer Natur; es ist ein Fortwirkendes von Ewigkeit zu Ewigkeit; es ist der Sonne ähnlich, die bloß unsern irdischen Augen unterzugehen scheint, die aber eigentlich nie untergeht, sondern unaufhörlich fortleuchtet. – Glaubt ihr, ein Sarg könne mir imponieren? Kein tüchtiger Mensch läßt seiner Brust den Glauben an Unsterblichkeit rauben! – Vom Untergang der höchsten Seelenkräfte kann in der Natur niemals und unter keinen Umständen die Rede sein; so verschwenderisch behandelt sie ihre Kapitalien nie. Was nun die persönliche Fortdauer unserer Seele nach dem Tode betrifft, so steht sie keineswegs mit den vieljährigen Beobachtungen, die ich über die Beschaffenheit unserer und aller Wesen in der Natur angestellt, im Widerspruch; im Gegenteil, sie geht sogar aus denselben mit neuer Beweiskraft hervor. Wieviel aber, oder wie wenig von dieser Persönlichkeit verdient, daß es fortdauere, ist eine andere Frage und ein Punkt, den wir Gott überlassen müssen. – Ich nehme verschiedene Klassen und Rangordnungen der letzten Urbestandteile aller Wesen an, gleichsam der Anfangspunkt aller Erscheinungen in der Natur, die ich Seelen nennen möchte, weil von ihnen die Beseelung des Ganzen ausgeht, oder noch lieber Monaden – lassen Sie uns immer diesen Leibnizischen Ausdruck beibehalten! Nun sind einige von diesen Monaden oder Anfangspunkten, wie uns die Erfahrung zeigt, so klein, so geringfügig, daß sie sich höchstens nur zu einem untergeordneten Dienst und Dasein eignen. Andere dagegen sind gar stark und gewaltig. Die letzten pflegen daher alles, was sich ihnen naht, in ihren Kreis zu reißen und in ein ihnen Angehöriges, das heißt in einen Leib, in eine Pflanze, in ein Tier, oder noch höher herauf in einen Stern zu verwandeln.

Der Moment des Todes, der darum auch sehr gut eine Auflösung heißt, ist eben der, wo die regierende Hauptmonas alle ihre bisherigen Untergebenen ihres treuen Dienstes entläßt. Wie das Entstehen, so betrachte ich auch das Vergehen als einen selbständigen Akt dieser nach ihrem eigentlichen Wesen uns völlig unbekannten Hauptmonas. Nach ihrem irdischen Ableben geht jede Monade dahin wo sie hingehört, ins Wasser, in die Luft, in die Erde, ins Feuer, in die Sterne; ja der geheime Zug, der sie dahin führt, enthält zugleich das Geheimnis ihrer zukünftigen Bestimmung. An eine Vernichtung ist gar nicht zu denken. Wie denn überhaupt, sobald man die Ewigkeit dieses Weltzustandes denkt, sich für Monaden durchaus keine andere Bestimmung annehmen läßt, als daß sie ewig auch ihrerseits an den Freuden der Götter als selig mitschaffende Kräfte Teil nehmen. Das Werden der Schöpfung ist ihnen anvertraut. Gerufen oder ungerufen, sie kommen von selbst auf allen Wegen, von allen Bergen, aus allen Meeren, von allen Sternen; wer mag sie aufhalten? Ich bin gewiß schon tausend Mal dagewesen und hoffe wohl noch tausend Mal wiederzukommen. – Ich habe den Menschen das erste Gespräch genannt, das die Natur mit Gott hält, ich zweifle gar nicht, daß dies Gespräch auf andern Planeten viel höher, tiefer und verständiger gehalten werden kann.
Wenn man die Leute reden hört, so sollte man fast glauben, sie seien der Meinung, Gott habe sich seit jener alten Zeit ganz in die Stille zurückgezogen, und der Mensch wäre jetzt ganz auf eigene Füße gestellt und müsse sehen, wie er ohne Gott und sein tägliches unsichtbares Anhauchen zurechtkomme. Gott hat sich nach den bekannten sechs Schöpfungstagen keineswegs zur Ruhe begeben, vielmehr ist er noch fortwährend wirksam, wie am ersten. Diese plumpe Welt aus einfachen Elementen zusammenzusetzen und sie jahraus jahrein in den Strahlen der Sonne rollen zu lassen, hätte ihm sicher wenig Spaß gemacht, wenn er nicht den Plan gehabt hätte, sich auf dieser materiellen Unterlage eine Pflanzschule für eine Welt von Geistern zu gründen. So ist er nun fortwährend in höheren Naturen wirksam, um die geringeren heranzuziehen.

Aus dem West-Östlichen Divan, »Buch des Paradieses«. Huri am Himmelstor Wache haltend, zu dem herannahenden Dichter:

Huri

Heute steh ich meine Wache
Vor des Paradieses Tor,
Weiß nicht grade, wie ich's mache,
Kommst mir so verdächtig vor.

Ob du unsern Mosleminen
Auch recht eigentlich verwandt?
Ob dein Kämpfen, dein Verdienen
Dich ans Paradies gesandt?

Zählst du dich zu jenen Helden?
Zeige deine Wunden an,
Die mir Rühmliches vermelden,
Und ich führe dich heran.

Dichter

Nicht so vieles Federlesen!
Laß mich immer nur herein:
Denn ich bin ein Mensch gewesen,
Und das heißt ein Kämpfer sein.

Schärfe deine kräft'gen Blicke!
Hier durchschaue diese Brust,
Sieh der Lebenswunden Tücke,
Sieh der Liebeswunden Lust!

Und doch sang ich gläub'ger Weise:
Daß mir die Geliebte treu,
Daß die Welt, wie sie auch kreise,
Liebevoll und dankbar sei.

Mit den Trefflichsten zusammen
Wirkt' ich, bis ich mir erlangt,
Daß mein Nam' in Liebesflammen
Von den schönsten Herzen prangt.

Nein! du wählst nicht den Geringern!
Gib die Hand, daß Tag für Tag
Ich an deinen zarten Fingern
Ewigkeiten zählen mag.

Huri

Draußen am Orte,
Wo ich dich zuerst sprach,
Wacht' ich oft an der Pforte,
Dem Gebote nach.
Da hört ich ein wunderlich Gesäusel,
Ein Ton- und Silbengekräusel,
Das wollte herein;
Niemand aber ließ sich sehen,
Da verklang es klein, zu klein:
Es klang aber fast wie deine Lieder,
Das erinnr' ich mich wieder.

Dichter

Ewig Geliebte! wie zart
Erinnerst du dich deines Trauten!
Was auch in irdischer Luft und Art
Für Töne lauten,
Die wollen alle herauf;
Viele verklingen da unten zuhauf;
Andere mit Geistes Flug und Lauf,
Wie das Flügelpferd des Propheten,
Steigen empor und flöten
Draußen an dem Tor.

Kommt deinen Gespielen so etwas vor,
So sollen sie's freundlich vermerken,
Das Echo lieblich verstärken,
Daß es wieder hinunter halle,

Und sollen achthaben,
Daß in jedem Falle,
Wenn er kommt, seine Gaben

Jedem zugute kommen;
Das wird beide Welten frommen.

Sie mögen's ihm freundlich lohnen,
Auf liebliche Weise fügsam,
Sie lassen ihn mit sich wohnen:
Alle Guten sind genügsam.

Du aber bist mir beschieden,
Dich laß ich nicht aus dem ewigen Frieden;
Auf die Wache sollst du nicht ziehn,
Schick' eine ledige Schwester dahin!

HURI

Wieder einen Finger schlägst du mir ein!
Weißt du denn, wieviel Äonen
Wir vertraut schon zusammenwohnen?

DICHTER

Nein! – Will's auch nicht wissen. Nein!
Mannigfaltiger frischer Genuß,
Ewig bräutlich keuscher Kuß! –
Wenn jeder Augenblick mich durchschauert,
Was soll ich fragen, wie lang es gedauert!

HURI

Abwesend bist denn doch auch einmal,
Ich merk' es wohl, ohne Maß und Zahl.
Hast in dem Weltall nicht verzagt,
An Gottes Tiefen dich gewagt;
Nun sei der Liebsten auch gewärtig!
Hast du nicht schon ein Liedchen fertig?
Wie klang es draußen an dem Tor?
Wie klingt's? – Ich will nicht stärker in dich dringen,
Sing mir die Lieder an Suleika vor:
Denn weiter wirst du's doch im Paradies nicht bringen.

Aus »Höheres und Höchstes«

Daß wir solche Dinge lehren,
Möge man uns nicht bestrafen:
Wie das alles zu erklären,
Dürft ihr euer Tiefstes fragen.

Und so werdet ihr vernehmen:
Daß der Mensch, mit sich zufrieden,
Gern sein Ich gerettet sähe,
So da droben wie hienieden!

Und so möcht' ich alle Freunde,
Jung und alt, in eins versammeln,
Gar zu gern in deutscher Sprache
Paradiesesworte stammeln.

Ton und Klang jedoch entwindet
Sich dem Worte selbstverständlich,
Und entschiedener empfindet
Der Verklärte sich unendlich.

Und nun dring' ich allerorten
Leichter durch die ew'gen Kreise,
Die durchdrungen sind vom Worte
Gottes rein-lebend'ger Weise.

Ungehemmt mit heißem Triebe
Läßt sich da kein Ende finden,
Bis im Anschaun ew'ger Liebe
Wir verschweben, wir verschwinden.

»Als eines Tages ein Besucher Goethe schmeichelte und ihm sagte, daß alle Welt sich verwundere über die erstaunliche Produktivität seines Genies, daß er sich unsterblichen Ruhm erworben habe – da wandte Goethe seine großen durchdringenden Augen auf ihn und entgegnete: Ich weiß, ich weiß; ich weiß auch, daß ich der Welt erscheine wie einer, der ein Schiff erbaut hat auf einem Berge, Tausende von Meilen vom Ozean entfernt: Aber das Wasser wird steigen, mein Schiff wird schwimmen und fahren.«

NACHBEMERKUNG DES VERLAGS

Der Plan zu diesem Buch entstand im Goethe-Jahr 1949. Es war Peter von Zahn, der eine Sendereihe initiierte, in der Goethe selbst sein ganzes Leben von Anfang an erzählt. Die Herausgeber, Hans Egon Gerlach und Otto Herrmann, fanden in Mathias Wiemann als Sprecher einen kongenialen Mitarbeiter.

Diese Neuausgabe des längst berühmt gewordenen Buches bringt den Text mit Ausnahme der ganz auf den 200. Geburtstag Goethes ausgerichteten Einleitung und des ebenfalls zeitgebundenen Nachworts von 1949 unverkürzt. Hinzu kommen ein Register und eine Zeittafel, um das Buch für den Leser noch informativer zu machen.

ZEITTAFEL

1749 Am 28. August wird in Frankfurt am Main Johann Wolfgang Goethe als Sohn des Juristen Johann Caspar Goethe und seiner Frau Catharina Elisabeth, geb. Textor, geboren.

1750 Am 7. Dezember wird Goethes Schwester Cornelia Friederike Christiana geboren.

1765 Goethe beginnt in Leipzig sein juristisches Studium, hört auch medizinische, philosophische und philologische Vorlesungen und nimmt Zeichenunterricht bei Adam Friedrich Oeser.

1766 Durch Johann Georg Schlosser lernt Goethe die Familie des Gastwirts Christian Gottlieb Schönkopf kennen und verliebt sich in dessen Tochter Anna Catharina. Freundschaft mit Ernst Wolfgang Behrisch.

1768 Ende der Beziehung zu Anna Catharina Schönkopf, Lungenerkrankung und Rückkehr nach Frankfurt, dort Umgang mit Susanna Catharina von Klettenberg.

1770 Goethe beendet in Straßburg sein juristisches Studium. Begegnung mit Herder und mit Johann Heinrich Jung-Stilling. Im Herbst erster Aufenthalt in Sesenheim, wo er sich in die Pfarrerstochter Friederike Brion verliebt.

1771 Im Frühjahr verläßt Herder Straßburg. Goethe hält sich vom 18. Mai bis 22. Juni in Sesenheim auf, am 6. August Promotion zum »Licentiatus Juris«, Abschied von Friederike und Abreise aus Straßburg (14. August). Wieder in Frankfurt. Zulassung zur Advokatur. Bekanntschaft mit Johann Heinrich Merck. 1. Fassung des »Götz«.

1772 Mai bis September Praktikum am Reichskammergericht in Wetzlar. Im Juni lernt Goethe Charlotte Buff kennen.

Nach seiner Abreise aus Wetzlar, im September Besuch bei Sophie La Roche und Rückkehr nach Frankfurt. Bekanntschaft mit Johanna Fahlmer, der späteren zweiten Frau seines Schwagers Johann Georg Schlosser.

1773 Charlotte Buff heiratet in Wetzlar Johann Christian Kestner. Schlosser heiratet Cornelia Goethe. Arbeit an der zweiten Fassung des »Götz«.

1774 Niederschrift des »Werther«; Erstaufführung des »Götz« in Berlin. Im August erscheint »Clavigo« als erstes Werk unter Goethes Namen. Bekanntschaft mit Klopstock; Beiträge zu Lavaters »Physiognomischen Fragmenten«. Goethe wird den Prinzen Carl August und Constantin von Sachsen-Weimar vorgestellt durch den Kammerherrn Karl Ludwig von Knebel.

1775 Verlobung mit der Frankfurter Bankierstochter Anna Elisabeth (Lili) Schönemann. Reise in die Schweiz mit den Brüdern Stolberg. Auf der Rückreise Bekanntschaft mit Johann Georg Zimmermann in Straßburg; in Darmstadt Treffen mit Herder und Merck. Im September übernimmt Carl August die Regierung des Herzogtums Sachsen-Weimar-Eisenach; er lädt Goethe nach Weimar ein. Lösung der Verlobung mit Lili Schönemann. November: Ankunft in Weimar, erste Begegnung mit Charlotte von Stein. Freundschaft mit Christoph Martin Wieland.

1776 Herder wird auf Goethes Empfehlung Generalsuperintendent in Weimar. Goethe erhält von Herzog Carl August das Gartenhaus zum Geschenk. Ernennung zum Legationsrat.

1777 Beginn der Arbeit an »Wilhelm Meisters theatralische Sendung«. Am 8. Juni stirbt Goethes Schwester Cornelia. November/Dezember: Harzreise allein zu Pferd, Besteigung des Brocken.

1778 Reise nach Berlin und Potsdam mit dem Herzog und dem Fürsten Leopold von Anhalt Dessau. Im Dezember Arbeit an »Egmont«.

1779 Prosafassung von »Iphigenie«, weitere Arbeit an »Egmont«. Zweite Schweizer Reise.

1780 Neufassung der »Iphigenie« in freien Rhythmen. Beginn der Ausarbeitung des »Tasso«.

1781 Goethe mietet das Haus am Frauenplan. Reisen nach Erfurt, Leipzig, Dessau, Gotha.

1782 Vorläufiger Abschluß der Arbeit an »Egmont«. Joseph II. erhebt Goethe in den Adelsstand. Tod des Vaters am 25. Mai in Frankfurt.

1783 Zweite Harzreise mit Fritz von Stein, den Goethe zur Erziehung in sein Haus nimmt.

1784 Entdeckung des Zwischenkieferknochens.

1785 Naturwissenschaftliche Studien; erster Aufenthalt in Karlsbad. Vorläufiger Abschluß des Romans »Wilhelm Meisters theatralische Sendung« mit dem 6. Buch.

1786 Karlsbad; heimliche Abreise nach Italien über Bozen, Trient, Verona, Vicenza, Padua, Venedig. 19. Oktober Ankunft in Rom, wo Goethe bei dem Maler Tischbein wohnt.

1787 Umarbeitung der »Iphigenie« in Verse. Mit Tischbein in Neapel und auf Sizilien.

1788 Abreise von Rom über Mailand und die Schweiz zurück nach Weimar. Begegnung mit Christiane Vulpius, Lösung der Beziehung zu Frau von Stein. Erste Begegnung mit Schiller.

1789 Vollendung des »Tasso«. 25. Dezember: Geburt von Goethes Sohn August.

1790 Abschluß der »Metamorphose der Pflanze«. Im März Reise nach Venedig. »Venezianische Epigramme«.

1791 Goethe übernimmt die Leitung des neu errichteten Hoftheaters, das am 7. Mai eröffnet wird.

1792 Von August bis Mitte Dezember Teilnahme am Feldzug in Frankreich.

1793 Entstehung des »Reineke Fuchs«; Arbeit an der »Farbenlehre«. 12. Mai-22. August: Goethe wohnt der Belagerung von Mainz bei.

1794 Beginn der Umarbeitung des »Wilhelm Meister«. Im September ist Schiller zwei Wochen Gast bei Goethe in Weimar; Beginn der freundschaftlichen Zusammenarbeit.

1795 Schillers Zeitschrift »Die Horen« beginnt zu erscheinen, regelmäßige Mitarbeit Goethes.

1796 Zusammen mit Schiller Arbeit an den »Xenien«, Übersetzung der Lebensgeschichte Benvenuto Cellinis, Abschluß von »Wilhelm Meisters Lehrjahre«.

1797 Arbeit an der »Farbenlehre«, Beendigung von »Hermann und Dorothea«, dritte Schweizer Reise.

1798 Beginn des Erscheinens der Kunstzeitschrift »Propyläen«, Wiederaufnahme der Arbeit am »Faust«.

1799 Schiller siedelt nach Weimar über.

1800 Voltaires »Mahomet« wird in der Übersetzung Goethes aufgeführt. In Jena Besuch des Physikers Johann Wilhelm Ritter.

1801 Intensive Beschäftigung mit der »Farbenlehre«; Besuche Ritters, Hegels und Friedrich von Müllers.

1802 Erster Besuch Zelters in Weimar. »Iphigenie« wird in Schillers Bearbeitung am Hoftheater erstmals öffentlich aufgeführt. Eröffnung des neuen Theaters in Bad Lauchstädt.

1803 Friedrich Wilhelm Riemer wird Hauslehrer August von Goethes und wohnt bis 1812 in Goethes Haus. 24. Dezember Tod Herders. Goethe empfängt Madame de Staël und Benjamin Constant.

1805 1. Mai: letzter Besuch bei Schiller; am 9. Mai stirbt Schiller. Druckbeginn der »Farbenlehre«.

1806 Briefwechsel mit Philipp Otto Runge beginnt. Schlacht bei Jena und Auerstädt; Plünderung Weimars, Einquartierung französischer Generäle bei Goethe. 19. Oktober: Eheschließung mit Christiane Vulpius in der Sakristei der Hofkirche.

1807 Erster Besuch Bettina Brentanos. Mai bis September Goethe mit Riemer in Karlsbad, lernt dort Karl Friedrich von Reinhard kennen.

1808 Arbeit an dem Roman »Die Wahlverwandtschaften«. Am 13. September stirbt Goethes Mutter. Im Oktober Begegnung mit Napoleon.

1809 »Die Wahlverwandtschaften« erscheinen.

1810 Erster Brief an Sulpiz Boisserée. Reise nach Karlsbad, Teplitz und Dresden. Bekanntschaft mit Kaiserin Maria Ludovica von Österreich. Arbeit an »Wilhelm Meisters Wanderjahre«.

1811 Erster Besuch Sulpiz Boisserées bei Goethe. Er zeigt ihm Zeichnungen von Cornelius und die Risse des Kölner Doms und des Straßburger Münsters. Bettina und Achim von Arnim in Weimar; Bruch mit Bettina.

1812 Goethe erhält zusammen mit Voigt die Oberaufsicht über die Sternwarte. Nähere Bekanntschaft mit Beethoven.

1813 Am 20. Januar stirbt Wieland. 17./18. Oktober: Völkerschlacht bei Leipzig. Erste Arbeiten an der »Italienischen Reise«.

1814 Nach der Lektüre des »Diwan« des persischen Dichters Hafis Entstehung der ersten Gedichte des »West-östlichen Divans«. Erste Begegnung mit Marianne Jung, der späteren Marianne Willemer. Besuch in Heidelberg bei den Brüdern Boisserée.

1815 Aufenthalt in Heidelberg, auf der Gerbermühle der Willemers und in Darmstadt. Besichtigung des Kölner Doms. Besuch bei dem Freiherrn vom Stein.

1816 Am 6. Juni stirbt Goethes Frau Christiane. Die Zeitschrift »Über Kunst und Altertum in den Rhein- und Maingegenden« beginnt zu erscheinen. Arbeit am zweiten Teil der »Italienischen Reise« und am vierten Teil von »Dichtung und Wahrheit«.

1817 Goethe legt die Leitung des Weimarer Hoftheaters nieder. Sein Sohn August heiratet am 17. Juni Ottilie von Pogwitsch.

1818 In Karlsbad Umgang mit Fürst Metternich und anderen Diplomaten. 9. April Geburt des Enkels Walther Wolfgang.

1819 Abschluß der Arbeit und Erscheinen des »West-östlichen Divans«.

1820 Wiederaufnahme der Arbeit an dem Roman »Wilhelm Meisters Wanderjahre«. Am 18. September wird der 2. Enkel Wolfgang Maximilian geboren.

1821 Der erste Teil von »Wilhelm Meisters Wanderjahre« erscheint. Reise nach Marienbad, dort Umgang mit Amalie von Levetzow und ihren Töchtern. Im November Besuch von Zelter und seinem Schüler Felix Mendelssohn-Bartholdy.

1822 Aufenthalt in Marienbad mit der Familie Levetzow.

1823 Erster Besuch Eckermanns, der dann auf Goethes Wunsch in Weimar bleibt. Reise nach Marienbad und Karlsbad. Liebe zu Ulrike von Levetzow; Entstehung der »Marienbader Elegie«.

1827 Am 6. Januar stirbt Charlotte von Stein. Bei Cotta erscheinen die ersten Bände der »Ausgabe letzter Hand«. Geburt der Enkelin Alma (29. Oktober).

1828 Arbeit an »Faust II«. 14. Juni: Tod Herzog Carl Augusts. Goethes Briefwechsel mit Schiller erscheint.

1829 Vollendung der letzten Fassung von »Wilhelm Meisters Wanderjahre«.

1830 August von Goethe stirbt am 26. Oktober in Rom, wohin er mit Eckermann gereist war. Weitere Arbeit an »Faust II«.

1831 Fortsetzung und Vollendung des vierten Teils von »Dichtung und Wahrheit« und des »Faust II«.

1832 Am 22. März stirbt Goethe und wird am 26. März in der Fürstengruft von Weimar beigesetzt.

REGISTER

Verzeichnis der Silhouetten

Bildnachweis

Folgende Archive haben uns Bildmaterial zur Verfügung gestellt: Bayerische Staatsbibliothek München, Handschriftenabteilung, S. 23, 138, 168, 240, 257, 274, 323, 373, 391, 482; Schiller-Nationalmuseum, Deutsches Literaturarchiv Marbach a. N., S. 51, 82, 106, 120, 195, 291, 356, 422, 440, 514; Österreichische Nationalbibliothek, Bildarchiv und Porträtsammlung, Wien, S. 7, 38, 67, 94, 154, 208, 226, 307, 340, 531. Die Bildvorlagen zu den Silhouetten auf S. 182, 408 und 462 befinden sich bei HISTORIA-PHOTO, Hamburg. Die Silhouette auf S. 498 geht auf eine Vorlage zurück, die sich im Goethemuseum in Düsseldorf befindet.